中國古典社會における佛教の諸相

中國古典社會における佛教の諸相

西脇常記著

知泉書館

目　次

第Ⅱ部　佛教徒・佛教信者

＊　＊　＊

第Ⅲ部　中央アジア出土の漢語文献

目　次

中國古典社會における佛教の諸相

序

本書の執筆にあたって

筆者は中國思想史の研究者として、佛教をメインテーマに、思想史の立場から宗教のどのような側面に光をあてることができるか示したいと考えている。中國思想の中で佛教がどのように受容され、またそこでどのような影響を與えてきたか。その相互作用はどのように展開してきたか。筆者はこれまでもそれらを究極的問いとして、さまざまな角度から檢討してきた。ただしこれまでに上梓した論集は、いずれも中國思想の核である儒教の側から述べたものであった。光は、言わば一瞬のスポットライトの如くであり、永續するものでも全體を照らすものでもなかった。しかしこれらの作業の中で筆者は、研究において思想史と宗教の兩分野はその方法論と成果を相互に利用し合うべきであると、強く認識した。もとより微力な筆者の研究が、中國佛教の長大な側面を浮かび上がらせ得るとは考えられないが、多くの思想史研究者の光を集める端緒を設けることにはなるかも知れない。そこで『中國古典社會における佛教の諸相』と題し、佛教をめぐって筆者の關心と考察の及ぶところをまとめた。

なお「古典社會」とは、儒教を中心とする傳統文化の枠組みが變容をうけつつも活きていた社會・時代を指し、中國王朝が終わりを告げる二十世紀初めの辛亥革命までを含む廣いものである。しかし本書で扱うのは、十三世紀の宋時代までとする。

佛教は、公傳によれば後漢の明帝の時代に中國に入ったとされるが、今では西暦初年前後には傳播していたと言われている。そして分裂國家が各地で短かい興亡をくりかえす魏晉南北朝時代に、浸透した。その後、政治的な理由で短期間の廢佛はあったが、隋唐の時代には、中國人の宗教として新しい佛教が生み出されるに至った。

中國における三教とは儒佛道を指すが、このような佛教の中國社會への浸透と中國佛教の創出は、當然儒教と道教にさまざまな影響を與え、また逆に佛教はそれら二教から強い影響を受けた。ところが筆者の專門とする中國思想史の中では、佛教の取り上げられることは少ない。唐代の排佛論者で宋代以降の新儒教に大きな影響を與えた韓愈を持ち出すまでもなく、佛教傳播以前に自國の文化の形を確立し、古典の長い歷史をもつ中國知識人にとって、佛教は異國の教え・文化として破棄すべきものだったからである。

このことは、佛教史籍を中國史研究史料の寶庫として取り上げた陳垣『中國佛教史籍概論』を見ればよく分かる。中國知識人が佛教書とまともに取り組んでこなかったことを、その書は至る處で明らかにしている。

前漢の董仲舒が武帝に儒教を國教とするよう獻言してから、二十世紀初めの辛亥革命によって王朝が倒されるまで、儒教は國家イデオロギーとしてこの國に君臨した。天子の治世の片腕として働く彼ら知識人にとって、取り組むべきは儒教だけであった。しかしそれは社會の表の姿である。裏では佛教あるいは道教が、融合するにせよ反發するにせよ、儒教と常に強く結びついていた。表では政治家である知識人たちも、私人としての信仰の世界を持っており、佛教徒として名高い人物も多い。ただそこでの考察はあくまでも私、すなわち裏におさめ置くものであって、思想史上取り上げられることは少なかったのである。

また佛教の側から言えば、外來の組織として、表の儒教と融和しないでは存續すらできなかった。先にも述べたように、佛教を受け入れた時、中國文化はすでに確立していたからである。それは漢字を基盤とする廣い意味の儒教文化であり、佛教もその基盤の上に立って社會的な地位を固め、教えを廣め、定着を圖らなければならなかった。その一例を、禪文化の中でわれわれ日本人になじみの深い唐の風來僧「寒山」の詩を引いて見てみよう。

不須攻人惡　人の惡を攻むを須いず
不須伐己善　己の善を伐るを須いず
行之則可行　之を行えば則ち行う可く
卷之則可卷　之を卷けば則ち卷く可し
祿厚憂責大　祿厚くして責の大なるを憂え
言深慮交淺　言深くして交りの淺きを慮る
聞茲若念茲　茲を聞きて若し茲を念わば
小兒當自見　小兒も當に自ら見るべし

この詩は、中國古典の傳統に從って、すべて典故を踏んでいる。中でも最初の四句はともに『論語』を下敷きにしている。方外の徒として世間から脫して生きた寒山であっても、古典の核でもある儒教の典籍をちりばめて詩作する點では、仕官した知識人とまったく同じであった。彼ら佛教徒は中國古典文化の土俵に上り、自らの宗教思想を漢字で表現し、傳え、展開した。

かくの如く、中國佛教も中國思想史研究の常識と成果抜きに語ることはできない。そしてまた逆も眞である。そこで筆者は、中國思想史との關わりを手がかりに、中國思想史の方法論によって中國佛教に光をあてるべく、本論集を編んだ。

本書の構成

中國思想史との關わりからその方法論によって考察するという立場を確認した上で、筆者の研究領域のうち、佛教に關わる以下の三分野を取り上げる。

Ⅰ　佛教史書

Ⅱ　佛教徒・佛教信者

Ⅲ　中央アジア出土の漢語文獻

筆者の最初のテーマは、唐代士大夫の思想解明であった。その研究過程で、彼らの思想に儒佛道の三教が密接に關連していること、また三教の擔い手達、特に士大夫と僧侶が、知識人として同時代を呼吸し導いていることを知った。唐代を明らかにするためにも、士大夫の思想を明らかにするためにも、佛教の理解は不可缺であった。Ⅰ、Ⅱはそうした機緣から佛教分野に向かったものである。Ⅰは史書への關心、Ⅱは遺言への關心から生まれた。また筆者は、在外研修中の一九九〇年にベルリンで、東西ドイツ統一に向かう壁の崩壞に遭遇した。前世紀初めにドイツ學術調査隊が中央アジアから將來したトルファン文書は、この時以來、ようやくさまざまな政治的事情から開放されて自由な研究環境を取り戻し、その成果を世界に發信する事業も緒に就いた。そこで筆者は、一九九四年以來、彼の地では手薄な漢語と中國思想史の知識をもってこの事業に協力する中、Ⅲに取り上げる佛教文獻に出會った。從って三分野は有機的な繫がりを持つものではなく、緣あって筆者の關わった三方向からの、佛教への照射である。

具體的に言えば、Ⅰでは、『佛祖統紀』を軸に天台宗史の成立とその内容を檢討し、そこで明らかになった佛教と世俗（すなわち儒教社會）の權力との關係について、また宗史が世俗の史書をどのように取り込んだかについて、宋代の佛教界を考察した。

Ⅱでは、唐および宋の佛教徒の遺言や墓誌銘などを手がかりに、中國における佛教の受容を個人の側から考察した。

Ⅲは、近年筆者の携わっているトルファン出土漢語文獻に關する研究と報告であり、西域出土文獻研究におけるヨーロッパの狀況を傳えて、必ずしも篤いとは言えない日本の研究を鼓舞しようとするものである。

以上の三本の照射の下に、それぞれいくつかの章に分けて考察する。各分野の論考の輪郭を示せば以下のようになる。

一、二ではまず、十二世紀初めから十三世紀後半まで、宗派の史書として一連のものと認識されている天台宗史をたどり、いくつかの問題點を取り上げる。燈史や燈錄あるいは僧傳においても華々しい禪宗と同じように、天台を中心とした佛教史を書くという悲願は、元穎『天台宗元錄』、鎧菴吳克己『釋門正統』、鏡菴景遷『宗源錄』、そして宗鑑『釋門正統』を經て『佛祖統紀』に結實した。たゆまず史料を集め、散佚した著作を捜し、ある場合は創作編集して次第に形式を整え、宗鑑に至って中國傳統の正史のスタイルで、天台宗史は組み立てられた。これは天台宗が社會的に認知されることに大きな貢獻を果たした。志磐撰述『佛祖統紀』はこれを補ってさらに完成度を高め、天台宗史を完成させたと言われる。しかし宗鑑『釋門正統』は『佛祖統紀』成立後も傳承されてきた。それはなぜか。その視點から眺めると、『釋門正統』と『佛祖統紀』が、同じく天台宗史と呼ばれながら性格を異にする部分が見えてくる。そこにも時代と社會から佛教に向けられた要請が見える。

三、四は、志磐および『佛祖統紀』についての考察である。『佛祖統紀』そのもの、あるいは志磐その人については、今日までほとんど考究されることがなかった。その理由は本文にいくつか擧げたが、結果として、志磐という人物の資料も皆無と言っていいほど遺らなかった。そこで志磐を知るため、五四巻の『佛祖統紀』を丹念に讀み、その姿を浮かび上がらせようと試みた。「『佛祖統紀』の執筆・刊行は、宋王朝における佛教の立場を自覺する志磐が、現實政治と強く結びつくことによって佛教の擴大を圖ろうとしていることの、はっきりとした意思表示であった」というのが、そこから導かれた結論である。五のテキストの檢討においてもその傍證が得られた。

六は、各派固有の事情を抱えつつ、強大な皇帝權力の元で積極的に世俗社會に關わっていった宋代の佛教界について、當代に勢力のあった律宗と天台宗の代表的な佛教史書二篇を選んで考察する。一が宋初、他が宋末に成っていることから、時代に即した佛教側の姿勢も確かめられるはずである。

Ⅱ　佛教徒・佛教信者

一　佛教徒の遺言

二　楊億研究―「殤子述」を讀む―

ここでは、中國佛教徒あるいは佛教信者の死生觀を追うことによって、中國佛教に迫り、佛教における中國的特質について檢證したいと思う。

まず一では、筆者が長年取り組んでいる「遺言」研究の一部として、佛教徒の遺言を取り上げる。佛教が中國社會に浸透するにつれ、釋迦その人の行爲にも「報恩」や「孝」が讀み込まれる。また中國人の宗教として天台、華嚴、禪、密教が開花すると、佛教と世俗の關係は一段と深まり、葬喪儀禮も一層、土着的、儒家的な彩りを増す。こうした歷史的推移の中で、唐代を中心に佛教徒の遺言を見て行く。中國人の遺言に多い「薄葬」について佛教徒はどのような態度を示しているか。佛教徒においても壓倒的に多い、死後の儀禮、終制を指示する遺言はどのような内容か。また僧侶の遺産處分とはどのようなものか。これらを取り上げ、世俗の遺言と比較して、世俗社會との關わりに注目する。

次に二では、思想史と宗教の交叉點にある大きな問「中國の知識人、つまり儒者は異境の宗教をどのような形で自己の思想の中に取り入れていったか」について、楊億の場合を考察する。楊億は、敕命による『景德傳燈錄』の編者として、また佛教信者として知られた宋代の士大夫である。彼が早世した我子の死を悼んだ「殤子述」を讀むことによって、その佛教理解がいかなるものであったかを明らかにする。また唐代の士大夫で禪佛教と關わり深い權德輿を取り上げ、三人の孫を相次いで亡くした際の墓誌銘を讀む。これらの比較によって、「死」の受け止め方ひいては佛教の捉え方は、佛教が中國固有のものとなるにつれてどう違ってくるか、より鮮やかに浮き彫りにされると考えるからである。

Ⅲ　中央アジア出土の漢語文獻

1　返還文書研究1――「返還文書」とその一覽――
2　返還文書研究2――「返還文書」から見たトルファン版本の概觀――
3　インド美術館藏トルファン漢語斷片假目錄
4　出口コレクションの一斷片によせて
5　イスタンブール大學圖書館所藏漢語トルファン文書一覽表
6　元初の一枚の印刷佛典扉繪と供養圖
7　『佛母經』の傳承
8　唯識關係新史料
9　もう一つの中央アジア將來文獻――フランケ・コレクションについて――
10　大谷勝眞のベルリン訪問――戰前におけるある日本人學者の功績――

十九世紀末、ヨーロッパの列强は、競って中央アジアへの學術調査隊を派遣した。ドイツの調査隊は、一九〇二年から一九一四年にかけての四回がよく知られ、その將來品は、ベルリン・トルファン・コレクションとして學術的・美術的に注目された。しかし二度の大戰と二度の敗戰、その後の東西分斷によって、ドイツにおける研究は大きく遲れた。蒐集品自體についても、空襲によって灰燼に歸した例、疎開中に紛失した例、返されたまま死藏された例、研究費捻出のため賣却されたかと考えられる例など、ありとあらゆる不運を被った。管理や研究の體制が整わなかったのは言うまでもない。二十世紀末に、その狀況は突如變わった。東西ドイツ統一に伴って研究の新體制が整い、近年の情報處理システムの飛躍的發展と相俟って、コレクションの史料は世界のどこからでも檢索できるようになったのである。百年前の調査隊が持ち歸り、イギリス・フランス・ロシア・スウェーデン・フィンランド・日本など各國に散らばって藏されている、敦煌・トルファン文書の多くも、八十年代頃からは實見が可能になり、今では鮮明な圖版の出版やインターネット上の畫像公開も進み、漢字文獻の瞬時の檢索も出來るようになった。今日、中國で發掘、發見される史料も、これらとただちに付き合わされ、思いもよらぬ結論を導くことがある。ここでは、ベルリン・トルファン・コレクションを中心に、それらの史料に關する論考を集める。

1・2の「返還文書研究」とは、第二次世界大戰でベルリンが破壞される直前に、舊東ドイツに疎開させられ、戰後は舊ソ連に沒收されて、八十年代になって舊東ドイツのライプツィヒ民族學博物館に送り返された一箱を指す。そこでそのまま死藏され、東西ドイツ統一の際にインド美術館に移送されたものである。中味が雜多で未整理なことから、筆者はこの二百四十枚の斷片がベルリン・トルファン漢語文書全六千枚の縮圖であると假定して、まず1で一覽表を掲げた。これによって、佛典・非佛典の割合と同じく、寫本・版本の割合も全コレクションのそれとほぼ等しいことが判明した。そこで前揭の假定のもとに、2では、返還文書に基づいてコレクション全體の版本の概觀を示し、今後の研究の備えとした。

3の「インド美術館藏トルファン漢語斷片假目錄」で取り上げた斷片は、元來アカデミーのコレクションと一體のものであるが、展示等の理由によって一九三〇年代の後半に美術館に移された。しかし文書類の整理は美術館では遲れがちで、研究者にとっては使いにくい資料となっている。そこで筆者は、實見をもとに假目錄を作成した。まだもれているものもあると思われるが、斷片のデジタル化に着手されていない現狀においては、何らかの手がかりを提供できると考える。

4の「出口コレクションの一斷片によせて」では、ベルリン・トルファン・コレクションの一部をとりあげている。これについては一九七八年に圖版（『高昌殘影』）が出版され、ドイツの混亂期を經て、二〇〇五年にその釋錄が出版された。恐らく新しい検索方法を用いた結果であろう、圖版で「論語疏」とされた斷片が釋錄では、未知の「法華玄贊疏」と記された。ところが筆者もまた近年のメディアの進化のおかげでまったく偶然に、未知とされたその書に行き當たった。二十世紀末に山西省應縣佛宮寺釋迦塔から發見された遼代の佛典によって、遼僧詮明による唐の（窺）基『妙法蓮華經玄贊』の注釋「法華經玄贊會古通今新抄巻第二」であることが分かったのである。高麗僧義天や我が國の成尋の旅行記からは、この詮明の作品が、死に値するほどの嚴しい書禁を犯して、宋の都、汴京に傳來していたことが分かる。また當然それが高麗や日本といった東の地に持ち歸られたことが示唆される。一方、出口コレクションのこの小斷片は、西のトルファンに傳播したことを明示する。今日顯著な「學問の世界化」の千年を遡る姿と言えよう。

5「イスタンブール大學圖書館所藏漢語トルファン文書一覽表」に用いる史料も、ベルリン・トルファン・コレクションから出たものである。出口コレクションと同様、後にイスタンブール大學の教授に就いたラフマティ氏を經ている。イスタンブール大學のセルトカヤ教授と、百濟康義氏の努力により一九八七年に「假目錄」が作成されたが、未出版であったため、その後二十年間、このコレクションの漢語文書はほとんど忘れられた狀態であった。セルトカヤ教授の盡力を得て實見した結果、筆者はこれらの貴重な資料がうち捨てられていることを殘念に思った。そこで「假目錄」を補う形で再調査を行い、これを公開して多くの研究者に資料を提供したいと考えた。既刊の拙著『イスタンブール大學圖書館藏トルファン出土漢語斷片研究』では、それらがどのような意味で貴重であるかを提示するため、四種の文書斷片『金光明經』『提謂經』『最勝燈王如來陀羅尼句經』『成具光明定意經注』を取り上げた。ここでは目錄にそえて、それらの梗概を述べる。

6「元初の一枚の印刷佛典扉繪と供養圖」は、出口コレクション、舊インド美術館、ベルリン・トルファン・コレクションのいくつかの斷片を重ねることで現出したもので、非常に興味深い種々の問題を提起している。現時點の解明にも、各國研究者の考察と、ロシア藏斷片やわが國室町期の扉繪など多種の資料の參照を要したが、問題解決にはさらに多くの世界各地の資料が必要となろう。

7「『佛母經』の傳承」は、敦煌やトルファンで多くの寫本として發見されている佛典目錄に見えない疑經(僞經)を扱う。これが疑經である點をまず解說し、いまだ翻刻されていない敦煌及びトルファンの寫本を移錄した。また明初とされる寫本『佛說小涅槃經』がやはり『佛母經』の一バージョンであることを確認し、北京やミュンヘンにある寫本を紹介して、この經が八、九世紀から十五世紀まで塞外のみならず廣く中國に流布していたことを證明した。

8「唯識關係新史料」は、4「出口コレクションの一斷片によせて」の續篇と言える。敦煌に比べて、まとまった史料の期待できないトルファン佛教學の實態を知るためには、資料の層を厚くする他ないという認識から、新史料を取り上げたものである。

9「もう一つの中央アジア将來文獻」は、現在ミュンヘンの民族學博物館に所藏されている、これまで知られていないコレクションである。ベルリン・コレクションとは全く別のものであるが、やはり數奇な運命を辿った。宣教師でありチベット學者であったヘルマン・フランケはこれらを個人的に集めた。それが第一次世界大戰によって紛失し、手を盡くして捜した結果、二十四年後カシュガルの教會の地下室で發見され、彼の元に届けられた。フランケは、序文を添えたカタログを執筆し、二年後に亡くなった。その原稿とコレクションは、博物館の書庫に保管されていたが、フランケ自身がその旅行記に紛失したと書いていたため、忘れられた。半世紀後にこれらが世に出たのは、いつか再發見できるという希望を持ち續けて情報を集めていたゲルト・グロップ博士(Dr. Gerd Gropp)の努力による。一九八一年にフランケの所屬していた教會の代表者との雜談から、彼は博物館のことを知った。そして早速問い合わせ、フランケのコータン・コレクションがそこに存在するとの返事を得たのである。

このコレクションにはさまざまな物が含まれる。その内容については、フランケおよびグロップの説明を轉記し、漢語文書については、筆者が「フランケ將來漢語文獻假目録」としてリストアップした。明らかな佛教文書は、寫本『合部金光明經』鬼神品と『大般涅槃經』の二つの斷片である。

インドから中國、そしてまた朝鮮、日本へと傳播した佛教の諸相を追うにつれて、たとえ一端であれ眞理を手に入れたいと身を挺した先人達の努力が見えてくる。そこには鎭護國家を祈願した西域小國の王や、命を賭して經典を傳えた僧侶らとともに、整わない研究環境の中で勉勵努力した學者の姿もある。

10「大谷勝眞のベルリン訪問」は、『中國古典社會における佛教の諸相』と題する本書を閉じるにあたって、そうした先人の一人に顕彰の一文を捧げるものである。

第Ⅰ部　佛教史書について

一　宗鑑『釋門正統』以前
――天台宗史とその成立（一）――

はじめに

陳垣『中國佛教史籍概論』は、宗鑑『釋門正統』について個別の解題をせず、志磐『佛祖統紀』と竝べて論じている。そしてその理由について次のように述べる。

二書皆天台宗所撰之佛教史。正統撰於嘉熙間、統紀撰於咸淳間、相距不過三十年。後書大抵以前書爲藍本、增加史料而改造之、然前書未可廢也、故合論之。

また『佛祖統紀』の著者、志磐自身はその序で

惟昔良渚［宗鑑］之著［釋門］正統、雖粗立體法、而義乖文薉、鏡菴［景遷］之撰宗源［錄］、但列文傳、而辭陋事疏。至於遺逸而不收者、則舉皆此失。於是竝取二家。且刪且補、依放史法、用成一家之書。

(T49, 129c)[1]

と述べている。『佛祖統紀』は、宗鑑『釋門正統』や鏡菴『宗源錄』などに基づき、天台宗史を集大成したとされる作品である。前書に新しい史料を加え、あるいは全體を整備して後書が成立し、やがてとって代わることは多い。そして前書は讀まれなくなって姿を消すというのが、史書編纂においてよく見られる例であり、志磐の言

及した二書のうち『宗源錄』も今は失われている。

佛教史の上では、燈史の『祖堂集』(九二五年)と『景德傳燈錄』(一〇〇四年)の例がある。この場合、『景德傳燈錄』の出現によって、『祖堂集』は二〇世紀まで忘れ去られていた。しかしその再發見によって研究がすすめられ、内容に編者の禪宗派の立場が影を落としていることや、共通してとりあげる問答で『祖堂集』が古形を傳えていること等、さまざまな點が明らかになってきた。

新舊交代する歴史書のある一方で、『舊唐書』と『新唐書』のように、後世までそろって人々に讀み繼がれる場合もある。それは同じ時代を扱っても兩者の執筆の立場が異なることに因る。例えば趙翼『廿二史箚記』は、「新書刪舊書處」「新書增舊書處」といった項目を立て、新舊兩唐書を多方面から論じている。それらの論述からは、兩書がともに正史として流布してきたことが納得できる。

ところで陳垣は、「捨て去ることはできないので『佛祖統紀』と一括して述べる」と言いながら、『釋門正統』の獨自性については、天台の「山家山外之爭」に對する態度が異なる點を述べるのみである。果たして兩書は、新舊兩唐書のように、それぞれに史法の違いがあって、ともに讀み繼がれてきたのであろうか。それとも前書である『釋門正統』が、天台宗派において特別の意味を持ったのであろうか。管見の及ぶ限り、『佛祖統紀』の出現後、佛書において『釋門正統』についての言及はなく、また著錄もない(2)。これは何を物語っているのだろう。

兩書を取り上げた論文はいくつか書かれているが(3)、そろって現在まで讀み繼がれてきたことについての考察はないようである。本稿「天台宗史とその成立」の目的は、それぞれの立場を提示することによって、兩書がともに今日まで傳承された背景を探ることである。そのためにまず宗鑑『釋門正統』に對する理解を深めたい。本篇では先行する天台宗史を概觀するとともに、上記の目的に至るための前提的事項について見ておこう。そして次篇において『釋門正統』を取り上げ、『佛祖統紀』との違いについて考えるつもりである。

第一章　元穎撰『天台宗元録』（附：傳の獲得）

『佛祖統紀』巻一、「通例」の「敍古製」には、『天台宗元録』について

徽宗政和（一一一一―一一一八）の間、呉興の［元］穎師、始めて宗元録を撰し、天台一宗授受の事を述ぶ。北齊自り本朝元祐（一〇八六―一〇九四）に至るに、之が圖を爲し、以て道統に繫ぐ。是に於いて教門の宗祖、始めて粲然と考うる所有り。

徽宗政和間、呉興穎師始撰宗元錄、述天台一宗授受之事。自北齊至本朝元祐、爲之圖以繫道統。於是教門宗祖始粲然有所考矣。（T49, 130c）

と述べる。

元穎の傳は、『釋門正統』巻七、護法内傳（446b）[4]と『佛祖統紀』巻二二、未詳承嗣傳（T49, 246c）に見える。それらによれば、彼は浙江の呉興出身で、大觀年間（一一〇七―一一一〇）に天台教學を學び、政和三年（一一一三）に開元寺に智者寺を建てて天台教觀の修行道場とし、教化に當たった。一方、慈霊閣では『法華靈瑞集』、『淨土警策』[5]等といった執筆活動にも力を注いだが、それらの作品の中で最も有名なものは、『天台宗元録』百巻である。この著作も失われているが、恐らくはその一部であろう以下のような自序が殘されている。

自敍に曰わく、宿因の發する所、早に足を天台に投じ、像運の逢うを獲、忝けなくも懷《おもい》を教觀に留む。常に歎ず、宗元は緒を失し、祖裔は倫に迷う。江山に奔走すと雖も、恨むらくは傳注を聞く蔑《な》し。圖籍、縱え有

るも、各おの一途を擅らにす。況んや行業を記する者は、漫りに平昔を誇り、碑刻を榮する者は、徒らに高尙に攀《たよ》り、後代の狂簡、玆に實に之れ有り。穎は深きを汲むを撥《おさ》めず、毎に露惑を懷き、其の萬一を書し、後賢に呈似せんとす。庶幾わくば、將來刪補し、寶雲［義］通に漸む有らん。云《ここ》に其の事迹を考うれば、殊に其の大者小者を識る無し。此れ［遵］式・［知］禮二公の過なり。寶雲に至るに及べば、但だ一影堂［有る］耳《のみ》。

自敍曰、宿因所發、早投足於天台、像運獲逢、忝留懷於教觀。常歎宗元失緒、祖裔迷倫。雖奔走於江山、恨蔑聞於傳注。圖籍縱有、各擅一途。況記行業者、漫誇平昔、榮碑刻者、徒攀高尙、後代狂簡、玆實有之。穎不撥汲深、毎懷露惑、書其萬一、呈似後賢。庶幾將來刪補、有漸於寶雲通。云考其事迹、殊無識其大者小者、此式禮二公過也。及至寶雲、但［有］[6]一影堂耳。(446b)

ここからは、『天台宗元錄』が書かれた十二世紀の初めには、天台宗門、あるいは祖師たちに關する史料、そして教典注釋はほとんどそろっていなかったことが分かる。わずかにあっても、セクトを強調するバランスを缺いた解釋書と事實を虛飾した傳記や碑文であったと言う。そこで元穎は自らの非力を知りながらも、遠大な計を立て、天台宗旨の歷史を少しでも後世の識者に傳えようとした。彼は自らの立場を「後代の狂簡」[7]と言っている。彼はまた、作りあげた『天台宗元錄』に將來、學者達が手を加え補正してくれることを希望すると述べている。そして一番氣がかりなことは、寶雲義通（九二七―九八八）の傳記が十分でなかった點であると告白する。義通は天台中興の祖、四明知禮の師である。そうした人物の傳記を書くだけの史料すら存在しなかったことからは、元穎がいかに苦勞して『天台宗元錄』を著したかが分かろう。元穎は、手元に義通に關する些細な事蹟は何一つ遺っておらず、彼の影堂が存在するだけであると嘆いている。

宗鑑撰『釋門正統』巻二の寶雲義通本傳には、この自敍と重なる言葉に加えて、そこには見えない部分として惟だ相い傳えて云く、兩眉の中間、其の白毫、相い之を舒せば、長さ五六尺、其の中に卷く、眞の大士僧なり。

惟相傳云、兩眉中間、其白毫相舒之、長五六尺、卷乎其中、眞大士僧也。(382a)

が、「宗元錄云」として引かれている。これは元穎傳か自敍か、どの部分からの引用かは分からないが、いずれにしろ傳を立てるための確たる史料がなかったことは事實であろう。

元穎の『天台宗元錄』は、吳克己の『釋門正統』以下、志磐『佛祖統紀』までの天台佛敎史書に引き繼がれていった。百數十年の間には、さまざまな天台の史家達による改訂を經たであろう。この章の最後に付して論じるが、上記天台十六祖の寶雲通傳のように、全くなかったものを新たに書き足した場合もあり、また以下に示す二祖北齊慧文のように、基本線がしっかり受け繼がれた場合もあった。

『釋門正統』卷一、366a

吳興穎云、讀中論第二十四諦品第十七偈、因緣所生法、我說卽是空、亦名爲假名、亦名中道義。恍然獨醒、頓了說法無非因緣所生、而此因緣有不定有、空不定空、空有不二、立名中道、皆是謂也。師獨步河淮、時無競化。聚徒數百、道俗高之。旣以心觀、口授慧思、思獲六根淸淨、卽圓十信、別三十心、華嚴十梵行、瓔珞鐵輪也。望煙別薪、見鶴知池。弟子所證如此、師位高下不言可知。昔人歎曰、戴天者不知天之高、履地者不知地之厚。僧史失傳、不及具載、惜哉。有謂背手探藏得論明禪者、遂訛習奸語耳。

『佛祖統紀』卷六、T49, 178c

師又因讀中論大智度論中觀一品、至四諦品偈云、因緣所生法、我說卽是空、亦名爲假名、亦名中道義。恍然大悟、頓了說法無非因緣所生、而此因緣有不定有、空不定空、空有不二、名爲中道。師既一依釋論、是知遠承龍樹也。師在高齊之世輔行謂是齊高祖。今詳、高歡相東魏、封齊王。至子洋、方受魏禪。是爲文宣。追謚歡爲高祖。據此時尙稱東魏。文師道化、行於北齊受禪之後、故云高齊。此以姓冠國、如蕭梁元魏也、聚徒千百、專業大乘。獨步河淮、時無競化。所入法門、非世可知。學者仰之、以爲履地戴天莫知高厚。師以心觀、口授南嶽。嶽盛弘南方、而師之門人在北者、皆無聞焉雜見止觀輔行・宗元錄・九祖略傳。贊曰、……南山傳僧、逸而不載。亦豈無所考耶。……

『天台宗元錄』について、宗鑑は「正像の統紀に始め、教藏の目錄に終わる（始正像統紀、終敎藏目錄）」（446b）と言い、最後の仕上げを施した志磐もまた「是に於いて教門の宗祖、始めて粲然として考うる所有り（於是教門宗祖始粲然有所考矣）」（T49, 130c）、「古今の諸師の行事を序次し、山家の盛典を爲すと云う（序次古今諸師行事、爲山家之盛典云）」（T49, 246c）とする。元穎によって、はじめて天台宗門の祖師たちの傳記が作られ、彼らの著作が整理され、師嗣敎觀の授受が呈示されたことを言うのである。この作品ができたことによって、天台は佛教の一つの宗派として内外にその存在を叫ぶことが可能になった。宗鑑は、元穎が寶雲通公の傳記史料を求める態度に對して、「茲に其の爲法の心を見る可し（茲可見其爲法之心）」（446b）と評價する。師である寶雲通公という礎があってはじめて法智知禮は天台を中興し得た、という認識によろう。それは自らの手がける『釋門正統』編纂の立場と重なっている。

さてここで、その寶雲通公法師について、當初は傳が書けないほどの史料しか遺っていなかったにもかかわらず、百數十年の間に、天台十六祖にふさわしい傳を獲得していった推移を、宗鑑『釋門正統』、宗曉『四明尊者教行錄』、志磐『佛祖統紀』の中で見ておこう。それによって、後世に「史實」とされるものが、一般的にどのような形で作爲されるのかといった、興味深いテーマへと導かれることにもなる。

宗鑑撰『釋門正統』巻二の本傳末には

鄞の僧宗曉、師の事迹の碑實簡編に著わるる者を採りて、別に一集を爲り、寶雲振祖と號し、四明教行錄の後に附すに洎び、則ち通師翁の言行、班班として攷す可し。

洎鄞僧宗曉採師事迹著於碑實簡編者、別爲一集、號寶雲振祖、附于四明教行錄之後、則通師翁言行班班可攷矣。（382a）

と言う。南宋の石芝宗曉（一一五一―一二一四）が『四明尊者教行錄』を編纂した際に、寶雲義通に關する史料を集めて『寶雲振祖集』として巻七の付録に入れたことによって、やっと義通の言行がはっきりしたと述べているのである。元穎の時代に見るべき史料がなかったことはここからも知られる。

宗曉が收集した史料の中には、寶雲義通が遷化して七十七年をへた治平元年（一〇六四）に、法孫の宗正が筆を執った「鉅宋明州寶雲通公法師石塔記」と、宣和七年（一一二五）に、道昌が求めに應じて書いた「寶雲通法師移塔記」が含まれている。それらが、宗鑑撰『釋門正統』本傳や『佛祖統紀』本傳の中心史料であった。志磐もこのことは述べる必要を認めて、『佛祖統紀』巻八の本傳の末には、やはり宗曉の言葉を以下のように引いてコメントしている。

曉石芝曰く、石塔記に師の著述は逸して傳わらずと謂う。然るに諸ろの四明の章記を考うるに、則ち嘗つて筆を秉りて觀經疏記・光明玄贊釋を爲るなり。蓋し四明、其の義を稟承し、之を記鈔諸文に用い、傳わる無きと爲すに非らず。贊釋の一部は尚お存するも、但だ廣く行われざる耳《のみ》。

曉石芝曰、石塔記謂師著述、逸而不傳。然考諸四明章記、則嘗秉筆爲觀經疏記・光明玄贊釋矣。蓋四明稟承

其義、用之於記鈔諸文、非爲無傳。贊釋一部尙存、但不廣行耳。(T49, 191c)

宗曉の言葉は、『四明尊者教行錄』付錄に收められた「紀通法師著述遺蹟」(T46, 930c)から志磐が引いた文章である。また石塔記というのは、上の宗正「鉅宋明州寶雲通公法師石塔記」を指す。それが書かれた十一世紀の半ばには、まだ寶雲義通の著作は散佚して傳わっていなかった。しかし、宗曉の時代、つまり十二世紀の半ばまでには、弟子の四明法智が自らの著作の中に、師の寶雲義通の作品を參照して取り込んだという話が作られた。その結果、志磐は『佛祖統紀』卷二五、山家教典志(T49, 259c)の中に、寶雲の著作として『觀經疏記』『光明玄贊釋』そして『光明句備急鈔』を竝べることになったのである。

以上、殘された自序から、元穎の撰述した『天台宗元錄』がいかなる史書であったかをうかがい、これに續く史書の中で、寶雲通公法師がいかにして傳を獲得していったかを見た。

第二章　吳克己撰『釋門正統』(附:宗史の形式)

元穎撰の『天台宗元錄』を受けて、天台宗史に着手したのは吳克己(鎧菴)である。『佛祖統紀』「通例」の「敍古製」には、前章に引いた「徽宗政和の閒、吳興の[元]穎師、始めて宗元錄を撰す。……是に於いて教門の宗祖、始めて粲然と考うる所有り」に續けて、

寧宗慶元中(一一九五―一二〇〇)、鎧菴吳克己は穎錄に因りて之を增廣し、名づけて『釋門正統』と曰う。

寧宗慶元中、鎧菴吳克己因穎錄增廣之、名曰釋門正統。(T49, 130c)

と述べる。

呉克己（鎧菴）の生卒は一一四〇年から一二一四年で、『釋門正統』巻七、護法内傳（446d）に立傳されている。また同書巻三、弟子志末の「統圖」では「未詳承禀」の一人として扱われている。一方、『佛祖統紀』巻十七では證悟圓智法師の法嗣として立傳されており、同書巻二四、世繫表では

證悟圓智法師――慧光若訥法師――呉克己

となっている。しかし兩書の傳を讀む限り、法系を云々できる師はいない。(8) もし彼に師というものが考えられるとするなら以下に登場する寶積實公法師であろう。

さて呉克己は、字は復之で自ら鎧菴と號した。名と字の基づく所はもちろん『論語』顔淵篇「克己復禮爲仁」である。彼は建安節度使の末裔であり、曾大父（曾祖父）が四方に遊學に出て、そのまま婺州（浙江省金華縣）の浦江に家を構えることになった。恐らく正式に佛門に入ってから作られた話であろうが、その生誕の際には家人の夢に假名如湛（?―一一四〇）が宿を借りに訪れたという。後に天台教學を學ぶようになると、彼の議論は如湛のそれとピタリと一致した。そこで人々は、呉克己は如湛の後身であると言った。

彼は幼い頃から利發で、經史子集の書物に深い知識を備えていた。『周禮』の「封建井田」を讀んで、その制度を現在に復活すべきであると熱く述べたこともあった。科擧に應じたが失敗し、(9) その時「目を射んとするも眉に中る。命は時と違う」と慨嘆して、仕官の道を斷念し、そのまま左溪（浙江省浦江縣）に隱棲した。その頃にはまだ佛教には關心を持っていなかった。逆に佛教を異端思想として排斥する韓愈の主張に共鳴し、その主張に依據しようとしていたらしい。(10) ところがある時眼病にかかった。叔僧の如益が觀世音菩薩を念持し祈ることをすすめると、最初は「臨危不變、眞大丈夫」と言って聞き入れなかった。しかし、佛典を讀まないまま批判していた宰相の杜衍（九七八―一〇五七）に對して「佛書を讀まずにどうして佛教が儒教におよばないと斷言できるの

か」と言った朱太醫の話を聞いて、念持を試みると目はたちまちよくなった。止めるとまた悪くなった。そこで呉克己は、一心に念持して眼病を完治させ、佛教の道に進んだ。

彼が科擧に應じたのは淳熙年間（一一七四―一一八九）であると言っているので、本格的に佛教に身を投じたのは、三十歳をはるかに超えてからである。隱遁してから佛教に接近するまでの彼の作品として、『習（周の誤りか）易遺稿藁』、『儒語讀史精騎』、『語孟集註』、『封建井田』、『歷代綱領』等がある。

佛道に入り彼の心を捉えた經典は、『楞嚴經』であった。また『宗鏡錄』をたたえる黄山谷の詩を讀んで、自らも讀破した。ところが寶積實公は、『宗鏡錄』は規矩を備えていないから讀むべきではないと考え、[11]『天台止觀』を讀ませることにした。そこで初めて呉克己は天台の教觀に專心し、それを深めることになった。

乾道中（一一六五～一一七三）に鍾離松は、東平李侯をはじめとするその地の名士と結んで蓮社念佛會を起こし、百人に近い參集者を擁した。寶積實公はその中心人物である。この念佛會に、社友の一人として呉克己も參加している。結局、呉克己が佛道に身を投じてからの後半生は、この結社を中心に据えた活躍となる。鍾離松の認めた「寶積蓮社畫壁記」（『樂邦文類』卷三）には、

［呉克己は］經を窮め古に博く、尤も易に邃《ふか》し。内典の淵奧、究通せざる靡し。嘗《つね》に瞿曇《しゃか》出世一大事の因緣を論じ、吾が覆を發すること多し。

［呉克己］窮經博古、尤邃於易。内典淵奧、靡不究通。嘗論瞿曇出世一大事因緣、發吾覆多矣。（T47, 189b）

と見える。

この時期の著作としては、『法華樞鍵』、『科四教儀』、『楞嚴綱目』、『止觀大科』があり、『楞嚴集解』は印刷に付されるほど讀まれたようで、これ以外にも多くの文章を書いたようである。「刊往生行願略傳序」（T47, 175c）

や「重刊刪定止觀序」、「與喩貢元書」（『佛祖統紀』巻五十、名文光敎志、T49, 445c以下）が殘っている。彼の事蹟は曲折あるが故によく記録にとどめられている。僧籍に終始した宗史の他の著作者とは異なる點であり、上に詳しく記した所以である。

宗鑑は下に見るように、「未だ倫理に就かず（未就倫理）」と、吳克己の『釋門正統』に十分な統一がないことを言うが、『佛祖統紀』は

今、茲に集むる所は、彼に資ること多きを爲し、宗鑑は其の實を沒せず。其の高義に於いて、必ず鎧菴曰くの字を標し、以て之を冠す。

今茲所集、資彼爲多、宗鑑不沒其實。於其高義、必標鎧菴曰字、以冠之。（447a）

と、宗鑑が吳克己『釋門正統』から多くを利用し、特に「高義」、つまり史家の判斷を示す記述は彼に因っていることを指摘している。[12] 吳克己の生涯の多岐に亙る敎養がその史識を深めていたことは、想像に難くない。

さて『釋門正統』は晩年の作品で、吳克己はこれを完成せずに亡くなっており、未完の作そのものも遺っていない。『佛祖統紀』の本傳では「晩に釋門正統を編むも、未だ就らずして亡ぶ」（T49, 237a）と述べるに止まり、また「通例」でもこの作品名に言及する箇所はいくつかあるものの、内容には觸れない。一方、良渚宗鑑撰『釋門正統』は本傳で、

晩に釋門正統を編み、紀運と曰い、列傳と曰い、總論と曰うも、未だ倫理に就かず。

晩編釋門正統、曰紀運、曰列傳、曰總論、未就倫理（447a）

と少しく具體的に語る。ここでは、『佛祖統紀』による天台宗史の形式の成立を念頭に置いて、吳克己『釋門正統』の形式について見ておこう。

まず「紀運」は編年體の佛教通史のようなものではなかったかと思われる。『通志』では、巻六五、史部、編年史の下に、「紀錄」と「運歴」の項目を立てて著錄し、また巻七二、史部、別史類で「紀錄」と「運歴」を合體させて「紀運」とし、「王氏五運圖、路惟衡帝王歴數圖、龔穎運歴圖、古今年表、國朝年表、帝王接受圖」等が著錄されている。これから推測される「紀運」は、帝王治世の年月下に、佛教に關する簡單な記事を書き込んだ年表のようなものを指すと思われる。

例えば、唐の會昌廢佛の際に、武宗は佛教を根絶する意圖をもって、「佛教が中國に傳わってから今日まで、佛教は興廢をくりかえしたが、どのようなきざしがあったか」と、左右兩街の僧錄と三學の僧侶達に問うた。その時に僧錄の一人であった玄暢は『三寶五運圖』を撰述した。この書について、贊寧は『大宋僧史略』で

[玄] 暢、遂に三寶五運圖を撰し、佛法傳行年代を明らかにし、費長房の開皇三寶錄の若きと同じなり。

[玄] 暢遂撰三寶五運圖、明佛法傳行年代、若費長房開皇三寶錄同也。(T54, 243c)

という。

また、南宋の隆興年間(一一六三—一一六四)の初めに祖琇が撰述した『佛運統紀』も、「紀運」を考えるヒントを與えよう。この書には

左氏に放い、褒貶の法に寓《よ》り、兼ねて簒弑反叛災異の事を述ぶ。永嘉の薛治は釋迦譜を敍べて云わく、琇師の統紀は多く小機の所見を附す。最上乘を學ぶ者は尙お深く之を病む。

放左氏、寓褒貶法、兼述簒弑反叛災異之事。永嘉薛治敍釋迦譜云、琇師統紀多附小機所見。學最上乘者、尙深病之。(T49, 132b)

と説明が加えられている。『佛運統紀』は『左傳』體、つまり帝王の卽位時代(年號)の下に佛教關係の記事が

編纂されている編年體の佛教史である。

これらの二つの記事からも、呉克己の「紀運」が佛教年表である蓋然性は高いと言えよう。もちろんそれは、天台の教えが釋迦以來の正しい佛法を傳えていることを、一目の下に示すものであり、後の「統圖」に展開していくような要素も含まれていたであろう。

「列傳」は言うまでもなく、天台を中心とする高僧の傳記からなる。ここには、後の宗鑑撰『釋門正統』や『佛祖統紀』の本紀や世家などに立てられる天台祖師も含まれていたであろう。さらに「總論」は史學の分野では聞き慣れない言葉であるが、「志」に當たるものではなかっただろうか。宋代には、贊寧撰『大宋僧史略』や道誠撰『釋氏要覽』といった佛教に關する百科事典のようなものが出版されているが、そこで扱われたいくつかの事項を取り上げて論じたと思われる。

途中で終わった呉克己（鎧菴）撰『釋門正統』をまず助けたのは法師志昭である。『佛祖統紀』巻二二、未詳承嗣傳に

左溪に居り、釋迦譜を述ぶ。躬ら叔父鎧菴の微志を稟くと稱し、歴代宗承圖を編次するに及ぶ。後學、是に於いて考え有らん。

居左溪、述釋迦譜。稱躬稟叔父鎧菴微志、及編次歴代宗承圖。後學於是有考。（T49, 246c）

と見え、同書巻一、通例「修書諸賢」にも

志昭法師は鎧菴の姪なり。婺女の左溪に居し、釋迦譜・歴代宗承圖を撰す。

志昭法師鎧菴之姪。居婺女左溪、撰釋迦譜・歴代宗承圖。（T49, 132b）

と言う。

ここで言う「釋迦譜」は、現存する梁の僧祐撰『釋迦譜』と同じように、釋迦の傳記であろう。僧祐のもの、あるいはその煩瑣を嫌って六分の一ほどに簡略化したとされる道宣撰『釋迦氏譜』を元に、さらに簡便なものを、呉克己の編集方針にそって志昭が作りあげたのである。これは後に「本紀」に展開していくものであった。「歴代宗承圖」は文字通り誰から誰に天台の教學が傳わったかを示す「表」で、宗鑑撰『釋門正統』の「統圖」、『佛祖統紀』の「佛祖世繫表」の元になったものである。

また呉克己『釋門正統』は、元穎の『天台宗元錄』を「增廣す」というが、それがどの程度のものであったかは分からない。

以上、呉克己とその著『釋門正統』について述べるとともに、天台宗史の形式の考察に一石を布した。

第三章　景遷鏡菴撰『宗源錄』（附：山家・山外兩派の對立起源）

志半ばで亡くなった呉克己の後を嗣いだのが、甥の志昭であったことは上で述べた。次に天台宗史に取り組んだのは、景遷鏡菴である。彼は『佛祖統紀』卷十八、「廣智下第七世」の止菴蓮法師の法嗣として名を成すが、傳記はない。ただ同書卷一、「通例」の「敍古製」に

嘉定の閒、鏡菴遷法師、復た穎本及び鎧菴の新圖を取り、重ねて詮次を加え、新傳六十餘人を增立し、宗源錄と名づく。

嘉定閒、鏡菴遷法師、復取穎本及鎧菴新圖、重加詮次、增立新傳六十餘人、名宗源錄。（T49, 130c）

「修書諸賢」に

景遷法師は餘姚の人なり。業を東山廣教に受け、鏡菴と號す。嘉定の閒、天竺靈山に住し、宗源錄を撰述し、呉本に六十餘傳を增多す。

景遷法師、餘姚人。受業東山廣教、號鏡菴。嘉定閒、住天竺靈山、撰宗源錄、增多呉本六十餘傳。

（T49, 132b）

と消息が見える。

景遷は紹興餘姚の出身で、號を鏡菴と言った。東山廣教の下で學び、南宋の嘉定年間（一二〇八―一二二四）に、杭州の天竺靈山に住持した。そこで彼は、元頴『天台宗元錄』と鎧菴呉克己『釋門正統』を整理し、新しく六十餘人の傳記を加えて『宗源錄』を著わした。ただし『宗源錄』も失われているので、六十餘人が全體から見るとどれぐらいの比率にあたるのかは分からない。

良渚宗鑑は、自らの『釋門正統』の中で、呉克己の『釋門正統』の高論を、「鎧菴曰」と明記して採用したが、景遷の『宗源錄』のそれは、「鏡菴曰」といった形では利用していない。ただ巻三の「統圖」に、「圓辨道琛――止菴法蓮――鏡菴景遷」と、法系の中のその名を記すのみであり、その著作『宗源錄』の名さえ出てこない。一體、良渚宗鑑は『宗源錄』を『釋門正統』に利用したのであろうか。

その答は、天台宗史の到達點である『佛祖統紀』の記述に求めなければならない。『佛祖統紀』巻一、「通例」の「敍古製」には

理宗の嘉熙の初、錢唐の良渚［宗］鑑法師は呉本（＝呉克己撰『釋門正統』）を取り、史法に放い、本紀・世家・列傳・載記・諸志を爲り、舊名に仍りて釋門正統と曰う。

理宗嘉熙初、錢唐良渚鑑法師取呉本、放史法、爲本紀・世家・列傳・載記・諸志、仍舊名曰釋門正統。

（T49, 131a）

と述べており、宗鑑は『釋門正統』に鏡菴撰『宗源錄』を利用していないことが分かる。

鏡菴が『宗源錄』を書いた時期は南宋の寧宗・嘉定年間（一二〇八―一二二四）であり、一方、宗鑑の『釋門正統』は理宗・紹定六年（一二三三）以前に上梓されているから[13]兩者の時代はあまり隔たっていない。さらに鏡菴は餘姚（浙江省紹興）の出身で、杭州の天竺靈山寺で執筆し、宗鑑は錢塘の出身で、仁壽張寺で執筆したとされ、場所も近接している。さらに法系にその名が記され、ともに天台中心の佛教通史を書く意圖を持って、『宗元錄』以來の仕事に向かっていた以上、宗鑑が『宗源錄』を利用しなかったのは、全くその書を見ることができなかったのか、それとも利用することを拒否したのか、いずれかであろう。

志磐は、先に引いた『佛祖統紀』卷一、「通例」の「敍古製」からの引用（T49, 130c）に續いて、「然るに鏡菴は則ち體統を立てざるの失有り（然鏡菴則有不立體統之失）」と述べているから、宗鑑があえて鏡菴撰『宗源錄』をとりあげなかったとも考えられる。しかし志磐は、「體統」を缺いていることを理由に『宗源錄』をすべて否定しているわけではない。同じく「通例」の「明今述」、つまり『佛祖統紀』の作品についての說明の中では、

今の述ぶる所は、蓋し是れ宗源錄・釋門正統を用て、文義を參對し、且つ刪り且つ補い、而して復た大藏經典、教門疏記、儒宗史籍、諸家傳錄の辭、及び琇師隆興統紀、修師釋氏通紀に取り、用て援引を助く。

今之所述、蓋是用宗源錄釋門正統、參對文義、且刪且補、而復取大藏經典、教門疏記、儒宗史籍、諸家傳錄之辭、及琇師隆興統紀、修師釋氏通紀、用助援引。（T49, 131a）

と言っているし、『佛祖統紀』卷二六、山家教典志には『宗源錄』が載せられ、その下に細字で「統紀列傳中に入る（入統紀列傳中）[14]」と注記している。『佛祖統紀』を作るに際して、このような形で鏡菴撰『宗源錄』と宗鑑

撰『釋門正統』が用いられている以上、もし宗鑑が『宗源錄』を見ていれば、たとえ否定したとしても何らかの言及はあるはずである。それが無いことからは、その存在を知らなかったとするのが自然ではなかろうか。
しからば、鏡菴がどのような考えをもって『宗源錄』を撰述したのか、あるいは彼の特徴的な立場はどのようなものか。それはやはり、これを利用した『佛祖統紀』の中から見つけ出すしか方法はない。『佛祖統紀』には上で引用した他に、以下のような鏡菴からの引用あるいは彼への言及がある。

205c　鏡菴曰（山外派に對する寛容）
209a　鏡菴曰（遵式傳の贊）
211c　鏡菴曰（元淨傳の贊）
235c　鏡菴曰（圓辯派の評價）
243b　上效故鏡菴論之曰
254a　鏡菴景遷法師（卷二四「佛祖世繫表」）
260c　鏡菴遷師　隨錄敎義　宗源錄（卷二五「山家敎典志」）

この中で、上の「鏡菴曰」を冠する四つの引用文は、鏡菴の立場を表明したもので、志磐がそれを認めて論贊として採用したものである。これから言えるのは、景遷鏡菴『宗源錄』は、元穎『天台宗元錄』と鎧菴吳克己『釋門正統』の延長上にあって、編纂の方法や姿勢に大きな違いはなかったということである。『佛祖統紀』が『宗源錄』について「復取穎本及鎧菴新圖、重加詮次、增立新傳六十餘人」（130c）と述べるのは、そのことを言うのである。ただし、それ以前にはなかったからこそ志磐が「鏡菴曰」として取り上げた、先行書との小さな違いや獨自の見識は存在する。天台を二分する山家派と山外派についての概觀をかねてそれを見ておこう。

まず、鏡菴自身の立場を明らかにする次のような引用がある。

鏡菴曰く、先賢云う有り、四明は天台の道を中興し、圓辯は四明の宗を中興すと。蓋し謂うに、四明の後、派《わ》かれて知解の學を爲し、近《ほと》んど山外に似る者有り。而るに圓辯なる者出でて、獨り能く祖意を發揮し、以て四明を起こすこと、盛んなるかな。或いは謂う、月堂［慧詢］は觀行を得、止菴［法蓮］は宗旨を得、一菴［處躬］・雪堂［戒應］は辯說を得、皆な師家の一體を有すと云う。

鏡菴曰、先賢有云、四明中興天台之道、圓辯中興四明之宗。蓋謂四明之後、有派爲知解之學、近似山外者。而圓辯者出、獨能發揮祖意、以起四明、盛矣哉。或謂月堂得觀行、止菴得宗旨、一菴雪堂得辯說、皆有師家之一體云。（T49, 235c）

四明法智を天台宗の中興の祖とし、その四世下の圓辯道琛は、四明法智死後に山家派内で芽生えた山外派に近い「知解」（知識重視による理解）の學を一掃して、四明法智の正統な教えを中興した。この圓辯道琛の弟子達は、それぞれ師の兼有する「觀行」「宗旨」「辯說」の一つを獲得し、師匠として活躍しているとの發言である。これは圓辯道琛の學系の優秀さを述べて、鏡菴の師である止菴法蓮を顯彰しているのであるが、それは卽ち、その法孫にあたる鏡菴が四明法智の正統な天台山家派の嫡子であることを主張するものである。志磐自身がこのような鏡菴の主張を採用しているのは、それを認めているからである。

ここで山家・山外兩派の對立起源について見ておこう。法智知禮の二世弟子である繼忠が神宗・熙寧九年（一〇七六）に書いた「十義書序」（『四明十義書』T46, 831b-c）は、以下のように言う。

有宋景德の前、光明玄の廣略二本、竝びに世に行わる。錢唐慈光（院の悟）恩師、記を製して發揮と曰い、專ら略本を解し、廣本に十法（界）觀心有るは、乃ち後人の擅ら添する爾《のみ》と謂う。……（晤恩に）二弟子有り。卽ち錢唐奉先（寺の源）淸師・嘉禾靈光（院の洪）敏師、共に難詞を構え、二十條を造り、師の義を輔成し、共に廣本を廢す。錢唐寶山の善信法師、書を奉じ敦く法智に之を評さんことを請う。……（知禮は）堅く讓《こと》わるも免れず、故に扶宗釋難の作有りて、專ら廣本の十種の觀心を救う。……錢唐梵天（寺の慶）昭師、孤山瑪瑙（坡の智）圓師、皆な奉先（寺の源淸）の門學なり。乃ち辨訛を撰し、釋難の非を驗し、發揮の得を救う。法智は謙光の禮を存し、問疑書を撰し之を詰り、昭師は遜らず、答疑書の復有り。法智は復た詰難書の徵有りて、昭師は五義の答を構う。法智は復た問疑書の責を作り、昭師は稽留し年を逾え、法智は復た覆問書の催答有り。昭師は今の釋難有りて不腆の文を翻成す。往復すること各おの五たび、綿歷すること七年、前後十番の文を攢結し、共に今の十義書の作を成す。

> 有宋景德之前、光明玄廣略二本、竝行於世。錢唐慈光恩師製記曰發揮、專解略本、謂廣本有十法觀心、乃後人擅添爾。……（晤恩）有二弟子。卽錢唐奉先淸師嘉禾靈光敏師、共構難詞、造二十條、輔成師義、共廢廣本。錢唐寶山善信法師、奉書敦請法智評之。……（知禮）堅讓不免、故有扶宗釋難之作、專救廣本十種觀心。……錢唐梵天昭師、孤山瑪瑙圓師、皆奉先之門學也。乃撰辨訛、驗釋難之非、救發揮之得。法智存謙光之禮、撰問疑書詰之、昭師不遜、有答疑書之復。法智復有詰難書之徵、昭師構五義之答。法智復作問疑書之責、昭師稽留逾年、法智復有覆問書之催答。昭師有今之釋難翻成不腆之文矣。往復各五、綿歷七年、攢結前後十番之文、共成今十義書之作。

「光明玄」とは智顗の撰述した『金光明經玄義』である。これに廣本と略本があり、晤恩は『發揮記』を著わし、略本に解釋を施した。彼は、廣本は後世の付加によるものであると主張した。彼の二人の弟子である奉先寺の源淸と靈光院の洪敏は、それを受けて『難詞二十條』を作り、師の説をさらに補強し、廣本を廢止した。寶山善信法師は四明知禮に手紙を書いて、これに批判を加えるように促した。そこで知禮はやむなく『釋難扶宗記』を著わし、廣本に見える「觀心」の意義を説いた。そうすると今度は、源淸の門人で梵天寺の慶昭と孤山瑪瑙坡の智圓が『辨訛書』を撰し、『釋難扶宗記』の誤りを指摘して『發揮記』の主張を援護し、略本の價値を主張した。知禮法智はそれまで謙遜禮讓の態度を保持していたが、『問疑書』を作り詰問した。昭慶は從おうとはせず、却ってまた『答疑書』を書いた。このように相手を批判する手紙が七年間に、兩者の間に五回往復されたのであり、それらの書簡を集めて、知禮法智の手で『四明十義書』が編まれた(15)。

知禮法智(九六〇―一〇二八)と異なる立場を山外というが、山外の中でも知禮法智と同時代の晤恩(九一二―九八六)、梵天慶昭(九六三―一〇一七)、孤山智圓(九七六―一〇二二)らを「前山外」、知禮法智の後代の淨覺仁嶽(九九二―一〇六四)、呉興子昉(淨覺仁嶽の高弟)、神智從義(一〇四二―一〇九一)らを「後山外」として、天台宗史では區別する。

以上のようにして、山家と山外の兩派が發生した。そして鏡菴は山家に屬するが、山外派の一人、孤山智圓に對して次のような評價を下している。

鏡菴曰く、孤山[智圓]は高世の才・彌天の筆を以て、十疏を著わし以て通經し、諸鈔を述べて以て解疏す。其の教門を翼贊するに於いて、厥の功、茂んなり。但だ其の相い承くる所設の法門、境觀を言いて、則ち眞心を以て境と爲し、總別を論じて、則ち理性を以て總と爲し、事法の二觀を判じて、修證を許さず、光明の廣本を廢して、觀心を用いず、唯だ心具心造を論じて、色具色造を許さず。是の如き等の義、諸《これ》を簡策に布す。是に於いて義學の士、其の説を習う者有れば、世、必ず指して山外諸師の見と爲す、惜しい哉。夫れ宗師を稱する者は、須らく三眼を具うべし。一に教眼と曰い、明らかに權實大小の法を識るなり。二に道眼と曰い、親しく諸行修證の門を踐むなり。三に宗眼と曰い、深く圓頓卽具の旨を窮むるなり。往往、山外の諸師の宗眼、未だ明らかならず。以てが故に所見、未だ圓極に臻らざる耳。別教菩薩、神通智慧、豈に思議を容れんや。未だ圓位を證せざるに由るを以て、斥けられて權と爲る。又た初地は二地の擧足・下足を知らず。一切聖賢は皆な無爲の法を以て差別有り。然らば則ち山外を議する者、此の意を以て之を恕さんことを請う。

鏡菴曰、孤山以高世之才・彌天之筆、著十疏以通經、述諸鈔以解疏。其於翼贊教門、厥功茂矣。但其相承所設法門、言境觀則以眞心爲境、論總別則以理性爲總、判事法二觀、不許修證、廢光明廣本、不用觀心、唯論心具心造、不許色具色造。如是等義、布諸簡策。於是義學之士、有習其說者、世必指爲山外諸師之見、惜哉。夫稱宗師者、須具三眼。一曰教眼、明識權實大小之法也。二曰道眼、親踐諸行修證之門也。三曰宗眼、深窮圓頓卽具之旨也。往往山外諸師宗眼未明。以故所見未臻圓極耳。別教菩薩、神通智慧、豈容思議。以由未證圓位、被斥爲權。又初地不知二地擧足下足。一切聖賢皆以無爲法而有差別。然則議山外者、請以此意恕之。

(T49, 205c)

鏡菴は、智圓の數多くの著作について、天台教門を助ける點で大いなる功績があったと考えるのである。[16]この點について鏡菴は、智圓を「高世の才、彌天の筆を以て」の言葉でほめる。これは鳩摩羅什と釋道安を意識した表現である。[17]中國佛教史、特に翻譯および注釋史上で輝かしい功績をおさめた兩僧を引いていることは、鏡菴の智圓に對するこの面への評價が最高級であることを示す。

もっとも知禮法智と異なる見解についてはその非を指摘する。上で見た智顗撰述の『金光明經玄義』の廣本と略本の扱いについては、智圓は略本が智顗の教學の立場であるとするのであるが、これに對して鏡菴は「[金]光明［經玄義］の廣本を廢して觀心を用いず」と批判する。

さらに鏡菴は宗師（注記—正法を傳えて衆の爲に尊崇せらるるを宗師と稱す）は「教眼」、「道眼」、「宗眼」の三眼を具えていなければならないが、智圓をはじめとする山外派の僧には「深く圓頓卽具の旨を窮める」宗眼が缺けているという。つまり、これも知禮法智と異なった立場をとることを非難するものである。最後に鏡菴は、「別教菩薩、神通智慧、豈に思議を容れんや。未だ圓位を證せざるに由るを以て、斥けられて權と爲る。又た初地は二地の擧足・下足を知らず」と言い、『智度論』に見える佛陀の言葉、「一切聖賢、皆以無爲法而有差別」（T25, 651b）を引いて、山外派の天台宗史におけるそれなりの功績を認め、寛容な態度をとるべきだと述べている。

この鏡菴による山外派への一定の評價は、以下に見る良渚宗鑑撰『釋門正統』も同じである。しかし志磐の『佛祖統記』では變化を見せる。宗鑑が〈荷負扶持傳〉（晤恩、梵天慶昭、孤山智圓等）、〈扣擊宗途傳〉（淨覺仁嶽、吳興子昉、神智從義）、〈護法内傳〉（吳興子昉）、〈中興一世傳〉（草菴道因）の四傳に分けて立傳した山外派の諸師を、志磐の『佛祖統紀』は、卷十〈高論旁出世家〉（晤恩、源淸、梵天慶昭、孤山智圓等）と卷二十一〈諸師雜傳〉（淨覺仁嶽、吳興子昉、神智從義、草菴道因等）の二傳におさめて貶めたのである。この對照的な扱いについては、次篇第三章で草菴道因を取り上げる際に見ることとする。

さて、小川氏は鏡菴『宗源錄』について、「これは（注記：『天台宗源錄』を指す）元穎の宗元錄の形態をそのまま踏襲して、歷代の諸師の列傳を補足して集錄したまでで、一書の體裁や組織の上に天台宗門の體統を確立せんとするものではなかった。その點は鎧菴居士の意圖を祖述するものではなかった」とされる。これは鏡菴が自らの作品を鎧菴吳克己『釋門正統』ではなく元穎の『天台宗元錄』に近い『宗源錄』とした、書名に基づく過小評價ではないだろうか。鏡菴が新たに立てた傳記は六十餘人と言われるが、それは元穎『天台宗元錄』の作史法に戻ったのではなく、『天台宗元錄』そしてそれを受け繼いだ呉克己『釋門正統』の成果の延長上に成ったものではないか。それゆえに志磐は、『釋門正統』と竝べて「且刪且補」と言うのであり、そのことは『宗源錄』が『佛祖統紀』成立に大きな役割を擔ったことを十分に語っているのである。

以上、一「宗鑑『釋門正統』以前」として、第一章で元穎『天台宗元錄』、第二章で呉克己『釋門正統』、第三章で鏡菴『宗源錄』を取り上げ、それらに附して、寶雲通公法師の傳の獲得、天台宗史の形式、天台二派の發生についても觸れた。次篇、二「宗鑑『釋門正統』について」では、それらを集約した宗鑑『釋門正統』の内容に入っていく。

注

（1）以下『佛祖統紀』からの引用は『大正新脩大藏經』巻四九所收のテキストを用い、ページ數と上・中・下の三段をa、b、cで示す。

（2）『佛祖統紀』231c, 318c, 319a, 352c, 370a, 399b, 414c, 419b, 425a, 475a のみに、『釋門正統』は引用、言及される。

（3）以下のような諸論文がある。

小川貫弌「宗鑑『釋門正統』の成立」（『龍谷史壇』四三、一九五八）

高雄義堅『宋代佛教史の研究』第八章「佛教史書の出現」（百華苑、一九七五）

大松博典「南宋天台と禪宗」（『宗學研究』二三號、一九八一）

大松博典「佛祖統紀と禪宗」（『宗學研究』二四號、一九八二）

多田孝正「志磐と佛祖統紀」（『叡山學院研究紀要』二五號、二〇〇三）

大内文雄「中國佛教における通史の意識―歴代三寶紀と帝王年代記―」（『佛教史學研究』三三巻二號、一九九〇）

佐藤成順「『佛祖統紀』の校正者について　南宋末佛教界の動向」（『宮澤正順博士古稀記念東洋比較文化論集』青史出版、

二〇〇四）

（4）以下『釋門正統』からの引用は、『卍續藏經』第一三〇册所收のテキストを用い、葉數と上・下段をa、b、c、dで示す。例えば、「100b」は百葉の表の下段を示す。

（5）『樂邦文類』巻二に「淨土警策序」（T46, 172c）を載せる。おそらく本文そのものも彼の作品であろう。

（6）『釋門正統』巻二、山門授受邃修外琇竦寂通七祖師世家（382a）には「有」の一字がある。

（7）『論語』公冶長篇に基づく。

（8）彼の傳記史料としては鍾離松「寶積蓮社畫壁記」（『樂邦文類』巻三、T47, 189a）もある。

（9）彼は「四魁待補」、つまり第四番目の候補者に終わった。

（10）原文は「感韓書觝斥、志深決拾」（446d）。この記事は『佛祖統紀』には見えない。

（11）『釋門正統』巻八、延壽傳にもこの話を載せる（450b）。

（12）『釋門正統』は吳克己（鎧菴）を379c, 417a, 419b, 426a, 428d, 440b, 450b, 451a, d, 454d, 456b, d, 457a, 458d, 459d, 461bで引用する。一方、志磐の『佛祖統紀』は、直接に吳克己撰『釋門正統』に基づいたのではなく、下で述べる鏡菴撰『宗源錄』と宗鑑撰『釋門正統』に依據して書かれたので、「鎧菴曰」とされるものもどこまで志磐の判斷であるのか區別し難いが、『釋門正統』の引くところとは、ほとんど重ならない。志磐は232b, 293a, 296a, 297b, c, 362c, 363cで引用しており、その中で296aは『釋門正統』（461b）と重なる。

（13）上記小川論文、頁二一。ただし『佛祖統紀』は『宗源錄』の成立を「(理宗）嘉熙初」（T49, 131a）とするから一二三七年以降となる。

（14）中國國家圖書館所藏の善本『佛祖統紀』のみに見える。このテキストについては、五「『佛祖統紀』テキストの變遷」參照。

（15）因みに『釋門正統』巻五、慶昭傳の記述もほぼ同じ。

（16）『佛祖統紀』巻二十五、山家教典志を參照。智圓に批判的な志磐も、「著書百二十巻、勤矣」（T49, 259b）と著作活動については評價する。

（17）『注維摩詰經』に「什以高世之量、冥心眞境」（T38, 327b）と見える。

二　宗鑑『釋門正統』について
――天台宗史とその成立（二）――

第一章「釋門正統序」

前篇第二章で見たように、呉克己は、『釋門正統』を「紀運」「列傳」「總論」という三つのジャンルでまとめようとした。また同じく第三章で見たように、宗鑑は、その直前にできたであろう鏡菴撰『天台宗源錄』は用いず、呉克己撰『釋門正統』に基づいて、正史の史法に倣う「本紀」「世家」「列傳」「載記」「諸志」の五ジャンルを立てて天台宗史を作りあげ、その書名も呉克己撰の舊名に依って『釋門正統』とした(1)。

ここでは、彼がどのような立場で『釋門正統』を著わしたかについて、嘉熙元年（一二三七）に書かれた「釋門正統序」を讀みつつ論じ、次篇以下に展開する志磐『佛祖統紀』の考察を導くつもりである。

編年なる者は先聖の舊章なり。王に德有り、官に守り有れば、能く列國をして遵行し、赴告・策書し、天下をして一家の如く、中國をして一人の如くして舊章擧げ使む。三光・五嶽、氣分かるるに洎ぶも、王制尙お同盟を存し、歲に聘し、閒に朝し、再朝にして會し、再會にして盟す。政に從う者は諸侯の事に嚴にして、能を擇びて四國の爲す所を知り、其の大夫の族姓・班位・貴賤・能否・辭令を善くする者を辨じて之を使う。故に法、昭明ならずと雖も、而るに行事、覆う可く、聖筆、約にして以て之を備え、微顯志晦、懲惡勸善の體、猶お存す。此を降りて而下、司馬君實は時英を掌握し、局を以て自ら隨う。半生にして僅かに一書を成す。豈に［司馬］遷・［班］固の能く企及する所ならんや。釋氏は巖居穴處し、身屈する者、名愈ます高く、位下る者、道愈ます肅《きび》しく、四海萬里孤雲の身にして、特《ひと》り烏んぞ所謂編年を論ずる者ならんや。若し門戸の頽圮《たいひ》して、戎と稱し我を侮すに、烝然として來るも、有せず似ずは、罪、誰に當たら使めん。其の［司馬］遷・［班］固の法を用うるは、誠に已むを獲ざる者有り。法は［司馬］遷・［班］固と雖も、微顯志晦、懲惡勸善は未だ嘗つて舊章を竊取せざるなし。此れ正統の作なるや、本紀は以て創制を嚴《たっと》び、世家は以て守成を顯にし、志は行う所の法を詳びらかにし、以て能行の侶を崇び、諸傳は派別かれて川流れ、載記は嶽立して山峙し、以て耕し以て戰い、誰が主なるか誰が賓なるか、能事畢《おわ》れり。宗鑑、學淺く識暗く、管見・狹聞、狂斐《ひ》の罪、亦た自ら之を知れり。道重きも身微にして利害奚んぞ恤《すく》わん。皇宋嘉熙改元三月十日、沙門の宗鑑、序す。

編年者先聖舊章也。王有德、官有守、能使列國遵行、赴告策書、天下如一家、中國如一人而舊章擧矣。洎三光五嶽氣分、王制尙存同盟、歲聘閒朝、再朝而會、再會而盟。從政者嚴於諸侯之事、擇能知四國所爲、辨其大夫族姓・班位・貴賤・能否・善辭令者而使之。故雖法不昭明、而行事可覆、聖筆約以備之、微顯志晦、懲惡勸善之體猶存。降此而下、司馬君實掌握時英、以局自隨。半生僅成一書。豈遷固所能企及。釋氏巖居穴處、身屈者、名愈高、位下者、道愈肅、四海萬里孤雲身、特烏論所謂編年者。若門戶頽圮、稱戎侮我、烝然來思、不有不似、罪使誰當。其用遷固法、誠有不獲已者。法雖遷固、而微顯志晦、懲惡勸善未嘗不竊取舊章。此正統之作也、本紀以嚴創制、世家以顯守成、志詳所行之法、以崇能行之侶、諸傳派別而川流、載記嶽立而山峙、以耕以戰、誰主誰賓而能事畢矣。宗鑑學淺識暗、管見狹聞、狂斐之罪、亦自知之。道重身微、利害奚恤。皇

宋嘉熙改元三月十日、沙門宗鑑序。（357a）

いま、順に典故を示そう。

「編年者先聖舊章也。王有德、官有守、能使列國遵行、赴告策書、天下如一家、中國如一人而舊章擧矣」は、杜預「春秋左傳序」の

周の德既に衰え、官は其の守りを失い、上の人は、春秋をして昭明なら使むる能わず。赴告・策書、諸の記し注する所は、多く舊章に違えり。

周德既衰、官失其守、上之人、不能使春秋昭明、赴告策書、諸所記注、多違舊章。

に基づく。

「洎三光五嶽氣分」は劉禹錫「唐故尙書禮部員外郎柳君集紀」（『劉禹錫集』巻十九）に

三代の文、戰國に至りて病み、秦漢に渉りて復た起き、漢の文、列國に至りて病み、唐興りて復た起く。夫れ政龐《みだ》れて土裂け、三光五嶽の氣は分かれ、大音は完からず。故に必ず混一にして而る後に大いに振う。

三代之文至戰國而病、涉秦漢復起、漢之文至列國而病、唐興復起。夫政龐而土裂、三光五嶽之氣分、大音不完、故必混一而後大振。

と見える。「三光」は日月星を指す。

「歲聘間朝、再朝而會、再會而盟」は『春秋左氏傳』昭公十三年に

是の故に明王の制は、諸侯をして歲に聘して以て業を志し、間に朝して以て禮を講じ、再朝して會し、以て威を示し、再會して盟い、以て昭明を顯にせ使む。

是故明王之制、使諸侯歲聘以志業、間朝以講禮、再朝而會以示威、再會而盟以顯昭明。

とある。

「従政者嚴於諸侯之事、擇能知四國所爲、辨其大夫族姓・班位・貴賤・能否・善辭令者而使之」は、『春秋左氏傳』襄公三一年に

公孫揮は能く四國の爲を知り、而して其の大夫の族姓・班位・貴賤・能否を辨じ、而して又た善く辭令を爲す。

公孫揮能知四國之爲、而辨於其大夫之族姓・班位・貴賤・能否、而又善爲辭令。

と見える。

「聖筆」は『春秋比事』卷十七に

蓋し當時、以て聖筆の褒美を得るに足れり。

蓋當時足以得聖筆之褒美。

とある。

「微顯志晦、懲惡勸善之體猶存」は杜預「春秋左傳序」に

故に傳を發するの體に三有り。而して例を爲すの情に五有り。一に曰わく、微なれども顯わる。文、此に見ゆるも、義、起こすこと彼に在り。族を稱するは君命を尊ぶなり。族を舍つるは夫人を尊ぶなり。梁亡ぶ。緣陵に城くの類、是れなり。二に曰わく、志せども晦し。言を約めて制を示し、推して以て例を知るなり。參會は地せず。謀に與るを及と曰うの類、是れなり。三に曰わく、婉げて章を成す。曲げて義訓に從い、以て大順を示すなり。諸の諱辟する所、璧もて許の田を假るの類、是れなり。……五に曰わく、惡を懲らして善を勸む。名を求めて亡い、蓋《かく》さんと欲して章わるるなり。齊豹を盜と書し、三叛人に名するの類、是れな

り。

故發傳之體有三而爲例之情有五。一曰微而顯、文見於此而起義在彼、稱族尊君命、舍族尊夫人、梁亡、城緣陵之類是也。二曰志而晦、約言示制、推以知例、參會不地、與謀曰及之類是也。三曰婉而成章、曲從義訓、以示大順、諸所諱辟、璧假許田之類是也。……五曰懲惡而勸善、求名而亡、欲蓋而章、書齊豹盜、三叛人名之類是也。

と見える。

「降此而下、司馬君實掌握時英、以局自隨。半生僅成一書」は、司馬光の編纂した『資治通鑑』をいう。「時英」は漢代を擔當した劉攽、三國から隋を擔當した劉恕、そして唐から五代を擔當した范祖禹を指す。治平二年（一〇六五）に詔を受け、元豐七年（一〇八四）に完成して奏上する。この間の二十年を半生（人生の半分）と考える。

「釋氏巖居穴處、身屈者、名愈高、位下者、道愈肅」は『晉書』卷一二一、載記、李雄傳に

［李］雄、西山の范長生は巖居穴處し、求道養志なるを以て、迎立して君と爲し、而して之に臣ならんと欲す。

［李］雄以西山范長生巖居穴處、求道養志、欲迎立爲君而臣之。（p3036）

また『高僧傳』序に

前代の撰する所自り、多く名僧と曰う。然るに名者は本と實の賓なり。若し實行するも光を潛さば、則ち高かるも名あらず、寡德なるも時に適えば、則ち名あるも高からず。名あるも高からざるは、本と紀す所に非ず、高かるも名あらずは、則ち今錄に備う。故に名の音を省き、代るに高の字を以てす。

自前代所撰、多曰名僧。然名者本實之賓也。若實行潛光、則高而不名、寡德適時、則名而不高。名而不高、本非所紀、高而不名、則備今錄。故省名音、代以高字。(T50, 419a)

と見える。

「烝然來思」は小雅「南有嘉魚」に「翩翩たる者は鵻、烝然として來る(翩翩者鵻、烝然來思)」。毛傳に「鵻は一宿の鳥なり(鵻、一宿之鳥)」、鄭箋に「壹宿の鳥なる者、意を其の宿する所の木に壹にするなり。賢者の我に專一の意有るを喩う。我れ將に之を久如來遲せんとするなり(壹宿之鳥者、壹意於其所宿之木也。喩賢者有專一之意於我、我將久如來遲之也)」と言う。

また「烝然」はこの「南有嘉魚」一章の二句目の「烝然として罩罩(烝然罩罩)」の鄭箋に

烝は塵なり。塵然猶お久如を言うがごときや、南方水中に善魚有りて、人將に久如して倶に之を罩すを言う。之を遲とするや、天下に賢者有りて、在位の人、將に久如して竝び求め、之を朝に致さんとするも、亦た之を遲とするなり。之を遲とする者は、至誠を謂うなり。

烝塵也。塵然猶言久如也、言南方水中有善魚、人將久如而倶罩之。遲之也、喩天下有賢者、在位之人、將久如而竝求、致之於朝、亦遲之也。遲之者謂至誠也。

と見える。

「載記嶽立而山峙」は崔損「五色土賦」(『文苑英華』巻二五)に

其の色や、五星に同じく匪ずして、而して乍ち連なり乍ち散じ、其の質や、各おの一方を表わし而して嶽立山峙す。

其色也、匪同五星而乍連乍散、其質也、各表一方而嶽立山峙。

と見える。

「誰主誰賓」は周必大「次韻廷秀待制寄題李紀風月無邊樓」（『周益公文忠集』巻四二）に

　豈に知らん、風月の錢を論ぜざらんことを、誰が主なるか誰が賓なるか、眼、界を爲す。

　豈知風月不論錢、誰主誰賓眼爲界。

また『宏智禪師廣錄』に

　師云く、只者、便ち是れ像に非ず鏡に非ず。誰れが主なるか誰が賓なるか。何れが偏し何れが正なるか。

　師云、只者便是非像非鏡、誰主誰賓。何偏何正。（T48, 52c）

と見える。

「能事畢矣」は『易』繋辭傳上に

　天下の能事畢れり。

　天下之能事畢矣。

「狂斐之罪」は『論語』公冶長篇に

　吾が黨の小子、狂簡、斐然として章を成す。之を裁する所以を知らざるなり。

　吾黨之小子狂簡、斐然成章、不知所以裁之。

と見える。

この序文を少し言葉を補って譯せば、以下のようであろう。

　編年體の記錄を殘すことは昔の聖王からの舊いしきたりであった。王者が有德であり、官にあるものがその守るべき職掌を有していた時代には、各國に命令が行き屆き、隣國への通告や策に書かれた記錄などは、あたかも天下が一つの家であり、中國が王者一人によって治められているかのように、舊いしきたりに從って實行された。日月星辰と五嶽の氣が分かれる時代になっても、諸侯閒では依然として同盟關係が結ばれ、諸侯は天子に毎年貢納し、天子は三年ごとに諸侯を招き、六年ごとに會合して盟った。政治に從事する者は諸侯に關することには嚴格で、能力を備えたものを選んで各地の諸侯の政治を知り、諸侯の下の大夫たちの血筋・家柄・位の上下・能力のあるなし、および言葉つかいの巧みなものを吟味検討して採用した。そこで王者の教えが世の中で輝きを失った時代でも、事實は覆い盡くすことができ、孔子さまは筆を執ってそれを約《つづ》め、『春秋』を編纂したので、勸善懲惡と微顯志晦（文字の上での表現は微妙でも義がはっきりとあらわれること、事柄がしるされても文字表現はぼかしていること）といった史書の形は存在した。

時代が下って北宋の十一世紀になると、司馬光は自ら史局に身を置いて當時の優秀な學者を使い、生涯の半分を費やして、ただ『資治通鑑』一書を作り上げた。これは歴史の父と目される司馬遷や班固にさえ出來ないことであった。僧侶というものは、人里離れた山中の巖穴に住んで、控え目であればその名聲はいよいよ高くなり、身分が低ければその求道はひときわ凛と張りつめたものになる。廣い世界にひとり雲を友として修業に勵む以上、編年體の佛教史書を編むことなど出來ようはずがない。もし（天台）佛門が衰退し、西の戎の教えとしてわれらが侮辱されている時に、反撃を加えるべき賢者として期待を寄せられながら、佛教界には史書を編む力はないとかふさわしくないと逃げてばかりいるのでは、一體だれがその責任を引き受けるのだろうか。いま佛教史書を作るのに、編年體でなく司馬遷や班固の用いた紀傳體をとるのは致し方のないことである。しかし紀傳體ではあっても勸善懲惡・微顯志晦と言う點では編年體からの舊いしきたりをひそかに採り入れているのである。

この『釋門正統』という作品は、「本紀」では佛教を創立した僧を尊んで載せ、「世家」では佛教をもり立て育てた僧を顯彰し、「志」では佛教世界で行われている制度を説いて、それを實踐する僧侶たちを崇め、「傳」では教えが別れて川の流れるように繋がる僧ごとに載せ、「載記」ではそびえる山嶽のごとく天台と對峙して、佛教の教えを深めることに努め、互いに教義を検討しまた戰ってどれが佛教の教えの正道かと雌雄を争う諸宗派を載せ、それですべてを書き盡くした。

わたくし宗鑑は、學問は淺く、知識は暗く、狹い見識と少ない情報網しか持ち合わせていない。しかるにこのような大それたことを行う誤りは、自ら承知している。負っている任務は重く、頼りないこの身。これを克服することができるだろうか。

宋嘉熙改元の年（一二三七）三月十日、沙門の宗鑑、序文を記す。

宗鑑は司馬遷や班固に始まる紀傳體で『釋門正統』を編纂したのであるが、これを讀むと、本來は編年體での編纂を期していたことがわかる。彼が編年體にこだわった理由の一つは、中國では編年體の歴史書が古い傳統をもっていることであった。帝王の即位の年號の下にさまざまな出來事を整理していく年代記の記録によって、廣い世界は一つの家のようにまとまり、帝王の下に統一される。そしてそのような年代記をもとに孔子が手を加えた、編年體の『春秋』が現れる。それは單なる事實の列擧ではなく、そこには「勸善懲惡」、「微顯志晦」の筆法が働いていた。その際には當然、何が正統の統治であり何が正統でないかの判斷が働いている。

歐陽脩が、「原正統論」（『歐陽文忠集』巻五九）で、「正統の説は誰に於いて肇まらんか、春秋の作に於いて始まるなり（正統之説肇於誰乎、始於春秋之作也）」と言うように、「正統」と編年體の史書とは中國史學史の上で密接な關係をもっていた。佛教における正統、つまり天台宗の歴史を書くためには、これ以上ふさわしい史體はないのである。このような歴史のある史體で筆を執ることを宗鑑に希求させたもう一つの理由は、それこそが最大の理由であるが、十一世紀の末に編纂された『資治通鑑』であろう。

宗鑑は、「司馬光は自ら史局に身を置いて時の俊英である劉攽・劉恕・范祖禹を部下にし、編纂事業に従事した。彼は人生の半分にもあたる長い期間（十九年）をかけて、ようやく『資治通鑑』を書き上げた」と言い、この大事業は「司馬遷や班固でさえ望んで出來るものではない」と激賞する。このように宗鑑が『資治通鑑』を高く評價するのは、それが一家の見識を具え、歴史事實を明らかにして、帝王が政治をとる上での參考に供する書であったことに因る。おそらく宗鑑の頭の中では、『資治通鑑』と同じような意義を具えた天台宗史を書くことによって、佛教界での主流と世俗社會での市民權を獲得したいとの要求が強く働いていたと思われる。

しかしながら、「世俗社會とは異なり、佛教界では編年體の史書を編纂する司馬光以下のような史官は存在しない。僧侶は世俗から身を避けて、名位に縛られずにひとり雲を友として修行するものである以上、編年體の佛教史を編むことなどできようはずがない」と宗鑑は言う。そこでやむを得ず、宗鑑は紀傳體で『釋門正統』を編纂した。「吳本を取り、史法に倣い、本紀・世家・列傳・載記・諸志を爲る。舊名に仍りて釋門正統と曰う」(T49, 131a) と言うように、彼の前には吳克己の手になる『釋門正統』があり、それを利用し、またそのタイトルも變えずに紀傳體の史書を書き上げたのである。

宗鑑は、紀傳體で書いても『春秋』以來の筆法の精神は込められていると言うが、それは編年體史書に對する彼の思い入れからきた言葉であろう。紀傳體の史書と言えども筆法を具えていることは自明だからである。また利用できる元穎『宗元錄』以來の遺產の延長上に自らの編纂事業を置きながら、宗鑑があえてこのような序文を殘したことからは、『資治通鑑』が當時多方面に渉っていかに大きな影響を與えたかということと、同時に「正統」と編年體史書との結びつきの强さを思い知らされる。

以上、宗鑑の作史意識がいかなるものであったかを、「釋門正統序」に見た。次に第二章では、その構成内容を具體的に見つつ、この意識がどのような形で『釋門正統』の中に現れているのか、またその内容がどのように『佛祖統紀』に繋がっていくのか、考えてみたい。なお、序文の最後で、宗鑑は本紀以下の五つのジャンルを立てた主旨を簡單に述べるが、これは『釋門正統』本文の中での「序」（宗鑑自身はそのようには呼んでいないが）とも重なるので、併せて以下の章で見て行こう。

第二章　『釋門正統』のテキストと構成

まずテキストについて述べておこう。現在、われわれが最も容易に見ることのできる『釋門正統』のテキストは、『卍續藏經』（第二編乙第三套第五册。通卷一三〇册）である。本論もこのテキストに基づいている。この續藏本（以下、現行本と呼ぶ）は以下にみるように八巻からなる。まず上でとりあげた宗鑑の「序」があり、次に全巻の「目錄」があり、それから「釋門正統第一」として「娑婆教主釋迦牟尼世尊本紀」がはじまり、最後は「釋門正統第八」で終わる。

「釋門正統第一」の下には、細字雙行で「元本は三卷。今、八卷爲り。故に此の題を安《お》く（元本三卷。今爲八卷、故安此題）」と記す。『釋門正統』についての「元本」とは何を指すのであろうか。陳垣『中國佛教史籍概論』でも、「正統則影印續藏經有之」と記すに止まり、版本に關する新しい情報はない。また上でも述べたが、『佛祖統紀』登場以後、『釋門正統』そのものが引用されることはほとんどない。それを利用した『佛祖統紀』が言及するのみであった。
ただ高麗義天録『新編諸宗教藏總録』巻一末（T55, 1173a）には

義天傳　釋門正統第三　統紀第十四　通載第十九　稽古略第四

と見える。『大正新脩大藏經』所收のこのテキストは元祿六年（一六九二）刊の大谷大學藏本である。「義天傳云々」は、『新編諸宗教藏總録』の本文ではなく、後世の人が、この本の編者である義天の傳記の出典を明記したもので、『釋門正統』の第三巻に記載されていると傳える。現行本では義天は巻八の護法外傳に立傳されているので、元本は三巻として整理されていたことが、この記事で確認できる。さらに、舊藏者を林家とする江戸期初期とされる寫本は三策に分かれており、元本に近い形態を殘している。[2]それに從えば、現行本の巻一、二が第一策、巻三、四が第二策、巻五から八が第三策となっている。こうして三巻に分けていた痕蹟は、現行本の巻八の末尾にある「策終」（462c）の二字にも殘る。

京都大學附屬圖書館には「元祿三庚午歳（一六九〇）中冬吉日　書林淺野久兵衛重惟板行」（以下、元祿本と呼ぶ）の奥書のある『釋門正統』一帙八册[3]が藏されている。實は『卍續藏經』（現行本）の底本であり、また原稿とも言えるものである。なぜそうであるかと言えば、元祿本に朱墨で、補うべき文字、あるいは活字の組み方の指示、欄外に墨で書き込む校勘等を記しているからである。現行本は、上で述べたように、「序」に續いて全巻の「目次」が置かれる。それは『卍續藏經』の編集者が、全體の目次がなく各巻ごとに分散されていた元祿本を改めたことに因る。林家舊藏の寫本に總目次はなく、三策（巻）に分けた各策ごとの目次を持っていることから、古い形態では全體の目次はなかったことが確認できる。

以上のように、時代とともに書物の形態が變化し、三巻本から八巻本、巻ごとの目次から總目次になったこと

は確認できるが、もう一つ氣になることがある。現行本は本紀、世家、志、傳、載記と竝んでいるが、最初からこのような形であったかどうかである。この順序は宗鑑自ら書いた「序」とも一致するので問題はないように見える。しかし、『釋門正統』を利用した志磐は、あるところでは「(宗鑑は) 本紀、世家、列傳、諸志、載記を爲る」(T49, 132b) と言い、別の場所では「(宗鑑は) 本紀、世家、列傳、載記、諸志を爲る」(T49, 131a) と別の配置を述べている。

さて以下では、順を追ってその内容を見ておこう。まず『釋門正統』は本紀として娑婆教主の釋迦と天台高祖の龍樹の二人を立て、前者の附傳として大迦葉、阿難ら十三人、後者の附傳として提婆、羅睺羅らの十人、合わせて西天二十三祖師を立てている。これは、『摩訶止觀』巻一 (T46, 1a 以下) や『止觀輔行傳弘決』(T46, 146a 以下) に記された西土《インド》二十四祖の事蹟を『付法藏因緣傳』によって明らかにしているものであるが、記述もそれらの書をほとんどそのまま利用している。釋迦と龍樹の二人は「創制」、すなわち佛教と天台を創設したものとして立傳されている[4]。

また本紀の記述がはじまる前に、それを立てた理由が序文の形で書かれている。例えば〈龍樹本紀〉のそれは

夫れ世尊の楞伽經中に、普く大衆に告げて、南天竺國中に大名德比丘あり。厥の號は龍樹爲り。能く有無宗を破り、世間中に我を顯わす。初歡喜地を得、安養國に往生すと曰うを原ぬれば、金口の懸記、深切著明なること此の如し。圓初住去、下寂光と名づく、況んや圓の地をや。今、諸文を商略し、龍樹本紀を撰す。

原夫世尊於楞伽經中、普告大衆曰、南天竺國中、大名德比丘、厥號爲龍樹、能破有無宗、世間中顯我、得初歡喜地、往生安養國。金口懸記、深切著明如此。圓初住去名下寂光、況圓地耶。今商略諸文、撰龍樹本紀。(363d)

である。前もって言えば、以下、最後の載記までこのような長さの序文がつけられるが、中興一世傳から七世傳まではない。それは中興教観法智大師世家の序文が、中興、すなわち山家派の祖師立傳の理由をも兼ねていると考えるからであろう。

次に世家として以下の七つが立てられる。

天台祖父北齊［慧文］南嶽［慧思］二尊者世家――附傳として大善以下の五人

天台教主智者靈慧大師［智顗］世家――附傳として隋の眞観法師

山門結集祖師［灌頂］章安尊者世家――附傳として普明法師・智越・波若師・法彦・大志・智璪・智晞・等観・道悦の九人

山門傳持教観法華［智威］天宮［慧威］左溪［玄朗］三尊者世家――附傳として神邕・道遵・大義の三人

山門記主荆溪湛然世家――附傳として普門子・元皓・梁肅・法劍の四人

山門授受［道］邃・［廣］脩・［物］外・［元］琇・［清］竦・［義］寂・［義］通七祖師世家

中興教觀［知禮］法智大師世家

世家に立てられるのは、龍樹を除くいわゆる東土九祖と呼ばれる祖師である。上で見たように、龍樹は「天台高祖」、つまり天台宗の創始者として本紀に置かれ、後の八祖は、「守成」、つまり龍樹の成した事業と業績を保持したものとして世家に載せられている。「守成」といっても多方面あり、その世家のタイトルで表明されている。「教主」、「結集」、「中興」等々である。

世家の序文の一例として、〈章安灌頂（五六一―六三二）世家〉のそれを以下に示す。

夫の身子《しやりほつ》は轉法輪將と爲り、而して同門、稱えて第二の世尊と爲し、慶喜《あなん》は佛覺三昧を得て、而して後世、美めて分餅瀉水と爲すを原《たず》ぬれば、豈に其の父、薪を折り、其の子、克く負荷に堪うる者を以てにあらずや。誠に得易すからざらんや。矧んや此の二を兼ね、敢えて揄揚するに後れんをや。涅槃疏主結集敎藏世家を撰す。

原夫身子爲轉法輪將、而同門稱爲第二世尊、慶喜得佛覺三昧、而後世美爲分餅瀉水、豈不以其父折薪、其子克堪負荷者。誠不易得歟。矧兼此二、敢後揄揚、撰涅槃疏主結集敎藏世家。（372a）

智顗の弟子の灌頂は、佛陀の弟子の舍利弗と阿難の二人の役割を兼ねていながら、敢えてそれをことあげしない態度が世家に載せるにふさわしいと言っている。「涅槃疏主」が舍利弗の役割、「結集敎藏」が阿難の役割に對應しよう。

『釋門正統』で世家のそれぞれにつけられた序は、また、「論贊」の意味を兼ねるものでもあったようである。このことは下に引く『佛祖統紀』卷七〈灌頂傳〉の贊を見れば肯首できよう。

贊に曰く、昔在《むかし》智者は佛の使いする所と爲り、靈山に親しく法華の旨を聞くを以て、我が震旦に惠して、乃ち八敎を開き、三觀を明らかにし、縱辨宣說し以て當機に被ぶも可なり。末代傳弘の寄に至りては、則ち章安、右に侍り、一遍記の才を以て、筆して論疏を爲り、之を將來に垂らす。殆んど慶喜の結集と功を同じくし、而して德を比ぶるなり。章安を微りせば、吾れ智者の道將に今日に聞くを絕つを恐る。

贊曰、昔在智者爲佛所使、以靈山親聞法華之旨、惠我震旦、乃開八敎、明三觀、縱辨宣說以被當機可也。至於末代傳弘之寄、則章安侍右、以一遍記之才、筆爲論疏、垂之將來。殆與慶喜結集同功而比德也。微章安、吾恐智者之道將絕聞於今日矣。（T49, 187a）

因みに、『佛祖統紀』は灌頂の「結集敎藏」のみを言う。それは遵式の傳える「天台結集敎藏第五祖師章安尊者」

と一致する。『釋門正統』序の、舍利弗と阿難の二人の仕事を灌頂にだぶらせる考えは宗鑑の獨創と見るべきであるが、世家のタイトルそのものは〈山門結集祖師章安尊者世家〉となっており、確言はできない。

次に〈身土志〉・〈弟子志〉・〈塔廟志〉・〈護法志〉・〈利生志〉・〈順俗志〉・〈興衰志〉・〈斥僞志〉の八志が續く。これらの志は「行う所の法を詳びらかにし、以て能行の侶を崇ぶ」ことを目的に立てられた。吳克己（鎧菴）の手がけた「總論」から展開したものであろう。そこでも述べたが、佛教百科事典で取り上げられるような佛事に關するものを歴史的に記述することが中心を占める。

〈身土志〉は、その序に荊溪湛然の

必有一人、最初先覺、遂以斯道、轉覺後覺、相續不已、覺者滋多、乃有十方三世諸佛。

必ず一人有りて、最初に先覺し、遂に斯の道を以て、轉た後覺を覺らしめ、相い續いて已まず。覺者滋す多く、乃ち十方三世諸佛有り。

を引き、

欲窮佛理、身土爲先、非土何以顯身、非身何以示妙。釋迦旣爾、他佛可知。撰身土志。（384c-d）

佛理を窮めんと欲せば、身土を先と爲す。土に非ざれば何を以て身を顯わさん。身に非ざれば何を以て妙を示さん。釋迦旣に爾り、他佛知る可し。身土志を撰す。

と述べる。從ってこの志は、諸佛がさまざまな姿をもって娑婆世界に現われることを身（姿）と土（世界）から敍述するものであり、『佛祖統紀』では巻三〇、〈三世出興志〉とタイトルを變えて受け繼がれている。

〈弟子志〉では、釋迦から佛教の教えがどのような形で、すなわち菩薩、阿羅漢をはじめとする弟子を通してどのように傳わってきたかについて記す。具體的に言えば、三藏編纂の歴史、佛教の東傳と禪・華嚴・唯識・南山律・密教および天台宗の歴史と教義について述べ、とくに、天台については詳しく、その教えを「化法四教」「化儀四教」「五時五味」から説く。最後に龍樹から始まる天台の「統圖」を置くため、八志の中では最も大部になっている。『釋門正統』には「表」のジャンルはないが、この「統圖」は『佛祖統紀』では獨立して〈佛祖世繫表〉に受け繼がれた。これについては、第三章に述べる。

〈塔廟志〉は、その序で

依正の相い須《ま》つは、其れ猶お地の利・人の和の缺く可からざるがごときか。人に非ずんば何を以て道を弘めん、處に非ずんば何を以て人を安ぜん。法智、載《すなわ》ち誓戒を嚴しくし、慈雲、廣く金園に紀すは、凡そ此を以てなり。天は造り地は設け、物は護り神は欽く。軌範の聞く攸、興衰の繫る所なり。其れ忽せにす可けんや。塔廟志を撰す。

依正相須、其猶地利人和之不可缺乎。非人何以弘道、非處何以安人。法智載嚴於誓戒、慈雲廣紀於金園、凡以此也。天造地設、物護神欽、軌範攸聞、興衰所繫。其可忽耶。撰塔廟志。(394d)

と述べ、タイトルから予想できる寺院の成り立ち、寺院の中の佛像等の配置あるいは藏殿ばかりでなく、菩薩百籤（みくじ）や漏刻にまでその記述は及んでいる。ここで取り上げられたいくつかの項目は『佛祖統紀』巻三三、〈法門光顯志〉に採録されている。その記述方法は、文獻を羅列するものである。これは『釋氏要覽』や『翻譯名義集』の著作態度に近いものと思われる。

〈護法志〉は序に

護の言爲るや、之を養成するの謂《いい》なり。群荄萬彙、何者、材に非ずや。而して梧檟は貳棘に勝る。四肢六分、何者、身に非ずや。而して一指は肩背に劣る。是に知る、愛護は應に本源に逹すべしと。人存すれば法存す、事は聊爾《かりそめ》に非ず。外護、切なると雖も、内護、尤も深し。開明を爲すが故に護法志を撰す。

護之爲言、養成之謂也。群荄萬彙、何者非材。而梧櫝勝於貳棘。四肢六分、何者非身。而一指劣於肩背。是知愛護應達本源。人存法存、事非聊爾。外護雖切、内護尤深。爲開明、故撰護法志。(397b)

と述べる。まず「護」とは育成する意と定義づけ、佛教の本源を養成する内護の重要性を説く。

宗鑑の序は内典や外典の語句を引いて書かれることが多いが、ここは『孟子』告子篇上の

孟子曰く、人の身に於けるや、兼《おな》じく愛する所なり。兼じく愛する所は則ち兼じく養う所なり。尺寸の膚も愛せざること無ければ、則ち尺寸の膚も養わざること無きなり。其の善不善を考うる所以の者も、豈に他有らんや。己に於て之を取る而已。體に貴賤有り、小大有り。小を以て大を害する無く、賤を以て貴を害すること無かれ。其の小を養う者は小人爲り、其の大を養う者は大人爲り。今、場師《にわし》有りて、其の梧櫝を舍《す》てて、其の樲棘を養わば、則ち賤しき場師と爲さん。其の一指を養い、而して其の肩背を失いて知らざれば、則ち狼疾人と爲さん。飲食の人の、則ち人、之を賤しむは、其の小を養いて以て大を失うが爲なり。飲食の人も失うこと有る無からんとすれば、則ち口腹も豈に適《ただ》に尺寸の膚の爲のみならんや。

孟子曰、人之於身也、兼所愛。兼所愛則兼所養也。無尺寸之膚不愛焉、則無尺寸之膚不養也。所以考其善不善者、豈有他哉。於己取之而已矣。體有貴賤、有小大。無以小害大、無以賤害貴。養其小者爲小人。養其大者爲大人。今有場師、舍其梧櫝、養其樲棘、則爲賤場師焉。養其一指而失其肩背而不知也、則爲狼疾人也。飲食之人則人賤之矣、爲其養小以失大也。飲食之人無有失也、則口腹豈適爲尺寸之膚哉。

に基づく。

内護については、諸天の護法、智者の護法あるいは佛法を守った人々について述べ、また外護については「法

の盛衰は王公大人の輕重に視し、猶お權衡の物に於けるがごとし」(398b) と言い、世法と戒律との關係についても言及する。

〈利生志〉は序に、佛の壽命について語る『金光明經』卷一 (T16, 335a) を引き、「不殺」(殺生をしないこと) と「施食」(施餓鬼) の意味を説く。そして志の中では「放生」、「施食」、「水陸大齋」、「十王」、「十王經」等について、文獻資料を引いて述べる。これらの多くは、『佛祖統紀』では〈法門光顯志〉に受け繼がれて行った。その一例として、志磐自身が關心を持った「水陸大齋[5]」の項を示せば、兩書の記述は以下のようになる。

『釋門正統』卷四、〈利生志〉(401c)「又有所謂水陸者、取諸仙致食於流水、鬼致食於淨地之義。亦因武帝夢一神僧告曰、六道四生、受苦無量、何不作水陸、普濟群靈。諸功德中、最爲第一。帝問沙門、咸無知者。唯誌公勸帝、廣尋經論、必有因緣。於是搜尋貝葉、置法雲殿、早夜披覽、及詳阿難遇面然鬼王、建立平等斛食之意、用製儀文、三年乃成。遂於潤之金山寺修設。帝躬臨地席、詔祐律師宣文。世涉周隋、茲文不傳。至唐咸亨中、西京法海寺英禪師因異人之告、得其科儀、遂再興焉。我朝蘇文忠公軾重述水陸法像贊、今謂之眉山水陸、供養上下八位者是也。熙寧中、東川楊鍔祖述舊規、又製儀文三卷。行於蜀中、最爲近古。然江淮京浙所用像設一百二十位者、皆後人踵事增華、以崇其法、至於津濟一也」

『佛祖統紀』〈法運通塞志〉(T49, 348c)「帝嘗夢神僧曰、六道四生、受苦無量、何不作水陸大齋、普濟群靈。帝乃披覽藏經、創製儀文、三年乃成、遂於金山寺修供、命沙門僧祐宣文、大彰感驗、事具光顯志」

『佛祖統紀』〈法門光顯志〉「水陸齋」(T49, 321b)「梁武帝夢神僧告之曰、六道四生、受苦無量、何不作水陸大齋、以拔濟之。帝以問諸沙門、無知之者、唯誌公勸帝、廣尋經論、必有因緣。帝卽遣迎大藏、積日披覽、創立儀文、三年而後成。乃建道場、於夜分時、親捧儀文、悉停燈燭、而白佛曰、若此儀文理協聖凡、願拜起燈燭自明。或體式未詳、燭暗如故。言訖一禮、燈燭皆明、再禮宮殿震動、三禮天上雨華。天監四年二月十五日、就金山寺、依儀修設、帝親臨地席、詔祐律師宣文。當時靈響、不能備錄。周隋之際、此儀不行。至唐咸亨中、西京法海寺英禪師、夢泰山府君召往說法、後獨坐方丈、見一異人前告之曰、向於泰山府君處、竊覩尊容、聞世有水陸大齋、可以利益幽品。其文是梁武帝所集、今大覺寺吳僧義濟得之。願師往來求如法修設。師尋詣大覺、果得其文。遂於月望、修齋已畢。復見向異人與徒屬十數前至謝曰、弟子卽秦莊襄王也莊襄是秦始皇父。至唐咸亨九百四十年。又指其徒曰、此范雎・穰侯・白起・王翦・張儀・陳軫、皆秦臣也。咸坐本罪、幽囚陰府。昔梁武金山設會、前代紂王之臣、皆得脫免。弟子是時亦暫息苦、但以獄情未決、故未獲脫。今蒙齋懺、弟子與此輩并列國君臣、皆承法力、得生人閒。言訖而隱。自是英公常設此齋、流行天下東川楊鍔水陸儀◯蜀中有楊推官儀文、盛行於世」。

〈順俗志〉は、序に

大覺世尊、萬彙を撫育し、方便・慈悲もて、種種の俗諦に隨順す。

大覺世尊、撫育萬彙、方便慈悲、隨順種種俗諦。(402a)

と述べ、佛教の世俗教化について、多方面から敍述する。すなわち、「盂蘭盆會」、「預修齋七」、「累修齋七」、「無常鐘」、「黃白旛」、「三長月」、「六齋日」、「正月然燈」等が取り上げられる。それらの文獻は、『釋氏要覽』や『僧史略』といった佛教百科事典から引かれるものもあり、我々に志そのものが百科事典的性格を備えているいる。
ことを改めて認識させる。ここに見える項目も、またほとんどが『佛祖統紀』〈法門光顯志〉に取り上げられている。

〈興衰志〉は、佛教と世俗との關係を世俗の皇帝の年號の下に整理したものである。八志の中では〈弟子志〉に次いで記述量が多い。おそらく、この志が『佛祖統紀』の〈法運通塞志〉にあたるものと考えられるが、〈法運通塞志〉の『佛祖統紀』全體に占める量を考えれば、比較にならない程度の分量である。また「釋門正統序」で見たように、宗鑑は編年體史の「筆法」に拘っていたが、この志を見る限り新しい要素は窺えない。ただこのような志を考えたことを彼の發明とみるならば、大きな意味があったといえよう。

最後の〈斥僞志〉の序には、

春秋の法、其れ夷狄に純《もっぱ》らなる者を責むること常に恕にして、而して中國に流れて夷狄と爲る者、之を責むること常に嚴なり。豈に眞なる者は見易く、而して似る者は明め難きを以てするにあらずや。朱紫・莠苗、喩の意、識る可し。三張の黨、家、其の邪を指し、人、其の妄を辨じ、金陽の干鹵、前修に備わる。唯だ是れ宗途に附託するは、城狐社鼠の惡を止め非を防ぐのみ。斥僞志を撰す。

春秋之法、其責純於夷狄者常恕、而於中國流爲夷狄者責之常嚴。豈不以眞者易見而似者難明。朱紫莠苗、喩意可識。三張之黨、家指其邪、人辨其妄、金陽干鹵、備於前修。唯是附託宗途、城狐社鼠、止惡防非。撰斥僞志。(412b)

といい、佛教と對抗する宗教の中で、道敎以外のマニ敎、祆敎、白蓮敎、白雲宗に關して述べる。その記事は、『佛祖統紀』〈法運通塞志〉にほとんどそのままの形で採用されている。以上簡單に八志をスケッチして指摘したように、ここの記事はほとんど『佛祖統紀』に引き繼がれている。

次に諸傳が續く。まず天台の宗派の流れについて、天台中興法智智禮までを〈荷負扶持傳〉〈本支輝映傳〉〈扣擊宗途傳〉の三傳を立てて整理している。〈荷負扶持傳〉には、志遠・皓端・晤恩の三師と孤山智圓を本傳に、文備、慶昭、繼齊、咸潤の四人をその附傳に置いている。ここに立傳された祖師たちは前山外家の祖師たちであるが、すでに述べたように高い評價を與えている。それは、序に

嗚呼《ああ》、楚狄、中國を儆り、而して齊桓覇たり、叔帶、宗周を危くし、而して晉文興る。會昌籍沒し、五代分崩し、大士起きて之を救うこと有らざれば、則ち正派を中興すること、待ちて授く可からざるなり。狂瀾を障り、酷談を弭《とど》む、功、豈に淺からんや。遠端恩三師・孤山列傳を撰す。

嗚呼、楚狄儆中國而齊桓覇、叔帶危宗周、而晉文興。會昌籍沒、五代分崩、不有大士起而救之、則中興正派、不可待而授也。障狂瀾、弭酷談、功豈淺哉。撰遠端恩三師孤山列傳。(413b)

と述べていることからも明らかであるし、この列傳の「荷負扶持」という言葉からも窺える。

次に〈本支輝映傳〉には慈雲遵式傳と思悟以下の五人の附傳が立てられる。本支とは法智の嫡子「本」に對する、庶子「支」として遵式を指す。支が榮えることによって、天台の正統な教え(本)が長い命を保つと考えられている。〈扣擊宗途傳〉には淨覺と神智の二傳と、附傳として靈照、可久の二人が載せられる。その序に

陶唐、變に於いて巢許は臣たらず、周武、朝を會すれば夷齊は議を異にす。經に反り道に合するは、蓋し激揚有りて、未だ皁白の相い爲に用いられざるが若からず。法智中興して舊物を克復し、天下後世、之を是とす。或る者、摧碾の下に居りて、手澤の書を抱き、反って一唯を以て響應し、一覽して遺す無き能わず。既に隘路叛出の比に非ざれば、必ず其の用心、所在有らん。淨覺[仁嶽]・神智[從義]列傳を撰す。

陶唐於變、巢許不臣、周武會朝、夷齊異議。反經合道、蓋有激揚、未若皁白不相爲用也。法智中興、克復舊

物、天下後世是之。或者居摧碾之下、抱手澤之書、反不能以一唯嚮應、一覽無遺焉。既非隘路叛出之比、必其用心有所在矣。撰淨覺神智列傳。(421b)

と言い、山外家に對しても一定の評價を下している。これについては前篇の第三章でも觸れた。

さらに以下、知禮門流を〈中興一世傳〉として則全、崇矩、慧才、本如、有臻、慧舟、瑩公、文璨、道因の九人、〈中興二世傳〉として從諫、覃異、溫其、若水、希最施、繼忠、惟湛、處謙、處咸、有嚴の十人、〈中興三世傳〉として中立、梵光、思恭、淨果、擇瑛、淨梵、蘊慈、宗敏、擇卿、齊璧、應如、蘊齊、仲閔の十三人、〈中興四世傳〉として法鄰、覺先、宗肇、道琛、智僊、丁然、如湛、法久、神煥、思梵、中皎、有明、可觀、晁說之、陳瓘の十五人、〈中興五世傳〉として圓智、智連、與咸、慧詢、善榮、景咨、宗印の七人、〈中興六世傳〉として若訥、端信の二人、〈中興七世傳〉として慧明が立傳される。これらの七列傳にはすでに述べたように「序」はない。

次に〈護法内傳〉では、言行は殘っているが法系のはっきりしない道俗の傳を載せる。すなわち、法誠、法嚮、恆景、飛錫、楚金、智琰、行滿、王安石、子昉、楊傑、能公、思淨、元穎、鍾離松、江公望、吳克己の十六人である。〈護法外傳〉では、教化には「紹介」、「將帥」、「扶持」、「游談」の四つの働きがなければ不可能であると考え、この面で功績のあった曇鸞、劉虬、傅翕、僧稠、抱玉、皎然、延壽、贊寧、戒珠、法端、義天、永道(法道)、子光、葉適の道俗十四人の傳が置かれる。

最後のジャンルとして五つの載記が立てられる。中國の史書における載記については、『史通』巻四、題目篇に次のように說明している。

夫れ戰爭方《まさ》に殷《さかん》にして、雄雌未だ決せずんば、則ち正朔を奉ぜず、自ら相い君長たる有り。必ず國史、傳を爲さば、宜しく別に科條を立つるべし。陳項の諸雄は寄せて漢籍に編み、董袁の群賊は附して魏志に列するが如きに至りては、既に臣子の例に同じくして、孰か彼此の殊なるを辨ぜん。唯だ東觀は、平林・下江の諸人を以て、列して載記と爲す。顧だ後來の作者、之を遵效する莫し。新晉に逮びて、始めて十六國主を以て載記を持し名を表わす。善を擇びて行ない、古を師とするに巧みなる者と謂う可し。

夫戰爭方殷、雄雌未決、則有不奉正朔、自相君長。必國史爲傳、宜別立科條。至如陳項諸雄、寄編漢籍、董袁群賊、附列魏志、既同臣子之例、孰辨彼此之殊。唯東觀以平林下江諸人列爲載記。顧後來作者、莫之遵效。逮新晉始以十六國主持載記表名、可謂擇善而行、巧於師古者矣。

載記は、天下が誰の手に行くか決着のつかない時代の英雄たちを、正史の中でどのように取り扱うべきかと考えて作られたものであり、前漢末から後漢成立の間に活躍した王常・成丹・陳牧・廖湛らが『東觀漢記』で載記に立てられたのを濫觴とし、その後、唐初に編纂された『晉書』では五胡十六國の歴史を三〇巻の載記に載せた。この載記のジャンルは、天台を佛教の正統な教えとして作史する宗鑑の立場からは、他宗派を記載するにふさわしいものであったと言えよう。

載記は五つ立てられ、まず、〈禪宗相涉載記〉で菩提達磨・慧可・慧能・懷海・玄覺の五傳を載せ禪宗について述べる。次に〈賢首相涉載記〉で華嚴の法順・法藏・澄觀・宗密・子璿・淨源・義和の七傳を載せる。〈慈恩相涉載記〉では法相の玄奘と窺基の二傳を載せ、〈律宗相關載記〉では道宣と元照の二傳を載せる。最後の〈密宗思復載記〉では金剛智・不空・無畏・一行の四傳を載せる。これらの五載記は、『佛祖統紀』では〈諸宗立教志〉に置かれる。

なお、禪、華嚴、法相には「相涉」、律には「相關」、密教には「思復」の言葉がタイトルにつけられている。

これは天台との關係を示すものである。例えば、〈律宗相關載記〉の序は

誰か能く出ずるに戸に由らざらん。何ぞ斯の道に由ること莫きや。況んや堂堂たる大智（元照）、彼の記主と爲り、親しく廣慈（慧才）・神悟（處謙）に見え、飽くまで天台血脈を諳んず、尙ばざる可けんや。條例の相い舛《たが》い・綱目の或いは差う、誰か能く此を免れん。其の萬殊を捨て、一致に歸す、則ち宗教に志す者有らば、三學の首に於いて、自ら外にす容《べ》けんや。律宗載記を撰す。

誰能出不由戸、何莫由斯道也。況堂堂大智、爲彼記主、親見廣慈神悟、飽諳天台血脈、可不尙歟。條例之相舛・綱目之或差、誰能免此。捨其萬殊、歸於一致、則有志宗教者、於三學首、容自外耶。撰律宗載記。

（458d）

と語る。元照と天台との關わりを述べた上で、戒は三學の筆頭に位置づけられており、佛教徒は無視できないと言う。この點で天台にとって律は「相い關わる」ものと考える。

この章の最後にもう一つ觸れなければならないことがある。それは、『釋門正統』卷八末には「後序」があり、それに續いて、「補遺」として、南嶽慧思下の慧命、慧耀、法素の三傳が置かれていることである。後序の最初には、「紹定癸巳刊釋門正統畢」の刊記がある。「紹定癸巳」は理宗の紹定六年（一二三三）である。「釋門正統序」には「嘉熙改元（一二三七）三月十日」と言い、また『佛祖統紀』「通例」もその年を刊行の日としており、數年の誤差が生じる。この刊記の後には、張栻（一一三三―一一八〇）の撰とされる『玉泉開山智者禪師實錄』を提示するものがいて、その記事は宗鑑が目にした智顗の資料である『國淸百錄』等の記事と大いに異なっているので、檢討に備えて記載すると述べ、いくつかの智顗に關する話を載せている。この「後序」の記事、あるいは補遺の記事のいくつかは、『佛祖統紀』に採用されているので、『釋門正統』上梓の時からこのような形をとっ

ていたものと思われる。

以上、『釋門正統』全八巻の二本紀、七世家、八志、十二列傳、五載記について、各傳に付けられた序のいくつかを見ながら順序を追って概觀し、その中で、『佛祖統紀』との關わりについても見た。

第三章　『釋門正統』と『佛祖統紀』の立場の相違――道因草菴の扱い

『釋門正統』と『佛祖統紀』を竝記して解題を書いた陳垣は、「台禪二宗之爭」と「山家山外之爭」の兩トピックを掲げて兩史書の立場の相違を論じている。(6)このことに關しては、六「宋代における佛教史書」で觸れる。ただここでは、「山家山外之爭」と多少關わりのある、法系に對する『釋門正統』と『佛祖統紀』の立場の相違について述べてみたい。

先の章で見たように、『釋門正統』が山家派の立場に立って編まれていることは一目して明らかである。法智知禮を、智顗と同じように「世家」のジャンルに置いて〈中興教觀法智大師世家〉に編み、知禮を嗣いだ弟子達を〈中興一世傳〉以下、七世までの列傳に置く一方、山外派の晤恩や孤山（前山外派）は〈荷負扶持傳〉に、仁嶽や從義（後山外派）は〈扣擊宗途傳〉に載せて區別しているからである。とくに〈扣擊宗途傳〉はタイトルからもその立場がはっきりと讀みとれる。

しかしながら、〈荷負扶持傳〉の序では、前章で見たように「功、豈に淺からんや」（413d）と、高い評價を與えており、〈扣擊宗途傳〉の序（421b）においても、かつて天台九祖、荊溪湛然につきながら後に華嚴の四祖となった澄觀に比べれば、山外派の仁嶽・從義にはある程度の評價を與えていることが分かる。

この點は、また『釋門正統』巻三、〈弟子志〉末の「統圖」からも讀み取れる。これは『佛祖統紀』では巻二四、〈佛祖世繫表〉として獨立し、『釋門正統』にはなかった新しいジャンルである「表」に展開する。「統圖」の結びの言葉で

先佛は大醫王なり。四教は病を遣る藥なり。三接は藥湯を行う使いなり。吾祖は醫子の家を克《おさ》むる者なり。諸師は家を克むる子の方法を傳うる者なり。其の閒、優劣無き能わずと雖も、劣者も亦た能く家法を以て人に示す。況や優者をや。獨だ正統に列するも、未だ其の非を見ざるなり。

先佛大醫王也。四教遣病藥也。三接行藥湯使也。吾祖醫子克家者也。諸師傳克家子方法者也。雖其閒不能無優劣、劣者亦能以家法示人。況優者乎。獨列正統、未見其非也。(394d)

と述べるごとく、『釋門正統』は、「淨覺仁嶽」「草菴道因」「神智從義」といった異端派の祖師も區別せずに一系譜圖のもとに收めている。『佛祖統紀』では、上記三師とその弟子十六人の山外異端者については、列傳に〈諸師雜傳〉を設けて區別したと同樣、ここでも〈雜傳世繫〉に別置する。そして〈世繫表〉に重ねて

雜傳の作、其れ意有らんかな。淨覺は宗に背き、神智は祖を破り、草菴は緒を失す。故に此の三人に寄せ、以て後來の好んで異論を爲す者に警示す。

雜傳之作、其有意乎。淨覺背宗、神智破祖、草菴失緒、故寄此三人、以警示後來之好爲異論者。(T49, 257d)

と述べる。

ところで、『佛祖統紀』で「失緒」と非難される草菴道因は、『釋門正統』では、山家派の諸師たちの一人として〈中興一世列傳〉(巻六)に立傳されている。ここの記述は、鄰三學の「序」、道因自らの作品「祝香」(『佛祖統紀』によれば、『草菴錄』「嗣法文」)、「彌陀贊」、「(彌陀?)序」、そして姪でもあり弟子でもあった薛澄の「忌

疏」と「祭文」とから構成されている。そこには一字の貶しめもない。『佛祖統紀』は上述のように、天台の異端者の一人として〈雜傳〉に載せる。しかし、その基づく資料は、『釋門正統』が利用した範圍を超えていない。また『佛祖統紀』には薛澄の傳も立てられるが、その記述の大半は彼が道因のために書いた「忌疏」と「祭文」で埋められている。

『佛祖統紀』の〈道因傳〉そのものには彼に對する非難めいた言葉は見あたらない。四明知禮の弟子が立傳される〈諸師列傳〉から切り離されて、淨覺や神智とともに〈雜傳〉に置かれた理由は、「失緒」であったが、それについては「論」という形で述べられるのである。以下にそれを引いてみよう。

論に曰く、草菴は初め明智に學び、一旦、指要を讀みて省發有り。而して又た自ら文粲の後身と謂い、故に瓣香を以て四明に奉ず。然して四明なる者は羅睺羅なり。未だ佛に稟けて嗣と爲るを聞かず。草菴の承る所の若きは、則ち將に廣智（尙賢）を兄とし、而して明智（中立）を孫とす。豈に北面して之に師事し、而して反って之を孫とするは可ならんか。西土の二十四祖、金口の宣ぶる所は、悉く先後有り。北齊の遠く龍樹に稟くと謂うが若きは、此れ則ち立觀の始めにして、草菴の當る所に非ず。上に故鏡菴（『宗源錄』を撰した景遷法師）に效いて之を論じて曰く、一家の敎觀は、必ず傳授に資ると。豈に紊亂して其の緒を失わ使む可けんや。況んや當時、已に九祖に高攀し、遠く四明を嗣ぐの誚有り。舊圖は明智に系し、終に草菴の本心に非ず。新圖は之を四明に系し、未だ公論に違う有るを免れず。今、故らに之を雜傳に置くは、亦た以て緒を失する者の戒めを爲すに足ると云う。

論曰、草菴初學於明智、一旦讀指要有省發。而又自謂文粲後身、故以瓣香奉四明。然四明者羅睺羅也。未聞稟佛爲嗣。若草菴之所承、則將兄廣智而孫明智矣。豈北面師事之、而反孫之可乎。西土二十四祖、金口所宣、悉有先後。若謂北齊遠稟龍樹、此則立觀之始、非草菴所當、上效故鏡菴論之曰、一家教觀、必資傳授。豈可紊亂使失其緒。況當時已有高攀九祖、遠嗣四明之誚。舊圖系於明智、終非草菴之本心、新圖系之四明、未免有違於公論。今故置之雜傳、亦足以爲失緒者之戒云。（T49, 243b）

『佛祖統紀』が「失緒」と貶すのは、道因が實際は寶雲明智中立を師としながら、四明法智知禮の弟子であり「叔祖」に當たる四明文粲の後身として、自ら四明法智知禮の弟子を稱して彼を嗣いだ點である。「而して又た自ら文粲の後身と謂い、故に瓣香を以て四明に奉ず」はそのことを言う。

これは天台と對峙した禪の法系を思い起こさせる。例えば、「香嚴擊竹」として有名な香嚴智閑禪師が師の潙山の下を去り、他鄉での作務の途中で大悟し、遙か彼方の師にむかい沐浴焚香した話である。[7]「焚香」したのは、彼が潙山の法を嗣ぐことを意味した。道因が「瓣香を以て四明に奉ず」もそれと同じで、彼が四明法智を直接に受けるものと名乘ることである。そこで四明法智の直接の弟子であった「叔祖」文粲の生まれかわり說を持ち出したのである。「新圖系之四明」は、宗鑑撰『釋門正統』卷三、弟子志末の「統圖」を指す。

四明法智──廣智尙賢──神智鑑文──明智中立
　└文粲後身道因

（393a, c）

さて道因は本來であるなら

四明法智─┬─廣智尚賢──神智鑑文──明智中立──草菴道因
　　　　　└─四明文粲

でなければならない。これが「舊圖」というものである。おそらく元穎『天台宗元錄』であろう。ところが志磐は

四明法智─┬─廣智尚賢──神智鑑文──明智中立
　　　　　└─四明文粲
草菴道因──述菴居士薛澄　　雜傳世繫（T49, 257c）

と「統圖」を作り變えた。

道因の生卒は一〇九〇年から一一六七年で、その時代は北宋末から南宋前半に當たる。この時代、道因は禪僧とまがうかのように「嗣法文」を書き、その中で「此一瓣香、奉爲延慶第一代法智尊者、用酬法恩」（T49, 243a）と述べるのは、天台においても禪の法系と同じように嗣法が問題とされていたことを示している。この時代、つまり北宋の後半、知禮から法孫四代にあたる十一世紀の後半、天台と禪の交渉は密接になっていた。例えば、道因と活躍した時代がほぼ重なる法久法師は、徑山に大慧宗杲（一〇八九―一一六三）を訪ね、「心要」を問うている。彼は恐らく、その後も恆常的に禪の存在を意識していたのであろう、「常に後生の單寮の多弊を患い、乃ち衆堂を闢き、連床蒲褥を作ること禪林の規の如し。身を以て率先し、衆は敢えて怠る莫し。說法機辯、大慧の風有り。領す能わざる者有りて、師は禪を教苑に談ずと謂う」（T49, 228c）と、禪のもつ長所を積極的に天台に取り入れている。

天台の中でも南屏派の諸師たちの中には、禪の實踐を兼修し、天台本來の教觀雙依を否定するものも現われたという。そのような状況を考えれば、天台においても法系に敏感になるのは自然の成り行きであろう。(8)

しかしそれなら、『佛祖統紀』に先立つこと僅か三十年餘、十三世紀の初めに編まれた『釋門正統』においても同じく、法系に關心を向けたはずではないか。この立場の相違については、ここではその事實の指摘に止めたい。『佛祖統紀』そのものの考察とともに、天台の内と外からの追究によって明らかになるものと考えられるが、それは次篇の課題でもある。

結　語

さて、『釋門正統』と『佛祖統紀』とはなぜ、編纂後七、八百年を經て、ともに傳承されてきたかという問いを忘れてはならない。上で述べてきたことは、『釋門正統』成立までの天台史書と『釋門正統』そのものに關わる考察に限られており、本格的に『佛祖統紀』を俎上に載せるところまでは至っていない。研究の姿勢としては、『佛祖統紀』の考察が終わった段階で問いに答えるのが正しいが、ひとまず現段階までの考察によって憶測に似た結論を簡單に述べさせていただき、多方面からの『佛祖統紀』研究によって、その可否が論じられることを期待したい。

卷一に置かれた「通例」は、上でもしばしば引用したが、『佛祖統紀』の研究では本格的に取り組まなくてはならないものである。これは「史例」にあたり、この著作の編纂方針が示されている。その中に「敍古製」と「明今述」があり、前者で『釋門正統』までの天台宗史、後者で『佛祖統紀』について語る。十二世紀初めの元穎撰『宗元錄』から十三世紀後半の『佛祖統紀』までの史書は、個人の著作ということではなく天台宗の、つまり宗派の史書として一連のものと認識されている。「班固の『漢書』」と言われるものも、まず父の班彪によって『史記』以後の漢の歴史「後傳」が書かれ、その遺志を班固が繼ぎ、その死後は未完の八表と天文志を妹の班昭（曹大家）と馬續が完成させた。家の學としての「漢書」の完成が目指されたと同じように、天台宗史も、何人もの手を經て百五、六十年を費やした上で、『佛祖統紀』に結實を見たと言えよう。

天台を中興した法智（九六〇―一〇二八）以後の悲願は、燈史や燈錄あるいは僧傳といった作品においても華々しい禪宗と同じように、天台を中心とした佛教史を書くことであった。その氣運は中興から百年を經過して生まれた。しかし、その緒を開いた元穎が『宗元錄』の序の中で嘆いているように、十分な史料はそろっていなかった。傳の材料となる碑文もなく、また著作も散逸していた十六祖寶雲義通について見た通りである。

元穎以後、志磐の『佛祖統紀』まで、鎧菴吳克己、鏡菴景遷、そして宗鑑と筆を執る者は續くが、彼らの望みは、より良き天台宗史を完成することであり、そのためにより多くの史料を集めることであった。宗鑑は『釋門正統』完成後もなお、たゆまず「補遺」を作っている。

宗鑑撰『釋門正統』までの作品に對して、志磐が「文繁・語鄙・事緩・義乖に至りては、則ち皆な之を有す（至於文繁語鄙事緩義乖、則皆有之）」（T49, 131a）というのはこの間の作史の姿を言っていよう。例えば、『釋門正統』護法外傳の葉適傳では、簡單な彼の履歴紹介の後

今、集中の三文を錄し、以て吾人の教觀を存神する能わざる者を儆しめんとす。

今錄集中三文、以儆吾人之不能存神教觀者。（453a）

と述べ、彼の文集『水心文集』から「題畫婆須密山」「題張君所注佛書」「宗記序」を引いて、それぞれに短いコ

メントをつけている。これでは葉適に關わる佛教關係の史料を集めただけと言っても過言でない。さすがに諸天台修史を批判する志磐は『佛祖統紀』において、葉適の別の作品を〈名文光敎志〉に置いて、整備を加えている。宗鑑は、天台宗史を中國の傳統的な正史のスタイルに組み立てることに成功して、天台宗が社會的に認知されることに大きな貢獻を果たした。しかしその『釋門正統』も、史書としてまだ不備なところを多く殘していたのである。

しかし、もしすべてが志磐撰述『佛祖統紀』への一過程であるとするなら、宗鑑『釋門正統』が『佛祖統紀』成立後も傳承されてきたのはなぜなのか。その視點から眺めると、『釋門正統』と『佛祖統紀』が、同じく天台宗史と呼ばれながら、異なる意味と性格を持っていることが見えてくる。端的に言えば、『釋門正統』は天台宗史として、『佛祖統紀』は宗派を超えた世界史としての存在意義を持つということである。例えば、『釋門正統』の〈興衰志〉は、『佛祖統紀』の〈法運通塞志〉への道を開いたと述べたが、〈興衰志〉の最後の記事が天台智顗への慶元二年（一一九六）の加封追贈であることは、この書が天台宗史に止まっていることを象徵している。

では『佛祖統紀』はなぜ世界史と言えるのであろうか。『佛祖統紀』五四卷の構成は、宗鑑『釋門正統』と同じく、正史のスタイルをとり、本紀八卷、世家二卷、列傳十二卷、表二卷、志三〇卷となっている。一見して注意を引かれるのは、全體に占める「志」の比重の高さである。因みに『釋門正統』八卷では、「志」は二卷であった。また三〇卷の志のうち半分の十五卷を占めるのは〈法運通塞志〉であるが、これは、釋迦が佛法を說き、それが中國に傳來してから南宋・理宗の端平三年（一二三六）に至るまでの佛教の興亡を世俗の帝王の年代の下に編んだ、佛教の全體史である。さらに、編年體である故に事件の終始を把握できないという缺陷を補うためには、〈歷代會要志〉四卷が作られており、これら二志を合わせると『佛祖統紀』の四割近くを占めることになる。

〈法運通塞志〉では、もちろん佛教を三教の主として敍述しているのであるが、儒教・道教についても述べ、また政治事項についても觸れる。こうした内容と、志磐が「佛祖統紀序」で述べた「紀・傳・世家は太史公に法り、通塞志は司馬公に法る」を合わせ考えれば、志磐のある意圖が讀み取れる。すなわち『佛祖統紀』は、『釋門正統』のもつ宗門史の側面を紀・傳・世家を中心とする部分で完成させ、〈法運通塞志〉では宗門を超えた宗教史、つまり世界宗教史の側面をねらったのではなかろうか。あるいはそれが、時代の求めるものであったのかも知れない。この推測は、『佛祖統紀』の本格的研究によって裏付けられねばならない。四「『佛祖統紀』の作者、志磐の考え」では、その一端を示すつもりである。

さて、以上のような意圖の有無は別としても、『佛祖統紀』の立場が『釋門正統』と異なることは確かである。『釋門正統』は先行書を集約してそれらの立場を繼承したものであり、『佛祖統紀』はそこから一歩を踏み出していると言って良いであろう。

また、『釋門正統』には未整理な點があることも指摘したが、整備されていないということは、史料となる原典を多く殘しているということでもある。一例を擧げれば、李濟「淨土詠史」は、もと五百餘首あったが、現在『樂邦文類』巻五に載せられるのは、わずか二五首である。しかも、例えば元穎傳に載せられた「講業端能繼祖承、僧綱復振競儀刑、主張遺教眞龍象、緇侶誂誂仰德馨」と「厄會權臣宿債酬、幅巾短褐恣遨遊、鹽端菴上歸眞寂、尚有遺基著遠猷」(446c)は、ここのみに殘された「淨土詠史」であり、貴重な史料と言えるのである。たとえ他本と重なる記録であっても、校勘に資する史料として有益なことは言うまでもない。

すなわち『釋門正統』は、宗史の集大成と言われながらそれを超えた『佛祖統紀』とは性格を異にして、天台宗史に集中しており、また宗派に固有の古形をとどめた史料を含んでいる。天台宗の中で價値を認められ、傳承されるのは當然だったのである。

注

（1）『佛祖統紀』巻一、「通例」の「敍古製」（T49, 131a）。
（2）いま國立公文書館に所藏されている。「昌平坂學問所」「淺草文庫」の印が押されている。朱點が入り、少し校勘が入る。全體の目次なし。半葉十二行、一行は二四から二五字。
（3）請求番號：藏經本／19／シ-10、大正3・2・4受け入れ。
（4）遵式が序を書いた『天台智者大師齋忌禮讃文』では、天台九祖の號を「天台教主智者大師、天台高祖無畏論師龍樹尊者、天台宗教第二祖師北齊尊者、天台適嗣第三祖師南嶽尊者、天台結集教藏第五祖師章安尊者、天台教觀第六祖師法華尊者、天台教觀第七祖師天宮尊者、天台教觀第八祖師左溪尊者、天台記主第九祖師荊溪尊者」（T46, 966b）と呼んでいる。『釋門正統』の呼稱とほぼ重なることから、ある時代に祖師たちの呼稱が決定されたものと考えられる。
（5）彼は「新儀」を作る。T49, 321c。これについては前篇注（3）に掲げる多田氏の論文を參照のこと。
（6）『中國佛教史籍概論』巻五。一九六二年、中華書局版、一二二―一二八頁。
（7）『景德傳燈錄』巻十一、香嚴智閑禪師章參照。
（8）同じように崇矩の法系に對しても宗鑑と志磐の立場は異なる。『釋門正統』（424c）と『佛祖統紀』（T49, 215b）を比較のこと。

附録

『釋門正統』全八巻　目次

釋門正統序
卷一
　娑婆教主釋迦牟尼世尊本紀
　　附傳として大迦葉、阿難等十三人
　天台高祖龍樹菩薩本紀
　　附傳として提婆、羅睺羅等十人。
　天台祖父北齊［慧文］南嶽［慧思］二尊者世家
　　附傳として大善以下五人
　天台教主智者靈慧大師［智顗］世家
　　附傳として隋の眞觀法師
卷二
　山門結集祖師［灌頂］章安尊者世家
　　附傳として普明法師、智越、波若師、法彦、大志、智璪、智晞、等觀、道悦の九人
　山門傳持教觀法華［智威］天宮［慧威］左溪［玄朗］三尊者世家
　　附傳として神邕、道遵、大義の三人

山門記主荊溪湛然世家
附傳として普門子、元皓、梁肅、法劍の四人
山門授受道邃・廣脩・物外・元琇・清竦・義寂・義通七祖師世家
中興教觀［知禮］法智大師世家
卷三
身土志・弟子志・塔廟志・護法志
卷四
利生志・順俗志・興衰志・斥僞志
卷五
荷負扶持傳
［志］遠、［晧］端、［晤］恩三師と孤山［智圓］
附傳として文備、慶昭、繼齊、咸潤の四人
本支輝映傳
［慈雲］遵式
附傳として思悟、慧辨、元淨、從雅、若愚の五人
扣擊宗途傳
淨覺と神智
附傳として靈照、可久の二人
卷六
中興一世傳
則全、崇矩、慧才、本如、有臻、慧舟、瑩公、文琛、道因の九人
中興二世傳

従諫、覃異、温其、若水、希最施、繼忠、惟湛、處謙、處咸、有嚴の十人
中興三世傳
中立、梵光、思恭、淨果、擇瑛、淨梵、蘊慈、宗敏、擇卿、齊璧、應如、蘊齊、仲閔の十三人
巻七
中興四世傳
法鄰、覺先、宗肇、道琛、智僊、丁然、如湛、法久、神煥、思梵、中皎、有明、可觀、晁説之、陳瓘の十五人
中興五世傳
圓智、智連、與咸、慧詢、善榮、景咨、宗印の七人
中興六世傳
若訥、端信の二人
中興七世傳
慧明の一人
護法内傳（「言行」は殘るが「世代」がはっきりしないもの。）
法誠、法嚮、恆景、飛錫、楚金、智琰、行滿、王安石、子昉、楊傑、能公、思淨、元頴、鍾離松、江公望、吳克己の十六人
巻八
護法外傳
曇鸞、劉虬、傅翕、僧稠、抱玉、皎然、延壽、贊寧、戒珠、法端、義天、永道［法道］、子光、葉適の十四人
禪宗相涉載記
菩提達磨、慧可、慧能、懷海、玄覺の五人
賢首相涉載記［華嚴］
法順、法藏、澄觀、宗密、子璿、淨源、義和の七人

慈恩相涉載記［法相］
　玄奘、（窺）基の二人
律定相關載記
　道宣、元照の二人
密宗思復載記
　金剛智、不空、無畏、一行の四人
補遺
　後序　智慧、慧耀、法素の三人

三　讀『佛祖統紀』

はじめに

第Ⅰ部、二「宗鑑『釋門正統』について」で見てきたように、志磐の『佛祖統紀』五四巻は、天台宗史の集大成であるばかりでなく、世界宗教史の側面も具えていた。それゆえ、中國の佛教史、宗教史を概觀できる貴重な作品として、今日まで讀み繼がれてきている。

この書は、志磐の晩年にあたる南宋末に版木に彫られて出版され、それ以後も引き續き市井で版行されて、明南藏以後には大藏經にも入れられた。しかし『佛祖統紀』そのもの、あるいは志磐その人については、今日までほとんど考究されることがなかった。注目されなかった理由にはさまざまな點が擧げられよう。例えば『佛祖統紀』が天台宗史の到達點となって、それ以後この書を超えようとする宗史が現われなかったため、批判研究されなかったこと。またその後の天台宗に、彼を顯彰する弟子などの人材が出なかったこと。さらに天台宗史のレッテルが貼られている以上、宗派對立の中では、廣く佛教界を覆う作品として取り上げるのが難しかったことなどである。その結果として、志磐その人の資料も皆無と言っていいほど遺らなかった。結局、われわれが志磐を知るには、丹念に五四巻の『佛祖統紀』を讀んで、そこから彼の姿を浮かび上がらせる以外に手立てはない。そこで小論では、「讀『佛祖統紀』」と題して、この方法で志磐の實像に迫りたいと考える。

第一章　志磐の生涯

志磐は、天台宗の僧侶としての天台教學の確立と普及の立場に止まらず、佛教をはじめ道教そして儒教、さらには白蓮教等の諸宗教を一つの相の下に描こうと考えた。先に世界宗教史と述べたが、それを志磐は編年體の史體を採用することによって實現させた。それが「法運通塞志」十五巻である。小論では、そこに見える彼の論贊である「述」を中心に、彼の立場、思想を明らかにしていきたい。まず彼の生涯について見ていこう。

志磐が咸淳七年（一二七一）に記した「刊板後記」には、前年から喘嗽（咳の病）に苦しみ、この年には「磐は、病に臥すこと、日久し。一旦怛《だつ》化すれば、此の志の申べざるを恐るるが故に始終を略述す」と述べる。死が腦裏をかすめ、出版を急いでいる様子は、最晩年が近いことを思わせる。

沒年が何歳かを決定することは難しい。ただ、沙門鑒聿撰『韻總』についての「述」（論贊）の中では、「磐、幼くして師に從いて學ぶ。年五十にして始めて字の非多きことを悟る」[1]（413b）と言い、正字と俗字の入り亂れる状況を嘆いている。ここから執筆當時は五十歳を越えていることが分かる。擱筆し出版を待っている状況を考え、假に「刊板後記」が書かれた年、あるいは翌年に六十歳くらいで遷化したとすると、彼の一生は一二一〇年代の初めから一二七〇年代の初めくらいまでにおさまることになる。

生誕地は分からないが、彼の俗姓は四明（浙江）の盧氏で、後漢の儒者であった盧植（?—一九二）の三二代の末裔を名乗る。生涯、四明を中心に活躍し、基本的にはこの地を離れなかったようである。學歴についてもまた推測に頼らざるを得ないが、幼少の時から沙彌として佛門に入ったのではなく、教師について儒教の勉強をしたようである（413b）。[1] 少し成長してからは、郡の學錄（國子監所屬の學官）であった袁縺齊の甥、袁機について學んだようで、「孫吳兵書」を讀んだことに觸れている（412a）。その後の學歴について考える資料は全くない。

志磐は名儒盧植の名を持ち出したが、それは單に高名な儒者の血筋を誇ったわけではない。盧植が五經の文字の亂れを正そうと上書したことを含んで、[2] 自分がその裔であることを示したのである。このことからは自らの儒教分野の學力に對する相當の自負がうかがえ、それは『佛祖統紀』の割り注としてたびたび登場する音義に確認できる。ある時期までに小學を初めとする儒教の學問を修得していたことが想像されるのである。

一方、佛教との出會いがいかなるものであったかも明らかではないが、高伯祖には餘姚法性行持禪師がいた。「高伯祖」とは高祖父（高祖父—曾祖父—祖父—父—本人）の兄を指す。彼はもちろん四明盧氏で、象田梵卿（—一一一六）の嗣法者である。牧菴と號し、雍熙・雲門・雪竇・護聖の諸寺院を歴任したという（422a）。志磐より三世代前の人で、たとえ兩者に出會う機會があったとしても、それは志磐の幼少時で、佛門に入る直接のきっかけになったとは考えにくい。ただ彼の周りに、たとえ禪僧であっても、宗教的雰圍氣が存在したとだけは言えよう。

志磐は四明の福泉山にあった寺で出家した。定慧介然法師（廣智下の第四世）の「福泉山の延壽で業を受く」の割注で、「志磐、業を福泉に受く」（226a）と言っている。自ら認めた「佛祖統紀序」でも「四明福泉沙門志磐」と記し、また「刊板後記」では咸淳六年（一二七〇）に「福泉の故盧に歸る」と言う。寺の正式な名前は延壽王廣福院である。[3]

誰の下で出家したのかは分からないが、下に示す法系表のように天台山家の廣智下の第九世、無住宗淨法師の法系を繼ぐ（254b, 241a）。「大石」は志磐の法號である。『玉篇』「石部」に「磐、大石也」、あるいは『集韻』「桓韻」に「磐、大石、一日山石之安者」と見える。名と號に強い結びつきを持つこの命名が自らによるものか師に授與されたものかは定かではないが、上に述べたと同じように、彼が文字、ひいては古典に關心を持っていたことを示す一材料ではあろう。

圓辯法琛法師―月堂慧詢法師（?―一一七九）―逸堂法登法師―石坡元敨法師―無住宗淨法師―大石志磐法師

志磐は、若いときに南海（廣州）にも行って滯在した。その地の僧侶が妻子を持っているのを目擊したと述べている（399c）。これを僧侶のありように對する關心からの記述と考えれば、時期は出家後かも知れない。

徽宗の政和年間（一一一一―一一一八）に吳興の元頴法師が『宗元錄』を著わして以來、天台宗の立場から多くの佛教史が編まれて、南宋の嘉熙年間（一二三七―一二四〇）には宗鑑が『釋門正統』を撰述した。『佛祖統紀』はそれらの成果を踏まえて出來上がった作品である。志磐が『佛祖統紀』にいつ着手したかは、自らの序文によれば南宋・理宗の寶祐六年（一二五八）で、十年の歲月をかけて咸淳五年（一二六七）に完成した（129c「佛祖統紀序」）。

實際の執筆の期間は、以上のように恐らく五十代から晚年に至る間であっても、作史の意欲と學識は若いときから持っていたと考えられる。贊寧が敕命を受けて端拱元年（九八八）に完成させた『宋高僧傳』についての「述」（論贊）で、

［慧］洪覺範謂えらく、［道］宣律師、僧史を作るも、文辭は長ずる所に非ず。禪者の傳を作るに戸昏案檢の如し。［贊］寧僧統は博學と雖も、然るに其の識は暗く、衆碣を聚めて傳を爲し、一體に非ずと。覺範の

論、何ぞ其れ至らんか。昔、［黄］魯直は僧傳の文鄙にして義淺きを見、之を刪修せんと欲するも、而るに果さず。惜いかな。如し我を用いる者有らば、吾れ其れ能く魯直の志を成さんか。（400a）[4]と言う。この最後の言葉は、政事に參加する竝々ならぬ情熱を述べた言葉とされる孔子の「如し我を用いる者有らば、吾れ其れ東周を爲さんか」（『論語』陽貨篇）に重なる。『佛祖統紀』は天台宗を中心に据えた宗教史の側面が強いが、それを支える枠組みは『史記』以來の中國史書の成果を踏襲している。これは言うまでもなく、志磐の古典文化に對する高い知識があって初めて可能なわけで、若い時代からの修練が想像される。

天台僧としての彼は、先に述べた福泉山の延壽王廣福寺と、東湖の月波山にあった慈悲普濟教寺を中心に活躍している。兩寺は距離的に遠く離れたものではない。志磐は、彼が法を嗣いだ師の宗淨[5]の住持していた名刹、慈悲普濟教寺に滯在して『佛祖統紀』の最後の仕上げをし、版木にもそう付言している。

慈悲普濟寺は、南宋の地誌『寶慶四明志』巻十三に「東錢湖の月波山の下にあり。淳熙五年（一一七八）、史越王、［寺］額を請いて建置す。常住田一百畝・山二十畝」と見える寺である。史越王とは史浩（一一〇六―一一九四）のことで、自ら眞隱居士と號した。『佛祖統紀』巻三三、法門光顯志の「水陸齋」の下で志磐は彼について詳しく述べる（321b-c）。それによれば、史浩は乾道九年（一一七三）に、梁の武帝が始めたとされる「水陸齋」を行おうとして月波山に殿を設け、これが慈悲普濟寺の起こりとなった（428b）。この「水陸齋」は志磐の時代も續き、彼は以下に述べるように積極的に參與している。

詳しい情報は上の「水陸齋」に對する志磐の「述」の記述にある。それによれば史浩が起こしたこの法會は、百年後の志磐の時代の月波山でも、史浩の儀禮式典に沿って嚴かに續けられていた。それは月波山の近郊にも影響を與えたようで、その一つ尊教寺の僧侶と信者からある日、志磐に新しく儀禮式典（新儀）を作るようにとの要請があった。史浩の水陸齋は役人のためのもので、貴賤貧富を問わず參加できるものではなかった。そこでだれもが參加できる水陸齋にふさわしい新儀の作成が求められ、志磐はそれに應えた(6)。

このような實踐においても志磐は大きな活動をしていた。法會への積極的參與は志磐と幅廣い佛教信者との結びつきを強め、『佛祖統紀』を版木に付して出版する際に、多くの寄進を集める機縁になったと考えられる。

ところで、志磐が世間への窓を開くことを可能にしたのは、筆を執ること、つまり文章の製作によってであった。上の尊教寺の水陸齋では、「時に其の事を主る者は、寺の沙門處謙・清節・文學師竑なり。法施を以てする者は、月波住山の宗淨なり。文字を以て施す者は、則ち志磐なり」(321c–322a)と自ら述べていることから見ても、そのことは自覺されている。さらにまた、多くの齋文を作ったことが『佛祖統紀』の中に記録されており(7)、巻四九、名文光教志には自ら作った「宗門尊祖議」を載せている。名文光教志を立てたことについては、その「通例」(史例)に「大儒・高釋、能く文字を以て大道を鋪張し法門の標表を爲す者有り。是れ略錄せざる可からざるなり。名文光教志二巻を作る」(130c)と書かれている。志磐には、孤山智圓や慈雲遵式といった「高釋」とともに、自らの作品を列べるほどの自負があったと言えよう。

『佛祖統紀』の意圖するところは、五四巻もの大作故に、一言で要約することは難しい。ただ「通例」の中の「息衆疑(多くの疑問に答える)」を見ると、志磐が頭に置いている對象の一つは儒者(士大夫)であることが分かる。彼は、

又た此の書の用うる所の[大]藏典の教文は、儒生・居士の解し易すかる可き所に非ず。能く字字句句、其の義を研究し、疑難する所を以て、諸《これ》を沙門に質すこと有らば、則ち精義、神に入り、然る後に以て佛を知る可し。若し輕心疾讀し、歸する所を究めざれば、斯れ何ぞ人を益せんや。又た世の儒爲る者、好んで韓・

歐排佛の論を擧ぐるも、而るに二公の末年、終に釋氏の道に合するを知らず。今の人、能く少しく盛氣を抑え、盡く此の書を觀、反覆詳味すること有らば、則ち韓・歐の立言、皆な陽に擠《くじ》き陰に助くるの意を知らん。(131b)[8]

と言う。韓愈と歐陽脩の排佛論は宋代を通じて士大夫の反佛教論の支柱であり、佛教側からすれば、それに反論を加えて攻撃することが急務であった。韓愈と歐陽脩は佛書を正しく讀んで佛教を斥けているのではない。佛典からの引用も含んだこの『佛祖統紀』を丹念に讀んでくれれば、兩人の論の誤りも明らかになると、志磐は語っているのである。

士大夫が正しく佛教を理解するには、讀むに堪える作品が必要である。その著述は儒教的古典教養と文章力の兩輪が相俟ってこそ可能である。上で見た志磐の若年からの修養による儒教古典教養と文章力、そしてその兩者に對する自負は、晩年に近い十年間をかけた『佛祖統紀』五四巻の中に結集されたと言えよう。

第二章　志磐の立場

第一節　曲　筆

『佛祖統紀』はどのような特色をもった佛教史書であろうか。天台宗の立場で書かれた以上、まずは全巻に天台宗の優位が主張され、例えば對抗した禪宗の攻撃からはそれを守ろうとしている。あるいは天台宗の中の正統論争では、自ら身をおく山家の立場を取って山外を斥けている。これらの立場は志磐の「序」や目次を一瞥するだけで確認できよう[9]。

また、非常に公正な史官の立場を装いながらも、時には次のように佛教徒のしたたかな立場を垣間見させる敍述もある。つまり原史料とされるものを全く異なる立場に改める、ある種の曲筆とも言えるものである。例を示そう。

唐の太宗と道士傅奕の記事に次のようにある。

> 太宗、既に卽位し、嘗つて傅奕に問いて曰く、佛道は微妙にして、聖迹は師とす可し。且つ報應の事は顯然たり。卿獨り其の理を悟らざるは何ぞやと。對えて曰く、佛は乃ち西方の桀黠にして、國家を補う無し。臣は悟らざるに非ず、鄙しんで學ばざるなりと。帝は深く其の言を惡む。云云（363a–b）[10]

志磐はこの記事の出典を明記しないが、『舊唐書』巻七九、傅奕傳に基づく。

> 太宗、常《か》つて朝に臨みて奕に謂いて曰く、佛道は玄妙にして、聖迹は師とす可し。且つ報應は顯然にして、屢ば徵驗有り。卿獨り其の理を悟らざるは、何んぞや。奕對えて曰く、佛は是れ胡中の桀黠にして、夷狄を欺誑す。初は西域に止まり、漸く中國に流る。其の教えを遵尙するは、皆な是れ邪僻の小人なり。莊老の玄言を模寫し、妖幻の教えを文飾する耳。百姓に補う無く、國家に害有りと。太宗、頗る之を然りとす。[11]

傅奕が「佛は、外國の惡賢く凶暴な人物で、夷狄の民をたぶらかすものです。佛教は最初、西域地方に止まっていましたが、徐々に中國に傳わってきました。その教えに従い尊ぶものはみな惡賢い小人です。『老子』や『莊子』の道家の言葉をまねて、あやしい教えで飾りたてただけです。人々の役にたちませんし、國家に害があります」と答えたの對し、太宗はもっともだとしたのである。

この話は『資治通鑑』巻一九二、唐紀八にも載せられており、ほとんど上に引用した『舊唐書』と同じであるが引いてみる。

上、嘗つて奕に謂いて曰く、佛の教え爲るは、玄妙にして師とすべし。卿、何んぞ獨り其の理を悟らざる。對えて曰く、佛は乃ち胡中の桀黠にして、彼土を誑耀す。中國邪僻の人、莊老の玄談を取り、飾るに妖幻の語を以て、用て愚俗を欺く。民に益無く、國に害有り。臣は悟らざるに非ず、鄙しんで學ばざるなり。上、

頗る之を然りとす。[12]

傅奕の佛教批判を太宗が肯ったことには全く違いがない。[13]

『佛祖統紀』の「通例」には、すべてを網羅しているわけではないが、引用文獻リストが載せられている。その中に「唐書」も入っている。また『資治通鑑』は拔けているが、それを利用したことは志磐自身が明記している（例えば330b の割注）。それなら志磐は、『舊唐書』と『資治通鑑』の本來の文章を全く逆にして「帝は深く其の言を惡む」としたことになる。

なぜこのような曲筆を行ったのかを問う前に、『佛祖統紀』が基づいた佛教側の典據について少しく觸れたい。それは祖琇『隆興佛教編年通論』巻一一にある。

他日、帝嘗つて傅奕を召き、之に食を賜いて謂いて曰く、佛道は微妙にして、聖迹は師とす可し。且つ報應は顯然にして、屢ば徵驗有り。汝獨り其の理を悟らざるは、何んぞや。奕對えて曰く、佛は是れ西方の桀黠にして、夷狄を欺誅す。中國に流入するに及び、其の教えを尊向するは、皆な邪僻の纖人なり。莊老の玄言を摸寫し、其の妖妄を飾り、國家に補う無く、百姓に害有りと。帝、其の言を惡み答えず。是自り身を終うるまで齒せず。[14]

祖琇は『隆興佛教編年通論』、『隆興佛運統紀』等を著わした、南宋初めの江西の僧侶で、號は石室という。志磐は彼の『隆興佛運統紀』については、「通例」の「修書旁引（本書を著わす際に參照引用したもの）」の項に擧げて

いるが、『隆興佛教編年通論』への言及はない。しかし件の箇所の『佛祖統紀』と『隆興佛教編年通論』の敍述の極めて近い類似性から見れば、志磐がそれを參照し利用したと考えて間違いなかろう。

同じように考えられるもう一例を引いてみよう。『佛祖統紀』巻三九の記事である。

［貞觀］十二年。尙書虞世南旣に卒し、上、夢に之を見る。因りて詔して曰く、世南は德行純備にして、志は忠益を存す。奄に物化に從い、良に用て悲傷せり。昨、夜夢に因り、倏ち斯の人を覩るに、兼ねて讜言を進むるに、平生の舊の若き有り。其の家に卽きて五百僧齋・佛像一軀を作り、以て冥福を資け、以て朕の思舊の意を申ぶ可し（舊唐史）[15]。

これは志磐自身が基づく史料を明記しているように、『舊唐書』巻七二、虞世南本傳の以下のような記述を踏襲している。

後數歲、太宗、夜夢に之を見るに、平生の若き有り。翌日、制を下して曰く、禮部尙書・永興文懿公の虞世南は德行淳備にして、文は辭宗爲り、夙夜、心を盡し、志は忠益に在り。奄に物化に從い、倏ち歲序を移す。昨、夜夢に因りて、忽ち其の人を覩るに、兼ねて讜言を進むるに、平生の日の如き有り。遺美を追懷し、良に悲歎を增す。宜しく冥助を資け、朕の思舊の情を申べ、其の家に爲に五百僧齋を設け、并せて爲に天尊像一區を作る可し[16]。

太宗は五百人の僧侶による法會開催と道教の天尊像一軀の造像をもって、亡き虞世南が佛と神の加護を得んことを圖ったのである。ここでは佛教と道教は等しく扱われていたが、『佛祖統紀』では「天尊像」を「佛像」に變えて、佛教の加護のみを受ける意味に變えられている。

改めて『隆興編年通論』巻一〇（『續藏經』一三〇册、267b）の件の箇所を見ると、やはり「天尊像」を「佛像」に作っているので、『佛祖統紀』がこれに據ったことは明らかである。因みに、元の『佛祖歴代通載』巻一一も「佛像」に作る（T51, 570a）。さらに遡って、祖琇自身にも何か基づくものがあったという確率も高いが、いまのところ筆者はそれをつき止めるところまで至っていない。

『隆興編年通論』以外の『佛祖統紀』に先行する佛教史書等にもこのような例が見出されれば、これは志磐の發案ではなく、廣く佛教側の共通認識であり、それを志磐がただ踏襲したということになる。しかしそれで志磐の曲筆の汚名が雪がれるわけではない。彼には『舊唐書』や『資治通鑑』を見る機會が存在したからである。一方、このような考えは近現代人のものであって、志磐の時代では先人の著作を批判無く採用することは當然であったとも言える。志磐の場合、先人の著作といえばまず佛教側の作品であった。

彼が佛教側の史料だけに據った理由は、まず護法のため、つまり道教側についた天子を佛教側につける方便としてである。これは佛教が世俗權力の下での發展を願う志磐の時代では當然のことであった(17)。さらに具體的には、志磐には「高祖＝傳奕」と「太宗×傳奕」の關係を構造化しようとする目論見があり、そこから導かれた布石とも考えられる。

第二節　もう一つの曲筆（改變）

法運通塞志巻四七に下記のような、南宋の初代皇帝高宗（在位一一二七―六二）、紹興十一年（一一四一）の記事がある。

上、輔臣に謂いて曰く、佛法中國に入りて自り、士大夫は靡然として之に從う。上者は清淨の說を信じ、下者は禍福の報を信ず。殊に知らず、六經の廣大にして周盡せざる靡きを。易の無思無爲、寂然不動、感じて遂に通ず（注記：『易』繋辭傳）、禮の正心誠意（注記：『禮記』大學篇）の如き者は、佛氏の清淨の化に非ずや。積善の家には必ず餘慶有り、積不善の家には必ず餘殃有り、書に善を作せば、之れに百祥を降し、不善を作せば、之れに百殃を降すとは、佛氏の禍福の報に非ずや。[18]

これによれば、高宗は大臣に向かって、昔から士大夫たちは佛教の教えに従っていると指摘し、佛教の「清淨の說」や「禍福の報」は『易』『禮記』『書經』の教えと同じではないかと述べたと言う。これは佛教の教えが儒教と通底することを言おうとした記事であり、佛教徒の志磐の意圖を汲めば當然それゆえ佛教は肯定されるという意味であろう。

ところが、そのような意味に讀むには、この文章はどことなく論理的整合性に缺けるように思われる。むしろ逆に、昔から士大夫たちは佛教の教えになびいているが、その教えの「清淨の說」や「禍福の報」は『易』『禮記』『書經』で言っていることと同じであって、わざわざ佛教を信仰する必要はないととる方が自然である。志磐はこの記事を書く際に基づいた史料を明記していないが、おそらく『建炎以來繫年要錄』巻一四三であろう。いまそれを示す。

［紹興十一年］十有二月乙丑。……丙寅。上、大臣に謂いて曰く、三代の世、士大夫は心を禮法に盡し、鮮しく異端の惑有り。漢明帝の金人の夢自り、佛法は中國に流入し、士大夫は靡然として之に從う。其の上者は清靜の說に惑い、而して下者は禍福の報に惑う。殊に知らず、六經は廣大にして、周盡せざる靡きを。易の無思無爲、寂然不動、感じて遂に天下の故に通ずと禮の正心誠意の如き者は、佛氏清靜の說、果して以て之に勝る有らんや。積善の家、必ず餘慶有り、積不善の家、必ず餘殃有りと、夫の善を作せば、之に百祥を降し、不善を作せば、之に百殃を降すが若きに至る者は、卽ち佛氏禍福の報なり。士大夫は六經を師とせず

して心を佛說に盡す。殊に笑う可き爲り[19]。

これを見れば、上で推測したように、高宗は士大夫達が六經の教えは廣大ですべてを盡くしているのに、それを手本とせず、佛教にうつつを抜かしているのは笑止千萬と言うのであって、佛教を信仰するのは下らないと斷定した話であることが分かる。

以上、志磐が史料を意圖的に操作したと思える三例を擧げた。最後の例は、前の二例のように唐の話ではなく、志磐が身を置いた南宋の記錄の改變であって、曲筆と言っても同じレベルでは無い。それは、志磐が同時代にどう對したかという以下の論考の主題とも繫がる。ここでは志磐の佛教者としての立場を確認して、次に『佛祖統紀』の各處に散りばめられた「述」から、志磐の具體的な主張を見てみよう。

第三章　「述」に見る志磐の主張——政治との關わり

上記のような曲筆・改變では、志磐は佛教者としての護法的な立場を見せている。しかし彼の主張は單純に佛教に偏るものばかりではない。例えば、「律に言う、我が制する所に非ざるも、餘方に清淨爲る者は行わざるを得ず」という言葉の重出。あるいは、北魏武帝の廢佛をもたらした天書の出現について、道士である寇謙之を辯護し、道教が神の意思とする天書の正當性に同意を與えていること。以下においては、この二點を具體的に見ることから、志磐がどのように現實の政治と關わろうとしたかを考えてみたい。

『佛祖統紀』五四卷の中でも十五卷を占める「法運通塞志」は、世俗の歷史とからむ三教の盛衰を編年體で敍述しており、志磐のこの著述を特徴づけるものである。これを中心に、作者の立場を明らかにした論贊である

「述」を考察することによって進めて行く。

第一節　餘方に清淨爲る者は行わざるを得ず

現實政治との關わりを示す志磐の象徴的な言葉の一つは、「律に言う、我が制する所に非ざるも、餘方に清淨爲る者は行わざるを得ず[20]」である。

この言葉を志磐は、以下に述べるように二回、法運通塞志の中で用いるが、それらは同じ事象に關して發せられている。最初は唐の玄宗治下、開元十七年（七二九）に僧尼の籍が三年に一度作られ、彼らが國家の管理支配下に入ることが始まったと記した後の「述」に、次のようにコメントする。

述に言う。出家して佛道を學ぶことの肝要は、師に從い戒を受けることにあり、これが戒律となったので、決して僧侶の名前を戸籍に届け出ることはなかった。後漢の明帝から唐初に至るまでは、すべてこのようであった。則天武后の延載（六九四）年間になって、初めて僧尼の二衆を祠部で管理するようになり、そして玄宗皇帝の貞觀年間（注：「貞觀」は「開元」の誤り）に初めて、三年に一度、僧の戸籍を作らせることになった。肅宗皇帝の至德年間に、今度は僧の戸籍を賣り出すことになり、これを香水錢と言った。我が宋王朝が南に移ると、そこでまた免丁の賦を創設することになり、これを清閒錢と呼んだ。ああ、戒律に「我が佛教の定めにはなくとも、他の教えで清淨な行爲はせざるを得ない」と言っている。末世に佛教徒が國法に順うよう努力すべきことを、如來は佛眼によって見拔いておられたのではなかろうか。ああ。[21]

もともと僧侶は師の下で受戒し出家すると、佛陀の定めた戒律だけを守ればよかったが、やがて國家の下で管理されるようになり、さらに國家は財政の疲弊を補うために、「香水錢」と稱して度牒を賣ったり、「清閒錢」と稱して僧侶にも税金をかけるようになった。志磐は、この事實を述べた後に「律に言う、我が制する所に非ざるも、餘方に清淨爲る者は行わざるを得ず」を置く。釋迦はこれを見通して戒律を定めたのであろうから、僧侶は國法に從うべきだと言うのである。

この立場は、北宋初めの律僧である贊寧が『大宋僧史略』で「是れ權宜の制と雖も、終に負處の殃を招く。今、少端を序して、用て後世を遮めん」と言い、「念うに此れ弊事爲りて、復た法門を毀つ。吁哉」(T54, 252b)と「香水錢」等を惡弊と斷定するのとは全く異なるものである。この贊寧さえ、皇帝へのすりよりが批判されていることを考えれば、志磐を初めとする南宋末の佛教が一段の世俗化を遂げたことは、改めて言うまでもないであろう。(22)(23)

神宗の熙寧元年(一〇六八)、飢饉と黄河の決壞による財政危機を救うため、錢公輔は天子の誕生節に與える恩賜の削減と鬻度牒を提案した。二つ目の用例は、これに對する「述」の中にある。志磐は自身の考えを開陳する。

述に言う。昔は出家僧というものは、(佛教が中國に入った)後漢の明帝以降、國恩によって得度が許された。隋の文帝は一年間に五十萬人、唐の太宗は玄奘三藏の「佛法を廣めるのは人の力による」との言葉に感じて、一萬七千人の僧を得度させることになった。睿宗は三萬人を得度させたし、我が宋王朝の太宗は廣く十七萬人を得度させ、(眞宗の時には)二四萬人に至ったのである。以上が特別の國恩によって得度を許された大略である。唐の中宗は初めて天下に詔を下し、佛典の試驗を課して得度させた。これは漢王朝で科擧を行って役人を採用したようなもので、大いに尊重すべきことである。我が宋王朝の太宗・眞宗・仁宗はともに佛典の試驗を課して出家させ、その制度はこの時代に盛んになったが、山林高尚の士である僧侶の籍を金品で賣買することはまだなかった。唐の肅宗が宰相の裴冕の要請を採用して以來、その時ちょうど軍事をおこしていたことを理由に、はじめて僧籍を賣るようになった。これは漢代に穀物をお上に差し出し、邊境（の防衞費）を助けて爵位を得たようなものである。國恩に從うといってもなおしかるべき人物を選拔する必要があり、佛典の試驗を課したのは、才人を得るためであった。資産を上納するだけで僧と爲るなら、富裕者はきっと欲望をほしいままにして、佛道精進の道を長く汚し損なうことになり、佛門の不幸となったであろう。錢公輔は時艱のために恩賜を中止し僧籍の買賣を始めるよう、初めて天子に勸めた。財源の道は一たび開くと、今日に及ぶまで閉じることが出來ない。戒律に「他の教えで清淨な行爲は、我が佛教の定めでなくともせざるを得ない」と言っている。思うにこのことを指しているのであろう(24)。

ここでも志磐は、僧侶が得度を受けるのは國恩であると考え、多くの度僧を與えた歷代王朝の天子の名とその數を列擧する。また國家の手になる試度僧は科擧によって官吏を採用するようなもの、香水錢は昔、國境での戰の際に民間から寄付を募り爵位を與えたようなものであると言い、錢公輔の上奏は理に適っているので、これこそが「律に言う、我が制する所に非ざるも、餘方に清淨爲る者は行わざるを得ず」の意味なのだと斷言する。

以上から見えるのは、現實政治の肯定・追認の立場を取る志磐の姿である。ついで天書の出現に關連した志磐の主張を見ていくが、次節では法運通塞志の中で、天書をはじめとする道教の預言に觸れる記述を紹介し、まずそれらに對する志磐の姿勢、またなぜ彼がそれらに關心を示すのかを考えてみたい。

第二節　天書をめぐって

眞宗の大中祥符元年（一〇〇八）に天書の降る出來事があった。この年の正月三日のことである。『佛祖統紀』

には次のように記されている。

天神有りて寢殿に降り、星冠絳袍して、上に謂いて曰く、天書將に降らんとす。宜しく齋戒して壇を建て以て之を受くべしと。越月、皇城司奏言し、右承天門に黃帛書有りて、鴟吻の上に曳くと。上は步き門に至りて望拜す。内侍は捧げ取りて下り、朝元殿に奉安す。其の上文を視るに云く、趙は命を受けて宋を興す。某に付して其の器に居り正を守る。世は七百、九九［定］まる。封を啓き文を宣ぶれば、其れ大中祥符と名づく。凡そ三篇、洪範・老子の書の若し。是の日、司天監奏す、紫雲蓋の如き有り、下りて殿庭を覆うと。百僚稱賀し、詔して改元す。馮拯は天書の大中祥符を以て號と爲さんことを請う。上は喜びて曰く、美名なりと。(25)

この天書降下の事件以後、佛教に好意をよせていた眞宗は道教に心を傾けることになる。さらに大中祥符五年（一〇一二）、宮中の延福殿に元始天尊のような衣裝をつけた天神が降り、自ら趙氏（宋）の始祖であると名乘って「善く群生を撫育せよ」（408b）と言い殘して去ったことも、志磐は記す。ところでこれらの事件に、後述する北魏武帝の廢佛の際と同樣、崔浩や寇謙之のような道士や道教支持者がからんでいたことは容易に想像できるが(26)、志磐はそれへの非難は口にしない。「述」ではそのことにも道教の興隆そのものにも觸れず、眞宗の崇佛を最高級の贊辭を連ねて譽め讚えるだけである。

述に曰う。眞宗皇帝が天子の位につかれると、同時に儒佛道の三教を興隆させ、佛陀を敬い佛法を大切にされることは、先帝（注記：太宗）の時代以上であった。そこで眞宗皇帝自身が撰述された作品を見ると、「聖教序」・「崇釋論」・「法音集」・「注四十二章・遺教二經」がある。すべて佛教の道理に深く通達したものである。一年間に得度を許した僧侶は二十三萬人にも及んだ。そして僧の中で罪を犯した者がいても、ただ罪に服させるだけであった。[27] 上元（一月十五日）には諸寺に行幸して佛像に禮拜され、何度もくりかえして止められることがなかった。唐王朝が天下に設けた放生池を復活させ、殺生をつつしむことも廣められた。これらの行爲はすべて前世からの本願に基づいており、天子の生まれながらの本性から出ていることで、外からの勸誘によったものではない。先朝を繼いで佛典を翻譯し、大いに佛の教えを廣められると、五天竺から佛典である三藏に通じた高僧が雲のように朝廷に集まり、そこで宰相や文人を特に用いて、漢譯佛典の修辭の職務を兼任させられた。天子が翻譯の事業を大いに重視されたのはこのようであった。その當時の儒者の中の賢人、例えば王旦・王欽若・楊億・晁逈らは、みなこの天子のはからいを稱え、ともに平和な世の中を現出させた。君主と臣下のすばらしい出會いは、まさにこの時代に存在した。先の時代を見渡してみても、これに比べられる時はない。[28]

ここで見落としてならないことは、志磐はあくまでも宋王朝の僧侶であるという點である。宋王朝への忠誠心が世俗の臣下と同様に彼にも働いている。

上では、宋王朝の眞宗皇帝下での天書事件について觸れたが、その同じ皇帝の大中祥符四年（一〇一一）九月の記事に、舒州から出た瑞石の誌公記（誌公の預言）を取り寄せ近臣に見せたところ、宋の太宗の即位が五百年も前に預言されていたと載せていることも重要である。[29]

これに關しても志磐は疑義を挾まず、瑞石は現在の宋王朝が政權の座につくことの必然性を保證するものであると積極的にこれに與し、「述」では次のようにコメントする。

述に曰く。世書に之を預讖（驗なり）と謂い、佛典に之を預記と謂い、能く先事を以て告ぐるを謂うなり。佛に在りては則ち聲聞の作佛・國劫名號（『法華經』に見ゆ）、凡そ夫の禍福休咎を言い、俗に在りては前に圖書・著龜・星占・夢象の如き、皆な先事を告ぐる所以なり。桓譚は讖を非《そし》るも、讖を知らざるに非ざるなり。特り光武の中興多故の日に當りて、一切讖を以て之を決し、而して人事に於いて盡す能わざる有らんことを恐るるが故に讖を言わざるの愈れ爲るに如かざるなり。然らば則ち聖人の興るは、未だ嘗つて讖無くんばあらず。上世の帝王の讖は誠に多し。固より枚數を俟たず。近古、唐の大宗の鴻池瑞石預記の祥、肅宗の上天賜寶鎭國の瑞の如き、皆な之を唐史に載せ、後時に驗して爽う無し。惟だ我が太宗朝の兩たび瑞石を獲て、則ち二十一帝の文有り、眞宗の時の翊聖臨降し、則ち國祚、有唐に過ぐの言有り。聖祖の天書は則ち七百九九の讖有り、先事を以て告ぐに非ざるを得んや。人の學を知らずして而して讖を謂いて非と爲さんと欲する者は誠に未だ可ならざるなり。佛聖人の先事を以て告ぐるは、固より世俗の能く知る所に非ず。著龜・星夢の兆と夫の經史聖賢の能く先知する者に至りては信ぜざる可けんや。倘し著龜・星夢の兆、經史聖賢の言、既に信ず可き有りて、而して佛聖人の先記に於いては反って信ぜんと欲せざらんや。然らば則ち我が朝の石記・天書は、當時其の實無きに非ず。特だ儒人は讖記を信ぜず、競いて指して非と爲し、而して好事者は得て以て之に和すなり。借使《たと》え石文は僞とす可きも、則ち誌公、親しく禁中に降り、大宗の使を遣して致謝するは、之を不實と謂うは可ならんや。借使え天書は疑う可きも、則ち吳會中興の數を得て延永たり。之を不實と謂うは可ならんや。易に曰く、神以て來るを知ると。此れ仲尼の讖を言うの大旨なり。信ぜざる可けんや(30)。

ここでは、預言を意味あるものと認める根據として、佛陀の預記を持ち出している。志磐が注記しているように、『法華經』には、授記品、五百弟子受記品をはじめ多くの佛陀の記別が載っている。例えば、授學無學人記品には、爾の時、佛、阿難に告ぐ。汝は來世に於いて當に佛と作るを得べし。山海慧自在通王如來・應供・正遍知・明行足・善逝・世間解・無上士・調御丈夫・天人師・佛・世尊と號せん。當に六十二億の諸佛を供養し、法藏を護持し、然る後に阿耨多羅三藐三菩提を得べし。二十千萬億の恒河沙の諸の菩薩等を教化し、阿耨多羅三藐三菩提を成じ令めん。國を常立勝幡と名づけ、其の土は清淨にして、琉璃を地と爲し、劫を妙音遍滿と名づけ、其の佛の壽命は無量千萬億の阿僧祇劫ならん。若し人、千萬億無量の阿僧祇劫の中に於いて算數校計するも、知るを得る能わざらん。正法、世に住すること壽命に倍し、像法、世に住すること復た正法に倍せん。阿難よ、是れ山海慧自在通王佛は、十方無量千萬億の恒河沙に等しき諸佛如來の共に讚歎し、其の功德を稱する所と爲らんと。(31)

と見える。

ここで志磐は瑞石の誌公記の正當性を保證するのに、もう一つの理由として、賢臣の桓譚を持ち出している。彼は、後漢光武帝の讖緯妄信に反省を促そうとして、實際には讖緯の意義を認めながらも「讖の非經を極言した」（『後漢書』列傳一八上、中華書局標點本頁九六〇）。つまり志磐は、佛典（佛教）と儒教の兩方から瑞石の正當性を肯っているのである。

元來道教側のしかけであろう天書や瑞石の意義をこのように重ねて說くのは、國家の庇護のもとに佛教が興隆するのであれば、天子に積極的關係を求め、その立場を肯定するのは當然だとする、志磐の現實的な考えのあらわれである。そして同時に、天台の四祖であり事實上の天台の創始者、智顗と隋の煬帝の關係に肯定的評價を與えようとする意圖にも結びついている。この點については、後節で檢討する。ここでは、『佛祖統紀』の「序」と「刊板後記」を引いて現實政治に對する志磐の姿勢を確認し、この節を終わろう。

まず「佛祖統紀序」に言う。

この『佛祖統紀』の一書を家ごとに置き、それを見るなら、人はその心を開き、國の政治による教化を助けるであろう。大いに世間に有益なことであると言えよう。寶祐戊午（一二五八）に最初に筆を執ってから十年を經過し、五度書き寫して原稿を作ったが、夜を日に繼いで仕事を續け、費やした苦勞はまことにそれ以上のものであった。この書は、仰いでは佛の恩に報い、上は帝王の力に酬いるもので、私の學んだ所と矛盾しない。私の志はこの書にこめられている。(32)

また「刊板後記」に言う。

私が希求するのは、佛陀と聖賢の徒たる祖師たちが、奥深い世界から祕かにわが宋王朝の官僚と王侯貴族たちを勸化教育し、みなは佛の教えがあることを知って、ともに力を合わせ、あるいはもっぱら己れの力を出し切り、あるいは居竝ぶ賢人たちを教化して、ひとえに餘分の資財の浪費をやめてそれを印刷費に充て、この『佛祖統紀』の一册を天下に廣めてくれることである。これはまた國家の教化を助ける大元である。(33)

つまり『佛祖統紀』著作の目的は、國家の統治の助けと人民の教化に絞られている。中國佛教史の中で夙に問題となっている「王法」と「佛法」の對立は、宋の志磐にはそもそも存在しない。現實の政治に對する批判も時には見られるが、それは例外的と考えられるほどに少ない。志磐の基本的な姿勢は、王法の下での佛法の繁榮を期待するものだったのである。

第三節　道士寇謙之をめぐって

上述したように志磐は、北魏太武帝の天書降下に關して、その排佛下で活躍したとされる道士寇謙之（三六五？―四四八）を辯護している。それは何故なのか、巻三八、法運通塞志五に見ていく。これは大部分を『魏書』釋老志に據っており、寇謙之はその中にたびたび登場する。志磐は時間の經過にそって以下のように記述する。

まず明元帝の永興二年（四一〇）には、亂れた三張道教の清整のために寇謙之が選ばれたことを述べる。三張道教については、「世に或いは三張と稱する者は、是れ則ち天師の尊を以てするも、下は黄巾の徒に同じなり。此れ有識者の諱むべき所なり」（337b）と述べて、老子とは截然と區別する。これは志磐だけでなく、道教を非難する佛教側の一般的な態度である。

太上老君が嵩山に降臨し、道士の寇謙之に經戒を授け、次のように言った。「張道陵がこの世を去ってから、地上では道教の管理職が缺けたままである。いま、お前を天師の職務につけよう。道教の教えを整備し、民衆を教育し、三張の唱えた米を據出させ金を出させる惡弊と男女の合炁の術を削除せよ」。その後二年して、太上老君は玄孫である上師の眞人李普文を派遣し、寇謙之に『太平素經圖籙』百六十巻を授け、北方太平眞君太武帝を補佐させた。(34)

續いて太武帝の始光元年（四二五）では、寇謙之が太上老君から受けた『太平素經圖籙』を獻上したこと、およびそれに飛びついた崔浩と太武帝について記す。

嵩嶽の道士である寇謙之は、太上老君の授けた書物を獻上した。朝廷ではこの書物を信じなかった。ただ司徒の崔浩だけが上書して、その書を贊美した。帝は喜んで、崔浩の意見を採り入れた。使者を派遣し、玄都壇を建設させ、靜輪天宮を起工させた。詔敕を降し、寇謙之とその一門の弟子を王公たちよりも高い位につけ、「臣」と自稱させないようにした。身分の高い家の子弟、百二十人を擇んで道士とした。(35)

さらに太平眞君元年（四四〇）では、寇謙之が祭壇を作り、そこに太上老君が降って、天子に太平眞君の稱號を授けたこと、そのために「大平眞君」と改元したことを記す。

寇謙之は嵩山に道壇を立て、帝のために平穩を祈った。太上老君は再び降臨し、帝に太平眞君の稱號を授けた。寇謙之は上奏し、そこで大平眞君と改元して、大赦の令を出した(36)。

これに續く志磐の論贊（「述」）は比較的長く、目を引くのは、僧である志磐が道士の寇謙之を熱心に辯護していることである。志磐はその論據を、二點あげ、後半部では智顗にも言及している。そこでこれを前後に分けて紹介し、志磐の主張を見て行こう。この節では、その前半部を記す。

述に言う。孔子は「怪」とか「神」とかについては口にしなかった。これは、「怪」や「神」が世間を教化する恒常的な手段となり得ないことを言うのである。しかしながら河圖洛書は天の道を世間に降し傳えるものであるから、それが神怪だといって非難すべきではなかろう。いったい老子とは聖人であって、ある時には天にあって君主であり（太上老君）、ある時には姿を變えて教えを授ける。すべてその時代に從って教化を廣めるのである。老子が地上に降って寇謙之を教え導いた際には、彼に經戒の法を授けて天師の位に任命し、三張道教の弊害を除かせるようにした。老子の傳えた言葉には無視できないものがある。老子が北方太平眞君である太武帝を輔佐するようにと命じたので、寇謙之は宮殿まで出かけて、授けられた『太平素經圖籙』を獻上した。崔浩は、寇謙之を引き入れて天子に推薦し、そこで太武帝は信用して受け入れた。寇謙之の過失とは言えない。ある日、突然に崔浩は佛教を嫌惡する意圖をもって天子に働きかけた。そこでにわかに僧侶を取り調べて誅殺する災禍が引き起こされた。なんと無慈悲なことか。この時を佛法の受けた一法難というのであろう。崔浩の一族が誅滅され、太武帝が弑されて、廢佛の法令は實行されずに結末を迎えた。これは彼らの犯した罪を明らかにするのに十分であった。（續いて即位した）文成皇帝が、詔を降して佛教を復興し、大いに寺院を建設するようになると、佛教はある時は衰微し、ある時は興隆したが、決して佛教本來の教えに災いが及ぶまでには到らなかった。世間には、寇謙之が佛教を譏ったとして、彼を非難する者がいる。しかしながら寇謙之は太上老君の教示を受けて、天子に報告しただけである。決して佛教を滅ぼそうという意見を言い出したわけではない。廢佛は太武帝と崔浩から始まったのである[37]。

彼が「述」の中で、「世間には、寇謙之が佛教を譏ったとのことで、彼を非難する者がいる」と言うのは、例えば

世祖は常に老莊の教えを好み、その言葉を朝夕に誦詠した。ところが、帝はまだ年が若く、武功をたてることに心血を注いでいた。佛教に歸依し、沙門を敬い重んじたが、佛典を紐解き、因果應報の教えを深くつきつめることはなかった。帝は寇謙之の道教に近づく機會を得ると、清靜無爲の行いによって仙人になれる確證があると考えて、最後に道教の術を信じ實踐するようになった。司徒の崔浩は寇謙之の道教の教えを奉じ、決して佛教を信仰しようとしなかった。彼は帝と話すとき、しばしば佛教を誹謗し、その教えはでたらめで、金を浪費するだけだと言った。帝は崔浩が辯論に長けているためにすっかり彼のいうことを信じた[38]。

や、「崔浩・寇謙之の邪說は佛法を毀滅す（崔浩・寇謙之邪說毀滅佛法）」（『佛祖歷代通載』巻九、T49, 551a）に見える論調で、太武帝と崔浩と寇謙之を併せて排佛の元凶とする考えであり、それが佛教側の一般的な寇謙之評價であろう[39]。

これに對して志磐は「廢佛は太武帝と崔浩から始まった」と言い切り、寇謙之と他の二人を截然と區別する。寇謙之は太上老君から指示を受け、授けられた『太平素經圖籙』を天子である太武帝に報告し、獻上しただけであり、それを利用して佛教を滅ぼそうと畫策した崔浩とそれを信用した太武帝が排佛の元凶であると見なす。志

磐の考えでは、聖人である老子つまり太上老君は、時代に應じて異なった姿で現われ、それぞれの時代にふさわしい教化をするのであって、寇謙之は太上老君の正しい言葉を傳えた忠實なメッセンジャーとして評價されることはあっても、決して非難されるべきではないとするのである。

志磐の考えの出發點は、老子は聖人でありその言葉は神聖であるという認識である。この考えは、儒教の祖である孔子が「怪・力・亂・神を語らず」（『論語』述而篇）と言って否定したとされる超自然的な天（神）の意志を認めるものである。彼にとって、「怪」や「神」は、世間を教化する恒常的な手段でこそないが、天（神）の意圖、眞實を傳えるものである。そう考えることの根據を、志磐は『易』繋辭傳の「河出圖、洛出書、聖人則之」に求める。いわゆる「河圖洛書」は天の道（天の考え、天の意志）を載せたもので、聖人はそれに從って行動する。それゆえ「河圖洛書」は決して怪妄なものではない。すなわち寇謙之も、天の正しい意思を傳えたのであって、それ以上の責任をとる必要はない。それが寇謙之を辯護する第一の論據であった。では何のために志磐は、こうした理由をあげて寇謙之を辯護するのであろうか。

第二節「天書をめぐって」で取り上げたように、天書の出現は宋王朝でも起こり、志磐は積極的にそれらの存在を認める發言を繰り返した。もし廢佛の元凶として北魏の寇謙之とそのもたらした圖籙を否定するなら、その姿勢は當然彼が身を置く宋王朝にも及ぶであろう。それでは現實政治を肯定し、王法の下での佛法の繁榮を目指す志磐の立場がゆらぐことになる。ここでもやはり最も留意すべき點は、現實政治とのかかわりではなかろうか。

次に進む前に、さらにここで一點確認しておきたいことがある。第二章「志磐の立場」で、志磐が佛教徒の立場から行った史料改變の事實、つまり曲筆について觸れたが、大局的には、志磐は法運通塞志で一貫して儒佛道の三教を平等に扱っている。この點に關しては、下記の「述」が明確に語っている。

述に曰く。道家者流は其の學ぶ所、則ち道德・陰符にして、是れ治心修身の本と爲り。内丹外丹火候口訣を言うに至りては、則ち非人に傳えず。其の餘の旁門、胎息の法・草木の方の如きは、皆な上聖下教して用て人世を度す、之を虛無と謂う可きに非ず。夫の置壇傳籙の若きは天師より起る。是れ又た上天の護國護人・治鬼攝邪の法なり。俱に以て敎化を天下に助く可き者なり。是の故に此の道は國家に列在し、儒釋と均しく三教と爲すは此れを以てす。小大・優劣・内外の義に至りては、則ち較然として知る可し。故に闞澤は吳王に對えて曰く、道は天に事え、天は佛に事うと。李士謙は三教を論じて曰く、儒は五星なり、道は月なり、佛は日なりと。能く此の意を達すれば則ち三教の位定れり。世に儒道釋と言うは、蓋し此れに本づけり。儒生道士は本末を別たずして、釋氏を輕陵せんと欲す。皆な末學の過なり。道流に舊僞を輔成すること有りて言く、老子胡を化し佛を以て侍者と爲すの言の若きは、老子を誹謗し世尊を瀆すを、其の咎、當に如何すべけんや。(40)

すなわち志磐は、佛教が最高の教えであることは當然であり、その立場に立てば三教に優劣はあるが、いずれも世間を教化する力を持つものと考えるのである。(41)

第四節　天台智顗と隋の煬帝

さて「述」の後半では、寇謙之を辯護する第二の論據を示すと共に、智顗と煬帝にも言及している。以下に後半部分を引き、なぜここで煬帝に觸れなければならないのかを考えていく。

そもそも佛教の命運が廣がり塞がるのは、命數によるものである。人々の心が共感を覺え反感を懷くのは、趨勢によるものである。命數と趨勢とが重なれば、偉大な佛教の力であっても動かすことはできない。そこで、太武帝と崔浩の廢佛は、命數と趨勢が重なったもので、寇謙之の罪ではないことが分かる。煬帝は智顗に師事し、彼が遷化すると、父を弑し、帝位を盗んで（自ら天子となり）、僧侶を還俗させ寺院を打ち壊す詔を下し、結局、佛教の教えを阻止した。このことは智顗が煬帝に教えたわけではない。衞元嵩は北周の武帝を教え、趙歸眞は唐の武宗を教えたが、これらは本當に教えたのである。君主と臣下の兩者とも冥界で罰を受けるはめになったのは當然のことである[42]。

後半部分でもやはり寇謙之を辯護するが、第二の論據は天書や圖籙ではない。志磐は、北魏の排佛は命數と趨勢によるものであって、人事ではくい止めることが出來なかったと主張する。この後に志磐は、北周の排佛における武帝と衞元嵩、唐の排佛における武宗と趙歸眞に言及し、排佛が起こったのは、衞元嵩と趙歸眞がそれぞれの天子をそそのかして斷行させたからだと言う。そそのかされた天子にも非はあるはずだが、それは言わない。君臣ともに冥界で罰を受けるとは言っても、罪はもっぱら臣下（道士）に歸す。現實政治と積極的關わりを持ち、それによって佛教を擴大しようとする志磐の立場からは、排佛などよほど佛教側に不利なものでない限り、爲政者批判は控える姿勢を取らざるを得ないであろう。

しかし、寇謙之の過ちではないと述べた直後に唐突に煬帝に言及するのはなぜだろうか。まず先に、煬帝と智顗についての志磐の主張を整理しておこう。

煬帝は、父の文帝を殺して天子の位に卽き、德業のない僧侶を還俗させ、僧數にあわせて寺の數に制限を加える詔を降して、佛教界の刷新改革を進めようとした。後者はもちろん僧侶の反發を招き、死をもって抗議する僧侶が現われてその後實行されなかったために、後世、排佛に對するほどに大きな非難を受けることは免れた。しかしながら父親殺しの汚名は常に煬帝に付きまとい、その火の粉は智顗と天台宗に降りかかった。煬帝の惡評を呼んだ行爲は、すべて智顗遷化の後の出來事であったが、先に出た衞元嵩や趙歸眞と同じように、智顗が煬帝をそそのかしたとの風評は、すでに六百年以上經っていた志磐の時代まで殘っていたのであろう。それでなければ、わざわざ志磐が直接關係のない「逑」の中で言及することはなかったはずである。煬帝への非難は天台に對する攻擊でもあった。從って志磐は、智顗が煬帝をそそのかすことはあり得なかったと斷言する。それは難しい辯明を彼に負わせるものであったが、智顗の汚名を晴らすことは、天台宗派の志磐にとっては重要な課題であった。以下にその辯明を見ていく。

「法運通塞志」巻三九、開皇十一年（五九一）十一月の記事に、煬帝について「晉王の廣（文帝の次男である）は揚州の總管となり、智顗禪師を揚州に迎え入れた。揚州の街に入ると、晉王は千僧會を設けた。菩薩戒を禪師から受け、彼に智者の號を贈った（晉王廣［文帝次子］總管揚州、迎顗禪師。至鎭、設千僧會。受菩薩戒、上師號曰智者）」と言う。これに對して志磐は下記のような「逑」をつけている。

世間では、煬帝は菩薩戒を受け佛教の教えを學びながら、父を弑して代わって天子の位についた。智顗たるものがどうして前もって彼を教育することに氣づかなかったかと言う。しかし阿闍世王の事例に照らし考えれば、この疑問は自然に解決する。そこで『觀無量壽佛經疏』によれば、解釋は二つある。一つは前世の因緣によって起こったこととする。阿闍世王の宿怨で、今生に父と子として生まれたのである。だから彼のことを中國では未生怨（この世に生まれる前に怨を結ぶ）と言うのである。二つ目は、佛菩薩がこの世に逆緣を現わしたとする。それは俗世間でおきる惡逆の類ではない。そこで佛陀は、「阿闍世王はその昔、毘婆尸佛の下で菩提心を發したので、決して地獄に落ちることはない」と言われた（『涅槃經』に述べている）。さらにまた佛陀は預言をして、阿闍世王は後の世には佛と作り、號は淨身如來であると言われた（『阿闍世王授決經』）。また『維摩經略疏垂裕記』には、「阿闍世王は惡果を受ける前に懺悔を希求し、數え切れない人々に菩提心を起こさせた」と言っている。これらの意味するところを熟思することができれば、智顗の煬帝に對する教育は深かったことが分かる。だから智顗自身、わたしは晉王（後の煬帝）と深い緣の結びつきがあると述べている。いま煬帝が智顗に對した最初のころを見てみると、彼のいた廬山の地を保護し、玉泉寺を建てて住持とし、最後は國淸寺を創建し、入定に及んだ彼の龕壟を守護した。そして（弟子の）灌頂に智顗の作品を整理させ、死後十年間供物を屆けた。これらの點を考えると煬帝の場合も、上の前因と現逆の二つの要素が恐らく含まれているに違いない。孤山智圓（九七六―一〇二二）は、菩薩が首楞嚴定にいて、時に無道を現わすのは歷代の帝王の殷鑑とするためであると言っている(43)。

世間の智顗批判は、智顗ともあろう人物が煬帝の人となりを見抜けなかったかと言う點にある。志磐は中國文化の傳統に立ってその批判を解消しようと努める。「中國文化の傳統に立つ」とは何か。それは煬帝と智顗との關係に類似の事例を見つけて提示し、それによって相手が持ち出した批判點に意味のないことを覺らせ、同時に自己の主張の正しさを認めさせることである。

志磐はインドの阿闍世王を事例として取り上げた。阿闍世王は、梵語では Ajātaśatru の音による漢譯で、意味による漢譯は未生怨、あるいは法逆である。彼は中インドのマガダ國の頻婆沙羅王の太子であった。母は韋提希である。王には年老いても子が授からなかった。占師は王に、一仙人がいて、彼が死後に王の太子となって生まれ變わると告げた。王は待ちきれず、臣下を使ってその仙人を殺させた。すると妻の韋提希は身ごもり、やがて阿闍世王が誕生した。王が再び占師を呼んで占わせると、この子は後に王を殺すことになると言った。王は恐れて阿闍世王を高樓から投げ落としたが、一指を折っただけで死ななかった。このように未生以前にすでに怨を結んでいたために阿闍世王のことを未生怨と呼ぶのである。その後、王は太子を寵愛して養育した。一方、提婆達多（佛陀の從兄弟）は佛陀に背き新しい教壇を組織したが、太子をそそのかして王を殺し新王になるように勸め、自らは佛陀を害し、新佛になろうと企てた。提婆達多の佛陀殺しは成功しなかったが、太子は王を殺して新しく王となった。しかし阿闍世王は即位後、悔悟の念に堪えず、佛陀の門をくぐり、敬虔な佛教信者となった。

彼にまつわる話は、例えば、唐の杜牧の「杭州新造南亭子記」（『樊川文集』巻十）に

佛經に曰わく、我が國に阿闍世王有り。父王を殺し其の位を簒い、法として當《まさ》に所謂獄無間に入るべき者なるも、昔、能く佛に事うることを求め、後生、天人と爲る。況んや其の他の罪、佛に事うれば固より恙無し。(44)

と見え、また各種の佛典には阿闍世王にまつわる話が數々載せられている。これも一、二例を擧げれば、『阿闍世王授決經』には

佛は便ち王に決を授與して曰く、却後八萬劫、劫は喜觀と名づく。王當《まさ》に佛と爲るべし。佛は淨其所部如來と號し、刹土は華王と名づく。時、人民は壽たり。四十小劫、阿闍世王太子、旃陀和利と名づく。時、年は八歳、父の授決を見、甚だ大いに歡喜す。(45)

とあり、『大般涅槃經』巻二十、梵行品には

爾の時、世尊、阿闍世王を讃じて［曰く］、善き哉、善き哉。若し人能く菩提心を發する有らば、當に知る、是の人、則ち莊嚴諸佛大衆爲り。大王、汝、昔、已に毘婆戸佛に於いて、初めて阿耨多羅三藐三菩提心を發す。是從り已來、我出世に至るまで、其の中間に於いて、未だ曾つて地獄に墮ちて苦を受けずと。(46)

とある。これらによれば、阿闍世王は過去世において佛陀から記別（授決、授記）を受けて佛になり、地獄に墮ちることはないとされている。

志磐は煬帝が父の文帝を殺したのは、阿闍世王の父王殺しと同じように彼が生まれる前から結ばれた宿縁であり、それは智顗の教化によっても避けられないものであったと言うのである。人間が過去・現在・未來という三世に渉る存在であり、前世の因縁に左右されるというような時間の考え方は、佛教が入ったころの古代中國人には理解できないことであった。それから千數百年後、十三世紀の南宋で、それがどれほど理解されていたかは分からないが、とにかく志磐はこれを用いて主張する。

また、阿闍世王は過去世に佛菩薩から記別を受けるが、それと同じことが煬帝の場合も考えられている。すなわち煬帝も智顗の生前に菩薩戒を受けて佛門に入り、死後は智顗の遺言にそって國清寺を建て、遺體を保護し、作品を整理させ、十年間の供養を續けたという。阿闍世王が佛門に入り、釋迦の涅槃の後は舍利塔を立てて供養し、大迦葉による佛典結集ではそのパトロンとなり、さらに寺院の整備等々を成し遂げたと言われることは、多くの場合そのまま煬帝にもあてはまるのである。

この類似性について志磐は、巻七、東土九祖紀「六祖法華尊者智威」の中で、元豐五年（一〇八二）の十三代孫忠法師の言葉を引いて、

昔、如來の涅槃するや、阿難結集す。二弟子を出し、一を商那と名づけ、一を末田地と名づく。居國、異ると雖も、行化は則ち同じなり。故に法藏に付し、横に二十三を列し、竪に十四を分つ。今、智者の滅を示すや、章安結集す。二弟子を出し、亦た其の時を同じくす。阿難結集の際、［阿］闍［世］王、供を送ること一夏なり。章安結集の日、煬帝、供を送ること十年なり。流れを挹みて源を尋ぬれば、智者は東土の一佛の如く、章安は阿難に似る有り。二威（注記：智威と慧威）は亦た商那・末田地の猶し。煬帝の外護は［阿］闍［世］王に同じき有り。信ぜざる可けんや。(47)

と明言している。阿闍世王のような佛の記別そのものはもちろん存在しない。志磐はその言葉こそ口にはしないが、智顗を東土すなわち中國の佛陀とし煬帝の類似の事跡をあげて、それがあったとほのめかしているのである。

それでも煬帝の父親殺しの汚名を拂拭できないと考えたのか、志磐は先師の智圓（孤山）の作品である『維摩經略疏垂裕記』巻一の「又た菩薩は首楞嚴に住し、或いは無道を現わし、或いは有道を現わす。無道を現わせば、則ち百王の殷鑒と爲り、其の惡を遠ざけ俾む。有道を現わせば、則ち百王の師範と爲り、其の善に遷ら俾む」（T38, 714a）を引用して、人々の思議できない菩薩如來の行爲について述べる。「首楞嚴定」とは首楞嚴三昧のことで、佛菩薩の究極の德とされるものである。佛菩薩は人々が「惡を遠ざけ、善に遷る」ように、この世に無道なことと有道なことを起こさせる。それらはともに指針マニュアルとなるものであるというのが、智圓の解釋である。

志磐はこれを利用して無道な煬帝の父親殺しを説明した。その目的は智顗への火の粉を拂うことであった。北魏の廢佛について命數と趨勢によると言う時、續けて志磐は、煬帝の非道もやはり人事でくい止めることの出來ないものであったと主張しているのである。志磐が智顗と煬帝の關係に心を配ったのは、天台宗の基礎を築いた人物への攻擊を看過できないからであり、ここに至るさまざまな志磐の主張は、究極的には天台宗、あるいは佛教が市民權を得ることと深く結ばれていたのである。

結　語

『佛祖統紀』は、巻四四の大中祥符元年（一〇〇八）に、宋の受命とその期間を述べた天書が下った記事をのせるが、これは眞宗が佛教から道教へと關心を移して行く契機となる事件であった。[48] 寇謙之の所で觸れたように、その「述」の中で志磐は、「佛天聖人は宿命智を以て預め未來を鑑、億千萬劫と雖も前知せざる莫し（佛天聖人以宿命智預鑑未來、雖億千萬劫、莫不前知）」と言っている。これは佛陀が未來永劫にわたる世界のことを正しく預知できるということである。それに續けて「矧んや此の千百年の近事は、之を以て能く預め告ぐる者にして怪誕に非ざるなり（矧此千百年之近事、以之能預告者非怪誕也）」と、占書、讖緯書、預言、天書等が未來のことを述べても、怪しむほどのことではないと言う。なぜなら、これら儒教と道教の擔う預言は、たかだか千年、百年の近未來のことだからである。それは佛の預記（授記）と連なるものであって、預記と同じく眞實ではあろうが、次元を異にする。現實政治を支えると言う點で三教は平等の立場にあるとは言え、佛の、あるいは佛教の儒教と道教に對する優位は搖るがないのである。

道士寇謙之の評價にあたって天書に積極的意味を與えたことは、現實政治の中での佛教の立場を護るためであり、天台智顗と隋の煬帝の關係における佛教の預言、記別の眞實性、あるいは優位性を際だたせることでもあった。『佛祖統紀』、特にその「述」に見える志磐のさまざまな主張は、宋代の佛教徒としての志磐の生き方に收斂するものであった。

もっとも志磐の發言は、佛教の優位性をさほど強く主張していないように讀める場合もある（注記：403b「述」參照）。その背景を探れば、佛教も世俗の王とともにあるということに盡きよう。佛教は世俗の王の庇護のもとに勢力を擴大し、儒教・道教とともに民衆教化の一翼を擔うものである。王の庇護のもとに勢力を增すことが出來るものなら、またそれなくしては布教は頓挫し排佛を招く。そこで志磐は、彼の生きた宋王朝の天子批判は極力控えている。さればこそ南宋の香水錢や淸閒錢をすんなり受け入れ、北宋の眞宗の天書事件もほとんど正史のままに記録して、非難の言葉は發しなかったのである。

「はじめに」で述べたように、『佛祖統紀』以外に志磐の生涯や著作の意圖を知る手だてはない。そこで『佛祖統紀』を讀むことによって、彼の一生をまず提示した。そしてまたいくつかの「述」を讀むことによって、些か志磐の關心事、意圖を述べてみた。『佛祖統紀』の執筆・刊行は、宋王朝における佛教の立場を自覺する志磐が、現實政治と強く結びつくことによって佛教の擴大を圖ろうとしていることの、はっきりとした意思表示であったと言えよう。

注

（1）これより以下、『佛祖統紀』からの引用は、T49（大正新脩大藏經　巻49）を省略し頁數と上中下段（a、b、c）を記す。

（2）『後漢書』列傳、巻五四、盧植傳參照。

（3）佐藤成順「『佛祖統紀』撰述の場所―月波山慈悲普濟寺と福泉山延壽王廣福寺について」（『インド文化と佛教思想の基調と展開』第二巻　佐藤良純先生古稀記念論文集刊行會　山喜房佛書林、二〇〇三）參照。

（4）原文は「洪覺範謂、宣律師作僧史、文辭非所長。作禪者傳如戶昏案檢。寧僧統雖博學、然其識暗、聚眾碣爲傳、非一體。覺範之論、何其至耶。昔魯直見僧傳文鄙義淺、欲刪脩之而不果。惜哉。如有用我者、吾其能成魯直志乎」。

（5）宗淨は『佛祖統紀』の校正者の一人として「佛祖統紀序」に「住持東湖月波山慈悲普濟教寺傳天台宗教沙門宗淨」（130a）と見える。

（6）彼の作った新儀は、明の袾宏の重訂を經たテキスト『法界聖凡水陸普度大齋勝會脩齋儀軌』が『續藏經』に收められている。また中國ばかりでなく朝鮮にもこの新儀は擴がったようである。多田孝正「志磐と『佛祖統紀』」（『叡山學院研究紀要』第二五號、二〇〇三）參照。

（7）巻三三、法門光顯志の「佛祖忌齋」の項（319b-c）參照。

（8）原文は「又此書所用藏典教文、非儒生居士之所可易解。有能字字句句、研究其義、以所疑難、質諸沙門、則精義入神、然後可以知佛。若輕心疾讀、不究所歸、斯何益於人哉。又世之爲儒者、好擧韓歐排佛之論、而不知二公末年、終合於釋氏之道。今人有能少抑盛氣、盡觀此書、反覆詳味、則知韓歐之立言皆陽擠陰助之意也」。

（9）以上のことについては、本書の、Ⅰ―六「宋代における佛教史書」參照。

（10）原文は「太宗旣卽位、嘗問傅奕曰、佛道微妙、聖迹可師。且報應之事顯然。卿獨不悟其理、何耶。對曰、佛乃西方之桀黠、無補國家。臣非不悟、鄙不學也。帝深惡其言。云云」。

（11）原文は「太宗常臨朝謂奕曰、佛道玄妙、聖迹可師、且報應顯然、屢有徵驗、卿獨不悟其理、何也。奕對曰、佛是胡中桀黠、欺誑夷狄。初止西域、漸流中國。遵尙其教、皆是邪僻小人。模寫莊老玄言、文飾妖幻之教耳。於百姓無補、於國家有害。太宗頗然之」。（中華書局標點本頁二七一七）

（12）原文は「上嘗謂奕曰、佛之爲教、玄妙可師、卿何獨不悟其理。對曰、佛乃胡中桀黠、誑耀彼土。中國邪僻之人、取莊老玄談、飾以妖幻之語、用欺愚俗、無益於民、有害於國、臣非不悟、鄙不學也。上頗然之」。

（13）『唐會要』卷四七「議釋敎上」ではこの話は高祖と傅奕になっている。「其後、上臨朝謂弈曰、佛道玄妙、聖迹可師。卿獨不悟何也。奕對曰、佛是國中桀黠、欺誑夷俗、遵尙其道。皆是邪僻小人、模寫莊老玄言、文飾妖幻之敎耳。於百姓無補、於國家有害。上然之。至九年二月二十二日、以沙門道士虧違敎蹟、留京師寺三所、觀二所、選耆老高行以實之、餘皆罷廢。至六月四日、敕文其僧尼道士女冠宜依舊定」。

（14）原文は「他日帝嘗召傅奕、賜之食而謂曰、佛道微妙、聖迹可師。且報應顯然、屢有徵驗。汝獨不悟其理、何也。奕對曰、佛是西方桀黠、欺訹夷狄。及流入中國、尊向其敎、皆邪僻纖人。摸寫莊老玄言、飾其妖妄、無補於國家、有害於百姓。帝惡其言不答。自是終身不齒」（『續藏經』一三〇册、265b）。

（15）原文は「[貞觀]十二年。尙書虞世南旣卒、上夢見之。因詔曰、世南德行純備、志存忠益。奄從物化、良用悲傷。昨因夜夢、倏覩斯人、兼進讜言、有若平生之舊。可卽其家造五百僧齋・佛像一軀、以資冥福、以申朕思舊之意」（舊唐史）（T49, 364c）。

（16）原文は「後數歲、太宗夜夢見之、有若平生。翌日、下制曰、禮部尙書・永興文懿公虞世南、德行淳備、文爲辭宗、夙夜盡心、志在忠益。奄從物化、倏移歲序。昨因夜夢、忽覩其人、兼進讜言、有如平生之日。追懷遺美、良增悲歎。宜資冥助、申朕思舊之情、可於其家爲設五百僧齋、并爲造天尊像一區」（中華書局標點本頁二五七〇）。

(17)『元史』巻二〇二、釋老傳では「釋老之教、行乎中國也千數百年、而其盛衰、每繫乎時君之好惡。是故佛於晉宋梁陳、黃老於漢魏唐宋、而其效可覩矣」と言い、中國では常に佛教・道教の盛衰は皇帝にかかっていたと見る。

(18)原文は「上謂輔臣曰、自佛法入中國、士大夫靡然從之。上者信於清淨之說、下者信於禍福之報。殊不知六經廣大、靡不周盡。如易無思無爲、寂然不動、感而遂通、禮之正心誠意者、非佛氏清淨之化乎。積善之家、必有餘慶。積不善之家、必有餘殃。與書作善、降之百祥、作不善、降之百殃、非佛氏禍福之報乎」（425b-c）。

(19)原文は「[紹興十一年]十有二月乙丑。……丙寅。上謂大臣曰、三代之世、士大夫盡心禮法、鮮有異端之惑。自漢明帝金人之夢、佛法流入中國、士大夫靡然從之。其上者惑於清靜之說、而下者惑於禍福之報。殊不知六經廣大、靡不周盡。如易無思無爲、寂然不動、感而遂通天下之故、與禮正心誠意者、佛氏清靜之說果有以勝之乎。至若積善之家、必有餘慶、積不善之家、必有餘殃、與夫作善降之百祥、作不善降之百殃者、即佛氏禍福之報也。士大夫不師六經而盡心佛說、殊爲可笑」。

(20)『四分律刪繁補闕行事鈔』巻上に「五分中、雖我所制、餘方不行者、不得行之。非我所制、餘方爲清淨者、不得不行」（T40, 201a）と見える。『五分律』の語句。

(21)述に曰く。出家學道の要は、師に從い戒を受くるに在りて、之れが制を爲し、初めより未だ嘗つて名を官籍に掛けず。漢明自り唐初に至るまで、皆な然らざる莫し。則天延載に至り、始めて二衆を祠部に隷せ令め、而して明皇正觀（注：「正觀」は「開元」の誤り）、始めて三歲、籍を造ら令む。肅宗至德、復た牒を鬻が令め、之を香水錢と謂う。我が本朝の南渡に逮べば、則ち又た免丁の賦を創め、之を清閒錢と謂う。嘻、律に言く、我が制する所に非ざるも、餘方に清淨爲る者は行わざるを得ずと。豈に如來は佛眼を以て末世、吾が徒爲る者の當に勉めて國法に順うべきを觀しや。嘻（述曰。出家學道要在從師受戒、爲之制、初未嘗掛名於官籍。自漢明至唐初、莫不皆然。至則天延載始、令二衆隷祠部、而明皇正觀始、令三歲造籍。肅宗至德復令鬻牒、謂之香水錢。逮我本朝南渡、則又創免丁之賦、謂之清閒錢。嘻、律言、非我所制、餘方爲清淨者不得不行。豈如來以佛眼觀末世爲吾徒者、當勉順國法乎。嘻）（374b）。

(22)『歸田錄』の「太祖幸相國寺、至佛像前燒香、問當拜與不拜。僧錄贊寧奏曰、不拜。問其何故、曰、見在佛不拜過去佛」を參照。

（23） 西尾賢隆氏は「臣僧」の言葉が宋代以降から出てくることに、中國社會での佛教の推移・變化を見て取る。西尾賢隆『中國近世における國家と禪宗』（思文閣出版、二〇〇五）「序　中國近世の禪宗」頁八參照。

（24） 述に曰う。古者は出家の士、漢明自り以來、竝びに國恩に從りて得度を爲すなり。隋文の一歳に五十萬に至り、唐の太宗の奘三藏の弘法須人の言に感じ、卽ち僧を度して萬七千人に至り、睿宗の三萬人を度し、本朝の太宗の普ねく十七萬人を度し、二十四萬人に至るが如きは、此れ特恩の度を蒙るの大略なり。唐の中宗、始めて天下に詔して經を試み僧を度す。是れ猶お漢家の科擧を以て士を取るがごとく、最も尙ぶ可きなり。我が太宗・眞宗・仁宗は竝びに試經の科を擧げ、茲に於いて盛んと爲るも、未だ山林高尙の士を貨取することを聞かざるなり。唐の肅宗、宰相の裴冕の請を用いて自り、時方に兵を用うるを以て始めて度牒を鬻ぐ。猶お漢世の粟を納めて邊を助け以て爵を得るが如きなり。從恩猶お人を擇ぶ可く、試經、是れ才を得るが爲なり。貲を納め僧と爲るに至りては、則ち富者は以て欲を逞しうし、精進を長汚雜虧す可く、法門の不幸なり。公輔は時艱を以て始めて上に勸めて恩賜を裁ち以て買賣に就かんとす。利源一たび開き、今に逮ぶも復た塞ぐ可からず。律に言く、餘方清淨有らば、我が制に非ずと雖ども行わざるを得ずと。蓋し此の義なり（述曰。古者出家之士。自漢明以來。竝從國恩而爲得度。如隋文一歳至五十萬。唐太宗感奘三藏弘法須人之言。卽度僧至萬七千人。睿宗度三萬人。本朝太宗普度十七萬人至二十四萬人。此特恩蒙度之大略也。唐中宗始詔天下試經度僧。是猶漢家以科擧取士、最可尙也。我太宗眞宗仁宗、竝擧試經之科、於茲爲盛。未聞貨取於山林高尙之士也。自唐肅宗用宰相裴冕之請、以時方用兵、始鬻度牒。猶漢世納粟助邊以得爵也。從恩猶可擇人、試經是爲得才。至於納貲爲僧、則富者可以逞欲、長汚雜虧精進、法門之不幸也。公輔以時艱、始勸上裁恩賜以就買賣。利源一開、逮今不可復塞。律言、餘方有清淨、雖非我制、不得不行。蓋此義也）（414a）。

（25） 原文は「有天神降于寢殿。星冠絳袍、謂上曰、天書將降。宜齋戒建壇以受之。越月皇城司奏言、右承天門有黃帛書曳鴟吻上。上步至門望拜。內侍捧取而下、奉安朝元殿。視其上文云、趙受命、興於宋、付於某、居其器、守於正、世七百、九九［定］。啓封宣文。其名大中祥符。凡三篇若洪範・老子之書。是日司天監奏、有紫雲如蓋、下覆殿庭。百僚稱賀、詔改元。馮拯請以天書大中祥符爲號。上喜曰美名也」（406c–407a）。

（26） 例えば茅山系の道士の王中正や宰相王欽若。しかし王欽若は一方では天台佛教のパトロンでもあった。

（27） 僧籍を剝奪して還俗させることはなかったことを言う。

(28) 述に曰く。眞廟の在御するや、竝びに三教を隆め、而して佛を敬い法を重んずること先朝に過ぐ。故に其れ天翰の撰述を以てすれば、則ち聖教序・崇釋論・法音集・注四十二章遺教二經有り。皆な深く至理に達す。一歲、度僧は二十三萬に至る。而して僧眾の過有る者は止だ贖法に從う。上元に諸寺に幸し、像に禮すること百拜して辭せず。唐家の天下の放生池を復して、以て好生を廣む。皆な宿願に本づき、聖性に發し、勸めを俟つに非ざるなり。繼世に經を譯し、大いに梵學を開くに至りては、五天の三藏、雲のごとく帝廷に會し、而して專ら宰輔・詞臣を用い、潤文の職を兼ねしむ。其の篤く譯事を重ずること是の若き者有り。當時の儒賢、王旦・王欽若・楊億・晁迥の輩の如きは、皆な能く聖謨を上贊し、共に平世を致す。君臣の慶會、允に茲の時に在り。之れを前古に稽うるに未だ比對有らず（述曰。眞廟之在御也、竝隆三教、而敬佛重法、過於先朝。故其以天翰撰述、則有聖教序・崇釋論・法音集・注四十二章遺教二經。皆深達於至理。一歲度僧、至二十三萬。而僧眾有過者、止從贖法。上元幸諸寺、禮像百拜弗辭。復唐家天下放生池、以廣好生。皆本於宿願、而發於聖性、非俟於勸也。至於繼世譯經、大開梵學、五天三藏、雲會帝廷、而專用宰輔・詞臣、兼潤文之職。其篤重譯事有若是者。當時儒賢、如王旦・王欽若・楊億・晁迥輩、皆能上贊聖謨、共致平世。君臣慶會、允在茲時。稽之前古、未有比對）（406c）。

(29) この事件については、竺沙雅章『中國佛教社會史研究』（同朋舍出版、一九八二）頁二四一以下參照。

(30) 原文は「述曰。世書謂之預讖（驗也）佛典謂之預記。謂能先事以告也。在佛則言聲聞作佛・國劫名號（見法華經）・凡夫禍福休咎、在俗前如圖書蓍龜・星占・夢象、皆所以告先事也。桓譚非讖、非不知讖也。特恐光武當中興多故之日一切以讖決之而於人事有不能盡。故不如不言讖之爲愈也。然則聖人之興未嘗無讖。上世帝王之讖誠多矣、固不俟於枚數。近古如唐大宗鴻池瑞石預記之祥、肅宗上天賜寶鎭國之瑞、皆載之唐史、驗于後時無爽也。惟我太宗之朝兩獲瑞石、則有二十一帝之文。眞宗時翊聖臨降、則有國祚過於有唐之言。聖祖天書則有七百九九之讖、得非先事以告乎。人不知學而欲謂讖爲非者、誠未可也。佛聖人先事以告、固非世俗所能知。至於蓍龜・星夢之兆與夫經史聖賢之能先知者、可不信乎。倘蓍龜・星夢之兆、經史聖賢之言、既有可信、而於佛聖人之先記反不欲信乎。然則我朝石記天書、當時非無其實。特儒人不信讖記、競指爲非、而好事者得以和之也。借使石文可僞、則誌公親降禁中、大宗遣使致謝、謂之不實可乎。借使天書可疑、則吳會中興得數延永、謂之不實可乎。易曰、神以知來。此仲尼言讖之大旨也。可不信乎哉」（408a）。

(31) 原文は「爾時佛告阿難、汝於來世當得作佛、號山海慧自在通王如來應供正遍知明行足善逝世間解無上士調御丈夫天人師佛世尊、當供養六十二億諸佛護持法藏。然後得阿耨多羅三藐三菩提、教化二十千萬億恒河沙諸菩薩等、令成阿耨多羅三藐三菩提、國名常立勝幡。其土清淨、琉璃爲地。劫名妙音遍滿。其佛壽命、無量千萬億阿僧祇劫。若人於千萬億無量阿僧祇劫中、算數校計不能得知。正法住世倍於壽命、像法住世復倍正法。阿難、是山海慧自在通王佛。爲十方無量千萬億恒河沙等諸佛如來所共讚歎稱其功德」(T9, 29b)。

(32)　將に其の本を家藏し、人、此の書を觀ば、人心の性靈を開き、國政の治化に資せ令めんとす。豈に大いに世に益有ると曰わざらんや。寶祐戊午、首めて筆削に事えて自り、十たび流年を閲、五たび謄して藁を成し、夜以て晝に繼ぎ、功は實に之に倍す。仰いで佛恩に報じ、上は帝力に酬い、學ぶ所に負かず、其の志は茲に在り(將令家藏其本、人觀此書、開人心之性靈、資國政之治化、豈不曰大有益於世哉。自寶祐戊午、首事筆削、十閲流年、五謄成藁、夜以繼晝、功實倍之。仰報佛恩、上酬帝力、不負所學、其志在茲)(129c)。

(33)　當に願わくば、佛祖聖賢、冥密に、當朝の居位・王公大人を勸化し、法門有るを知り、共に相い激發し、或いは一に己が力を出し、或いは群賢を轉化し、特に餘貲を輟め、紙本を建立し、統紀の一書をして、寰海に布散せ使めんことを。是れ亦た國の行化を助くるの大端なり(當願佛祖聖賢冥密勸化當朝居位・王公大人、知有法門、共相激發、或一出己力、或轉化群賢、特輟餘貲、建立紙本、使統紀一書布散寰海。是亦助國行化之大端也)(475b)。

(34)　老君、嵩山に降り、道士寇謙之に經戒を授け、謂いて曰く、張道陵の世を去りて自り、地上曠職す。今、汝に天師の任を授く。道教を清整し、群生を開化し、三張租米税錢の弊・男女合炁の術を除削せよ。後二年、老君、玄孫の上師眞人李普文を遣わし、太平素經圖籙百六十卷を授け、北方太平眞君を輔佐せしむ(老君降于嵩山、授道士寇謙之經戒、謂曰、自張道陵去世、地上曠職。今授汝天師之任。清整道教、開化群生、除削三張租米税錢之弊・男女合炁之術。後二年、老君遣玄孫上師眞人李普文、授太平素經圖籙百六十卷、輔佐北方太平眞君)(354a)。

(35)　嵩嶽の道士寇謙之、老君の授くる所の書を奉じ、以て獻ず。朝廷、未だ之を信ぜず。獨り司徒の崔浩のみ上書して其の事を贊ず。帝、忻然として之を納め、使いを遣わし、玄都壇を建て、靜輪天宮を起さしむ。敕して謙之及び門弟子、位は諸の王公の上に在りて臣と稱せざらしむ。大家の子弟百二十人を擇びて道士と爲す(嵩嶽道士寇謙之奉老君所授書以獻、朝廷未之信、獨司徒崔浩上書贊其事。帝忻然納之、遣使建玄都壇、起靜輪天宮。敕謙之及門弟子、位在諸王公上、不稱臣。擇大家子弟百二十人爲道士）（354a)。

（36） 寇謙之は嵩山に於いて壇を立て、帝の爲に祈福す。老君は復た降り、帝に授くるに太平眞君の號を以てす。謙之は以て奏し、遂に改元し大赦す（寇謙之於嵩山立壇、爲帝祈福。老君復降、授帝以太平眞君之號。謙之以奏、遂改元大赦）。(354b)

（37） 述に曰く、子は怪神を語らずと。言は以て教世の常法と爲す可きに非ず。然るに河圖洛書は天道の教を世に下す所以の者にして、豈に當に神怪を以て之を非《そし》るべけんや。是れ則ち老子は聖人にして、或いは天に在りて君主と爲り、或いは形を分けて教を下す。皆な時に隨い以て化を闡くなり。老子の下りて寇君を教うるに當り、之に經法を授け、任ずるに天師を以てし、三張の弊を除削せ俾む。其の言、取るに足る有り。囑するに太平を輔佐するの説を以てするに至り、故に能く闕下に造り、以て其の書を獻ず。崔浩、引きて之を進め、太武、信じて之を納る。未だ過と爲すに足らざるなり。一旦、崔浩、釋を惡むの心を以て其の上に勸む。是に於いて遽かに沙門を案誅するの禍を起こす。酷なるかな、此の時、其れ法運の一厄か。既《すで》而にして崔浩、族誅せられ、太武、弑せられ、令せずして之れ終り、其の罪を彰わすに足れり。文成、詔して佛法を復し、大いに浮圖を建つるに及び、一翕一張し、曾つて以て本常の道を累するに足らざるなり。世、或いは釋を毀つを以て、謙之を過むる者則ち之れ有り。然るに謙之は特だ教を老君に受け、以て人主に告ぐる耳。初より未だ甞つて釋を毀つの論を創めず。釋を毀つは太武・崔浩自り起こるなり（述曰。子不語怪神。言非可以爲教世之常法也。然河圖洛書天道所以下教於世者、豈當以神怪非之乎。是則老子聖人也、或在天爲君主、或分形下教。皆隨時以闡化。當老子之下教寇君、授之經法、任以天師、俾除削三張之弊。其言有足取也。至囑以輔佐太平之說、故能造闕下、以獻其書。崔浩引而進之、太武信而納之。未足爲過也。一旦崔浩以惡釋之心勸其上。於是遽起案誅沙門之禍。酷哉、此時其法運之一厄乎。既而崔浩族誅、太武被弑、不令之終、足彰其罪。及文成詔復佛法、大建浮圖、一翕一張、曾不足以累本常之道也。世或以毀釋過謙之者則有之矣。然謙之特受教於老君、以告人主耳。初未甞創毀釋之論。毀釋自太武崔浩起也）（『續藏經』一三一冊、233d-243a)

（38） 世祖、雅に荘老を好み、諷味すること晨夕なり。而るに春秋に富み、武功に鋭志す。佛法に歸宗し、沙門を敬重すと雖も、而るに未だ經教を覽、深く緣報の旨を求めず。寇謙之の道を得るに及び、清靜無爲に仙化の證有るを以て、遂に其の術を信行す。司徒崔浩は謙之の道を奉じ、尤も佛を信ぜず。帝と言い、數しば誹毀を加え、虛誕にして世費を爲すと謂う。帝は其の辯の博きを以て頗る之を信ず（世祖雅好莊老、諷味晨夕。而富於春秋、鋭志武功。雖歸宗佛法、敬重沙門、而未覽經教、深求緣

報之旨。及得寇謙之道、以清靜無爲有仙化之證、遂信行其術。司徒崔浩奉謙之道、尤不信佛。與帝言數加誹毀、謂虚誕爲世費。帝以其辯博頗信之)(『廣弘明集』巻二引く「魏書釋老志」、T52, 102b)。

(39) ただ志磐が参照したであろう南宋の初期の祖琇『隆興編年通論』巻五は、以下のように、武帝と崔浩そして寇謙之を區別した志磐と同じ立場を取る。「二十二年、魏主與崔浩皆信重寇謙之、而奉其道。浩特不喜佛、毎言於魏主、以爲佛法虚誕、爲世費害、宜悉除之。及魏主討蓋吳、至長安、入佛寺、沙門飲從官酒、從入其室、見大有兵器、出白魏主。主怒曰、此非沙門所用、必與蓋吳同謀、欲爲亂耳。命有司案誅合寺沙門、閲其財産、大有釀具及州郡牧守富人所寄物、以萬計。又爲窟室、以匿婦女。浩因說帝、將誅天下沙門、毀諸經像。帝從之。寇謙之切諫、以爲不可、浩不從。……」(『續藏經』一三〇册、236a)。それを踏襲した『佛祖歴代通載』巻八も同じ。崔浩と寇謙之を同一視するのは佛教側の見方に止まらない。例えば、陳寅恪「崔浩與寇謙之」(『金明館叢稿初編』、一九八〇、上海古籍出版社。陳寅恪文集之二)では、崔浩は儒家の領袖、寇謙之は新道教の教祖で、互いに利用して世間にますます名を顯わしたとし、二人が結びついたのが偶然でないことを、その時代の歴史背景をさまざまな史料を丹念に分析して明らかにしている。

(40) 原文は「述曰。道家者流其所學則道德陰符、是爲治心修身之本。至言内丹外丹火候口訣、則不傳於非人。其餘旁門如胎息之法草木之方。皆上聖下教用度人世、非可謂之虚無也。若夫置壇傳籙起自天師。是又上天護國護人治鬼攝邪之法。倶可以助教化於天下者、是故此道列在國家。與儒釋均爲三教者以此。至於小大・優劣・内外之義、則較然可知。故闞澤對吳王曰、道事天。天事佛。李士謙論三教曰、儒五星也、道月也、佛日也。能達此意則三教之位定。世言儒道釋、蓋本乎此。儒生道士不別本末、欲輕陵於釋氏。皆末學之過。若道流有輔成舊僞言、老子化胡以佛爲侍者之言、誹謗老子瀆世尊、其咎當如何邪」(405b)。

(41) また403b「述」參照。

(42) 夫れ法運の通塞は數なり。人心の好惡は勢なり。勢と數と合すれば、佛力も移す能わざるなり。故に知る、太武・崔浩の釋を毀つは、執(=勢)と數と合するにして、謙之の過に非ざることを。煬帝は智者を師とし、智者の亡ずるに及び、父を弑し位を竊み、僧を罷め寺を毀つの詔を下し、卒に事を沮む。豈に智者、之を教えんや。衞元嵩、周武を教え、趙歸眞、唐武を教う。此れ誠に之を教うるなり。君と臣と倶に冥罰に遭うは、不幸に非ざるや(夫法運之通塞數也。人心之好惡勢也。勢與數合、佛力不能移也。故知太武崔浩之毀釋執與數合、非謙之之過也。煬帝師智者、及智者亡、弑父竊位、下罷僧毀寺之詔而卒沮於事。

豈智者敎之耶。衞元嵩敎周武、趙歸眞敎唐武。此誠敎之也。君與臣倶遭冥罰、非不幸也）（『續藏經』一三一册、234a）。

（43）原文は「世謂煬帝稟戒學慧、而弑父代立、何智者之不知預鑑耶。然能借闍王之事、以此決之、則此滯自銷。故觀經疏釋之、則有二義。一者事屬前因。由彼宿怨來爲父子。故阿闍世、此云未生怨。二者大權現逆、非同俗閒惡逆之比。故佛言、闍王昔於毘婆尸佛、發菩提心、未嘗墮於地獄（涅槃經云）。又佛爲授記、却後作佛、號淨身（闍王受決經）。又垂裕記、闍王未受果而求懺、令無量人發菩提心。有能熟思此等文意、則知智者之於煬帝鑑之深矣。故智者自云、我與晉王深有緣契。今觀其始、則護廬山、主玉泉、終則創國淸、保龕壟。而章安結集、十年送供。以是比知則煬帝之事、亦應有前因現逆二者之義。孤山云、菩薩住首楞嚴定者、或現無道、所以爲百王之監也」（360a-b）。

（44）原文は「佛經曰、我國有阿闍世王、殺父王簒其位、法當入所謂獄無閒者、昔能求事佛、後生爲天人。況其他罪、事佛固無恙」。

（45）原文は「佛便授與王決曰、却後八萬劫、劫名喜觀、王當爲佛。佛號淨其所部如來、刹土名華王。時人民壽、四十小劫、阿闍世王太子。名旃陀和利。時年八歳、見父授決、甚大歡喜」（T14, 777b）。

（46）原文は「爾時世尊讚阿闍世王、善哉善哉。若有人能發菩提心、當知是人則爲莊嚴諸佛大衆。大王、汝昔已於毘婆尸佛、初發阿耨多羅三藐三菩提心。從是已來至我出世、於其中閒、未曾墮於地獄受苦」（T12, 485b）。

（47）原文は「昔如來涅槃、阿難結集。出二弟子、一名商那、一名末田地。居國雖異、行化則同。故付法藏、横列二十三、竪分二十四。今智者示滅、章安結集。出二弟子、亦同其時。阿難結集之際。［阿］闍［世］王送供一夏。章安結集之日。煬帝送供十年。挹流尋源。智者如東土一佛。章安有似阿難。二威亦猶商那末田地。煬帝外護有同［阿］闍［世］王。可不信哉」（187c）。

（48）窪德忠『道敎史』（山川出版社、一九七七）、頁二六九以下參照。

四　『佛祖統紀』の作者、志磐の考え

はじめに

一「宗鑑『釋門正統』以前――天台宗史とその成立（一）」でも觸れたように、陳垣の佛書解題書である『中國佛教史籍概論』巻五では、

釋門正統八巻　宋釋宗鑑撰

佛祖統紀五十四巻　宋釋志磐撰

二書とも天台宗によって書かれた佛教史である。『釋門正統』は嘉熙年間に、『佛祖統紀』は咸淳年間に書かれており、その間は三十年にも滿たない。後者は前者を基にし、史料を增やして改作したものである。とは言え前者にも價値があるので、ここでともに論ずる。(1)

と、『釋門正統』と『佛祖統紀』を天台の撰した佛教史籍として竝記し解說している。そしてそのテキストについては、「二書之板本」（二書の版本）に

『佛祖統紀』は、明南藏、嘉興藏および頻伽藏のすべてに收められている。また寧波刻本もある。『釋門正統』は、影印續藏經に入っている。續藏經『佛祖統紀』は五十五巻で、巻十九と巻二十は、目錄はあるが中

身がない。諸版本はすべて同じである。ただ續藏經版の巻二一は缺けている。その巻二二は、明藏版の巻二一である。以下類推すれば、明藏版の巻五四は續藏經版の巻五五である。『四庫全書總目提要』には『佛祖統紀』の目録が付いており、五十四巻とあるので、おそらく嘉興藏版であろう。現在、嘉興藏版の目録は四十五巻と記されているが、これは明藏版の目録が誤ったもので、四と五が逆になったのである。『佛祖統紀』は宋の咸淳の時に書かれた。しかし、續藏經版巻十九の目録の最後には、元末の傳記が一篇載っており、「法運通塞志」の最後には、元から明代初めの記事がある。これらは後の人が加えたものである。『史記』「司馬相如傳」の最後に楊雄の言葉が載っているのと同じである。(2)

と言っている。また北京圖書館には、陳垣の言及しなかった「咸淳元年至六年胡慶宗等募刻本」が所藏されているが、最近になってこれが『四庫全書存目叢書』(一九九五―一九九七)に入れられ、廣く見られるようになった。このテキストは南宋末のもので、陳垣が掲げる明南藏や嘉興藏の『佛祖統紀』テキストを遡るものであり、テキストクリティーク上非常に重要なものである。現在廣く利用されている『大正新脩大藏經』や『卍續藏經』のテキストとどのように關わるのか、考察すべき貴重な資料でもある。しかしそれは後日の課題とし、小論では注目すべき一點を紹介して、その殘されたテキストのあり方から『佛祖統紀』の編者である志磐の作史の意圖を考えてみたい。

第一章　『四庫全書存目叢書』所收の『佛祖統紀』テキスト　1

この『四庫全書存目叢書』所收の『佛祖統紀』テキストの最初には、編集者の手による所謂「表紙」が付けられ、巻末には附録として『佛祖統紀』に關する『四庫全書總目提要』の記事が載せられている。從って『佛祖統紀』の解説はあるが、このテキスト自體の説明はない。

表紙には以下のように記されている。

佛祖統記五十四巻（存三十九巻）

［宋］釋志磐撰

北京圖書館藏宋咸淳元年至六年胡慶宗等募刻本

このような書き方からは、全五四巻とされる『佛祖統紀』テキストのうち三九巻が殘っているような印象を受けるが、實はそうではない。缺けているのは「第三巻　釋迦牟尼佛本紀三」一巻と「第三十四から第四十八巻　法運通塞志」全十五巻であるが、二者の事情は異なっている。つまり前者「釋迦牟尼佛本紀三」は「咸淳元年至六年」に印刷に付され、後に失われたが、後者「法運通塞志」全十五巻はその時期にはまだ印刷されていなかった、つまり初めからなかったのである。「佛祖統紀通例」下の「釋志」には「法運通塞志」を設けた理由の記述があるが、このテキストでは「作法運通塞志十五巻」の「十五」の二字を闕文にして「作法運通塞志■巻」とし、その下に細字で「嗣刻」と補刻していることから、そのことは明らかである。

この間の經緯を巻末に置かれた「刊板後記」を引いて確認しておこう。このテキストの「刊板後記」は、版木破損のため一部しか殘っていないが、大正藏や卍續藏テキストに付されたものによって復元できる。

咸淳元年乙丑（一二六五）、東湖の月波山に寓し、始めて工を飭《ととの》え統紀を刊す。六年庚午の冬に至り、忽ち喘嗽の疾を感ず。家林の法眷、船を棹《こ》ぎて邀《むか》えられ、遂に十二月二十一日を以て、福泉の故廬に歸る。是の時、尙お會要志四巻、未だ能く刊せざる有り。是に於いて病に乗じ本を寫し、刊人をして其の功を畢ら俾む。

秋七月、鋟事既に備わる。紙印を辨じ、萬部を造り、最初の流通を爲さんと擬す。嘗つて之を計るに、刊板の費す所、將に萬券にして、而して印造の本は二十萬券を逾ゆ。高明の識鑑にして大いに財力有る者に非ざれば、則ち濟す能わず。當に願わくば、佛祖聖賢、當朝居位の王公大人を冥密勸化し、法門有るを知らしめ、共に相い激發し、［或いは一に己が力を出し、或いは群賢を轉化し、特に餘貲を輟《や》め、紙本を建立し、統紀の一書をして、寰海に布散せ使めんことを。是れ亦た國の行化を助くるの大端なり。磐は、病に臥すこと、日久し。一旦怛《だつ》化すれば、此の志の申べざるを恐るるが故に始終を略述す。尚お後賢の克く勝業を繼ぐ者を祈う。維れ佛、維れ祖、宜しく當に之を祐け以て道《みちび》かんことを。

咸淳辛未（一二七一）端午の日　［志磐書す（3）］

志磐がこれを書いたのは「咸淳辛未」、つまり咸淳七年（一二七一）である。すでに咸淳元年（一二六五）までには『佛祖統紀』の原稿はほぼできあがっており、全體の淨書が終わるのを待たずに（『佛祖統紀』序も志磐が筆を執ったものであるが、そこでの記述とは少しく時間の違いがある）、志磐の滯在する東湖月波山（浙江省臨海縣）で版木に刻まれた。『佛祖統紀』序には、校正者の一人として「住持東湖月波山慈悲普濟教寺傳天台宗教沙門宗淨」の名が見えるが、志磐はその「慈悲普濟教寺」に留まっていたのであろう（南宋の地誌『寶慶四明志』巻十三に「慈悲普濟寺、東錢湖月波山下、淳熙五年、史越王請額建置。常住田一百畝、山二十畝」と見える。史越王とは史浩［一一〇六―一一九四］で、自ら眞隱居士と號した。彼は乾道九年（一一七三）に、「水陸齋」を行おうとして月波山に殿を設けた。これが慈悲普濟寺の起こりである。この「水陸齋」を新しい形で繼ぐことになったのが、志磐であり、なじみの寺である。詳しくは『佛祖統紀』巻三三、法門光顯志「水陸齋」T49, 321c 以下)。

しかし「嘗つて之を計るに、刊板の費す所、將に萬券にして、而して印造の本は二十萬券を逾ゆ。高明の識鑑にして大いに財力有る者に非ざれば、則ち濟す能わず」と言うように、出版に際しては版木に刻む費用と印刷用の紙の費用が莫大であった。そこで彼は廣く聖俗兩界に寄付を呼びかけて『佛祖統紀』の出版を始めた。件のテキスト表紙の「宋咸淳元年より六年に至る胡慶宗等の募刻本」という言葉がこのことを傳えている。

表紙の記述は、このテキストのいくつかの巻末餘白に、寄進者の名前とその物品、金額等が以下のように刻まれていることで確かめられる。このような記録は珍しいものなので煩を厭わず列擧する。

巻一末、十七葉裏　　釋迦牟尼佛本紀一
　上竺佛光法師法照施芝券貳阡道

巻二末、十九葉表　　釋迦牟尼佛本紀二
　月波無住法師宗淨施芝券二百道

巻四末、十六葉裏　　釋迦牟尼佛本紀四
　東湖尊教雙清法師處謙施芝券一百道

巻五末、二十六葉表　二十四祖紀第一
　月波石林法師文介施芝券二十道飯穀二石

巻六末、二十七葉表　九祖紀第二
　尊教沙門契心施芝券二十道　○資敬汝門淨眞芝券十道　○廣濟沙門元信芝券九道

巻七末、九葉裏　　東土九祖紀第三
　寶雲無等法師妙有施芝券二十道

慧光慧日法師惠松施芝券十道

巻八末、十五葉表

興道下八祖紀第四

前洞山槃洲法師道樞施芝券八道

前福海[redacted]法師時敦施芝券十道

巻九末、二十葉裏

諸祖旁出世家第一

戒香鑑翁禪師師亮同知客智周侍者覺圓

共施芝券一百二十道

巻十末、二十六葉裏

諸祖旁出世家第二

鹿野退省法師志純施芝券一百道

巻十一末、十一葉裏

諸師列傳第一

ナシ

巻十二末、九葉裏

諸師列傳第二

南湖懺首文敏知客子謙同沙門雲章等施芝券八十道

南湖首座聞熏施芝券八道

巻十三末、十葉裏

諸師列傳第三

白衣廣仁首座法兩化應氏懿眞應氏靖修芝會二十道

巻十四末、十四葉裏

諸師列傳第四

棲心高峯元妙同廣壽懷信法師慈福元覺棲心善度

沙門行爲懷玉奉聖德月居士王楠張妙嚴張氏妙壽
張氏妙明林季三娘張興等共施芝券七十道

卷十五末、十七葉裏　諸師列傳第五
南湖沙門道祺同善言德興善爲應中妙寶清旦■立
共施芝券三十二道　◯阮山沙門一葦化衆芝會十
二道

卷十六末、十四葉裏　諸師列傳第六
保慶南雲法師元善施芝券四十道梨板二十？［塊］
寶嚴無文法師懷錦施芝券十道

卷十七末、十七葉裏　諸師列傳第七
ナシ

卷十八末、九葉裏　諸師列傳第八
ナシ

卷十九末、　諸師列傳第九
ナシ

卷二十末、　諸師列傳第十
ナシ

卷二十一末、　諸師列傳第十一

ナシ

巻二十二末、九葉裏　諸師雜傳第一

茅山住山惟大施芝券十道　○珠山沙門善弘化衆芝券十六道　○西山沙門善業化衆芝券十六道

巻二十三末、十葉裏　未詳承嗣傳第一

珠山沙門如愚化衆芝券十七道

福泉沙門眞要施芝券六十道

巻二十四末、十二葉裏　歷代傳教表第一

奉　佛嗣男吳邦達施芝券二百道上薦

考君吳千六府君妣[redacted]

巻二十五末、十四葉裏　佛祖世繫表第二

ナシ

巻二十六末、十三葉表　山家教典志第一

ナシ

巻二十七末、三十三葉裏　淨土立教志第一

玉牒清心居士趙氏希淑施芝券二百八十道

巻二十八末、三十三葉裏　淨土立教志第二

奉　佛女弟子鮑氏妙圓施芝券一百五十道

巻二十九末、二十五葉裏　淨土立教志第三
ナシ
巻三十末、二十一葉裏　諸宗立教志第一
天竺靈山妙心芝券十道　◯姑蘇沙門從雅惟允芝券
八道　◯化城自固山主芝券八道
巻三十一末、十六葉裏　三世出興志第一
奉　佛嗣男季華施芝券二百道上薦
考季小六府君妣胡氏三孺人
巻三十二末、二十七葉裏　世界名體志第一
奉　佛嗣男胡慶宗施芝券二百道上薦
考胡百二府君
巻三十三末、十四葉表　世界名體志第二
ナシ
巻三十四末、十八葉裏　法門光顯志第一
如菴禪師如敬施芝券四十道
仙巖禪師若愚芝券四道　◯天壽西堂師信芝券八道
巻三十五末、二十四葉裏　名文光教志第一
ナシ

巻三十六末、十三葉裏　名文光教志第二
定海進士馮應龍同母汪氏妙淑滕氏智柔
共施芝券二十道
巻三十七末、十五葉裏　歴代會要志第一
ナシ
巻三十八末、十七葉表　歴代會要志第二
ナシ
巻三十九末、二十九葉表　歴代會要志第三
ナシ
巻四十末、十八葉裏　歴代會要志第四
ナシ

これら五十人近い布施者の中で、僧傳に立傳されているのは、上竺佛光法師法照（一一八五—一二七三、『續佛祖統紀』巻一〔『卍續藏經』一三一册、356b 以下〕）のみである。北峰宗印の高足である法照は、理宗の覺えめでたく、宮中に招かれて『華嚴經』や『般若經』を講義するほどの學僧であった。(4) また左右街都僧録の官にも任命されており、當時の貴顯との交流もあった。法照の布施は、他の寄進者とは比較にならないほど突出している。それらが現在の價値に照らしてどれほどのものかについては不確かな推論は愼まねばならないが、法照と他の人々の額の開き、および人數の多さからは、出版のために廣く薄く布施者を募ったことがうかがえるであろう。(5)

もっとも志磐は「刊板後記」の中で、「當に願わくば、佛祖聖賢、當朝居位の王公大人を冥密勸化し、法門有るを知らしめ、共に相い激發し、或いは一《もっぱ》ら己が力を出し、或いは群賢を轉化せんことを」と述べているから、貴顯者たちへの期待も持っていたのではあろうが、現實にはこのような天台の宗派に屬する僧侶と信者からの幅廣い募金を集めて出版せざるを得なかったようである。このことは、南宋末期の天台がすでに知禮の出た北宋におけるほどの華々しい存在でなかったことを示唆するが、また一方、志磐及びこの書の出版に關わった僧侶たちの念頭に、幅廣い民衆への教線の擴大があったことも窺える。

さて上で述べたように、「咸淳元年至六年胡慶宗等募刻本」では『佛祖統紀』のうち法運通塞志の全十五巻は印刷されなかった。『佛祖統紀』は、『卍續藏經』では五五巻とされ、明南藏をはじめ諸刻本（『大正藏』も含む）では五四巻とされて巻數が一致しないが、それは先に引いた陳垣の「二書之板本」に言うが如く、目録のみ存在して本文を缺く巻のあることに起因するのであって、テキストの本文は變わらない。『四庫全書存目叢書』所收の『佛祖統紀』テキストの表紙に「佛祖統記五十四巻（存三十九巻）」とするのは、これまた陳垣が指摘するように、『四庫全書存目』に採用されたテキストが五四巻本の嘉興藏本（明の萬曆十七年［一五八九］から清の康熙十五年［一六七六］の私刻本）に因ることを示す。

しかし五四巻本のテキストの目録では

第二十巻　　諸師列傳六之十
　　法智第十世　　廣智神照南屏三家
第二十一巻　　諸師雜傳七
　　淨覺　神智　草菴
第二十二巻　　未詳承嗣傳八

東陽大士　下四十一人
第二十三巻　歴代傳教表九
と列ぶのに對して、『四庫全書存目叢書』所收のテキストの目録は
第二十巻　諸師列傳十
法智第十世　廣智神照南屏三家
第二十一巻　諸師列傳十一
法智第十一世　廣智神照南屏三家
第二十二巻　諸師雜傳一
淨覺　神智　草菴
第二十三巻　未詳承嗣傳一
東陽大士　下四十一人
第二十四巻　歴代傳教表九
となっていることから、後者のテキストは五四巻本ではなく五五巻本であることが分かる。表紙のタイトルは「佛祖統紀五十五巻（存三十九巻）」とすべきである。次章ではテキストについて述べるつもりであるが、このことはさらに明らかになるはずである。

先に述べたことの繰り返しになるが、この五五巻本のテキストは三九巻現存する。もともと五五巻揃って刷られたのでなく、まず四十巻が印刷されたのである。「第三巻　釋迦牟尼佛本紀三」一巻はその際に印刷に付されたが、後日このテキストからは失われた。また「法運通塞志」全十五巻は全く印刷されなかった。「咸淳元年至

六年」の間に版木に刻まれ印刷されたとするこのテキストは、巻三五から巻五十に収まっていたはずの法運通塞志全十五巻を除いて

第三十四巻　　法門光顯志一
第三十五巻　　名文光教志一
第三十六巻　　名文光教志二
第三十七巻　　歴代會要志一
第三十八巻　　歴代會要志二
第三十九巻　　歴代會要志三
第四十巻　　歴代會要志四

となっている。その後に續く名文光教志と歴代會要志の巻數をくり上げて刻しているのである。

しかし志磐自ら認めた「佛祖統紀序」は、『四庫全書存目叢書』所收テキストでは

既に又た編年法を用いて周の昭王より起こし、我が本朝に至る、別して法運通塞志と爲す。儒釋道の立法、禪教律の開宗、統べて之を會し、畢く錄さざる莫し。之を目して佛祖統紀と曰い、凡そ之れ類を爲すこと四十巻なり。紀傳世家は太史公に法り、通塞志は司馬公に法る。(6)

となっており、「法運通塞志」を除いたことに伴って、本來の序の「凡之爲五十五巻」を「凡之爲類四十巻」と代えている。他の部分は一字一句も異ならない。そこには「法運通塞志」の名も見えているし、その立志の意圖への言及もある。またこの序の日付「咸淳五年歳在己巳八月上日」も變わらない。また先に掲げた「刊板後記」も、殘っている部分は全巻を想定した本來のものと全くかわらない。從って、志磐あるいは『佛祖統紀』を刊刻

しようとした天台僧たちは、第一段階では、まず全五五巻の内で「法運通塞志」十五巻を除いた四十巻を刷り、その収益を獲た上で、恐らくは再度の募金と合わせて、第二段階として「法運通塞志」を印刷したのである。「序」や「刊板後記」によれば、すでに『佛祖統紀』全體の草稿は完成している。編年體の「法運通塞志」の理解を助けるために書かれた「歴代會要志」も第一段階で刷られている。それなのに「法運通塞志」そのものが外されたのはなぜなのか。版木・紙代といった經濟的な側面からのやむない處置であったとしても、なぜ本來の『佛祖統紀』目録の順序を亂してまで、「法運通塞志」のみを後回しにしたのか。このような疑問に答える前に、章を改めて、『四庫全書存目叢書』所收の『佛祖統紀』のテキストについて觸れておこう。

第二章　『四庫全書存目叢書』所收の『佛祖統紀』テキスト　2

『佛祖統紀』の版本については、上で引いた陳垣が言及しているように明南藏、嘉興藏、頻伽藏、寧波刻本等がある。ここではまず、『四庫全書存目叢書』所收の『佛祖統紀』テキストとの關わりを持つと思われる版本を見ておこう。

陳垣は上げていないが、まず洪武南藏(7)がある。これは初刻南藏とも呼ばれる敕命の大藏經で、南京蔣山寺で開版され、洪武三一年（一三九八）に完成した。天函から煩函に至る五九一函は經・論・律（後の正藏）、刑函から魚函までの八七函は宗乘要典（後、所謂南藏に至り新たに追雕された續藏）。正藏部分は元の磧砂藏の再編集を經た翻刻であり、續藏部分は華嚴・禪・天台・淨土の各宗の佛典が収められ、永樂十二年（一四一四）に完成した。『佛祖統紀』はこの時、初入藏された。永樂六年（一四〇八）に蔣山寺の火災とともに版木は消えた。裝幀は折裝で半葉六行、毎行十七字の形をとる。一九三四年に四川崇州上古寺でこの藏本が發見され一九九九年から四年の歳月を費やし、四川省佛教協會から再版された。再版の際、ごく僅かの缺損部分は諸版の大藏經によって補われ、對校された。また蟲食いの痕跡はコンピュータによって處理され蘇った。二四一冊（洋綴、二七㎝）で目録等の入った一冊が加わり、總册數二四二冊。因みに『佛祖統紀』五五卷は二三七冊に卷一―五、二三八冊に卷六―四一、二三九冊に卷四二―五五が收められている。

明南藏は、永樂南藏ともあるいは單に南藏とも呼ばれる敕命の大藏經である。この事業が行われた南京の大報恩寺の名をとって「南京大報恩寺版」とも言われている。永樂元年（一四〇三）ごろから事業が始まり、永樂十七年（一四一九）末までには完成したらしい。收容佛典は一六一二部、六三三一卷で、六三六函に分けられた。裝幀は折裝で半葉六行十七字詰めである。洪武南藏を覆刻したものではあるが、收める佛典の順序がそれとは大いに異なるために、板木の再刻ではなく、同じ板木を用いた再構成であると言われている。

明北藏は、永樂北藏あるいは單に北藏と呼ばれる。敕版大藏經の一つで、その開版期間は永樂十八年（一四二〇）から正統五年（一四四〇）で、六三七函、一六一五部、六三六一卷を擁す。萬曆十二年（一五八四）になって、續刻された各宗派の論著の四一函、三六部、四一〇卷が續藏經として加わる。裝幀は折裝で半葉五行、十七字詰めの大字本である。[8]『佛祖統紀』は北藏では省かれた。[9]

嘉興藏は、別に徑山藏とも呼ばれる。明の萬曆十七年（一五八九）にまず五臺山で開板され、やがて場所を浙江省の徑山に移し、やがてまた嘉興、呉江、金壇等に分散され、募刻された。完成を見たのは清の康熙十五年（一六七六）になってからである。嘉興の楞嚴寺がこの事業の總責任を擔ったために嘉興藏と呼ばれる。「正藏」（『永樂北藏』を底本とし、校本としては『南藏』を主とし、さらに宋・元版を校本の參考とする）、「續藏」（藏外典籍）、

「又續藏」（藏外典籍）の三部からなる。方册本で一行二十字、十行である。『佛祖統紀』を收める『嘉興藏』正藏は『永樂北藏』を底本とするとは言え、元來『永樂北藏』には『佛祖統紀』は收められていないので、『永樂南藏』本が用いられた(10)。

鐵眼の黄檗版大藏經（一六七八年完成）は、隱元將來のこの方册本を覆刻したものであると言われている(11)。即ち袋綴の方册本を解體し、その經紙を裏がえしに櫻材の板木に貼り付けて開板したのである。『卍續藏經』に入れる『佛祖統紀』テキストもこの系統のものである(12)。

以上は明の時代の大藏經の版本で、改めて整理してみると、『佛祖統紀』は洪武南藏において初めて入藏されたが、それがほとんどそのままの形で永樂南藏本、つまり明大藏本に繼承されていった。嘉興藏本の『佛祖統紀』もそれを受け繼いでいる。さらに黄檗版大藏經や『卍續藏經』に引き繼がれている。また大正藏のテキストは「明本增上寺報恩藏本」を底本としている。ここで言う「明本」は嘉興藏を指そう(13)。そして『卍續藏經』を校本として用いる。

さて次に、『四庫全書存目叢書』所收の『佛祖統紀』テキストが、上記の明の大藏經あるいはそれを受けた諸版とどのような關係にあるかについて述べておきたい。

小論の最初に陳垣『中國佛教史籍概論』の記述に言及したが、陳垣は『四庫全書存目叢書』所收の『佛祖統紀』テキストの存在を知らなかったのか、そこではこのテキストには一切觸れていない。彼が『中國佛教史籍概論』の草稿を完成したのは、一九四三年九月であるが、もともとは輔仁大學研究生のための講義ノートであり、出版されたのは一九五五年である（『陳垣年譜配圖長編』上下、遼寧出版社、二〇〇〇）。彼は一九二〇年代以降には、傅增湘（一八七二―一九四九）と交遊關係をもっている。傅增湘は藏書家であり、版本目錄學の分野でも著名であった。『魏書』[14]をはじめ『元典章』『册府元龜』等々のテキストについては、二人は手紙を通じて意見を交換し、また藏書の貸し借りも行っているが、『佛祖統紀』については話題に上らなかったのであろうか。その傅增湘の著作の一つである『藏園羣書經眼錄』巻十　子部四（中華書局、一九八三、頁八八九）には、このテキストについて下記のような記錄が殘されている。

佛祖統記五十五卷　宋の釋志磐が撰述

宋咸淳五年の刊本。每半葉は十一行、每行は二二字。版心の上下の兩端は細い黒の線。左右の枠取りは二本。版心の中間は極めて廣い。上の魚尾の下には「某紀」、「列傳」、「世家」、「某志」、「某表」等が記され、眞中にページ（葉）數が記されている。下の魚尾の下には「統紀」の二字が記されており、すべて行書體の大きな文字である。各ページの字數は版心の奇數ページの上の部分に記されている。刊工者の姓名は或る時は、各巻の初めのページの版心の下に、或る時は各巻の最後の書名の下、或る時は各ページの版心の下に記されている。すべて一人が一巻で、奉川王閎、王聞、徐聞、徐泳、馬圭、奉川章臨、章震、章信、姚邑茅夢龍、胡昶らがいる。

各巻の小題は下部に、大題は上部に記され、まず、某紀あるいは某志、第何巻、下に「佛祖統紀巻の幾つ」と書かれている。これは宋刻版の『史記』・『漢書』の版式に倣っているようである。宋の諱である匡、恒、敬、貞、勖はすべて最後の一畫が缺けている。ただ啓は졈に作っているが、何を諱んでいるのか分からない。各巻の最後に誰々が「芝券」どれだけ、あるいは「芝會」いくがし、あるいは「梨板」を幾枚、穀物を何石と、布施の多寡を書いている。

書物の題名は、「大宋咸淳四明東湖沙門　志磐　撰」で、まず宋咸淳五年、己巳の歳の八月上日に四明の福泉寺の沙門志磐が東湖の月波山に寓居して謹しんで序文を書いたとあり、序文の後に「掌局齋生眞要」の一行、さらにその次に校正者の五行が列ぶ。

同校正吉祥安樂山敎忠報國敎寺首座沙門　必昇
校正前住持華亭先福敎寺傳天台宗敎沙門　慧舟
校正住持吉祥安樂山敎忠報國敎寺傳天台宗敎沙門　善良
校正住持東湖月波山慈悲普濟敎寺傳天台宗敎沙門　宗淨
校正特賜佛光法師左右街都僧錄主管敎門公事住持上天竺敎寺賜金襴衣　法照

勸緣邑士　胡慶宗　季奎　吳邦達
同校正贊緣居士　泰宇曹說　九蓮厲心(15)

さらに傅增湘の記録は續くが、ここまでの記述で、彼の述べる『佛祖統紀』のテキストが『四庫全書存目叢書』所收のテキストそのものであることが分かる。彼が別の所で記す(16)清の順治丁亥（一六四七）の進士、季振宜等の藏書印も一致するし、また何よりも傅氏自身の藏書印「雙鑑樓」が「序」のはじめに押されている(17)。

これに續いて傅增湘は、このテキストを癸丑歲（一九一三）の夏に北京の隆福寺にある聚珍堂の劉估から手に入れたこと、沈曾植（一八五〇―一九二二）に見せると、これを「明刻南藏」の「祖本」であると鑑定して跋文を書いたこと（傅增湘はこの「跋文」も記錄している）等を記す。

さらにこのテキストについて、「惜友人携之日本、又留廠市者一年、遺失本紀一卷、爲可惜耳」と言う。沈曾植の跋文には「宋刻佛祖統紀五十五卷、闕法運通塞志十五卷」と見え、最初に傅增湘が手にしたときには、「卷三　釋迦牟尼佛本紀三之二」は存在していたことが分かる。このことは、傅增湘が補訂を加えた『郘亭知見傳本

書目』[18]にも、

佛祖統紀五十五巻　宋釋志磐撰。〇宋咸淳五年刊本、十一行二十二字、細黒口、左右雙闌。前有咸淳五年自序、及同校正沙門必昇等五人名。又有勸緣邑士胡慶宗等人名、盖咸淳初於四明者。存四十巻。有沈曾植跋、推爲南藏祖本。餘藏。四庫存目（巻十一下　子部十三　釋家類）

と、莫友芝の記録を補う形で、自らが得た件の『佛祖統紀』テキストについて記している[19]。

これらの記事は、『四庫全書存目叢書』所収のテキストが五十五巻本であること、志磐等がまず「法運通塞志十五巻」を除く四十巻を刷ったこと、そのうちの一巻が近年になって失われたことを傳えている。

結　語

咸淳七年（一二七一）、すでに『佛祖統紀』全體の草稿も完成し、「序」や「刊板後記」も作りながら、志磐は「法運通塞志」十五巻を後にまわし、まず四十巻のみを第一段階として印刷した。「刊板後記」によれば、咸淳六年（一二七〇）の末には、「歴代會要志」四巻を殘す『佛祖統紀』の五一巻は版木に刻まれている。編年體で書かれた「法運通塞志」では、事件の終始を把握することに困難が伴う。志磐はその缺點を補うため「歴代會要志」四巻を後から用意したのである。最後にすべてが整うのは翌年の七月となっている

咸淳元年乙丑、寓東湖月波山、始飭工刊統紀。至六年庚午冬、忽感喘嗽之疾。家林法眷棹船見邀、遂以十二月二十一日歸于福泉之故廬。是時尚有會要志四巻未能刊。於是乘病寫本、俾刊人畢其功。秋七月鋟事既備。

最後に刻まれたものまで先に印刷し、書物の順序を亂すことも厭わず、「法運通塞志」のみを後回しにしたのは

なぜだろうか。單なる經濟的な理由だけだろうか。

宋代に天台の僧あるいは信者の著わした佛教史籍は、まず宗鑑撰『釋門正統』として一二三七年に結實する。本書では「天台宗史とその成立」(一)(二)としてその過程を明らかにした。そこでも述べたように、宗鑑の後三十年餘を經てここで取りあげた志磐の『佛祖統紀』が完成し、兩書はともに今日まで傳承された。類似の書物の場合、後書の出現によって前書の失われるのが一般であるのに、なぜ『釋門正統』と『佛祖統紀』は竝行して讀まれてきたのか。その答えを出すには兩書をさらに詳細に檢討する作業を待たねばならないが、筆者は前掲論文の最後に一つの假說を提示した。

それは、『釋門正統』と『佛祖統紀』が、同じく天台宗史と呼ばれながら、異なる意味と性格をもっていたからではないかということである。端的に言えば、『釋門正統』は天台宗史として、『佛祖統紀』は宗派を超えた世界史としての存在意義を持つということである。志磐は「佛祖統紀序」で「紀・傳・世家は太史公に法り、通塞志は司馬公に法る」と述べるが、ここに志磐のある意圖が讀み取れよう。すなわち『佛祖統紀』は、『釋門正統』のもつ宗門史の側面を紀・傳・世家を中心とする部分で終え、「法運通塞志」十五巻では、宗門を超えた宗教史、つまり世界宗教史の視點をねらったのではなかろうか。

經濟的な理由で一括印刷を斷念せざるを得なかったとしても、それに對處するに當たっては、志磐の作品に對する考えが反映したであろう。もし志磐が「法運通塞志」を上記のような意味をもつ一つのまとまった作品と捉えていたとするなら、他の四十巻をまず刊行し、次元の異なる「法運通塞志」を後に殘した結果として、『四庫全書存目叢書』所收『佛祖統紀』の奇妙な成立事情は明解に說明できるのである。

この假說は兩書の內容のさらに詳細な檢討によって證明され、宗史の歴史的展開の把握によって傍證されるはずである。

注

（1）原文は「二書皆天台宗所撰之佛教史。正統撰於嘉熙間、統紀撰於咸淳間、相距不過三十年。後書大抵以前書爲藍本、增加史料而改造之、然前書未可廢也、故合論之」。

（2）原文は「統紀明南藏及嘉興藏、頻伽藏皆有之、又有寧波刻本、正統則影印續藏經有之。續藏經統紀五十五卷、卷十九・二十有目無書、諸本皆然、惟續藏經本卷二十一、空一卷、其卷二十二卽明藏本之卷二十一、以次下推、故明藏本五十四卷、續藏本五十五卷、其實一也。四庫提要統紀附存目、作五十四卷、蓋卽嘉興藏本。今嘉興藏目錄作四十五卷者、循明藏目錄之誤、偶倒其字耳。統紀作於宋咸淳間、而續藏經本卷十九目錄後有元末一傳、法運通塞志之末、又有元代至明初記事、皆後人增益、猶史記司馬相如傳末之有揚雄語也」。なお「元末一傳」は、操菴文節法師（一二五七―一三四二）の傳を指す。

（3）原文は「咸淳元年乙丑、寓東湖月波山、始飭工刊統紀。至六年庚午冬、忽感喘嗽之疾。家林法眘棹船見邀、遂以十二月二十一日歸于福［泉之故］廬。是時尙有會要志四卷未能刊。於是乘病寫本、［俾刊人畢其功。秋七月鋟事］既備、擬辨紙印造萬部爲最初［流通。嘗計之、刊板所費將萬券、而印造］之本逾二十萬［券。非高明識鑑有大財力者、則不能濟。當］願　佛祖聖［賢冥密勸化當朝居位　王公大人、知有法］門、共相激發。［或一出己力、或轉化群賢。特輟餘貲、建立紙本、使統紀一書布散寰海。是亦助　國行化之大端也。磐臥病日久、恐一旦怛化、此志不申、故略述始終。尙祈後賢］之克繼［勝業者。維　佛維祖宜當祐之以道。咸淳辛未］端午日　　［志磐　書］」。なお［　］は缺けた部分。

（4）また志磐「佛祖統紀序」に「書成卽負笈、詣白雲堂、仰求佛光法師、爲之考校」と述べるのを參照。

（5）ここに見える「芝券」「芝會」の用例は宋代の文獻には見出し難いが、「芝楮」と同じであると考えられる。芝楮の用例の一例として、方回「監簿呂公家傳」（呂午『左史諫草』卷末所收）が擧げられる。それによれば、芝楮は十八界會子を指し、圖柄による俗稱である。會子は通用期限（界制）があり、界を異にするのを圖柄であらわし、通用の價値が異なった。ところが、淳祐七年（一二四七）には、十七界會子と十八界會子の界制は撤廢され、續いて景定五年（一二六四）には、十七界會子は廢止され、新たに銅錢關子（見錢關子、金銀見錢關子、金銀關子、金關ともいう）が發行された。從って、件の『佛祖統紀』テキストが出版された時期に通用していたのは、十八界會子と銅錢關子の二種類ということになる。このような變化にも關わらず、「芝楮」の俗稱は依然として通行していた。

また、「道」は書類を數える量詞。一道は一貫（一緡）。咸淳四年（一二六八）には芝楮一道は銅錢二五七文（『宋史』食貨志、會子）。これは公式レートで、實際はもっと低く、さらに南宋末期は物價高騰の時期であったから、目減りの割合は相當高かったものと考えられる。從って、ここに登場する布施額、あるいは版木・紙印刷費の數字がどのぐらいの價値をもち、また現在の物價に置き換えれば、どのぐらいに當たるのかを決定することは困難なようである。ただ、宋代の貨幣經濟の專門家である宮澤知之氏の意見では、咸淳七年（一二七一）の一萬券（一萬貫）は、紙幣の種類に關係なく米五百石程度とのことである。以上、貨幣については、宮澤知之氏の教示によっている。記して感謝する次第である。

またこれに關して參照すべき著作および論文としては、高橋弘臣『元朝貨幣政策成立過程の研究』（東洋書院、二〇〇〇）、王中犖『金泥玉屑叢考』（北京、中華書局、一九九八）、程民生「宋代物價考」（『漆俠先生記念文集』所收、河北大學出版社、二〇〇二）がある。

(6) 原文は「既又用編年法起周昭王、至我本朝、別爲法運通塞志、儒釋道之立法、禪教律之開宗、統而會之、莫不畢錄。目之曰佛祖統紀、凡之爲類四十卷。紀傳世家、法太史公、通塞志、法司馬公」。

(7) この呼稱については、最近の李富華・何梅の研究によって、「建文南藏」が正しいとされるが、いましばらく從來の呼稱に從う。李富華・何梅　撰『漢文佛教大藏經研究』（宗教文化出版社、二〇〇三）第九章、「明官版大藏經研究」、第一節《初刻南藏》頁三七五以下、參照。

(8) 北藏編纂の經緯は『金陵梵刹志』卷二、欽錄集、「永樂十八年十二月」の條に詳しい。

(9) 『大明三藏聖教北藏目錄』卷四、末尾に「北藏缺南藏函號附」として『佛祖統紀』四十五卷が載せられている（『昭和法寶總目錄』第二冊、299a)。また智旭（一五九九―一六五五）撰『閱藏知津』卷四三「雜藏」の下に、「佛祖統紀　四十五卷　宋四明東湖沙門志磐撰　南城昆池碣北缺」と記すのを參照。またこの間の經緯については李富華・何梅　撰、上揭書、第九章、「明官版大藏經研究」、第三節「永樂北藏」、五「影印本《永樂北藏》附入南藏函號的問題」頁四六三、四六四を參照。

(10) 李富華・何梅　撰、上揭書、第十章　關于《嘉興藏》的研究、第三節　方册《嘉興藏》的内容及其學術價值、頁五〇〇參照。

(11) 最近の研究によって、隠元將來のものではなく、萬治元年（一六五八）に信者から彼が寄進されたものであることが明らかになった。野沢佳美「江戸時代における明版嘉興藏輸入の影響について」（『立正大學東洋史論集』十三號、二〇〇一）參照。

(12) 『卍續藏經』の『佛祖統紀』が何を底本に用いたかについての明記はない。校勘には「古本」「明藏本」（つまり「嘉興藏」）を用いて、冠注に記す。「古本」は日本古活字版と思われる。日本古活字版は、ここで述べている北京圖書館藏の祖本とされているものの系統であるが、そのものではない。そのように考える一つの論據として巻四九には、志磐以降の「元」や「明」の記事が加わっている。筆者は、『卍續藏經』の『佛祖統紀』が用いた底本は、祖本系と嘉興藏系がドッキングしたものと目下は考えている。

(13) 「明本」とは嘉興藏を指すが例外もあるようである。椎名宏雄『宋元版禪籍の研究』（大東出版社、一九九三）頁三八四參照。

(14) 『魏書』のたとえば巻一〇九、樂志五に見える「永平三年劉芳奏疏文」の缺落二八九字は傅增湘藏『宋刊本魏書』によって補った。標點本『魏書』頁二八四五、校勘記一一、『陳垣年譜配圖長編』（遼海出版社、二〇〇〇）頁四七〇、「一九四二年四月十五日の條」、及び　傅增湘『藏園群書題記』（上海古籍出版社、一九八九）頁八七「校宋刊本魏書跋」參照。

(15) 原文は

佛祖統記五十五巻　宋釋志磐撰

宋咸淳五年刊本、半葉十一行、每行二十二字、細黒口、左右雙闌。版心中縫極闊、上魚尾下記「某紀」、「列傳」、「世家」、「某志」、「某表」等、中記葉數、下魚尾下記「統紀」二字、皆行書大字、每葉字數記版心陰葉上方、刊工姓名或在每巻首葉版心下、或在每巻後書名下、或在各葉版心下、皆每人一巻。有奉川王閎、王聞、徐聞、徐泳、馬圭、奉川章臨、章震、章信、姚邑茅夢龍、胡昶等。

每巻小題在下、大題在上、先書某紀或某志巻幾、下書「佛祖統紀巻之幾」、猶仿宋刻史、漢之式。宋諱匡、恒、敬、愼、貞、勖皆缺末筆。啓作啓、不知何諱也。每巻後書某人施「芝券」如干、或稱「芝會」如干道、或梨板如干塊、飯穀如干石。題「大宋咸淳四明東湖沙門　志磐　撰」　先有宋咸淳五年歳在己巳八月上日四明福泉沙門志磐寓東湖月波山謹序。序後一行列掌局齋生眞要、又次校正人五行。

同校正吉祥安樂山敎忠報國敎寺首座沙門　必昇
校正前住持華亭先福敎寺傳天台宗敎沙門　慧舟
校正住持吉祥安樂山敎忠報國敎寺傳天台宗敎沙門　善良
校正住持東湖月波山慈悲普濟敎寺傳天台宗敎沙門　宗淨
校正特賜佛光法師左右街都僧錄主管敎門公事住持上天竺敎寺賜金襴衣　法照
勸緣邑士　胡慶宗　季奎　吳邦達
同校正贊緣居士　泰宇曹說　九蓮厲心

(16) 下に引く『郘亭知見傳本書目』の補訂及び注（19）參照。

(17) 傅增湘は死の數年前（一九四七年七月）に藏書の中の三七三部、約四三〇〇冊を國立北平圖書館に寄贈した。さらに死後には長男の傅忠謨が四八〇部、約三五〇〇冊を北京圖書館（北平圖書館を改名）に寄贈した。件の『佛祖統紀』はこれらの中に入っていたものと思われる。蘇精『近代藏書三十家』（傳記文學出版社、一九八三）頁九五參照。

(18) 『藏園訂補　郘亭知見傳本書目』莫友芝撰　傅增湘訂補　傅熹年整理（中華書局　一九九三、全四冊）。

(19) 一方、『雙鑑樓善本書目』子部では「佛祖統紀五十五卷　宋咸淳五年刊本、十一行二十二字、黑口雙闌。版心陰葉上方記字數、下方記刊工人名〈割注：大率每人一卷〉、有季振宜讀書印、滄葦僧寶月印、伯明諸印、缺本紀第三卷、法運通塞志十五卷」と記す。

（補注）

1 ■のしるしは「塗りつぶし」ではなく、闕文を示す「墨釘」であり（別版あるいは何かの情報によりその文字が判明したら、その時點でその部分を彫って、再印刷に備えるしるし）、「嗣刻」というのは「續々刊行中」の意味で、「續々刊行中で、最終的に何巻になるかわからないので墨釘にしてあります。今は出來ている版木だけで印刷しました」の意。

2 『永樂大典』の目錄は、太平天國以前に靈石楊氏が『永樂大典』原本を使って刊行した（『連筠簃叢書』所收）ものであるが、それによれば『佛祖統紀』法運通塞志は『永樂大典』の巻一五九五七から一五九六一の五巻、「九震」の下の「運」に収められている。現存する『永樂大典』巻一五九五七と巻一五九五八は、『佛祖統紀』法運通塞志の「梁」代から始まり、唐の憲宗元和十四年まで收められている（海外新發見『永樂大典』十七巻、上海辭書出版社、二〇〇三）。これから推測すると『永樂大典』全五巻の配置は以下のようになろう。

巻一五九五七「運」『佛祖統紀』法運通塞志一　巻三七、三八、三九
巻一五九五八「運」『佛祖統紀』法運通塞志二　巻三九、四〇、四一
巻一五九五九「運」『佛祖統紀』法運通塞志三　巻四二、四三、四四
巻一五九六〇「運」『佛祖統紀』法運通塞志四　巻四五、四六、四七
巻一五九六一「運」『佛祖統紀』法運通塞志五　巻四八、「暈」「輝」

『永樂大典』の他の箇所には、『佛祖統紀』の他の部分からの引用がある（林世田「《永樂大典》中佛教文獻初探」［〈「永樂大典」編纂六〇〇周年國際研討會論文集初探〉所收、北京圖書館出版社、二〇〇三］）。また、佛教が中國の社會にある程度の基盤を築き、中國佛教臺頭のエネルギーが感じられるようになったのは梁以降と言っても間違いではなかろう。従って「法運通塞」の記事を載せる立場から言えば、『永樂大典』に梁より前の巻三四、三五、三六の三巻が省略されているからと言って、編纂者が「法運通塞志」十五巻を一つの纏まりある作品と考えていたことに疑問を挟む必要はないだろう。

3

参考文献

・佐藤成順「『佛祖統紀』の校正者について―南宋末佛教界の動向―」（宮澤正順博士古稀記念『東洋―比較文化論集―』所收青史出版株式會社、東京、二〇〇四）
・佐藤成順「『佛祖統紀』の『大日本續藏經』本と『大正新脩大藏經』本の文獻上の問題點」（『三康文化研究所年報』三一號、二〇〇〇、後に『宋代佛教の研究―元照の淨土教―』山喜房佛書林、二〇〇一、第十三章所收）
・佐藤成順「『佛祖統紀』撰述の場所―月波山慈悲普濟寺と福泉山延壽王廣福寺について」（『インド文化と佛教思想の基調と展開』第二巻所收、佐藤良純先生古稀記念論文集刊行會、山喜房佛書林、二〇〇三）
・椎名宏雄『宋元版禪籍の研究』（大東出版社、一九九三）
・野沢佳美『明代大藏經史の研究』（汲古書院、一九九八）

・李富華・何梅　撰『漢文佛教大藏經研究』（宗教文化出版社、二〇〇三）
・『北京圖書館古籍善本書目』子部　釋家類（頁一六二九）に、「佛祖統記五十四卷　宋志磐撰　宋咸淳元年至六年胡慶宗季奎等募刻本　沈曾植跋十四册　十一行二十二字小字雙行同黑口左右雙邊　　存三十六卷　一至二　四至十八　二十二至四十」（書目文獻出版社）。

五　『佛祖統紀』テキストの變遷

はじめに

數年前、佐藤成順氏は「『佛祖統紀』の『大日本續藏經』本と『大正新脩大藏經』本の文獻上の問題點」を發表した。(1)『佛祖統紀』の單刻本は、いわゆる古活字版、あるいはその再彫刻本が全國の圖書館にいくつか藏せられている。(2)それらを除くと、日本で一般の閲覽に供せられる『佛祖統紀』テキストは大藏經所收のものであり、佐藤氏の述べるごとく『大日本續藏經』本（以下『續藏本』と略稱。ただしこの大藏經は『卍續藏經』『續藏經』『日本藏經書院續藏經』とも呼ばれるため、その呼稱を用いることもある）と『大正新脩大藏經』本（以下『大正藏本』と略稱）の二本である。論文の題目を一瞥して分かるように、佐藤氏の作品は兩大藏經所收『佛祖統紀』テキストの異同を論じたものである。この作品で注目すべき點の一つは、北京圖書館（最近になって中國國家圖書館と名稱を改めたが、小論ではしばらく舊稱に從う）所藏の善本『佛祖統紀』の閲覽に關連する記述である。このテキストは、『北京圖書館古籍善本書目』子部・釋家類（頁一六二九）に見える

佛祖統紀五十四巻宋志磐撰　宋咸淳元年至六年胡慶宗季奎等募刻本　沈曾植跋十四册　十一行二十二字小字雙行同黒口左右雙邊

であり、實見は難しかった。佐藤氏は北京でこれを調査し、その成果を上記作品の中でも利用された。氏は、自身の言葉によれば版本學には詳しくなく、その分野には觸れておられない。從ってこのテキストの版本としての重要性や、これが諸大藏經『佛祖統紀』を論ずる際の出發點であることは言及されていない。ところで最近になって、佐藤氏の實見したテキストの影印は『四庫全書存目叢書』に收められ、容易に見られるようになった。その他いくつかの大藏經の版本も影印されている。そこでそれらに基づき、佐藤氏の論考を參照しながら、志磐の撰述した『佛祖統紀』テキストの變遷について考えてみたいと思う(3)。

第一章　祖本と各種大藏經テキストと『大正藏本』・『續藏本』

小論の考察の對象として最も重要なテキストは、

（a）『四庫全書存目叢書』所收の北京圖書館所藏『佛祖統紀』テキスト（祖本）。これについては『佛祖統紀』諸テキストを通觀した上で詳述する。

次に、以下の論考において言及しなければならない大藏經を取り上げ、『佛祖統紀』テキストに關わる情報を整理する。

（b）洪武南藏（もしくは建文南藏、初刻南藏）。折裝で半葉六行、一行十七字。勅命の大藏經で、南京蔣山寺で開版され、洪武三一年（一三九八）に完成した。天函から煩函に至る五九一函は經・論・律、刑函から魚函までの八七函は宗乘要典。五九一函の經・論・律の部分は元の磧砂藏の再編集を經た翻刻であり、八七函の宗乘要典の部分は華嚴・禪・天台・淨土の各宗の佛典が收められ、永樂十二年（一四一四）に完成した。『佛祖統紀』はこの時、初入藏された。版木は、永樂六年（一四〇八）に蔣山寺の火災によって滅したが、一九三四年に四川崇州上古寺で藏本が發見され、一九九九年から四年の歳月を費やして、四川省佛教協會から再版された。再版の際に、ごく僅かの殘缺部分は他の大藏經によって補われ對校された。また蟲食いもコンピュータ処理されて蘇った。二四一冊（洋綴、二七㎝）に目錄等の入った一冊が加わり、總册數二四二。

『佛祖統紀』五五巻は、二三七册に巻一—五、二三八册に巻六—四一、二三九册に巻四二—五五が收められている。

（c）明南藏（永樂南藏、あるいは單に南藏。また南京大報恩寺版）。折裝で一紙三十行、半葉六行　一行十七字。南京の大報恩寺で實行された敕命の大藏經である。永樂元年（一四〇三）ごろから事業は始まり、永樂十七年（一四一九）末までにはほぼ完成していた。收容佛典は一六一二部、六三三一巻で、六三六函に分けられた。洪武南藏を覆刻したものではあるが、收める佛典の順序がそれとは大いに異なる。從って、單なる版木の再刻ではなく、もとの版を利用した再構成であると言われている。

一九八四年から一九九六年に出版された大陸版『中華大藏經』（中華書局）所收の『佛祖統紀』テキストの底本はこの明南藏である。

（d）明北藏（永樂北藏、あるいは單に北藏）。折裝で半葉五行、一行十七字の大字本。これも敕版大藏經である。開版期間は永樂十八年（一四二〇）から正統五年（一四四〇）で、六三七函、一六一五部、六三六一巻を擁する。萬暦十二年（一五八四）になって、續刻された各宗派の論著の四一函、三六部、四一〇巻が續藏經として加わる。

『佛祖統紀』はここでは省かれたので、北藏は小論とは直接には關わりないことになる。

（e） 嘉興藏（徑山藏）。方册本で半葉十行、一行二十字。

明の萬暦十七年（一五八九）に五臺山で開版され、やがて場所を浙江省の徑山に移し、その後はさらに嘉興、吳江、金壇等に分散して募刻された私版大藏經である。清の康熙十五年（一六七六）になって完成を見た。嘉興の楞嚴寺がこの事業の總責任を擔ったために嘉興藏と呼ばれる。「正藏」（底本は『明北藏』、校本は『明南藏』を主とし、宋・元版を參考とする）、「續藏」（藏外典籍）、「又續藏」（藏外典籍）の三部からなる。影印本は一九八六年に臺灣新文豐出版公司から出版された。我が國の黃檗版大藏經（一六七八完成）は、隱元（一五九二―一六七三）將來のこの方册本を覆刻したものであると言われている。[4]

『佛祖統紀』は『嘉興藏』正藏に收められるが、元來『明北藏』に『佛祖統紀』は收められていないので、底本には『明南藏』本が用いられた。[5]

上記の內で、（d）を除く大藏經の『佛祖統紀』テキストと、『續藏經』および『大正新脩大藏經』所收テキストとの關係が問題になるわけであるが、それを考察する前にもう一つ、「はじめに」で觸れた、我が國に傳承する單刻テキストについて述べる。

（f） 日本古活字版。慶長元和間の活字本である。その形態は次のようである。

四周單邊（枠どり）、半葉十一行、一行二十字、枠の內の縱は二二・七㎝、横は一六・八㎝、版心には「統紀（卷數）（丁數）」。刊記はない。[6]

これは『續藏經』の校本の一つとして用いている「古本」とされるものであるが、それについては以下の小論の中で觸れる。

さてここで、(a)『四庫全書存目叢書』所収の北京圖書館所藏『佛祖統紀』テキストに戻って、『佛祖統紀』の成立と流布を考える。このテキストは、藏書家であり版本目録學の分野で著名な傅增湘(一八七二―一九四九)に注目され、『藏園羣書經眼錄』[7]をはじめとする彼の著作の中でたびたび取り上げられている。傅增湘の藏書の八千册近くは、死の數年前に自らの手によって、あるいは死後に遺族によって北京圖書館に寄贈された。その中に、彼の所有であったこの『佛祖統紀』テキストも含まれていた。彼はそれを一九一三年に北京の隆福寺にある聚珍堂から購入した。

他のテキストに載せる志磐「佛祖統紀序」には、「目之曰佛祖統紀、凡之爲五十四卷。紀傳世家、法太史公。通塞志、法司馬公[8]」と作るのに、このテキストでは、「目之曰佛祖統紀、凡之爲類四十卷。紀傳世家、法太史公。通塞志、法司馬公[9]」に作り、「佛祖統紀通例」下の「釋志」では、「法運通塞志」を設けた理由の記述は他のテキストと同じでありながら、他のテキストの「作法運通塞志十五卷」の部分で、このテキストだけは「十五」の二字を闕文にして「作法運通塞志■卷」とし、その下に細字で「嗣刻」と刻している。以上のことと、傅增湘が購入したときには、現在闕けている卷三、釋迦牟尼佛本紀が存在したことから、このテキストは「法運通塞志」全十五卷を省いて版木に彫られたものであることが分かる。[10]結論としては、沈曾植(一八五〇―一九二二)の鑑定によって、これは「明刻南藏」つまり(b)洪武南藏と(c)明南藏の「祖本」であるとされた。すなわち『佛祖統紀』は、「法運通塞志」十五卷を除く四十卷がまず開版され、後に「法運通塞志」十五卷が開版されたのである。それらが後の大藏經に收められたり、また(f)日本古活字版のような單刻テキスト『佛祖統紀』のオリジナルテキストとなる。四十卷に續いて版木に付された祖本「法運通塞志」全十五卷の單刻テキストは殘念ながら現存していないし、それに言及した情報そのものの存在も確認できない。

上述のように（f）日本古活字版は、明代の各種大藏經に入れられる前に民間に流布した『佛祖統紀』の祖本に極めて近い部分を含んでいる。そのことを確認し得る根據の一つは、祖本テキストの巻末に見える胡慶宗等の募刻に應じた寄進者の名前とその物品や金額が、いくつかそのままの形で彫られていることである。敕撰の大藏經に入れられた時に當然これら寄進者の名前等は削られるわけであり、現に（b）以下の大藏經所收の『佛祖統紀』には見えないことから、これを部分的に遺した民間流布の單刻テキストが、祖本を傳える形で、大藏經テキストと竝行して存在していたことが分かる。すなわち日本古活字版は、祖本の部分を強く殘しており、祖本に缺けている「法運通塞志」十五巻の部分ではそれに代わる、重要なテキストであると言えよう。

民間に流布した單刻テキストについては、例えば『金陵梵刹志』巻二・欽錄集に次のように見える。

佛祖統紀四十五巻　宋景定年、僧志磐撰。今管藏經僧寶成、募緣刊入。[11]

この資料は、永樂十八年（一四二〇）に、北藏編纂官らが永樂帝に對して北藏入藏の可否の指示を仰いだ上奏文の一部である。結局、明北藏では『佛祖統紀』ははずされてしまうが、この資料から民間募緣によって志磐以後も引き續いて刊行されていたことが確認できる。また我が國には杲寶（一三〇六―一三六二）記・賢寶（一三三三―一三九八）補の『寶册鈔』に、このことを確認し得る記述がある。すなわち『寶册鈔』巻三で空海に言及する際に（T77, 801b）、『佛祖統紀』巻三十、諸宗立敎志に載せる「元和中（八〇六―八二〇）、日本空海、中國に入り、（惠）果に從いて學ぶ。歸國して盛んに其の道を行う[12]」が引用されているのである。『佛祖統紀』諸宗立敎志は大藏經テキストでは巻二九に置かれ、民間流布のテキストでは巻三十なので、『寶册鈔』は後者のテキストを見ていたことになる（もちろんこの時代には前者の大藏經テキストは未だ存在していなかった）。因みに『寶册鈔』は、眞言宗所依の主要經論に關して、翻譯・相承次第・請來・說相等の梗概について、主題五八項および付題十二項を選んで問難答釋した書籍で、「貞和五年（一三四九）」に東寺で筆寫されたと考えられている。また同じ頃、北畠親房（一二九三―一三五四）は『神皇正統記』を著わした。そのタイトル、さらに著者が據って立つ史觀そのものに、『佛祖統紀』の影響があったことに關する研究も出ている。その當否は別としても、『佛祖統紀』と『神皇正統記』の記事から、親房が『佛祖統紀』を閲覽した事實は確かめられる[13]。

以上の二例から、咸淳五年（一二六九）に成立した『佛祖統紀』は、八十年後には日本で讀まれており、成立からあまり歳月を隔てることなく將來されていたことが確認できる。

さらに江戸中期の普寂（一七〇七―一七八一）撰述『華嚴五教章衍秘鈔』巻一には、華嚴宗祖の法藏にふれて「其の事蹟は千里の別傳・靜法の纂靈記・宋高僧傳五・佛祖統紀三十等に載せるが如し[14]」と見える。ここで引かれたのも民間流布本系統のテキストである。

以上、（f）日本古活字版が、（a）『四庫全書存目叢書』所收の北京圖書館所藏『佛祖統紀』テキストの流れを汲む單刻の民間流布本系統に屬するものであって、明以降に大藏經に収められたテキストの系統でないことを述べた。

さて日本古活字版は、ここで述べている北京圖書館藏テキスト、すなわち祖本とされているものの系統には屬すが、そのものではない。そう考える根據の一つは、巻四九に志磐撰述以降の「元」や「明」の記事が加わっていることである。したがって民間では、紀傳體と編年體を組み合わせて志磐の發明した『佛祖統紀』の史體にそった形で、志磐の擱筆以後の天台宗派の祖師たちの列傳や記事が編まれて行ったものと推測できる。その推測を傍證する事例が、『續藏本』第一三一册に収める宋佚名撰『續佛祖統紀』であろう。また最近になって影印された『佛祖統紀[15]』は「清刻本」（光緒三十四年［一九〇八］四月吉日の「後序」がつく）であるが、（e）嘉興藏系統のテキストであり、その末尾に「佛祖統紀清續」として、「清慈邑法師」「清法化號蓮生」「清開慧號梅巖」「清妙能號諗」の傳が作られている。これらの事例が示しているのは、志磐以後も天台祖師の列傳は歴代作られており、それがある時期に(a)北京圖書館所藏『佛祖統紀』テキスト、つまり祖本の流れを受けて民間に流布するテキストに取り込まれて行ったということである。

最後に、以上の『佛祖統紀』テキストと、『續藏本』および『大正藏本』所收テキストとの關わりを考察する。

一九〇二年に京都藏經書院が設立されて卍藏經・卍續藏經(『續藏本』)の出版が始まるが、底本は一般的には當時、書肆で手に入れられた和刻本であった。この底本テキストは、現在は京都大學附屬圖書館に收藏されており、朱筆で文字の誤り、正字の變更、訓點の補正、記事の加筆と削除等の指示が書き込まれていることから、一名「『續藏本』テキストの原稿」とも言われている。

『佛祖統紀』も、原稿テキストの末尾に「黃檗版其他諸經印刷發賣元/京都市上京區木屋町通二條下ル/一切經　印房武兵衞」と記されていることから、一般の流布本であったことが分かる。

祖本との違いとして先述したように、『續藏本』テキストの巻四九には、南宋の寧宗と理宗時代の記事に續いて元・明の記事を載せ、その冠注に「明藏本不載熹禧(注記:「熹禧」は「嘉熙」の誤り)已下至末巻記事」と記す。「明藏本」とは嘉興藏もしくはそれを覆刻した黃檗版テキストを指そう。また『續藏本』テキストの「冠注」には、「古」もしくは「古本」と稱するテキストとの校勘がされている。これは日本古活字版テキストであろう。では「祖本」でなく「古本」でもない『續藏本』の底本テキストは一體どういったものだろうか。

この『續藏本』所收『佛祖統紀』テキストは、巻首に楊鶴「佛祖統紀敍」、明昱「閱佛祖統紀說」、志磐「佛祖統紀序」、校正者五人の所屬寺院・肩書・僧名、通例、目錄、音釋が置かれ、巻末は刊板後記で終わる。これらと巻四九に元・明の記事を載せる點では、ほとんど嘉興藏テキストと一致する。異なるただ一點は「刊板後記」の存否である。嘉興藏テキストにはそれが缺けている。巻四九の元・明の記事および「刊板後記」の兩方で一致するのは、（f）日本古活字版テキストであるが、そこには祖本テキストと同じように、志磐以外の序跋や音釋はない。從って『續藏本』の底本は、嘉興藏と日本古活字版の兩テキストの要素を備えた「嘉興藏系統のテキスト」と考えられる。

一方、『大正藏本』は「明本增上寺報恩藏本」を底本としている。ここで言う「明本」は、嘉興藏を指そう(16)。そして上で述べた『續藏本』を校本として用いている。

第二章　祖本テキストから敕撰入藏テキストへ

上で述べた佐藤氏の論文は、今日一般に閲覽し易い『佛祖統紀』テキストとして『大正藏本』と『續藏本』を擧げ、これを比べてテキスト上の大きな違いを指摘している。それは、佐藤氏の言葉によれば、「缺落のある『正藏』本と增加のある『續藏』本」という違いである。そして「どちらが『統紀』の原型であるのか」を「缺落文の思想内容を檢討して思想内容から缺落した理由を推論し、さらに缺落の仕方の特徴、缺落によって生じた文章の構成上の矛盾を指摘する(17)」方法で迫った。そこでは諸版本からの接近は斷念されている。しかし今日では、明代になって初めて入藏した『佛祖統紀』の諸版本、南宋末に近い咸淳年間の刊記のある祖本、さらに日本古活字版テキストが廣く閲覽できるようになり、版本の系統はほぼ判明している。諸版本を通觀してみると、佐藤氏が「缺落のある『正藏』本と增加のある『續藏』本」とした『大正藏本』と『續藏本』の違いは、上記（b）洪武南藏に『佛祖統紀』が入藏された時、つまり永樂十二年（一四一四）に始まったことが明らかとなる。「洪武南藏」編纂官の意圖かあるいは天台佛教側の意圖かは分からないが、志磐の祖本テキストが大きな變容を被ったことは確かで、それが後の大藏經テキストにおいて受け繼がれてきた。

それでは志磐が作史した『佛祖統紀』のオリジナルテキストは失われたかと言えば、そうではない。明南藏の祖本とされる（a）『四庫全書存目叢書』所收の北京圖書館所藏『佛祖統紀』テキストは、十五巻の「法運通塞志」は缺くものの、殘り四十巻がオリジナルテキストである[18]。また「法運通塞志」は、祖本には缺けているが、系統を同じくする（f）日本古活字版に遺されている。祖本テキストは、志磐「佛祖統紀序」に始まり、校正者五人の所屬寺院・肩書・僧名、勸緣邑士の氏名、通例、目錄、そして最後に「刊板後記」を置いて終わっているが、日本古活字版はこの柱をそのまま繼承しており、さらにまた、上でも述べたように寄進者の氏名と物品額の一部を遺している。巻四九には元・明以降の記事をも載せていることから、祖本テキストが單刻本として流通し讀み繼がれ、時に加筆され改版されていって、日本古活字版となったことは確かである。しかも、日本では意味を失っているはずの寄進者名や金額が殘されているなど、オリジナルのテキストにあえて手を入れることは控えられているように思われる。從って我々は、明南藏の祖本とされる（a）『四庫全書存目叢書』所收の北京圖書館所藏『佛祖統紀』テキストと（f）日本古活字版を合わせることによって、『佛祖統紀』のオリジナルテキストに接近することができる。佐藤氏が問題とした『續藏本』は、日本古活字版と嘉興藏の兩要素を備えた「嘉興藏系統」のテキストであったから、嘉興藏を底本とし『續藏本』を校本としている『大正藏本』よりは、祖本テキストの原型に近いものを保有していると言える。

以上のことから、志磐が『佛祖統紀』を作史した意圖を正しく理解するためには、明代以降に入藏された敕撰や私家版の大藏經テキストではなく、祖本とされる（a）『四庫全書存目叢書』所收の北京圖書館所藏『佛祖統紀』と、その流れをくむ（f）日本古活字版をテキストとして採用すべきであると言えよう。現在、日本で最も利用しやすい『大正藏本』と『續藏本』のどちらかを選ぶとすれば、『續藏本』を用いるべきであろう。

第三章　削除と改變の實例

上での考察の結論として、志磐の作史意圖を正しく汲み取るには、（a）『四庫全書存目叢書』所收の北京圖書館所藏『佛祖統紀』と（f）日本古活字版の『佛祖統紀』テキストを利用すべきであり、それが不可能であれば『續藏本』を用いるべきであると述べたが、最後にいくつかの例を示してその結論を確認しておこう。

佐藤氏は「『正藏』本の缺落」、「『續藏』本の增加」とするが、實際には『續藏』本が志磐のオリジナルテキストに近いものである。『正藏』、すなわち『大正藏』所收の『佛祖統紀』は嘉興藏を底本にしており、この嘉興藏は、遡れば洪武南藏に基づく。つまり明初に初めて敕令で大藏經が編まれた際に、『佛祖統紀』も入藏して印行されたが、その際のテキストを受けているのである。「缺落」は、明初の大藏經編纂官の意圖、あるいはそれを汲んだ天台宗派の立場を反映しているものと考えられ、むしろ「削除」と言うべきであろう。

それは『佛祖統紀』の全般にわたっているが、大部分は「法運通塞志」十五卷に現われる。『續藏本』を校本に用いた『大正藏本』では、普通には各ページの下部欄外に校勘記を記すが、長い「缺落」はそこだけでは收めきれず、各卷の末尾に及んでいる。

「法運通塞志」について志磐はまず「佛祖統紀序」で

私、志磐は、先人の遺した著作を手にして、久しい間、師について佛教を學んだ。その際いつも考えた。佛教の道が佛陀から祖師へと傳えられていった足跡は、記録がなければ後世では何も知ることができないと。考えてみるに、その昔、良渚宗鑑が『釋門正統』を著わした時には、おおよその史書の枠組は出來たが、道義にもとり、文章は混亂していた。鏡菴景遷の撰述した『宗源錄』は、ただ傳記を列べただけで、しかも言葉はいやしく、記述は抜け落ちている。見過ごして記載しなかったことに關しては、すっかり失われてしまっている。そこで私はこの兩書に基づき、削ったり補ったりして、史書の書法に準據した新しい書を書き上げた。その記錄範圍は釋迦大聖から法智（＝四明知禮）に及び、釋迦と二十九人の祖師の傳記はみな本紀とし、彼らの教化の足跡を明らかにして、道統の繫がりを述べた。正系からはずれたさまざまな旁出の祖師は世家とし、尙賢廣智以下の諸師は列傳とした。立派な言葉やすぐれた行爲はすべて天台宗のものであるが、表と志に關しては、その扱う範圍は天台一門だけではない。それについては、「通例」の中に詳しく述べており、類例から知ることができる。さらにまた、編年體の史體を用いて、周の昭王から筆をおこし、我が本朝である宋王朝までの事蹟を別に記錄して法運通塞志とした。儒教、佛教、道教の教え、禪、教、律の教え、それらを一つにまとめて載せ、すべて記錄した。これを名づけて佛祖統紀とし、全五十四巻である。本紀、列傳、世家は太史公司馬遷の發明した紀傳體史書に範を取り、法運通塞志は司馬光『資治通鑑』の編年體の史體を採用する。(19)

と述べ、「通例」の「釋志」に、

大いなる佛教の教えが東の地の中國に傳わり、聖人や賢者が次々とこの世に出現するのは、佛・法・僧の三寶を保持し斷絶させないためである。ところが長い歲月が經過してみると、ある時代には興隆しある時代には廢絕した。思うにこれは世間に起こる事象が移ろい變化するからであって、佛教の教えそのものには加減もない。歷史の流れを考え具體的な事蹟を竝べ、それによって佛法の廣がる時と塞がる時の事相を明らかにするとしよう。儒教や道教といった世俗の教えなどは、時勢とともに浮き沈みするものであるが、それらの事蹟もことごとく明らかな訓戒となすべきものである。（このような立場から）法運通塞志十五巻を作る。[20]

と言い、「法運通塞志」の冒頭に置かれた「序」ではこう傳える。

序文に次のように言う。「佛教の教えはもともと變わらないものであるが、世相の移り變わりと決して無關係ではない。釋迦が入滅されてから、さまざまな祖師たちが次々とこの世に生まれ出たのは、佛教の道を傳え保ち、それを東方に向かわせて中國の地に及ぼし、今に至るまで斷えることなく繼續させるためである。おおむね聖天子や賢臣たちは宿緣によって佛陀の遺囑を受けるもので、佛教信仰に心を傾けることを常とした。ところが儒教徒や道教徒で佛教信仰を持ち合わせない者が、佛教を排毀することもあった。しかしこうしたことによって最終的に佛教の滅びさることはなかった。それはこの教えがもともと常に變らぬものだったからである。いったい世間では儒教・佛教・道教を稱讚して、三教の教えはどれも世間の人々を教化するのに十分であると言うが、それらがこぞって廣がる時と塞がる時を持つのは、時代がそうさせるのである。儒教・佛教・道教の三教の事蹟を列擧し、一つの眞理の歸趨を究めて、編年體で記錄し、廣がる時と塞がる時の實相を見ていこう[21]」

以上から志磐の「法運通塞志」作志の意圖ははっきり讀み取れる。つまり、志磐は編年體の史體を用いて、三教の興隆と衰亡を歳月の下に竝べ、その實相を明らかにしようとしたのである。そこで彼はまず、その「正統」觀に基づいて各王朝の首都、帝王の名、即位の年から退位の年までを記し、『歷代三寶紀』の「帝年」のようなものを作って、その下に三教關係の事蹟を書き込んでいったものと考えられる。具體的な例として唐の最初の部分を示すと次のようになる。テキストは『大正藏本』、すなわち嘉興藏である。

唐（都長安）

高祖（李淵。受隋禪）

武德元年。詔爲太祖已下造栴檀等身佛三軀。以沙門景輝嘗記帝當承天命、爲立勝業寺。以沙門曇獻於隋末設粥救饑民、爲立慈悲寺。以義師起於太原、爲立太原寺。又詔并州立義興寺、以旌起義方之功。［362a26–b2］

二年。詔依佛制、正五九月及月十齋日、不得行刑屠釣、永爲國式。［1］［362b3-4］

三年。［362b5］

四年。釋智巖初仕隋爲虎賁中郎將。…［362b6］

六年。灌澤縣李錄事亡。…［362b13］

七年。上幸國學釋奠。…［362b20］

八年。太史令傅奕上疏曰。…［362b24］

九年。傅奕七上疏請除佛法。…［362c18］

太宗（世民。高祖次子）

正觀元年。…［363b8］

唐の高祖の武德元年（六一八）から九年（六二六）、そして太宗の正觀（貞觀）元年（六二七）が續く。一人の帝王の即位の年から末年までをまず記し、その下に三教に關する事蹟を竝べて、載せる事蹟の何もない武德五年は削っている。(22)

さて『大正藏本』の缺落として武德二年の［1］のところに

○詔國子學立周公孔子廟（詔して國子學に周公・孔子の廟を立てしむ）

の一事蹟が、（f）日本古活字版や『續藏經本』には具わる。國子學、つまり國立學校に、儒教の先聖先師である周公と孔子を祀る廟を立てさせる詔が降ったという、この一事は儒教に關することである。祖本にあったこの記事は明南藏に收められる際に削除された。

武德六年の「灌澤縣李錄事亡」は、役人である李錄事と關わりのあった餘法師にまつわる記事であり、武德七年の「上幸國學釋奠」は、續いて儒佛道三教の代表者を選んで、それぞれの教えを載せる經典、『孝經』『般若心經』『老子道德經』を講義させた話が續く。さらにまた、武德八年の「太史令傅奕上疏曰」は、道士傅奕が佛教の教えのいかに害あるものかを述べた上表文である。

志磐の祖本から削られたのが、佛教と關わりのないもの、つまり儒教や道教、あるいはその他に關する記事であったことは明らかである。この立場を貫いて、例えば、以下に掲げるように、儒教に關する唐・太宗の正觀（貞觀）十四年の記事、一一六字が削除されている。

［正觀］十四年。上幸國子監、觀釋奠、命祭酒孔頴達（孔子之後）講孝經、大徵名儒、爲學官。學生能明一經者、皆得補授。增築學舍千二百間。學生至三千二百六十員。自屯營飛騎亦給博士、使授以經。於是四方學者高麗・吐蕃、皆遣子弟入學。升講筵者八千人。上以師說多門、命孔頴達、撰定五經疏、令學者習焉。[23]

明南藏に收める際の、祖本テキストからの削除作業は倉卒の間に行われたようで、前後の記述への配慮はなされなかった。[24] 佛教と關わらない事蹟は十中八九、機械的に抜かれている。祖本テキストでは、この記事の前には正觀十三年の記事、後ろには『遺教經』に關する詔、さらに十月には、遷化した杜順和上の記事が續く。しかし、上に掲げた「正觀十四年」以下のこの記事が機械的に削除され、前後の記述への配慮が缺けたために、『遺教經』に關する詔、十月の杜順和上の遷化記事は前年、つまり「正觀十三年」の事蹟に編入されることになり、誤った記述となってしまった。このような事例は一カ所だけではない(25)。

また古代中國の史書では、論讚によって、記述された事柄に關する作者の考えや立場を表明する。『佛祖統紀』もその史體の傳統を踏襲し、「述曰」として志磐のコメントをつけている。ところが上の「正觀十四年」の記述が削除されたために、以下に示す七四字の「述曰」も削られた。

述曰、漢明帝幸辟雍、諸儒執經問難、搢紳之人、圜橋門而觀聽者以億萬計。唐太宗幸國子監、命祭酒講經、增學舍、召名儒爲學官。四方來學、升講筵者八千人。大哉漢唐文治之盛、唯二君有焉(26)。

この論讚は直接には唐の太宗の儒教興隆に關わるものではあるが、僧侶の志磐が太宗をどのように見ていたか、あるいは儒教をどのように考えていたか、また南宋の志磐が漢と唐をどのように捉えていたかといった興味深い問への答を含んでいる。これを削った結果、作者志磐の史觀と直接結びつく記述を削除することになってしまった。

以上のように、佛教と關わりのない記述と論讚を機械的に削るのが一般であったが、次の一例は例外的に複雜な削除を行っている。

大平眞君元年。寇謙之於嵩山立壇、爲帝祈福。老君復降、授帝以太平眞君之號。謙之以奏、遂改元大赦(27)。

ここでの「述曰」は、直接には上の記述につけられた形をとっており、北魏の太武帝時代の佛難に關わる記述に對する志磐の立場を明らかにしたものである。道士寇謙之を利用して廢佛を畫策した司徒崔浩とそれに乘った太武帝を批判している。

述曰、子不語怪神、言誠可以爲敎世之法也。夫老子聖人也、或在天爲君主、或分形下敎、隨時闡化、則有之矣。而寇謙之迺言、於某處某處老君下降、授帝以太平眞君之號、囑以輔佐太平之説。託崔浩以其書獻、誑惑當世之君、何其怪哉。厥後崔浩以釋敎虚誕之説勸於上、遽起滅僧之禍。此其法運之一厄也、既而崔浩族誅、太武被弑、不令而終。君臣倶遭冥罰、寧不遺恨於謙之乎[28]。

『佛祖統紀』の本文記述において祖本テキストと明南藏以降のテキストの間に削減はないが、上引の「述曰」には手が入っている。これは明南藏の印刻の際に、編集者が「述曰」を作者の意圖を表わすものと考えたことの反映であろう。祖本テキストのそれは

述曰、子不語怪神、言非可以爲敎世之常法也。然河圖洛書、天道所以下敎於世者、豈當以神怪非之乎。是則老子聖人、或在天爲君主、或分形下敎。皆隨時以闡化也。當老子之下敎寇君、授之經法、任以天師、俾除削三張之弊。其言有足取也。至囑以輔佐太平之説、故能造闕下、以獻其書、崔浩引而進之、太武信而納之。未足爲過也。一旦崔浩以惡釋之心、勸其上。於是遽起案誅沙門之禍。酷哉此時、其法運之一厄乎。既而崔浩族誅、太武被弑、不令之終、足彰其罪。及文成詔復佛法、大建浮圖、一翕一張、曾不足以累本常之道也。世或以毀釋、過謙之者、然謙之特受敎於老君、以告人主耳。初未嘗創毀釋之論。毀釋自太武崔浩起也。夫法運之通塞數也、人心之好惡勢也。勢與數合、佛力不能移也。故知太武崔浩之毀釋、執與數合、非謙之之過也。煬帝師智者、及智者亡、弑父竊位、下罷僧毀寺之詔、而卒沮於事、豈智者敎之耶。衞元嵩敎周武、趙歸眞敎唐武、此誠敎之也。君與臣倶遭冥罰、非不幸也[29]。

と、字數にして二百字多い（前者が一四七字、後者が三四七字）。しかも行われたのは單純な削減作業だけではない。志磐の立場を表明する論讚をいじれば、『佛祖統紀』そのものが歪められることになるのは當然である。

これは北魏の太武帝の廢佛に關する意見であるが、祖本テキストと削られ變更を加えられた明南藏以降のテキストを比較檢討すると、道士寇謙之へのスタンスの違いが際だっている。祖本では廢佛の首謀者は太武帝と崔浩であり、寇謙之は太上老君のメッセンジャーと考えられており、彼のとった行動に對しては評價を差し挾んでいない。明南藏以降のテキストでは、寇謙之の果たした役割が大きくなっている。廢佛の首謀者はやはり太武帝と崔浩であるが、彼ら兩人が寇謙之の言に耳をかしたことによって引き起こされたと考えているのである。「述曰」の最後に「君臣（太武帝と崔浩）ともども天罰に遭遇した。寇謙之を恨まないことがあろうか」と述べていることから分かろう。

このような寇謙之に對する評價の違いは、「述曰」の冒頭の『論語』からの引用、「孔子は「怪」や「神」については口にしなかった」の扱いにすでに示される。明南藏以降のテキストでは、孔子のこの態度は世人を導く際の手本とすることができると述べる。太上老君が寇謙之に降した經戒、太平素經圖籙やさまざまな言葉こそが孔子の言う「怪」や「神」に他ならず、意味のない出鱈目なものであって、それを世俗の君主や臣下に傳えることは間違いである。寇謙之は傳令となった時點ですでに責任を問われるという論法には、太上老君つまり老子、さらには道教、道士への憎惡さえ感じられる。

一方、祖本テキストでも同じように『論語』を引用しているが、それを引き取って、「これは「怪」や「神」が世間を教化する恒常的な手段とはなりえないことを言っているのである」とつなぎながらも、「怪」「神」の例外的な意味を認める方向に向かう。『易』繋辭傳に「河は圖を出し、洛は書を出し、聖人は之に則る」と見える例を示し、「河圖洛書」は天の意志を示す存在ではないか、それなら太上老君が寇謙之に降した文書や言葉も同じように意味あるものと言えると主張する。しかもそれを傳えた寇謙之は、太上老君の傳令の立場を一歩も出て

おらず、彼には廢佛を起こした責任はないと辯護する。その中で志磐は「法運通塞志」を設けた原點とも重なるように

……佛教はある時は縮小することになり、ある時は擴大することになったわけで、決して佛教本來の教えに災いが及ぶまでには到らなかった。……寇謙之は太上老君の敎示を受けて、天子に報告しただけである。佛教を滅ぼそうとの意見を始めたわけでは決してない。廢佛は太武帝と崔浩から始まったのである。そもそも佛教の命運が廣がり塞がるのは命數によるのである。人々の心が共感を覺え反感を懷くのは趨勢によるものである。命數と趨勢とが重なれば、偉大な佛教の力でも、それらを動かすことはできない。

と述べる。これは上で見た「通例」の「釋志」に

長い歲月が經過してみると、ある時代には興隆しある時代には廢絕した。思うにこれは世間に起こる事象が移ろい變化するからであって、佛教の教えそのものには加も減もない。歷史の流れを考え具體的な事蹟を竝べ、それによって佛法の廣がる時と塞がる時の事相を明らかにするとしよう。儒教や道教といった世俗の教えなどは、時勢とともに浮き沈みするものであるが、それらの事蹟もことごとく明らかな訓戒となすべきものである。（このような立場から）法運通塞志十五巻を作る。

とあるのと同じ事を、言い換えて述べているのである。

志磐の思想の原點が展開されている「述曰」の趣旨を變更してしまったこの例は、佛教と鬪わらない記述を一掃した、先の機械的な削除の立場と同じものであろうか。作爲の大きさには、隨分違いがあるようにも思えるが、志磐のオリジナルテキストを改變した點では變わりはない。どちらも『佛祖統紀』の正しい理解を阻むものである。

おわりに

北宋の徽宗の政和年間（一一一一―一一一八）に、天台僧の元穎が天台を中心に据えた佛教史書をめざしてから、一世紀餘の閒に數人の作者がこれを引き繼ぎ、一二三七年に、まず宗鑑の撰述した『釋門正統』として結實する。これより以前、中國の佛教史書は律僧の手になる高僧傳や禪僧の手になる燈史の形があるのみで、中國の佛教史を通史の形で書き上げたのは、この天台僧、宗鑑が初めてであった。これが完成した背景の一つとして北宋における史學の興隆、とくに司馬光の『資治通鑑』の成立が擧げられる。これを意識して、その史體である編年體を自らの佛教史書に採用したのは、宗鑑の後三十年餘を經て『佛祖統紀』を完成させた志磐である。

志磐は「佛祖統紀序」で「紀・傳・世家は太史公司馬遷の發明した紀傳體史書に範を取り、法運通塞志は司馬光『資治通鑑』の編年體の史體を採用する」と述べる。宗鑑の『釋門正統』は天台宗の立場から紀傳體によって佛教史を書き上げたもので、いわゆる天台宗史の段階に止まるものである。『佛祖統紀』も紀傳體で書かれた部分は、『釋門正統』のもつ宗門史の側面を具えており、例えば、天台宗内の山家と山外の宗派閒の爭いは重く記述され、天台以外の宗派に割く紙數は、天台と關わりの深い淨土宗を除くと、ごく僅かで、禪も律も華嚴も慈恩も密教も、まとめて「諸宗立教志」一巻に納められ簡單に述べられる。そこにも當然に天台の立場が貫かれている。禪宗志の序文では

禪宗の掲げる「直指人心、見性成佛」の主張は完全なもので、これは我が天台宗の掲げる「觀心」のすばらしい教えそのものである。禪宗は「教外別傳」を説くが、いったい「教」をはずして教えとできようか。實

に佛教の教えは、心を中心に置き、言葉の作り出す世界から離れているから、それをあえて方便としてこのように言うだけである。そうでないならどうして禪宗は『楞伽經』を指し示し、その「教」を見ることによって心を摑ませようとするのであろうか。どうして禪宗は、大乘の教えは「教」を手段として利用し、本源を悟るものであると主張するのだろうか(30)。

と述べ、「教外別傳」を批判するのも、天台の「教觀」に立っている。特に禪宗は宋代には天台の仇敵でもあり、釋迦から達磨への法系については、天台の諸師たちの唱える異議によって、しばしば論爭が起こった。これについては、志磐も紀傳の部分で觸れ、天台の諸師の主張に沿って論述している。ところが、「法運通塞志」では禪宗の記述をはじめ概ねどの宗派に對しても公平な敍述と評價を與えている(31)。

「法運通塞志」では、宗門の立場を離れて、他宗派を含む佛教ばかりでなく儒教、道教の三教の浮沈を時間の流れの下に客觀的に明らかにしようとし、編年體の史體が用いられているのである。その意味で「法運通塞志」十五巻は、宗門を超えた宗教史、つまり世界宗教史の視點をねらったものとも言える。從って『佛祖統紀』は紀傳體の四十巻を天台宗門史、編年體十五巻を世界宗教史にあてた二本立ての史書なのである。この最初の志磐の意圖を無視して、上で例示したような佛教と關わりのない記述を削除したり、論讃を改變したりすることは、『佛祖統紀』を正しく讀み解く道を閉ざすものと言えよう。

先述したように、祖本から『大正藏』までのテキストを概觀すれば、改變や削除は『佛祖統紀』が明南藏に收められた際に起こったものと考えられるが、洪武南藏と相前後して編まれた『永樂大典』所收の「法運通塞志」の一部テキストも最近影印されて出版されている。これをも含めた綿密なテキスト・クリティークが必要なことは言うまでもない。またテキストの削除と改變は、志磐の作史の意圖を理解できない佛教側、おそらくは天台僧によるものであろうが、その確たる答を得るには、テキスト・クリティークと同時に、明初の佛教界、それを取り巻く政治、社會、儒教、道教等々といった側面からの追究が必要なことも言を俟たない。

注

(1)『三康文化研究所年報』三一號(二〇〇〇)。後に『中國佛教思想史の研究』(山喜房佛書林、二〇〇二)所收。
(2) その他には、『佛祖統紀』法運通塞志の一部を取り出した『法運通塞志』(支那内學院、一九三六)や『法運志略』(臺灣・新文豐出版公司、一九七八)がある。
(3) 本書Ⅰ―四「『佛祖統紀』の作者、志磐の考え」でも、北京圖書館所藏のこの『佛祖統紀』テキストについてその存在と意義にふれており、幾分重なる點のあることをお斷りしておく。
(4) 最近の研究では、必ずしもそう斷定はできないようである。椎名宏雄『宋元版禪籍の研究』(大東出版社、一九九三)頁三四四以下參照。
(5) 李富華・何梅撰『漢文佛教大藏經研究』(宗教文化出版社、二〇〇三)、第十章 關于《嘉興藏》的研究、第三節 方册《嘉興藏》的内容及其學術價値、頁五〇〇參照。
(6)『新修恭仁山莊善本書影』(財團法人武田科學振興財團、一九八五)「五六」(頁五一および頁一一〇―一一一)參照。
(7) 中華書局、一九八三、頁八八九。
(8) 訓讀すれば、「之を目して佛祖統紀と曰い、凡そ之れ五十四巻爲り。紀傳世家は太史公に法り、通塞志は司馬公に法る」。
(9) 訓讀すれば、「之を目して佛祖統紀と曰い、凡そ之れ類を爲すこと四十巻なり。紀傳世家は太史公に法り、通塞志は司馬公に法る」。
(10) 筆者は、二〇〇五年に北京にある中國國家圖書館(舊の北京圖書館)で原本を閲覽し、枠外の字や書き込み等は影印する際に省かれていることが分かった。一例を擧げれば、「歷代會要志」巻二、「國朝典故」の項の一行と二行目の上部枠外に右から左に「聖節」二字(影印本、頁三〇二下段左)がある。諸本からはこの二文字は消え、いま『續藏本』のみに殘るが、枠内に收まっている。

(11) 現代語譯すれば、「佛祖統紀四十五巻。宋の景定の年（一二六〇―一二六四）に僧の志磐が撰述した。いま管藏經僧の寶成が、緣者を募って刊行したもの」。

(12) 原文は「元和中日本空海入中國、從（惠）果學。歸國盛行其道」。(T49, 296a)

(13) 平田俊春『神皇正統記の基礎的研究』本論、第四篇「正統論の基礎としての佛祖統記」（雄山閣出版、一九七九、頁五二四―六三八）參照。

(14) 原文は「其事蹟、如千里別傳・靜法纂靈記・宋高僧傳五・佛祖統紀三十等載」。(T73, 629a)

(15) 一九九二年三月に江蘇廣陵古籍刻印社から出版された。

(16) 椎名氏によれば、「明本」は嘉興藏を指すが例外もあるようである。上揭書、頁三八四參照。

(17) 以上は、佐藤、上揭論文頁二。

(18) 沈曾植の鑑定によるほか、例えば、祖本テキストには各巻末の書名の下、あるいは各葉の版心の下に、一巻ごとに刻工の名前が刻まれている。そこには徐聞、四明徐泳、奉川王閎、王聞、王文、王宏馬圭、奉川章臨、章震、章信、姚邑茅夢龍、胡昶らの名が見える。阿部隆一「宋元版刻工名表」（『阿部隆一遺稿集』第一巻　宋元版篇［汲古書院、一九九三］所收）、王肇文『古籍宋元刊工姓名索引』（上海古籍出版社出版、一九九〇）及び張振鐸『古籍刻工名錄』（上海書店出版社、一九九六）の諸研究によれば、上記の刻工の多くは宋もしくは元代の浙中出身者として登場する。彼らが活躍する時代は、咸淳辛未端午日の志磐の刊版後記（一二七一）の日時とも重なる。このことからも、『四庫全書存目叢書』所收の北京圖書館所藏テキストは『佛祖統紀』祖本テキストと考えて間違いなかろう。

(19) 原文と訓讀は「志磐手抱遺編、久從師學。每念佛祖傳授之迹、不有紀述、後將何聞。惟昔良渚之著正統、雖粗立體法、而義乖文薉。鏡菴之撰宗源、但列文傳、而辭陋事疏。至於遺逸而不收者、則學皆此失。於是竝取二家、且刪且補、依放史法、用成一家之書。斷自釋迦大聖、訖於法智、一佛二十九祖、竝稱本紀、所以明化事而繫道統也。至若諸祖旁出爲世家、廣智以下爲列傳。名言懿行、皆入此宗。而表志之述、非一門義。具在通例、可以類知。既又用編年法、起周昭王、至我本朝、別爲法運通塞志。儒釋道之立法、禪教律之開宗、統而會之、莫不畢錄。目之曰佛祖統紀、凡之爲五十四卷。紀傳世家、法太史公。通塞志、

法司馬公」（志磐、手に遺編を抱き、久しく師に從いて學ぶ。每に念う、佛祖傳授の迹、紀述有らざれば、後に將《まさ》に何をか聞かんと。惟うに昔、良渚［宗鑑］の正統を著わすや、粗《ほ》ぼ體法を立つると雖も、而るに義乖り文蔵たり。鏡菴［景遷］の宗源［錄］を撰するや、但だ文傳を列するのみにして、而して辭は陋、事は疏なり。遺逸して收めざる者に至りては、則ち擧って皆な此に失す。是に於いて竝びに二家に取り、且つ刪り且つ補い、史法に依放し、用て一家の書を成せり。斷ずるに釋迦大聖自り法智（＝四明知禮）に訖ぶ、一佛二十九祖は竝びに本紀と稱し、化事を明らかにして道統を繫ぐ所以なり。諸祖旁出の若きに至りては世家と爲し、［尙賢］廣智以下を列傳と爲す。名言懿行、皆な此の宗に入る。而るに表志の述、一門の義に非ず。具さに通例に在りて、類を以て知る可し。既に又、編年の法を用い、周昭王に起こし、我が本朝に至る、別して法運通塞志と爲す。儒釋道の立法、禪教律の開宗、統べて之を會し、畢く錄さざる莫し。之を目して佛祖統紀と曰い、凡そ之れ五十四巻爲り。紀傳世家は太史公に法り、通塞志は司馬公に法る）。（T49, 129c6–20）

（20）原文と訓讀は「大法東流、聖賢繼世、所以住持三寶、不令斷絕。然歷年既久、或興或廢、此蓋世事無常之變、於此道何成何虧邪。考古及今、具列行事、用見法運通塞之相。至若儒宗道流世閒之教、雖隨時而抑揚、而其事迹、莫不昭然可訓可戒。作法運通塞志十五巻」（大法東流し、聖賢、世に繼ぐは、三寶を住持し、斷絕せ令めざる所以なり。然るに歷年既に久しく、或いは興り、或いは廢るは、此れ蓋し世事無常の變にして、此の道に於いて何の成るか何の虧くるか。古え及び今を考え、具さに行事を列し、用て法運通塞の相を見んとす。儒宗・道流の世閒の教えの若きに至りては、時に隨いて抑揚すと雖も、其の事迹、昭然として訓う可く戒む可きにあらざる莫し。法運通塞志十五巻を作る）。（T49, 130c11–16）

（21）原文と訓讀は「序曰、佛之道本常、而未始離乎世相推遷之際。自釋迦鶴林、諸祖繼出、所以傳持此道、東流震旦、逮于今而不息。大較聖主賢臣、宿稟佛囑、常爲尊事。而儒宗道流之信不具者、時有排毀。然終莫能爲之泯沒、以此道本常也。夫世稱三教、謂皆足以教世。而皆有通塞、亦時使之然耳。列三教之迹、究一理之歸、繫以編年、用觀通塞之相」（序に曰く、佛の道は本と常にして而るに未だ始めより世相推遷の際を離れず。釋迦の鶴林自り、諸祖繼いで出づるは、此の道を傳持し、東して震旦に流れ、今に逮びて息まざる所以なり。大較、聖主・賢臣は宿に佛囑を稟け、常に尊事を爲す。而るに儒宗・道流の信、具わざる者は、時に排毀すること有り。然るに終に能く之が爲に泯沒する莫きは、此の道、本と常なるを以てなり。夫れ世は三教を稱し、皆な以て世を教うるに足ると謂うも、皆な通塞有るは、亦た時、之を然ら使むる耳。三教の迹を列し、一理の歸

を究め、繫ぐに編年を以てし、用て通塞の相を觀ん)。(T49, 325a7-14)

(22) 「武德三年」も削られるべきであったが、なぜか明南藏に收められる際に加わった。

(23) 訓讀すれば「[正觀] 十四年。上は國子監に幸し、釋奠を觀、祭酒孔穎達(孔子の後)に命じて孝經を講ぜしめ、大いに名儒を徵し、學官と爲す。學生の能く一經に明らかなる者、皆な補授を得る。學舍を增築すること千二百間、學生は三千二百六十員に至る。屯營飛騎自り亦た博士を給し、授くるに經を以てせ使む。是に於いて四方の學者、高麗・吐蕃は、皆な子弟を遣わし入學せしむ。講筵に升る者は八千人なり。上は師說の多門を以て、孔穎達に命じて、五經の疏を撰定せしめ、學者をして焉《これ》を習わ令む」。

(24) 祖本テキストを明南藏に收める際、倉卒かつ機械的に行われたことを示す例として、天台祖師、智顗の兄の陳鍼に關わる記述を擧げることが出來る。陳鍼は『佛祖統紀』卷九「智者旁出世家」に「陳鍼。智者之兄、爲梁晉安王中兵參軍。年四十、仙人張果相之曰、死在朞月。師令行方等懺。鍼見天堂門牌曰、陳鍼之堂、後十五年、當生於此。果後見鍼、驚問曰、君服何藥。答曰、但修懺耳。果曰、若非道力、安能超死。竟延十五年而終。智者嘗爲其撰小止觀、咨受修習、夙夜不怠(陳鍼。智者の兄にして、梁の晉安王中兵參軍爲り。年四十、仙人の張果、之を相して曰く、死は朞月に在りと。師は方等懺を行ぜ令む。鍼は天堂の門牌を見て曰く、陳鍼の堂なり、後十五年、當に此に生まるべしと。果は後に鍼を見て、驚きて問いて曰く、君は何の藥を服するやと。答えて曰く、但だ懺を修むる耳。果曰く、若し道力に非ずんば、安んぞ能く死を超えんと。竟に十五年を延べて終る。智者は嘗つて其の爲に小止觀を撰し、咨受修習し、夙夜怠らず)」(T49, 200a21-28)、また卷三八、法運通塞志に「(太建) 十年。師爲兄陳鍼述小止觀、咨受修習。初仙人張果相之曰、死在朞月。師乃令行方等懺。鍼見天堂門牌曰、陳鍼之堂。果後見鍼、驚問、君服何神藥。答曰、但修懺耳。果曰、若非道力、安能超死。竟延十五年而終((太建) 十年。師は兄の陳鍼の爲に小止觀を述べ、咨受修習す。初め仙人の張果、之を相して曰く、死は朞月に在りと。師は乃ち方等懺を行ぜ令む。鍼は天堂の門牌を見て曰く、陳鍼の堂なりと。果は後に鍼を見て、驚きて問う、君は何の神藥を服するやと。答えて曰く、但だ懺を修むる耳。果曰く、若し道力に非ずんば安んぞ能く死を超えんと。竟に十五年を延べて終る)」(T49, 353a27-b3) と記載している。

しかし以下のように同內容の卷四〇、法運通塞志の方士「張果」に付隨した記事の場合、道教關係と見なされ中身を檢討されることなく削られている。「（開元二十一年）上遣中書侍郎徐嶠、齎璽書、召方士張果、入見。時刑和璞善算術、知人壽夭。算果莫能測。師夜光者善視鬼。上與果密坐、夜光不能見。上聞飲菫汁無苦者眞奇士（音謹、附子毒也）。與之三巵、醺然如醉。顧左右曰、非嘉酒也。取鐵如意、擊墮其齒、皆焦黑。出神藥、傅其斷寢。頃之、齒粲然如故。後懇辭還山。下制曰、張果先生、志造高尙、迹混光塵。問以道樞、深會宗極。宜升銀青光祿大夫、號通玄先生。後入恒山、不知所終」（果在梁陳時、相智者兄陳鍼者）。（開元二十一年）上、中書侍郎の徐嶠を遣わし、璽書を齎し方士の張果を召き入見せしむ。時に刑和璞、算術を善くし、人の壽夭を知る。果を算するに能く測る莫し。師夜光なる者、善く鬼を視る。上、果と密坐するも、夜光、見る能わず。上聞く、菫汁を飲み、苦き無き者は眞の奇士なりと（音は謹、附子毒なり）。之に三巵を與うるに、醺然として醉えるが如し。左右を顧みて曰く、嘉酒に非ざるなりと。鐵如意を取りて其の齒を擊墮すれば、皆な焦黑なり。神藥を出し、其の斷に傅して寢ぬ。之を頃して齒、粲然として故《もと》の如し。後、懇ろに辭して山に還る。制を下して曰く、張果先生、志は高尙に造り、迹は光塵に混る。問うに道樞を以てすれば、深く宗極を會す。宜しく銀青光祿大夫に升せ、通玄先生と號すべしと。後、恒山に入り、終る所を知らざるなり（果、梁陳の時に在り。智者の兄の陳鍼を相う者なり）。（T49. 377b3-13）

（25） 例外もある。例えば巻三五、法運通塞志第十七之二は西漢、つまり前漢の高祖から、惠帝、文帝、武帝の記事は、祖本ではあったが明南藏以降のテキストでは省かれて、武帝「元光二年」の記事から始まる。しかし「武帝」の下に割注として「高祖、命を受けし自り此に至り四世爲り（自高祖受命至此爲四世）」（T49, 328c27）が付けられている。

（26） 訓讀は「述に曰く、漢の明帝は辟雍に幸し、諸儒は經を執りて問難し、搢紳の人、橋門を圜りて觀聽する者は億萬を以て計る。唐の太宗、國子監に幸し、祭酒に命じて經を講ぜしめ、學舍を增し、名儒を召き、學官と爲す。四方より來學し、講筵に升る者は八千人なり。大なる哉、漢唐の文治の盛んなること、唯だ二君、有り」。（T49, 371a14-19）

（27） 現代語に譯せば、「太平眞君元年（四四〇）。寇謙之は嵩山に道壇を立て、帝のために平穩を祈った。太上老君は再び降臨し、帝に太平眞君の稱號を授けた。寇謙之は上奏し、そこで（太平眞君と）改元し、大赦の令を出した」。

（28） 訓讀と現代語譯は「述に曰く、子は怪神を語らずと。言は誠に以て教世の法と爲す可し。夫れ老子は聖人にして、或は天に在りて君主と爲り、或は形を分け下りて教え、時に隨いて闡化するは、則ち之れ有る。而るに寇謙之、迺ち言う、某處某處に於いて老君下降し、帝に授くるに太平眞君の號を以てし、囑するに太平を輔佐するの說を以てす。崔浩に託するに其の書を以て獻じ、當世の君を誑惑するは、何ぞ其れ怪しいかな。厥の後、崔浩は釋教虚誕の説を以て、上に勸めて遽かに僧を滅すの禍を起こす。此れ其の法運の一厄なり。既《すで》而にして崔浩、族誅され、太武檻せられ、不令にして終る。君臣、倶に冥罰に遭い、寧んぞ恨を謙之に遺さざらんや」（述に言う。孔子は「怪」とか「神」とかについては口にしなかった。この言葉は本當に世間の人々を教育する手本にできる。いったい老子は聖人であり、ある時は、天にいて君主であり（太上老君）、ある時は、姿を變えて教えを授け、時々に教化することがある。ところが寇謙之は、次のように言う。「どこそこ、どこそこに太上老君が降臨し、皇帝に太平眞君の稱號を授け、彼に太平眞君を輔佐するようにと委囑した」。そして老子から授かった書物を崔浩に委託して獻上し、當世の君主を惑わせることは、なんと怪しい行爲ではないか。その後、崔浩は佛教はでたらめな教えであると言って、天子を誘い突然に廢佛の災禍を引き起こした。これは佛法の命運の一つの災厄である。崔浩の一族は誅殺され、太武帝は殺されたので、廢佛の命令は實行されずに終わってしまった。君臣ともども天罰に遭遇した。寇謙之を恨まないことがあろうか）。（巻三八、T49, 354b11–20）

(29)　訓讀と現代語譯は、「述に曰く、子は怪神を語らずと。言は以て教世の常法と爲す可きに非ず。然るに河圖洛書は天道の教を世に下す所以の者にして、豈に當に神怪を以て之を非《そし》るべけんや。是れ則ち老子は聖人にして、或いは天に在りて君主と爲り、或いは形を分けて教を下す。皆な時に隨い以て化を闡くなり。老子の下りて寇君を教えるに當り、之に經法を授け、任ずるに天師を以てし、三張の弊を除削せ俾む。其の言、取るに足る有り。囑するに太平を輔佐するの説を以てするに至り、故に能く闕下に造《いた》り、以て其の書を獻ず。崔浩、引きて之を進め、太武、信じて之を納る。未だ過と爲すに足らざるなり。一旦、崔浩、釋を惡むの心を以て其の上に勸む。是に於いて遽かに沙門を案誅するの禍を起こす。酷なるかな、此の時、其れ法運の一厄か。既《すで》而にして崔浩、族誅せられ、太武、弑せられ、令せずして之れ終り、其の罪を彰わすに足れり。文成、詔して佛法を復し、大いに浮圖を建つるに及び、一翕一張し、曾つて以て本常の道を累するに足らざるなり。世、或いは釋を毀つを以て、謙之を過むる者あり。然るに謙之は特だ教を老君に受け、以て人主に告ぐ耳。初より未だ甞つて釋を毀つの論を創めず。釋を毀つは太武・崔浩自り起こるなり。夫れ法運の通塞は數なり。人心の好惡は勢なり。勢と數と合すれば、佛力も移す能わざるなり。故に知る、太武・崔浩の釋を毀つは、執（＝勢）と數と合するにして、謙之の過に非ざることを。煬帝は智者を師とし、智者の亡ずるに及び、父を弑し位を竊み、僧を罷め寺を毀つの詔を下し、卒に事を沮む。豈に智者、之を教えんや。衞元嵩、周武を教え、趙歸眞、唐武を教う。此れ誠に之を教うるなり。君と臣と倶に冥罰に遭うは、不幸に非ずや」（述に言う。孔子は「怪」とか「神」とかについては口にしなかった。これは、「怪」や「神」が世間を教化する恒常的な手段にはなりえないことを言っているのである。しかしながら河圖洛書は天の道を世間に降し傳えるものであるから、それが神怪だといって非難すべきではなかろう。いったい老子というものは聖人であって、ある時には天にいて君主であり（太上老君）、ある時は姿を變えて教えを授ける。すべてその時代に従って教化を廣めるのである。老子が地上に降って、寇謙之を教え導いた際には、彼に經戒の法を授けて、天師の位に任命し、三張道教の弊害を除かせるようにさせた。老子の傳えた言葉には、無視できないものがある。老子は寇謙之に北方太平眞君である太武帝を輔佐するようにと遺囑したので、彼は宮殿まで出かけて授けられた「太平素經圖籙」を獻上した。崔浩は、寇謙之を引き入れて天子に推薦し、そこで太武帝は信用して受け入れることになった。寇謙之の過失とはいえない。ある日、突然に崔浩は佛教を嫌惡する意圖をもって天子に働きかけた。そこでにわかに僧侶を取り調べて誅殺する災禍が引き起こされた。なんと無慈悲なことか、この時は佛法の受けた一法難というものであろう。崔浩の一族が誅滅され、太武帝が弑されてしまい、廢佛の法令は實行されずに結末を告げた。これは彼らの犯した罪を明らかにするに十分であった。（續いて即位した）文成皇帝が、詔を降して佛教を復興し、大いに寺院を建設するようになると、佛教はある時は縮小することになり、ある時は擴大することになった譯で、決して佛教の本來の教えに災いが及ぶまでには到らなかった。世間では、寇謙之が佛教を譏ったとのことで、彼を非難する人がいる。しかしながら寇謙之は太上老君の教示を受けて、天子に報告しただけである。佛教を滅ぼそうとの意見を始めたわけでは決してない。廢佛は太武帝と崔浩から始まったのである。そもそも佛教の命運が廣がり塞がることが起きるのは命數によるのである。人々の心が共感を覺えるのと反感を懷くのとは趨勢によるものである。命數と趨勢とが重なれば、偉大な佛教の力であっても、動かすことはできない。そこで、太武帝と崔浩の廢佛は命數と趨勢が重なったもので、寇謙之の罪ではないことが分かる。煬帝は智顗に師事し、彼が遷化すると、父を弑し、帝位を盗んで（自ら天子となり）、僧侶を還俗させ寺院を打ち壊す詔を下し、結局、佛教の教えを阻止した。このことを智顗が煬帝に教えたわけではないだろう。衞元嵩は北周の武帝を教え、趙歸眞は唐の武宗を教えたが、これらは本當に教唆したのである。君主と臣下の兩者とも冥界で罰を受けるはめになったのは當然のことである）。（『續藏經』巻三九、233d-234a)

（30）原文と訓讀は「直指人心、見性成佛。至矣哉、斯吾宗觀心之妙旨也。謂之教外別傳者、豈果外此爲教哉。誠由此道、以心爲宗、離言説相、故强爲此方便之談耳。不然何以出示楞伽、令覽教照心耶、何以言大乘入道、藉教悟宗耶（直指人心、見性成佛。至れる哉、斯れ吾が宗の觀心の妙旨なり。之を教外別傳と謂う者、豈に果して此を外にして教えと爲さんや。誠に此の道、心を以て宗と爲し、言説の相を離るるに由るが故に、强いて此の方便の談を爲す耳。然らずんば何を以て楞伽を出示し、教を覽て心を照らさ令めんや。何を以て大乘の入道、教を藉りて宗を悟ると言わんや）」（T49, 291a5–10）。

（31）一例を示そう。北宋の禪僧契嵩（一〇〇七—一〇七二）について、志磐は巻二一、諸師雜傳の子昉傳では、

法師子昉。吳興人、賜號普照、早依淨覺。嵩明教據禪經作定祖圖、以付法藏斥爲可焚、師作祖説以救之。又三年、嵩知禪經有不通、輒云傳寫有誤、師復作止訛以折之、其略有曰、契嵩立二十八祖、妄據禪經、熒惑天下、斥付法藏爲謬書。此由唐智炬作寶林傳、因禪經有九人、其第八名達摩多羅、第九名般若密多羅。故智炬見達摩兩字、語音相近、遂改爲達磨、而增菩提二字、移居於般若多羅之後、又取他處二名、婆舍斯多・不如密多、以繼二十四人、總之爲二十八。炬妄陳於前、嵩謬附於後、瀆亂正教、瑕玷禪宗。餘嘗面折之、而嵩莫知愧。又據僧祐三藏記、傳律祖承五十三人、最後名達摩多羅、而智炬取爲梁朝達磨。殊不知僧祐所記、乃載小乘弘律之人、炬・嵩既尊禪爲大乘、何得反用小乘律人爲之祖耶。況禪經且無二十八祖之名、與三藏記竝明聲聞小乘禪耳。炬・嵩既無教眼、纔見禪字、認爲己宗。是則反販梁朝達磨。但傳小乘禪法、厚誣先聖、其過非小

（T49, 242a3–23）

と批判するのであるが（これは『釋門正統』興衰志の「仁宗嘉祐二年、錢塘長老……」に基づく）、一方、巻四五、法運通塞志では

（嘉祐）七年。藤州沙門契嵩。初得法於洞山聰禪師。至錢唐靈隱、閉戸著書。既成入京師、見内翰王素進輔教編・定祖圖・正宗記。上讀其書、至爲法不爲身、嘉歎其誠。敕以其書入大藏、賜明教大師。及送中書宰相韓琦、以視參政歐陽脩。脩覽文、歎曰、不意僧中有此郎。黎明同琦、往淨因見之、語終日。自宰相以下莫不爭延致、名振海内。及東下吳門大覺璉禪師作白雲謠以送之（石門文字禪）（T49, 413a27–b6）

と慧洪『石門文字禪』巻二三に収める「嘉祐序」の文章に基づいて高く評價している。また慧洪の『禪林僧寶傳』に對して、

石門惠洪禪師寓湘西谷山、取雲門・臨濟兩宗。自嘉祐至政和、凡八十一人、爲禪林僧寶傳三十卷。自寧通慧之後、傳僧史者

唯師而已（T49, 422a2–6）

とか、あるいは

端拱元年。翰林通慧大師贊寧上表、進高僧傳三十卷。璽書褒美（璽音徙。天子玉印）、令編入大藏、敕住京師天壽寺。僧傳之作、始於梁、嘉祥惠皎爲高僧傳十四卷。起漢明、終梁武天監十八年。唐西明道宣作續高僧傳三十卷、起梁天監訖唐正觀十九年。今宋傳起唐正觀、至宋端拱元年。依梁唐二傳、分十科。一譯經、二解義、三禪定、四戒律、五護法、六感通、七遺身、八讀誦、九興福、十雜學（王禹偁有詩贈寧僧統云、支公兼有董狐才。史傳修成乙夜開）。述曰、洪覺範謂宣律師作僧史、文辭非所長、作禪者傳、如戸昏案檢。寧僧統雖博學、然其識暗、聚衆碣爲傳、非一體。覺範之論、何其至耶。昔魯直見僧傳文鄙義淺、欲刪修之、而不果。惜哉。如有用我者、吾其能成魯直志乎（注記：『論語』陽貨篇「如有用我者、吾其爲東周乎」）（T49, 400a23–27）

と高い評價を下している。

六　宋代における佛教史書

はじめに

史書にはさまざまな形がある。それを生み出した時、創始者は、その形が自分の書こうとする世界を一番よく映し出すと考えたに違いない。例えば、『史記』以來その部立ての大枠を變えずに踏襲されている正史でさえ、歴代の作者は、襲いながらも創意工夫を重ね、その時代のメルクマールとなるような特別な列傳を置いた。例えば司馬遷の『史記』には滑稽・日者・龜策・刺客傳があるが、范曄の『後漢書』には方術・党錮・逸民傳が置かれ、歐陽脩の『新五代史』には伶官・義兒傳が立てられている。つまり史書においては、形式と内容は一致するのである。たとえ結果的には不成功に終わっていても、少なくともそれを目指しているとは言えるであろう。それは佛教史書においても同じであった。

宋代（九六〇―一二七九）には、皇帝權力が確立してさまざまな史書が編まれた。この時代に佛教史書は、傳統的な史書および新しく生まれた史書とどのような關わりを持ち、影響を受け、自らの抱える課題を解決しようとしたか。そしてそれらのことは何をもたらしたか。その考察が本稿の目的である。

宋代の佛教史書についての包括的研究は、これまでほとんどなされていない。唯一の研究書は、Helwig

Schmidt-Glintzer: *Die Identitat der buddhistischen Schulen und die Kompilation buddistichter Universalgeschichten in China*（ヘルヴィッヒ・シュミット＝グリンツアー『中國における佛教宗派の自己證明と佛教世界史の編纂』1982, Wiesbaden）である。宋代における佛教史書を扱う以上、この書には何らかの形で言及する必要があるが、本稿ではそこに至らなかった。その最大の理由は、佛教史書について包括的に論ずるほどの知識が、筆者に缺けていたことである。世界の制覇をめざした元（モンゴル）は、「世界史」の構想を可能にした時代である。そのことの一例として、シュミット＝グリンツアー氏も觸れているRasid al-Dinの『集史』編纂が擧げられるが、それと中國の佛教史書との間にどの程度の影響關係があったかは不明である。また氏は、宋代の「宗派歴史書」（Schulgeschichtssreibung）から元（モンゴル支配）の「佛教普遍史」（die buddhistischen Universalgeschichten）へといった史書發展への展望をもって考究（Schlußwort: S. 157）されたが、筆者はいまだ「世界史（Weltgeschichte）とは何か」「普遍史とは」「救濟史（Heilgeschichte）とは」といった歴史哲學の問題には足を踏み入れていない。從って本稿は、中國の傳統的な史書（世俗史）が佛教史書編纂の際にどのような形で受け入れられたかを檢討することに止まっている。宋代は、氏が指摘するように「Dafür, daß der säkulare und der religiöse Bereich gerade in jener Zeit auch dem Gebiete der Historiographie besonders eng miteinander verknüpft gewesen waren, haben wir genügend Hinweise」（S. 147）であり、本稿はこの點を具體的に提示することになろう。氏は、副題を*Ein Beitrag zur Geistesgeschichte der Sung-Zeit*（「宋代精神史への一寄與」）とされている。筆者もまた本稿の具體的な論考によって、ささやかな一寄與を加えたいと考えているのである。また、この論を進める上で大いに參考になったのは、陳垣（一八八〇—一九七一）の『中國佛教史籍概論』（一九五五、北京）であったことを書き添えておく。

ところで、宋代の三二〇年間にはさまざまな史書が登場して、史學における著しい進展が見られ、それに刺激されて佛教史書も大いに編まれた。その進展は多方面に渉っており、内藤湖南（一八六六―一九三四）は名著『支那史學史』で、「新舊唐書」「新舊五代史」「冊府元龜と資治通鑑」「金石學の發達」など十二項目を立てて、この時代の多様で新しい史學の特徴を論じている。本稿との關わりから言えば、特に『新唐書』『新五代史』の編纂および『資治通鑑』の出現が重要である。前二者によって「古文」が採用され、後者によって編年體の史書が編まれたからである。この點を内藤は、「(『資治通鑑』は）體裁の上に於て、編年體史を復興したといふばかりでなく、新唐書・新五代史と同じ意味が帝王學の編修の上にあらはれた點に於て、卽ち春秋の意を傳へ、一家の見識を具えた著述である點に於て重大な意味があるのである」(1)と述べている。

またこの時代の佛教の新しい動きとしては、燈史・語錄の編纂に見られる禪佛教の隆盛があり、それと天台をはじめとする教學との對立がある。また一方では、それぞれの宗派内の爭いも活發であった。禪では教禪一源の法眼宗と教外別行の臨濟宗、天台では山家派と山外派の對立・確執がよく知られている。これらの動きが佛教史書にどのように反映しているかという點にも、以下の考察の中で觸れたいと考えている。

佛教界は各派固有の事情を抱えつつ、宋代の皇帝權力の强大化の中で、積極的に世俗社會に關わっていった。例えば『景德傳燈錄』は、眞宗（九九八―一〇二二在位）の敕命を受けて楊億らが校訂し、入藏という國家公認を得た。また契嵩（一〇〇七―一〇七二）は、禪佛教の道統を主張した『傳法正宗記』を著わし、あるいは『輔教編』を書いて、時の皇帝であった仁宗（一〇二二―一〇六三）に入藏を求め、成功している。これ以後、佛教界の出版物は、こぞって入藏を第一の目標とするようになる。彼らは國家のお墨付きを手に入れることによって自派を維持しようとしたのである。

先に本稿の目的を掲げたが、そこに述べた佛教界の「自らの課題」とは世俗との關係の内に求められるものである。以下、第一章で贊寧の『僧史略』『宋高僧傳』、そして第二章で志磐の『佛祖統紀』を取り上げ、佛教界と世俗との關係を具體的に考察する。この三書を選んだのは、第一にこれらが宋代に勢力のあった律宗と天台宗の僧侶による代表的な佛教史書であること、第二に前者が宋初、後者が宋末に成っていることから、時代の推移に即した佛教側の姿勢が典型的に現われていることによる。また、第三章では、上述のような宗派内外の對立がこれらの佛教史書にどう反映しているかについて論じるつもりである。

第一章　宋初の律宗學僧、贊寧の史書

第一節　『僧史略』に見られる贊寧の立場

太平興國三年（九七八）、吳越王錢俶がその版圖をもって宋に降った際、贊寧（九一九―一〇〇二）はともに上京した。その時に彼は阿育王寺眞身舍利塔を奉じて、太宗（九七六―九九七在位）に面會し、紫方袍と通慧大師の號を賜った。その後贊寧は、太宗のおぼえめでたく、敕命を受けて『宋高僧傳』（九八八完成）および『僧史略』を編纂した。世俗の王である錢俶に伴って入宋した行爲そのものが、すでに宋代佛教の方向を象徴しているのであるが、この節では、その贊寧の代表的な作品の一つである『僧史略』を中心に、その「方向」なるものを確認し、以下の論を進める上での共通認識として提示したい。

『僧史略』の「原序」で、贊寧は次のように述べる。

いったい、佛教界には史官はいないが、『弘明集』と『廣弘明集』の二つの作品に注目すれば、それは佛教の言行を記録した史書であり、『高僧傳』や『名僧傳』は、佛教の事蹟を記録した史書と言える。從って言行と事蹟の兩方が備わっているからには、史書は完備しているのである。佛教が中國に傳來した後漢の時代から、わが宋王朝までわずか千年であるが、その間には佛教の盛衰、僧侶の多少があり、それらに關する事蹟は豊富であるし、言行はあまたあり、佛典の中にうずもれている。しかし、どのような方法で、それを汲み取ることができようか。……讀書に明け暮れて暇な折り、題目を立て、それに關わる事例を探し出した。釋迦の誕生から佛教の流布に始まり、三寶住持やさまざまな事務の起源にいたるまで、全て集めて三巻とし『僧史略』と命名した。それは裴子野の『宋略』にあやかっての命名である。(『卍續藏經』一五〇册、144b)

この「原序」から、我々は贊寧の修史の立場のいくつかを見出すことができる。まず、史官はなくとも佛教に關する言行および事蹟の史書は完備していると主張しているが、その際に對置され基準となっているのは、世俗つまり儒教世界である。佛教が儒教より優っていると言うのではなく、むしろ儒教と同じ尺度の世界であることを强調しているのである。その立場は、『宋略』に範を仰いで書名を定めたと述べることによって一層明らかになる。

裴子野の『宋略』が選ばれたのは、第一にそれが編年體の史書であり、簡略ながら紀傳體史書の沈約『宋書』をしのぐ評判をとったことによろう。事類別小百科にあえて『僧史略』という題を採用したことには、簡略な記述に佛教の歴史を載せたという贊寧の自負がうかがえる。第二に、『衆僧傳』を著わしていることからも知られるように、裴子野が崇佛家であった點も考慮されたであろう。しかし『僧史略』が太宗の敕撰であったことを差し引いても、あまりにも儒教側の眼を意識していると言えないだろうか。このことは『僧史略』巻下「總論」を讀むことによって、さらにはっきりする。

を述べ、その存在意義を論じたものである。つまり、古代中國の書物によく付される「自序」にあたるもので、これも時折見られる著者自らの創作による問答形式をとって、以下のように始まる。

「總論」は、『僧史略』で取り上げられた項目内容の總論ではなく、贊寧がなぜこの書物を書く必要があったか

問「佛教史書を概略して物事の發端を探し求め、この書を作る理由は何か」

答「佛教を中興して、正しい佛教の教えを永遠に傳えようとすることだ」

問「いま天子は佛教を重んじ、道教を尊び、儒教の道を實踐され、太平の世は實現して、すでに佛教の中興はなされている。一介の比丘の力で何を爲して佛教の中興を果たそうとするのか」

答「(この書を著わすことによって)さらに一層、天子の行われた中興を支えたいと考えるだけである。もし僧侶であって佛法を知らず、修業をせず、學問に励まず、佛教の起こり來たる根本のことを明らめなければ、どうして天子の中興の御心に適うことができようか」

またある人の問「お前さんはどんな能力があって、正しい佛教の教えを永遠に傳えようとするのか」

答「釋子が佛法を知り、摩夷(佛教教義)を知り、佛教を護持し、佛道を歩めば、佛法を途絶えさせることはない」

またある人の問「さまざまな師匠が廣く著述している以上、いまさらお前さんの行爲に一體何を新たに期待できると言えようか」

以下、長い彼の答辯が最後まで續くが、ここまで讀むことによって、先に述べたようにこの「總論」が『僧史略』を著述する意圖、意義を表明するものであることが分かる。また同時に、『史記』巻末の「太史公自序」に範を取ったものであることにも氣づかされる。司馬遷は、父、司馬談の死後、遺言にそって父の始めた史書編纂、

すなわち『史記』の完成を期するが、上大夫の壺遂に阻まれる。孔子の編纂した『春秋』を繼ぐ意識を持って筆をとろうとする司馬遷に、壺遂は「むかし孔子はなぜ春秋をつくったのか」と質問する。司馬遷は「周の政治の道が荒廢して、孔子の主張は各地の諸侯や大臣に受け入れられなくなり、そこで春秋を著わし大義を明らかにした。春秋とは禮（社會秩序）の大本である」と答える。續いて壺遂は「孔子の時代には、上に立派な君主がいなかったため、下にいる臣下たちは公正に任用されることがなかった。そこで孔子は春秋を作り、抽象的な言葉による批判を後世に殘し、それによって人間社會の秩序原理を斷定して、來るべき新しい時代の王者の據るべき基準を準備した。ところで今、あなたは上には聖明なる今上陛下の治世にめぐりあい、下はみな自分の職を守っている。萬事もはや整い、みなそれぞれに適切な秩序を保っている。あなたの論著は、それによって何を明らかにしようとするのか」と鋭く質問する。そこで司馬遷は、自分の仕事は、今上陛下である武帝の優れた治世を顯彰するためのものであり、偉大な著述をめざすのではなく、これまでのものを整理しようとするのであると辯明する。時の國家權力との關わりにおいて逃げの答えの感があるが、それはともかく贊寧は、この司馬遷の話を下敷きにして、佛教の立場と自らの著作の立場を明らかにしている。

以下、總論の最後まで延々と贊寧の自說が續くが、要約すれば次のようになろう。彼は執筆の動機を「先人の著作はあるが、缺けている部分があって、儒佛道三教の教えがめぐりめぐって極まりないことが分からないからである」とする。そして、時代によって儒佛道それぞれの衰退・興隆はあるが、三教の中心は當然ながら佛教であるとし、そのことを、「天子が佛教を信奉すれば、臣下が佛教に歸依することは草が風になびくようなもので、みな和合する。さらに一方で老子の教えである道教、他方で儒教によって政事を行えばうまくいく」、「道教の祖である老子、儒教の祖である孔子、この二人の先聖・先師がいなければ、佛教を世に顯わし高めることはできない」と言い、「それらと（佛教が）力を合わせれば、天子を盛り立てて、名君であった伏犧や黄帝の上に置くことができる」と述べている。最後に儒佛道の理想的な關係が實現した例として、道安と習鑿齒、慧遠と陸修靜をあげ、道安と慧遠の二人がそれぞれ儒者、道士と交わり、互いに相手を認めて尊敬しあったように、自分もこの兩高僧を慕い、儒教と道教を重んじたいと締めくくるのである。

これらの言葉から明らかなように、彼は佛教を中心に三教を對等に扱うが、もちろん「帝王、容れざれば、法何に從って立たん」というように、世俗の王である天子が佛教を擁護することを前提としている[2]。

「總論」で展開されるこのような儒佛道一體の主張は、彼の日々の實踐の中にも確認できる。例えば、參知政事の蘇易簡が太宗の詔を受けて『三教聖賢事蹟』を編纂した際には、道士の韓徳純とともに參加し、佛教界の代表として、『鷲嶺聖賢錄』を擔當しており、また彼の文集としては『内典集』とともに『外學集』が編まれている（王禹偁「左街僧錄通惠大師文集序」、『小畜集』巻二〇所收）。『僧史略』は、贊寧が天子を頂點とする儒教官僚・知識人を常に意識し、そこに働きかけようとする中で作られたものである。『佛祖統紀』は、「師（贊寧）『僧史略』三巻を述ぶ。凡そ法門の事始・因革、畢く錄せざる莫し。臺閣の士の内外の典故に通練せんと欲する者、皆な此に於いて之を觀る」（T49, 402b）と傳えている。『史記』『宋略』に範を求めるなど、史體の上でのさまざまな工夫を通して儒教社會に訴えかけた贊寧の意圖は成功したようである。

以上、宋代佛教の方向を確認するために、贊寧の史書編纂の立場を『僧史略』「總論」を中心に見てきた。では、三教を同列にとらえて世俗の王權を支えていこうとする贊寧の立場は、彼の主作品である『宋高僧傳』にはどのように反映しているであろうか。次節では『宋高僧傳』を取り上げる。

第二節　『宋高僧傳』の體裁

『宋高僧傳』もやはり敕命で編まれたため、『僧史略』と同じく、世俗の目を意識している。そのことは、「序」に

之を觀る者は進まんことを務め、之を悟る者は齊しきことを思い、皆な三藐の山に登り、悉く薩云の海に入り、永く聖曆を資け、倶に皇明を助け、愛日の炳光に齊しく、嵩山の呼壽に應ぜんことを爾云う。

(T50, 710a)

この『宋高僧傳』を見る者がさらに自らを高めるように務め、この書を理解する者が聖賢と同じ境地に至ることを思い、全ての人々が正しい悟りの山に登り、一切の知恵の海に分け入って、宋の國運の永續に盡くし、天子の優れた德を助け、天子の恩德が愛しき日の光と同じようになり、天子の御壽命が幾萬年も續くのに呼應せんことを願う。

と述べていることから明らかである。次に、その世俗との關係を具體的敍述の中から指摘し、敍述形式である體裁とその內容の兩面から検討する。

まず體裁について見れば、第一の特色としては、論贊を用い、作者の立場を鮮明にしている點があげられる。これは中國史書の傳統を踏まえたもので、先行する『高僧傳』・『續高僧傳』にも見られるが、贊寧は贊として「系」「論」「通」を使い分けている。「論」は各篇に置かれ、その篇を立てた意圖を述べる。「系」は個人傳記末に置かれ、その客觀的な記述に對する審判者としての作者の主觀的な立場を表わす。また問答の贊としては「通」を使っている。このような巧みな贊の使い分けは、儒者・知識人の注目をねらったものに他ならない。彼は多種の論贊を用いて敍述に變化を持たせるばかりでなく、その內容においても、世俗的な價値觀に即した發言

や博識を強調することなどで知識人の興味を引き、佛教知識の浸透を圖っている。一、二の例をあげよう。開元年間に遷化した譯經僧の菩提流志（?―七二七）の葬儀は、國家が財政的援助を行って、鹵簿・羽儀・幡幢・花蓋が大道を埋め盡くすほど盛大であったという。この記事の後に、贊寧は「系」でコメントして

　　嗚呼、道尊くして德貴ければ、言わずして邀く。此れ其の盛んならずや。（T50, 720c）

と述べる。中國における僧侶の葬儀については斷片的な資料のみで不明な點が多いが、佛教の律から言えば、僧の葬儀は火葬であってごく簡素なもののはずである。ところがそれを全く無視して世俗の葬儀が實行されたことについて、贊寧は歡迎すべき事と手放しで禮贊している。彼は特に「律虎」と稱されるように戒律に詳しく、佛教の葬儀に明るかったはずであるから、このような發言は、儒教知識人を意識して、敢えてなされたものと考えられよう。

また弘忍の弟子である神秀（?―七〇六）の「系」では、

　　昔者《むかし》、達磨沒して微言絕え、五祖喪びて大義乖る。云々（T50, 756b）

と見える。これは言うまでもなく、『漢書』藝文志の「總序」に「昔、仲尼沒して微言絕え、七十子喪びて大義乖る。云々」とあるのを踏まえる。このような表現を用いることが、外典に慣れ親しんだ儒者を念頭においていることは、言うまでもない。

最後に、贊寧は多くの墓誌・誄銘を用いているが、それらがある場合にも、しばしば正史の記述を採用している。(3) 例えば義福や普寂の傳は、『舊唐書』方伎傳に基づく。また記述の中でたびたび『唐書』を引いており、さらに「感通篇」の記述資料は、この書が出來上がる直前に成った『太平廣記』に多く負っていることが指摘されている。(4) この書は漢代から五代までの小說の類を集めたもので、敕撰である。このように正史や敕撰の作品を

多用している點も注目すべき事實である。つまり『宋高僧傳』の内容・記述、およびそれらの基づく資料が、佛教界だけのものではなく、廣く中國知識人の教養とするものに裏打ちされていることを示そうとしているのである。それによって佛教は知識人の認知を得ることができると考えた結果であろう。

第三節　『宋高僧傳』の内容

内容については、韓愈（七六八―八二四）をどのように扱っているかに絞って論じる。『宋高僧傳』では、韓愈の登場はわずか二カ所に過ぎない。一つは次のようである。

初め（李）翺、韓愈・柳宗元・劉禹錫と文會の交わりを爲し、自ら相い與《とも》に古えを述べ、言は六籍に法り、文を爲るに浮華を黜け、理致を尙ぶ。文を爲るを言う者は、韓・柳・劉なり。（韓）吏部常に論ず、仲尼既に沒し、諸子異端あり。故に荀（子）・孟（子）、之を復し、楊（子）・墨（子）の流れ洗然として遺落す。周隋の世に殆《およ》び、王道興らず。故に文中子作る有りて、應に諸子の左右に在るべし。唐興りて、房（玄齡）・魏（徵）既に亡く、道を失い華を尙び、武后の弊・安史の殘有るに至る。吾、二三子に約して、同に君に致し、堯舜の道を復し、淸言を放ちて儒を廢し、梵書を縱し、夏を猾す可からず、敢えて邪心有りて釋氏に歸心するもの、此の盟を渝うる有らば、人爵を享くる無く、天年を永くする無し。先聖明神、是れ糺し、是れ殛さんと。（巻十七、藥山唯儼傳　T50, 816b）

ここでは、藥山や李翺との關わりで、韓愈の古文運動が取り上げられている。韓愈は李翺・柳宗元・劉禹錫らと同盟を結んで佛教を取り締まり、儒教を再興しようとしたが、李翺は藥山や馬祖の弟子である紫玉山道通禪師に出會って感化され、その同盟から脫落した。韓愈の主張が同盟者からも受け入れられなかったということが、彼の廢佛主張の誤りの證とされているのである。
もう一つは「論」の中に見える。

或るひと曰く、斯の聲教を用て、我が中華を化せば、韓吏部の患うる所の、楊に非ざれば卽ち墨、而も況んや其の佛を加うるをやというに非ざるを得んや。異端を攻むるは、斯の害孔だ熾しと。(巻二三、遺身篇の論 T50, 861b)

佛教の遺身思想が儒教社會に受け入れられることの難しさを述べる中で、韓愈が儒家の禮の番人の代表と捉えられている。遺身といえば、法門寺の佛舍利信仰が唐一代を通じて最も名高いが、『宋高僧傳』はそれについてほとんど觸れず、從って韓愈の「論佛骨表」も取り上げていない。

以上から見れば、『宋高僧傳』において、韓愈は廢佛論者と受け止められてはいるが、餘り強く意識されていない。これは韓愈の主張する「古文」がまだ社會に受け入れられるほど大きな力を持っていなかったことを反映しているものであろう。「古文」と廢佛が結びつかない宋初においては、韓愈の力は無視できる程度のものであったと考えられる。

第二章　志磐『佛祖統紀』について

第一節　『佛祖統紀』の體裁

作者の志磐は、『佛祖統紀』の「序」の中でこの書の成立について述べている。それによれば、彼は天台の先輩である鎧庵吳克己の『釋門正統』、鏡菴景遷の『宗源錄』、そして良渚宗鑑の『釋門正統』等の作品の缺點・遺漏を補う形で、南宋の滅亡する直前、一二六九年に『佛祖統紀』五四巻を完成した。その書は言うまでもなく、『釋門正統』と同じく天台宗を中心に据えた佛教史書であるが、その體裁は中國史書の傳統をことごとく繼承したものである。このことについてまず見てみよう。

五四巻は本紀八巻・世家二巻・列傳十二巻・表二巻・志三十巻に分かれる。本紀以下、志までの配列は傳統的な正史の一つ『魏書』に基づく。(5) おそらくこの正史が釋老志を置いていることによろう。また各巻の冒頭には「序」にあたる部分があり（「序曰く」と明記している場合もそうでない場合もある）、その巻の編まれた意圖が記され、巻中には「述」「贊」「議」「論」が置かれて著者の意見が表明され、正史の論贊の形式を忠實に守っている。

さらに「通例」というものを巻頭に置いている點は、これまた正史の「序例」や「義例」の體裁を襲うものである。「通例」では「釋本紀」「釋世家」「釋表」「釋志」とそれぞれのジャンルをたてた理由を説く。これらの中で史學史上、注目すべきものを擧げるとすれば、「志」の部分であろう。「志」三十巻の内譯とその内容を示すと以下のようになる。

山家教典志一巻　天台宗正統と目される山家派の著書・注釋書。
淨土立教志三巻　慧遠からはじまる淨土教に關わる人物の傳。
諸宗立教志一巻　禪・華嚴・法相・密教・律の諸宗の先師傳。
三世出興志一巻　三世にわたる佛の出世とその世界の樣子。
世界名體志二巻　蓮華藏世界（淨土）と娑婆三千世界の樣子。付地圖。
法門光顯志一巻　さまざまな佛事・齋事に關する百科辭典的情報。
法運通塞志十五巻　釋迦が說き中國に傳わった佛教の興亡を、南宋の理宗端平三年（一二三六年）まで編年

名文光敎志二巻　唐・宋の時代に文人や高僧によって書かれた天台宗に關わる碑文・銘文・序文・書信等の中の名文を蒐錄。

歴代會要志四巻　編年體の法運通塞志では事件の本末が分かりにくいため、これを補っていくつかの重要項目について要點を説明し整理したもの。

これを見ると、「三世出興志」「世界名體志」は正史の「地理志」、「山家敎典志」は「藝文志」や「經籍志」に當たる。また「淨土立敎志」や「諸宗立敎志」は「本紀」「世家」「列傳」の部立てを天台に限って利用するために作った苦肉の部立てである。志磐が正史『魏書』を參考にしたことは、『佛祖統紀』五四巻の竝べ方がそれによっていることから確認できる。『魏書』「釋老志」は、正統である儒教に對して、異端である佛敎・儒敎に關する行事を記載している。このことにヒントを得て、このような志を作ったとも言えよう(6)。

かつて唐の史家、劉知幾（六六一―七二一）は、その著『史通』書誌篇の中で、時代に沿った新しい「志」として、各王朝の京師について記した「都邑志」、遠近の國々からの貢納物を記した「方物志」、あるいは「氏族志」の創設を訴えた。それらの導入によって、正史はより一層正確にその時代を現出せしめると考えたことによる。彼のこの提言は、宋代にできた歐陽脩や宋祁らの手に成る『新唐書』に採用され(7)、鄭樵（一一〇四―一一六二）『通志』二十略のうちの氏族・都邑・昆蟲草木に影響を與えている。彼の史書に關する見識が宋代を通じて廣く關心を持たれ影響を及ぼしたことは、最近の研究によって明らかになっている(8)。博捜の志磐が、『佛祖統紀』の執筆にあたって『史通』や『通志』を眼にし參考にしたことは、明確な資料こそ缺くが、當然であろう。つまり天台を初めとする佛教について、中國の正統的な王朝史のスタイルを踏襲し、その中にさまざまな新しい工夫をこらして述べているのである。それによって志磐は、佛教を中心に据えながらも、世俗への目配りを怠らぬ敍述を心がけ、佛教の世俗への浸透を目指している。とりわけ「志」の部分は、以下に述べるように、最も目に付きやすい形でそれを提示している。

「志」三十巻は、『佛祖統紀』全五四巻の半分以上を占める。しかもまた、その志の半分を「法運通塞志」が占める。さらに志磐は「通例」で、

法運の通塞は事變紜紜たり。編年に繫ぐも始末を明らかにする莫し。通じて古今を練び、類を求めて知らんと欲する者の爲に歴代會要志四巻を作る。（T49, 130c）

と述べ、さらに「歴代會要志」の序で

佛法有る自り以來、三教の竝び興り諸宗の互いに立つと、夫の世變の常ならざるとを知る所以は固より已に之を編年に繫げり。一事の本末を考えんと欲するに至りては、則ち歲月散漫にして之を尋ぬ可き莫し。今故に衆目を開張し、其の事要を會し、典故を討論する者をして某事を某朝・某年の下に識ら俾む。（T49, 450b）

と述べていることから、「歴代會要志」四巻も「法運通塞志」を補うものと考えられ、「志」の中心ひいては『佛祖統紀』全體の中心が、「法運通塞志」つまり佛教の隆盛と衰退の歴史に置かれていることに氣づかされるのである。それは取りも直さず佛教を世俗との關わりで見ようとすることに他ならない(9)。

志磐は、この「法運通塞志」を編年體で記述し、しかもわざわざ

紀傳世家は太史公（司馬遷『史記』）に法り、通塞志は司馬公（司馬光『資治通鑑』）に法る。（「佛祖統紀序」T49, 129c）

と述べて、編年體と紀傳體の兩史體の併用を明示している。先にもあげた『史通』では、「二體篇」の中で兩史

體の長短を檢討し、史書を書くにはこの二つの史體以外に手立てはなく、しかもそれらはそれぞれに長短を併せ持っているためにどちらか一方だけでは不十分、つまり相補的な存在で、兩史體の存續が必要であると說いている。志磐がこれを實踐していることは注目すべきであろう。

さらに編年體の範を司馬光『資治通鑑』と明言していることは、當時の佛教界のしたたかさを顯わしたものと讀み取れる。なぜなら、北宋の神宗の時（一〇八四年）に完成した『資治通鑑』は、歴史事實を明らかにして、帝王の政治の參考に供しようという目的を持った史書だったからである。志磐がその史書を意識しているのは、『佛祖統紀』にも同じ意義を添えたいという願望があったからであろう。もちろんこれは志磐一人の思いつきではなく、宋代以降の佛教界あるいは道教界共通のものである。

南宋の末、『佛祖統紀』が著わされた頃に、やはり僧侶の本覺によって『歴代編年釋氏通鑑』（一二七〇年の序がある）が編まれた。佛教側のこれらの作品の出現に觸發されて、元に入ると道士の趙道一は、三皇五帝から宋代までをカバーした『歴世眞仙體道通鑑』を編修している。彼はその序で、「常に儒家に資治通鑑有り、釋門に釋氏通鑑有るを觀るに、唯だ吾が道教は斯文獨り闕け、白海瓊先生（白玉蟾先生。南宋の道士。一一九四—？）の所謂傳（『神仙傳』『續仙傳』『集仙傳』）・所謂史（『仙史』）は皆な世閒に行われず。因りて古今得道の仙眞の事蹟を錄集し云々」[10]と、はっきり述べている。

佛教のみならず、宋代の宗教界は世俗の目を意識せずにはおられなかった。司馬遷以來の正史の體裁に、この時代に成った『資治通鑑』の編年體を加え、そこに宋代の人々に影響を及ぼした『史通』の主張を盛り込んで『佛祖統紀』を編むことによって、志磐は、強い姿勢で積極的に世俗の中に入って行こうとしたのである。

第二節　『佛祖統紀』の内容

『佛祖統紀』の中心は「法運通塞史」であると述べたが、その立志の意圖を、志磐は「序」の中で次のように語る。

佛の道は本と常にして而るに未だ始めより世相推遷の際を離れず。釋迦の鶴林自り諸祖繼いで出づるは、此の道を傳持し、東して震旦に流れ、今に逮びて息まざる所以なり。大較聖主・賢臣は宿に佛囑を稟け、常に尊事を爲す。而るに儒宗・道流の信、具わざる者は、時に排毀すること有り。然るに終に能く之が爲に泯沒する莫きは、此の道、本と常なるを以てなり。夫れ世は三教を稱し、皆な以て世を敎うるに足ると謂うも、皆な通塞有るは、亦た時、之を然ら使むる耳。三教の迹を列し、一理の歸を究め、繋ぐに編年を以てし、用て通塞の相を觀ん。(T49, 325a)

また「通例」では

大法東流し、聖賢世に繼ぐ。三寶を住持し、斷絶せ令めざる所以なり。然るに歷年既に久しく、或いは興り、或いは廢るは、此れ蓋し世事無常の變にして、此の道に於いて何の成るか何の虧くるか。古え及び今を考え、具さに行事を列し、用て法運通塞の相を見んとす。儒宗・道流の世間の教えの若きに至りては、時に隨いて抑揚すと雖も、其の事迹、昭然として訓う可く戒む可きにあらざる莫し。(T49, 130c)

と言う。佛教は儒教や道教とは異なった大いなる教えであって常在するものであるが、世間の教えとしてそれら二教とともに見てみようと、志磐は言うのである。もちろん「儒佛道の三教の足跡を列擧して、一つの正しい教えを定める」(T49, 325a) のであって、「一つの正しい教え」が佛教であることは言うまでもないが、まず三教を同列に見ることから出發しようとする點は、天台を始めとする宋代佛教の一貫した姿勢であると言えよう。

佛教は本來出世間の教えであったが、社會と隔絕して、孤高を保ち、民衆教化の一部を分擔するだけで事足りた時代はすでに過ぎ、積極的に世間に訴え出ていくことが要請されていたのである。贊寧の『僧史略』撰述の態度もそれであったことは、第一章で確認した。

こうした志磐の立場を、第一章と同じように、韓愈がどのように扱われているかという點から見てみたい。『宋高僧傳』とちがい、「法運通塞志」は韓愈を論じるにあたって、憲宗元和年間に鳳翔法門寺の佛舍利を宮中に入れることに反對した「論佛骨表」をはじめ、「原道」「讀墨子」等の韓愈の文章を引いている。そして『釋門正統』と同じく、同時代人で交流もあった崇佛家の柳宗元を持ち上げ、その對局の排佛者として韓愈を非難する（T49, 383a–b）。そこで、李藹が『滅邪集』を作って佛教を批判したことを取り上げるのにも、韓愈の名が引き合いに出され（T49, 395b）、蘇易簡の廢佛に對して「通識」が缺けるためであると述べる際にも、韓愈は通識のない人物の代表者に擧げられている（T49, 400b）。

しかし志磐の韓愈批判で最も注目すべきは、歐陽脩や時には司馬光をも加えた一組として、韓愈を論じることが多い點である。これは志磐だけの傾向ではなく、天台を始めとする當時の佛教界の一般的傾向の反映であると思われる。例えば、唐の太宗が天下統一を果たし、戰沒者のために戰場に佛寺を建て、僧侶達に鎭魂の行道をさせたことを記したところでは、この記録が『舊唐書』には見えるのに歐陽脩『新唐書』では削られたとコメントした上で、「鎧庵（すなわち吳克己）曰く」として、次のように言う。

歐陽脩は、『新唐書』・『新五代史』を編纂すると、佛教や道教の事蹟は削り去った。そもそも『新唐書』は唐王朝の正史であって、歐陽脩の私的な書物ではない。たとえ規範とすべきでないものでも、正史の中でそれに言及することは可能である。自分の嫌惡するものをすべて刪り去ることが許されるであろうか。ここから、通識を持ち合わせていない者が正史編纂の任務に適さないことははっきりする。そもそも佛教を尊ぶか、排除するかの取捨選擇は、個人の好惡に左右される。韓愈・歐陽脩・司馬光は元來佛教を嫌惡し、佛教について何か發言しなければならない時は、決まって誹る……。(T49, 364a)

これは呉克己の見識を「論」に採用したものであり、また契嵩に對する「述」の

晁說之は「わたくしは韓愈や歐陽脩が佛教を排除するのをいつも不思議に思う。……」と述べている。

(T49, 413b)

も、第三者の說を引いて韓愈らを批判したものである。

當時の韓愈に對する佛教界共通のスタンスは、排佛家の代表者として非難・批判することであったが、その際、先に觸れたように、歐陽脩や司馬光とともに俎上にのせられたのである。歐陽脩や司馬光がよく知られた排佛家であったことに起因するのは勿論であるが、もう一つ見逃すことのできないのは、彼らが韓愈の「古文」の繼承者であった點である。「古文」は、歐陽脩の時代に定着したと言われるが[11]、その時「古文」とされたものは、文章のスタイルと思想的主張の一致したものであり、その思想とは儒教第一主義であり反佛教であった。從って佛教側としては、彼らの反佛教、つまり排佛の主張を非難・批判するのは當然であるが、單にそれを繰り返すだけのものでもなかった。

天台再興に寄與した北宋の智圓（九七六―一〇二二）に「師韓議」（韓愈を師匠と仰ぐことに關する私の考え）という一文がある[12]。その中で智圓は、文章と思想は切り離せないものであると言う古文家の主張を認め、そこに立って論を展開している。つまりそれを逆手にとって、釋子が韓愈の文章を模範と仰ぐと言うのであれば、それは佛教を排斥して儒教を尊崇することではなくて、經律、戒慧、慈悲といった釋迦の教えの通りに行うことである

と述べ、孔子と韓愈の關係は釋迦と釋子の關係に類似していると主張する。この論の當否は別として、この文章は當時の佛教界においても韓愈の文章、つまり「古文」が流行していたことを物語っている。もちろん智圓も、自ら「中庸子」と名乘ったことに端的に表われるように、贊寧や他の佛教者と同じく三教一致を唱えた。さらに佛教側が考えたことは、單に佛教が儒教や道教とは異なる世界、分野で一翼を擔うと主張するのではなく、同じ世界、分野で、儒道を包み込む思想の優秀性をさまざまな形で提示することであった。

禪では、韓愈と大顚の問答の話はまず『祖堂集』に見えるが、『佛祖統紀』はこの話を引用している。志磐は排佛論者の韓愈に對する非難を續けながら、大顚にあった後には韓愈の佛教批判が少し緩んだと言う。そのことを自らの言葉でコメントするのではなく、涪翁すなわち黄庭堅の「韓愈は、大顚に出會ってから、文章を作る際に道理の方に重きを置くようになり、そこで排佛の言葉が少しだけ阻まれた」(T49, 382b) を引いている。これによって、韓愈が大顚の偉大さを認めたことは佛教を認めたことに他ならないと言いたいのである。

また、蜀の禪師で黄龍新禪師に法を得た祖秀(號は藏六菴)は『歐陽外傳』で、歐陽脩がやはり左遷されて廬山にあった時、祖印居訥禪師と出會ってすっかり信服したことを記錄している。志磐は、それを引用して歐陽脩と居訥について述べた記事の「述」の中で、

今日の人々は、韓愈と歐陽脩の兩人がはじめに佛教を誹謗したことだけは知っているが、後になって佛教に信服したことに氣づこうとしない。そのため兩人は、結局、排佛者の名を負うことになった。なんと不幸なことではないか。(T49, 411b)

と言う。排佛者の汚名を着せられたことに同情を寄せるかの如き口吻であるが、それはもちろん知識人・儒者に佛教の優位を認めさせるための方便である。韓愈・歐陽脩の二人を批判して佛教の優秀性を主張する時代ではな

く、彼らを取り込んで自らの宗教を宣傳する時代に變わっているのである。

さらに「通例」の「息衆疑」（多くの疑問を解消する）では、

世間の儒者達は、よく韓愈や歐陽脩の排佛を引き合いに出す。ところが彼らは、韓愈と歐陽脩の二人が晩年には佛教の道理と一致したのを知らない。今日の人々が逸る心を少し抑えて、この『佛祖統紀』を讀み反復して詳しく味わえば、韓愈や歐陽脩の主張は、すべて表では佛教を貶めても裏では佛教を助けていることが分かる。（T49, 131b）

とまで言う。世間の儒者が韓愈と歐陽脩を排佛者として見るのは間違いであると斷定しているのである[13]。

このように『佛祖統紀』は、韓愈と大顚の話、歐陽脩と居訥の話といった、天台に敵對するはずの禪の用意した文獻をも採用して、排佛論者の代表と目される韓愈と歐陽脩を味方に取り込んだ。三教同列が前提となった時代に佛教の優秀さを述べるには、儒教を自己の内に取り込まねばならない。また、古文が知識人の間に定着した時代に、その領袖とされる韓愈・歐陽脩を單純に排斥することなど考えられなかった。例えば、眞宗が曲阜で孔子廟に謁し、孔子に尊號を加えたことに對する「述」では、志磐は韓愈の「處州孔子廟碑」を引いて論を進めている（T49, 403c）。排佛という立場以外では、彼を認めていこうという態度である。志磐が禪の資料を援用した事については、次章でも取り上げる。

第三章　佛教宗派内外の對立と史書

禪と天台をはじめとする宗派間の對立やそれぞれの宗派内部の抗争については、本稿に先立ついくつかの論考において筆者もたびたび取り上げた。ここでは、當面の對立相手を自らの史書でどのように扱っているかに注目して、上で見てきた宋代宗教界の一側面を捉え直してみたい。すなわち、宋代には宗教界をあげて世俗權力の構造の中に自派の存在を確立せんとしており、またその宗教界の力關係の變化が史書に反映していると考えられるが、その實態はどのようなものであろうか。

第一節　禪宗の贊寧批判

『宋高僧傳』を編むに際して、

而して卽ち十科の舊例に循い、萬行の新名を輯む。（「宋高僧傳序」T50, 709c）

と述べていることから明らかなように、贊寧は『高僧傳』『續高僧傳』以來の部立てを踏襲した。そしてそのために、唐中期以降に勢力を擴大した禪の僧侶を正しく立傳できなかった。從って、例えば禪僧の慧洪（一〇七一―一一二八）は贊寧を批判して次のように言っている。

禪僧というものは、求道に打ち込み、自らの身體にも世間にもともに關心が無く、記錄といった仕事に向かったことはなかった。そこで唐や宋の僧傳は學僧の手に成ったのである。道宣（『續高僧傳』の作者）は、戒律の學問には精通しているが、文章をつづることには有能でない。禪僧の傳を書いているが役所の文書のような有樣である。贊寧は、博學ではあるが學識に缺けており、禪僧である永明延壽を興福篇に列べ、巖頭全豁を施身篇に置いている。（「題佛鑑僧寶傳」『石門文字禪』巻二六）

贊寧は大宋高僧傳を作り、高僧を十分類して篇目を立て、義解僧を最初に置いている。大いに笑うべき事である。さらに、巖頭全豁禪師を遺身篇に置き、智覺延壽禪師を興福篇に置いている。また雲門文偃禪師は僧

の中の王とも目される人物であるのに、贊寧は彼と同時代に生きながら、立傳していない。一體どうしたことか。（『林間錄』上）

禪の側からこのような批判を受ける結果になったのは、贊寧の關心が、禪を正當に位置づけようとするより、舊來の部立ての中で高僧傳を著わすことに關心を向けていたためと考えられる。律僧であった贊寧が禪僧の扱いに冷淡であったことは否めないが、贊寧の基づいた資料あるいは著作編纂の時代には、まだ禪の勢力が正しく把握されていなかったことも考慮する必要があろう。

第二節　志磐の禪宗批判

「通例」には、

達磨・賢首・慈恩・灌頂・南山の諸師、皆な一代の偉なり。特に共に此の道を明らかにすと雖も、而るに各おの一門を專らにし、群宗を區別す。諸宗立教志一巻を作る。（T49, 130c）

とある。その述べるごとく、「諸宗立教史」の記述は極端に少なく、禪に關しては、達磨から六祖慧能で終わっている。もっともその點は禪以外の宗派についても同じであるから、禪に極端な批判的態度をとっているとは言い難い。また「法運通塞志」でも、禪への特別な批判は見えない。ただし、巻十四「諸師列傳」の僧統義天章の「述」に

昉師は祖を辯じて謂わく、智炬は寶林傳を撰し、詭說百端なり。達磨隻履西歸・立雪斷臂等の如きは事、南山續高僧傳と同じからざること多し云云。世又た謂う、壇經は性を談じて吾が宗と異ならず。而るに念佛に於いて西方に往くを求むるを、以て貶斥する有り。義天、遼國の二書を焚棄するを言うは、蓋し此を以てな

り。(T49, 224a)

と、山外派の子昉の言を引いて禪を非難攻撃する。これは『釋門正統』巻七「護法内傳」、子昉傳章の記事(『卍續藏經』一三〇册、445b)と變わらない。また巻二一「雜傳」に載せる「吳興子昉傳」(T49, 242a)にはさらに詳しく述べている。

嵩明教、禪經に據り定祖圖を作り、付法藏を以て、斥け焚く可しと爲す。師は祖說を作り、以て之を救う。又た三年、嵩、禪經の通ぜざる有るを知り、輒ち傳寫に誤り有りと云う。師、復た止訛を作り以て之を折く。其の略に曰う有り。契嵩、二十八祖を立て、妄りに禪經に據り、天下を熒惑し、付法藏を斥け、謬書と爲す。此は唐の智炬、寶林傳を作るに由る。禪經に九人有りて、其の第八は達摩多羅と名づけ、第九は般若密多羅と名づくるに因るが故に、智炬、達摩兩字の語音相近きを見、遂に改めて達摩と爲し、而して菩提の二字を增し、移して般若多羅の後に居らしむ。又た他處の二名の婆舍斯多・不如密多を取り、以て二十四人を繼ぎ、之を總べて二十八と爲す。炬は妄りに前に陳べ、嵩は繆りて後に附し、正教を瀆亂し禪宗を瑕玷す。余れ嘗つて之を面折するも、而るに嵩、媿を知る莫し……。

ここで面白いことは、山外派の子昉の禪宗批判を山家の志磐が何のためらいもなく利用している點である。第二章で言及した韓愈と大顚の話は、十世紀半ばに禪側で作られた話であろうし、『歐陽外傳』も禪の用意したものであった。『佛祖統紀』では、天台以外の諸宗を輕視して一巻で簡單に片づけているにも拘わらず、先述したように、韓愈や歐陽脩に關する記述には、禪の資料を利用している。そこにも、當時の佛教界の勢力が反映しているものと思われる。「通例」に見える「釋引文」は『佛祖統紀』が利用した書物の一覽であるが、遺漏があるとは言え、禪側の文獻が目立つことも、この推論を補強しよう。

第三節　天台宗派内の對立――山家・山外の爭い

天台宗派内の對立については、「法運通塞志」には言及がない。ただ山家派の四明知禮（法智）や慈雲遵式に關する記事が頻出するのに對し、山外派の記事はほとんど現われない。山家派では四明知禮法智が「本紀」に立てられ、それ以下は「諸師列傳」に立傳されるのに對し、山外派は淨覺仁岳・神智從義以下が「諸師雜傳」に立てられている。「通例」に

　宗に背き祖を破り、其の宗緒を失する者は三數人なり。雜傳一巻を作る。（T49, 130b）

と言い、「雜傳」の序には

　雜傳の作、將に以て諸師の未だ醇正ならざる者を錄せんとす。故に淨覺は背宗の錄を以て、神智は破祖の錄を以て、草菴は失緒の錄を以てなり。或るひと曰く、法智の世、先後、異説を爲す者、之れ有り。豈に當に盡く雜傳を以て之を處らしむべけんやと。然るに（慶）昭・（智）圓の四明（法智）に於けるは、師資世系の相い攝する無く、後人、概ね山外を以て之を指す。亦た之を懲らすに足れり。法智の子孫、時に逆路の説を爲す者の若きに至りては、未だ淨覺・神智の甚だしきを爲すに若《し》かず。彼は之を祝《のろ》いて類《よ》からず。我は且さに二人を指して首と爲すと云う。（T49, 241a）

と見える。また、淨覺および神智從義の傳の「贊」には、彼らを「雜傳」に置いた理由を、次のようにより詳しく述べ、淨覺仁岳に對し、一定の評價はしている。ただ嗣法の一點で「雜傳」に置くと言う。

　論に曰く、天台家謂わく、華嚴・唯識を學ぶ者を他宗と爲すと。蓋し、其の時教規矩の説を受けざるを指す耳《のみ》。淨覺は初め山家の學を爲して甚だ厲しく、止疑抉膜十門折難を爲して以て四師を排し甚だ力む。一日、師資小《すこ》しく合わずして、遽かに（三身）壽量の異説を爲すこと甚だし。十諫雪謗に至り、抗辯已まず。前に

之を輔け、而して後に之に畔く。其の過を爲すこと、他宗を學ぶ者と何ぞ異ならん。父之を作り、子之を述ぶ。既に宗に背くと曰えば、何ぞ必ずしも嗣法ならん。之を雜傳に置くは、亦た懲を爲すに足れり。然るに此れ亦た是れ宗綱を護り、法裔を辯じ、之れが說を爲す耳。若し之を鑑みるに、佛眼を以てすれば、則ち聖賢の道を弘むること、互いに抑揚有り、豈に當に其の優劣を定むべけんや。調達・波旬の如きは皆な大權を以て邪見を示現す。詎んぞ俗情を以て之を裁量す可けんや。是に知る。淨覺を議する者、當に此の意を以て之を亮《たす》くべきことを。（T49, 241c）

神智從義に對する非難は淨覺仁岳に對するより嚴しい。

論に曰く、神智、之れ扶宗（繼忠）に從い、四明（知禮）を視れば、曾祖爲り。而して所立の義有るに於いて、極力、之を詆排す。乃翁を去ること已に五十年、其の說已に定まれり。而るに特に之が異を爲し、祖業を破壞し、不肖たること甚だしきを爲す。當時の孤山・淨覺の一抑一揚の比に同じからざるなり。舊は扶宗（繼忠）に系《つらな》る。今、故に之を黜け、之を雜傳に置き、以て家法の在を示す。（T49, 242c）

このように嗣法を嚴しく言い、その論を展開するのに儒教倫理を持ち出すのは、自らの宗派の正當性を訴えるのに效果があったからであろうか。

また第二節に取り上げたように、山家派の志磐は、禪宗を非難する際には何の躊躇もなく山外派の禪批判を採用している。このことは、天台内の山家派と山外派の對立は、教義解釋の相違に基づくものではあっても、多分に感情的なもので、當事者を除けば深刻なものではなかったことを示し、こと禪宗批判には、天台の全ての財産をもって當たったことを物語っている。また志磐にとって、最も重要なことは、佛教が儒教や道教と竝び、さらにそれをも越えて重要な教えであると示すことである。從って宗派間の對立（天台と禪）や宗派内の對立（山家

と山外）は、世間を前にしては無視できるものであった。禪側の話や山外派の文獻をためらわずに利用すること
には、そうした意識も働いていたであろう。

結　語

以上、第一章で律の贊寧、第二章で天台の志磐を取り上げて、彼らの著わした史書の體裁およびその内容から、宋代佛教と世俗との關係を明らかにし、第三章では、別の側面からそれらを確認した。史書の内容を檢討するに際しては、時の推移に從って存在の重要度を增した、排佛家、韓愈の扱いに注目した。

本稿では、宋代に最も優勢であった禪の史書については觸れなかったので、北宋末に成った慧洪の『禪林僧寶傳』（一一二四完成）についてかつて筆者の論じたところから[14]、小論に關わる點について略述しておこう。

體裁について言えば、禪僧を立傳するに際して、慧洪は「機緣の語句を記す」だけでなく、「世系・入道の緣・臨終明驗の效」を併せ記した僧傳をめざした。それは「夫れ言を聽くの道は事を以て觀、既に其の語言を載すれば則ち當に兼ねて其の行事を記すべし」（『石門文字禪』巻二三「僧寶傳序」）とあるように、「事」と「言」が一體となって初めてある人物がよく描けるとするものである。それはもちろん、世俗の史書の體裁を襲った贊寧らの立場と變わらない。また内容に關連して言えば、「事」の中でも『禪林僧寶傳』に一番特徴的なのは、高僧舍利についての豐富な記述である。佛陀の舍利を崇めることは、絕對的な存在に對する全面的な歸依という點で、貴族文化における佛教信仰の一つの側面を象徴的に顯している。これに對し高僧舍利の信仰は、大衆のレベルでは、佛舍利に對すると同じように奇瑞に對する崇仰であった。しかし、自らの悟りを問題にして自覺的に佛教に

對する知識人にとっては、人間である僧が最後にどのように解脱したかを知ろうとすることは、釋迦の入滅に伴う奇瑞への關心とは全く異なるレベルのものである。にもかかわらず、高僧遷化の記述が、舍利の多様さと豐富さに重心を傾けていくことは、世俗への浸透を圖ってかえってそこに墮する危險を孕んでいた。

禪の史書から引き出されるこの結論は、ここで考察した律と天台の史書からの結論と重なる。つまり形式的には大いに世俗の史書を取り込み、内容的には世俗の知識人をターゲットにして、自らの課題であるこの社會への浸透の加速化に成功した時、佛教はその教えの本質の追求を脇に置き、ある程度皮相なところでの教義の普及に終始するようになった。そしてそのことは、ついには佛教を殺す諸刃の劍をもたらしたのではなかろうか。

注

（1）頁二〇六（『内藤湖南全集』十一巻、東京、一九六九）。

（2）贊寧のこのような態度を示す挿話が『歸田錄』に見える。「太祖皇帝（注記：太宗の誤り）、初めて相國寺に幸し、佛像の前に至り燒香せんとし、當に拜すべきか拜さざるべきかを問うに、僧錄の贊寧、奏して曰く、拜せざるべしと。其の何なる故かを問えば、對えて曰く、見在佛は過去佛を拜せずと。贊寧者、頗る書を知り、口辯有りて、其の語は俳優に類すと雖も、然るに適たま上意に會い、故に微笑して之に頷き遂に以て定制と爲る。今に至り行幸焚香するも、皆拜せざるなり。議者以て禮を得たりと爲す」。

（3）『宋高僧傳』のみならず、それに先行する兩高僧傳も大なり小なり正史への依存はある。それは佛教が市民權を得るための手段だったが、この時代以降は、贊寧の場合に見られるように、廣く佛教を賣り出そうとするためであった。

（4）竺沙雅章「『太平廣記』と宋代佛教史籍」（『汲古』三〇號、一九九七）。後に『宋元佛教文化史研究』（汲古書院、二〇〇〇）所收。

（5）ただ『魏書』には世家が缺けている。

(6)『釋門正統』が載記の形を採用しているのとは異なる。

(7)錢大昕『十駕齋養新錄』巻十三「史通」。

(8)拙稿「宋代における『史通』」(『中國思想史研究』第十四號)。後に『唐代の思想と文化』(創文社、二〇〇〇)所收。

(9)法運通塞志は『釋門正統』巻四の興衰志に當たるが、その規模はくらべようがない。「法運」とは何か。例えば『佛祖統紀』巻四六に寶覺永道(一〇八六―一一四七)の上書が載せられているが、その中で「古自り佛法は未だ嘗つて國運と同に盛衰を爲さざるなし」(T49, 421a)や、道士の林靈素らによって佛教が排撃された記事についての「述」で、「佛法の厄運は、故より必ず姦人有りて之が爲に法を亂す。而して主上竟に其の蔽を受く。運當泰來るに及び、故より衆人交ごも攻め、主上一たび寤む。是に於いて詔を降し、自ら洗い、靈素を指して姦人と爲し、而して且つ大いに佛法を復す。初め蔽われ後明らかなるは、皆な法運、之を然らしむるなり」(T49, 422a)というのが參考になろう。

(10)縮刷『正統道藏』第八册(臺灣藝文印書館、一九七七)。

(11)「古文」が歐陽脩の時代に廣まったのは、彼が科擧試驗の主任になった事による。宮崎市定『科擧史』(東洋文庫、一九八九)にこの間の事情を「かく進士科における試問の内容が時代とともに變遷するに平行して、答案の文體もまた變化があった。宋初科擧のための予備校として京師の太學が本據であり、新文體の流行は太學から始まった。ゆえに地方の擧子は時流に遲れざらんとすれば勢い桑梓を棄てて京師に遊學せざるを得ず、その數つねに數千人に達した。そして流行の太學體なるものは險怪奇澁の文であり、それぞれ新意を出し、奇をもって相勝らんとするの風があった。仁宗の嘉祐二年、歐陽脩が知貢擧となり、痛く新體を抑え、當時において文名ある者はことごとく落第させられた。成績の發表に及んで擧子の不平を抱く者相聚って歐陽脩の馬前に呼譟し、あわや大事に及ばんとするほどであった。しかしこの年、程顥・張載・朱光庭・蘇軾・蘇轍・曾鞏等の名文家が及第し、これより文體が大いに改まって、歐陽脩の達意の文體が天下を風靡するようになり、宋代文章の黄金時代を現出する基礎を築いた」(頁二八八以下)と述べる。また村上哲見『科擧の話』(講談社現代新書、一九八〇)にも『續資治通鑑長編』嘉祐二年正月の記事を引いて次のように記す。「なおこの嘉祐二年の科擧は、當時の文體の流行を大きく變えたと傳えられている。當時はペダンティックな難解きわまる文章がはやっていたが、かねてからそれを苦々しく思っていた歐陽脩は、知貢擧となってその種の文章を一切しりぞけた。その半面として、明快達意の文章を求めていた歐陽脩のめがねにかなったのが蘇東坡だったということになる。云々」（頁一四七）。

(12) 『卍續藏經』一〇一册、『閑居編』巻二八所收。また『全宋文』⑧、巻三一二。

(13) このような立場をとるものに、契嵩の『輔教編』がある。上巻「勸書」に「韓愈は排佛論者と言われ、〈原道〉を書いて、當時の人々の佛教信仰が常軌を逸しているのを苦々しく思い阻止しようとしたが、佛道の根本については甚だ推賞しようとしている」と述べ、いくつかの文章を引いている。そして最後に「韓愈が佛教に對し否定・肯定兩面の發言をしているとしても、その評價は彼の本心にある。抑えるにせよ賞するにせよ、場合に應じてそうするのである。だから後世の人は、そうした基準を韓愈の本心に照らして見るべきで、その表面の言葉にとらわれてはいけない」と言い、韓愈は排佛者ではなく崇佛者であるとする。この主張は契嵩の文集『鐔津集』巻一四から一六に収められている「非韓子」三十篇とは趣を異にする。しかしこの『輔教編』をもって入藏運動を行ったこと、あるいはこの書のタイトル（佛出世の教えを輔ける）からすれば、契嵩の立場は明らかであろう。因みに契嵩沒後、その顯彰に努めたのが、『禪林僧寶傳』の著者慧洪である。

(14) 拙稿「舎利信仰と僧傳におけるその敍述―慧洪『禪林僧寶傳』敍述の理解のために―」（『禪文化研究所紀要』十六號）。後に『唐代の思想と文化』（創文社、二〇〇〇）所收。

第II部　佛教徒・佛教信者

一　佛教徒の遺言
――唐代を中心に――

はじめに

小論は、拙論「遺言の研究　その1――中國古代・中世の遺言、その形式面よりの概觀」の續編として、中國の佛教徒の遺言を扱う。これについては「韓愈の遺言をめぐって」の中で部分的に觸れたが(1)、ここでは新しい資料を取り入れて總合的に論じる。個々の遺言を通じて、中國佛教徒の死生觀ひいては中國佛教に迫り、佛教における中國的特質について檢證したいと思う。とは言え遺言研究の切り口は多岐にわたる。そこで小論では、佛教徒においても壓倒的に多い、死後の儀禮、終制を指示する遺言を中心として取り上げ、世俗との關わりに注目しようと考える。

原始佛教の基本的な考えでは、出家者は葬儀に關わるべきでなかった。それは世俗の行爲であり、出家者は自らの修業に專心することが偏えに求められたからである。葬儀はその背後に思想性を含むようなものではなく、單なる遺體處理、つまり物理的な手續きと認識されていた。火葬のために薪を積んだり油を注いだりという一定の手順はあっても、所謂儀禮ではなかったものと思われる。この立場は、佛陀の死を扱った『長阿含經』「遊行經」に見られる(2)。

しかし、基本的な考えも時代と共に變化して行く。それは、發祥の地インドにおいても、また傳播してきた中國においても同樣であった。佛教が社會的に勢力を得て集團としての營みを發展させて行けば、内からさまざまな戒律が生まれるのは當然である。それと共に律典も整備され、讀經や唱衣の儀禮といった葬喪の約束事も定められたと考えられる。また中國では、佛教が社會に浸透するにつれ、關心は釋迦その人の行爲に向けられ、そこに獨自の倫理觀が反映された。例えば五世紀半ばの譯出と考えられる『佛説淨飯王般涅槃經』では、出家した釋迦は原始佛教で否定されていたはずの葬儀に自ら關わっており、その理由として「報恩」や「孝」が示されている。ここに佛教の葬喪儀禮は大きな轉換を迎えた。

やがて隋唐時代になると、佛教は中國人の宗教として面目を新たにし、天台、華嚴、禪、密教が開花する。それとともに佛教と世俗の關係は一段と深まり、佛教葬喪儀禮はさらに一層、土着的、儒家的な彩りを増すことになる。このような狀況の下に、律僧である道宣（五九六―六六七）や義淨（六三五―七一三）は、それぞれの立場から佛教徒のあるべき葬喪儀禮の型を示し、禪では百丈懷海（七四九―八一四）が、後世に『古清規』と呼ばれる清規を初めて作った。叢林維持のための規範である清規の出現は、佛教と社會の關係の變化を如實に示すものである。さらに武宗による會昌の廢佛をへて、唐末から宋代になると、佛教世界には度牒、僧官、寺院住持等の制度が導入され、皇帝獨裁體制下での儒佛道三教一體への道は一段と進められるのである。

以下の本論では、そうした歷史的推移を踏まえて、佛教と社會との關係が新たな展開を見せた唐代を中心に、佛教徒の遺言を見て行く。まず第一章で、聖俗にかかわらず中國人の遺言の大きな特徴であった薄葬遺言について、佛教徒の場合を見る。續いて第二章で、遺言から窺い知ることの出來る佛教の葬喪儀禮と、佛教的立場を貫くためにそれをも拒否しようとする例を取り上げる。續いて第三章では、僧侶の私有財産に關する遺言から世俗との關わりを考え、最後に第四章で、それらの一つの典型として不空の遺言を讀み、結びとする。

第一章　薄葬遺言について

中國では、葬儀こそが禮の中心事であったため、煩瑣な喪葬儀禮が發達した。そしていわゆる厚葬は、人間關係の根幹に据えられた父子の關係である「孝」を最も效果的に表現するものと考えられた。そのため葬儀は華美に走り、この風習を戒め薄葬を指示する遺言は、佛教傳播以前から多く殘され、小論で主として扱う唐代においても數多く見られる。例えば、唐の姚崇（六五一―七二一）は「遺令」（『舊唐書』巻九六、本傳）で、薄葬を遺言した歴代の通識者を列擧した後に、

凡そ厚葬の家、例として明哲に非ず。或いは流俗に溺れ、幽明を察せず、咸な奢厚を以て忠孝と爲し、儉薄を以て慳惜と爲し、亡者をして戮屍暴骸の酷を致し、存者をして不忠不孝の誚に陷ら令む。痛と爲す可きかな。痛と爲す可きかな。

と述べ、李德裕（七八七―八四九）は「論喪葬踰制疏」（『全唐文』巻七〇二）[3]の中で、

應に百姓は厚葬にして、道途に及びて盛んに祭奠を陳べ、兼ねて音樂等を設け、閭里の編甿、敎義を知ること罕なり。生きては孝養の紀す可き無く、沒しては厚葬を以て相い矜る。器仗は僭差にして、祭奠は奢靡、仍りて音樂を以て、其の送終を榮とし、或いは結社して相い資り、或いは息利自ら辯じ、生産儲蓄、之が爲に皆な空となる。習い以て常と爲し、敢えて自ら廢せず。人戸の貧破、抑そも此の由なり。今、百姓等の喪葬祭奠、竝びに金銀錦繡を以て飾りと爲すを許さざることを請わん。其の陳設樂音する者及び葬物の稍く僭

越に渉る者、並びに勒《おさ》えて毀除せしめ、結社の類は、死亡喪服糧食等の用使に任充せしめよ。如し人の犯す者有らば、並びに法律に準じて科罪せよ云々。

と記している。この二例は佛教の盛行した唐代のものであるが、特に佛教とは關わりなく、當時の厚葬の風潮と、それに對する強い反省を示している。

僧侶の場合、隋の慧海（五五〇―六〇六）の遺命（『續高僧傳』巻十一、T50, 510a）[4]は、

吾れ聞く、上棟下宇は生民の齷齪《あくせく》、外槨棺内は世界の縈羈なり。既に形骸を桎梏に累し、亦た生世を大患に礙す。豈に禮儀を囂塵に損し、卜宅して煩飾に葬する者ならんや。宜しく薄葬を宗とし、用《もつ》て先塵を嗣ぎ、諸の有類に貽すべきなり。

と言う。「立派な宮殿は人民を齷齪させ、壮大な墳墓は世のしがらみ。精神が肉體に囚われ、生が大きな苦しみであるからには、俗世の禮儀に追從してあれこれ葬儀に關わるべきではない」というのが、彼の薄葬を指示する根據である。遺體（肉體）に意味を持たせないところに、佛教徒の立場が貫かれている。また唐初の志寛（五六六―六四三）は、次のように弟子に遺告した（『續高僧傳』巻十五、T50, 544a）。

生死は長遠にして、有待者《みあるもの》は皆な爾り。汝等但だ自ら身を觀ること幻の如くば、便ち愛結自纏する無し。吾が命、亦た斷たば、當に椽兩根、蘧篨一領を取り、裹縛して輿送すべし。俗に隨い紛紜と不益の事を爲すを得ること無かれ。

林葬を遺言した行等（五六〇―六四二）が「惟だ一椽を以て、山所に輿送せよ」（『續高僧傳』巻十五、T50, 543a）と言ったのと同様、志寛も棺槨を用いず、「一枚の竹製の粗いむしろ（蘧篨《アンペラ》）に死體を包み、それを二本のたるき棒に縛って」運んで穴に埋めるようにと言う。世俗の風習に倣ってあれこれ無駄なことはするなと警告してい

るのである。彼が厚葬を戒める理由は、その遺言の前半に「生と死が繰り返される輪廻の世界は終わりがなく、肉體をもって生まれたものは逃れようがない。しかしこの身を空と觀れば、執着の心は自ずから解ける」と述べているように、佛教の根本教義に基づいている。

在家佛教徒の夫人張氏（七九二―八五七）の場合も、同じく薄葬を遺言（『千唐誌齋藏誌』[5]一一四〇「唐故泗州司倉參軍彭城劉府君夫人吳郡張氏墓誌銘并序」）するのに、

況んや吾が心は釋教を崇び、深く苦空に達せり。人の死生は、豈に蟬蛻に殊ならんや。汝當に哀情を節去し、己を害さ令むる無かれ。儉薄して葬を營み、生を妨げ遺む勿れ。

と、「人間の身をおく世界には永遠の存續はなく、無常故に苦であり、すべての存在は無我であって、因緣によって成り立つ」という「空」の思想を根據とする。[6]

薄葬の徹底は、俗人の場合、漢の楊王孫の裸葬や西晉の皇甫謐のアンペラに包んでの埋葬であり、佛教者の場合、上記の志寬のように墳墓を造らないことである。以下にいま少し、簡素な遺體處置を指示した僧侶の遺言を見よう。

禪僧の桂琛（八六七―九二七）は「遺戒して俗禮に遵い棺して墓すること勿からしむ」（『宋高僧傳』巻十三、T50, 786c）と述べ、王維とも交遊のあった元崇（七〇三―七七七）は「臨終に門人に命じて封樹せ令むる無かれ」（『宋高僧傳』巻十七、T50, 814c）と言う。彼は亡くなって七日目に弟子の手で葬られた。「攝山の陽《みなみ》に瘞む。巖に依りて窟を爲し、石を累ね、磨かず礱がず」と、天然の洞窟を用いよとの遺言によるものであった。允文（八〇五―八八二）にも「遺言して封樹を許さず」（『宋高僧傳』巻十六、T50, 808c）と見える。因みに、彼はまた自ら碑銘を準備していたが、それは白居易の自撰墓誌に倣ったものと記されている。

これらの例は、埋葬はしても土盛りしたり目印の樹を植えたりしないことが、最低の遺體處理であったことを意味している。さらに徹底すれば、宗密（七八〇―八四一）の遺言のように、まず蟲犬に施身し、その遺骸を火葬して散骨し、墓も墳も起こさない（裴休「圭峰禪師碑銘并序」『全唐文』巻七四三）ことになる。

墳墓あるいは墳塔を起こさない徹底した薄葬と同時に、佛教的儀禮を加えるよう指示する遺言もある。白居易の認めた「如信大師功德幢記」（『白居易集』巻六八）の中に見えるのがそれである。

穴の上、封ぜず樹せず、廟せず、碑せず、人を勞わせず、財を傷つけず、唯だ佛頂尊勝陀羅尼一幢を立つ。……皆な師の囑累する所なり。門人、遺志を奉ずるなり。

彼に續いて聖善寺花嚴院を繼いだ智如（七四九―八三四）についても、白居易は「東都十律大德長聖善寺鉢塔院主智如和尚茶毘幢記」（『白居易集』巻六九）の中で、

盡滅に臨むに及ぶや、弟子に告げて言く、我れ歿するの後、當に本院の先師の遺法に依り、塔する勿れ、墳する勿れ。唯だ佛頂尊勝陀羅尼一幢を造り、吾が茶毘の所に寘け。吾が形の化すとき、吾れは常在を願わん。願わくば、幢の塵の影に依りて、一切の衆生に利益せんことを。吾が願い足るなり。

と傳えている。自らの墳塔を造らず、人を使わず、金を用いず、ただ茶毘の場所に『佛頂尊勝陀羅尼經』を刻んだ經幢を立てることが、如信以來守られていたのである。白居易は「孰か是の如き幢を見て、菩提心を發せざらん」というが、これらの遺言からは、死後もなんらかの意味で救濟者たらんとする佛教者の願望が窺える。また契義（七五三―八一八）の墓誌銘の中にも、「遺命す。墳せず、塔せず、土を積みて、壇を爲り、尊勝の幢を其の前に植てよ。亦た浮圖の敎なり(7)」と見える。經幢は密教の傳播にともなって立てられるようになったが、中唐以降は淨土教のものが多かった。中でも「佛頂尊勝陀羅尼」の誦持が流行して佛頂尊勝陀羅尼經幢が多く建立され

たことは、各種の金石錄に確認できる。[8] 上引文では、墳墓を起こさず經幢を立てることが「亦た浮圖の敎なり」と言われており、佛敎葬送儀禮の一つの型になっていたことを窺わせる。

以上では、薄葬の遺言について、佛敎徒の場合のあり方を見た。こうした聖俗界に共通とも言える遺言の他に、俗世間で行なわれているような葬儀に關わらないこと、律で定められた枠の中で葬儀を行なうべきことなど、佛敎者および佛敎信者の葬儀に特有の遺言がある。次には、これらから佛敎の葬喪儀禮の實際に觸れ、ついでそれをも拒否しようとする遺言を取り上げて、その意味を考えよう。

第二章　遺言に見る佛敎の葬喪儀禮とその拒否

先に觸れたように、道宣と義淨兩律師の葬儀に關する考え方や、禪の清規における葬儀のあるべき姿などは、殘された文字から讀み取ることが出來る。しかし、それらが僧侶達の葬儀に實際どのように反映していたかを示す資料は少ない。ここで取り上げる、葬儀を執り行う態度に言及した遺言は、そうした葬儀の實際の様子を多少なりとも垣間見させてくれるものである。

例えば、北魏の佛敎信者裴植の「鬚髪を翦落し、被するに法服を以てし、沙門の禮を以て嵩高の陰《きた》に葬れ」（『魏書』巻七一）という遺令や、やはり在家信徒で、後で見る不空とも關わり、禪の保唐派無住のパトロンでもあった宰相、杜鴻漸（?—七六九）の「臨終に沐浴し、朝服に僧伽梨を加え令め、鬚髪を剃り、衆に別れて逝く」（『佛祖統紀』巻四一、T49, 378a）という記事、あるいは洞山良价（八〇七—八六九）の「剃髪披衣を命じ、鐘を鳴らさ令め、奄然として往く」（『宋高僧傳』巻十二、T50, 780a）という記事、さらに時代は降るが、北宋の宰相、王旦（九五七—一〇一七）の「吾は深く勞生を厭い、來世は僧と爲りて、林間に宴坐し、觀心を樂しみと爲すことを願わん。幸に我が爲に大德に請い、施戒し、鬚髪を剃り、三衣を著け、火葬し、金寶を以て棺内に置くこと勿れ」（『佛祖統紀』巻四四、T49, 406a）という遺囑を見れば、臨終に及んで剃髪澡身し、法服に着替えて旅立つ儀禮のあったことが分かる。これは同時に、例えば『法華經』序品に「鬚髪を剃除し、而して法服を被す」（T9, 3a）と見えるように、出家者の基本であり、在家者は來世に出家を託し、出家者は自らの歩んだ道を確認する意味を持つものであった。

また北齊の眞玉の「汝等、蓮華佛を念ずるを助け、我をして彼岸に至るを得せ令めよ」（『續高僧傳』巻六、T50, 475c）、五代の義解僧、可止（八六〇—九三四）の「吾が往生を助け、彌陀佛を念ぜよ」（『宋高僧傳』巻七、T50, 748c）、あるいは唐の在家佛敎徒、茹守福（?—七二三）の「自ら沐浴を爲し、衣るに新衣を以てし、迺ち諸の名僧に請い、廬に造《いた》り、念誦せしむ」（「大唐故朝散大夫京苑總監上柱國茹府君墓誌并序」『唐代墓誌彙編』開元一七二）といった記事からは、道宣や義淨そして清規の中で共通して見られた、葬喪儀禮のあらゆるプロセスにおける讀經念佛が、佛教式儀禮の基本要素であったと推測される。

さらに、こうした儀禮に對して、遺言の中でその遵守を拒む例がある。智遠（四九五—五七二）の「哭せ令めず」（『續高僧傳』巻十六、T50, 556a）、慧因（五三九—六二七）の「各おの法の如く住し、善く三業を修め、一生を空しく過せ令むる無かれ。當に佛の語に順い、服を變じて、哀を揚ぐる勿かるべし。吾が喪の後事に隨うは不可なり」（『續高僧傳』巻十三、T50, 522b）、慧旻（五七三—六四九）の「生死は人の常なり。寄世は本と行雲の若し。愼んで哭泣する無かれ。各おの無常を念い、早に自度を求めよ。喪事殯葬、律に恒儀有り。碑誌飾詞、一も作るを須《もち》いざれ」（『續高僧傳』巻二十二、T50, 620a）、玄琬（五六二—六三六）の「制服喪臨、一も懷に預る無かれ」

（『續高僧傳』巻二十二、T50, 617b）、義寂（九一九—九八七）の「哭泣を許さず。祭奠應に俗禮に縁らんとする者は、吾が弟子に非らず」（『宋高僧傳』巻七、T50, 752c）、惠眞（六七三—七五一）の「聖教は服無し。愼みて之を行なう勿れ」（『文苑英華』巻八六〇　李華「荊州南泉大雲寺故蘭若和尚碑」）などがそれである。

これらは皆、佛教徒としての自覺を持ち、俗人の葬送儀禮に沿った葬儀を禁じている。慧因や慧旻の立場は、佛陀が入滅の直前に一代説法の要髄を説いた『遺教經』の「睡眠の因縁を以て、一生を空しく過し、得る所無から令むること無かれ。當に無常の火の諸ろの世界を焼くことを念い、早に自度を求め、睡眠すること勿かるべし」（T12, 1111a）の内容と重なる。

ここに列擧した僧侶達は、あくまでも頑なに原始佛教の立場に踏み止まろうと、わざわざ遺言を殘した。上で見た行等の遺命に「威儀を作す勿かれ」（『續高僧傳』巻十五、T50, 543a）とあるのも、やはり葬儀に關わるなと強く命じている例であるが、これがさらに進み、例えば南嶽玄泰の遺偈になると「剃髮を用いず、澡浴を用いず、一堆の猛火、千足萬足」（『祖堂集』巻九　南嶽玄泰和尚章）として、頭髮を剃るまでもなく、沐浴もするに及ばず、ひとかたまりの猛火だけで十分と、葬儀そのものが否定されている。こうなれば、佛陀の遺訓に遵うとか律典に倣うといった消極的な理由による葬儀拒否ではなく、葬儀を否定することがこの人物の生き方を證することになる。葬儀に對する態度を通して、自らの佛教的立場を積極的に告げようとする遺言が現われたのである。この意味で、無住の遺言は僧侶の遺言の中でも一つの極を示すものである。彼は、弟子達に次のように申し渡す（『歷代法寶記』T51, 196a）。

若し是れ孝順の子ならば、吾が言教に違うを得ず。吾れ當に大いに行くべし。吾れ去りし後、眉を頻むるを得ざれ。世間の修行せざる人と同じきを得ざれ。哭泣著服及び眉を頻むる者は、卽ち吾が弟子と名づけず。

哭泣は卽ち是れ世間の法なり。佛法は卽ち然らず。一切の諸相を離る。卽ち是れ見佛なり。

ここでも俗禮葬儀が却けられているのであるが、それは佛教界の外に向けた姿勢ではなく、内に向けた省察であった。この無住系の禪について、宗密は次のように言う(『圓覺經大疏鈔』巻三之下、『卍續藏經』十四册、278d)。

釋門事相一切行なわれず。剃髮了れば便ち七條を掛け、禁戒を受けず。禮懺轉讀畫佛寫經に至りては一切之を毀ち、皆な妄想と爲す。住する所の院は佛事を置かず。故に教行は拘せずと謂うなり。

こうしたあり方が、臨終の遺誡の中でも貫かれていると言えよう。

もっとも現實には、元和中(八〇六―八二〇)に遷化した神淸の作品、『北山錄』喪服問に、「諸夏《ちゅうごく》の邦、禮儀を以て德を觀《しめ》す。其の邦に居りて其の俗を變ずるは君子の爲さざる所なり」(T52, 608b)とあるように、中國とインドとの風俗の違いを理由に、儒教の場合と同じように僧侶にも親や師に對する服喪の制が存在した。具體的な内容を示す例としては、『釋氏要覽』の引く『釋氏喪儀』の「若し受業の和尙ならば、父母に同じく、訓育の恩深く、例として皆な三年の服なり」(T54, 307c)、北宋の契嵩(一〇〇七―一〇七二)の『輔教編』巻下、孝論、「終孝章」の「師の喪に居るは、必ず其の父母を喪するが如くにして、十師の喪期は、則ち隆殺有り。唯だ法を稟け戒を得るの師のみは、心喪すること三年ならば可なり」がある。僧傳の記事から探せば、先に取り上げた眞玉が遷化した時の「玉氏の昆季、倶に縗絰を制し、諸門人と其の屍を收めて葬る」(『續高僧傳』巻六、T50, 475c)の例や、普寂(六五一―七三九)の葬儀で、河南尹で彼の厚い信者であった裴寬について、妻子ともども「縗麻もて、門徒の次に列す」(『宋高僧傳』巻九、T50, 760c)と述べられた例、また玄素(六九二―七五二)が遷化した時の「州伯・邑宰は喪師の禮を執る」(『文苑英華』巻八六二、李華「潤州鶴林寺故徑山大師碑銘」)といった例があげられる。

世俗との交流が進み、在家信徒が増加すればする程、世俗との境界が曖昧になるのは當然で、折衷の案がさまざまな立場から提出された。その間の狀況をよく反映しているのは先にふれた『北山錄』の立場であろう。こうした、教義と世俗化との問題を念頭に、次では、元來財産を持たなかったはずの出家者の遺産に關する遺言を見ていこう。

第三章　遺産處分に關する遺言

亡僧の財産をどのように處分するかについては、さまざまな律の規定があったようである。寺院の經濟活動が活發化するにつれて、世俗の商業活動との關わりが生まれ、それとともに、佛教教義と抵觸しない範圍で、次々と新しい律が生まれていった。同時に、世俗側からの規制が現われたことも當然であった。インドの地における亡僧財産の處分規定は、義淨の『南海寄歸内法傳』巻四「亡財僧現」（T54, 230a–c）と、道宣の『四分律刪繁補闕行事鈔』巻下一「二衣總別篇」中の「明亡五衆物」（T40, 112c–）及び『量處輕重儀』（T45, 839c–854b）に、詳述されている。律では、僧侶が私有できる財産と、寺院及び僧衆共有の財産とが區別されており、前者を輕物、後者を重物と言う。輕物は、僧侶が常に身につけている生活のための必要最低限の物である。三衣、鉢器、坐具等がこれに當たる。重物には、田園、房舍、奴隷、畜産、金銀が含まれる。

『敕修百丈清規』は、元の至元四年（一三三八）に國家の命によって編まれた。唐の禪僧百丈懷海（七四九—八一四）が叢林の約束事として作ったとされる所謂『古清規』を基に、その後の數百年間に禪宗勢力の伸長とともに生まれた新しい規則を加えたものである。基本的枠組みは、燈錄記述内容との比較から、唐時代の習俗を反映していることが確認できる。その大衆章の「亡僧」の項は、一般の僧侶の葬送儀禮について述べるものであるが、一連の行事の中に、亡僧の財産處分に觸れるものがある。葬送儀禮は亡僧の財産の一部で執り行われる事になっていたからである。まず『敕修百丈清規』に從って、一般僧侶の葬送儀禮のプロセスを見ておこう。「抄劄衣鉢」から始まるが、これは臨終の僧の私有財産調べが中心である。本人から口頭の遺言を聞いてそれを記録し、財産一覽を作ると同時に、それらの財産を封印して保管する作業である。その際に注意すべきことは、

亡僧、生前に預め住寺・兩序の勤舊に聞するに非ず、及び親書無き時、擅まに自ら衣物を遺囑す可からず。

という點である。亡僧が私有財産を自分の裁可で自由に處分するためには、生前に口頭なり文書で遺囑しておかなければならず、それ以外の物は、後に見る佛教獨特の「唱衣」の儀において、僧衆に等しく分與される事になっている。その後、入龕の儀式、念佛等の佛事が續き、その次に「估衣」がくる。これは、遺體處理（荼毘）の後に即座に行なわれる「唱衣」をスムーズに行なうため、預め各財産の値踏みを行なうものである。續いて出棺前夜の「大夜念誦」、そして出棺の儀式「送亡」、「荼毘」の儀式が續き、その後「唱衣」の儀が行なわれる。亡僧の財産の中から遺言によって遺贈したものを除き、僧衆に均しく分與するために、それらを競賣に付すのである。これが終わって、遺骨を納める「入塔」の儀が行なわれ、葬送儀禮は終了する。本來は私有財産を否定する佛教において、葬送儀禮の中で、財産分與に關わるいくつかの儀禮が大きな比重を占めているのは、驚くべきことである。しかし一方でそれは、以下の僧傳等の資料で見るように、佛教が中國社會で生き、根付いて行った證しとも考えられるのである。

生前に自らの財産分けを行なったという記事は、僧傳にはあまり例が無いが、わずかの記事を以下に列擧する。まず、唐初の譯經僧で中天竺出身の波羅頗迦羅蜜多羅（五六三—六三三）の傳（『續高僧傳』巻三、T50, 440b）に、

因りて疾を構え、自ら救われざることを知り、衣資を分散し、諸淨業を造り、端坐して佛を觀じ、遺表して身を施さんとす。敕を下して特に聽す。

とあり、また幾たびも取り上げられるが、眞玉の傳（『續高僧傳』巻六、T50, 475b）には、

身は疹瘵無くして便ち後事を行い、諸の弟子に授く。衣服、几杖、塵尾、如意、分部遺誥し、各おの差降有り。衆初《もと》より之を悟らざるなり。竝びに共に之を驚けり。

と見える。この二例は、身の回りの品であるいわゆる輕物を死の直前に整理分與したことを傳えるだけで、上で見たような律の定めによる「唱衣」の儀式が行なわれたとも、また預め遺贈を遺言したとも言っていない。そして唐の憲超（七四三―八一八）は次のように遺言している（『金石萃編』巻一〇七、玄應「興國寺故大德上座號憲超塔銘并序」）。

入室門人の上座の子良、都維那の智識等に命じて曰く、吾れ今、色身應に將に謝せんとす。努力勤策し、法乳相い親しめ。金泉の磑及び梨園の鋪、吾の衣鉢は、將に常住に入れ、以て永業と爲せ。言已りて帖然と累足して去れり。

これは、十方常住僧物として、寺院に受け繼がれていくものの指示である。律に僧物の規定があり、その分與のために「唱衣」の儀があったことは、例えば上で見た「淸規」の中に歴然としているが、それについての言及は僧傳にはあまり載せることがなかった。この間の事情は佛教界ばかりでなく世俗においても同じで、中國社會の金錢財産についての共通認識をうかがわせる。「子に黄金滿籯を遺すは一經に如かず」とか「淸白を以て子孫に遺す」といった言葉が好んで用いられている。先にも出た玄宗治世下の宰相、姚崇の本傳（『舊唐書』巻九六）には、

崇、先ず其の田園を分け、諸子姪をして各おの其の分を守ら令め、仍りて遺令を爲りて以て子孫を誡しむ。

とある。そしてその「遺令」は止足（知足）について述べ、財産を生前に預め分割することの意味から語ってい

る。これを記した史家の認識は姚崇の財産分與の事實よりは、むしろその分與のあり方に重きを置いている。こ

こでは、彼が止足の精神に沿って財産を分けたことが重要なのである。唐初の劉弘基（五八二—六五〇）の本傳

（『舊唐書』巻五八）にも、

弘基は遺令して諸子に奴婢各おの十五人、良田五頃を給え、所親《えんじゃ》に謂いて曰く、若し賢ならば固より多財を籍らず、不賢ならば此を守りて以て飢凍を免るる可しと。餘財は悉く以て散施せり。

とあって、彼が全財産を子供達に分けたのではなくて、飢凍を免れる程度の奴婢と田地のみを與え、殘りは子弟以外に施與したことを語っている。ここでも史家は、劉弘基の止足を讃えることに重きを置いている。私財そのもの、またその分割に關して遺言で言及することはあっても、それを史傳に載せ云々する際に注目されているのは、その態度、例えば止足といった德目の實踐である。この傾向は、僧傳の敍述においてと同じであり、従って、遺言し財産を分與しといった事實の記述はほとんど見られない。

唐の時代、亡僧の財産處分が問題となっていたことは、例えば代宗朝（七六二—七七九）に譯經で活躍した律僧の乘如の傳（『宋高僧傳』巻十五、T50, 801c）からも知られる。

是れより先、五衆身亡べば、衣資、什具悉く官庫に入る。然して累朝を歷、曷に由りてか釐革せん。如は乃ち諸律を援引し、出家比丘は生きては隨いて利を得、死しては利は僧に歸す。其の來往、本と物無きを言うなり。比丘の貪畜、茲自りして媘《げん》ずるは、職《おも》に此に由るなり。今若し官に歸さば、例として籍沒に同じきなり。前世の遺事、人の擧揚を闕けり。今、文明に屬す。乞うらくは、律法に循いて、其の輕重を斷ぜんこと

を。大暦二年（七六七）十一月二十七日敕下り、今より後、僧亡《し》なば、物は隨って僧に入れよ。仍りて、中書門下に班告し、牒す。天下宜しきに依るべし。

云々。

道宣の『四分律刪繁補闕行事鈔』巻下一「二衣總別篇」明亡五衆物の項（T40, 113a）に、

一に制して僧に入れ、餘處に得せしめず。……初門の制意とは、五衆亡ぶる後は皆な僧に入るる所以の者は、

と見えるように、律では、亡僧の財産の處分權は寺院にあると明記されている。寺院以外の、つまり世俗の王權、政府、あるいは亡僧の緣者達の介入を排除しているのである。しかし、上の乘如の傳を見ると、いつからか政府に沒收されるようになっていたようである。そこで恐らく乘如は、いくつかの律の規定を持ち出して、亡僧の私有財産の處分權をお上から寺院に取り返したのである。ところが、『佛祖統紀』巻四一（T49, 379b）には、

興元元年（七八四）、敕して、亡僧尼の資財は舊には寺中に係り、送終の餘を檢收し、分かちて一衆に及べり。比來《ちかごろ》、事に因って官收し、竝びに擾害に緣る。今竝びに納むるを停め、三綱に仰《めい》じて通知し、一に律文に依りて財を分かて。南山の事鈔の衣法篇及び亡五衆輕重儀、備さに分財の法を述ぶ。

と述べている。乘如の時代からわずか十數年でまたこのような敕令が出ていることは、僧尼の私有財産が多大の重物をも含むようになっていた、當時の寺院經濟發展と呼應している。先に見た憲超の遺言も、恐らく檀越から寄進されたものであろうが、「金泉の磑」「梨園の鋪」（共に雲陽縣に位置する）といった、少なくとも律では私蓄できないはずの重物の所有を傳えている。上引の『佛祖統紀』の中で「亡僧尼の資財は舊には寺中に係り、送終の餘を檢收し、分かちて一衆に及べり」というのは、先に『敕修百丈清規』の大衆章で見た「唱衣」の儀が廣く行なわれていたことを示しているが、遺言による財産處分についての直接的な言及はない。これが具體的資料の

形で我々の前に示されるのは、敦煌出土文書である。

唐の咸通六年（八六五）に亡くなった尼僧、靈惠の遺書（スタイン二一九九號）を見よう。

尼の靈惠の唯（＝遺）書。咸通六年十月廿三日、尼靈惠、忽ち疾病に染り、日々漸く加う。身の無常を恐れ、遂に諸親に告げ、一々分析す。是れ昏沈の語ならず。竝びに是れ醒甦の言なり。靈惠只だ家生の婢子、一に威娘と名づくる有り。姪女《めい》の潘娘に留與し、更に房資無し。靈惠、遷變の日、一に潘娘に仰《めい》じ、葬送營辦せんことを。已後更に諸親の悋護《とりたて》を許さず。後、憑る無きを恐れ、竝びに諸親に對し、遂に唯（＝遺）書を作り、押署して驗と爲さん。

遺書はこの後、弟以下、外甥（母方のおい、めい）、姪男（おい）ら十人の署名が續く。靈惠は尼僧であるが、なんらかの理由で教團には屬していなかったようで、葬儀は自らの手で工面しなければならなかった。彼女は一人の女奴隷を有しており、それを姪に遺贈することによって、自らの葬儀を委ねたいと遺言しているのである。

次に「僧崇恩處分遺物證」と名付けられたペリオ三四一〇號の文書を見てみたい[9]。ここには私産の遺囑先とその遺産が書かれ、遺囑先には三世淨土寺、報恩寺といった寺院と個人が擧げられている。個人としては、姪僧の惠朗、表弟（年下のいとこ）の閻英達、外生（母方の甥）の鄧猪、□□、□信、□□、尼嚴定らの五人、吳三藏、翟僧統、梁僧政（＝正）及び、その他の僧政（＝正）・法律・法師と諸寺の老宿、禪律大德ら、優婆姨（＝夷）清淨意、清淨意の師兄である法住、沙彌の宜娘、僧文信、小閒使いとして少女の時から崇恩に仕え數年前に結婚した媧柴の名が見える。遺産は、驢、馬、牛といった家畜や女婢、田莊、衣服器物などである。文書の末尾近くには、崇恩自身が死の時まで身の回りで使用する浴衣や袈裟などの一覽表が擧げられている。これは恐らく唱衣の準備であろう。最後に、親族七人の署名があるが、その中には上に見た受遺者も含まれている。

以上のスタイン二一九九號およびペリオ三四一〇號の兩文書には、『敕修百丈清規』大衆章の「亡僧」の項に見られる僧籍の遺書の側面は希薄である。これらの文書に現われた土地とか婢といったいわゆる重物は、律では元來私有を禁じられたものであり、僧侶が遺言して預め遺囑先を指定できる私財は衣服、器物といった輕物だったからである。從ってこれらの文書を見る限り、「清規」では「唱衣」との關わりで注目された僧侶の遺言の姿はない。

郝春文によれば、敦煌社會においては世俗社會と亡僧遺産の間には密接な關係があって、佛典經律の規定とは異なり、また僧傳中の資料が述べるものとも出入りがある。その理由としては、經律の述べるところは佛教徒の最高理想、僧傳の傳えるところは高僧の例であるのに對して、敦煌文獻は一般僧の狀況を反映しているからだとする。(10)

唐人の『紀氏傍通』（國史大系本『令集解』頁九六九「身喪戸絶」條の集解引く。脱落は『宋刑統』巻十二引く「喪葬令」により補う）に、次のように記す。

身喪びて戸絶する者、有する所の部曲、奴婢、店宅、資財、竝びに近親をして、轉・易・貨・賣し、葬事を將營し、及び功德を量營するの外の餘財は竝びに女《むすめ》に與う。女無ければ、均しく已次の近親に入れ、親戚無き者、官爲《ため》に檢校す。若し亡人在りし日、自ら處分を遺囑し、證驗分明有る者は、此の令を用いず。

これは一般人の死後の財産處分について述べたものである。跡繼ぎの無い者の財産は、近親の緣者にその處分を委託する。その中から葬儀、追悼供養等の費用を差し引き、殘りを娘に與える。娘のいない場合は、血緣關係の深さに從って親族に分配する。但し、死者が生前に遺産を處分し、その證文がある場合はそちらを優先することが決められていたようである。これを見ると、我々がこの章で取り上げた僧の遺言書は、むしろ一般人の、つまり世俗の財産分與の遺言書に近いものだったことが分かる。すでに唐代において寺院の經濟が世俗とほとんど變わらない活動をしていたことの反映であろう。それが爲に、『佛祖統紀』等の記事に見られるように、亡僧の私財を巡って寺と政府が争ったのである。

僧が一般の人々と同じような經濟活動の中に生きていたことを、もっとはっきりと示す今一つの僧の遺言がある。唐の玄宗、肅宗、代宗の三朝にわたって内道場を中心に活躍し、元載、杜鴻漸、王縉をはじめとする貴顯勢力の援助により五臺山金閣寺建立を實現して、密教の發展に貢獻した不空（七〇五—七七四）の遺書、「三藏和上遺書」（『代宗朝贈司空大辨正廣智三藏和上表制集』巻三）である。[11] さらにこの遺書は、第一章、第二章で檢討した葬送儀禮に關する指示や、弟子をはじめとする人々への訓辭をも含むものである。次章ではこれを紹介し、佛教徒の遺言の結びとしよう。

第四章　不空の遺言——結　び

不空の遺言は、單に私財の處分のみならず、自傳的記述から弟子達への訓戒や葬儀の指示までも含んだ非常に長いものである。遺書は、四部弟子（比丘、比丘尼、優婆塞、優婆夷）に告げる形で始まる。第一段落では、まず自らの歩んだ道を振り返る。出家して金剛智に從って學んだこと。彼の死後天竺に行き、瑜伽密教をさらに深めたこと。そして密教が玄宗以下三代朝に信奉され、大いに天子・百寮の保護を受けたこと。多くの弟子を育てたが、現存する高足は六人であること。こうした傳記的内容に續いて、自分に對する報恩は、上記の六人が修業者の疑問を解いて彼らを教え導き、密教の教えが永遠に續くように護っていくことだと言っている。

第二段落では、最初になぜ遺書を書くかについて述べる。七十歳になり體力が衰え、恐らく死を豫感したのであろう。そしてその通りこの年に亡くなったのであるが、自分の死後のことを考え、弟子達が自らの遺志を正しく理解しないことを怖れて遺言したと言う。「汝等幼稚なる者多きが故に先ず遺囑す」がそれである。次に、四部弟子各個人に對する細かい指示がある。例えば不空が居住した大興善寺にいる僧弟子、慧勝らには、若い頃から勞苦を厭わず自分によく仕えてくれたこと、今は道半ばであるがこのまま心を一つにして修業を續ければ十分に最終段階まで到達し得ること、自分の遷化後も同じように怠らず睦まじく僧院生活を送ることなどを遺誡し、愛用の金剛鈴と杵、銀盤子、菩提子の念珠、水精の念珠および盒子を天子に差し出すよう指示し、國家安泰のために努力せよ、それが自分の願いであると言う。俗弟子の功德使李元琮には、弟子の禮をとって自分に仕えてから三十餘年の閒、彼が心淸く一途に從事してきたこと、すでに金剛界、五部以下を段々に習得してきたこと、銀の道具、五股の金剛杵、三股・獨股の鈴を彼に授ける故、しっかり受けとめて妙果の道を摑んでくれるよう、また自分の死後も、院中の僧侶と意志疎通を圖って行くようにと言う。宦官の李憲誠には、朝廷との閒をうまく取り持ち、役人として十分に務めを果たすと同時に佛教保護にも盡くしてきたこと、密教の教えを究めて悟りの道を成就するであろうこと、自分の羯磨金剛杵四箇と法輪を與える故、それを受けて佛道を究め盡くし、在りし日のごとくに佛教保護の立場を守ってくれるようにと言う。不空の死後に彼の行狀を書いた翰林院待詔の趙遷には、經典翻譯の際に筆を執ってくれたこと、またその他諸々の經典を筆寫してくれたこと、彼が出家を願望しながらも役人生活に身を置き平穩に暮らしていることを述べ、その後自分が翻譯しながら未だ天子に差し出していない『文殊經』をはじめとするいくつかの經典を檢討して筆寫し、代わって獻上してほしいと言っている。

第三段落は、以上のような各個人への感謝と指示に續いて、私有財産の析産遺囑が語られる。近年法門寺の佛塔から唐代の豪華な寄進の品が發見され注目されているが、天子をはじめとする大檀越から不空への寄進は、それをも上回る目を見張るようなものである。

莊園の牛二頭、金に換算すると十餘貫に當るものを寺の常住物とし、それで令喬を自由の身とし、僧籍に入れるようにせよ。幡華・楨像・氈席・毯褥・銅器・瓷器・鑫盃の全ては文殊閣の道場に移し、永久に供養品として守り續け、財政が苦しくなっても決して貸出してはならない。身の回りの衣服は處分賣却して金八十七兩と銀二百二十兩半となったので、五臺山の金閣寺と玉華寺に布施せよ。家具・什器・漆器・鉄器・瓦器あるいは敷物などあらゆる器財はこの院に喜捨する。これを利用し、弟子たちは互いに意志の疎通を圖れ。文殊閣には敕賜の經藏が納められているが、いつも國家安泰を祈って讀經し、經を守り傳えて滅ぼさぬように。そもそもこの文殊閣は、自分の上奏に應えて天子の賜ったものであり、文殊菩薩像と經典が安置されている。これは國家の福田で、末代までも守り傳えるべきものである。建物の本體を作るのに經費がかかり、內裝をはじめ、付屬部分である軒廊・門屋・僧坊は未完であるから、李憲誠と相談して、うまく上奏し完成するように圖れ。完成の曉には二十二人の僧に經を念誦させて、天子の萬歳を祈り、吾が本願を成就してくれ。洛陽竜門におかれた師の金剛智三藏の塔所にいる僧侶、その建物及び莊園は私にかわって管理すること。牛車用の牛、鄠縣（陝西省）洨南の莊園、新たに買った土地、そして御宿川（陝西省）に購入した稲地と街の南の莊園はすべて寄進する。それらはこの院の文殊閣の管理下に置いて、先の念誦の僧侶の生活のために用いよ。決して別用に供したり、外からそれを奪うことは出來ない。祥谷紫の莊園は、常住物として寺に入れよ。その莊園の賣買契約文書は知事に保管させせよ。

以上が、不空の私有財産に關する遺囑である。禪宗の淸規の唱衣のように、密教寺院でも私財處分が葬送儀禮の中に位置付けられ、それに關わる遺言の存在が認められていたかどうかは不明である。しかしここでは、結果的には文殊閣などの寺院に寄進されるとは言え、もともと寺院の所有である土地や畜産などの重物も、身の回りの衣服や坐物といった輕物——清規ではこれを遺言することが許されていた——と區別なく列擧され、その處分が遺言されている點に注目しなければならない。

上で見た遺言の最後の段落の原文（T52, 844c～845b）を以下に引く。

其れ車牛、鄠縣洨南莊并びに新買の地、及び御宿川の貼得せし稲地・街南の菜園は吾れ竝びに捨し、當院の文殊閣下の道場に留め、轉念の師僧の永に糧用・香油・炭火等の供養に充てん。竝びに院より出して破用するを得ず。外人は一切遮蘭及び侵奪有るを得ず。其れ祥谷紫の莊は將に常住に倍せん。其の莊の文契は竝びに寺家に付さん。

何よりも重要なのは、この一文が寺院の内に向けたものと言うより、外、世俗に對する細かな配慮を働かせたものである點であろう。上で、八世紀末の僧の遺産を巡る政府と寺院の摩擦を記す『佛祖統紀』や『宋高僧傳』の記事を紹介したが、この遺書においても、政府や世俗のそうした遺産への介入を遮斷することが、重要な一目的となっている。またこの遺言のいくつかの箇所では「國の爲に轉讀」「國の爲に持念」といった具合に「國家」が登場し、「聖人」つまり天子という言葉も多用されて、「吾れ百年の後、汝等は國に依り、國に須らく忠なるべし。努力して虔誠に、國の爲に持念せよ。國安人泰、吾が願い焉《ここ》に滿つ」とも言われる。世俗の介入を拒むと同時に、佛法付囑國王説を全面に出すことによって、世俗の後ろ盾を得て密教繁榮存續を狙う意圖も持っているのである。

以上からは、寺院を中心とする佛教徒の經濟活動が、こと遺産處分に關しては、基本的には世俗の經濟活動の中に違和感なく收まっていたことが分かる。從って清規での唱衣の儀も、ある面では、自らの經濟活動を内律を武器に世俗の壓力、侵入から守ろうとする意圖の、歴史的、風土的産物であったと考えられよう。不空の場合は、内律による武裝よりはむしろ、積極的に國家の後ろ盾を恃んだと言えるかも知れない。葬送儀禮の中での遺言は、以上のような意味も持っているのである。

不空の遺書は、最後に自らの葬儀についての申し置きを添えて幕を閉じる。そこで不空は佛教徒としての顔を見せ、世の無常からは誰も逃れられないと述べた上で、弟子達が師の葬儀に對してどのような態度をとり、行動すべきかを語る。彼は上で見た『北山錄』のような折衷的立場を拒否する。佛教の師弟關係は、俗世間の父子關係に準えることは出來ないという立場からの發言である。

師資の道は法義を以て情親し、骨肉と同じからず。俗と全く別なり。

師弟は佛法を絆に結ばれている故に、佛法から外れる行爲は避けなければならない。それは、釋迦入滅の際の「諸々の事象は過ぎ去るものである。怠る事無く修業を完成せよ」という遺言と同じ立場のものである。無常を悟り修業に励むことが第一義であり、それを妨げるものは避けなければならない。妨げの一つは師の葬儀であった。

吾が壽、終りし後、竝びに服を著け、及び哭泣攀慕有るを得ざれ。

と世俗の喪禮を否定し、

吾を憶わば、卽ち勤めて念誦を加えよ。是れ吾が恩に報いるなり。

と佛教葬儀の核心である念佛誦經で送ってくれることが自分への報恩であると言う。「枉げて錢貨を破り、葬送を威儀」し、「其の塋域を置き、虚しく人功を棄て」ることは決してせず、

唯だ一床を持って、盡く須らく念誦すべし。送りて郊外に至り、法に依りて荼毘し、灰を取りて加持し、

便即《すなわ》ち散却せよ。

と、死から遺體處理までの指示をする。狹い場所で弟子達が通夜の讀經をし、佛教の荼毘の法で遺體の野邊送りをしたら、遺灰は加持を施して、靈塔を建てるのではなく散じてくれるようにと言う。「加持」の儀が、密教徒の不空にして特徴的なところであろう。續いては忌祭も禁じているが、それも「非法不益の事」だからである。儒教徒が師のために行う心喪さえ、密教にはないときっぱりと言い切っている。趙遷の書いた不空の行狀には、彼は「涅槃荼毘儀軌」を用意していて、これに依據して葬儀をやるように指示したと見える。(12) 遺書の内容と重なるものであり、彼もまたあるべき僧侶の葬送儀禮に強く心を砕いていたことが分かる。

以上のように不空の遺言は、弟子に告げるという形をとり、自分は何者なのかと自傳的に語り、弟子達への個別の指示、私財の處置そして自らの葬送儀禮についてと、遺書の内容として考えられるあらゆる面を備えている。普通、僧傳なり墓誌に散見する遺言は、葬儀についてのもの、あるいは遺體處理についてのもの、私財の分施についてのものといった具合に一方向の内容について書かれている。それゆえ本論はまず第二章で葬喪儀禮に關する遺言、次いで第三章で遺産處理に關する遺言を扱ったわけであるが、僧侶の遺言内容としては當然それを越えるものもあり、偈頌等を含んだ思想的なもの、教訓的なもの、後事に關するものなど多岐に渡っている。今後の研究課題としてそれらを整理したいと考えているが、その意味においても、不空の遺言は大變に示唆的なものであった。

不空の遺言の末尾は、「後に憑る無きを恐れ、仍りて三綱・直歲・徒衆等に署名を請い、記を爲す」とあって、歲月日時を加え、「直歲」以下の寺の事務を掌る五人の署名を竝べている。これは遺書に効力を持たせるための配慮である。このような第三者の署名が效力を發揮するのは私財の分施に關わる内容を含んでいる點に起因するものと思われる。この點で思い出されるのは、かつて扱った韓愈の遺言である。いま遺言として殘っているのは、韓愈の神道碑に記された葬送儀禮に關するものであるが、弟子の張籍が臨終の韓愈を描寫した詩では、韓愈は生前に「遺約」を作り、張籍に署名させようとした。しかしそれは家人が取り亂したため果たされなかった。不空の遺書から類推すれば、日の目を見なかった韓愈の「遺約」の中には財產分與の條項が存在したであろう。「遺約」に第三者の張籍の證言を求めたことから、單に儒教の禮にそった葬儀の遂行だけを指示するものではなかったと考えられるからである。聖俗界を問わずおしなべて財產分與の記錄が少ないのは、もともとそうした配慮が無かったのではなく、古代中國人の私有財產にたいする蔑視から、遺書の記述が葬送儀禮にほとんど限定されることになったのであった。

第三章で見た、亡き僧侶の私財についての世俗と佛教界の爭いは唐代中期のものであったが、それは、この時期に佛教徒と世俗の關係が一つの大きな轉換期を迎えていたことを示していよう。このような時代を象徵するものとして、一方では無住のように、徹底して原始佛教に立ち返ろうとする、過敏なまでの葬送儀禮拒否の遺言があり、他方では「淸規」のように、世俗との關わりの現實を素早く取り込み、律で武裝された「唱衣」の中で、亡僧私財の存在を定着させようとする動きがあったのである。不空の場合は、こと葬儀に關しては無住と同じく原始佛教の立場を強く求め、私財處置においては、それを正當化する「淸規」の武裝よりは、佛法付囑國王說の立場を強く滲ませている。

以上のように、佛教徒の多くの遺言は、所謂原始佛教の教義を何らかの形で世俗との關わりの中に呼び起こそうとしている。佛教者や信者がわざわざ遺言するのは、世俗との境界を失いつつある佛教界にあって、その立場を强調する必要があったからである。そのことは逆に、遺產分與を指示する遺言と同じように、世俗の中にどっぷり浸かった佛教のあり方を一層明白に示すことでもあるが、それがまた良くも悪しくも、中國で佛教が生きていく宿命的な姿だったのである。

注

（1）拙著『唐代の思想と文化』第四部　遺言（創文社、二〇〇〇）頁二八三―三六二。

（2）パーリ文の『マハーパリニッバーナ經』（南傳大般涅槃經）は「アーナンダーよ。お前たちは修行完成者の遺骨の供養（崇拜）にかかずらうな。どうかお前たちは、正しい目的のために努力せよ。正しい目的を實行せよ。正しい目的に向かって怠らず、勤め、專念しておれ。アーナンダよ。王族の賢者たち、バラモンの賢者たち、資産家の賢者たちで、修行完成者（如來）に對して、淨らかな信をいだいている人々がいる。かれらが修行完成者の遺骨の崇拜をなすであろう」（中村元譯『ブッダ最後の旅』頁一三一以下。岩波文庫、一九八〇）と詳しく傳える。

（3）長慶三年の上奏文として、『唐會要』巻三八「葬」の項にもほぼ同文を載せる。

（4）『大正新修大藏經』からの引用はTとし、次に頁數、上中下段をそれぞれa、b、cと略記した。以下同じ。

（5）河南省文物研究所・河南省洛陽地區文官處編。文物出版社、一九八四年。以下の數字は圖版につけられた番號。

（6）理由は特に述べないが、崔知温の妻で、在家信徒の夫人杜德（六四四―七一八）も「葬むるに唯だ瓦木のみ」（毛漢光撰『唐代墓誌銘彙編附考』第十七册、一六〇九「唐故中書令贈荊州大都督淸河崔府君妻齊國太夫人杜氏墓誌銘并序」臺灣・中央研究院歷史語言研究所、一九九四）と遺命している。

（7）韋同翊「唐故龍華寺内外臨壇大德韋和尙墓誌銘并敍」（周紹良主編・趙超副主編『唐代墓誌彙編』元和一一八、上海古籍出版社、一九九二）。

（8）『佛頂尊勝陀羅尼經』の效能について、例えば「壞罪集福、淨一切惡道、莫急於佛頂尊勝陀羅尼經、凡三千二十言」（『白居易集』巻六九、「蘇州重玄寺法華院石壁經碑文」）と言われているし、經典そのものの中に「佛言、若人能日日誦此陀羅尼二十一遍、應消一切世間廣大供養、捨身往生極樂世界、若常誦念、得大涅槃、復增壽命、受勝快樂、捨此身已、卽得往生、種種微妙、諸佛物刹土、常與諸佛、倶會一處」(T19, 351c)と見える。經幢および尊勝陀羅尼經幢については、鎌田茂雄『中國佛教史』第五巻第五章佛教藝術の發展第三節佛教藝術の種々相(東京大學出版會、一九九四)頁五一二—五一八參照。尊勝陀羅尼經幢の建立は宋代以降も盛んであった。例えば、宋代の遺言にも「我滅後、汝當爲我造尊勝陀羅尼經幢於窣堵波之左、俾我被茲力而蒙福耳」(王傳「尊勝陀羅尼經幢讃」『全宋文』第二二册、巻九三九、頁三五五)と見える。

(9) この文書名は仁井田陞『唐宋法律文書の研究』頁六二四以下(東方文化學院東京研究所、一九三七)による。同じ文書が、池田温『中國古代籍帳研究』頁五五八以下(東京大學出版會、一九七九)では「沙州僧崇恩析産遺囑」、唐耕耦・陸宏其編『敦煌社會經濟文獻眞蹟釋錄』第二輯頁百五十(書目文獻出版社、一九九〇)では「沙州僧崇恩處分遺物憑據」と命名されている。これは、この文書が前半部分を缺いていることに起因するが、その内容を檢討すれば、崇恩が自らの財産をリストアップして死後の處分法を明記した文書であることには違いない。

(10) 郝春文『唐后期五代宋初敦煌僧尼的社會生活』第七章　敦煌僧尼遺産的處理與喪事的操辦　第一節「僧尼遺産的處理」頁三七四(中國社會科學院出版社、一九九八)。

(11) 不空をとりまく代宗朝における佛教妄信ぶりは『舊唐書』巻一一八、王縉傳を參照。

(12) 「大唐故大德贈司空大辨正廣智不空三藏行狀」に「冬臘中夜、命弟子趙遷持筆硯、吾欲略一涅槃荼毘儀軌、使爾後代、准此送終」(T50, 293c)。

二　楊億研究

――「殤子述」を讀む――

はじめに

楊億（九七四―一〇二〇）の佛教への關わりは、晩年に集中しているように見られがちである。『續資治通鑑長編』巻九六の「心を釋氏禪觀の學に留め、疾に屬して自《よ》り卽ち葷を屏け茹素たり。臨終前の一日、空門偈頌を爲り、識者、其の達觀を稱すと云う」や、『東都事略』巻四七の本傳の「億、晩年頗る意を釋典に留む」、あるいは『五燈會元』巻一二、文公楊億居士章の「幼くして神嬰に擧げられ、壯に及びて才名を負うも、而るに未だ佛有るを知らず。一日、同僚を過《よぎ》り、金剛經を讀むを見、笑いて且つ之を罪するも、彼讀むこと自若たり。公、之を疑いて曰く、是れ豈に孔孟の右に出づるものならんや。何と侫すること甚しきやと。因りて數板を閱《けみ》し、懵然として始めて少しく敬信す。後に翰林李公維に會い、勉令參問す」等から導かれる印象である。確かに楊億には、さまざまな佛教編纂物への參加や、高名な佛教徒との交遊など、人生の後半期になって社會的地位を得てからの佛教への傾倒をうかがわせる挿話が多い。たとえば三六歲、『景德傳燈錄』を編纂してその序を認め、四一歲、趙安仁の『大中祥符法寶錄』編纂を助け、四六歲、天台四明知禮と交遊、四七歲、王曙とともに『注釋典御集』に參與、そしてこの年にはまた、上で見た空門偈頌、すなわち遺偈をのこして逝去などである。こうしたことのため、晩年になってから佛教に酷溺したという錯覺が生じたものであろうが、實はそうとばかりは言えない。『宋史』巻三〇五の本傳は、「七歳にして能く文を屬《つづ》り、對客談論、老成の風有り」と、文學あるいは政治分野での楊億の早熟を傳えているが、殘された彼の文集『武夷新集』を見ると、佛教信仰についても相當若い時から關心のあったことが確かめられる。例えば、二七歳で任地の縉雲郡から都に戻る時に、建安吳興の別墅まで僧が同行した事實[1]、あるいは二八歳の作品である眞言密教僧の重宣（九二三—一〇〇二）の塔記の中で、「予、素より能仁の教を服し、尤も開士の風を欽《した》う。且つ上谷公と道、無生に契い、心、趣大を專にす[2]」と述べている點がそれである。これらは單に儀禮的なものと考えられなくもないが、二八歳の時に三歳の息子を亡くして書いた「殤子述」（『武夷新集』巻一一）を讀めば、その疑念も解消される。

もっとも小論は、北宋はじめの政治家であり文學者でもあった楊億について、その佛教思想の形成時期を考察するものではなく、また彼が佛教の中心に据えた禪に焦點をあわせるものでもない。筆者が關心を懷いてきた「中國の知識人、つまり儒者が異境の宗教をどのような形で自己の思想の中に取り入れていったか」について、楊億の場合を考察しようとするものである。具體的には、先に言及した「殤子述」を讀むことによって、彼の佛教理解がいかなるものであったかを明らかにしたいと考えている。またそれに先立って、楊億より二百年ほど前に、禪佛教と關わりを持っていた權德輿（七五九—八一八）を取り上げる。彼は、二年の間に三人もの孫を相次いで亡くした。兩者の比較によって、その「死」の受け止め方、ひいては禪を初めとする佛教の捉え方の違いが、より鮮やかに浮き彫りにされると考えるからである。

第一章　楊億について

楊億の研究は多方面から成されてきた。以下簡單に從來の楊億研究を總括しつつ、三つの側面から彼の思想とその周邊を見ておこう。

第一節　『景德傳燈錄』の編者として

眞宗・景德年間（一〇〇四―一〇〇七）に、楊億は敕命を受け、道原の進呈した『景德傳燈錄』の草本を李維や王曙とともに削定した(3)。『景德傳燈錄』の編纂は、唐末から五代にかけての禪を、五家、すなわち臨濟、潙仰、曹洞、雲門、法眼で整理することであって、それは法眼宗の成立に起因していると言われている。道原は吳越の人で法眼の三世にあたる。法眼宗は教禪一源の立場をとり、道原もその宗風を受けて『景德傳燈錄』を編纂した。楊億が削定に加わったのは、三十を僅かに過ぎたころであり、その時までの彼は雪峯下の禪僧、つまり雲門や法眼下の禪僧と交遊していた。從って、宋代の禪が、やがては臨濟宗によってまとめられて行く變化の中に身を置いていた楊億にとっては、道原の編纂態度には不滿があったようで、それは彼の文集に遺された道原『景德傳燈錄』の草稿とされる『佛祖同參集』につけた序文「佛祖同參集序」の中で明らかにされている(4)。

やがて、四十歲を過ぎて、汝州（河南省臨安縣）の知事についていた時に廣慧元璉に會い、彼の禪の立場は決定的に變化していったが、それはまた宋初の禪佛教の變化を反映するものでもあった。楊億は自らの法系について、李維内翰にあてた手紙の中で次のように語っている。

病夫《わたくし》、夙に頑耋《がんしょう》を以て奬顧を獲。預め南宗の旨を聞き、久しく上國の遊びに陪う。動靜・咨詢、周旋・策發、其の剗心の詣有り、牆面の慚無から俾むる者は、誠に席間の床下に出づ。矧んや又た故安公大師、每に誘導を垂るるも、雙林影滅し、隻履西歸する自り、中心浩然として、旨する所を知る罔し。仍歲、沈痼し、神慮迷恍するも、殆ど小間に及びて再び方位を辨ず。又た雲門諒公大士の蒿蓬に見顧するを得たり。諒の旨趣、正に安公と轍を同じくす。竝びに廬山歸宗・雲居自り來る。皆な是れ法眼の流裔なり。

去年、茲の郡を假守し、適たま廣慧［元璉］禪伯に會う。實に南院の［省］念に嗣ぎ、念は［延沼］風穴に嗣ぎ、風穴は先の南院［慧顒］に嗣ぎ、南院は興化［存奬］に嗣ぎ、興化は臨濟［義玄］に嗣ぎ、臨濟は黄檗［希運］に嗣ぎ、黄檗は先の百丈［懷］海に嗣ぎ、［懷］海は馬祖に嗣ぎ、馬祖は［南嶽懷］讓に嗣ぎ、讓は卽ち曹谿［慧能］の長嫡なり。齋中の務め簡にして、退食、暇多し。或いは坐して邀えて至らしめ、或いは駕を命じて之に從い、請叩すること無方にして、蒙滯倶釋す。半歲の後、曠然として疑う弗く、忘の忽ち記するが如く、睡の忽ち覺むるが如し。平昔凝膺の物、曝然として、自落す。積劫未明の事、廓爾として現前す。固より亦た決擇、之れ洞分し、應接、之れ蹇《なや》む無し。重ねて先德の率《おおむ》ね多く參尋せしことを念う、雪峯［義存］の九度、洞山［良价］に上り、三度、投子［大同］に上り、遂に德山［宣鑑］を嗣ぎ、臨濟は法を大愚［高安］に得て、終に黄檗に承け、雲巖［曇晟］は多く道吾［圓智］の訓誘を蒙り、乃ち藥山［惟儼］の子と爲り、丹霞［天然］は馬祖の印可を承け、而るに石頭［希遷］の裔と作《な》るが如き、在古《いにしえ》より多く有りて、理に於いて嫌う無し。病夫《わたくし》、今、繼紹の緣、實に廣慧に屬するも、而るに提激の自は良に鼇峯［＝雪峯］に出づ。忻幸忻幸。　（『禪林僧寶傳』巻十六、廣慧璉禪師傳）

楊億が「發願文」を上った願安と、文中に見える安公大師が同一人物であるかどうかは明らめがたいが、雲門諒公大士とともに雪峯下の雲門と法眼の兩家に屬する禪僧であろう。彼が「雪峯義存は九度、洞山良价の下に參じ、三度、投子大同を尋ね、遂に德山宣鑑を嗣ぎ云々」と言い、さらに、臨濟、雲巖、丹霞など開悟を獲た師と法を嗣ぐ師が異なる例を出すのは、自らが雲門や法眼下の禪僧によって訓誘を受けながらも、最後には廣慧元璉の法嗣となったことの辯明に外ならない。またそれは、楊億が單なる知識人として、あるいは削定事業を擔當する役人として、禪と禪文獻に對していたのではなく、現前する禪を眞っ向から受け止め、自らの問題を抱えて禪と格闘していたことを物語っている。

上述したように、彼ははじめ雲門や法眼下の禪僧と交わってその影響下にあったが、後年には廣慧元璉をはじめとする汝州・襄陽の禪に親しみ、臨濟の教外別行に傾いていった。その立場が現實の燈錄編纂の中で實現されるのは、彼の遺志を繼いだ李遵勗（九八八―一〇三八）の手によって『景德傳燈錄』の三十年後に編まれた『天聖廣燈錄』であったとされる。

李遵勗は、谷隱蘊聰の法嗣（『天聖廣燈錄』巻一八）として禪に力を注いだ宋初の知識人の一人であるが、『宋史』巻四六四の本傳に「楊億を師として文を爲り、億卒して、制服を爲す。知許州に及びて、億の墓を奠《まつ》り、慟哭して返る。……釋氏の學に通じ、將に死せんとして、浮圖楚圓に偈頌を爲る」（頁一三五六九）と見えるように、楊億に私淑し、その遺志を忠實に繼いだ人物である。『天聖廣燈錄』巻一八には、首山省念を繼ぐ廣惠元璉の法嗣として楊億の章が設けられ、楊億は法系を擔う一人の禪僧として登場している。

彼の禪の立場を一番良く理解した李遵勗の手によって編集されているため、ここには上引の李維に宛て自らの法系を明らかにした手紙、あるいは廣慧元璉を初めとする禪僧との問答、そして遺偈まで載せられ、楊億が一禪僧として活寫されている。

唐代に起こった禪佛教は、宋になってその文獻の整理を始める。楊億は、その一翼を擔い、しかも自ら禪に關わった。彼は、この時代の主流となる教外別行の立場を初めてとった知識人として、宋代禪宗史研究の上でも注目されている。(5)

第二節　思想家として――四明知禮との關わり

四明知禮（九六〇―一〇二八）は、天台中興の祖として多くの著作を殘し、また山家派の代表として活躍したためにさまざまな研究の對象となってきた。代表的なものは、楊億と知禮を扱った楊鐵菊の近年の論文「楊億と四明知禮」（『佛教史學研究』三七の二、一九九四、頁八七―一〇七）の冒頭に列擧されている。またそこには見えないが、高雄義堅『宋代佛教史の研究』（百華苑、一九七五）の第四章「天台と禪との抗爭」や駒澤大學天台典籍研究班『四明尊者教行錄の研究』巻一・二（一九八二、一九八四）もある。『四明尊者教行錄』は石芝宗曉（一一五一―一二一四）編『四明尊者教行錄』全七巻の最初の二巻の譯注である。この『四明尊者教行錄』には、知禮の經疏以外の作品が編まれており、楊億と知禮、あるいは宋代における天台と禪との關わりに關する重要な資料が網羅されている。(6)

さて楊億と知禮との關係は、知禮が同志十人とともに三年の法華懺を實行し、その成就の後に自らの身體を遺火して淨土に往生せんとしたのを、楊億が阻止したことによる。この事件は天禧元年（一〇一七）のことで、楊億は書簡を送り知禮に遺身を思い止まらせ、「住世」を説いた。兩者の間にはそれぞれの立場を述べた手紙が數回往復したが、いま『四明尊者教行錄』巻五に收められている。

「楊公、義を以て屈す可からず、亦た言を以て留む可からざるを知り、乃ち専ら州將洎《およ》び諸曹吏に委ね、其の偏家安護せ俾め、長に保存を慕う。時に于いて太守主客員外郎史館の李公夷庚、郡邑の僚屬と皆な信重彌す篤く、懇請共に勤む。又た錢唐に遵式法師なる者有りて名、當世に重んぜられ、道、衆流を絕つ。素より師と交游し、最も法を以て相い契う。楊公亦た書を式に寓《よ》せ、共に師に請わ俾む。式乃ち親しく大江を涉り、躬ら丈室に趨る。是に由りて大師の行願、始めて已むを得ずして止まる」（『四明尊者教行錄』巻七、胡昉「明州延慶寺傳天台教觀故法智大師塔銘并序」T46, 918b）と見えるように、楊億は自らの說得だけでは不十分と考え、知禮のお膝元の四明の太守、李夷庚や知禮と同門の慈雲遵式らに手紙を送り、側面からの說得工作を行なっている。このころ楊億は、知禮儀院・判祕閣太常寺あるいは工部侍郎として中央政界で要職につき、また佛教理解者の第一人者、そして文學者としての名聲をほしいままにしていた。しかし楊億の說得行爲は、單にそうした立場上のものではなく、宗教者としての知禮を眞に見拔く眼力を備えていたことに起因している。その點について以下少しく述べてみる。

楊億は、知禮への手紙の中で、「惟れ少室の宗風、本と靈山の笑視なり。瞥然として念を起こさば、已に西天の程を蹉《あやま》ち、兀爾として情を忘れば、正に山鬼の窟に坐す。修有り證有り、肉を剜《えぐ》りて以て瘡を成すを慮り、以心傳心、乃ち指を標げて月を爲す、自他の路絕え、生佛の道齊し。縱え直下に以て承當するも、已に未來にして喪失す。故に黃檗は杖を臨濟に痛くし、再三に至りて自ら知れり。船子は檝を夾山に揮《ふる》い、一刹那にして頓悟す。但だ欽隆を積み、諒に惟れ領衆の餘、允に深禪の樂しみを獲る（「楊文公謝法智答三問啓」T46, 901a）」と述べている。但儻《も》し全く扣激無くんば、遂に宗風を泯ぼさん。然るに少室の機鋒、道契を求むるが爲に、恭しく旨喩を承く。これを見れば、彼は禪の立場に立っているが、手紙の全體からは知禮の「一心三觀」を初めとする天台の教義や淨土經を含めた佛教經典についても、知禮に互すだけの知識を備えていたことが分かる。

また『四明尊者教行錄』巻四には、先に擧げた高雄が「天台と禪との抗爭」で用いた、天童寺子凝と知禮との往復書簡も收められている。禪僧の子凝と天台僧の知禮の論爭は、天聖元年（一〇二三）、子凝が知禮に難詰の手紙を出したことに始まり、論難往復二十回に及んだ（「草庵錄紀天童四明往復書」）。知禮は、『十不二門指要鈔』の中で達磨門下三人の得法の淺深を引用して天台の圓義を説いた。これに對して子凝が、知禮の引用したものには根據がないと嚙みついた。これに端を發する手紙による論爭は、當時の四明太守林公の仲介で、『十不二門指要鈔』の敍述を少しく改めることで終息したとされる。兩者の主張の正否は別にして、教學と禪宗との宋初の關係を「在昔《むかし》禪教一體にして、氣味《きみ》相い尙び、此の如き者有るに至る」（T46, 897a）とコメントしていることは注目すべきであろう。(7) これは天台と禪を代表とする後の宗派間の對立・抗爭を省みての發言であろうが、宋初では宗派間の反目攻擊はさほど強くなかったことを傳えておろう。楊億とは直接關係ない、知禮と子凝の論爭をここで持ち出したのも、一つにはこの點を喚起したかったからである。また知禮と子凝の往復書簡を見て氣づくことは禪と天台が互いの宗派の教理・主張に通じていることである。例えば子凝は天台智顗の經疏や知禮の『十不二門指要』を、一方、知禮は圭峰禪師『禪源諸詮集都序』や『祖堂集』『景德傳燈錄』を讀んでいる。これは楊億と知禮との間における書簡でも同じことであった。(8)

もう一點、楊億と知禮の關係を垣間見る資料が殘されている。それは日中の佛教交流史の上でも重要な事件であった。天台僧の寂照は咸平六年（一〇〇三）に宋に渡り、眞宗皇帝に拜謁し、紫衣と圓通大師の號を賜った。その後、彼は出發の際に知禮に會って、師の惠心僧都（源信）から委囑された二十七條の台宗疑義を質し、その答を持って歸國しようとしたが、三司使丁謂に引き留められ、その故鄉である姑蘇の吳門寺に住して、その後杭州で亡くなった。彼は知禮からの釋疑を弟子に託している。後年、一〇七二年に成尋は渡航して寂照の事蹟を『參天台五臺山記』巻五に書き取ったが、藤善眞澄の研究によれば、(9) それは今はすでに佚書となった『楊文公談苑』の記事であった。『楊文公談苑』は楊億の門生の一人であった黄鑑が師の言論を記録したものであり、この記事から寂照と知禮の仲介の勞をとったのが外でもない楊億であることが明らかになった。寂照の召問[10]、あるいは知禮への引き合わせからも、楊億が天台への關心と知識を備えていたことが推測できるのである。

以上から、楊億が聖俗兩界にわたる人々を動員して知禮の遺火を阻止しようと腐心したのは單なる儀禮的・政治的なものからではなかった點と、楊億の時代には佛教宗派間の對立は後世ほど激しくなかった點を確認しておきたい。このことは楊億が狹義の禪佛教徒ではなかったことを示唆するものである。

第三節　文學者として

詩文において、楊億は西昆派の代表詩人として名を馳せた。しかし文學史の上では、西昆派の詩は「詩の世界では、唐の詩、ことにその最後の時期である晩唐の詩、それは貴族制崩壞の前夜に生まれたゆえに、感傷的であり、美文的であるが、それが好んで祖述されること、半世紀に及んだ。その代表となるのは、「西昆酬唱集」二巻である。三代目眞宗の景德年間、西曆はちょうど一〇〇〇をすこしすぎたころ、首都汴京の政府にいた詩人たちの歌合わせの集であり、十五人の作二四七首を收める。中心となるのは、楊億、字は大年、謚は文公である。彼は同僚とともに、唐末の詩人のうちでも、ことに感傷的な美文である李商隱の詩を、けんめいに模倣した。……完全な模倣であり、それを一歩も出ない。新しい詩を作ろうとする意欲も、從って效果もない[11]」とアナクロニズムを指摘され、高い評價は受けていない。

また、散文について言えば、歐陽脩（一〇〇七―一〇七二）の時代とともに宋代では古文が勢力を增し支配を握るようになるが、その觀點からは、前時代に屬する楊億が省みられることはほとんどなかった。むしろ詩文と同じように散文でもマイナス評價を受けてきた。例えば、石介（一〇〇五―一〇四五）は歐陽脩と同年の進士であり友人であるが、「怪説中」（『徂徠石先生集』巻五、陳植鍔點校、中華書局、一九八四）には「昔、楊翰林は文章を以て天下に宗爲らんとし、天下の未だ己の道を盡く信ぜざるを憂え、是に於いて天下の人の目を盲とし、天下の人の耳を聾とし、天下の人をして目盲せ使む。……今楊億、姸を窮め、態を極め、風月を綴り、花草を弄し、淫巧侈麗、浮華纂組にして、聖人の經を刓《がん》鎪《しゅう》し、聖人の言を破碎し、聖人の意を離析し、聖人の道を蠹傷す」と言い、「答歐陽永叔書」（同書、巻十五）には「今、天下、楊億を爲《まな》び、其の衆、口に嘵嘵乎として、一たび倡えて百和するも、僕は獨り確然として、自ら聖人の經を守る。凡そ世の佛・老・楊億を云う者は、僕惟だに爲さざるのみにあらず、且つ常に力めて之を擯斥す」と言う。彼が楊億の散文をこのように激しく非難するのは「辨惑」（同書 巻八）に「吾れ謂《おも》えらく、天地の閒に必然として無き者、三有り。神仙無かるべし、黄金術無かるべし、佛無かるべし」と言うように佛教に對する嫌惡が大きく影響している。

「古文」と道統（佛・老の排斥）の主張はそれぞれその淵源を韓愈に持つとはいえ、唐代においては未だ一致して主張はされなかった。ところが石介は「本朝の文人、孫（何）・丁（謂）を稱して、而して皆な之を推尊すれば、則ち楊（億）、少爲りて古道を知ること明らかなり。然るに性識浮近を以て、古道自立する能わず、名を好み勝を争い、獨り海内に驅け、古文の雄、仲塗（＝柳開）・黄州（＝王禹偁）・漢公（＝孫何）・謂之（＝丁謂）の輩有るも、己を度りて終に能く其の右に出る能わずと謂い、乃ち古文を斥けて爲さず、遠く唐の李義山の體を襲い、新制を作爲す。楊は亦た學問、博きに通じ、筆力宏壯にして、文字の出す所、後生、之を愛さざる莫し。然るに大道を破碎し、元質を彫刻するは、化成の文に非ず、而して古風遂に變ず」（同書、巻十九「祥符詔書記」）とまで主張するのである。

この石介の考え方はやがて宋人の主流となり、例えば洪邁（一一二三—一二〇二）は宋初の「古文」の歴史にふれ

> 然らば則ち國初に在りて、（柳）開、已に昌黎集を得て而して古文を作し、穆伯長（＝穆脩）の時を去ること數十年なり。蘇（舜欽）・歐陽（脩）、更ごも其の後に出ずるも、而るに歐陽（脩）、略して之に及ばずして、乃ち以て天下未だ韓の文を道《い》う者は有らずと爲すは何んぞや。范文正公（＝范仲淹）、尹師魯集序を作り、亦た云わく、五代の文體薄弱にして、皇朝の柳仲塗（＝柳開）、起ちて而して之を靡《しき》す。楊大年、專ら藻飾に事え、古道は用に適さずと謂うに洎《およ》び、廢して學ばざる者《こと》、之を久しくす。（尹）師魯と穆伯長、力めて古文を爲し、歐陽永叔（＝歐陽脩）、從りて之を振い、是れ由り天下の文、一變して古なりと。其の論、最も至當爲り。（『容齋續筆』巻九）

と述べているし、また『宋史』巻四三九、文苑傳の序も、

> 國初、楊億・劉筠猶お唐人の聲律の體を襲い、柳開・穆脩、古に變ぜんと志欲せんとするも、力、及ばず。盧陵の歐陽脩出で、古文を以て倡え、臨川の王安石・眉山の蘇軾・南豐の曾鞏、起ちて之に和し、宋の文、日ごとに古に趨る。（頁一二九九七）

と同じ主張である。[12] 楊億はこのように、「古文」に對して、裝飾華美な所謂「駢文」の主張者として認識されている。歐陽脩が「是の時、天下の學者、楊（億）・劉（筠）の作を、號して時文と爲す。能者、科第を取り、名聲を擅らにし、以て榮を誇り、當世未だ嘗つて韓文を道《い》う者有らず」（『歐陽文忠公集』巻七三「記舊本韓文後」）という「時文」がそれに當たる。時文あるいは大學體と稱されるペダンティックな難解な文章から達意の「古文」へと、當時の文體の流行を大きく轉換させたのは、歐陽脩が嘉祐二年（一〇五七）に知貢擧、つまり科擧試驗の

主任となったことである。この時、時文信奉者は退けられ、古文を用いて受験した程顥、曾鞏そして蘇軾・蘇轍兄弟等は合格した。この事件以後、古文の支配がはじまるのである。

楊億の『宋史』本傳は、宋初に活躍した文學者にふさわしく、「括蒼・穎陰・韓城・退居・汝陽・蓬山・冠鼇集」など多くの作品集が編まれたことを傳えているが、現存する作品は「武夷新集」二〇巻と「西崑酬唱集」二巻のみである。前者は楊億自ら序に記すように、咸平元年（九九八）に知括蒼郡になり景德三年（一〇〇六）十一月に翰林院に召還されるまでの十年弱の作品を集めたものである。年齢から言えば、二五歳から三十數歳にあたる。また後者も「景德（一〇〇四—一〇〇七）中」の作品とされているので三十代前半のものである。従って、四七歳と、現在の感覺では比較的早くに亡くなった楊億であるが、その晩期の作品は殘っていない。(13)

ところで『武夷新集』を通讀してみると、古文信奉者が囂びすしく非難するほどの「時文」に出くわさないのは一體どうしてか。これは上で述べたように彼の中期までの作品のみであることに大きな理由があると考えられるが、この點については、小論の檢討作品である「殤子述」を取り上げる際に再度觸れてみたい。これも『武夷新集』に収められたものである。

最後にもう一點だけ指摘しておくべきことがある。歐陽脩は、上で引用したように楊億を非難しているのであるが、一方では「偶儷の文、苟しくも理に合すれば、未だ必ずしも非と爲さず」（『歐陽文忠公集』巻七三「論尹師魯墓誌」）と言っており、蘇軾（一〇三六—一一〇一）も、古文家の立場を固守して楊億の散文を「時文」と決めつけながら、「近世士大夫の文章の華靡なる者は、楊億に如《し》くは莫し。楊億をして尚お在ら使めば、則ち忠淸鯁亮の士たらん。豈に華靡を以て之を少《か》くを得んや。通經學古なる者は、孫復・石介に如くは莫し。孫復・石介をして尚お在ら使めば、則ち迂闊矯誕の士たらん。又た之を政事の間に施す可けんや」（中華書局本『蘇軾文集』巻二五「議學校貢擧狀」）と言っている。兩者とも、非難の傍ら、積極的に評價する側面もあったわけである。

第二章　夭折者の墓誌銘——權德輿の場合

先に述べたように、楊億がどのように異敎の教えである佛教を受容したかを見るため、この章では、時代を隔てて類似の作品を殘している人物、すなわち權德輿（七五九—八一八）を取り上げる。佛教にも道教にも關心を持った中唐の士大夫の一人として、筆者はかつて彼について論じた。ここではまず、楊億との比較の基盤となる、兩者の共通點を簡單に述べておきたい。第一點は、彼が馬祖道一（七〇九—七八八）の碑銘を書いたことでも分かるように、馬祖の禪に共感を懷いていたことである。第二點は、楊億のように我が子ではないが、晚年の二年間に、期待を寄せた幼い三人の孫を次々に失ったこと。第三點は、自ら彼らの墓誌銘あるいは祭文を作り、己の胸中を吐露していることである。

古代から中世にわたる代表的な哀辭、墓誌、詩賦等を用いて、夭折した子供をいかに記錄にとどめたかについて、その形式・內容を具體的に分析考察した力作が最近、後藤秋生によって發表された。その一章、「夭折者の墓誌銘—唐代を中心として」では、これから述べる權德輿の孫の一人權奉常の墓誌銘の一部も取りあげられている。(14)

さて權德輿は元和十年（八一五）十一月二二日、孫の順孫（文昌）を十三歲で亡くした。この時、權德輿の書いた墓誌銘が「殤孫進馬墓誌」（『權載之文集』卷二六）である。この時すでに彼は六十年の生涯の數年を殘すだけであった。また、元和十二年（八一七）六月二四日には、孫の奉常を九歲で亡くした。その墓誌銘は「權氏殤子墓誌銘并序[15]」であり、そこに「前歳自り以て今歳に至るに爾《なんじ》の兄弟を喪うこと、今に于いて三人なり」と見えるから、この間にもう一人の孫を失っている[16]。順孫の墓誌銘は次のようにはじまる。

　權氏の殤子、名は順孫、小字は文昌なり。病いを被むるを以て桑門の法を用い、其の字《あざな》を更えて君吒と曰う。贈太子太保貞孝公（＝權臯）の曾孫、今の刑部尙書・扶風郡公（權）德輿の孫、渭南縣尉（權）璩の子なり。始め仕えて僕寺進馬と爲る。生まれて十三年、元和十年十一月二十二日を以て光福里に夭す。二十七日、手足形を萬年縣の神和の原に斂む。既に棺を闔《おお》い、其の大父《そふ》泣きて之を誌して曰く。

權德輿は孫の名字、家系、生卒そして埋葬地を型どおり記す。孫の順孫は權德輿の子、權璩の子であった。先に三人の孫を失ったといったが、三人とも權璩の子供であった。續いて順孫の生前の描寫が始まる。

　爾《なんじ》、幼くして敏志有りて孝順敬遜なり。大父母・父母の教えを承け、旨に違う無く、孝子順孫・成人者の養と雖も若かず。故に吾れ以て之に名づく。孝經・論語・尙書を讀み尤も筆札を好み、硯席を離れず。凡そ擧措・語言、理に循い義を諭《さと》り、常童を出づること甚だ遠し。小戴禮を肄《なら》い、業未だ竟《おわ》らずして、病に感《かか》る。春自り冬に涉り、四時に綿《つらな》り稍《ようや》く劇し。大病《りんじゅう》の際、上は尊長に辭し、下は幼弟妹に訣れ、恬然として亂れず。且つ其の傳婢に謂いて曰く、空中の佛事、儼然として目に在り。促《すみやか》に焚香して、吾が枕を西嚮に移せと。

　合掌して絕ゆ。

なぜこの孫を「順孫」と名づけたか、いかに學問好きであったか。それだけでなく言葉遣い、起居振舞いも普通の子とはかけ離れて立派であったと、權德輿は述べる。孫が尋常な子供でなかったと綴るのである。このことは、病氣にかかり臨終を迎えても變わらなかった。目上のものに暇乞いをし、幼い弟妹にまで別れの挨拶をして毅然として旅立って行った。十三歳の子供でありながら、「恬然として亂れず」、取り亂すことなく平然と死を迎えたと言う。恬淡として逝ったのは本人の有徳にもよるが、佛門に歸依したことに大きな理由が潜んでおろう。次は墓誌銘の最後の部分である。

> 始め吾れ常に神滅不滅の論を疑うも、今に逮びて信ぜり。噫嘻《ああ》、爾《なんじ》、已に仕え、且つ成人の志有るを以て、吾れ殤に勿《あら》ざらんと欲す。禮を知る者は可ならずと曰うも、敢えて逾えざるなり。惟れ大墓は洛師《らくよう》に在り。陪祔の吉を後歳に得ん。故に是に權窆す。而して號して曰く、惟れ魂氣之く所無きも、爾の神は往く所を得。吾れ又た惡《いずく》んぞ夫の涕洟を用いんや。

ここからは作者、權德輿の感慨である。彼は死後の世界の存在に懷疑的であったが、孫の順孫が佛陀の姿が見えるといい、心亂れることなく平然と死んでいったのを目にして、信じるようになったという。「而して號して曰く」以下、最後までの三句が、韻文で書かれた、いわゆる銘に當たる部分である。「惟れ魂氣之く所無きも、爾の神は往く所を得」は先ほどの感慨を重ねて述べたものである。吳の季札が齊に使いし、歸路、息子を亡くし、「魂氣の若きは之かざる無し」と言って、道中で簡素な埋葬を行った故事[17]を用いた表現である。

しかし季札の「之かざる無し」とは逆に、權德輿は「魂氣之く所無し」と言う。「魂氣」はもちろん順孫のそれであり、佛陀によって淨土に往生できることを約束されていたからである。少なくとも權德輿はそう確信していた。しかし、孫を失った悲しみは彼の胸を亂す。西方淨土に往生したと頭では理解できても、目の前にいた存在が消えた悲しみの感情はいかんともし難いという僞らざる胸中が率直に述べられている。

順孫が佛門に歸依したと述べたが、それはもともと彼、あるいは權德輿が佛教信者であったという意味ではない。病氣にかかり、手を盡くしたが醫術では回復の見込みがなくなって、信仰に入ったのである。順孫の弟で、九歳で亡くなった奉常の場合も同じであった。彼の墓誌銘には「一日《あるひ》、瘡痏を得、侵□して潰す。百術を發するも治むる能わず。遂に落髪して桑門に歸し、法延と僧號す。以爲《おもえ》らく、清淨《ぶっきょう》の教え、以て六疾を蠲《のぞ》くに足ると」、あるいは彼の祭文には「頃者《ちかごろ》、苦海を拔けんことを求め、度門に依歸す」とあって、その閒の經過が詳しく記錄されている。このように佛陀の慈悲にすがり、回復を期待することは、當時、珍しいことではなく、十歲の娘を尼にした柳宗元の例[18]が知られている[19]。

權德輿は、貞元年閒（七八五—八〇五）の初め、江西觀察使李兼の判官および監察御史の時に馬祖道一禪師と出會った。それは彼の二十代後半から三十代の前半にあたる時代であった。後年、道一が遷化した際には、その交遊から彼の塔銘[20]を書くが、そこに「（道一大師の）門弟子、德輿の嘗つて大師の藩に游びしを以て、文言して之を揭げ俾《し》む」と見えるのが、そのことを指す。馬祖禪との關係は、權德輿が京師に戻った後も續いた[21]。馬祖の高足の一人である懷暉が、元和三年（八〇八）に憲宗の詔を受けて都の章敬寺に入り、彼の亡くなるまで、兩者の交遊は絕えなかったからである[22]。

順孫の死の一ヶ月後に、その懷暉が遷化し、權德輿はやはり彼の碑銘を書いた。その中で次のように述べる。

德輿、三十年前、嘗つて道を大寂に聞き、聿《ここ》に京下に來りて、時に師の言を款《よろこ》ぶ。頃ろ哀傷に因り、悟入を獲るに似たり[23]。則ち知る、煩惱は菩提に遠からずと。

權德輿は、先の道一の塔銘では任地として江西に滯在したことからそれを書いたと述べているが、ここでは馬祖に「道を聞いた」と言う。そして「頃ろ哀傷に因り」が順孫の死を指すことは言うまでもない。ここでは彼が馬祖道一の禪を理解し、それを自分の生を送る中で實踐していたことを語っている。わずか前に涙を流して孫の墓誌銘を書いた老いた權德輿の姿は、少なくともここにはない。別離の悲しみを體驗することによって悟りを得たと言い、それによって「煩惱は菩提に遠くないことを知った[24]」とまで述べているのである。

第三章　「殤子述」について

第一節　「殤子述」の周邊

「殤子述」は、楊億が二八歳の時にわずか三歳で夭折した、息子の雲堂の記録である。この一文を讀む前に、この見慣れないタイトル「述」について考察しておこう。「殤子」は雲堂を指す。『釋名』釋喪制に「未だ二十にあらずして死すを殤と曰う」と見える。さらに『儀禮』喪服傳には「年十九より十六に至るを長殤と爲し、十五より十二に至るを中殤と爲し、十一より八歳に至るを下殤と爲し、八歳に滿たざる以下、皆な無服の殤と爲す」と殤を四つにわけている。殤者は成人に達するまでに亡くなった者を指すので、禮の規定では成人とははっきり區別されており、亡くなった年齡に應じて服喪期間は短縮された。從って、『儀禮』では上に續けて、「無服の殤は、日を以て月に易う。日を以て月に易うるの殤は、殤として服無し」と述べるのである。墓誌も、すでに後漢の蔡邕に幼兒を對象としたものが見られるとは言え、元來は成人のために作られるものであった。ただ唐代になるとかなり多くの夭折者を對象とする墓誌が書かれるようになる。[25]しかしそこには依然として禮による一定の歯止めが働いていていた。

權德輿が孫、順孫のために認めた「殤孫進馬墓誌銘并序」には、その末尾近くに「噫嘻《ああ》、爾《なんじ》、已に仕え、且つ成人の志有るを以て、吾れ殤に匇《あら》ざらんと欲す。禮を知る者は可ならずと曰うも、敢えて逾えざるなり」と言うのがそれである。「おまえは成人に達する以前の十三歳で亡くなったとは言え、すでに僕寺進馬[26]に任官しており、さらに一人前の成人の志を備えている。だから私はおまえが夭折したのではないと言いたい。禮の規定を云々するものは、おまえの墓誌を書くことはやめるべきだと言うが、わたしの行爲は禮から逸脱しているとは思えない」と夭折者に墓誌を書いたことへの辯明を行っている[27]。

唐から宋に時代が降っても、この狀況は餘り變わらなかった。楊億が三歳の息子のために墓誌銘を書くことへの後ろめたさは存在したと考えるのが自然であろう。そのことは、例えば王珪の「宗室左武衞大將軍均州防禦使殤子墓記[28]」に見て取れよう。この墓記は趙宋の一族の五歳で夭折した子供へのものである。王珪は「天子の同姓に厚きこと、殤子と雖も、其の葬に亦た文有りて、之を禮すること成人の如し」と述べている。五歳の子供に墓誌を書くことは例外であったというのである。從って結論を言えば、楊億は、禮との軋轢を避けるために、「墓誌」のタイトルを用いず、餘り見られない「述」という文體を用いてこの世の息子の記錄を留めたと考えられる。

「述」と名付けられる文體は、『文體明辯序說』に「按ずるに字書に云わく、述とは譔なり。其の人の言行を纂譔して以て考を俟つなりと。其の文は狀と同じなるも、狀と曰わずして、而して述と曰うは、亦た別名なり。此の體、諸集に見ゆる者は多からず、姑らく一首を錄して以て式と爲すと云う」と見えるように、珍しいものである[29]。このように「殤子述」が墓誌に代わるものであったと考えることの正當性は、以下で見るようにその内容からも確かめられるが、この作品が載せられている『武夷新集』巻十一の配列からも讀み取れる。この文集は楊億自らが編んだこともあって、全二十巻が文體別に竝べられている。件の巻十一は巻九・巻十に收められなかった三首の「墓誌」、そしてこの「述」一作、最後に「行狀」二首が續く構成になっている。「述」は「墓誌」あるいは「行狀」に近いものと考えられていた證である。

第二節　「殤子述」を讀む

楊億は著作佐郎に遷った翌年の九九七年、二四歳の年に妻を迎えた。そして二六歳の年に息子を得る。ここから「殤子述」は始まる。以下いくつかの段落に分けて讀んでみたい。

予れ授室の明年、出でて縉雲郡を領す。下車するの十月、一子を生む。既に三月にして其の左手を執りて欬《しわぶ》きて之に名づけて雲堂と曰う。雲堂、生まれて七月、予れ召を被り、闕に歸る。前の一月、太夫人、族を擧げて先に建安呉興の別墅に歸り、璽書至る比《ころ》おい、予れ亦た間道より歸り墳墓を拜す。雲堂、頗る能く其の父を識り、門に迎えて笑い、躍りて予れに就きて抱けり。家居すること僅かに五旬、詔書を稽留せんことを慮り、遂に單車もて路に卽《つ》く。凡そ再び朏魄《みかづき》を見、而して京師に至る。氣は懰慄として以て哀に變じ、歳は崢嶸として而して將に晩《くれ》んとす。明くる年（一〇〇一）の春、版輿を迎え、三呉自り、九江に汎《うか》び、淮に浮び汴を泝《さかのぼ》り、輦轂に就養す。

最初に、雲堂の誕生から筆を起こす。楊億は眞宗卽位（九九七）とともに著作佐郎として錢若水の下での『太宗實錄』編纂に從事した。父はその十年程前に亡くなっていた[30]。母親は年齡を重ねるとともに、都、汴京の生活を厭い、望鄉の念を募らせた。楊億は編纂事業が終わると、母親の意向に沿ってその故鄉に近い地方の官を志願した[31]。任地は縉雲郡（浙江省）であった。そこに知事として赴任した咸平二年（九九九）、二六歳の時に、任地で子の雲堂が誕生した。「既に三月にして云々」は『禮記』內則篇に見える、命名の儀禮である。「三月の末、日を擇び髮を翦り、父、子の右手を執りて咳《しわぶ》きて之に名づく[32]」という。「欬」と「咳」は通じるから、楊億が儒教の儀禮どおりに息子に生後三ヶ月を經て命名したことを述べている。翌、咸平三年（一〇〇〇）、雲堂が生後七ヶ月の時、楊億は眞宗によって都に召還される。その前後、母をはじめとする家族は建安呉興にあった別荘に寓居したため、楊億には半年餘り雲堂と離れての生活が續いたが、再會の際には、聰明なこの息子はよく父を忘れず、喜びに小躍りして楊億を迎えたと記す。やがて一家を都に迎えての生活が始まる。續いて雲堂の發病が以下のように記録される。

而して雲堂、始め踸踔《ちんたく》して能く行き、旦暮に太夫人の膝下に嬉戲す。爰《ここ》に笑い爰《ここ》に語り、甚だ祖母の心を慰むるに足れり。秋に渉《わた》り病を召き、醫に命じて之を視せしむ。是れより先、瘍、頰に生じ、療を善くする者、必ず外決せ令《し》め、毒氣を藏中に留めざら使めんとす。醫は市井の徒なり。其の瘳有るを利すは、亟に飲ますに藥を以てすれば、日を數えずして愈ゆと。未だ浹旬ならずして、腹痛を病み便利し、又た醫を呼びて之を視さしむるに、醫、急に藥を以て止めんとす。又た數日して下血し、復た醫を召くに、但だ將に愈えんとすと謾言するのみにして、受直を利《むさぼ》る。五日に訖び、加有るも瘳無く、即ち他の醫を召すに、醫言えらく、疾深し、殆ど爲す可からざるなり。既《すで》にして痟氣上攻し、口中の齦齶《ぎんがく》、皆な創ありて、兩齒を落し、手足掉擧し、目、眩轉して死す。

子供は赤ん坊の時も可愛いが、一人で歩き始め、言葉を話せるようになれば、いっそう可愛いものである。雲堂も同じであった。楊億の母親と終日遊び戯れ、祖母の心をなごませたと言う。ところが咸平四年（一〇〇一）の秋に病魔が雲堂を襲った。病氣の始まりは、頰にできものがあらわれたことであった。その場合、毒氣を體内に留めないように、ふつうは外科的處置によって切開するのであるが、楊億が見せた町醫者の處方は異なった。彼の診斷は、この病氣が輕いものとの誤診であって、投藥を數日續ければ治癒するとのことであった。十日もしない間に、雲堂は腹痛をおこし、下痢となり、醫者に見せても、投藥の中止のみで有効な治療は施されなかった。さらに下血が續き、日を重ねるとともに、だんだん病氣は重くなって行った。病氣は「治りかけである」とうそぶきながら、一方で治療費を要求するこの町醫者の不誠實に見切りをつけて、別の醫者の判斷を仰いだ。なぜなら、さらに五日しても、惡くなる一方で回復の兆しは見えなかったからである。別の醫者は病は重く、手の施しようがないと言った。おそらく高熱のためであろう、雲堂は口中がただれ、歯が抜け落ち、手足がふるえ、目を回して亡くなった。

このように楊億は、發病から死まで一ヶ月ほどの經過を詳しく記述している。初期の段階で醫者を選んだ際の、自らの判斷の誤りについての悔恨からであろう。「療を善くする者、必ず外決せ令《し》め、毒氣を藏中に留めざら使めんとす」というのは、あの時、このように處置しておくべきであったという楊億の無念さを表わしている。つづいて亡くなった雲堂への想いが綴られる。

噫《ああ》、己亥（九九九）十月の己未に生まれ、辛丑（一〇〇一）八月の乙丑に死す(33)、凡そ六百六十七日なり。其の賦命なるや、何ぞ夭促、之れ是の如きや。因りて念う、萬物の内、最も靈なる者は人にして、父子の道、斯れ惟だ天性のみ。過ぎたるは猶お及ばざるも、適《まさ》に情の鍾《あつま》る所にし、有りて無に歸すは、亦た理の遣る可し。然るに高堂は孫を抱くの慶びを奪われ、衰門は遺體の悲しみに纏わるる。蓋し釁《とが》、自躬に積り、而して禍、嗣に延ぶ。夫子の所謂、苗にして秀でざる者は、是れ之を謂うか。

雲堂は三歳で夭折したと重ねて述べたが、數え年の計算である。實際にはこの世での生は二年の日數を切るのである。楊億は誕生から逝去までの日を數え上げて「六百六十七日」と記す。「賦命」は、陶潛「與子儼等疏」（『陶淵明集』巻五）に「天地の賦命、生あれば必ず死有り」とあるように、この世での命である。短い命を慨嘆しながらも、日數で記すのは、雲堂のその短い命を愛おしむと同時に、その存在の重さを記録に留めたかったのであろう。「萬物の内云々」は、『漢書』刑法志に「夫れ、人は天地の貌に宵り、五常の性を懷き、聰明精粹にして、有生の最も靈なる者なり」と見え、「父子の道云々」は『孝經』聖治章の言葉である。人として生まれ男児を授かりながら、父と子という最も自然な關係は、築かれたと思う間もなく息子の死によって絶たれてしまう。その悲しみはいくら嘆いても盡くせないものであった。「過ぎたるは猶お云々」は『論語』先進篇の言葉である。理屈では分かっておりながら、息子がいなくなった悲しみは克服できなかったという。楊億の母は「孫を抱く喜びを奪われ」、この利發な子に沒落しかけた家の將來を期待した一家のものは悲嘆にくれると語る。そして「蓋し釁《とが》、云々」は、「赤子に何の辜かあらん、罪は我の由《ゆえ》なり(34)」、「年を終えずして夭絶す、何ぞ皇天に罰せ負《ら》る。信に吾が罪の招く所にして、弱子の舋《とが》無きを悲しむ(35)」、「汝の辜無きを致すは　我が罪に由る(36)」あるいは「吾、神明に負き、汝を謫すること何ぞ速やかならん(37)」と同じく、子供の死の責任を自らが引き受ける哀辭として、墓誌銘にしばしば見られる表現である。續く「夫子の所謂云々」は『論語』子罕篇の言葉を指し、「苗として育ちながら穂を出さずにおわるものがある」の意味で、これも夭折した子供の墓誌銘によく用いられる表現である。續く部分を讀んでみよう。

其の月角對《なら》び聳え、山庭衍《ひろ》く斥《ひら》き、眉目踈秀、方口大頤の若きは、必ず吾門を興し、終に能く器を成さんと。其の襁褓に在りては挺然として群らず、初め生まれて纔かに滿月、方に呱呱して泣くに、家人、書冊を取りて之に展向すれば、卽に其の文字を熟視し、喜び且つ笑い、能く焉《これ》を識るが若し。未だ嘗って矢溺を席褥の上に遺《とど》めず、夜寒と雖も、亦た展轉して起く。家に奴の産みし子なる者有りて亦た數歳なり。頗る無賴にして、群萃の中と雖も、了に怖慴せず、東西に跳梁し、歌唫《ぎん》するに度無し。是の子を遠見する毎に、必ず惺懼號泣して、容るる所無きが若し。家人、潛かに抱きて之に近づけ令《し》むれば、必ず大呼して殞絶するも、其の然る所以を知らざるなり。

雲堂の短い生の中でのトピックが綴られる。まず、彼の骨相に及ぶ。「月角」、「山庭」は骨相の術語である。前者は「日角」に對應するもので、右の額、後者は鼻を指す。「右の額が高く、鼻が廣く開いて、眉と目が清秀で、四角の口に大きな顎」といった雲堂の良い骨相は、『きっと我が衰えた家を再興し、成人になった曉には立派な人物になるだろう」と期待された。その期待通りに、まだ産着に包まれていた幼少の時から、「拔きんでて一個の個性を具え、他の子供たちと交わろうとはしなかった」という。普通の子供でなかったことについては、また、泣きやまない雲堂に書物を見せると、あたかも文字が讀めるかのように笑い顔になったとも記す。それは誕生から僅か二ヶ月目のことであった。さらには、寒い冬の夜中にも起きてきて、一度も布團を濡らさなかったこと、そして最後に、家にいた私奴の無頼な子供に對する雲堂の特異な反應が綴られている。こうして智恵の上でも倫理の上でも尋常でないと記述することは、一方では、亡くなった子供が將來、名實ともに士大夫と成り得たことを語る役目も擔っている。先に見た權德輿も、孫の順孫の墓誌銘に同じようにその尋常ならざる態度を書いている。

續いて、鬪病中の雲堂の特異な反應が語られ、彼の記述は終わる。

初め、疾愈え、東室中の北壁に畫佛像有りて、其の門を過ぐる毎に、必ず身を引きて焉《ここ》に入り、其の畫を視て而して笑い、相い對語する者の若きにして、乃ち喜ぶこと甚だし。儻《も》し家人、之を拒まば、必ず號哭して偃踣《えんぼく》す。是の如き、日に三四十往き、以て疾の甚だしきに至る。性、弄を好まず、味を嗜まず、妄りに言笑せず。太夫人常に言う、吾れ孩孺を閱ること多きも、未だ此の兒の卓異有らざるなりと。

上で見たように雲堂は秋になって病氣になり、八月十日には亡くなっているから、その鬪病生活は一ヶ月程度であった。上の病氣の進行狀況の中では述べられなかったが、その間には小康を得た時期もあったようである。その時、雲堂は東室の北壁に懸けてある佛像の繪に關心を示す。佛畫を見る喜びようは異常なもので、笑いかけ、話をしているかの様子であり、家の者が止めようものなら、泣き叫んで抵抗した。彼は重體になるまで日に三、四十回となく佛畫の前に出かけていった。楊億の幼い息子と佛教の關係は、權德輿の十三歳の孫の場合とは異なり、勿論自覺的なものではない。このような一齣を入れたことは、楊億の佛教への想いの反映であろう。最後にもう一點、雲堂の特異さを述べるが、そこに言う「性、弄を好まず、味を嗜まず、妄りに言笑せず」は、元來は成人の記述に用いられる表現である。

豈に吾が宗の薄祐にして、復た其の門閭を大とすること無からんや。而して夭の不夭にして、將さに遂に溝壑に擠《おと》さんとするを病《や》まんか。因りて嘗つて金仙子の書を讀みしを念い、大雄氏の旨を了知し、六塵の妄相を識り、諸行の無常を見る。聚沫は撮摩す可きに非ず、浮雲は倏然として變滅す。輪迴は愛より起こり、必ず斷じ必ず除くべく、煩惱、空に歸さば、何れを執り、何れを著せんや。一切は虛幻にして、萬化は紛綸し、又た安くんぞ能く類に觸れて悲しみを增し、舐犢《しとく》の愛を緬懷し、毀を積み疾を成し、自ら喪明の戚《かなし》みを貽さんや。予れ儒門に出で、俗諦に沈迷するも、猶お或いは聖人の逵節を慕い、上士の忘情を希う。誠に其の奈何《いかん》ともす可き無きを知るも、聊《いささ》か以て自ら道《い》う耳。名教を服する者、我を罪する無きを得んや。

「殤子述」の最後の部分である。これは作者、楊億の感慨を綴っている。息子の死をどのように受け止めようとしたかの心中の告白である。彼の死を思うと、その原因は、「一族が負った不幸なる運命のなせる業か」とか、「親の方が長生きし、世話をしてくれる子がいなくて谷に落とされるのを惱むのであろうか」などさまざまな考えが楊億の腦裏を行き交う。「而して夭の不夭云々」は『春秋左氏傳』昭公十三年に見える故事である。

楊億は悲しみで千々に亂れる心を、むかし讀んだ佛典の教えを思い出すことによって安らげようとする。佛陀の教えから彼が了解した部分を意譯すれば、「六塵が構成する世界は妄相であることを識り、諸行は無常であることを見て取った。この肉體は聚沫のようなもので、撮摩できないし、浮雲のようににわかに變滅する。六道輪迴はものへの愛着が原因で生まれるもので、必ず斷ち切り、必ず除去すべきものである。煩惱がすっかり消えてしまえば、こだわりも、執着もなくなる」となろう。「聚沫云々」以下の二句は、『維摩經』方便品の「此の身は聚沫の如く、撮摩す可からず、此の身は浮雲の如く、須臾に變滅す」に基づく表現である。

「一切は云々」以下、「自ら喪明云々」までの「この世の一切のことは虚しい幻の如きであり、變化は次々に起こり入り亂れるものである。さまざまな變化に對して、いちいち悲しみの情を增し、舐犢の愛を懷かしみ、喪に服して病氣になり、悲痛のあまり目の明かりを失ったりすべきではなかろう」も、佛教の教えによって、幼い雲堂を亡くした悲しみに陷っている自らを教え諭しているのである。「舐犢の愛」は親牛が子牛をなめるように、親が子供を溺愛する意。『後漢書』列傳巻四四、楊彪傳に「後、子の脩、曹操の殺す所と爲る。操、彪を見て問いて曰く、公は何ぞ瘦の甚しきやと。對えて曰く、日磾の先見の明無きを愧ずるも、猶お老牛舐犢の愛を懷う。操、之が爲に容を改む」とある故事に基づく。また「喪明の戚《かなし》み」は子供を亡くした悲痛の餘り失明した子夏の故事に基づく。「子夏、其の子を喪いて、其の明を喪う。曾子、之を弔いて曰く、吾れ之を聞くなり、朋友、明を喪えば、則ち之を哭すと。曾子哭す。子夏も亦た哭して、曰く、天なるか、予之れ罪無きなりと。……曾子曰く、……爾の子を喪いて、爾の明を喪う、爾の罪の三なり」と『禮記』檀弓篇上に見える。

最後の段落、「予れ儒門に出で」から末尾までは、楊億自身の立場の表明である。どこに立って、息子、雲堂の死を受け止め、そしてまた彼の墓誌銘とも言えるこの一文を書いたのかを明らかにする。この部分を意譯すれば、「私は儒教の家に生まれ、世俗の道理の世界に深く身を置いているが、一方では聖人のとらわれなき達節を慕い、上士の忘情を希求するものである。本當にどうしようもないということを知りつつも、いささか文を綴り自ら氣持ちを述べたのである。これを讀んで、儒教を奉じる人々は、私を非難しないでおけるだろうか」となろう。

「聖人の達節」は、『春秋左氏傳』成公十五年に「聖は節を達し、次は節を守り、下は節を失う」に基づき、「上士の忘情」は『世説新語』傷逝篇に「王戎、兒の萬子を喪い、山簡、往きて之を省す、王悲しみて自ら勝えず。簡曰く、孩抱中の物、何んぞ此に至らんやと。王曰く、聖人は情を忘れ、最下は情に及ばず、情の鍾まる所、正に我輩に在り。簡、其の言に服し、更に之が爲に慟す」の故事を意識する。(38)表現としては梁の簡文帝が、第十子のために書いた「大同哀辭(39)」の語句を襲う。すなわち「上聖の以て情を忘るる所、賢者の以て節に達する所、將さに何を以て焉《これ》を戚《いた》まん」とある。

さて「聖人」とか「上士」は上のように中國の古典にある言葉であるが、「儒門」「俗諦」と對應して讀めば、佛教、つまり佛陀の教えを體得している人物とも讀める。その場合、楊億は一方で儒教徒として世俗に足を浸しながらも、他方で佛教的生き方、佛教哲學に共鳴していることを表明している。あるいはこの言葉を文字どおりに儒者の理想像と捉えるなら、その姿は、楊億の中で佛者の理想と分かちがたく存在することが知られるのである。

佛教の教えによって、息子を失った悲しみを冷静に受け止める事ができたと言ったが、「誠に其の奈何《いかん》云々」以下は、この「殤子述」の一文を書かずにはおられなかったことの辯明である。第一節で述べたように、墓誌銘、祭文は元來、成人のために書かれるものであった。三歳、しかも日數で數えれば、二年にも滿たない子供の墓誌銘、あるいは行狀にも似た文章を書くことは、儒教の禮からはずれている。從って自分の取った行爲に對して非難はされよう。そんなことは百も承知であると、辯明よりはむしろ開き直りに近い發言ともとれよう。楊億の子供を思う眞直ぐな心を表明している。

以上、楊億が三歳で亡くなった雲堂の「殤子述」をいくつかの段落に區切って、少々のコメントを挾みながら讀んできた。最後に全體的なことを一、二點述べておこう。

まず、第一點は、「殤子述」が非常に長い文章であるということである。夭折した子供についての記錄であるなら、短いものが一般的である。というのは、上で見たように、禮の上からもそれが要請されたし、さらには短い人生故に取り上げる程の内實は少なく、一般的には「襁褓にして敏慧、戲弄に方有り」、「已に孝悌の道、詩禮の規を知る」、「我が家を興す者は、必ず此の兒なり」、「苗にして秀でず」といった形式的な表現に終始したことに因っている。ところが「殤子述」は、楊億との比較で取りあげた權德輿の「殤孫進馬墓誌」が三二三字であるのに對して、その三倍近くの八〇三字も費やしている。しかも權德輿のそれでさえ、他の子供の墓誌銘と比べれば長いものであった。上で見たように、權德輿はその字數で、他の紋切り型の墓誌銘とは異なり、幼い孫の具體的な樣子を十分に汲みあげ、讀者に彼の在りし日を彷彿させ、人物を描寫することに成功した。さらに多くの字數を用いて、楊億も多くのエピソードを集め、僅か三歳の子供の短い一生をより鮮明に描寫することに成功したと言える。それは、彼がこの子供の一生を何らかの形で殘そうとした強い意志の表われでもある。そこで最後に、「名教を服する者、我を罪する無きを得んや」と、開き直りとも取れる發言が出てくるのである。

第二點は先にもふれた文體の問題である。「殤子述」には、「時文」あるいは「大學體」としていわゆる「古文」を信奉する文學者から非難される、形式に重きを置いて内容に缺けるといった側面は見出せない。もちろんこの「殤子述」ばかりでなく、例えば「送倚序」（『武夷新集』巻七）を見ても同じ事が言える。こちらは、景德元年（一〇〇四）に弟の倚が進士に合格した時のものであるが、そこにはこれから任官する弟のために、家史から說き起こし、自らを語り、最後に士大夫の道を語っており、大半は自傳の樣相を帶びている。從って、主として事實の陳述であって、レトリックに重きが置かれていない。

この點について郭預衡は、楊億の文章の「指事造實」、つまり具體的な分析に滿ちた筆致に注目している。[40] さらに上で筆者も觸れたように、現存する彼の少數の作品から彼の文章全體を論じることは難しいことを指摘した上で、確かに楊億の文章は非難さるべき空虛な四六文もあるが、「古文」とも共通して、決して「浮華」でない平易な自然體の文章であると述べている。筆者もまた『武夷新集』を讀んでそのように感じる。

最後に彼と佛教について、以下の結びで觸れたいと思う。

結び──楊億の佛教的立場

天禧四年（一〇二〇）十二月、楊億は四七歳の生涯を閉じるが、その前日、弟子の中でも最も心を許した李遵勗に遺偈を送った。[41] それを見た李遵勗は彼の死が迫ったことを知った。『天聖廣燈錄』の記事を示すと次のようになる。

侍郎（＝楊億）、臨終の前の一日、親しく一偈を寫し、家人に與え、來日《よくじつ》、李駙馬（＝李遵勗）の處に送達せ令《し》む。偈に曰く、漚生と漚滅、二法は本來齊《ひと》し。眞の歸處を識らんと欲せば、趙州東院の西と。尉（＝李遵勗）、偈を接得して云く、泰山廟裏に紙錢を賣ると。[42]

偈についてコメントを加えれば、「漚」は浮漚、うたかたの意で、例えば、樂普禪師「浮漚歌」に、「雲天、雨落ち、庭中の水、水上漂漂たりて漚の起こるを見る。前者已に滅し、後者生じ、前後相い續き、窮め已わること無し。本と雨滴に因りて水は漚と成り、還た風の激するに縁りて漚は水に歸す。知らず、漚と水の性は殊なる無く、他の轉變に隨いて將た異と爲ることを。……權りに漚と水を將《もっ》て餘が身に類せば、五蘊は虛しく攢《あつま》り、假りに人を立つるなり。解《よ》く蘊は空にして漚は實ならざるに達し、方めて能く明らかに本來の眞を見る(43)」と見える。從って「漚生と漚滅、二法は本來齊し」は、寒山詩の中で「生死」を「水氷」に喩え、「生と死と還《ま》た雙つながら美し」というのと同じ方向の意味であろう。

「趙州東院の西」は、次のような問答に基づく(44)。ある時、趙州從諗が寺を出て、路上で一人の老婆に出會った。その老婆が質問する。「和尚、什麼の處に住するか」。趙州が答える。「趙州東院の西」。『景德傳燈錄』には、この問答に對して、法燈の「已に去處を知れり」のコメントが付されているが、楊億がこの言葉を用いたことは、このコメントと同じように、趙州禪の神髓が分かったと言う意味であろう。

楊億のこの遺偈の記事からは、彼が最後には禪に深く關わり、その生き方を貫いたことが讀みとれる。それは第一章第一節で觸れた、彼の禪の立場、そして禪宗史の問題と結びつくものであるが、ここでは、「殤子述」の中に見える彼の佛教とどのように關わるかについて、あるいはこのような禪佛教に彼はいつ觸れたのかについて簡單に指摘することで擱筆したい。

上で見たように「殤子述」は、二八歳の楊億が佛教の教理に深く通じていたことを示している。しかし、佛教とどのような形で關わったかについて直接に彼の口からの言及はない。殘された作品や二次資料でそれを推測する以外に道はない。もし、家庭における佛教というようなものを考えるなら、從祖の徽之（九二一―一〇〇〇）の影響が考えられよう。「從祖」とは、祖父の從兄弟を指す。十四歳で父を亡くした楊億は、喪明けとともに、許州（河南省許昌縣）の知事となった徽之の下に身を寄せた。その時、楊億は十六歳であった。徽之は詩文に優れ、『文苑英華』の編者の一人でもあって、楊億の才能をいち早く見抜いていた。

後年、楊億の書いた徽之の「行狀」(45)の中で、佛教に關わることとして、「釋典を崇奉し、因果を酷信す。每に五鼓《みめい》即ちに起き、盥漱《かんそう》して金剛經を誦す。是の如き者《こと》三十年、未だ嘗つて暫くも廢せず。誦する所は亦た十數萬を過ぐるなり」と日々の勤行にふれている。また、楊億二七歳の時、知括蒼郡の任を解かれて、開封に戻る途中で作ったであろう「題顯道人壁」詩は、

心似寒灰不復然　心　寒灰に似て復た然えず
尋常談論卽彌天　尋常談論　卽ち彌天なり
門臨潁水多年住　門　潁水に臨み　多年住し
法自曹溪幾世傳　法　曹溪自り　幾世傳わらん
儒士誰同翻貝葉　儒士　誰か同に貝葉を翻さん
都人長見施金錢　都人　長見《えんぼう》して金錢を施す
翰林詩版分明在　翰林の詩版　分明に在り
曾與吾家有舊緣　曾つて吾が家と舊緣有り

とうたう(46)。この詩には自注があり、顯道人は萬壽縣の精舍に二十年の住持をつとめた禪僧であると言う。最後の二句の翰林は從祖の楊徽之で、彼が眞宗咸平二年（九九九）秋に、翰林侍讀學士に任ぜられたことによる(47)。楊徽之の文集には顯道人に贈った詩があったという。結句「曾つて吾が家と舊緣有り」は、直接には、楊徽之と顯道人に交遊のあったことを指すのであるが、その關係が楊家全體のものとして捉えられている。この點は留意すべ

きであろう。
「殤子述」の中では、雲堂が小康狀態の折、東室の壁の佛畫を見るのに強い興味を示したことを書き留めていたが、佛畫の存在も楊家の佛教との關わりを示そう。しかし、決定的な佛教への傾斜を示す資料はない。多くの佛典の讀破、多くの僧侶との交遊、そして佛教信奉者の同僚を得て、自らの佛教の道を切り開いていったものと考えるのが自然であろう。

現存する二つの作品集『武夷新集』、『西崑酬唱集』はともに三十歳前半までの作品を載錄するものであったが、そこには、「師に心法を問えば、都な無語、笑指すれば、孤雲、太虛に在り(48)」とか、「曹溪嫡嗣　多く參見し、碧落仙卿　徧く往還す(49)」とうたい、すでに禪佛教との結びつきを示唆するものが多い。先にもふれたように、「發願文(50)」を奉った「願安」を、後に李維に宛てて書いた手紙に現われる法眼下の安公大師と同一人物と考えれば、楊億は隨分若い時代から禪佛教に親しんでいたことになる。

楊億の場合、すでに見た知禮への書簡で十分讀みとれるように、佛教學、教義に對する豐富な知識を備えていたにも關わらず、禪の分野での活躍が輝かしいのと禪佛教が宋代佛教の中心と見なされるために、そのことがともすれば見落とされがちになっている。また楊億の時代、北宋の初期においては、禪と教學、また教學間の宗派的垣根は低く、相互に活發な交流があったことについても、四明知禮と子凝禪師や淸泰禪師との質疑往復書簡を見れば明らかなことであった。

『佛祖統紀』卷四五は、宋初の都、汴京の佛教を次のように述べて、その中で楊億が天台教學と禪の興隆に寄與したことを評價している。

（後）周朝、寺を毀ち、（太祖の）建隆（九六〇―九六三）、興復自り、京師の兩街、唯だ南山の律部・賢首慈恩の義學ある而已。士夫の聰明超軼者、皆な名相の談を聞くに厭く。而るに天台止觀・達磨禪宗、未だ之れ能く行われず。(太宗の)淳化(九九〇―九九四)以來、四明天竺の行道・東南觀心の宗眼、天下に照映す。楊億・晁逈、以て之を發する有り。眞宗(九九七―一〇二二在位)、嘉獎し、錫うに法智・慈雲の號を以てす。一時、朝野、之が爲に景慕すと雖も、而るに終に未だ其の說を京邑に行う能わざるなり。(51)

また同じく巻四四の「述」(T49, 406c)では、志磐は、眞宗朝での佛典翻譯を初めとする佛教文化の興隆について

當時の儒賢、王旦・王欽若・楊億・晁迴の輩の如き、皆な能く聖謨を上贊し、共に平世を致す。君臣の慶會、允に茲の時に在り。之を前古に稽うも、未だ比對有らず。

と述べて、楊億の佛教知識を高くかっている。さらにまた『宋史』楊億本傳は「心を釋典・禪學の學に留む」とも言っているが、これらはみな宋初の佛教を正しく傳え、楊億の佛教を正しく見ていると言えるであろう。

權德輿は孫を、楊億は子供を失って、彼らの記錄を「墓誌銘」と「述」に記錄したのであるが、それらの作品から、もし兩者の佛教への態度の相違をあえて述べるなら次のように言えるのではないだろうか。

二百年を隔てているとは言え、兩者とも儒者として、夭折した者に贈る一文を書くことへの慮りが働いていたが、權德輿の場合は辯明色がより強い。楊億の場合は、それを「述」と記すなどの配慮はあるものの、「杓子定規な儒教の禮で、これを書いた私を非難できるか」と、辯明というより開き直りに近い響きを持つ。ここには兩者の佛教の捉え方の相異がうかがえる。

また權德輿の場合、自ら交遊のあった禪僧の塔銘では「頃ろ哀傷に因り、悟入を穫るに似たり。則ち知る、煩惱は菩提に遠からず」と、禪の立場を口にはしているが、孫の墓誌銘の中では西方淨土の世界を想定している。

愛孫の相次ぐ死に直面せざるを得なかった嘆きの吐露には眞情があふれているが、そこにはそれを契機とした生死に對する決定的つきつめはない。佛教、禪の知的な理解者として、いかにも儒者らしい立場をなお殘していると言えよう。一方、楊億の場合、この世を二年足らずで去った子供への思いを長々と記した營爲が、その子の現世での存在の證しを殘してやりたいという親としての思いに因っていたことは言うまでもない。しかしそればかりでなく、子供のつらい有様をも淡々と綴った文章からは、その記憶とその子を失った悲しみの兩方をそのままに受け入れようとしている楊億の姿勢が讀みとれる。佛教の教義によって自らを励ましはしても、これら外の何者かによって強いてこの悲しみを脫却しようとしてはいない。むしろ脫却できないことを自覺した上で佛陀の教えを嚙みしめていると言って良いであろう。彼の中ではすでに佛教の知識は觀念として止まるのではなく、儒者としての出自と同樣、血肉となって生死に對座しているのである。そこには佛教も儒教もなかった。

大慧宗杲（一〇八九―一一六三）は子供に先立たれた士人の一人に、その悲しみ、苦しみに眞正面から取り組むことによって道が開けると助言しているが[52]、もしこれが禪者の一つの立場だとするのであれば、すでに二八歳の時に楊億は子供を失った悲しみを、正面から受け止めた――生死を見据えた――禪的な生き方を生きていたと言えよう。

注

（1）『武夷新集』巻一「別聰道人歸縉雲」の自注に「聰は予を送りて別墅に至る」と記す。

（2）『武夷新集』巻六「故河中府開元寺壇長賜紫僧重宣塔記」。

上引の「上谷公」は寇準（九六一―一〇二三）である。というのは文中に「秋官貳卿、上谷寇公、早存先朝、參預大政、重師之行、薦于帝庭」とあるからである。寇準の『宋史』巻二八一の本傳に「(眞宗咸平)三年、……遷刑部、權知開封府」(中華書局標點本、頁九五二九)という。「秋官」とは刑部、「貳卿」は侍郎を意味する。但し寇準の本貫は「華州下邽人」とされているので「上谷」とは合わない。

(3) 『佛祖統紀』巻四四に「景德元年、東吳沙門道原進禪宗傳燈錄三十巻、詔翰林學士楊億裁定頒行」(T49, 402c)、『佛祖歷代通載』巻九に「宋景德中、吳僧道原集傳燈錄進于眞宗、敕翰林學士楊億・工部員外李淮(維)・太常丞王曙同議校勘具奏、詔作序、編入大藏頒行」(T49, 551a–b)と記す。

(4) 『武夷新集』巻七には「佛祖同參集序」一篇が收められている。『景德傳燈錄』の草本に當たるのが道原『佛祖同參集』である。從って、「佛祖同參集序」は現行本『景德傳燈錄』序の草本といえる。兩者の資料的價値については椎名宏雄・鈴木哲雄「宋・元版『景德傳燈錄』の書誌學的考察」(『愛知學院禪研究所紀要』四・五號合併號、一九七五)、石井修道「景德傳燈錄序をめぐる諸問題」(『佛教學』一七號、一九八四年)を參照。

(5) 例えば、石井修道『宋代禪宗史の研究』(大東出版社、一九八七年)、柳田聖山編『禪の文化資料編』(人文科學研究所、一九八八年)所收の柳田聖山「總說」。

(6) さらには清泰禪師の佛法に關する質問に知禮が答え、再度の質答の手紙も收められている。清泰禪師の第六問は、いわゆる「無情說法」を取り上げているが、それも兩宗派が互いの教理に通じていることを示している。參考のために少し長いが引用しておく。

(清泰)六問。夫れ無情說法と言う者は、爲《は》た是れ本清淨法性を名づけて無情說法と爲すか、爲《は》た是れ草木瓦礫を指して無情說法と爲すか。若し本清淨法性を無情說法と爲す者《は》、此の性、橫遍竪窮、生佛平等にして、應に說法すと言わざるなり。縱い言說有るも、誰か爲に聽受せん。若し草木瓦礫を指して無情說法と爲す者《は》、敎相、如何に分別せんや。(知禮)答。無情說法の言、其れ來ること尙し。其の要を的論するも、其の旨を得難し。汝問うに清淨法性・草木瓦礫を以て二法を立つるなり。當に法性の外、別に瓦木無く、瓦木の外、別に法性無く、二は二に非ざることを知るべし。故に華嚴に曰く、法性は一切處に遍在し、一切山河及び國土、三世に悉く在りて餘り有る無く、亦た形相として得可き無しと。此の道、若し有相と論ずれば、太虛に充塞し、法界を包含す。若し無相と論ずれば、一法も留めず、見聞も住せず、巻舒自在にして體露堂堂たり。昔、南陽忠國師、學者に答うるに、牆壁瓦礫を以て古佛心と爲す。此の旨と異ならず。若し說法を論ぜば、熾然として常に說き、古今、間無し。華嚴の中の塵說・刹說・佛說・衆生說・三世一切說なり。若し、聽受を論ぜば、十方齊しく說き、十方齊しく聞き、三世倶に宣べ、三世倶に聽けり。古人道《いわ》く、虛空、萬像に問い、萬像、虛空に答う。誰人か親しく聞くを得ん。木叉了に角童たりと。又た云く、眞の說法の時、聲現われず、正に堂堂の處に身を沒却すと。學人、又た國師に問う、無情說法、誰人か聞くを得んと。師曰く、諸佛聞くを得と。曰く、衆生、應に分く無きかと。師曰く、我は衆生の爲に說くと。曰く、某甲、聾瞽にして聞かず。師、應に聞くを得んかと。師曰く、我も亦た聞かずと。曰く、師既に聞かず、爭《いか》でか無情說法を知らんやと。師曰く、我れ若し聞くを得ば、卽ち諸佛と齊し。汝卽ち我の說法する所を聞かずと。曰く、衆生、畢竟、聞くを得るやと。師曰く、衆生若し聞かば、卽ち衆生に非ずと。國師の答、稍や深致有りて、識者、之を知れり
（T4b, 892c–893a）。

（7）宗派間の抗争は、それぞれの宗派が自派の作品・經疏を入藏する運動に走ったことから端的に現われる。高雄義堅『宋代佛教史の研究』（百華苑、一九七五）を參照して、宋代における入藏の記録を示すと以下のようになる。
天台・慈恩：『景祐法寶錄』卷十七に天聖四年（一〇二六）四月に天台智顗の教文一五〇卷、五月に慈恩・（窺）基の經論章疏四三卷の入藏。但し、『佛祖統紀』卷十一（T49, 210b）は天台入藏を天聖三年、卷十（T49, 208a）及び四五（T49, 408c）は天聖二年と記す。これに關して、方廣錩「天台教典入藏考」（『藏外佛教文獻』第五輯、宗教文化出版社、北京、一九九八）參照。
禪：景德元年（一〇〇四）に『景德傳燈錄』、嘉祐六年（一〇六一）に契嵩『傳法正宗記』の入藏。
華嚴：南宋紹興十五年（一一四五）に臨安慧因教院住持義和の奏請によって華嚴章疏が入藏（高山寺藏宋槧の唐智儼『華嚴經内章門等雜孔目章』卷一の末に付す題記に「近於紹興乙丑、有慧因教因住持義和、請以賢首華嚴宗教乞編入藏、已獲指揮許令入藏。符下諸路運司牒州郡。有藏經板籍處鏤板流通」）される。
律：淳祐六年（一二四六）に道宣・元照の章疏が入藏される。これは『佛祖統紀』說。常盤大定「宋代に於ける華嚴教學興隆の縁由」（『支那佛教の研究』第三）によれば寶祐六年（一二五八）。

（8）『四明尊者教行錄』卷五、「草庵教苑餘事紀往復書中事」に「此れ楊公、禪を以て教を奪うなり。然るに法智（＝知禮）の復

啓、殊に其の説に領略《なっとく》せず。蓋し、昔、禪教互いに相い爲《ため》に謀り、是に至りて則ち然らず」（T47, 903b）というのを參照。「禪教互いに相い爲に謀り云々」は『論語』衛靈公篇「子曰く、道同じからざれば、相い爲に謀らず」に基づく表現。草庵はここでは前の子凝と知禮との關係に關する認識とは異なり、禪と教はすでに對立の時代と讀みとっている。

（9）「成尋と楊文公談苑」（『關西大學・東西學術研究所・創立三十周年・記念論文集』頁二二七―二四七、一九八一）。この中で藤善は「（知禮は）多くの門弟子を輩出したが、在家の弟子として特筆されるのが楊億その人にほかならない」（頁二三七）と言いきっている。

（10）楊億が寂照を召問したのは景德三年（一〇〇六）、三三歳の時であった。上掲、藤善論文（頁二三二）參照。

（11）吉川幸次郎『宋詩概說』（『吉川幸次郎全集』巻十三、頁五二一―五三）。

（12）また『宋史』巻四四二、文苑傳四、穆脩の本傳にも、「五代の文、敝れて自り、國初、柳開、始めて古文を爲す。其の後、楊億・劉筠、聲偶の辭を尙び、天下の學者、靡然として之に從う。脩、是の時に於いて獨り古文を以て稱し、蘇舜欽兄弟、多く之に從いて游ぶ。脩、窮死すと雖も、然るに一時の士大夫、能く文をする者を稱すれば、必ず穆參軍（＝穆脩）と曰う」（頁一三〇七〇）と見える。

（13）『通志』藝文略八に「西崑酬唱集二巻、景德中、楊億與錢惟演劉筠等」と記す。

（14）『中國中世の哀傷文學』（研文出版、一九九八）所收の「夭逝者哀悼の文學」（頁九五―二〇四）。權奉常の墓誌銘「權氏殤子墓誌銘并序」については頁一八五―一八七參照。また、それより數年前にPei-Yi Wuは「思い起こされる幼年時代――八〇〇年から一七〇〇年の中國における兩親と子供」（『中國人の幼年時代觀』）の中の「兩親による子供の描寫」（頁一三七―一四五）を書いている。これは、祭文、壙誌、墓誌銘などに基づくものであるが、權德輿の場合は「子」ではなく「孫」であるため登場しない。夭折した子供への親の思いの古代中國における變遷を知る好論文である。この論文の原題は「Childhood Remembered: Parents and Children in China, 800 to 1700」in *Chinese views of childhood* edited by Anne Behnke Kinny (Uni. of Hawaii Presse, p 129-156, 1995)。

（15）この墓誌銘は『千唐誌齋藏誌』（一〇一〇）に收められたものである。この墓誌銘には作者が刻まれてはいない。そのことについては後藤は何も語らないが、權德輿の手になるものと考えた。

(16)「祭孫男法延師文」（『權載之文集』巻五〇）は權德輿が記す奉常の祭文であり、そこにも「況や二歳自り三たび殤孫を哭すをや」と見える。ただしその冒頭に「維れ元和十二年、歳は丁酉に次《やど》る五月庚申朔十三日壬申、翁翁婆婆、乳菓の奠を以て、祭りを九歳の孫男法延師の靈に致す」と記す。これでは死亡の前に祭祀したことになる。

(17)『禮記』檀弓下篇に見える。

(18)『柳宗元集』巻十三「下殤女子墓塼記」。

(19)佛門に入り、俗名を捨てて、僧號を得るのが一般だったようであるが、奉常の場合は「法延」、柳宗元の娘の場合は「初心」であり、順孫の場合は「君吒」であった。別の例としては、「功德藏」と改名した例を『千唐誌齋藏誌』（八〇三）に見る。これらの法名は、一見して佛教と關わりあるものであるが、「君吒」は毘沙門天の五太子の第三太子である那吒太子に因むものと思われる。彼は、佛法の守護神、毘沙門天王の孝子と考えられていた。例えば、『宋高僧傳』巻十四、道宣傳に「少年曰、某非常人、卽毘沙門天王之子、那吒也。護法之故、擁護和尚」（T50, 791a）や『景德傳燈錄』巻二五、天台德韶章に「問、那吒太子、析肉還母、析骨還父、然後於蓮華上爲父母説法、未審如何是太子身」、あるいは不空譯『北方毘沙門天王隨軍護法儀軌』に「爾時那吒太子、手捧戟、以惡眼見四方白佛言、我是北方天王吠室羅摩那羅闍第三王子、其第二之孫」（T21, 224c）、不空譯『毘沙門儀軌』に「天寶元載四月二十三日、內謁者監高慧明宣天王第二子獨健、常領天兵、護其國界。天王第三子那吒太子捧塔常隨天王。吉祥天女亦名功德天」（T21, 228c）と見える。唐代に那吒が君吒と呼稱された事例を見出せないが、明代以降のものについては、山田利明・田中文雄編『道教の歴史と文化』（雄山閣出版、一九九八）所收、二階堂善弘「哪吒太子考」參照。それによれば、那吒太子の長兄は金吒、軍吒、あるいは君吒と表記されている。劇文學における那吒に言及したものには、澤田瑞穗『佛教と中國文學』（國書刊行會、一九七五）所收「釋教劇敍錄」の「那吒太子劇」がある。

(20)『唐文粹』巻六四「洪州開元寺石門道一禪師塔碑銘并序」。

(21)『宋高僧傳』巻十。

(22)「唐故章敬寺百巖禪師碑銘并序」（『唐文粹』巻六四）。

(23)『隆興編年通鑑』巻二一に、「論曰、相國權文公章敬寺碑、辭理深妙、玄旨通暢、及自謂、因哀傷以獲語入、斯言誠無所欺也」（卍續藏經130, 320a）と見える。

(24)「煩悩」と「菩提」については、例えば、誌公和尚「十四科頌」(『景德傳燈錄』巻二九)に「煩悩は菩提に即是《そくぜ》、無心は無境に即是《そくぜ》なり」、騰騰和尚「了元歌」(同書巻三〇)に「煩悩は菩提に即是《そくぜ》にして、浮華は泥糞より生ず」、『六祖壇經』巻下「說摩訶般若波羅蜜門」に「凡夫は即ち佛、煩悩は即ち菩提なり」と見える。

(25) 後藤秋生、前掲書、第二章、第二節〈蔡邕「童幼胡根の碑銘」と哀辭—禁碑のもたらしたもの〉、および第五節〈夭逝者の墓誌銘—唐代を中心として〉參照。

(26)『新唐書』百官志二に「進馬五人、正七品上。掌大陳設、戎服執鞭、居立仗馬之左、視馬進退」(頁一二一八)と見える。

(27) 注(15)で、もう一人の權德輿の孫、奉常の作者不明の墓誌銘、「權氏殤子墓誌銘并序」が權德輿自身の作ではないかとしたのは、このことと關係する。九歳で亡くなった奉常は兄の順孫とは異なり、任官もせず社會的にも未成年であった。權德輿が順孫の時に持ち出した理由はここでは通用しない。しかしこの孫は、彼が太常卿に任ぜられた時に誕生したために「奉常」と命名し、しかも自らに似て、多くの孫の中でも優秀であったために、墓誌を書かずにはおられない思いを抱いた。そのために權德輿は作者を明記しなかったのであろうと推測したわけである。上でも述べたが、この孫には權德輿の書いた祭文が殘されている。祭文もやはり墓誌と同じように成人のために作られるという認識が支配していた。そのタイトルは「祭孫男法延師文」であり、文中に奉常の名が一切見えないことも、上記の推測を確たるものとする。佛門に入った奉常、つまり法延はすでに禮の規定から解放されていたのである。佛教徒であるために「故に斂襲に於いて、率《もち》うるに緇褐を以てし、今の祖奠、羶腥を設くる靡し」と儒教の禮との抵觸には何の考慮も拂われていない。このことは柳宗元「下殤女子墓塼記」にも「斂むるに緇褐を用い、銘に塼甓を用う」と言っており、確認できる。

(28)『華陽集』巻六〇、あるいは『全宋文』巻一一六二(第二七册、頁三一七)。

(29) 例えば、王安石『臨川先生文集』巻七一に載せる「先大夫述」は、行狀と言える。

(30) 父の死は雍熙四年(九八七)、楊億の十四歳の時。「送倚序」(『武夷新集』巻七)および「故信州玉山令府君神道表」(『武夷新集』巻八)參照。

(31)『武夷新集』巻七「群公贈行集序」に「予至道三年十一月、受詔修先朝國書、越明年八月、書成奏御。既而以太夫人有桑梓之恋、求典近郡、因奉甘旨、九月詔領縉雲郡事……」と見える。

（32）その注に「右手を執るは、將に之に授けん事を明らかにするなり」と見える。ただここで問題は『禮記』が「右手」に作るのに對して、楊億の文では「左手」に作る點である。最近出版されている『全宋文』は校勘が施されているが何の注記もない。『武夷新集』の誤刻であろうか。

（33）陳垣『二十史朔閏表』（藝文印書館、一九五六年）によれば、「乙丑」は二十六日、「己未」は十日に當たる。

（34）潘嶽「傷弱子賦」（『藝文類聚』巻三四）。

（35）曹植「金瓠哀辭」（『藝文類聚』巻三四）。

（36）韓愈「去歳自刑部侍郎……留題驛梁」（『昌黎先生集』巻十）。

（37）劉從周「劉氏幼子葬銘」（『唐文拾遺』巻三二）。

（38）同書、賞譽篇には「（王）戎の子の萬子、大成の風有るも、苗にして秀でず」の言葉も見える。

（39）『藝文類聚』巻三四。なお『文苑英華』巻九九九では十九子に作る。大同の字は仁洽。

（40）郭預衡『中國散文史』中册（上海古籍出版社、一九九三）第五編、第二章、第三節「楊億的〝四六〟時文」。

（41）『佛祖統紀』巻四四に、「（天禧四年＝一〇二〇）十二月、翰林學士の楊億卒す。億は心を禪觀に留め、疾に屬《かか》りて自りは、即ち葷茹を屏く。臨終の日、空門偈を爲り、以て志を見らわせり。識者、其の佛氏の學を得たること有るを知る」（T49, 406b）。

（42）『天聖廣燈錄』巻十八、楊億章はここで終わっているが、例えば『五燈會元』巻十二などには、李遵勗はそれを見て「即座にかけつけるが、到着する前に楊億はすでに息絶えていた」の句がある。

（43）『景德傳燈錄』巻三〇。漚についてはまた『景德傳燈錄』巻七、五洩山靈默禪師章に「法身圓寂し、去來有るを示す。千聖、源を同にし、萬靈、一に歸す。吾れ今、漚散す、胡んぞ興哀を假らん。……」、同書巻四、嵩嶽慧安國師章に、「（武）后、嘗つて師の甲子を問う。對えて曰く、記せずと。帝曰く、何ぞ記せざるやと。師曰く、生死の身は、其れ循環の若く、環は起盡無く、焉んぞ用て記爲せんや。況や此の心は流注し、中間は間無し。漚の起滅する者を見るは、乃ち妄想耳《のみ》。初識從り動相の滅する時に至るも亦た只だ此の如し。何の年月して記す可けんやと。后聞き、稽顙して信受す」とあるのを參照。また楊億と同時代の天台僧、智圓（九七六―一〇二二）の「池上」詩（『閑居編』巻四九）に「漚生復漚滅、水濕元無異、盡日倚欄看、無人知此意」とあるのも參照。

(44)『景德傳燈錄』卷十、趙州觀音院從諗禪師章に見える。

(45)『武夷新集』卷十一「故翰林侍讀學士正奉大夫尙書兵部侍郎兼祕書監上柱國江陵郡開國侯食邑一千三百戶食實封三百戶賜紫金魚袋贈兵部尙書楊公行狀」。

(46)『武夷新集』卷二。

(47)『宋史』卷二九六、楊徽之本傳(頁九八六八)。

(48)『武夷新集』卷一「威上人」。

(49)『武夷新集』卷五「送僧歸越」。

(50)『武夷新集』卷十八。

(51)法運通塞志十七之十二(T49, 412b)。『歐陽外傳』からの引用。

(52)『大慧書』「答汪內翰第三書」(荒木見悟、禪の語錄十七、筑摩書房、一九六九、頁一二一以下)參照。

付　録

楊億（九七四―一〇二〇）簡易年譜

太祖・開寶七年（九七四）
　一歳　誕生（『武夷新集』巻八「故信州玉山令府君神道表」）。
太宗・太平興國三年（九七八）
　五歳　祖父、文逸亡くなる（「故信州玉山令府君神道表」）。
太宗・太平興國九年＝雍熙元年（九八四）
　十一歳　蘭臺正字となる（「故信州玉山令府君神道表」）。
太宗・雍熙四年（九八七）
　十四歳　父亡くなる（五十歳未滿。『武夷新集』巻七「送倚序」）。
太宗・端拱二年（九八九）
　十六歳　從祖の楊徽之は知許州。楊億は彼の下に身を寄せる。
太宗・淳化三年（九九二）
　十九歳　進士及第。光祿寺丞に遷る（『玉海』巻五九「淳化東西賦」條及び「送倚序」）。
太宗・淳化四年（九九三）
　二十歳　直集賢院（『玉壺清話』巻四及び「送倚序」）。
　　上表して母および兄弟を都に迎え出ることを求めて許される（『武夷新集』巻七「諸公寄題建州浦城縣清河張

君所居池亭詩序」に「予淳化四年、由書殿得吉、歸迎版輿」)。
太宗・至道二年(九九六)
二三歳　著作佐郎。
太宗・至道三年(九九七)
二四歳　三月、眞宗卽位。
著作郎直集賢院のまま左正言に就く。『太宗實錄』等を修める。
結婚する(「殤子述」に「予授室之明年、出領縉雲郡」)。
眞宗・咸平元年(九九八)
二五歳　『太宗實錄』八〇巻完成(この内、五六巻を擔當)。母が故郷での生活を望んだため、自ら故郷に近いところへの任官を希望し、縉雲郡に出る。『武夷新集』巻七「群公贈行集序」に「予至道三年十一月、受詔修先朝國書、越明年八月、書成奏御。既而以太夫人有桑梓之恋、求典近郡、因奉甘旨、九月詔領縉雲郡事……」。このような家庭の都合で任地の變更を願い出ることは難しいことではなかった。例えば『武夷新集』巻三「歐陽使者監和州郡」の自注に「父以老病、出爲和州團練副使、因上言求侍親、乃有是命」と同じような例が見られる。また「武夷新集原序」に「予咸平戊戌歲九月、受詔知括蒼郡、逮十有二月戊子朏、始逵治所」。
眞宗・咸平二年(九九九)
二六歳　十月十日、子の雲堂誕生。
眞宗・咸平三年(一〇〇〇)
二七歳　一月二三日、從祖、徽之卒す。
四月、太夫人は一族を率いて先に縉雲郡から建安吳興の別墅に戻る(『武夷新集』巻七「諸公寄題建州浦城縣清河張君所居池亭詩序」に「咸平三年罷郡縉雲」)。
九月、開封に戻る。
十月、『續通典』を修める。

眞宗・咸平四年（一〇〇一）

二八歳　二月、太夫人を迎えに出て、開封に住む。左司諫、知制誥。

八月二六日、子の雲堂夭折。

眞宗・咸平六年（一〇〇三）

三十歳　知審刑院。

日本天台僧寂照、中國へ渡る。

眞宗・景德元年（一〇〇四）

三一歳　經濟的理由で再三にわたり、江左への轉勤を求むるもかなわず（『武夷新集』巻十四「求解職領郡表」）。

十二月、從駕澶州。

弟の倚、進士及第。

道原、『傳燈錄』を進奉し、楊億らに裁定の詔が降る（『佛祖統紀』巻四四に「（景德元年）沙門道原進禪宗傳燈錄三十巻。詔翰林學士楊億裁定頒行」T49, 402c。また『佛祖歷代通載』巻九は「宋景德中、吳僧道原集傳燈錄進于眞宗。敕翰林學士楊億・工部員外李淮・太常丞王曙同議校勘具奏、詔作序、編入大藏頒行」T49, 551b）。

眞宗・景德二年（一〇〇五）

三二歳　契丹と講和（澶州の盟）。

『册府元龜』編纂。

左司諫知制誥の任にあたる。

この頃すでに白髪が現われる（『武夷新集』巻五「書懷寄劉五（＝劉筠）」）。

眞宗・景德三年（一〇〇六）

三三歳　寂照を召問する。

眞宗・景德四年（一〇〇七）

三四歳　預修國史。翰林學士に任ぜらる。

『武夷新集』（咸平・景德年間の作品）を編集。

眞宗・大中祥符元年（一〇〇八）

『西昆酬唱集』（景德年間の作品）を編集。

三五歳　病氣になる。

兵部員外郎・戸部郎中。

眞宗・大中祥符二年（一〇〇九）

三六歳　『西昆酬唱集』禁書に入る。

『景德傳燈錄』の撰序。

眞宗・大中祥符五年（一〇一二）

三九歳　病氣で辭職を求むるも許されず。

眞宗・大中祥符六年（一〇一三）

四十歳　母が病氣のために陽翟に行き（天子の詔が下る前に出發したために反對派の彈劾があり）、翰林學士から太常少卿分司西京（洛陽）に左遷。

『册府元龜』完成。祕書監になる。

眞宗・大中祥符七年（一〇一四）

四一歳　健康が回復し、知汝州（河南省臨汝縣）。

これに對しても反對が起こる（『青箱雜記』巻五）。意を得ず文筆活動に走る。

眞宗・大中祥符八年（一〇一五）

四二歳　知汝州。

李維に手紙を出す（『景德傳燈錄』末の付錄）。

趙安仁『大中祥符法寶錄』編纂を助ける。

眞宗・大中祥符九年（一〇一六）
四三歳　王旦『太祖太宗兩朝史』編纂を助ける。
知汝州を退き、開封に戻り、知禮儀院・判祕閣太常寺。
眞宗・天禧元年（一〇一七）
四四歳　王旦卒す。この頃、四明知禮と交遊盛ん。
眞宗・天禧二年（一〇一八）
四五歳　工部侍郎。
眞宗・天禧三年（一〇一九）
四六歳　工部侍郎權同知貢擧。
祕書監に降格。
母亡くなる。郊禮のため、典司禮樂。哭おわらずして工部侍郎。
眞宗・天禧四年（一〇二〇）
四七歳　翰林學士。
王曙とともに注釋典御集（『玉海』巻二八「天禧四年二月戊子、選僧三十人、注釋聖製述典、從僧祕演之請也。
四月乙未、命楊億・王曉（曙）詳覆箋注」。『長編』巻九五「（天禧四年）六月甲午、詔從翰林學士楊億所請選
官箋注御製文集、仍令宰相參詳」また『湘山野錄』巻中參照）。
十二月逝去。

あとがき

乏しき才にもかかわらず研究者の末席を汚して、忸怩たる思いを懐きつつ三〇年、私は研究・教育に携わってきた。終生アプリオリーに私の研究に理解を示してくれた父の享年に近づき、加齢からくるさまざまな不調につきあいながら、やっと先年、無事に第一ステージから解放され安堵の思いにひたることができた。そして昨年、思いかけずも、若い友人が私の退休と六五歳の記念を兼ねた論文集を出版してくれた。

還暦とか古稀、あるいは喜壽といった雅語の活きている日本と異なり、ヨーロッパではザッハリッヒに六〇歳、七〇歳あるいは最近の停年の年である六五歳を冠した記念論文集が出版される。心を砕いてくれた諸君によって、私にもこうした節目の出版が恵まれたことは、望外の幸いであった。さらに本年ここにまた本書を上梓できたことは、まことに多くの人々の温かい援助と指導の賜であると、感慨に打たれざるを得ない。

臨濟義玄の上堂の言葉に、若き日の黄檗希運の下での修業を懐古する言葉が殘されているが、いま自らの歩んだ道をふり返れば、私ほどあらゆる時期に師に惠まれた者はいない。つくづく幸運であったと思う。白駒の隙を過ぐるがごとく、歳月は瞬時に移り行く。ご指導いただいた先生方の多くは鬼籍に入られ、幽明を異にして直接お話をうかがう機會は失われた。寂しいことである。

高等學校まで私が過ごしたのは、僻遠の地でこそなかったが、古代中國流に言えば、文化果つるところであった。逆に言えば自然が豐かであった。小學校には「海」、中學校には「山」の字が冠せられ、海にも山にも歩いて行ける村が、戰後に「市」に編入された土地である。春になれば、陽光とともにずんずん背を伸ばす眞黄色の菜種畑の高い畝の間を、月が東の空にくっきりと昇るまで仲間と「かくれんぼ」をして遊んだ。蕪村の句の世界であった。高等學校は縣下一の人口を誇る市の名を謳っていたが、所詮は田舎、自然のふところに包まれた生活を享受して生い立ったわけである。

そんな私の研究に多少とも國際的な指向があるとするなら、田舎から上京してお會いした、當時は東京教育大學の西洋史の助手をされていた西澤龍生先生（筑波大學名譽教授）の御薫陶によるものであろう。先生は私の高等學校の恩師と高等師範の同窗であられた。私がはじめてお會いした時、ドイツ・テュービンゲン大學への兩年にわたる留學から歸られ、ヨーロッパ古典學から文化史・思想史に研究を廣げようとしておられた。先生の複眼的視點は、史料への鋭い嗅覺、そしてそれを支える言語感覺の優秀さにおいてはじめて可能なものであった。そのことを私が本當に理解できるようになったのは、後年も後年、とっくに不惑を過ぎてからであった。この文化なき、才なき學生をよくぞ今日まで導いて下さった。自然のふところとはまた異なる、馥郁たる文化の世界へ誘なっていただいたことへの報恩としては、はなはだ香りの乏しい本書であるが、いま先生に直接お眼にかけることができるのは大きな喜びである。

なお、本書の出版には二〇〇九年度同志社大學研究成果刊行助成を受けた。記して謝意を表わす。

二〇〇九年春、山手中學校卒業五〇年の年

西脇常記　記

初出一覽

Ⅰ　佛教史書について

一　宗鑑『釋門正統』以前——天台宗史とその成立（一）（「宗鑑撰『釋門正統』について」『中國思想史研究』二八號、二〇〇六年一〇月を改稿）

二　宗鑑『釋門正統』について——天台宗史とその成立（二）（「宗鑑撰『釋門正統』について」『中國思想史研究』二八號、二〇〇六年一〇月を改稿）

三　讀『佛祖統紀』（新稿）

四　『佛祖統紀』の作者、志磐の考え（『歴史文化社會論講座紀要』第二號、二〇〇五年三月）

五　『佛祖統紀』テキストの變遷（『人文學』一八一號、二〇〇七年一一月）

六　宋代における佛教史書（『中國思想史研究』二二號、一九九九年一二月）

Ⅱ　佛教徒・佛教信者

一　佛教徒の遺言（『日本中國學會報』五五集、二〇〇三年一〇月）

二　楊億研究——「殤子述」を讀む（鈴木哲雄編『宋代禪宗の社會的影響』山喜房佛書林、二〇〇二年一一月所收）

Ⅲ　中央アジア出土の漢語文獻

1　返還文書研究1――「返還文書」とその一覽　（新稿）

2　返還文書研究2――「返還文書」から見たトルファン版本の概觀　（『續ベルリン・トルファン・コレクション漢語文書研究』二〇〇九年二月所收）

3　インド美術館藏トルファン漢語斷片假目錄　（新稿）

4　出口コレクションの一斷片によせて　（『立命館文學』五九八號、二〇〇七年二月を改稿）

5　イスタンブール大學圖書館藏漢語トルファン文書一覽表　（新稿）

6　元初の一枚の印刷佛典扉繪と供養圖　（新稿）

7　『佛母經』の傳承　（クリスティアン・ウイッテルン／石立善編『東アジアの宗教と文化』二〇〇七年一二月所收「『佛母經』小論」を改稿）

8　唯識關係新史料　（『文化史學』六四號、二〇〇八年一一月）

9　もう一つの中央アジア將來文獻――フランケ・コレクションについて　（新稿）

10　大谷勝眞のベルリン訪問――戰前におけるある日本人學者の功績　（新稿）

西脇 常記（にしわき・つねき）

1943年上海に生まれる．東京教育大學文學部卒業．京都大學大學院文學研究科博士課程修了．現在，同志社大學文学部教授，京都大学名譽教授．文學博士．中國思想史・文化史研究．
〔著作〕『史通内篇』・『史通外篇』（東海大學出版會，1989，2002），『唐代の思想と文化』（創文社，2000），『ドイツ將來のトルファン漢語文書』（京都大學學術出版會，2002），*Chinesische Texte vermischten Inhalts aus der Berliner Turfansammlung*（Franz Steiner Verlag, Stuttgart, 2001）など．

〔中國古典社會における佛教の諸相〕　ISBN978-4-86285-068-3

2009年10月25日　第1刷印刷
2009年10月30日　第1刷発行

著　者　西　脇　常　記
発行者　小　山　光　夫
印刷者　藤　原　愛　子

発行所　〒113-0033 東京都文京区本郷1-13-2
電話03(3814)6161 振替00120-6-117170
http://www.chisen.co.jp
株式会社　知泉書館

Printed in Japan　印刷・製本／藤原印刷

第Ⅲ部　中央アジア出土の漢語文獻

1

返還文書研究 1

――「返還文書」とその一覧――

(一)「返還文書」について

これは，第二次世界大戰でベルリンが破壞される直前に各地に疎開させられた文書の一部である。平和の到來とともに，それらの多くは疎開先から研究機關に戻された。もっとも，戰後にドイツは東西に分斷されたため，それらは疎開先に應じて東西ドイツのいずれかに所屬することとなった。そしてそれぞれの專門研究者のいる大學や研究所に送られ，研究が續けられたのである。しかし中には長い間戻ってこなかったものもある。ここで紹介する「返還文書」は，舊東ドイツの地に疎開させられ，戰後は舊ソ連に沒收・管理されて，1980年代に，當時の友好國であった舊東ドイツのライプツィヒ民族學博物館に送り返されたものである。ライプツィヒ民族學博物館では，展覽あるいは研究に資することもなく，それらは東西統一まで放置された。そして1990年もしくは1991年に，舊西ベルリンの郊外ダーレムにある國立インド美術館（現在のアジア美術館。詳しくはIII－3「インド美術館トルファン漢語斷片假目錄」序，參照）に移送された。

ドイツ學術調査隊は，20世紀の初めにトルファン（現在の中華人民共和國・新疆ウイグル自治區）を中心とする中央アジアに，4回派遣された。その時將來した文書や壁畫，繪畫作品等は，原則として，何回目の調査隊がどこで採集したかを明記して，整理された。その後インド美術館では，その整理記號（舊記號）とは別に，所藏品すべてにMIK（Museum für Indische Kunst）を冠した番號をつけて保管した。そこでライプツィヒから運ばれた返還文書にも，新たにMIK番號が加えられた。しかし，それ

らの文書を正しく分類し整理する人材に缺けていたインド美術館は，舊西ベルリンの國立ベルリン圖書館にそれを付託した。ところが圖書館にも文書を扱える研究者はおらず，最終的には舊東ベルリンのアカデミーのトルファン研究所研究員がその任に當たることになった。

整理の中心はラッシュマン博士（Frau Dr. Simone-Christiane Raschmann）である。筆者はまず1994年３月にそのリストの提供を受け，整理して一覽表を作成し，同定に努めて，新たに確認し得た漢語佛典を初めとする經名を記した。そしてその中から中國學研究者に興味深いいくつかの斷片を紹介した（拙著『ドイツ將來のトルファン漢語文書』第二章　ソ連から返還された文書　參照)。當時は，返還文書の總數は192枚であったが，その後，整理・整備の濟んだものは增え續け，2005年にその仕事が完了した時には，240枚となった。

トルファン研究所の研究員から最近になって聞いた話によれば，ドイツ學術調査隊の中央アジアからの將來品は，1932年ころ，ベルリンのアカデミー（トルファン研究所）と民族學博物館に分けられ，保管された。その際，件の返還文書は民族學博物館に屬したものであったという。戰後，民族學博物館は場所をダーレムに移し，新たな建物となった。その一部門が獨立して誕生したのがインド美術館である。返還文書がライプツィヒからインド美術館に移されたのは，こうした經緯からだと言うのである。ドイツでは，斷片を２枚のガラス板にサンドイッチ狀に挾んで保存するが，その方法の相違で，どこで整理されたものかが區別できる。返還された文書は舊民族學博物館所藏のものと認められたため，まずダーレムに返されたのである。この間の歷史經過の概觀は『インド美術館遺失記錄』（*Museum für Indische Kunst Dokumentation der Verluste*, 2002, Berlin）の中のヤルディッツ博士（Dr. M. Yaldiz）の序文（p. 7-8）に述べられている。

しかし，返還された斷片の中味を考えてみると，この推測も以下の疑問點を含んでおり，そのまま信じることには躊躇を覺える。まずこれらの文書の第一の特徵としては，壓倒的に Ch/U（表が漢語，裏がウイグル文字）の多い點が擧げられる。殘りは，數片の Ch（漢語）と Ch/So（表が漢語，

裏がソグド文字）だけである。しかもほとんど未整理，未研究である點を，第二の特徴とする。そもそも文書類を博物館に所屬するのは，研究よりは展示のためである。多くの言語を含んでバラエティーに富んでいる，正しい情報を添えて示せる，その本質をよく表わしている，さらには美しい，そうした選ばれたものが必要とされるであろう。ところがこれらの返還文書は，言語的には片寄り，その上大量である。しかも研究の手がつけられていない。もし不幸にもドイツの再統一がなく，また返還されず闇に葬られても，その存在に思いを致す者はほとんどなかったであろう。本當にもともと博物館のものだったのだろうか。

整理は濟んでも，こうした謎は殘っている。解明の端緒となるかどうかは不明であるが，次に最近私の氣づいた事實を記しておこう。ドイツ隊の將來品は，1932年ころに，アカデミー（トルファン研究所）と民族學博物館に分けられたが，出口常順氏（1900–1994）がベルリンに留學していたのは，丁度この時期，1932年から1933年だった。そして歸國の際に，彼は幾枚かの斷片の寫眞を持ち歸った。戰後しばらくして，彼は『ル・コック蒐集吐魯番漢文文獻』全四册（1966）としてそれらを整理した。それは東洋文庫にも藏されている。その中の一枚，「T Ⅱ1002」と舊番號のついている斷片は，北宋・太宗の「御製緣識并序」で，金藏系（開寶藏の追雕本）の斷片と言われている。これが，返還文書に含まれるものだったのである。今は新たにCh/U8158（MIK030512）の整理記號がつけられている。

出口はアカデミーの所藏のみを見たことになっているので，持ち歸った寫眞に舊民族學博物館所藏の斷片が入っているのは不可解なことである。出口の見たのが所屬の分かれる以前であったと考えれば問題ないように思えるが，それならどういう狀況の斷片を見たのか。その直後に，民族學博物館の展示に供すべきものと判斷され，そちらでガラス板に挾んで整理されたとするなら，その理由は何であったか。また彼は，見たものの内から，何らかの意味で重要と考えた斷片の寫眞を持ち歸ったはずである。目にしていなければ，さらに重要度の高い斷片も選ばれない。そこにも何らかの示唆が含まれるかも知れない。

さて返還されたこれらの文書は，整理・整備のために，1994年にインド

美術館から舊西ベルリンの國立圖書館に移されたが，その作業には10年以上もかかった。大戰前の疎開によるガラス板の破損等の修理も時間を要したであろうが，最大の理由は，將來以來，全く手のつかない數十枚の斷片が封筒に收められていたことであろう。それらは，ダーレムのインド美術館でMIK030514の番號をつけた44枚で（この間の經緯については拙著『ドイツ將來のトルファン漢語文書』p. 40-41參照），整理後は，Ch/U8183〜Ch/U8223，Ch/So20513〜Ch/So20514の新番號が加わった。これらの斷片は20世紀初頭のドイツ學術調査隊將來の後，はじめて世に明らかにされたものである。すべてが小さな斷片であるとは言え，貴重なものである。次に，印刷漢語文書に集中している現今の筆者にとって最も興味深い一片として，契丹大藏經とも結びつくCh/U 8206を紹介しておきたい。

（二） Ch/U 8206

これには舊番號（調査隊の時期，および出土地を示す）は闕けている。大きさは12.3×15.4㎝，14+(1)行の『續一切經音義』卷4（T54，948b24-948c5）寫本である。斷片は上部が殘ったもので，天の界線が引かれ，4.8㎝の天高幅をもつ。この『續一切經音義』は遼の希麟が大藏經につけた音義である。彼の自序に以下のように述べる。

> 唐の建中年間（780-783）の末に，沙門の慧琳がおり，内は密教に詳しく陀羅尼に通じ，一方では書畫を究め，文字にも研鑽を積んでいた。梵語の音韻や文法學の核心，漢語の音韻學の奥底を師から汲み盡し，惜しげもなく後進に傳え果した。20年間，專心して一切經を閲讀し，『一切經音義』全百卷を完成した。『開元釋敎錄』に依據し，『大般若波羅蜜多經』から『護命放生軌儀法』まで，音注をつけたものは全部で5048卷，480帙である。『開元釋敎錄』以降は，陸續として翻譯されて傳わった經論とこれにもれた律論など，『大乘理趣六波羅蜜多經』以下，全266卷，25帙であり，先に音義のなかったものに，いま續けて作ったものが本書である。

至唐建中末，有沙門慧琳。內精密教，入於總持之門。外究墨流，研乎文字之粹。印度聲明之妙。支那音韻之玄。既餅受於先師，亦泉瀉於後學。棲心二十載，披讀一切經，撰成音義總一百卷。依開元釋教錄，始從大般若，終於護命法，所音眾經，都五千四十八卷，四百八十帙。自開元錄後，相繼翻傳經論，及拾遺律傳等，從大乘理趣六波羅蜜多經，總二百六十六卷，二十五帙。前音未載，今續者是也。

(T54，934b16-25)

以上のように，この音義は，智昇『開元釋教錄』以降に翻譯された佛典と，音義のもれていた律佛典につけられたもので，慧琳の『一切經音義』に續くものであるため「續」の一字を冠す。この序は日付を闕いているが，『續一切經音義』卷5の「旃蒙歲」の音義に「旃蒙は唐の代宗の永泰元年，乙巳の歲（765）である。いま統和五年（遼。987年）丁亥の歲までに，223年を經過している」と言っていることから，本書の書かれた時代が分かる。すなわち希麟のこの書は，10世紀末に上梓されていた。彼が活躍する遼の聖宗（治世は982-1031年）の時代には，契丹大藏經の翻刻もはじめられており，『續一切經音義』もその準備の重要な作業の一つと考えられている。從って希麟は，10世紀後半から11世紀前半の遼佛教界では，中心人物の一人であったと言える。この寫本斷片は『續一切經音義』が上梓された987年以降のものであることは確かであるが，それがいつの時代にどのようなルートを經てトルファンの地にもたらされたかを決定するには，解決すべき多くの課題を殘している。上で希麟の自序の一部を引いたが，それに續いて

伏して以えらく，抄主無礙大師は天生の睿智にして，神授の英聰なり。總て羣經を講じ，徧く章抄を糅え，傳燈，念に在りて，利物を心と爲す。音義以て未だ全からざるを見，撿文するも闕有るを慮り，因りて華翰を貽り，菲才に命ぜられ，曦光に對さ遣め，輒ち螢燭を揚ぐ。

伏以　抄主無礙大師，天生睿智，神授英聰，總講羣經，徧糅章抄，傳燈在念，利物爲心。見音義以未全，慮撿文而有闕，因貽華翰，見命菲才，遣對曦光，輒揚螢燭。

とある。ここで，希麟に『續一切經音義』の撰述を勸めたのは抄主無礙大

師であることを言うが，彼こそは遼の唯識（法相）學僧であった詮明である。詮明に「抄主（鈔主）無礙大師」の號が贈られるのは，彼が主として唐の唯識僧の（窺）基の作品を整理し，多くの注釋を手がけたことを顯彰してのことである。近年には金版から，あるいは最近には應縣の契丹版や韓國・松廣寺の高麗再雕本から，詮明の作品は次々と發見されている。11世紀後半に北宋の首都を訪れた高麗の義天や我が國の成尋が彼の學問の流行を記錄して以來の，詮明に關する史料の長い空白を埋めるものであるが，同時に，西の敦煌やトルファンからも彼の作品斷片が發見された事實は，契丹・宋あるいは金・元との文化交流を考える上でも，貴重な資料と言えよう。（詳細は本書所收の「出口コレクションの一斷片によせて」「唯識關係新史料」參照）

また，詮明や希麟と同じ時代の遼の學僧として，行均を忘れてはならない。彼は，佛典を正確に讀むために，字義を說いた字書『龍龕手鏡』4巻を統和15年（997）に著わしたが，その斷片もベルリン・コレクションに見え，トルファンに入っていたことが分かる（Ch1874. T. Nishiwaki：*Chinesische Texte vermischten Inhalts aus der Berliner Turfansammlung*, Stuttgart, 2001, p. 40 參照）。さらにコレクションには，多くの印刷佛典の斷片が含まれるが，その9割以上は契丹版である。以上から，契丹で生まれた多くの作品がトルファンに入っていることは確認できる。しかし上で述べたように，それがいつの時代にどのようなルートを經てトルファンに入ったかを云々することは簡單ではない。一つ一つの斷片を精査し，積み重ねる必要のあることは言うまでもないが，全く別の視點，例えば，漢譯佛書を基にウイグル語譯されたウイグル文書の研究を援用するなども，今後の研究には必要であろう。

さて數十枚の斷片が新たに登場したとはいえ，筆者が「返還文書一覽表」にこだわるのは，この新資料のせいばかりではない。返還文書240枚の斷片がベルリン・トルファン漢語文書全6000枚の縮圖であると考えることに因っている。その理由は次篇「2–返還文書から見たトルファン版本の概觀」で論じる。

以上のような作業と考察の間に，先の報告では，北涼の「承陽」年號の

戸籍斷片 Ch6001v（T Ⅱ T 1537　MIK 031718）を紹介したが，最近になって大谷探檢隊がトルファン地域で發掘し，いまは中國の旅順博物館に収められている文書の中に，同じ「承陽」年號の奥書をもつ『菩薩善戒經』寫本（LM20_1495_01_06＋LM20_1467_22_03＋LM20_1467_22_01。T30，961b19-28の部分。旅順博物館・龍谷大學　共編『旅順博物館藏　トルファン出土漢文佛典選影』2006，法藏館　參照）が發見されたことを述べて，擱筆する。

（注記）以上MIKを帶びる240枚の斷片は整理後もインド美術館に戻されることなく，長期貸し出しの形でベルリン國立圖書館アジア部門で管理されている（トルファン研究所所員の手によって現在，斷片のさまざまな目錄が出版されているが，これら返還文書を用いる場合は，例えば，「Das Fragment (Ch/U8197b) befindet sich, ebenso wie das Fragment Ch/U8183, als Dauerleihgabe in der Orientabteilung der Staatsbibliothek zu Berlin-Preußischer Kulturbesitz.」と一々注記されている（Simone-Christiane Raschmann *Alttürkische Handschriften 13, Dokumente 1* [Verzeichnis orientalischen Handschriften in Deutschland XIII-21. 2007, Stuttgart.] S. 242）。これらの斷片は新記號・舊記號・MIK記號と3つの記號を帶びて煩雜ではあるが，それは所有者を明記して記錄に殘すという，彼の國の一つの姿勢を示すものである。

（三）　返還文書一覽表

略記號の說明

Ch は漢語

Ch/U は表が漢語，裏がウイグル文字

Ch/So は表が漢語，裏がソグド文字

T Ⅰ，T Ⅱ，T Ⅲは何次の調査隊將來品かを示す

D，M，S，T（Tujok），Y，X は將來地を示す

D：ダキアノス

M：ムルトク（木頭溝）

S：センギム（勝金口）

T：トヨク（吐峪溝）

Y：ヤールホート（交河故城）

X：不明

o.F. は ohne Fundortsignatur の略で，將來時期および將來地とも不明を示す
書名中の T は大正新修大藏經
例；T18，418a＝『大正新修大藏經』第18卷 p. 418，上段
高麗藏は『高麗大藏經』（東國大學出版，1975）の卷數と頁數を示す
中華藏は『中華大藏經』（北京中華書局，1994）の册數と頁數を示す
出口は藤枝晃編『トルファン出土佛典の研究　高昌殘影釋錄』（法藏館，2005）の頁數を示す

新番號	舊番號	インド美術館番號	書　名
Ch/U 8000	T II T 511	MIK 028417	a 阿毘曇毘婆沙論卷34　T28，251a9～11 7.8×5.5cm　3+(1)行　c が下部 b 妙法蓮華經卷 4 法師品 T9，30c8～10 3.9×5.8cm　3 行 c 阿毘曇毘婆沙論卷34　T28，251a8～15 9.7×13.0cm　7 行　a が上部
Ch/U 8001	T II 1465	MIK 028418	華手經卷 4 上清淨品　T16，152c9～28 22.2×15.0cm　8+(1)行 Ch/U 8202＋Ch/U 8001＋Ch/U 7119(上)＋Ch/U 7208(下)＋Ch/U 8002
Ch/U 8002	T II 3013	MIK 028420	華手經卷 4 上清淨品 T16，153a9～14 26.4×6.6cm　4 行 Ch/U 8202＋Ch/U 8001＋Ch/U 7119(上)＋Ch/U 7208(下)＋Ch/U 8002
Ch/U 8003	T II S 26.76	MIK 028422	大寶積經卷114　T11，647a4～9 13.4×8.6cm　5 行 Ch/U 6923(上)＋Ch/U 8003(下)＋Ch/U 8154(上)＋Ch/U 8090(下)
Ch/U 8004	T III T 279	MIK 028423	四分律刪繁補闕行事鈔卷中 T40，64a16～28 9.5×10.5cm　(1)+8行
Ch/U 8005	T I D 1006	MIK 028424	大般若波羅蜜多經卷391 T6，1021c21～29 25.2×15.4cm　9 行　天高3.0cm　地高3.7cm　罫線幅1.6～1.8cm
Ch/U 8006	T II Y 54.2	MIK 028425	佛說罪業應報教化地獄經

			T17, 450c11～23 15.7×34.0cm　14+(1)行
Ch/U 8007	T Ⅱ 1324	MIK 028427	佛說除恐災患經　T17, 557a14～18 10.0×9.0cm　5行
Ch/U 8008	T Ⅰ D 54	MIK 028428	金光明最勝王經卷10捨身品 T16, 453a15～24 29.6×12.4cm　6行
Ch/U 8009	T Ⅲ T 215	MIK 028492	十誦律卷29　T23, 209b7～15 27.0×17.5cm　9+(1)行
Ch/U 8010	T Ⅱ T 1149	MIK 028430	妙法蓮華經卷5從地涌出品 T9, 44b27～44c20 7.4×22.8cm　14+(1)行
Ch/U 8011	T Ⅲ T 390	MIK 028433	大般若波羅蜜多經卷130 T5, 71b22～24 10.6×6.6cm　4行
Ch/U 8012	T Ⅰ 1052	MIK 028434	律佛典 8.4×10.6cm　6行
Ch/U 8013	T Ⅰ 534X	MIK 028435	(印刷本) 別譯雜阿含經卷12 T2, 457c7～9 6.8×8.7cm　(3)+1+(1)行　天高4.2cm 1行17字　上部界線　契丹版 Ch/U 7346が續く
Ch/U 8014	T Ⅲ 1134	MIK 028441	大乘莊嚴經論卷9　T31, 637c14～17 9.0×7.2cm　4+(1)行
Ch/U 8015	T Ⅱ 2096	MIK 028444	四分律受戒犍度　T22, 805a24～b5 9.0×12.5cm　11+(1)行
Ch/U 8016	T Ⅱ T 1579	MIK 028449	四分律受戒犍度　T22, 797c25～798a7 12.6×20.0cm　11+(1)行
Ch/U 8017	T Ⅰ 566	MIK 028453	大般若波羅蜜多經卷317 T6, 617c11～17 16.6×13.1cm　8行
Ch/U 8018	T Ⅱ 2054	MIK 028457	唯識佛典注釋書　細字 19.7×10.6cm　(1)+8+(1)行。
Ch/U 8019	T Ⅱ D 103	MIK 028458	現在賢劫千佛名經　T14, 381c26～28 8.7×11.2cm　4行
Ch/U 8020	T Ⅱ T 1173	MIK 028475	阿毘曇八犍度論卷26 定犍度中過去得跋渠　T26, 890c3～11 12.8×11.4cm　6+(1)行

Ch/U 8021	T II 1435	MIK 028476	a 大通方廣懺悔滅罪莊嚴成佛經卷上 T85, 1341c3～13 12.6×22.4cm 12行 b 大方等大集經卷 9 T13, 58a8～11 5.7×8.1cm (1)+4+(1)行 c＋d（印刷本）大般若波羅蜜多經卷546 T7, 807a6～22 7.6×30.5cm 16+(1)行 1行18-19字 上部界線あり 天高4.4cm 契丹版 e 文字ナシ14.3×2.6cm f 文字ナシ3.7×3.6cm
Ch/U 8022	T II 756	MIK 028484	妙法蓮華經卷 5 從地涌出品 T9, 43c8～44a8 15.5×30.0cm 17行 末行が Ch/U 8193の一行目の最後に接續
Ch/U 8023	T II 4064	MIK 028485	金剛般若波羅蜜經 T8, 754b5～9 10.1×9.5cm 5行
Ch/U 8024	T III 273.502	MIK 028487	大般涅槃經卷24 T12, 507c8～13 10.8×7.5cm (1)+4行
Ch/U 8025	T III 3017	MIK 028488	妙法蓮華經卷 2 信解品 T9, 18b11～12 10.1×4.0cm (1)+2行 Ch/U 6518 (T II T 1832)＋ Ch/U 6428 (T II 1707)＋ Ch/U 8025 (T III 3017)＋ Ch/U 6862 (T II 1966) ＋ Ch/U 6773 (T II T 1853)
Ch/U 8026	T II 1001	MIK 028489	(南本) 大般涅槃經卷27 T12, 784a13～23 28.9×19.0cm 10行
Ch/U 8027	T II T 1248	MIK 028491	諸法勇王經 T17, 848c18～26 7.3×13.0cm (1)+7+(1)行
Ch/U 8028	T III 1177	MIK 028493	妙法蓮華經卷 2 譬喩品 T9, 12a3～8 10.7×9.6cm (1)+5行
Ch/U 8029	T II T 1186	MIK 030473	金光明最勝王經卷 3 滅業障品 T16, 416c29～417a9 16.1×19.1cm 10行
Ch/U 8030	T II M 1032	MIK 030474	金剛般若波羅蜜經 T8, 756a11～19 13.1×16.2cm 8行

			上に Ch/U6531（T Ⅲ T212, T8, 756a11～19）が接續 また Ch/U7113（T Ⅲ 34.71, T8, 755b26～c5）も同類
Ch/U 8031	T Ⅲ 218	MIK 030477	a？ 4.3×7.1cm　2行 b 漸備一切智德經卷 4　T10, 479b13 5.9×3.6cm　1+(1)行 c 漸備一切智德經卷 4　T10, 479b5～9 18.6×9.9cm　(1)+5行 d 漸備一切智德經卷 4 T10, 479a28～479b2 4.4×5.0cm　3行 e？ 5.9×5.4cm　1行 f 大般若波羅蜜多經卷317 T6, 616c15～18 8.5×6.6cm　4行 Ch/U 6733 ＋ Ch/U 6761 ＋ Ch/U 8201＋ Ch/U 8209の後方に 1 行空けて下部に接續＋ Ch/U 8031f
Ch/U 8032	T Ⅱ 2050	MIK 030478	大般涅槃經卷 5　T12, 391b2～12 11.4×18.0cm　9+(1)行
Ch/U 8033	T Ⅲ T　271	MIK 030480	金光明經卷 4 讚佛品　T16, 357a13～26 14.3×19.7cm　11行
Ch/U 8034	T Ⅱ M 1028	MIK 030483	唯識佛典の注釋書 17.5×19.1cm　(1)+11+(1)行
Ch/U 8035	T Ⅲ S 90.52	MIK 030484	瑜伽師地論卷56 T30, 607c23～608a26 17.3×17.9cm　(1)+9行
Ch/U 8036	T Ⅱ 752	MIK 030485	妙法蓮華經卷 3 信解品 T9, 17a26～17b5 16.0×19.6cm　(1)+8行
Ch/U 8037	T Ⅱ 1453	MIK 030489	妙法蓮華經卷 4 法師品　T9, 30c1～10 25.6×14.4cm　(1)+4行
Ch/U 8038	T Ⅱ 3072	MIK 030491	大乘密嚴經卷上自識境界品 T16, 747a24～747b11 22.6×16.5cm　(1)+9行
Ch/U 8039	T Ⅱ D 76	MIK 030492	阿毘達磨順正理論卷79辨定品

			T29, 767a27～767b4 32.9×15.9cm　7行
Ch/U 8040	T II T 1178	MIK 030493	合部金光明經卷4依空滿願品 T16, 381b27～381c7 15.6×16.9cm　9+(1)行
Ch/U 8041	T II 1448	MIK 030496	大智度論卷12　T25, 151b18～26 27.5×24.2cm　(1)+7+(1)行
Ch/U 8042	T II T 1169	MIK 030498	道行般若經卷2　T8, 432a23～27 9.0×8.8cm　4+(1)行 この下にCh/U 6575（T II 1688）が接續
Ch/U 8043	T III M 152.500	MIK 030502	妙法蓮華經卷3譬喩品 T9, 11b24～11c6 16.2×13.6cm　7行
Ch/U 8044	T III 34.58	MIK 030503	妙法蓮華經卷2信解品　T9, 17c11～18 13.6×11.3cm　(1)+6行
Ch/U 8045	T II T 3037	MIK 030504	佛典と外典（詩文）の複數の紙が重なる 11.8×14.1cm　8+(1)行
Ch/U 8046	T II D 296.30	MIK 030508	阿毘曇心論卷2　T28, 820a5～25 14.5×21.1cm　14行
Ch/U 8047	T II 1971	MIK 030509	十住斷結經卷5　T10, 1000c7～11 10.8×10.0cm　5行
Ch/U 8048	T II M 1040	MIK 030510	大般若波羅蜜多經卷397 T6, 1055a15～18 10.7×7.8cm　4+(1)行 Ch/U 8048 ＋ Ch/U 8134 ＋ Ch/U 6710＋ Ch/U 6965＋ Ch/U 6613＋ Ch/U 6978 ＋ Ch/U 8068 ＋ Ch/U 6486＋Ch/U 6422
Ch/U 8049	T III T 138	MIK 030511	放光般若經摩訶般若波羅蜜阿惟越致品 T8, 86c10～16 10.6×13.3cm　(1)+7行 この前にCh/U 7023（T II T 1315, T8, 86c1～6)＋ Ch/U 7586（o. F., T8, 86c6～9)
Ch/U 8050	T II 1492	MIK 030513	大般涅槃經卷17　T12, 467c20～28 20.5×18.0cm　9行
Ch/U 8051	T II 1416	MIK 031712	四分律卷56調部　T22, 983b1～13

			19.6×24.7cm　(1)+11+(1)行
Ch/U 8052	T II 1417	MIK 031713	(印刷本) 金光明最勝王經依空滿願品 T16, 425a29～425b12 19.9×24.0cm　12+(1)行　1行17字 下部界線　地高1.5cm　契丹版 Ch/U 7342 ＋ U5203r(上)＋ Ch/U 7341＋ Ch/U 8052＋ Ch/U 7347(下)
Ch/U 8053	T II T 1068	MIK 031714	佛名經卷9　T14, 164b2～164b11 17.7×28.4cm　14行
Ch/U 8054	T II T 1823	MIK 031715	金光明最勝王經卷2分別三身品 T16, 409b2～6 10.4×9.9cm　5+(1)行
Ch/U 8055	T I 563	MIK 031716	十地經論卷3　T26, 139b8～14 12.8×13.3cm　7行 後にCh/U 6677が接續
Ch/U 8056	T II Y 17.506	MIK 031717	首楞嚴經卷2　T19, 110b19～26 13.7×12.2cm　7+(1)行 Ch/U 8146が上部で接續
Ch/U 8057	T II T 1379	MIK 031720	大般若波羅蜜多經卷308 T6, 571a28～571b5 9.8×11.0cm　7行
Ch/U 8058	T II 3062	MIK 031721	妙法蓮華經卷3化城喩品 T9, 26b11～29 9.9×16.8cm　(1)+10行
Ch/U 8059	T II T 1194	MIK 031723	大般若波羅蜜多經卷562 T7, 900a14～24 9.4×18.5cm　11行
Ch/U 8060	T III 1136	MIK 031724	大般若波羅蜜多經卷108 T5, 596b12～16 8.4×9.3cm　5行　罫線幅1.8cm
Ch/U 8061	T II 1445	MIK 031726	金光明經讚佛品 T16, 357a12～26 13.7×19.5cm　11行
Ch/U 8062	T II Y 59.534	MIK 031727	正法念處經卷7　T17, 40a8～11 11.8×8.7cm　4+(1)行
Ch/U 8063	T II D 85.501	MIK 031732	玄應一切經音義卷6 (高麗版32册, 頁90) 16.7×6.8cm　(1)+4行
Ch/U 8064	T II 3099	MIK 031733	勝天王般若波羅蜜多經卷6

			T8, 719b11～15 12.4×9.4cm (1)+4行
Ch/U 8065	T II 747	MIK 031734	大方廣佛華嚴經卷 7 T10, 33b25～31 13.1×19.5cm (1)+9+(1)行
Ch/U 8066	T III 304 Tujok	MIK 031735	大智度論卷85 T25, 654a8～17 26.6×13.6cm 7行
Ch/U 8067	T II 1463	MIK 031736	維摩詰所說經卷中不思議品 T14, 546c24～547a2 20.1×14.0cm (1)+8+(1)行
Ch/U 8068	T II S 26.66	MIK 031737	大般若波羅蜜多經卷397 T6, 1055b1～6 11.4×11.5cm 6+(1)行 罫線幅1.7～1.8cm 天高2.2cm Ch/U 8048 ＋ Ch/U 8134 ＋ Ch/U 6710 ＋ Ch/U 6965 ＋ Ch/U 6613 ＋ Ch/U 6978 ＋ Ch/U 8068 ＋ Ch/U 6486＋ Ch/U 6422
Ch/U 8069	T II 745	MIK 031738	大般涅槃經卷27 T12, 524b11～17 18.4×13.2cm 5+(2)行
Ch/U 8070	T II D 142.20	MIK 031742	佛說觀無量壽佛經 T12, 342b12～342c7 14.6×32.7cm 18行
Ch/U 8071	T II 1939	MIK 031743	御注金剛般若經疏宣演 T85, 154a11～21 9.1×12.6cm 8+(1)行 この前に Ch/U6095＋(間断)＋ Ch/U8071 ＋ Ch/U 8105 ＋ Ch/U 6200 中華藏92册 p.1774參照
Ch/U 8072	T III 2030	MIK 031744	大般涅槃經卷 7 T12, 405a21～25 7.1×10.0cm 4+(1)行
Ch/U 8073	T III M 122	MIK 031745	金光明最勝王經卷 1 分別三身品 T16, 409b9～14 (Glas：T III 1135) 10.0×9.2cm 8+(1)行
Ch/U 8074	T II 1466	MIK 031746	維摩詰所說經卷中不思議品 T14, 547a4～12 26.1×14.8cm (1)+8行
Ch/U 8075	T II 2003	MIK 031748	光讚經卷10 T8, 213b27～29 14.0×7.5cm (1)+3+(1)行
Ch/U 8076	T II 3002	MIK 031751	四分律刪繁補闕行事鈔卷中

			T40, 62c21～63a5 13.5×10.6cm　8+(1)行
Ch/U 8077	T Ⅲ 1144	MIK 031752	(印刷本) 雜阿含經卷33 T2, 234c23～26 17.3×9.2cm　(1)+4行 １行17字 上部界線 天高4.2cm 契丹版
Ch/U 8078	T Ⅱ T 1065	MIK 031753	過去現在因果經卷４ T3, 648c19～649a1 25.7×18.9cm　10+(1)行
Ch/U 8079	T Ⅱ S 1010	MIK 031754	梁朝傅大士頌金剛經　T85, 2b10～21 15.8×18.1cm　(1)+9行
Ch/U 8080	T Ⅲ S 91.501	MIK 031758	妙法蓮華經卷５從地涌出品 T9, 43c23～44a4 15.2×9.6cm　6行
Ch/U 8081	T Ⅱ T 1833	MIK 031760	大般若波羅蜜多經卷317 T6, 617a5～10 14.1×10.8cm　(1)+5+(1)行
Ch/U 8082	T Ⅱ 1174	MIK 031762	妙法蓮華經卷４五百弟子受記品 T9, 29a20～27 10.9×15.1cm　(1)+7行
Ch/U 8083	T Ⅱ S 26.57	MIK 031764	大般若波羅蜜多經卷397 T6, 1056c12～16 13.3×9.3cm　5+(1)行 罫線幅1.7～1.8cm Ch/U7519 (o.F.) が下部で接續
Ch/U 8084	T Ⅰ D 552	MIK 031765	首楞嚴經卷３　T19, 114a12～19 12.4×13.6cm　8+(1)行
Ch/U 8085	T Ⅱ 768	MIK 031766	正法念處經卷63　T17, 377a6～20 11.7×13.8cm　8行
Ch/U 8086	T Ⅰ (Glas： T Ⅱ 2089)	MIK 031768	金剛頂瑜伽三十七尊禮懺文 T18, 336c22～26 10.4×7.5cm　5行
Ch/U 8087	T Ⅱ T 143	MIK 031769	大般涅槃經卷14　T12, 696c3～6 10.3×7.7cm　(1)+2+(1)行
Ch/U 8088	T Ⅲ T 625	MIK 028416	根本說一切有部百一羯磨卷４ T24, 470c24～471a5 8.2×28.8cm　(1)+16行
Ch/U 8089	T Ⅱ 1471	MIK 028419	大般涅槃經卷31 T12, 551c23～552a1

			27.2×17.4cm　8+(1)行
Ch/U 8090	T II S 26.58	MIK 028426	大寶積經卷114　T11, 647a12～27 16.4×28.2cm　(1)+15行 Ch/U 6923(上)＋　Ch/U 8003(下)＋ Ch/U 8154(上)＋ Ch/U 8090(下)
Ch/U 8091	T II T 1227	MIK 028431	文殊師利所說摩訶般若波羅蜜經卷上 T8, 726b24～27 5.8×9.7cm　4行
Ch/U 8092	T II 2094	MIK 028432	妙法蓮華經卷6藥王菩薩品 T9, 53c24～28 7.3×9.0cm　5+(1)行 Ch/So101001 (T I, T9, 53c24～54a8), Ch/So20510 (T III M 173.150, T9, 54a1～5) は同類
Ch/U 8093	[T] II D 85	MIK 028436	玄應一切經音義卷6 (高麗版32册, p.91) 16.9×35.2cm　16行
Ch/U 8094	T II D 251	MIK 028437	a 妙法蓮華經卷5分別功德品 T9, 44a6～11 7.8×10.5cm　5+(1)行 b 妙法蓮華經卷5分別功德品 T9, 43c24～44a3 11.6×10.2cm　5行 b＋aと接續
Ch/U 8095	T III T 476	MIK 028438	妙法蓮華經卷7陀羅尼品　T9, 59b1～6 12.6×14.3cm　(1)+7行
Ch/U 8096	T II S 1002	MIK 028439	放光般若經卷10摩訶般若波羅蜜品 T8, 68b18～25 17.3×12.5cm　6行 この前にCh/U 8102が接續
Ch/U 8097	T II 1938	MIK 028440	阿毘達磨藏顯宗論卷7辨差別品 T29, 804c25～805a5 20.0×9.8cm　6行
Ch/U 8098	T III 1185	MIK 028442	(印刷本) 蘇悉地羯羅供養法卷下 T18, 704a15～19 12.4×12.7cm　6+(1)行 1行14字　開寶藏 Ch/U 6412rの下部に接續

			出口503，Ch/U7494r も同類
Ch/U 8099	T Ⅲ M 173.135	MIK 028443	法苑珠林巻35然燈篇　T53，567b4〜14 11.2×8.2cm　5 行
Ch/U 8100	T Ⅲ T 273	MIK 028445	妙法蓮華經卷 3 化城喩品 T9，23a14〜24 11.3×17.5cm　10+(1)行
Ch/U 8101	T Ⅰ 1040	MIK 028446	法句譬喩經卷 3 安寧品　T4，594c8〜16 20.2×15.2cm　(1)+8行
Ch/U 8102	T Ⅱ S	MIK 028447	放光般若經卷10摩訶般若波羅蜜等品 T8，68b11〜19 20.2×14.7cm　7 行 この後に Ch/U 8096が接續
Ch/U 8103	T Ⅱ 2028	MIK 028448	維摩詰所説經菩薩品　T14，543c13〜20 14.8×11.4cm　7 行
Ch/U 8104	T Ⅱ 1930	MIK 028450	妙法蓮華經卷 7 妙莊嚴王本事品 T9，60b29〜60c15 12.7×27.3cm　15行
Ch/U 8105	T Ⅱ S 1003b	MIK 028454	御注金剛般若經疏宣演 T85，154a22〜b8 以下もテキストは續く 15.7×28.2cm　20行 大正藏テキストはペリオ2330 この前に Ch/U 8071，Ch/U 6200，Ch/U 6095が接續　中華藏92册 p.1774參照
Ch/U 8106	T Ⅱ S 26.71	MIK 028455	大般若波羅蜜多經卷 4　T5，18a14〜15 8.4×4.9cm　2+(1)行
Ch/U 8107	T Ⅲ 62.514	MIK 028456	大般若波羅蜜多經卷196 T5，1050b2〜4 17.7×7.0cm　3+(1)行
Ch/U 8108	T Ⅲ D 1018	MIK 028459	大般涅槃經卷 6　T12，400c20〜401a2 11.4×19.0cm　10+(1)行
Ch/U 8109	T Ⅱ 3057	MIK 028460	佛本行集經卷16耶輸陀羅夢品 T3，726c7〜12 11.5×11.6cm　6 行
Ch/U 8110	T Ⅱ T 1583	MIK 028461	大般涅槃經卷20　T12，738a10〜15 11.3×10.6cm　6 行
Ch/U 8111	T Ⅲ T 242	MIK 028462	妙法蓮華經卷 1 序品　T9，4a2〜12 13.8×17.8cm　(1)+10行

Ch/U 8112	o.F.	MIK 028462	a 妙法蓮華經卷 1 譬喩品 T9, 13c19～20 5.8×5.3cm 2 行 b 妙法蓮華經卷 1 譬喩品 T9, 14c11～13 6.3×4.7cm 2 行
Ch/U 8113	T II 1903	MIK 028463	妙法蓮華經卷 1 譬喩品 T9, 13c20～14a1 13.2×15.4cm (1)+8行
Ch/U 8114	T II 754	MIK 028464	妙法蓮華經卷 1 方便品 T9, 9a3～17 14.3×16.0cm (1)+8+(1)行
Ch/U 8115	o.F.	MIK 028465	放光般若經摩訶般若波羅蜜阿惟越致品 T8, 86a19～23 17.9×10.1cm (1)+5行
Ch/U 8116	T II 1391	MIK 028466	大寶積經卷66 T11, 376a7～16 24.3×19.1cm 10+(1)行 Ch/U 6176が下に接續。
Ch/U 8117	T I 1060	MIK 028467	涅槃論 T26, 278c4～10 12.6×11.9cm (1)+6行+(1)行
Ch/U 8118	T II T 1222	MIK 028468	妙法蓮華經卷 7 化城喩品 T9, 60b12～17 12.0×11.6cm 6+(1)行 Ch/U 6618 (T II 1398, T9, 60a10～28) および Ch/U9000 (T I D 3 大戰で消失) と接續
Ch/U 8119	T II 2033	MIK 028469	大般若波羅蜜多經卷590 T7, 1053b3～10 13.2×12.3cm 8+(1)行
Ch/U 8120	[ ] 1428	MIK 028470	(印刷本) 中阿含經卷51大品跋陀和利經 T1, 752a12～27 17.2×28.5cm (1)+14行 1行17字 契丹版
Ch/U 8121	o.F.	MIK 028471	妙法蓮華經卷 6 藥王品 T9, 53b2～15 26.7×19.6cm 10行
Ch/U 8122	T II 2035	MIK 028472	大般涅槃經卷13 T12, 443c25～444a2 12.5×12.6cm 6 行
Ch/U 8123a-b	T III M 173.157	MIK 028473	大方等陀羅尼經卷 1 T21, 643c4～14 b + a

			a 大方等陀羅尼經卷 1 T21，643c10～14 11.2×13.0cm　5 行＋ウイグル文字 2 行＋漢語「法眾等於高昌鄉譯」(1)＋1 行 b 大方等陀羅尼經卷 1 T21，643c4～9 10.2×10.7cm　6 行
Ch/U 8124	T II 1400	MIK 028474	妙法蓮華經卷 7 普賢菩薩勸發品 T9，61b24～61c4 14.2×18.2cm　10行
Ch/U 8125	T II T 1177	MIK 028477	妙法蓮華經卷 5 安樂行品 T9，39a14～24 10.5×17.8cm　(1)+9行
Ch/U 8126	T II Y 59.17	MIK 028478	大般涅槃經卷37　T12，581a18～23 14.4×11.2cm　5 行
Ch/U 8127	T II T 1597	MIK 028479	大寶積經卷51　T11，299a26～b16 12.3×11.7cm　7+(1) 行
Ch/U 8128	T I 546X	MIK 028480	占書 11.6×12.7cm　5 行
Ch/U 8129	T II S 26.52	MIK 028481	灌頂經卷12　T21，533c25～534a2 10.5×10.9cm　6 行
Ch/U 8130	T II 3071	MIK 028482	妙法蓮華經卷 5 分別功德品 T9，44a25～44b1 13.4×8.5cm　(1)+4行
Ch/U 8131	T II 1442	MIK 028483	妙法蓮華經卷 3 譬喩品　T9，25b8～18 25.7×18.5cm　10行
Ch/U 8132	T II Y 58.7	MIK 028486	大般涅槃經卷29　T12，794a19～794b1 23.6×19.5cm　(1)+11行
Ch/U 8133	T II 1437	MIK 028490	六度集經布施度無極章　T3，7a3～19 18.4×26.3cm　15+(1) 行
Ch/U 8134	T III S 26.60	MIK 028494	大般若波羅蜜多經卷397 T6，1055a17～20 12.4×8.2cm　4+(1) 行 Ch/U 8048 ＋ Ch/U 8134 ＋ Ch/U 6710 ＋ Ch/U 6965 ＋ Ch/U 6613 ＋ Ch/U 6978 ＋ Ch/U 8068 ＋ Ch/U 6486＋ Ch/U 6422

Ch/U 8135	T Ⅲ 62.513	MIK 030464	迴諍論偈上分　T32，14c19～26 16.3×8.4cm　4行 罫線幅1.9～2.0cm　天高3.1cm
Ch/U 8136	T Ⅱ S 53.502	MIK 030465	尊婆須蜜菩薩所集論巻5四大揵度首 T28，761b26～761c7 26.5×20.0cm　(1)+10行 後にCh/U6039が接續
Ch/U 8137	T Ⅱ 3051	MIK 030467	大乘起信論　T32，581a17～22 9.8×7.9cm　4+(1)行 Ch/U 8205，Ch/U 8180と接續
Ch/U 8138	T Ⅱ 4060	MIK 030468	光讃經巻10　T8，213c2～7 11.7×12.2cm　5+(1)行
Ch/U 8139	o.F.	MIK 030468	大般涅槃經巻13　T12，688a23～28 9.2×9.8cm　5+(1)行
Ch/U 8140	T Ⅱ 3015	MIK 030469	大般若波羅蜜多經巻71 T5，397a18～21 21.9×6.5cm　4行
Ch/U 8141	T Ⅱ 1329	MIK 030470	大般若波羅蜜多經巻440 T7，219c21～28 5.9×15.4cm　7行
Ch/U 8142	o.F.	MIK 030471	妙法蓮華經巻5分別功徳品 T9，46a27～46b11＋ウイグル文字 9.4×13.0cm　7+(1)行
Ch/U 8143	T Ⅱ M 155.1019	MIK 030472	(印刷本) 不空羂索神變眞言經巻30 T20，393a16～18 28.6×12.4cm　3+(1)行 扉繪　首題「不空羂索神變眞言經巻第三十男」契丹版
Ch/U 8144	T Ⅱ 1441	MIK 030475	大寶積經巻6　T11，353a8～21 16.1×25.5cm　(1)+14行
Ch/U 8145	T Ⅱ 1454	MIK 030476	大般涅槃經巻3　T12，384c13～26 15.2×26.9cm　15行
Ch/U 8146	T Ⅱ 2050	MIK 030478	首楞嚴經巻2　T19，110b19～110c2 14.5×21.1cm　13行 Ch/U 8056と下部で接續
Ch/U 8147	T Ⅱ D 175	MIK 030481	a＋c＋b a 大般若波羅蜜多經巻85 T5，477c23～478a2

			16.0×14.6cm　(1)+9+(1)行 b 大般若波羅蜜多經卷85 T5，477c18～20 8.0×4.6cm　3 行 c 大般若波羅蜜多經卷85 T5，477c22～23 4.7×3.0cm　2 行
Ch/U 8148	T Ⅱ T	MIK 030482	妙法蓮華經卷 4 提婆達多品 T9，35c8～19 19.8×18.4cm　(1)+10行
Ch/U 8149	T Ⅰ 530X	MIK 030486	金光明最勝王經卷 7 如意寶珠品 T16，434b13～20 12.8×12.7cm　(1)+7+(1)行
Ch/U 8150	T Ⅱ 1439	MIK 030488	大方廣佛華嚴經卷18 T9，514a26～514c6 21.0×15.1cm　8 行
Ch/U 8151	T Ⅱ 755	MIK 030490	大般涅槃經卷22　T12，494a5～12 26.2×11.8cm　7+(1)行
Ch/U 8152	T Ⅱ Y 23.15	MIK 030495	Ch 大法炬陀羅尼經　T21，726a11～18 24.9×12.3cm　7 行 U ウイグル文字＋千字文 Ch 3716と斷絶後に接續
Ch/U 8153	T Ⅲ 173.118	MIK 030497	a（右）長阿含經卷12　T1，73c5～9 8.6×6.9cm　4 行 b（左）長阿含經卷12　T1，73b20～24 8.6×6.9cm　4 行
Ch/U 8154	T Ⅱ S 26.74	MIK 030499	大寶積經卷114　T11，647a19～26 11.1×14.1cm　7+(1)行 Ch/U 6923（上）＋Ch/U 8003（下）＋ Ch/U 8154（上）＋ Ch/U 8090（下）
Ch/U 8155	T Ⅱ T 510	MIK 030505	三無性論卷下　T31，876b16～22 19.8×13.2cm　7 行
Ch/U 8156	T Ⅰ 526X	MIK 030506	a 佛名經の 1 種 12.8×18.8cm　(1)+ 7 行 b 俗文書 12.1×19.8cm　2+(1)行 「？惟 / ？易生墮落菩薩徒」の文字

Ch/U 8157	T II 1702	MIK 030507	千手千眼觀世音菩薩姥陀羅尼身經 T20, 102c14～20 12.0×5.8cm 4行
Ch/U 8158	T II 1002	MIK 030512	(印刷本) 御製緣識并序 (高麗版35册, p.998) 14.5×17.2cm 4行 開寶藏 (971あるいは972年) の追雕本 (金版系) 11世紀のもの 1行13字 蝴蝶装 Ch/U 7466, Mainz 71と同類
Ch/U 8159	T III 62	MIK 030514	根本說一切有部毘奈耶卷21 T23, 739b28～739c10 28.1×19.9cm 11行
Ch/U 8160	T II T 3037	MIK 031719	瑜伽師地論卷78 T30, 734c25～735a2 13.5×9.3cm 6行
Ch/U 8161	T I D 553	MIK 031722	妙法蓮華經卷3授記品 T9, 25b8～18 12.8×18.0cm (1)+11行
Ch/U 8162	T II M 1030	MIK 031725	放光般若經卷15摩訶般若波羅蜜無盡品 T8, 107b21～28 13.3×16.3cm 8+(1)行
Ch/U 8163	T II 1440	MIK 031728	妙法蓮華經卷6常不輕菩薩品 T9, 50b26～50c5 25.5×13.2cm 8行 Ch/U 6874 (T II 1457) 妙法蓮華經常不輕菩薩品 (T9, 50c24～51a4) と同類
Ch/U 8164	T I D 549	MIK 031729	賢劫經卷8千佛發意品 T14, 59b16～24 12.5×14.1cm 8行 + Ch/U 6585 + Ch/U 6159a + Ch/U 6159b + Ch/U 6397
Ch/U 8165	T II M 1029	MIK 031730	「誓」(「誓」の俗字) 三字 11.4×12.0cm 1行 罫線幅2.1～2.2cm 天高1.4cm
Ch/U 8166	T II T 1147	MIK 031731	大智度論卷35 T25, 321a1～5 10.5×8.4cm (1)+3+(1)行
Ch/U 8167	T I D 555	MIK 031739	妙法蓮華經卷5分別功德品 T9, 46a7～19 13.0×12.0cm 7行

Ch/U 8168	T Ⅱ 1648	MIK 031740	大般涅槃經巻18　T12，469c10～24 15.5×26.9cm　15行
Ch/U 8169	T Ⅱ 1443	MIK 031741	大般若波羅蜜多經巻525 T7，692c22～693a1 27.3×16.9cm　(1)+9行
Ch/U 8170	(Glas： T Ⅱ 1467)	MIK 031747	a 妙法蓮華經巻1方便品 T9，8c27～9a12 27.5×14.3cm　(1)+7+(1)行＋ウイグル文字　1行 b（印刷本）賢愚經巻2 T4，358b5～7 24.0×3.9cm　2行　2紙 上下界線あり　契丹版 c，d，e はウイグル文書
Ch/U 8171	T Ⅲ M 173.146	MIK 031749	六度集經禪度無極章　T3，40b26～40c5 5.6×13.6cm　(1)+8+(1)行 この上に Ch/U 6016が接續
Ch/U 8172	T Ⅱ T 1158	MIK 031750	大智度論巻21　T25，220a10～14 11.2×11.1cm　(1)+5+(1)行
Ch/U 8173	T Ⅱ 1446	MIK 031756	妙法蓮華經巻5安樂行品 T9，38a9～19＋數語の注 22.3×17.0cm　(1)+9行
Ch/U 8174	[T] Ⅱ S 25 (Glas： T Ⅱ 2070)	MIK 031757	大般若波羅蜜多經巻2　T5，8b22～8c3 18.6×19.3cm　(1)+10+(1)行
Ch/U 8175	T Ⅱ 742	MIK 031759	大般若波羅蜜多經巻323 T6，653a10～21 13.7×22.3cm　13行 Ch/U 6512（T Ⅲ 66T6）の後に接續
Ch/U 8176	T Ⅰ D 554	MIK 031761	放光般若經巻20摩訶般若波羅蜜諸法等品 T8，143c21～28 12.7×12.7cm　7行 この後に Ch/U 6209（T Ⅱ 762）T8，143c27～144a3が接續
Ch/U 8177	T Ⅰ D 1004a, b	MIK 031770	(印刷本)（a は上部，b は下部） a 大方廣佛華嚴經巻76 T10，414a23～29 15.4×10.4cm　6行　天高2.7cm

			b 大方廣佛華嚴經卷76 T10, 414a23～29 12.7×10.5cm　6行　地高2.3cm 1行17字　上下兩界線あり　契丹・金版ではない
Ch/U 8178	T II T 2027	MIK 031771	十地經論巻9　T26, 177c15～22 12.8×14.2cm　7行
Ch/U 8179	T III M 173.127	MIK 031772	大般涅槃經巻12　T12, 439b22～23 11.7×13.0cm　(1)+1行
Ch/U 8180	o.F.	MIK 031773	大乘起信論　T32, 581c15～19 8.3×7.5cm　4+(1)行 罫線幅1.7～1.8cm
Ch/U 8181	o.F.	MIK 031774	大般涅槃經巻5　T12, 393c23～25 9.2×8.3cm　3+(1)行 罫線幅2.1～2.2cm
Ch/U 8182	T II T	MIK 031776	過去現在因果經巻1 T3, 627a5～12, 16～27 31.6×13.2cm　7+(1)+11行 罫線幅1.8cm　天高2.9cm
Ch/U 8183	o.F.	MIK 030514	道行般若經巻5　T8, 451b4～13 17.1×16.9cm　(1)+7行　天高1.0cm 罫線幅1.5～1.6cm この前にCh/U 6073 (T8, 451a27～b7), 下にCh/U 8197bが接續
Ch/U 8184	T II D 96	MIK 030514	大般涅槃經巻25　T12, 768b11～222 6.3×18.3cm　(1)+10+(1)行　天高1.7cm地高2.9cm　罫線幅1.6～2.4cm
Ch/U 8185	T[ ] TVB 64	MIK 030514	大方廣佛華嚴經巻34　T9, 617a10～25 15.5×25.4cm　(1)+14行
Ch/U 8186	T I	MIK 030514	大般涅槃經巻4　T12, 388b19～29 16.5×18.2cm　10+(1)行
Ch/U 8187	o.F.	MIK 030514	大般涅槃經巻3　T12, 381c8～25 16.2×34.8cm　18行
Ch/U 8188	T III 75	MIK 030514	(印刷本) 出曜經巻25 T4, 744c20～745a1 17.5×20.4cm　(1)+10行 1行16-18字 上部界線　天高5.4cm　契丹版

Ch/U 8189	o.F.	MIK 030514	(印刷本) 大般若波羅蜜多經卷316 T6, 612a8～24 15.7×27.4cm　15+(1)行 1行　18～19字 上部界線　天高4.3cm　2紙 紙縫より1行目と2行目の間に柱刻「般若三百一十六」 Ch/U 8200が接續　Ch/U 8212, Ch/U 7402, Ch/U 7502, Ch 1626 とも接續　契丹版
Ch/U 8190	o.F.	MIK 030514	(印刷本) 梁朝傅大士頌金剛經 T85, 7c27～8a23 18.5×32.8cm　(1)+16+(1)行 上部界線　天高5.8cm
Ch/U 8191	o.F.	MIK 030514	大般若波羅蜜多經卷34　T5, 189a8～26 14.5×36.8cm　(1)+19+(1)行　罫線幅1.9cm　上部界線　天高3.0cm
Ch/U 8192	o.F.	MIK 030514	妙法蓮華經卷5從地踊出品 T9, 40c5～17 13.2×14.3cm　7行　地高3.3cm
Ch/U 8193	o.F.	MIK 030514	妙法蓮華經卷5分別功德品 T9, 44a7～14 15.4×14.4cm　8行　罫線幅1.8cm 天高2.8cm 右下1行目にCh/U8022の末行が接續
Ch/U 8194	o.F.	MIK 030514	大唐内典錄卷2　T55, 242a22～242b1 14.9×9.0cm　5行　罫線幅1.7cm 天高2.7cm
Ch/U 8195	T II y 59	MIK 030514	(印刷本) 金光明最勝王經 卷5 重顯空性品　T16, 424a19～24 28.5×10.8cm　6行　1行16字 天地兩界線　天高4.1cm　地高3.0cm 紙縫より第1行目と2行目の間に柱刻「五六」　契丹版
Ch/U 8196	o.F.	MIK 030514	妙法蓮華經卷3授記品　T9, 20c6～12 18.6×7.9cm　(1)+4行　罫線幅1.7cm 地高3.4cm
Ch/U 8197	o.F.	MIK 030514	a (左) 法苑珠林卷89受戒篇

			T53，945b15～17 9.2×9.4cm　(1)+5+(1)行　地高3.6cm 末に「…巻　達」 b（右）道行般若經卷 5 T8，451b11～14 3.6×4.7cm　(1)+2行 罫線幅1.5～1.6cm Ch/U 8183の左下に接續 この前に Ch/U 6073（T8，451a27～b7） 出口 109（T8，451a23～b5）も接續
Ch/U 8198	o.F.	MIK 030514	寶雲經卷 3　T16，227a6～12 10.0×14.2cm　(1)+7行　地高3.6cm
Ch/U 8199	o.F.	MIK 030514	大般涅槃經卷 3　T12，381c16～21 8.1×11.0cm　(1)+5行　地高3.1cm
Ch/U 8200	o.F.	MIK 030514	(印刷本）大般若波羅蜜多經卷316 T6，612a24～27 5.9×9.6cm　(1)+3行　1行18-19字 Ch/U 8189に續く　Ch/U 8212，Ch/U 7402，Ch/U 7502，Ch 1626とも接續　契丹版
Ch/U 8201	o.F.	MIK 030514	大般若波羅蜜多經卷317 T6，616c2～8 6.1×10.8cm　(1)+6行 罫線幅1.5～1.7cm　天高3.0cm 前方に Ch/U 6733 + Ch/U 6761 + Ch/U8201 + Ch/U8209 + 1 行空けて下部に Ch/U 8031f が接續
Ch/U 8202	o.F.	MIK 030514	華手經卷 4 上清淨品　T16，152c11～19 10.6×14.2cm　(1)+7行 罫線幅1.6～1.7cm　地高3.4cm Ch/U 8202 + Ch/U 8001 + Ch/U 7119（上）+ Ch/U 7208(下) + Ch/U 8002
Ch/U 8203	o.F.	MIK 030514	大般若波羅蜜多經卷207　T6，35c1～6 13.1×10.5cm　6行 罫線幅1.7～1.8cm Ch/U 8203(上) + Ch/U 6319(下)
Ch/U 8204	o.F.	MIK 030514	大方等大集經　卷53　T13，356c11～16 11.4×10.5cm　(1)+5+(1)行

			罫線幅1.7～1.8cm　地高1.6cm Ch/U 8219が下部後ろにつく
Ch/U 8205	o.F.	MIK 030514	a（左）大乘起信論　T32，581c16～20 8.6×8.6cm　4+(1)行 罫線幅1.7～1.8cm b（右）大乘起信論　T32，581a12～16 8.6×7.5cm　4+(1)行 罫線幅1.7～1.9cm　地高0.9cm
Ch/U 8206	o.F.	MIK 030514	續一切經音義　卷 4 T54，948b24～948c5 12.3×15.4cm　14+(1)行　天高4.8cm
Ch/U 8207	o.F.	MIK 030514	大般涅槃經卷32　T12，559c11～16 12.3×8.1cm　6行
Ch/U 8208	o.F.	MIK 030514	大毘盧遮那成佛神變加持經卷 2 T18，15b15～21 7.5×7.8cm　5行 Ch/U 8211の後に接續
Ch/U 8209	o.F.	MIK 030514	大般若波羅蜜多經卷317 T6，616c9～11 6.1×5.8cm　3+(1)行 Ch/U 6733 ＋ Ch/U 6761 ＋ Ch/U 8201＋ Ch/U 8209 後方下部に 1 行空けて Ch/U 8031f が接續
Ch/U 8210	o.F.	MIK 030514	佛典「顛倒」「生死」の語 5.4×4.7cm　(1)+1+(1)行
Ch/U 8211	o.F.	MIK 030514	大毘盧遮那成佛神變加持經卷 2 T18，15b14～15 8.5×4.1cm　2+(1)行 Ch/U 8208が後に接續
Ch/U 8212	o.F.	MIK 030514	(印刷本) 大般若波羅蜜多經卷316 T6，612a28～b3 4.7×8.4cm　4+(1)行　1行18字 契丹版 Ch/U 8189に續く　Ch/U 8200，Ch/U 7402，Ch/U 7502とも接續
Ch/U 8213	o.F.	MIK 030514	妙法蓮華經卷 5 分別功德品 T9，46b2～4

			3.8×5.2cm　(1)+2+(1)行
Ch/U 8214	o.F.	MIK 030514	正法華經卷 4　T9, 91a26～b5 7.7×10.7cm　5 行
Ch/U 8215	o.F.	MIK 030514	妙法蓮華經卷 4 提婆達多品 T9, 35a14～18 12.2×10.1cm　(1)+5行
Ch/U 8216	o.F.	MIK 030514	七佛所說神呪經卷 4　T21, 555a20～26 10.0×14.5cm　6 行
Ch/U 8217	T II y 59	MIK 030514	大般涅槃經卷37　T12, 581b20～26 10.2×9.8cm　6 行 Ch/U 6106（T　II　Y 59.16）T12, 581b16～25と接合
Ch/U 8218	o.F.	MIK 030514	漢語とウイグル語のバイリンガルな世俗文書 漢語は「者一仰壽（？）」 10.4×9.2cm　1+(1)行 U5797＋Ch/U6124と類似文書
Ch/U 8219	o.F.	MIK 030514	大方等大集經卷53　T13, 356c16～17 6.7×5.0cm　2 行 Ch/U 8204の後ろ下部につく
Ch/U 8220	o.F.	MIK 030514	大般若波羅蜜多經卷317　T6, 619c3～6 8.2×8.1cm　4+(1)行
Ch/U 8221	T II y 59	MIK 030514	(印刷本) 金光明最勝王經卷 5 T16, 423c6～7 11.0×4.9cm　2+(1)行 上部界線　天高1.2cm　契丹版
Ch/U 8222	o.F.	MIK 030514	大般涅槃經卷13　T12, 443c21～444a1 11.7×14.7cm　9 行
Ch/U 8223	o.F.	MIK 030514	大般涅槃經卷 2　T12, 375b9～12 9.7×6.7cm　4 行
Ch/U 8224	o.F.	MIK 030514	a文字讀めず　2.0×1.4cm　(2)行 b文字讀めず　4.4×4.4cm　(1)行
Ch 6000r	T II T 1190	MIK 028492	四分戒本疏卷 3　T85, 603a22～27 5.9×9.8cm　5 行 別紙のはりついたもの
Ch 6000v	T II T 1190	MIK 028492	(印刷本) 妙法蓮華經卷 7 普賢菩薩勸發品　T9, 61a26～28 9.8×5.9cm　3+(1)行　1 行17字

			契丹版
Ch 6001r	T Ⅱ T 1537	MIK 031718	未同定　佛典 11.7×12.8cm　7 行
Ch 6001v	T Ⅱ T 1537	MIK 031718	北涼「承陽」年號の戸籍 11.7×12.8cm 旅順博物館・龍谷大學　共編『旅順博物館藏　新疆出土漢文佛經選粹』（2006，法藏館） LM20_1495_01_06＋LM20_1467_22_01＋LM20_1467_22_03 7.2×6.7cm（T30，961b5-7） 7.4×16.4cm（T30，961b8-19） 7.2×20.5cm（T30，961b19-28） 「承陽三年」の『菩薩善戒經』寫本
Ch/So 20501	T Ⅲ M 173.149	MIK 028421	妙法蓮華經卷 4 提婆達多品 T9，34c3～8 13.4×12.6cm　(1)+6+(1) 行
Ch/So 20502	T Ⅱ 3054	MIK 028451	摩訶般若波羅蜜經卷 7 會宗品 T8，269c27～278a2 8.3×11.1cm　(1)+5行
Ch/So 20503	T Ⅱ 2053	MIK 028452	大方廣佛華嚴經卷48　T9，702c26～29 16.8×10.9cm　4 行
Ch/So 20504	T Ⅱ T 1189	MIK 030466	妙法蓮華經卷 7 妙莊嚴王本事品 T9，60c15 8.5×3.9cm　(1)+1行
Ch/So 20505	T Ⅱ 1329	MIK 030470	阿毘曇心論卷 3　T28，851c20～23 9.3×8.9cm　4+(1) 行
Ch/So 20506	T Ⅱ T 1205	MIK 030487	七曜星辰別行法　T21，530b15～20 11.9×12.1cm　6+(1) 行
Ch/So 20507	T Ⅲ 34・4	MIK 030494	a 大般涅槃經卷24　T12，505c3～10 12.2×10.9cm　5+(1) 行 b 大般涅槃經卷24　T12，506a19～23 15.1×16.4cm　(1)+ 8 行
Ch/So 20508	T Ⅰ 542X	MIK 030500	妙法蓮華經卷 6 功德品　T9，47c7～12 23.9×9.6cm　6 行
Ch/So 20509	T Ⅲ 34・57	MIK 031755	妙法蓮華經卷 4 法師品　T9，33c8～13 15.4×9.8cm　5 行
Ch/So	T Ⅰ M	MIK 031763	妙法蓮華經卷 7 囑累品 T9，54a1～5

20510	173・150		8.0×14.3cm (1)+8行
Ch/So 20511	T Ⅲ 2061	MIK 031767	大方廣佛華嚴經卷48入法界品 T9, 702c5～9 14.8×11.1cm 5行
Ch/So 20512	o.F.	MIK 030514	妙法蓮華經卷4提婆達多品 T9, 35c8～13 11.6×11.1cm (1)+6行
Ch/So 20513	o.F.	MIK 030514	妙法蓮華經卷6囑累品 T9, 52c13～23 16.6×7.6cm 10行 罫線幅1.7cm
Ch/So 20514	o.F.	MIK 030514	妙法蓮華經卷2信解品 T9, 16b19～29 15, 8×16.1cm 9行 罫線幅1.8cm

2

返還文書研究 2

――「返還文書」から見たトルファン版本の概觀――

はじめに

筆者はこの數年，科研研究費等の援助を受けて，ベルリン・トルファン・コレクションにおける版本研究を行なってきた。以下の小論はその成果の中間報告である。當初，既存の目錄を見た限りでは版本の數は數百點ほどであり，2006年から始まった漢語斷片（Ch）のインターネット上の圖像を利用することによって，研究は容易に進むであろうと考えていた。しかしこれは誤算であった。その原因は大きく二つある。一つはベルリンでのデジタル圖像化作業が隨分と遲れたことである。豫定の2007年の春までには片づかず，10月末になってやっと終わった。しかしそれも經濟的な理由から，とにかく斷片の圖像をすべてインターネットに載せることを終えただけで，既存目錄の誤りも含め解説文を補い正すところまでには至らなかった。

ベルリン・コレクションは六千枚の漢語斷片から成ると言われている。既存の目錄は三册[1)]であり，第一册には1017點，第二册には1200點，第三册には1109點の漢語佛典斷片が同定されている。一，二册には Ch 斷片のみならず，Ch/U や Ch/So の記號をおびた，つまり漢語佛典を反古紙として用いた斷片も載せられたが，第三册の目錄は Ch 斷片にしぼって記載された。このコレクションの目錄の責任者の一人であるラッシュマン女史は，第三册の「序」で，第四册目の目錄について言及しており，それによれば四册目には Ch のみならず，Ch/U や Ch/So を含む1146點が載せられる。そうであれば，目錄はこの四册で終わることになる。

上記の佛典目録以外には，筆者の作成した358點の漢語非佛典中心の目録[2)]がある。これは上記既存の三册の佛典目録と重なるところも多少あるが，それを無視して數えれば，既存目録に記載された漢語斷片は3558點となる。第四册に豫定されている1146點を加えれば，4704點であり，全體の８割となる。ところで六千枚と言ったが，それは概數であって斷片の數はどんどん增えているのが現狀である。なぜか。從來一枚の紙の表・裏（r/v）として一樣に扱われてきたものの中には幾枚かの紙の重なったものがあり，それは本來は裏表の關係ではなかった。最近になってその中でChの文書の切り離し作業が一部進められてきた。これについては，IDP News (Newsletter of the International Dunhuang Project) No. 29 (2007, Spring) 號の「Turfan Conservation in Berlin（ベルリンでのトルファン文書の保存)」の記事で觸れている。そこに附載された文書の寫眞はCh1792である。右側の大きな寫本は第三册目の目録に

Ch1792r（T Ⅲ75.1006）

『金剛頂瑜伽三十七尊禮』（T18，337a12-24）

13.2㎝×18.7㎝，８行

と同定されていたものである。小さい左の版本はその裏に同じ方向に重なっていた別の一斷片

『摩訶僧祇律』卷17（T22, 366a13-14）

(1)+1+(1)行，１行17字，下部界線あり，地高0.9㎝

であろう。ベルリンでは前者にCh1792b，後者にCh1792aの新たな番號をつけている。デジタル圖像上ではすでにその記號が採用されているが，目録およびデジタル圖像解説は從來の記號番號を使っているので注意すべきである。

あるいはまた，重なってはいないが，例えば，一斷片とされてガラスケースに入り，「19.8×18.5㎝，８行」とされるCh2846a（o.F.）は，同定を試みると

Ch2846a（o.F.）『中阿含經』卷49（T1，738c8-11）

7.5×5.9㎝，(1)+2+(1)行，上部界線あり，１行16・17字，契丹版

Ch2846b（o.F.）『中阿含經』卷56（T1，776c10-13）

10.3×9.4㎝，4+(1)行，上部界線あり，1行16・17字，契丹版

Ch2846c（o.F.）『增一阿含經』卷42（T1，778c11-13）

7.5×4.4㎝，(1)+2行，下部界線あり，1行16・17字，契丹版

と，それぞれ直接には繫がらない三斷片であった。このように，大半は同定が終わったとされるCh斷片の中でも，次々と新たな同定が可能になる。大藏經檢索システムが日々充實して行くことによって，既存の目錄は，現在判明している，あるいは判明させ得るベルリン・コレクションの正しい姿に追いついていないのである。そこで研究者は目錄の記載に賴ることなく，公開されているデジタル圖像と自ら格鬪せざるを得ないことになり，その作業に多くの時間がさかれる。それが研究の遲れた第二の理由である。

またその作業によって，既存の目錄からベルリン・コレクションの全體を語ることの危うさを知らされることにもなった。既存の目錄にないからそのような佛典はトルファンに入らなかったとは，決して言えない。そのことが改めてはっきり分かってきたのである。一例をあげよう。

トルファンでは，漢語からウイグル語に翻譯された多くの『慈悲道場懺法』の斷片が發見され，Klaus Röhrborn, Ingrid Warnke, Jens Wilkensによって整理研究されてきている[3)]。また，U4791（TM36）は元の時代のウイグル在家佛教徒のウイグル文の願文であるが，そこでは『大般若經』,『法華經』,『金剛經』等の佛典に混じって，『慈悲懺』すなわち『慈悲道場懺法』を印刷する功德によって，自らの願いが成就されんことを述べている[4)]。

以上のことは，ウイグル語譯『慈悲道場懺法』が，14世紀初頭ころまでを下限として，ウイグル社會で流行したことを物語る。ところが，その翻譯に大きな役割を果たした漢語『慈悲道場懺法』（實はこの佛典は僞經である）の斷片に關しては，既存の目錄で同定されているのは，この佛典の字音を記した元時代の册子型印刷本Ch3245r/v（T Ⅲ D83-100）[5)]だけであった。そこで筆者は，その發見に心がけ，印刷本の本文として以下の7斷片を同定し，別に題簽の1斷片Ch1068（T Ⅲ206）を見つけた。これによって，ウイグル社會におけるこの經の流行はより確實なものとなる。

Ch/U7476（T Ⅱ T1131）『慈悲道場懺法』卷3（T45，933c15-19）

20.4×13.3㎝, 5行, 佛名列擧の部分で1行字數不明, 下部界線あり, 單刻本

Ch565r（TⅡT1561）『慈悲道場懺法』巻6（T45, 950a2-3）

7.5×5.9㎝, 2行, 1行13字, 單刻本

Ch1229（TⅡS1045）『慈悲道場懺法』巻4（T45, 937c18-20）

7.6×7.3㎝, 3行, 1行13-14字, 句讀点あり, 単刻本

Ch1364（TⅡD432）『慈悲道場懺法』巻6（T45, 950a3-4）

13.8×5.8㎝, 2行, 1行13字, 上部界線あり, 單刻本

Ch2819（o.F.）　『慈悲道場懺法』巻1（T45, 926c25-28）

20.9×12.8㎝, 5行, 佛名列擧の部分で1行字數不明, 上部界線あり, 單刻本

Ch3087a（TⅡS1029）『慈悲道場懺法』巻4（T45, 938a1-4）

17.7×12.6㎝, 5行, 1行17字, 下部界線あり, 單刻本

Ch3769（o.F.）　『慈悲道場懺法』巻1（T45, 926c26-27）

8.7×7.1㎝, 3行, 佛名列擧の部分で1行字數不明, 下部界線あり, 單刻本

『慈悲道場懺法』は明の時代まで入藏されず, 上記の斷片はすべて單刻本である。そのことを示す一つの資料は題簽である。Ch1068（TⅢ206）の題簽には「(慈悲) 道場懺法卷第九」と千字文帙號がない。これが證左となる。

上のような例は筆者がたまたま見つけたものであり, 基礎研究となる同定作業が濟まない限り, ベルリン・トルファン・コレクションの全體像を云々することは難しい。結果として折角苦勞して推論を重ねた研究がやがて意味のないものになる可能性がある。そこでベルリン・トルファン・コレクション漢語斷片, 約六千枚の全體像を概觀するために, 筆者は, コレクションの一部でありながらその縮圖となるものとして, 所謂「ライプチッヒ返還文書」240枚（以下で述べるように漢語文書としては261點）に注目した。

この一群の文書について筆者はすでに『ドイツ將來のトルファン漢語文書』第二章「ソ連から返還された文書」(京都大學學術出版會, 2002) で,

一覧表を示し，そこに同定した結果を記すと同時に，中國學に關わるいくつかの斷片を取り上げて，それと關係のある斷片も併せ紹介した。しかしその時は返還直後で，文書斷片をサンドイッチ狀に挾んで保管するガラスが破損して修理中だったり，あるいは一括して一枚の封筒に入れられたまま未整理だったりして，文書數は192枚であった。その後2005年度中に整理がおわり，總數は以下の240枚になった[6]。

Ch/U（表が漢語，裏がウイグル文字）は224枚

Ch（漢語）は 2 枚

Ch/So（表が漢語，裏がソグド文字）は14枚

このうち Ch の 2 枚は表・裏（r/v）とも文字があるので文書として242點となる。また Ch/U8152は，Ch3716の「千字文」ノートの末尾にあたるものであり[7]，「U」と表記されているが實際は漢語にウイグル文字で「千字文」の 1 行が加わる。従ってこれも「Ch」として扱う。また Ch/U8000のように，同一番號がつけられ 1 枚のガラスケースに收まりながら幾斷片にも分かれている場合があるが，漢字が確認できる限りそれぞれ 1 點と數える。但し分離していても接續が確認できるものは合わせて 1 點と數える。また Ch/U8045のように複數の紙が重なりそれぞれ文字が讀み取れれば，各 1 點と數える。その結果，漢語文書は261點となる。

その内譯は

寫本佛典（佛教關係）	236點
印本佛典	18點
俗文書	7 點

となる。佛典の音義のようなものを「佛典」と數えるかどうかによって，この數は多少の異同を生じるので，おおよその目安と考えてもらえばよい。俗文書の 7 點は全體の數パーセントにあたり，95パーセント以上が佛典であることになる。上にあげた非佛典目錄に，筆者は全六千枚の中から中國學に關わる斷片358點（そこには音義，佛典目錄，佛典奥書等を含ませた）を選んだが，その比率と上記の比率に有意差はない。即ち返還文書の261點は，ドイツ學術調査隊がトルファンから將來した漢語文書全六千枚の縮圖であると言って矛盾はない。

返還文書261點の大半を占める佛典斷片を，數の多い順に列べると以下のようになる。

妙法蓮華經49＋正法華經１＝50
大般若30＋般若部14＝44
涅槃經＝27
金光明經類＝16
密教部＝14
華嚴部＝10
本緣部＝８
大寶積經＝６
律部＝６
阿含部＝５
大集部＝３
維摩經＝３

これらから，般若，法華，涅槃關係の佛典が多くを占めることは分かるが，これは斷片の大まかな比率を知るものであって，正確ではない。というのはトルファンの出土品はほとんどが斷片であって佛典一卷として首尾の整ったものはないからである。ドイツ隊が文書を發掘した時にはすでに小斷片に分かれており，明らかに接續する複數斷片であっても，漢字理解を缺いて行なわれた整理だったため，それぞれ全く別の記號となっている。發掘はトルファンの特定の場所で行なわれたわけであるから，佛典がいくつに分かれても元は一卷であった可能性の方が高く，また佛典本來の卷數も考慮する必要がある。卽ち六百卷の『大般若波羅蜜多經』と一卷の佛典とをその斷片の多さで比べて，どのような佛典が流行していたかを云々することは危險である。ここでも地道な同定作業とそれを總合的に見る必要があることは言うまでもない。

（一）　大藏經版本について

261點の斷片の中に大藏經版本は18點ある。既存の『漢語佛典斷片目錄』三册の解說・注記では，その視點は寫本に置かれているようである。從って大藏經の版本についての情報は多くない。その大きな理由は，二册目が上梓された頃（1985年）には，版本研究は佛典目錄を對象とするもので，實物に觸れての研究はまだほとんど行なわれなかったことによる。1990年代のはじめに，山西省應縣の佛宮寺木塔から出た，「まぼろしの大藏經」である契丹藏の幾卷かが整理されて世に發表されてから，それは飛躍的に進んだ。2005年末に出來上がった三册目の目錄には，それらの研究成果が取り入れられ始めている。

近年の初期大藏經版本研究，つまり宋から元の時代の大藏經研究は竺沙雅章氏によって精力的に進められてきた。氏の著作『宋元佛教文化史研究』（汲古書院，2000）にはそれに關する論考が收められている。その後も次々と新しい研究を發表されているが，最も新しい成果は，大谷探檢隊がトルファンから將來し，現在，中國の旅順博物館に所藏されている佛典版本について論じた「西域出土の印刷佛典」[8)]である。

またベルリン・トルファン・コレクションの漢語佛典目錄作成に先鞭をつけた敦煌學・吐魯番學の泰斗，藤枝晃氏は，出口常順コレクションの整理にも當たられた。このコレクションはイスタンブール圖書館藏のトルファン文書と出自を同じくし，ベルリン・トルファン・コレクションから第二次世界大戰前に分かれたものである。2005年には，その圖版を伴った解說書『トルファン出土佛典の研究　高昌殘影釋錄』（法藏館）も出版された。ここでは宋一元における大藏經を三系統に分ける竺沙氏の說に基づき解說がつけられている。

そこで，この兩氏の成果を利用させていただき，從來ほとんど正面から扱われることのなかったこのコレクションの佛典版本について，返還文書のいくつかを採りあげ，紹介してみたい。

上でも述べたように，ベルリン・トルファン・コレクションの漢語斷片六千枚の90から95パーセントは佛典である。そのうち，筆者が既存の３冊の目錄やインターネット上の畫像で確認できる佛典版本は，400點前後である。先に返還文書240枚のうち18點が佛典版本であると述べたが，この寫本と版本の比率は，全體のそれと變わらない。つまり返還文書では，佛典と非佛典の比率，佛典における版本の比率の兩方が，コレクション全體のそれとほぼ一致するということである。この事實は，返還文書は未整理の雜多なまま箱詰めされたものであるという筆者の推論を支持する。この推論を是とする他の理由については，「返還文書研究１」に述べた。

さて，宋から元の佛典版本は竺沙氏によれば，以下の３種に分類される。返還文書の大部分は，その内の２種であるが，相互の關係を示すためにまず３類型α，β，γを簡單に說明し，その後に，それぞれに屬する返還文書斷片とこれに關連する他の斷片をリストアップした。その際返還文書斷片は太字で表記した。

α）『開寶藏』とその覆刻の『高麗藏』と『金藏』

卷子本，１版23行，１行14字

千字文帙號は『開元釋教錄略出』に記されているものよりおおむね１字繰り上がる。『開寶藏』には天地の界線がないのに對し，覆刻の『高麗藏』と『金藏』にはそれが備わっている。それらの字形などはまったく變わらないので，同じ版木を用いて印刷したと考えられている。

β）『契丹藏』（『遼藏』）

卷子本，１版27行，１行17字もしくは17字前後

千字文帙號は『開元釋教錄略出』に記されているものよりおおむね１字繰り下がる。天地の界線がある。版式の特徴の１つとして，經卷の卷首と卷尾の經題の前後に罫線を施す（例 Ch2992）。しかし形態は多樣である。一例を擧げれば，Ch/U7479は（扉繪）＋經題＋罫線＋譯者＋罫線＋經文であるし，下に登場する Ch/U7480は，罫線＋經題＋罫線＋譯者＋經文となる。なお經題の下に千字文帙號が示される。またこの大藏經は鋭角的文字にその特徴がある。

γ）　江南地方で雕刻されたいくつかの大藏經

折本形式，1版30行ないし36行，1折6行，從って1版5半葉ないし6半葉，1行17字

千字文帙號は『開元釋敎錄略出』に記されているものと一致する。『崇寧藏』（福州。東禪寺版），『毘盧藏』（福州。開元寺版），『思溪藏』（湖州。思溪版），『磧砂藏』（蘇州。磧砂版），『普寧藏』（杭州。普寧寺版）等がこれに屬す。

α）　の『開寶藏』に屬する斷片

Ch/U8098（T Ⅲ1185）

これは出口503『蘇悉地羯羅供養法』卷下（T18, 703a3～8）と同じもので，『大正藏』で1ページ程あとのT18，704a15～19の部分である。既存目錄には見えないが，Ch/U6412も同じものである。Ch/U6412の下部にCh/U8098がぴたりと接續する。出口斷片は29.4×13.6㎝，7行で，小斷片でありながらも2紙で紙縫が確認できる。紙縫の冒頭に「蘇悉地……第八張……」と柱刻が見える。「第八張」の下が破棄されていなければ，そこに千字文帙號が記されていたはずである。柱刻の場所，天地界線のないこと，あるいは1行14字と，『開寶藏』の版式を具えている。また紙は上質の黄麻紙である。『開寶藏』は卷子本形式であるが，出口斷片から折本に改裝されていたことが分かる。『開元釋敎錄』にある『蘇悉地羯羅經』は『開寶藏』に入らず，『開元釋敎錄』に見えない『蘇悉地羯羅供養法』が載せられていることには，藤枝氏の詳しい考察がある[9)]。また出口斷片では「殷」字を諱んで1畫缺いている。趙宋の太祖（趙匡胤）の父，弘殷を諱んだものである。

Ch/U8158（T Ⅱ1002）

これは『開寶藏』追雕本（金版系）の『御製緣識并序』（高麗版35册頁998）である。『開寶藏』は中村不折藏の『十誦律』で確かめられるように，上質の黄麻紙が用いられているが，この追雕本（金版系）は薄い粗末な無染の紙である。

同じものが，ベルリン・コレクションには他に以下の２點ある。
Mainz71（T Ⅰ 233）『御製縁識并序』（高麗藏35册，1007a1-5）
Ch/U7466『御製縁識并序』（高麗藏35册，1007c11-c16）
前者は天地が殘っており，29.7×19.2㎝の大きさである。この縦の長さは上で見た『開寶藏』の出口503『蘇悉地羯羅供養法』ともほぼ一致する。しかし，『開寶藏』は１行14字であるが，本斷片は13字であり，巻子本ではなく，蝴蝶装に改装されている。四枠線で圍まれ，最初に柱刻「御製縁識巻第三　第四張　亭字號」がある。この千字文帙號は趙城の金藏と一致する。從って『開寶藏』の追雕本と言うより，金藏の一系と言った方がより正確かもしれない。竺沙雅章「『金藏』本の裝丁について」[10]ではそのように扱っている。
返還文書ではないが，第３回の學術調査隊がムルトクで發掘したものの中に，以下２斷片の開寶藏がある。
Ch2848（T Ⅲ M146）
『中阿含經』巻四五（T1，713b22-26）
15.3×11.5㎝，５行の下部のみ殘り，１行14字，界線はない（目錄２，p.14)。紙縫の冒頭に柱刻「第四十五　第二十張　温字號」がある。『開元釋敎錄略出』では『中阿含經』60巻は「薄・夙・興・温・清・似」の６つの帙號を帶びる。卽ち10巻ごとに１號が割り當てられる。『開寶藏』の千字文帙號はこの『開元釋敎錄略出』の帙號より１字繰り上がるので，當斷片の巻45は「温」になり，一致する。
Ch862（T Ⅲ M144）
『大方等陀羅尼經』巻一（T21，642b18-26）
11.9×20㎝，(1)+9行で，１行14字，天地とも缺けて中間部分のみ殘り，界線の有無は確かめられない。紙縫の先頭に柱刻「巻第一　第」がある。界線の有無，あるいは千字文帙號が確認できずに，筆者が『開寶藏』と考えたのは用いられた紙が厚手の立派な黄麻紙であることと，字體の氣品からである[11]。
コレクションにはさらに，天地が缺け，界線の有無を確認できずに，『開寶藏』であるか，その覆刻の『金藏』であるか決定できない斷片がいくつ

かある。

また最近，竺沙氏は旅順博物館藏で唯一の『開寶藏』として，次の一片を紹介された。

Ⅱ－３－５（LM20_1487_03_05）

『大般若波羅蜜多經』卷146（二堡［カラホージャ］出土）

これも小斷片で僅か(1)+3行である。氏はこの斷片の紙に注目している。つまり『開寶藏』の多くが黄麻紙であるが，これは楮紙のようであると言う[12)]。

コレクションの次の斷片もそれと同じではないかと筆者は考える。

Ch/U7326r（T Ⅲ62.1021）

『大般若波羅蜜多經』卷278（T6，410b25-29）

11.1×12.6cm，(1)+5+(1)行，１行は14字で界線はない

上で述べたように，Ch/U8158（T Ⅱ1002）は，『開寶藏』の追雕本『御製緣識并序』の蝴蝶裝で，金藏の一系である。返還文書には卷子本，折本等の『金藏』の斷片はない。しかしコレクション全體にはたくさん含まれている。そのことについては別の機會に詳しく述べるとして，ここでは『金藏』について氣づいた點をいくつか記しておく。

まず，『金藏』と確認できた經には，『大般若波羅蜜多經』，『勝鬘師子吼一乘大方便方廣經』，『妙法蓮華經』，『大方等陀羅尼經』，『十支居士八城人經』，『長阿含經』，『中阿含經』，『大乘密嚴經』，『大方廣佛華嚴經』，『佛說一切如來眞實攝大乘現證三昧大敎王經』，『佛說如來不思議祕密大乘經』，『金剛光焰止風雨陀羅尼經』，『集一切福德三昧經』，『四分律』，『增壹阿含經』，『佛說佛名經』，『金剛般若波羅蜜經取著不壞假名論』，『諸經要集』，『阿毘達磨俱舍論』，『阿毘達磨大毘婆沙論』，『大乘莊嚴經論』，『大佛頂如來密因修證了義諸菩薩萬行首楞嚴經』があるが，大部な佛典である『大般若波羅蜜多經』斷片の點數が壓倒的に多い。

旅順博物館藏には17點の『金藏』が存するという（竺沙氏。p.121）が，ベルリン・コレクションにおける『金藏』の占める割合は旅順博藏に較べてずっと高い。これは兩探検隊の發掘場所の違いによるのか，すべての同定作業が終わった段階で改めて考えてみたい。さらに，『金藏』は本來は

巻子本であるが，それが册子本（胡蝶裝を含む）や折本裝に改裝されたものも存在する。

β）契丹藏に屬する斷片

返還文書には14點の契丹藏斷片がある。ほとんど數行から長くても十數行である。その中から數點を例示し，またコレクションの別の斷片も援用して《契丹藏の特徴》を確認しておこう。

Ch/U8143（T II M155.1019）

『不空羂索神變眞言經』卷30（T20，393a16-18）

28.6×12.4㎝，ほぼ縱幅の全體が殘っている，巻子本

卷首の經題は「不空羂索神變眞言經卷第三十」。その下に，千字文帙號の「男」が書かれている。

『契丹藏』の版式の特徴の一つとして，《經卷の卷首と卷尾の經題の前後に罫線を施す》と言われているが，それが確認できる。

しかし，これが唯一の版式ではない。その例としてコレクションの中から2斷片を選ぶ。

Ch2384r（o.F.）

『增壹阿含經』卷3（T2，562a2-7）

16.6×19.7㎝，5行，巻子本

Ch5555r（TM46）

『增壹阿含經』卷3（T2，561c16-562a7）

29.4×59.0㎝，20行，巻子本

兩斷片とも『增壹阿含經』卷3の卷末の部分で尾題も殘す。兩者の字體も一致する。しかし前者はCh/U8143の版式と一致し，尾題の前後に罫線を施すが，後者にはそれがない。

次に『契丹藏』の特徴の一つである《千字文帙號は『開元釋教錄略出』のそれより1字下る》に注目する。『開元釋教錄略出』には，「不空羂索神變眞言經　三十卷。唐天竺三藏菩提流志譯自三帙計五百一十六紙　慕・貞・絜」（T55.729c19）と記すので，この經の『契丹藏』での帙號は「貞・絜・男」となる。3つの帙號を全30卷に10卷ずつ配當すれば，卷30

は「男」號となり，上述の Ch/U8143の帙號と一致する。さらに一例を擧げる。

Ch/U7460（T Ⅰ α）

『不空羂索神變眞言經』卷 1 （T20, 228a14-27）

18. 5×27. 6cm, (1)+11+(1)行, 1 行17字, 下部界線が殘り, 地高2. 9cm 2 紙で, 紙縫より 1 行目と 2 行目の間に柱刻が一部殘り, 千字文帙號「貞」 が見える。

上で述べたように,『不空羂索神變眞言經』卷 1 は「貞」號になるので, それと一致しており,《1 行17字》からも契丹藏であることが分かる。ただこの斷片の「貞」の字は最後の 1 畫を缺いて, 避諱がある。遼（契丹）の避諱については, 竺沙氏に「遼代の避諱について」[13]があり, その中の「遼宋間の相互避諱」の節で歴史資料を引いて検討が加えられている。それによれば, 遼の避諱重視が始まるのは聖宗朝（982-1031）で, 續く興宗朝（1031-1055）以後盛んになる。澶淵の盟（1004）以降の遼宋間の活發な漢文化の交流に關係があると言われている。さて, この「貞」の避諱は遼で北宋の仁宗（1022-1063）を避諱したものと言えるのか。それとも筆者にはいま思い浮かばないが遼のいずれかの天子の避諱なのか, 識者の智慧を期待したい。

もう 1 點, この柱刻「貞」に關して觸れなければならないのは, 柱刻の場所である。上記 Ch/U7460と以下の例では,《紙縫より 1 行目と 2 行目の間に柱刻》がくる。

Ch/U8189（o.F.）『大般若波羅蜜多經』卷316（T6, 612a8-24）

紙縫より 1 行目と 2 行目の間に柱刻「般若三百一十六」がある。

Ch/U8195（T Ⅱ y59）『金光明最勝王經』卷 5 （T16, 424a19-24）

「五　六」がある。完全な柱刻が殘っていたら「五　六　化」と刻まれていたことが, 次の二片から推測できる。

Ch/U7443r.（T Ⅲ M117.）『金光明最勝王經』卷 2 （T16, 410b7-11）

柱刻に「金光明經二」とある。

Ch/U7400（T Ⅱ T1788）『金光明最勝王經』卷 5 （T16, 424c22-24）

柱刻に「化」とある。

Ch/U8195の柱刻は,『金光明最勝王經』巻５の第６枚目の紙のもので, この經が千字文帙號「化」に收められていることを傳えるものである。

ただし, 柱刻の版式もこの一種ではない。

Ch/U8120（[ ] 1428）『中阿含經』巻51（T1, 752a12-27）

紙縫の冒頭に柱刻「中阿含五十一　十八」がある。

應縣佛宮寺木塔から發見された契丹藏と考えられる佛典の大部分もこれと同じように《紙縫の冒頭に柱刻》が刻まれており[14], 千字文帙號に「字號」の２字が加わっている。『中阿含經』は全60巻で,『契丹藏』では「夙・興・溫・淸・似・蘭」の號である。從って, Ch/U8120には本來,「中阿含五十一　十八　蘭字號」の柱刻が刻されていたことになる。

しかしながら「字號」２字のない版式もあったようで, 應縣佛宮寺の契丹藏とされる『中阿含經』巻36は「中阿含經三十六　二　淸」であり, ベルリン・コレクションの一例を擧げれば,

Mainz765（T Ⅱ1035）

『中阿含經』巻12（T1, 500b4-c4）

29.5×53.0㎝, (1)+27行, 上下兩界線あり, 天高は4.5㎝, 地高は3.2㎝, 二紙

紙縫の先頭に柱刻「中阿含十二　五　興」があり,「字號」の二字はない。

これも目錄１に收められている１片。

Ch2258（o.F.）

契丹版『大般若波羅蜜多經』巻98（T5, 542c18-25）

天地の缺けない斷片であり, １行目と２行目に柱刻「般若九十八　四月」。

これらは柱刻によって契丹藏と確認できるが,《縱幅29.5㎝》である點も契丹版の形式と一致する。

さらに『契丹藏』は《巻子本》であり, 柱刻と連動した形として巻き上げた正面上に題簽が貼られる。その例として次の斷片がある。

Ch2475（T Ⅲ272.102）

題簽「錄巻第十九　階」

11.0×3.9㎝

殘っているのはこれだけであるが，「階」の『千字文』帙號からは，本來の題簽は「開元釋教錄卷第十九　階」であったことが分かる。これは應縣木塔發見の契丹藏の題簽と一致する[15]。

また題簽としては次の例がある。

Ch3565（T II D110）

題簽「彌勒來時等經一卷　敢」

『彌勒來時經』を含む11經12卷がこの1帙に記載されていたので題簽に「等」の1字が加えられている。これは目錄1（p.146）に記載されているが，そこでは未だこれが契丹藏の題簽とは知られず，注記では，色あせて讀みにくい『千字文』帙號「敢」を「散（?)」としている。

『契丹藏』は《1紙27行》であったが，それを確認できるほど大きな斷片は，返還文書にはない。代わりにMainz730r（T III M.117）とその後半上部に接續するCh/U7432rを示す。この斷片は，トルファン出土のものとしては大きなもので，コレクションの中で1紙の27行を確認できる數少ない例である。

Mainz730r（T III M117）

『阿毘達磨藏顯宗論』卷26（T29，898c25-899b4）

28.8×69.5㎝，天高4.2㎝，地高3.0㎝，(1)+34行，三紙

Ch/U7432r（O.F.）

『阿毘達磨藏顯宗論』卷26（T29,899a23-899b3）

15.0×23.0㎝，天高4.4㎝，(1)+9+(1)行，二紙

1番目の紙縫から1行目と2行目の行間に，柱刻「顯宗論二十六　二自」，2番目の紙縫から1行目と2行目の行間に，柱刻「顯宗論二十六　(三)　自」とある。

ここでは上に述べた柱刻の版式も合わせて確認できる[16]。

ここで，以上に述べた《契丹藏の特徵》をもう一度まとめてみれば以下のようになる。

《卷子本》

《縱幅29.5㎝》

《1紙27行》
《1行17字前後》
《經卷の卷首と卷尾の經題の前後に罫線を施す》
《紙縫の冒頭，あるいは紙縫より1行目と2行目の間に柱刻》
《題簽形式》
《鋭角的な字形》

γ） 江南地方で雕刻されたいくつかの大藏經に屬する斷片

Ch/U8177（T Ⅰ D1004a, b MIK031770）
『大方廣佛華嚴經』卷76（T10，414a23–29）
aとbに分斷され，上（a）下（b）に接續する
6行，1行は17字で，上下界線あり
「切」「來」「薩」「能」「修」「善」「障」「攝」「國」「男」「發」「希」の字形に特徴があり，「切」「來」は『金版大藏經』（『中華大藏經』［廣勝寺本を底本］13–404上段）に似ており，『高麗藏』（再彫本，8卷907下段–908上段）の字形とは異なる。

返還文書でγ）に該當するものはこれのみであろう。この種の大藏經をベルリン・コレクションから數點選んで見ておこう。

Ch3098（T Ⅲ D）
Ch3464（T Ⅲ D）
接續する斷片で，『大般若波羅蜜多經』卷119（T5，654a5–13）[17]
前者の行數は(1)+6+(1)行，後者は3行，上下界線があり，1行17字
紙は無染色紙
文字は『開寶藏』系，『契丹藏』のそれではなく，界線があり，1行字數から江南系のものと分かる。ただし，江南のどの大藏經に屬するかは判斷できない。

Ch1818（T Ⅲ T435）
『大般若波羅蜜多經』（卷431，T7，170c14–20）[18]
1行17字，紙は黄染色紙
上の大藏經のバージョンとは異なる。上部界線は確認でき，下部界線

も備わっていたものと考えられる。

1 行字數では『契丹藏』と一致するが，字形は丸みをもち，明らかに『契丹藏』の《鋭角的な字形》とは異なる。

（二）　契丹大藏經，房山石經とトルファン文書の版本

旅順博物院所藏（大谷探検隊トルファン將來）の漢語版本の90パーセント以上は契丹版であると言われているが，ベルリン・トルファン・コレクションの場合にもこのことは當てはまろう。返還文書の中の版本に14點の契丹藏が確認されていることは上で述べた通りである。ところで應縣木塔から契丹藏が發見されるまでは，この大藏經の姿を知る上で房山石經の遼金刻經の部分が貴重な資料であった。なぜならこの部分は契丹藏を底本に刻まれたと考えられていたからである。ここでは，契丹大藏經，房山石經とトルファン文書の關係を考えるに先立って，まず「房山石經」について記す。

（1）「房山石經」について

これは，隋の靜琬が末法の到來に備えて，佛經を石に刻み，石室に錮藏したのが始まりで，唐，遼，金の佛教徒がこの遺志を受け繼いで，數千卷の浩瀚な大藏經を彫りつけた。この事業は多くの資材と金錢があって初めて實行できるもので，一佛教徒が始めたとはいえ，地方の有力者やさらには中央の貴族たち，すなわち所謂檀越たちの强力な援助，また廣く庶民の支持があって可能となった。數百年にわたる大事業の間にはこの地が戰亂に卷き込まれた時代もあり，常に同じようなペースで石經事業が進められたわけではない。いま靜琬以後，遼の時代までのこの事業の簡單な歴史を契丹藏との關わりを中心に概觀しておこう。參考にしたのは塚本善隆「房山雲居寺と石刻大藏經」[19]と，竺沙雅章「新出資料よりみた遼代の佛教」[20]である。

房山は北京の西南，現在の北京市地區房山縣に位置する。唐の睿宗の第

九女の金仙長公主は，開元18年（730），この石經事業を引き繼いだ雲居寺に寺領を寄付して「大唐新舊譯經四千餘卷」の佛經を下賜せんことを，兄である玄宗に奏上した（王守泰「山頂石浮圖後記」 開元28年の碑文)。この碑文の中に，「送經京崇福寺沙門　智昇」と見え，雲居寺に經藏を送ることの先頭に立ったのが，長安の崇福寺の僧侶，智昇であったことを傳えている。智昇は『開元釋敎錄』，つまり大藏經の目錄の撰者であり，彼は開元18年にそれを完成させている。この目錄はその後の大藏經目錄の範となった。

このように雲居寺が中央と結びつき大藏經を手にした爲に，これ以降，唐の時代には600卷の大部な『大般若』の刻經が始まった。しかし，唐末五代の政治の混亂期には當然，石經事業は中斷し下火になった。

遼（916–1125）が938年に，晉から燕雲十六州の割讓を受けた後，ふたたび事業は復興のきざしを見せる。特に1004年の北宋との間の澶淵の盟以降に盛んとなる。聖宗（治世982–1031）が積極的に漢族文化の導入に走ったことが大きな原因の一つであると言われている。契丹大藏經が刻まれた時期[21]と石經事業の繼續推進とは重なる。續く興宗（治世1031–1055）と道宗（治世1055–1100）の時代にさらに受け繼がれ，「四大部經」（涅槃・華嚴・般若・寶積の四部。小藏ともいう）の刻經事業を1057年に完成させている[22]。小藏とは大藏經の代表的な經典で構成されている意で，大藏經の代わりと目された。またこの時期には，唐にはじまった『大般若』600卷の殘りの80卷も完成している。「四大部經」と『大般若』の完成によって石經事業もほぼ完成に近づいたと言える。

ところで，この「四大部經」の中の『大寶積經』卷第31の碑題下に，初めて千字文帙號「鳥」が刻まれた。雕造は興宗の重熙13年（1044年）であり，これ以降，契丹藏が石經の底本に用いられたと考えられている。從來の石經の大きさはおよそ150から200センチに及ぶ長大なものであったが，通理大師が刻經の先頭に立つた大安９年（1093）からは，縱38から45センチ，幅73から80センチの小型の石版が用いられるようになった。このことからもそれは確認できる。すなわち石版の小型化は契丹版をそのままの形で刻することによるのであり，契丹藏の一紙が石の表裏兩面に刻まれたか

らである[23)]。小型石經は，1版27行もしくは28行，1行17字であるがこれは契丹藏の版式である。通理大師以後も刻經事業は續けられ，續く金の時代に入っても途絶えることはなかった。

（2）　契丹大藏經，房山石經とトルファン文書

房山石經と契丹藏の關係は以上のようなものであったが，應縣木塔から發見された刻本佛典の中にも，契丹大藏經と考えられるものがいくつかある。それについては，中純夫「應縣木塔所出「契丹藏經」と房山石經遼金刻經」[24)]で，その中の5點の佛典と，房山石經本，守其『高麗國新雕大藏校正別錄』（『高麗大藏經』第三十八册）所引の「丹藏」（＝契丹藏）本，金刻大藏經本（『中華大藏經』所收）そして『高麗大藏經』本との綿密な對校が行なわれ，果たして房山の遼金石經が契丹藏本を底本としているのか，そしてまた應縣木塔の刻本佛典が契丹藏の零本であるかが追究された。その結果，木塔本と石經本の親近性を確認出來るのは，『中阿含經』卷36と『佛說大乘聖無量壽決定光明王如來陀羅尼經』であることが示された。

ベルリン・コレクションの中にも，非常に小さい斷片であるが，これらの佛典が存在する。まず『中阿含經』卷36の斷片を列擧すれば

Ch2533（o.F.）＋Ch2443（o.F.）

『中阿含經』卷36（T1,654a11-22）

12.9×22.1㎝，下部界線あり，地高2.9㎝，11行，1行17字

紙縫より1行目と2行目の間に「淸」號あり

Ch1110（TⅢT467）

『中阿含經』卷36（T1,655b4-14）

12.6×13.0㎝，(1)+6+(1)行，1行17字，下部界線あり，地高3.1㎝

Ch835（TⅡT1648）

『中阿含經』卷36（T1,656a14-20）

14.5×12.2㎝，6+(1)行，1行17・18字，上部界線あり，天高4.1㎝

紙縫より1行と2行の間に柱刻「中阿含經　……」あり

以上4點のベルリン斷片，應縣木塔本[25)]，房山石經本[26)]は版式が一致し，また，例えば「面」を「靣」に作ったり，「サンズイ」の文字の形など字

形もそっくりである。このことによって，ベルリン斷片，應縣木塔本の『中阿含經』卷36が契丹藏であり，また房山石經本は契丹藏を底本にしたことが改めて確認できる。

ただベルリン斷片の柱刻の場所は紙縫から１行目と２行目の間にあり，應縣木塔本が紙縫の最初にあるのとは異なる。上で契丹藏について觸れた時に述べたように，契丹藏の柱刻の位置は２種類あった。房山石經本は，金の貞元元年（1153）から３年（1155）に雕られたものであるが，その際は應縣木塔本と同じ版式の契丹藏テキストが用いられたことを示している。因みに應縣木塔は遼の清寧２年（1056）に建てられた。佛典は木塔の塑像胎内から發見されているので，木塔刻本佛典は1056年以前のものと言える。

次にもう一方の『佛說大乘聖無量壽決定光明王如來陀羅尼經』についてベルリンの斷片を見る。

Ch2289（T II T1146）

北宋・法天譯『佛說大乘聖無量壽決定光明王如來陀羅尼經』（T19, 86b18-23）

28.3×16.5㎝，天高3.4㎝，地高2.0㎝，６行，罫線あり，四周枠線あり，冊子本

活字の大きさは1.5×1.5㎝。異同あり。大正藏は麗本。「彼」を「是」に，「他」を「陁」に作る。右界線外（一紙中央）に柱刻「無量壽十一」あり。

應縣木塔本[27]と房山石經本[28]に顯著な異同はない[29]。ベルリン斷片にも同じように異同はない。ただ「尼」「師」「此」「就」の字形は房山石經本に近く，「修」や「滿」のサンズイでは應縣木塔本に近い。

契丹藏は卷子本であるが，この斷片は冊子本であり，金（あるいは元）の單刻本と考えられる。從って，應縣木塔本や房山石經本などの契丹藏とベルリン斷片の關係を云々するのに最も良い資料とは言えないが，金の單刻本も契丹藏の流れを受けていることを示している。次節に述べる北宋の追雕本との關係を示す點でも有用であろう。

この節では，應縣木塔發見の契丹藏の零本の『中阿含經』卷36と『佛說

大乗聖無量壽決定光明王如來陀羅尼經』に注目して，それらのベルリン・トルファン斷片が契丹藏系であることを改めて確認した。次に問題となるのは契丹藏がどのようなルートでトルファンに入ったかである。これは節を改めて考えてみたい。

（3）　トルファンへの道

上で述べたように，北宋の開寶藏，その流れを受ける金版，さらに契丹版，そして江南地方の諸版，これらのすべてがトルファンに入っていたことは，斷片から確認できる。しかし，それぞれの大藏經がどのようなルートを通ってトルファンに入ったかは難しい問題である。華北の地の10世紀から14世紀の政治情勢がからんでくるからである。それに答える前に，ここでは上で取り上げたCh2289（T II T1146）の法天譯『佛說大乗聖無量壽決定光明王如來陀羅尼經』（T19，86b18-23）斷片のように，ベルリン・トルファン・コレクションに多く見出される北宋の追雕本で契丹藏に入ったものをまず列擧する。

Ch/U7316r（T II S32a.1000）

天息災譯『一切如來大祕密王未曾有最上微妙大曼荼羅經』卷４（T18, 554a19-22）

17.5×10.2㎝，４行，１行17字，下部界線あり，地高3.3㎝，２紙，卷子本

柱刻は紙縫の先頭に「……密王經四　六　曲」あり。千字文帙號「曲」は契丹藏を底本とした房山石經[30]でも，「曲」であり一致する。但し，字形は異なる。

Ch/U7546（T II S32a）

8.5×31.8㎝，16行，１行17字

Ch/U7316rに接續する。同佛典の卷４（T18，554a22-b8）に當たる。

Ch863（T II S32a.1001）

5.1×13.2㎝，(1)+6行，１行16・17・18字

Ch/U7546に續く。同佛典の卷４（T18，554b9-14）。

以上３斷片は學術調査隊の第２回，センギムで發掘されたものである。

Ch/U7374（T Ⅰ D）

7.5×9.8㎝，４行，１行の字數は，殘片が偈の部分であるために不明，上部界線あり，天高4.6㎝，巻子本

法天譯『大方廣總持寶光明經』巻五（T10，904a27-b1）。第１回の學術調査で，トルファン盆地のダキアノスで獲られたもの。『房山石經』[31]では「銘」號。版式は『房山石經』が用いた底本とごく近い。「鼓」と「焔」の字體に注目すれば，『高麗藏』（33册-833の下段）の「鼓」字體と一致する。また『房山石經』の「焔」字體と一致する。

Ch/U7472（o.F.）

a，b，c の三小斷片から成る法賢譯『佛說瑜伽大教育王經』巻子本

a 巻四（T18.575a8-12）5.6×9.3㎝，4+(1)行

b 巻四（T18.575a11-12）5.1×3.8㎝，(1)+1+(1)行，上部界線あり，天高2.7㎝

c 巻四（T18.575a6-12）13.8×11.7㎝，8+(1)行，下部界線あり，地高2.9㎝

c＋b＋a と，それぞれ下部，上部，中間部で接續する。『房山石經』[32]が用いた底本と版式・字形とも極めて近い。２つの「寶づくし」あり。いつ，どこで發掘されたかは不明。

Ch/U7480（T Ⅱ T1659）

施護譯『佛說五十頌聖般若波羅蜜經』（T8，845c23-846a3）

7.1×20.5㎝，10行，１行16・17字，下部界線あり，地高2.7㎝，２回目の調査の際にトヨクで獲たもの，巻子本

巻首の經題の下に千字文帙號「桓」あり。これは『房山石經』[33]と一致する。但し『房山石經』が用いた底本と版式・字體は異なる。

MIK Ⅲ85r（T Ⅲ M167）

法賢譯『佛說眾許摩訶帝經』巻１（T3，932c16-24）

14.0×15.3㎝，(1)+7行，１行18字，上部界線あり，２回目の調査の際にムルトクで發掘，巻子本

紙縫より１行目と２行目の間に，柱刻「佛說摩訶帝一」あり。文字は契丹版のそれで，例えば，「隱」「久」「尒」などに特色あり。『房山石

經』[34]の用いた底本とは版式は異なる。
Ch1081（T Ⅲ T204.51）
法賢譯『佛說幻化網大瑜伽教十忿怒明王大明觀想儀軌經』（T18, 586b25-27）
13.5×5.3㎝, 3行, 上部界線あり
『房山石經』[35]では「濟」字號。『房山石經』の用いた底本とは版式・字形が極めて近い。
Ch1097（T Ⅱ T1510）
慈賢譯『妙吉祥平等祕密最上觀門大教王經』卷2（T20, 910c22-23）
9.4×7.3㎝, (1)+2+(1)行
『房山石經』[36]では「丁」字號。『房山石經』の用いた底本と版式はごく近いが，字形は異なる。
Ch1115（T Ⅰ 510x）
法賢譯『佛說解夏經』（T1, 862a28-29）
5.4×9.8㎝, 5行
契丹藏の版式の一つとして，先に述べたように，經卷の卷首と卷尾の經題の前後に罫線を施すことが擧げられるが，この斷片は經卷の末尾でそれが確認できる。『房山石經』[37]にはそれが缺けている。字形は兩者一致する。『房山石經』では「漢」字號。
Ch1620（T Ⅱ T1504）
施護譯『大金剛香陀羅尼經』卷1（T21, 918a24-27）
8.9×8.0㎝, 4行, 1行字數不明
『房山石經』[38]では「奄」字號。『房山石經』の用いた底本と版式は極めて近いが字形は異なる。
Ch2128（T Ⅱ 1343）
施護譯『大金剛香陀羅尼經』卷1（T21, 917c26-918a9）
11.7×27.8㎝, 15行, 1行字數不明, 下部界線あり
『房山石經』[39]では「奄」字號。『房山石經』の用いた底本と版式・字形とも極めて近い。

開寶年間に法天が北インドから，その後に天息災（後に法賢と改名），施

護，慈賢らがインドからやって來た。宋の太宗は太平興國７年（982）に太平興國寺に譯經院を置き，天息災等に命じて主として密教經典を翻譯させた。その事業は眞宗，仁宗まで續くが徐々に下火となり，神宗の時代に廢止された。太平興國７年から仁宗景祐２年（1035）までの半世紀餘に漢譯された佛典は564巻に及んだ[40]。これらの新譯經典は順次，『開寶藏』に入藏追雕された。上で列擧した９點の佛典もその中に入るものである。

追雕本『開寶藏』はトルファンでは目下のところ見つかっておらず，ほとんどが契丹版である[41]。ただ『開寶藏』系統の金版として以下の２斷片がある。

Ch1050（T II 4043）

法護譯『佛説如來不思議祕密大乘經』卷11（T11，729c29-730a8）

19.8×27.0㎝，11+(1)行，１行14字，上部界線あり，天高6.0㎝

Ch/U6152（o.F.）

施護等譯『佛説一切如來眞實攝大乘現證三昧大教王經』卷３（T18，347b23-27）『中華大藏經』（金藏廣勝寺本）68册，14頁上段

18.3×10.3㎝，4+(1)行，１行14字，上部界線あり，天高は4.8㎝

これらは北宋から金に入り，そこで覆刻され，それがトルファンに入ったと考えて問題なかろう。トルファンと金との間は，トルファンと遼（契丹）との間と同じく何の障害もなかったからである。しかし新譯追雕の『開寶藏』の場合は，まず高麗に入り，そこを經由して『契丹藏』に付加され，それがトルファンに入ったと考えられている。このように考えるのは北宋と遼（契丹）の關係である。兩國が竝立對峙した期間は百數十年に及び，その間には政治・經濟の交渉のみならず，文化交流も禁じた書禁のようなことも起こっている。國家の威信をかけて作った作品である「大藏經」が直接入ることは難しいと考えられるからである。

しかし，對峙した百數十年の期間，いつも緊張關係があったわけではなく，たとえ，公的文化交流はなくても，何らかの道は開かれていて，直接，北宋から遼に入ったことも考えられよう。筆者はその是非を云々する新しい資料を持ち合わせていないので，契丹版には北宋時代に新しく翻譯されて『開寶藏』の追雕とされた佛典のいくつかがあり，それがトルファンに

入った事實のみの提示で終わる。

(三) 餘　　錄

このコレクションの漢語斷片に關わってから十數年の歲月が流れた。いまや，書齋の片隅に置かれたコンピューターのディスプレイで，ほとんどの小斷片の圖像を1枚1枚見ることができる。何となくコレクションの全てが把握できる氣分になるが，上で重ねて述べているように，同定作業は最後の段階を迎えているとはいえ，これからが正念場であり，全體像を提示するにはまだ長い道のりが豫想される。小論を閉じるにあたり，今後の研究の緒口をいくつか覺え書き風に記して，餘錄とする。

(1)　ベゼクリク文書

トルファン出土漢語文獻研究については，出口コレクションの『釋錄』が出版された前後から，いくつかの大部な作品が發表された。大谷探檢隊が主としてトルファンの地から將來し，現在，中國の旅順博物院に藏される漢語文書の圖錄[42)]，また多くのトルファン文書を備えている中村不折のコレクション全作品の圖錄[43)]，その前にはロシア藏の『俄藏敦煌吐魯番文獻』と『俄藏黑水城文獻・漢文部分』，ベルリンからは東西ドイツの再統一をはさんでしばらく中斷していた漢語佛典斷片目錄の3冊目[44)]も出版された。

さらに最近になって，『吐魯番柏孜克石窟出土漢文佛教典籍』上下篇(文物出版社，2007）が出版された。これはトルファンのベゼクリク千佛洞から1980年代の初めに發掘された文書が，同定作業や接續作業を終えて，圖版とともに出版されたものである。この文獻と報告は，ベルリンのトルファン漢語文書を研究する上でも，重要な役割を果たしてくれるものと思われる。なぜならこれらの文書は，トルファンといった廣範な地域のあちこちではなく，ベゼクリクから一塊として採集されたものだからである。ベルリンのコレクションにも採集場所が明示されているので，兩者を比較

検討することによって研究の進展が期待できる。一例をあげよう。

未同定162：81TB10：07a（『吐魯番柏孜克石窟出土漢文佛教典籍』下，p.419）は，20.4×28.3㎝の寫本で唐代のものと報告されている。これは（窺）基『瑞應疏』に遼の唯識僧である詮明が注釋したものである（『彌勒上生經疏會古通今新抄』巻4）。ベルリンにも2斷片の『彌勒上生經疏會古通今新抄』があり，寫經の形式・字形等すべてにわたりよく似ている。1斷片の出土地は不明であるが，殘りの1片はMurtuq（ムルトク，木頭溝）で出土したことが記録されている。ベゼクリク（Bäzäklik）はムルトク（Murtuq）の近くで，その周邊から出土した文書はベルリン・トルファン・コレクションでは，ベゼクリクではなくムルトクとして分類表記されている。從って兩者は同じ場所から出土した同じ佛典の斷片である可能性がある。この推測をさらに强めるのは，共に裏がウイグル文字斷片という點である。これについては改めて，本書Ⅲ－8「唯識關係新史料」の中で觸れるつもりである。

採集場所が明示されているとは言え，斷片は典籍のページに從って順番に出てくるものではない。また發掘者と分類整理する者とは別人であることが一般である。たとえ同一人物でもあらゆる文書に通ずる研究者は少なく，中身の檢討以前にとりあえず整理記號・番號をつけることがこれまた一般的であろう。それなら同じ典籍の斷片でも隨分と離れた整理記號がつけられることにもなるし，またその逆に異なる典籍の斷片でも非常に近い整理記號がつけられる。ベゼクリク千佛洞の發掘報告が出て改めてこのことを感じる。

（2） 複雑な斷片

上記の感想に伴って，インド美術館所藏のMIK Ⅲ4633b2（T Ⅰ）が思い出される。これは版本佛典の表紙の斷片で，題簽「阿毘達磨俱舍釋論巻」の1行が見える。これに隣接する記號にⅢ4633a（T Ⅰ），Ⅲ4633b 1（T Ⅰ），Ⅲ4633c（T Ⅰ）があり，あたかも一連の斷片であるかのように見られるが，實は全く關係のないものである。これは，應縣木塔から契丹大藏經の零本が發見され刻本大藏經の研究が一歩前進したことやインター

ネット上での圖像化によって，明らかになった（本書Ⅲ-6「元初の一枚の印刷佛典扉繪と供養圖」参照）。

トルファン研究の積み重ねによって，今までバラバラに研究されてきたいくつかの斷片が實は同じ文書の一部であった例もいくつか出てきている。特にトルファン文書のように小さい斷片の場合にはあらゆる方向にアンテナを張る必要があろう。

返還文書 Ch/U 8183（o. F., MIK030514）は『道行般若經』巻 5（T8, 451b4-13）の古い寫本である。この前に接續する Ch/U6073（T II T1778）は T8，451a27-b7の部分で，さらに右下には T8，451b11-14の部分である Ch/U8197b（o. F., MIK030514）が接續する。Ch/U6073は目錄 2（p. 30）に載せられ，4 世紀から 6 世紀の最初期の寫本と注記されている。この裏はウイグル文字の文獻である。ウイグル面については，ラッシュマン博士の『古代トルコ語寫本』第 3 册，文書第 1 册[45]でも，接續が指摘されている。解説によれば，3 斷片は 3 人の異なる書き手による草書體のウイグル文字である。内容は明らかでない。

裏はウイグル文獻であるが 1 枚の紙の裏側ではなく，複數の紙が重なっている。目錄では，ウイグル文獻の補修ではないかと推測している。實はこれらの 3 斷片に接續するもう 1 片が出口コレクションに存在する。1991年の春に開かれた「現代書道二十人展　第35回記念　トウルフアン古寫本展」にベルリン・インド美術館所藏のトルファン文獻とともに出品されたものである。出口コレクションがベルリンコレクションの流出であったことによる。

さてこの展覽會のカタログの中で藤枝晃氏は詳しい解説を書いている[46]。それを參考にすれば次のようになる。出口コレクションの 1 片は，『道行般若經』巻 5（T8，451a23-b25）の部分である。從って右から「出口コレクション＋ Ch/U8183＋ Ch/U6073＋ Ch/U8197b」と接續することになる。古麻紙を用い毎行20から22行で，北朝前期，つまり400年頃のかなり古い寫本である。これが楮紙に書かれた13世紀のウイグル文寫本の裏打ちとして用いられている。ウイグル文寫本は『大佛頂如來密因修證了義諸菩薩萬行首楞嚴經』巻 8（T19，145c3-12）の紙背に書かれたものである。

この漢語は木筆であり，８世紀後半以降の寫本である。

ウイグル文はラッシュマンの目録の言うように３人の書き手によっている。つまり３つの部分に分かれており，１つの部分にはすでに漢語佛典（例えば「心故安穏」「即□究竟□五陰」が見える）の文字が逆方向に書かれている。１つは陀羅尼，１つは識語ではないかと言われているが，それを含めてウイグル文は判讀が難しいようである。

以上のようにトルファンから流出した斷片がそれぞれの場所で研究され，21世紀に入ってその成果が發表されると，それらを併せることによって今まで不明なところも解明される可能性が出てきた。以上はその１例である。

（３） 紙の命

寫本を反古紙として用いることは前近代の社會では一般的なことであり，敦煌・トルファン文書でもそれは確認できる。漢語文書に關していえば，ベルリン・トルファン・コレクションには裏面が他言語のものも多い。Ch/U，Ch/So，Ch/Iran（表が漢語，裏がイラン語），Ch/Parth（表が漢語，裏がパルティア語）などである。その中でも Ch/U は多くを數える。これは例えば大谷探検隊の將來斷片と較べても目立っている。それぞれの探検隊の關心の違いによるものと思われる。

Ch/U の場合，漢語文書を反古紙として用いウイグル文が書かれることになるが，ウイグル文獻は９世紀から14・15世紀のものである。上でとりあげた『道行般若經』は400年ころの寫本であり，裏に書かれたウイグル文は元の時代と考えると，600年から700年を經た紙を再利用したことになる。もしこれが事實であると，さまざまな民族が入り興亡をくりかえし，それに伴い文化・宗教も異なったこの地方で，１枚の紙の生命の長さは驚くべきであろう。

筆者は，漢語文獻斷片の寫本時代區分が明らかにされている２冊の目録の Ch/U を調べてみた。但しこの時代區分は，敦煌とトルファンを區別せず５分類にしている。

A＝４世紀から６世紀半ば

B＝６世紀半ばから７世紀半ば

C＝7 世紀半ばから 8 世紀末

D＝9 世紀から10世紀

E＝10世紀以降

Ch/U は目録 1 に144，目録 2 に373（U を 5 片含む。U の記號を帯びていても表・裏のどちらかには漢語が認められる)。［　］内の前者は目録 1，後者は目録 2 に含まれる數である。

A　：　15［2，13］

B　：　29［5，24］

C　：362［100，262］

D　：　53［12，41］

E　：　1［0，1］

版本：　57［25，32］

C は，唐が直接にトルファン地方を版圖に收めた640年から，790年の吐蕃（チベット）の侵入までの期間を覆うが，この時代の紙が長く保存されていたことが分かる。この地方では良質の紙の生産ができず，唐の中央から入った多くの紙が大切にストックされていたのである。北宋の使者として10世紀末に高昌國に行った王延德（936-1006）は，唐から賜った寺額を揭げる多くの寺院や，唐時代の大藏經をはじめ漢籍類がその地に依然として保存されていることを知り，感激して記録を殘している（『宋史』卷490，高昌列傳)。そして，それ以後もさらに長く紙は生き續けた。それどころか，唐の直接支配時代よりもなお古い『道行般若經』斷片さえも，多く保存されているのである。

一方年代的には近くても，印刷の時代にトルファンに入った各種の大藏經はあまり再利用されていない。理由は 2 つ考えられよう。1 つは，版本大藏經が未だ反古紙になるに至らなかったこと，つまりそのものが社會で生命を保っていたことであろう。もう 1 つは，寫本から版本の時代に入ったからと言って，急に版本の流通が擴大したのではなく，その最初の時期には版本は寫本と同じように 1 本が模範的テキストとなり，それを使って寫していたことによろう。例えば，Ch5546r（T Ⅱ1036）は『長阿含經』卷22（T1，149b26-c24）の寫本であるが，これは契丹版に基づいていると

考えられる。あるいは成尋が一部の開寶藏を賜り，それが我が國で寫された例を考えてもよい。最初の1本は貴重な品であった。またそのこととも關連して，トルファンの地に入った大藏經は1セットとか2セットと，ごく少ないものであったように思える。多くある版本斷片も，同定作業をしてみると，互いに接續する例が少なくないからである。

小論では，六千枚あるとされるベルリン・トルファン漢語文書の縮圖として，返還文書を取り上げ，版本を中心に論じた。餘錄は，いくつかの斷片例とともに筆者の直感に近い推測も交え，今後の研究に向けていささか述べたものである。

1） Fujieda Akira; Schmitt, G.; Thilo, T.; Inokuchi Taijun: *Katalog chinesischer buddhistischer Textfragmente* Band 1, 1975, Berlin, Akademie der Wissenschaften der DDR＝目錄1

Thomas Thilo: *Katalog chinesischer buddhistischer Textfragmente* Band 2, 1985, Berlin, Akademie der Wissenschaften der DDR＝目錄2

Chinese Buddhist Texts from the Berlin Turfan Collections Volume 3, Compiled by Kogi Kudara, Edited by Toshitaka Hasuike and Mazumi Mitani, 2005, Franz Steiner Verlag, Stuttgart＝目錄3

2） *Chinesische Texte vermischten Inhalts aus der Berliner Turfansammlung*, 2001, Franz Steiner Verlag, Stuttgart

3） 概略は Johan Elverskog: *Uygur Buddhist Literature,* 1997, Brepols, Turnhout. p. 87–89參照。また最近 Jens Wilkens: *Das Buch von der Sundentilgung* Teil 1, 2, 2007, Brepols, Turnhout が出版された。

4） P. Zieme; Donor and Colophon of an Uigheer Blockprint, *Silk Road Art and Archaeology* 4, p. 419–424（1995/1996）。願文の書寫年代については黨寶海から疑義が出されている。詳しくは氏の「吐魯番出土金藏考—兼論一組吐魯番出土佛經殘片的年代」(『敦煌吐魯番研究』第4卷，103–125頁，1999）參照。

5） 目錄2，p. 181–182，圖版37，38。

6） 詳細はⅢ-1「返還文書（トルファン)」一覽表參照。

7） 『ドイツ將來のトルファン漢語文書』p. 70–83參照。

8） 龍谷大學佛教文化研究所・西域研究會『旅順博物館藏　トルファン出土漢文佛典研究論文集』p. 118–134。

9）　藤枝晃編『トルファン出土佛典の研究　高昌殘影釋錄』(法藏館，2005) p. 255-257。以下『釋錄』と簡稱。

10)　『汲古』52號，p. 21-29，2007。

11)　ムルトクに『開寶藏』が入っていた形跡は最近報告書が出たベゼクリク千佛洞から發見された未同定（80TB1：495a-1）4行　8.5×7.8㎝からも確認できよう。この斷片は『金光明最勝王經』卷10（T16，455a5-8）である。

12)　注 8) 引く竺沙論文 p. 121。

13)　『東方學會創立五十周年記念東方學論集』(1997）所收。後に『宋元佛教文化史研究』(汲古書院，2000）に再錄。

14)　注12) 竺沙論文 p. 123-124では，應縣發見の『阿毘達磨發智論』の例をあげる。

15)　『應縣木塔遼代祕藏』(文物出版社，1991）圖版 3「修復後的部份經卷」參照。

16)　本來は「縻」に作るべきか。「好・爵・自・縻」より 1 字下るから「爵・自・縻・都」となるはずである。

17)　ともに目錄 2 に記載されるが，大藏經のバージョンに關する注記はない。

18)　目錄 2 に記載されるが，大藏經のバージョンに關する注記はない。

19)　『塚本善隆著作集』五（大東出版社，1975）p. 291-610。初出は『東方學報』京都第五册副刊。

20)　『宋元佛教文化史研究』(第 1 部第 4 章，汲古書院，2000）p84-86。初出は『禪學研究』第72號。

21)　全579帙として最終的に完成するのは，道宗の咸雍 4 年（1068)。志延撰「暘台山淸水院創造藏經記」(『金石萃編』卷153）參照。

22)　『金石萃編』卷153,「涿州白帶山雲居寺東峯續鐫成四部經記」。

23)　志才撰「涿州涿鹿山雲居寺續祕藏石經塔記」(『全遼文』卷11）に「背面俱用，鐫經兩紙」と見える。

24)　氣賀澤保規編『中國佛教石經の研究』(京都大學學術出版会，1996）p. 193-239。

25)　『應縣木塔遼代祕藏』，本文53頁下段。

26)　『房山石經・遼金刻經』(華夏出版会，2000）21册。

27)　『應縣木塔遼代祕藏』，本文76頁下段。

28)　「刻」號。『房山石經・遼金刻經』25册，502頁上段。金の天眷 3 年（1140）に刻石。

29)　注24) 引く中論文p. 210參照。

30)　『房山石經・遼金刻經』26册，345頁上段。遼・皇簡 3 年（1143）の刻石。

31)　『房山石經・遼金刻經』25册，545頁下段。金の天眷 3 年（1140）―皇簡元年

(1141) の刻石。

32) 『房山石經・遼金刻經』27冊，21頁上段・下段。金代刻。刻期不明。「扶」字號。

33) 『房山石經・遼金刻經』26冊，543頁上段。金代刻。刻期不明。「桓」字號。

34) 『房山石經・遼金刻經』26冊，426頁下段。金の皇簡４年 (1144) 刻。「旦」字號。

35) 『房山石經・遼金刻經』27冊，51頁上段。金代刻。刻期不明。

36) 『房山石經・遼金刻經』27冊，524頁上段。金代刻。刻期不明。

37) 『房山石經・遼金刻經』27冊，228頁上段。金代刻。刻期不明。

38) 『房山石經・遼金刻經』26冊，276頁下段。金皇簡３年 (1143) の刻石。

39) 『房山石經・遼金刻經』26冊，276頁上段。金皇簡３年 (1143) の刻石。

40) 『景祐新修法寶錄』(『宋會要輯稿』道釋２) 參照。

41) 竺沙氏は旅順博物院Ｉ-16-５　法賢譯『佛說最上根本大樂金剛不空三昧大敎王經』巻７のみを擧げる。注８)引く竺沙論文p. 124。

42) 旅順博物館・龍谷大學共編『旅順博物館藏　新疆出土漢文佛經選粹』(法藏館，2006)。

43) 磯部彰編『臺東區立書道博物館所藏　中村不折舊藏禹域墨書集成』上中下 (2005)。

44) 注１)參照。

45) Dr. Raschmann: Alttürkische Handschriften Teil13, *Dokumente* Teil 1 (Franz Steiner Verlag Stuttgart, 2007), S. 240–242.

46) カタログは朝日新聞社から出版された。以下に述べる斷片は「22」に整理されている。後に出た同氏編『釋錄』でもほぼ同じ說明がなされている。出口コレクション番號109。

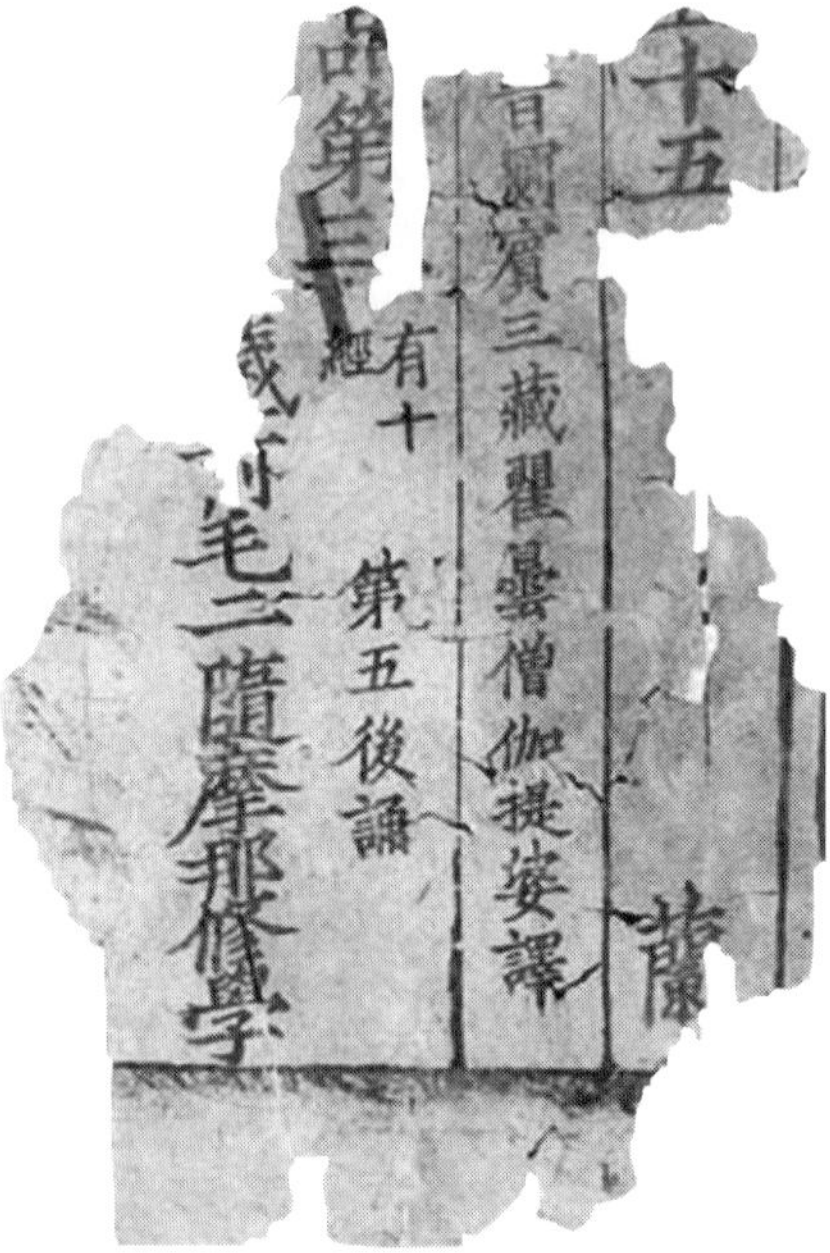

Ch2992 (o.F.)

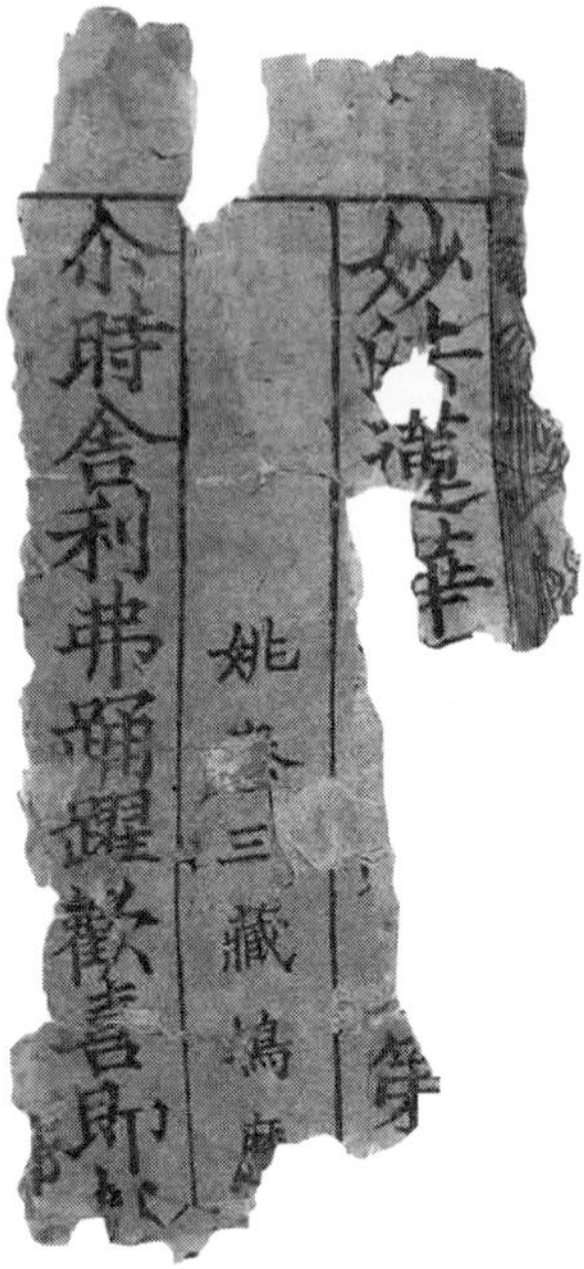

Ch/U7479 (T Ⅰ 543)

Ch/U7480 (T Ⅱ T1659)

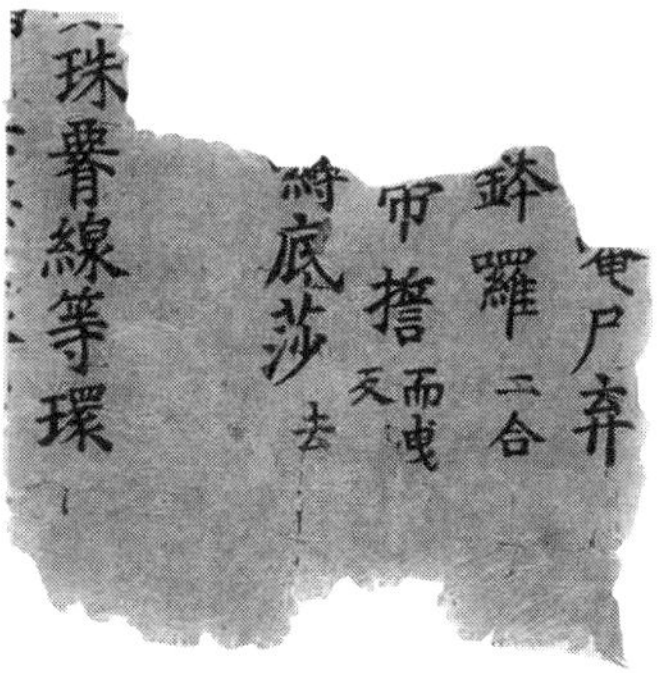
尸弃
鉢囉二合
帝撍而滅反
綺底莎去
珠瞖線等環

Ch/U8098（TⅢ1185）

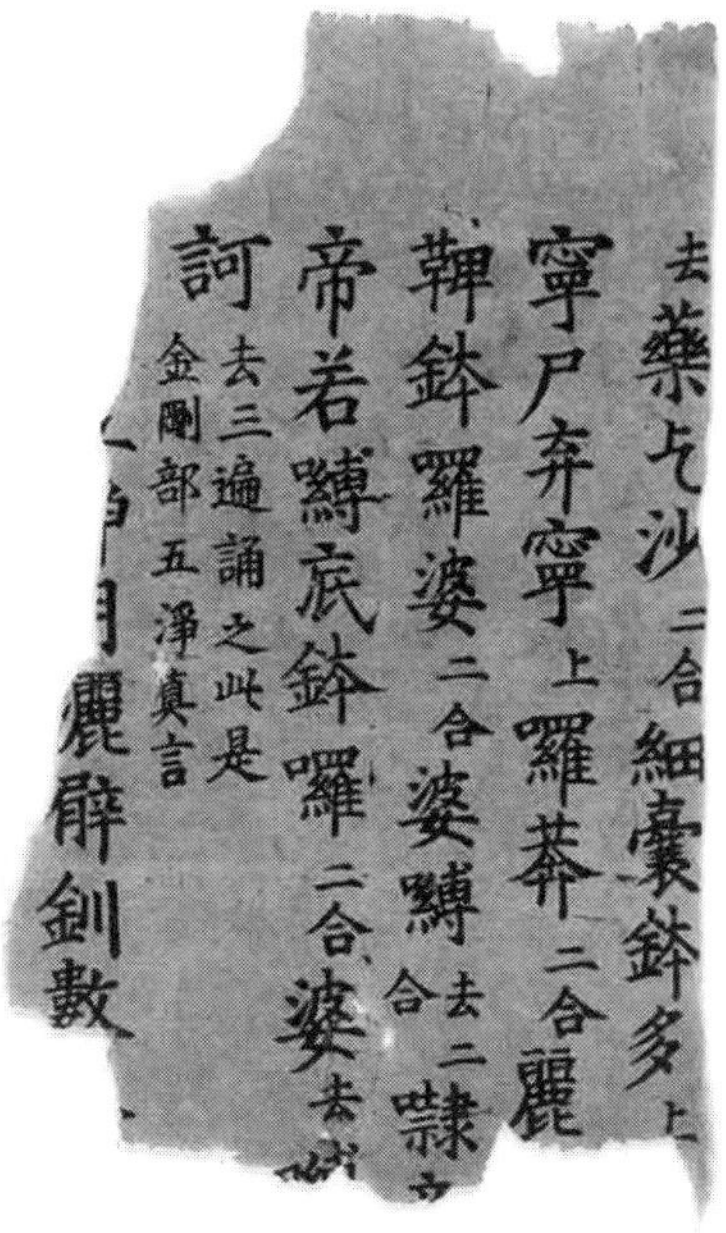
去藥乞沙二合細囊鉢多上
寧尸弃寧上囉莽二合麗
鞞鉢羅婆二合婆嚩去二合隷
帝若嚩底鉢囉二合婆去
訶去三遍誦之此是金剛部五淨真言
麗辟釧數

Ch/U6412（T Ⅰ D）

御製緣識并序
朕聞法門不二非
清淨自然非智
妙覺識種緣深

Ch/U8158（TⅡ1002）

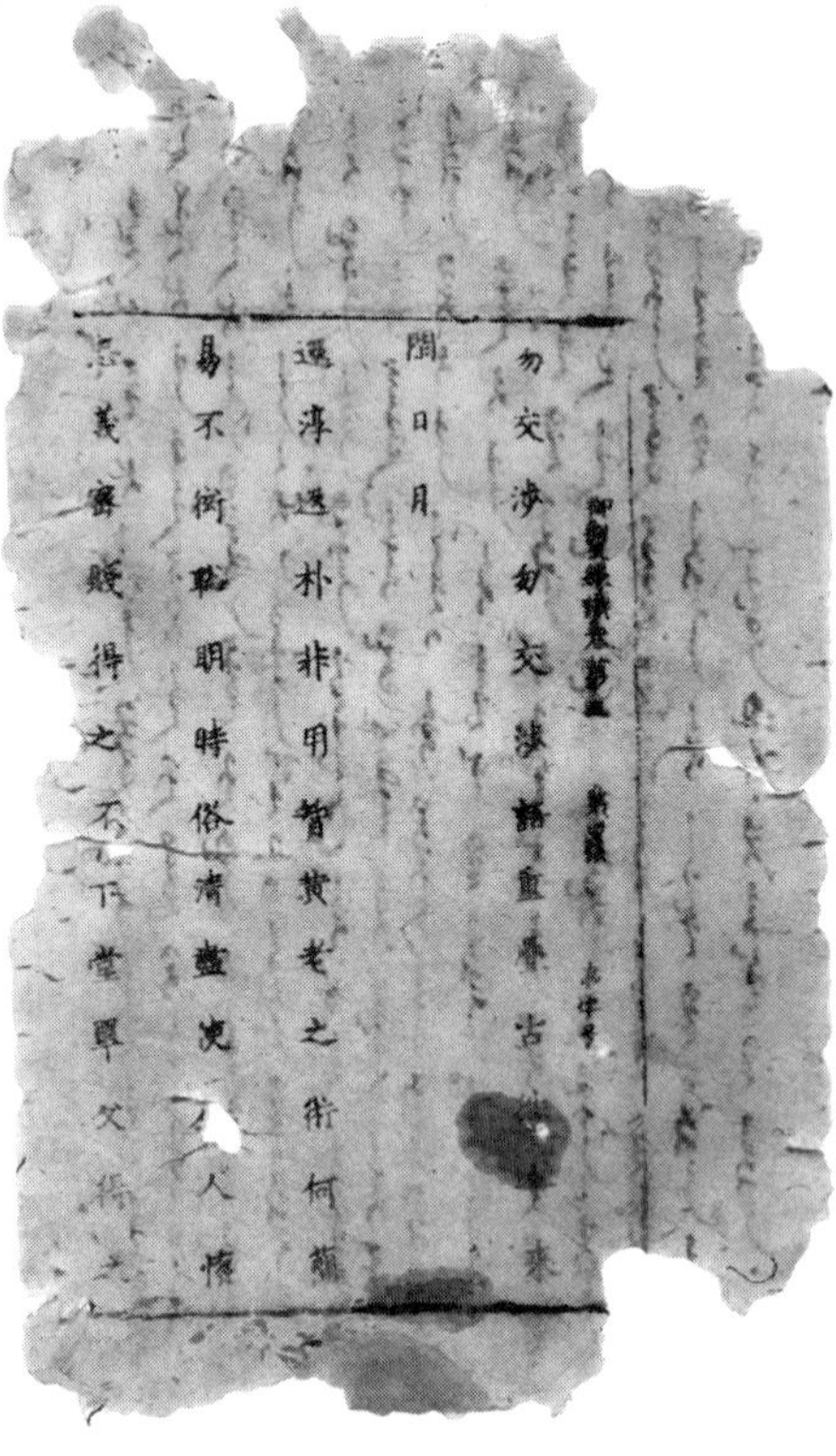

Mainz 71（T Ⅰ 233）

Ch/U7466（T Ⅲ M219. 100）

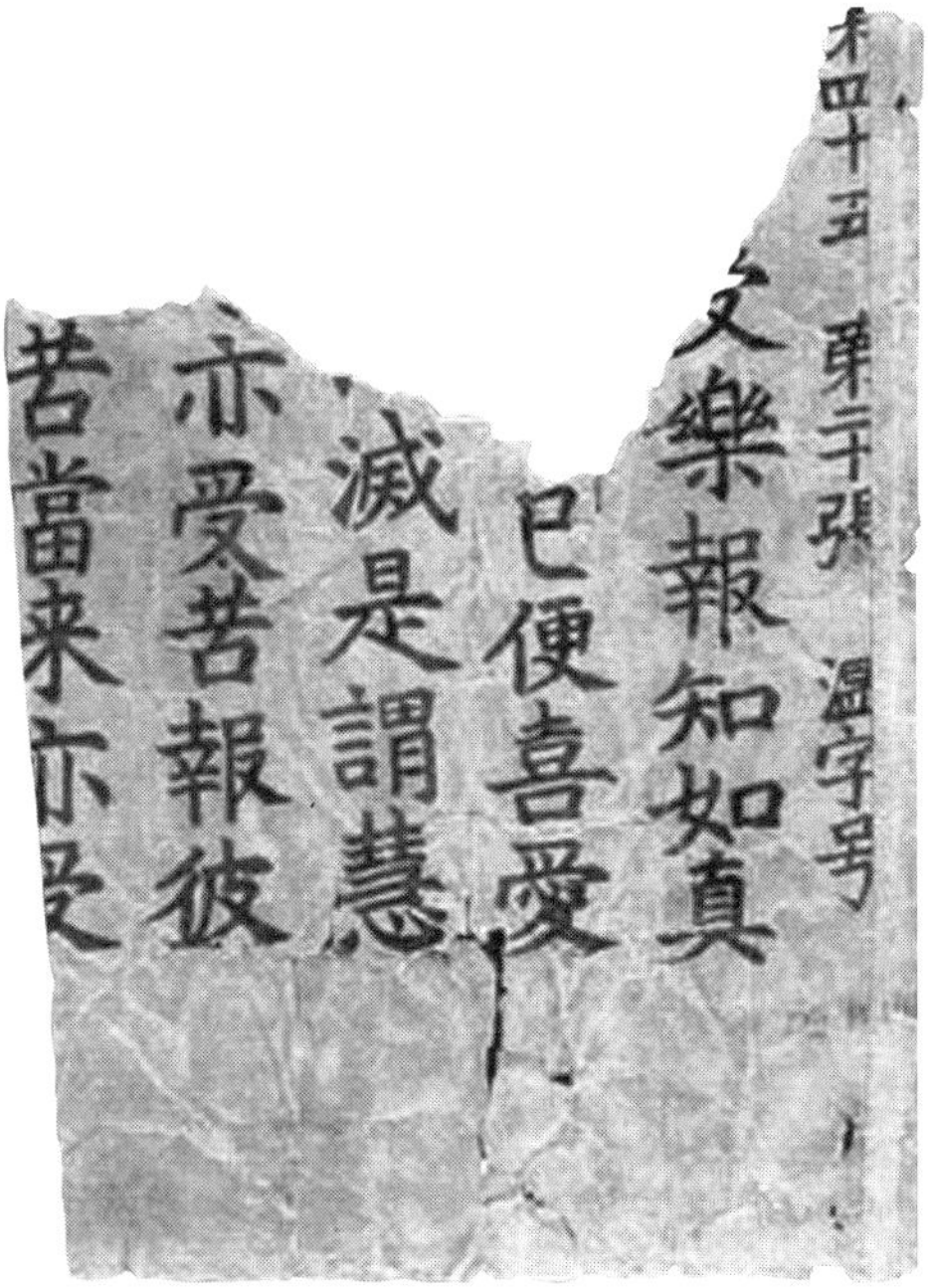
受樂報知如真
已便喜愛
滅是謂慧
亦受苦報彼
苦當来亦受

Ch2848（T Ⅲ M146）

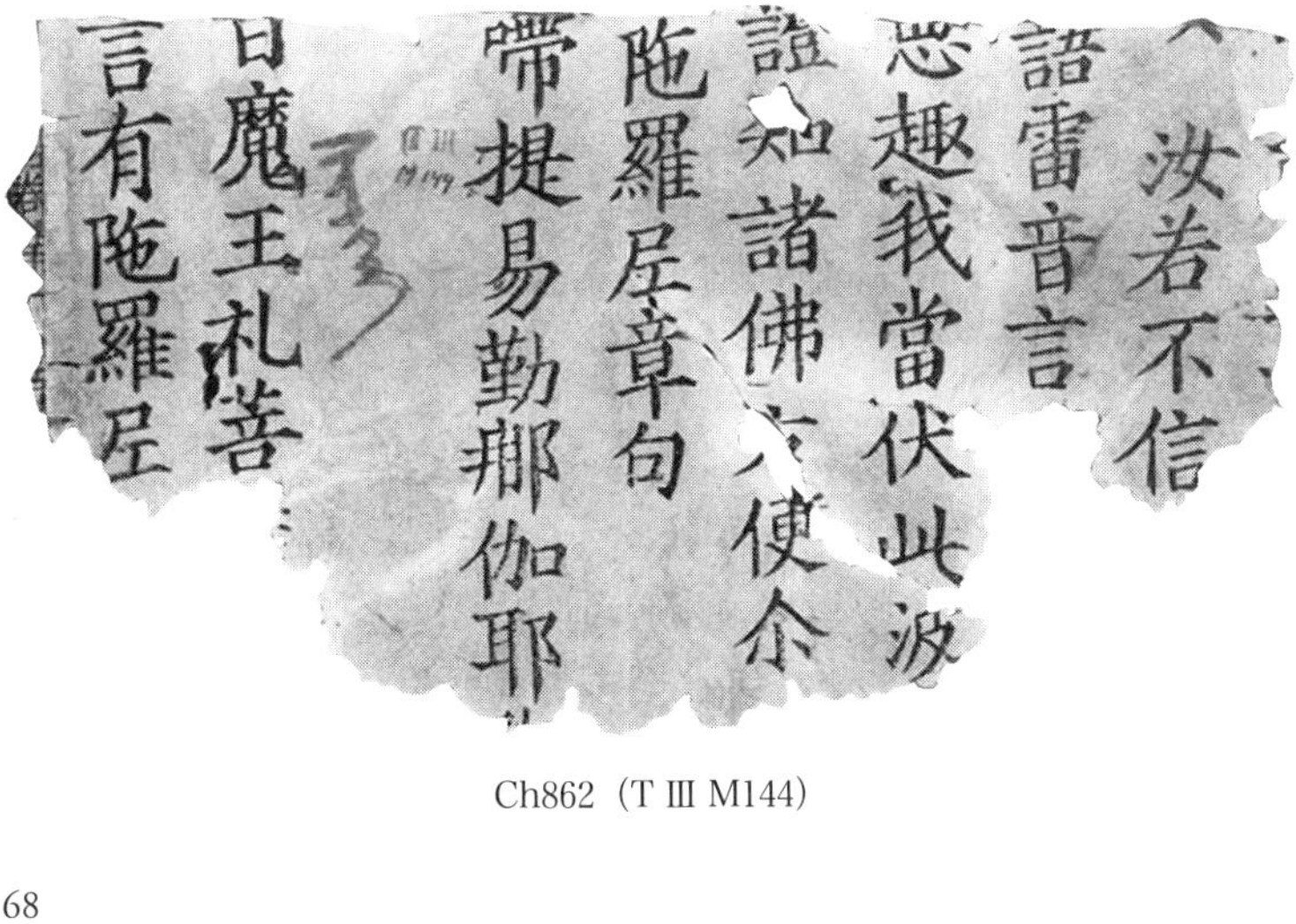
汝若不信
諸雷音言
惡趣我當伏此波
證知諸佛[illegible]使尒
陁羅尼章句
帶提易勤鄉伽耶
日魔王礼菩
言有陁羅尼

Ch862（T Ⅲ M144）

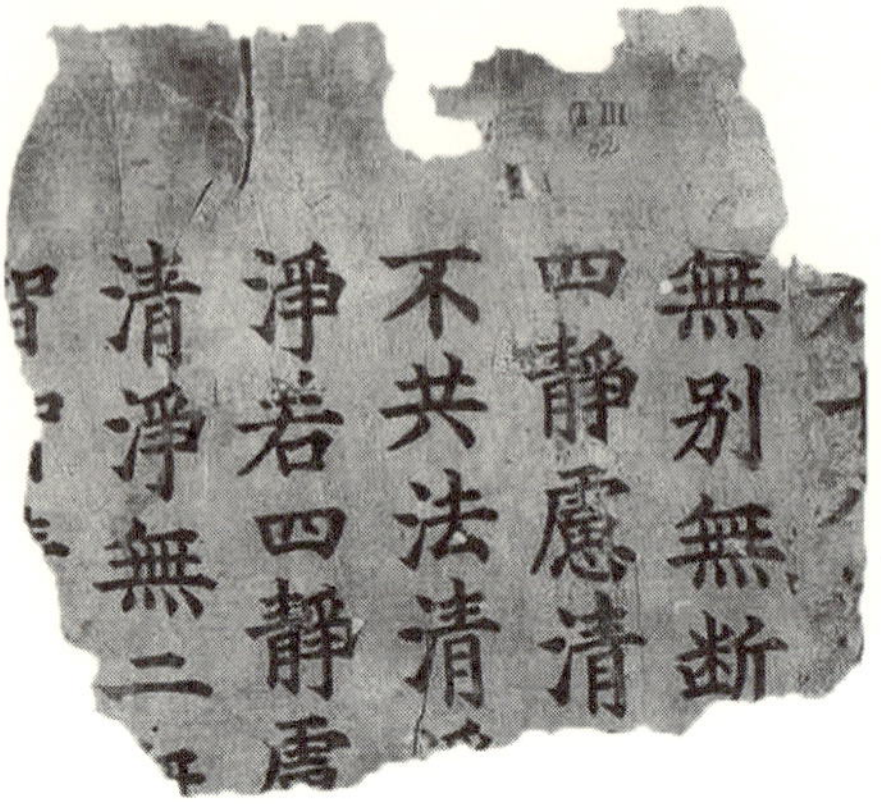

Ch/U7326r（T Ⅲ62.1021）

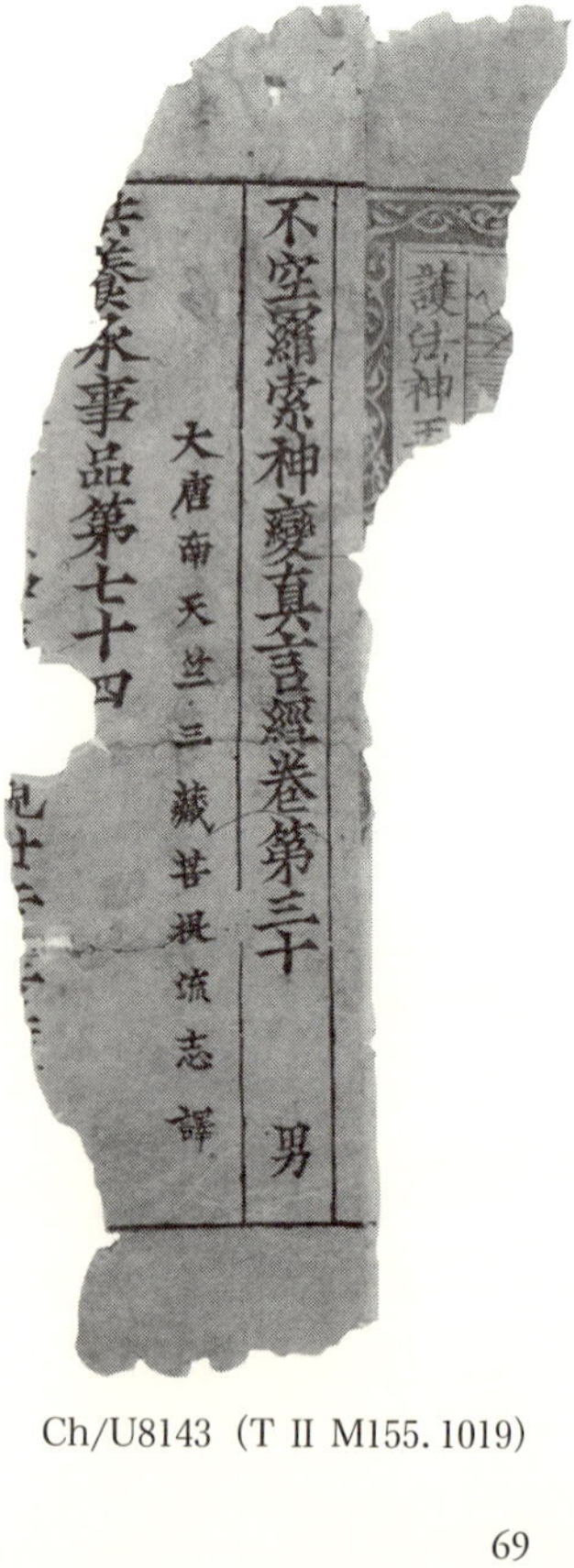

Ch/U8143（T Ⅱ M155.1019）

Ch2384r (o.F.)

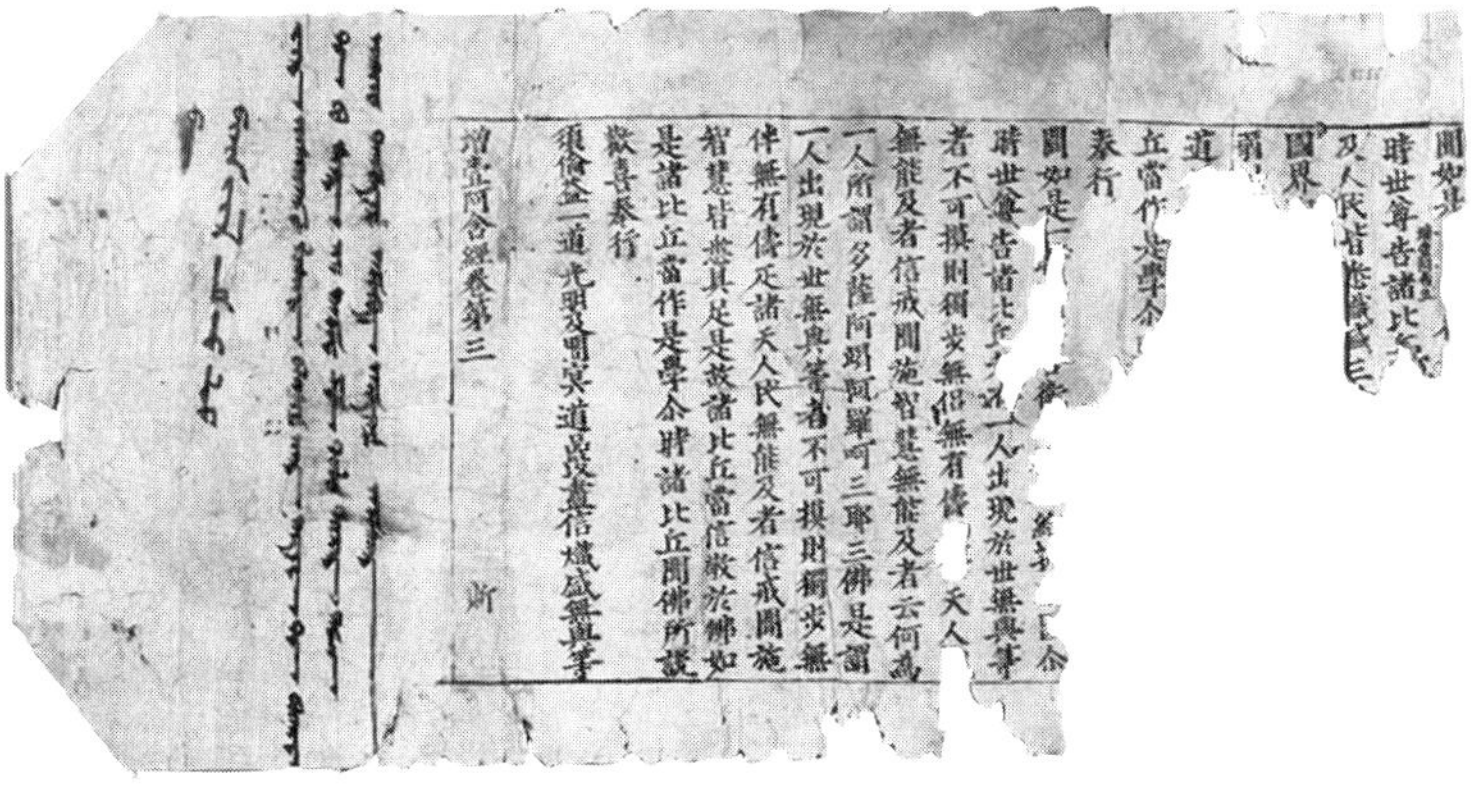

Ch5555r (T M46)

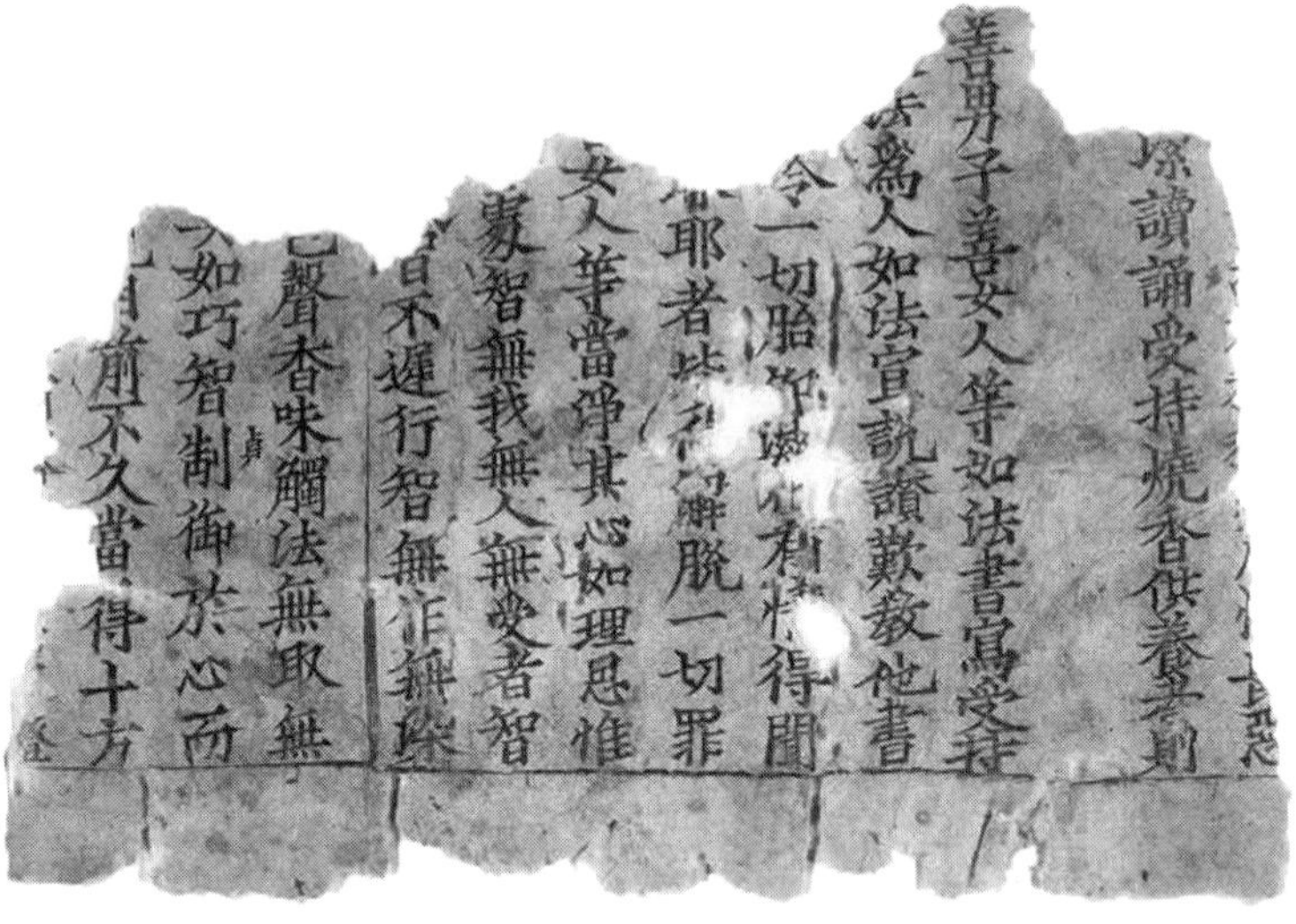

Ch/U7460（T I α）

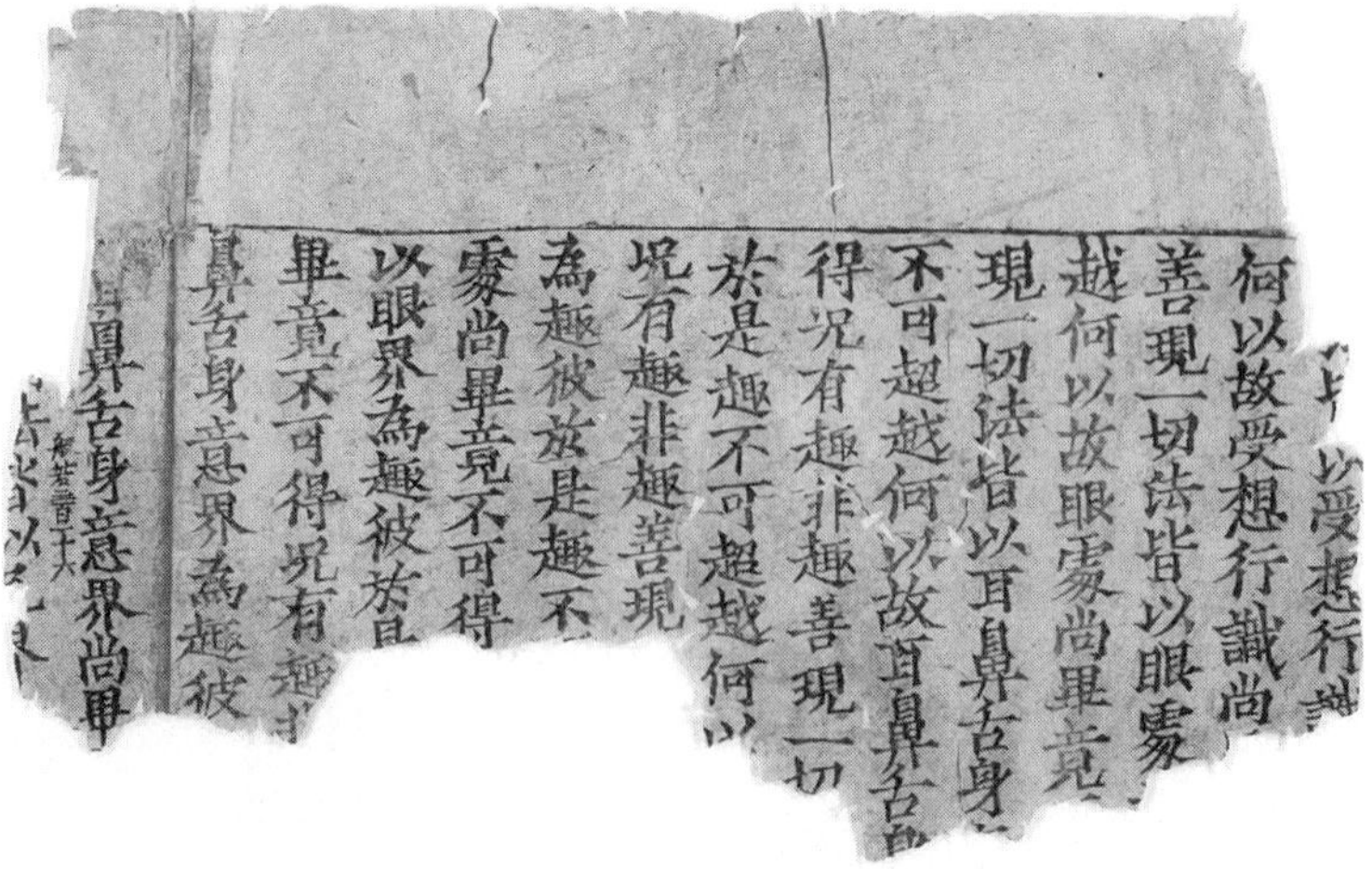

Ch/U8189（o.F.）

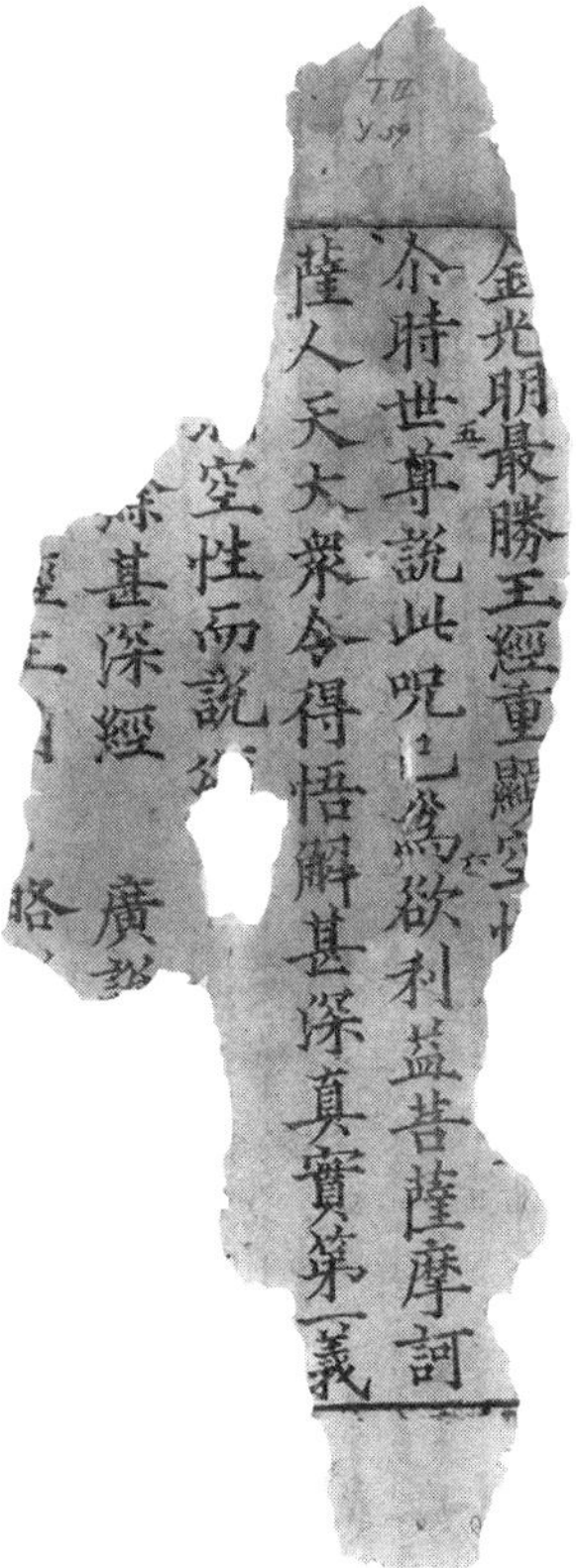
金光明最勝王經重顯空
尒時世尊說此呪已為欲利益菩薩摩訶
薩人天大衆令得悟解甚深真實第一義
空性而說
甚深經

Ch/U8195 (T II y59)

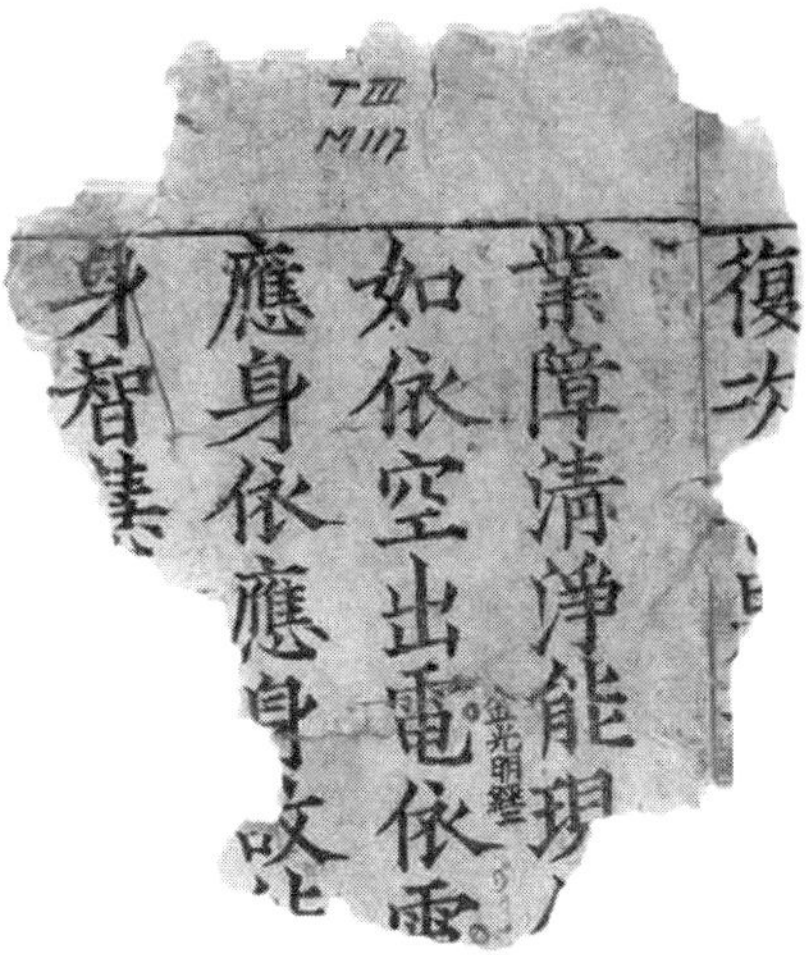
T III
M117
復次
業障清淨能現
如依空出電依電
應身依應身

Ch/U7443r (T III M117)

稻麻竹葦
並悉細末作微塵
乃至充滿虛空

Ch/U7400 (T II T1788)

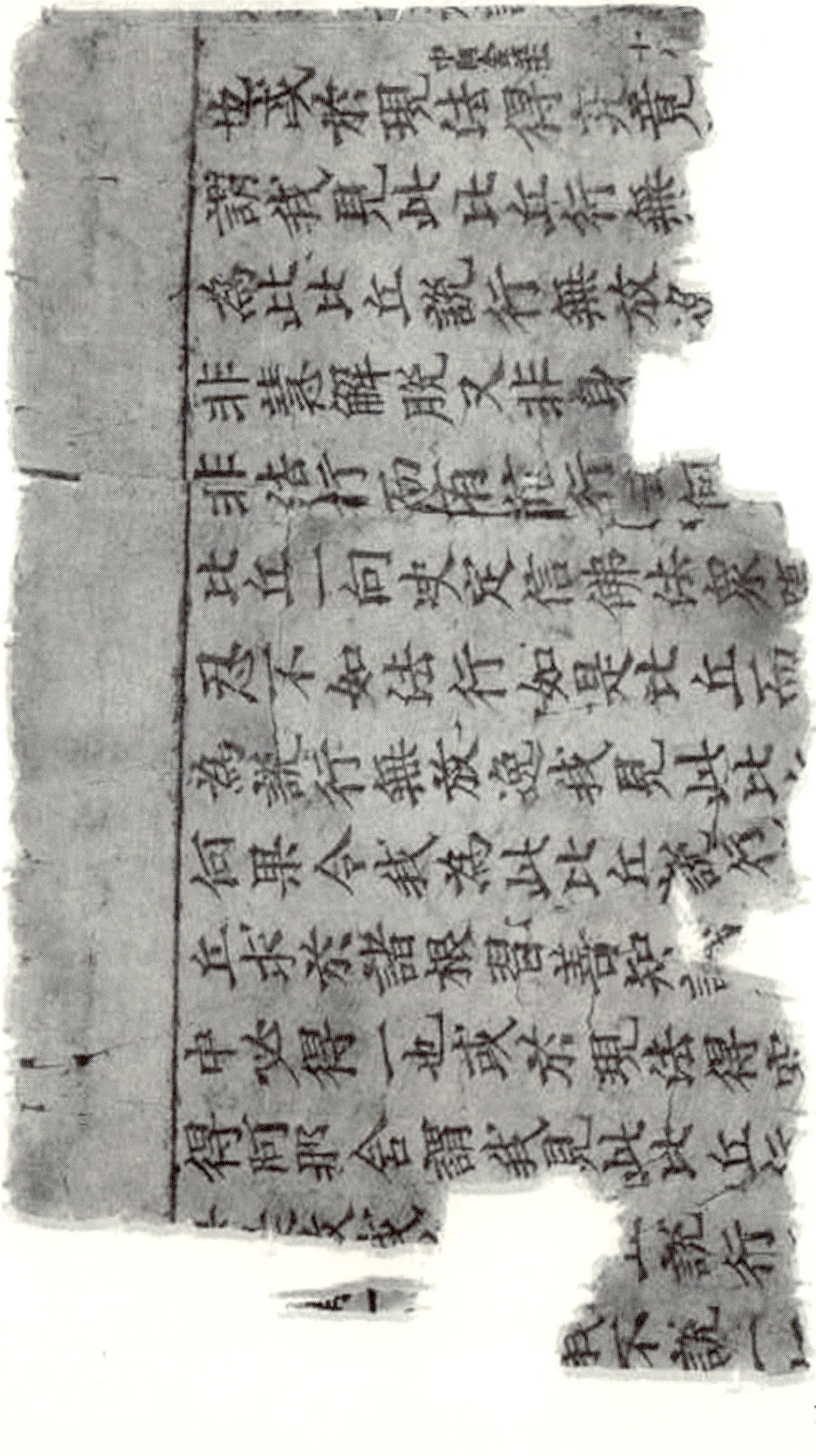

Ch/U8120（[ ]1428)

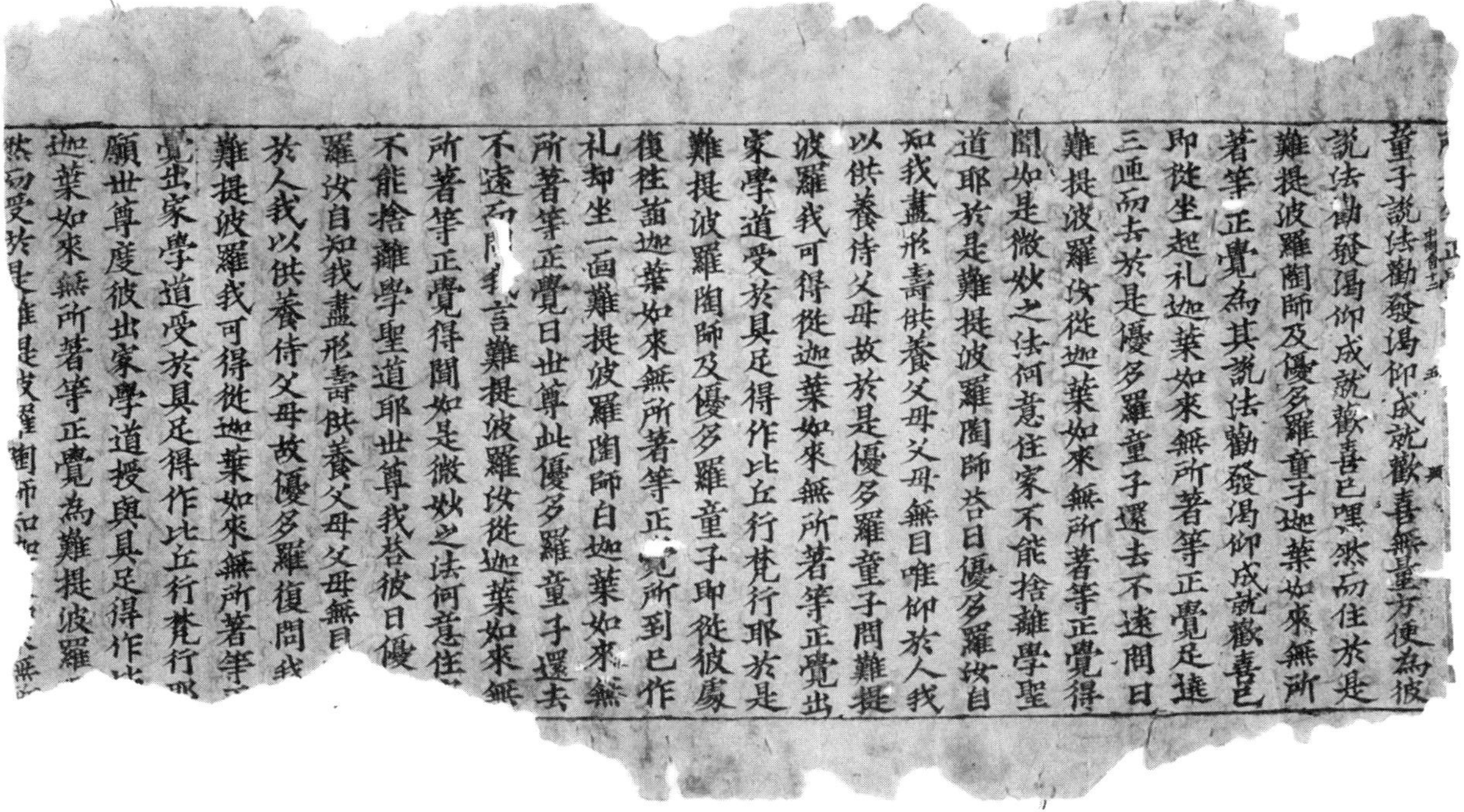
童子說法勸發渇仰成就歡喜無量方便為彼
說法勸發渇仰成就歡喜已嘿然而住於是
難提波羅陶師及優多羅童子迦葉如來無所
著等正覺為其說法勸發渇仰成就歡喜已
即從坐起礼迦葉如來無所著等正覺足繞
三匝而去於是優多羅童子還去不遠問曰
難提波羅汝從迦葉如來無所著等正覺得
聞如是微妙之法何意住家不能捨離學聖
道耶於是難提波羅陶師荅曰優多羅汝自
知我盡形壽供養父母父母無目唯仰於人我
以供養侍父母故於是優多羅童子問難提
波羅我可得從迦葉如來無所著等正覺出
家學道受於具足得作比丘行梵行耶於是
難提波羅陶師及優多羅童子即從彼處
復往詣迦葉如來無所著等正覺所到已作
礼却坐一面難提波羅陶師白迦葉如來無
所著等正覺曰世尊此優多羅童子還去
不遠而問我言難提波羅汝從迦葉如來無
所著等正覺得聞如是微妙之法何意住家
不能捨離學聖道耶世尊我荅彼曰優
羅汝自知我盡形壽供養父母父母無目
於人我以供養侍父母故優多羅復問我
難提波羅我可得從迦葉如來無所著等
覺出家學道受於具足得作比丘行梵行耶
願世尊度彼出家學道授與具足得作比
迦葉如來無所著等正覺為難提波羅
然而受於是[illegible]

Mainz 765（T II 1035）

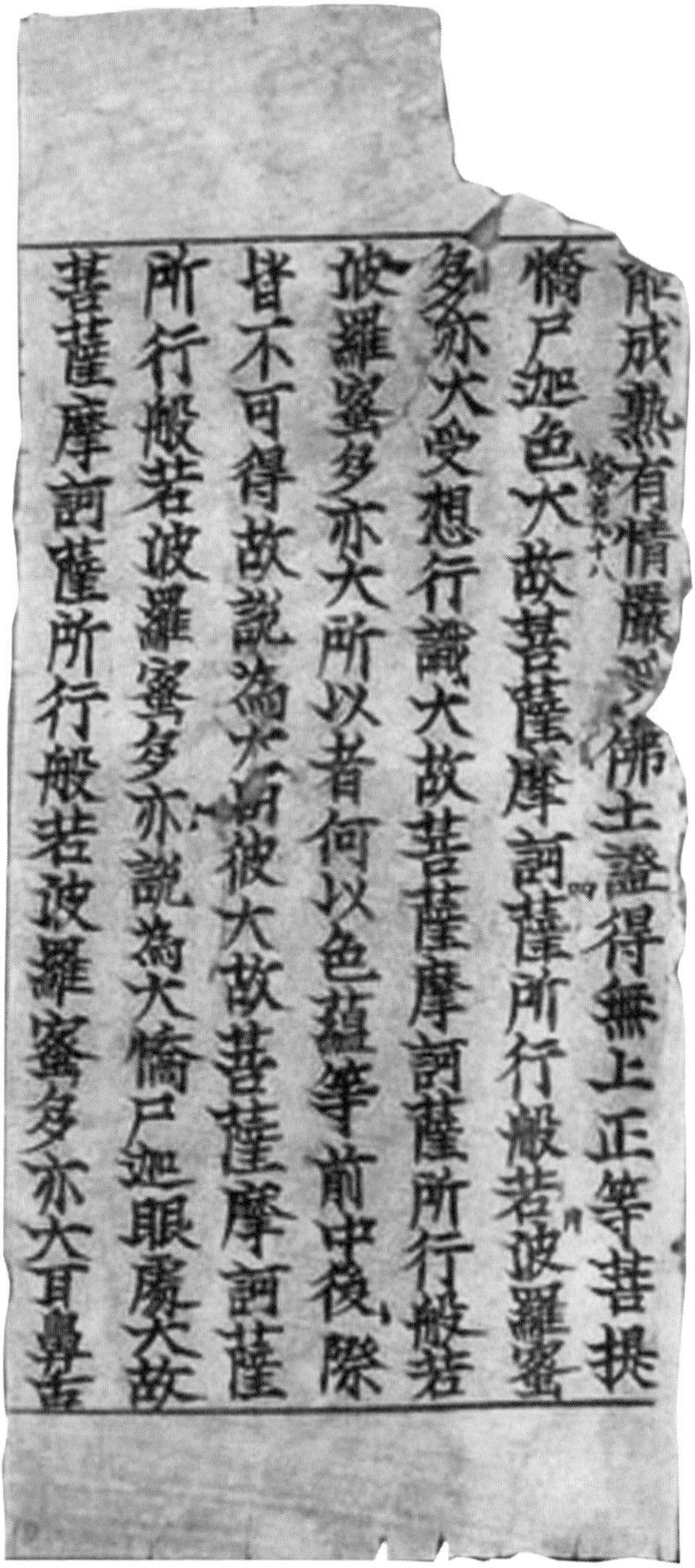

能成熟有情嚴淨佛土證得無上正等菩提
憍尸迦色大故菩薩摩訶薩所行般若波羅蜜
多亦大受想行識大故菩薩摩訶薩所行般若
波羅蜜多亦大所以者何以色蘊等前中後際
皆不可得故說為大亦由彼大故菩薩摩訶薩
所行般若波羅蜜多亦說為大憍尸迦眼處大故
菩薩摩訶薩所行般若波羅蜜多亦大耳鼻舌

Ch2258（o.F.）

Ch2475（TⅢ272.102）

Ch3565（TⅡD110）

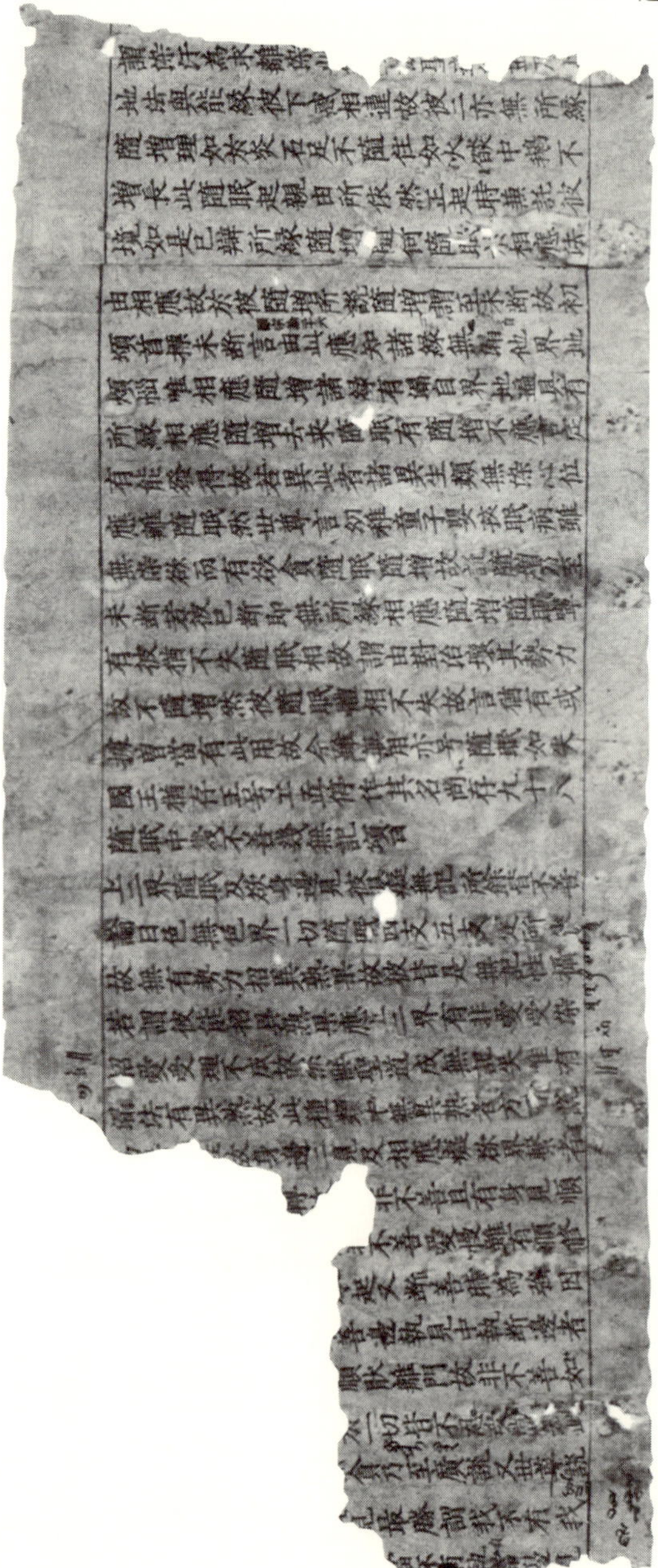

Mainz 730（T Ⅲ M117）

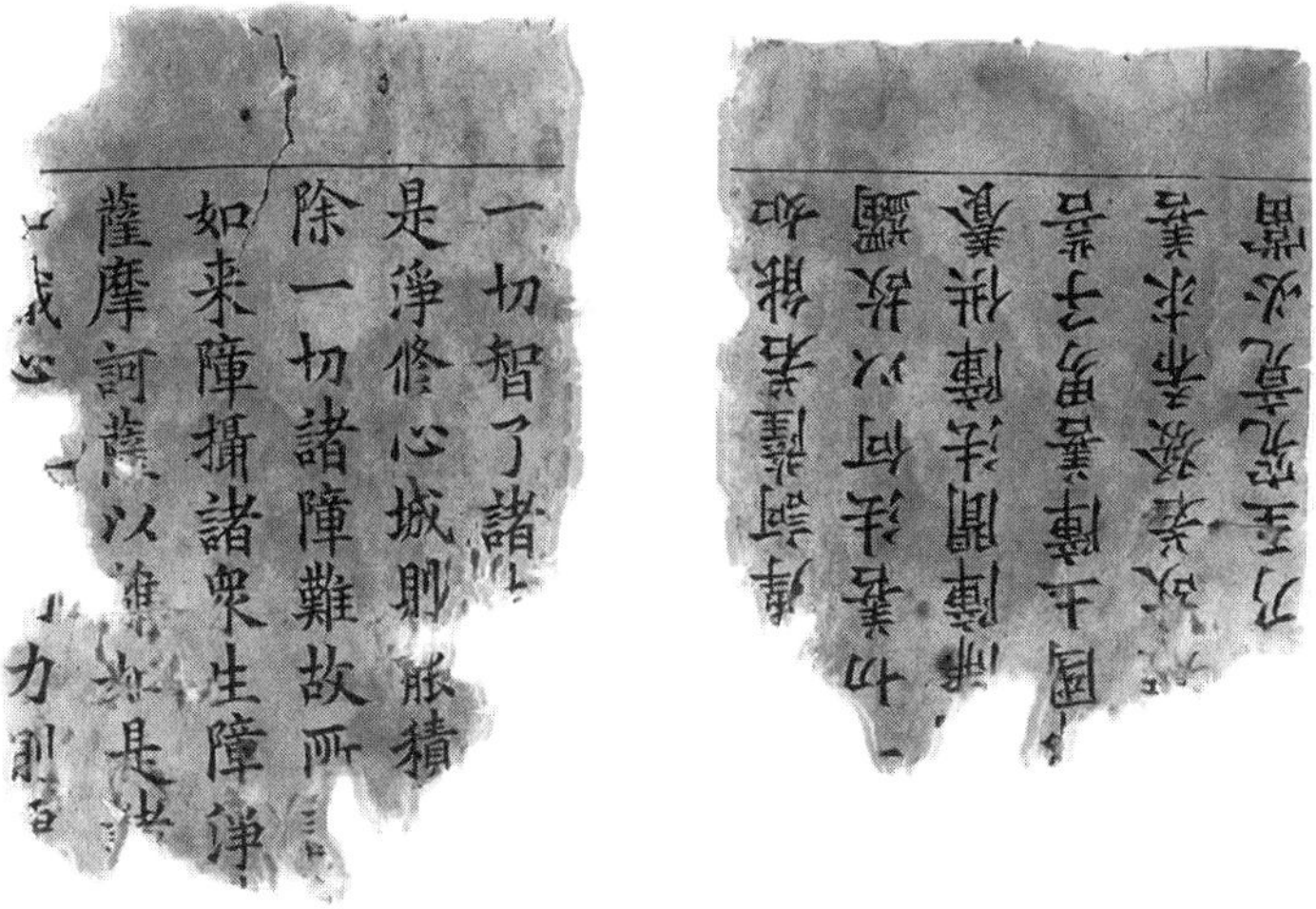

一切智了諸
是淨修心城
除一切諸障難故所
如来障攝諸衆生障淨

Ch/U8177（T I D 1004a, b　MIK 031770）

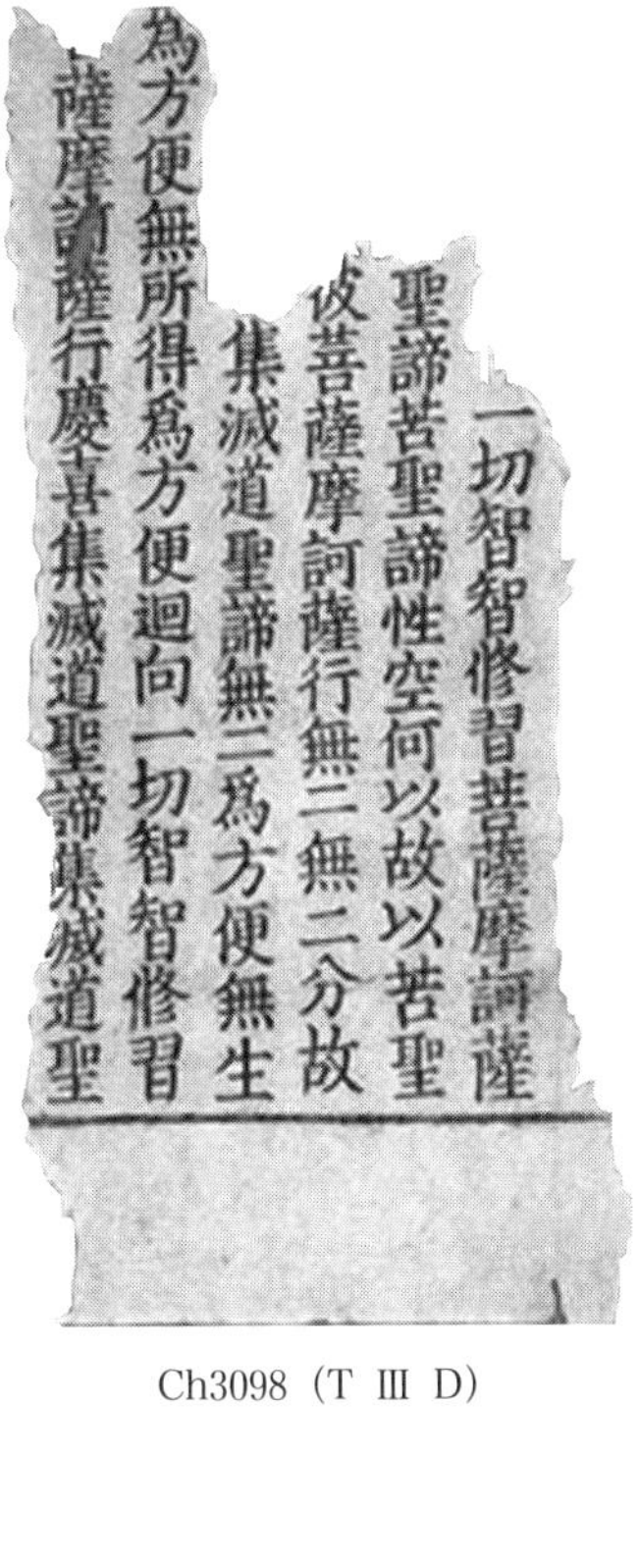

一切智智修習菩薩摩訶薩
聖諦苦聖諦性空何以故以苦聖
故菩薩摩訶薩行無二無二分故
集滅道聖諦無二爲方便無生
爲方便無所得爲方便迴向一切智智修習
薩摩訶薩行慶喜集滅道聖諦集滅道聖

Ch3098（T Ⅲ D）

Ch3464（TⅢD）

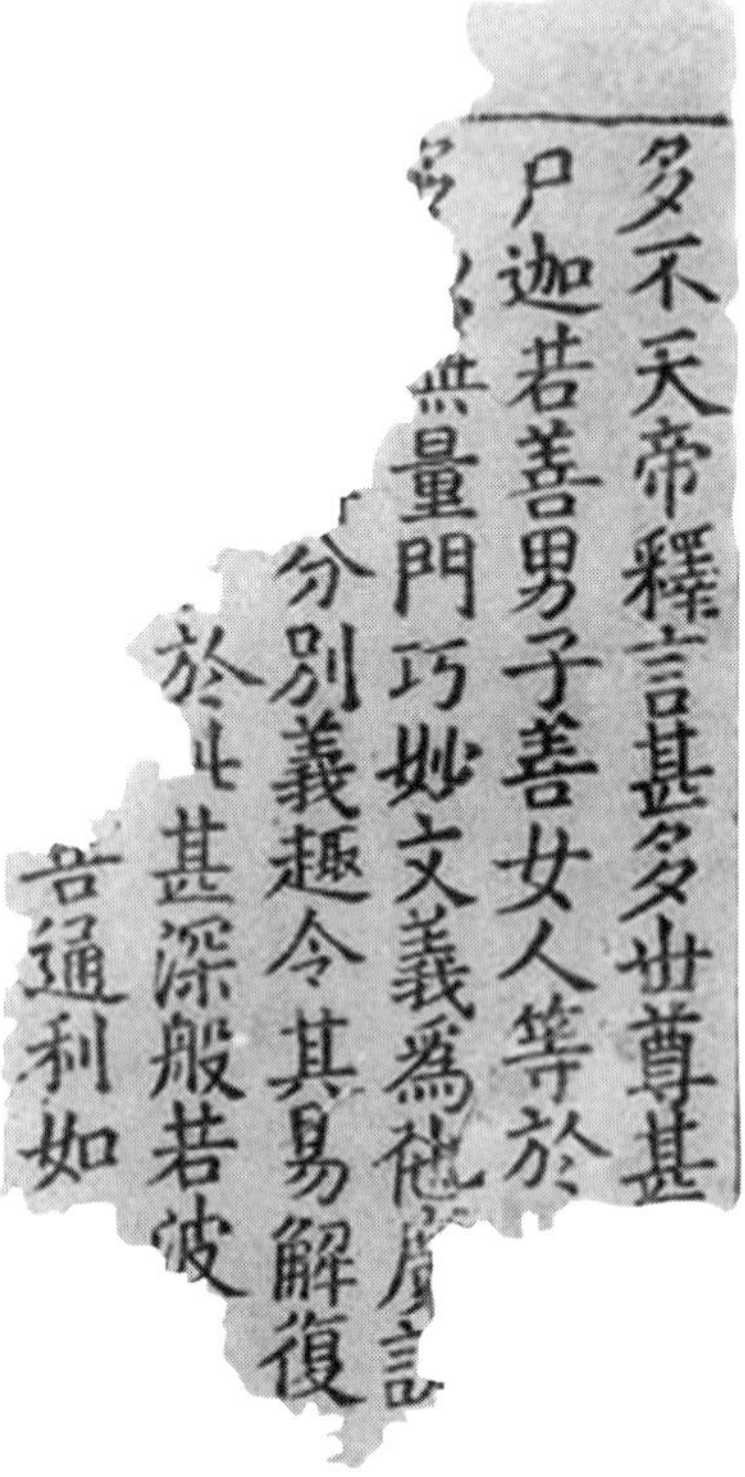

Ch1818（TⅢT435）

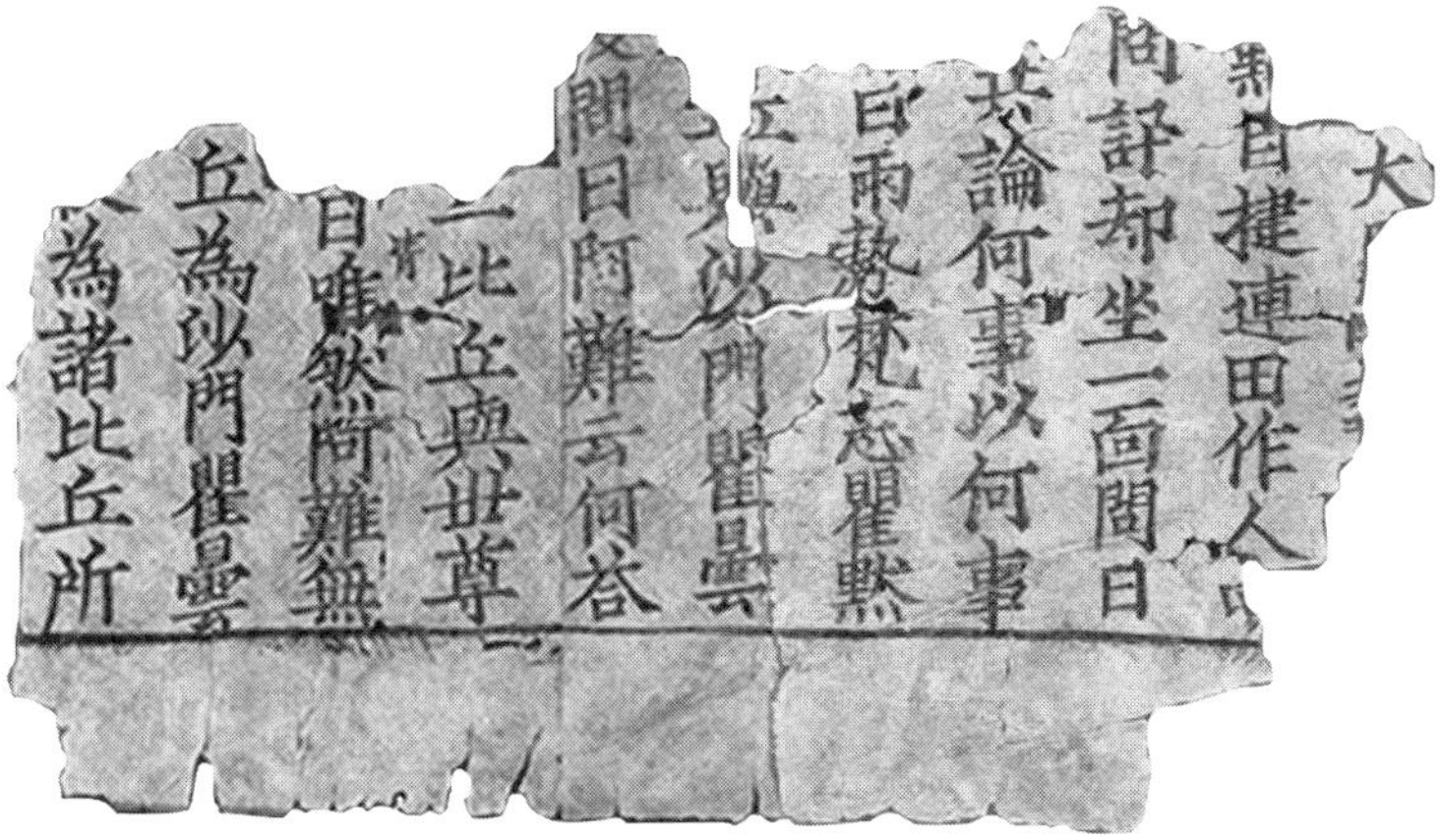
大
白揵連田作人
問訊却坐一面問曰
共論何事以何事
曰雨勢梵志瞿默
丘與沙門瞿曇
問曰阿難云何荅
一比丘與世尊
曰唯然阿難無
丘為沙門瞿曇
為諸比丘所

Ch2533（o.F.）+Ch2443（o.F.）

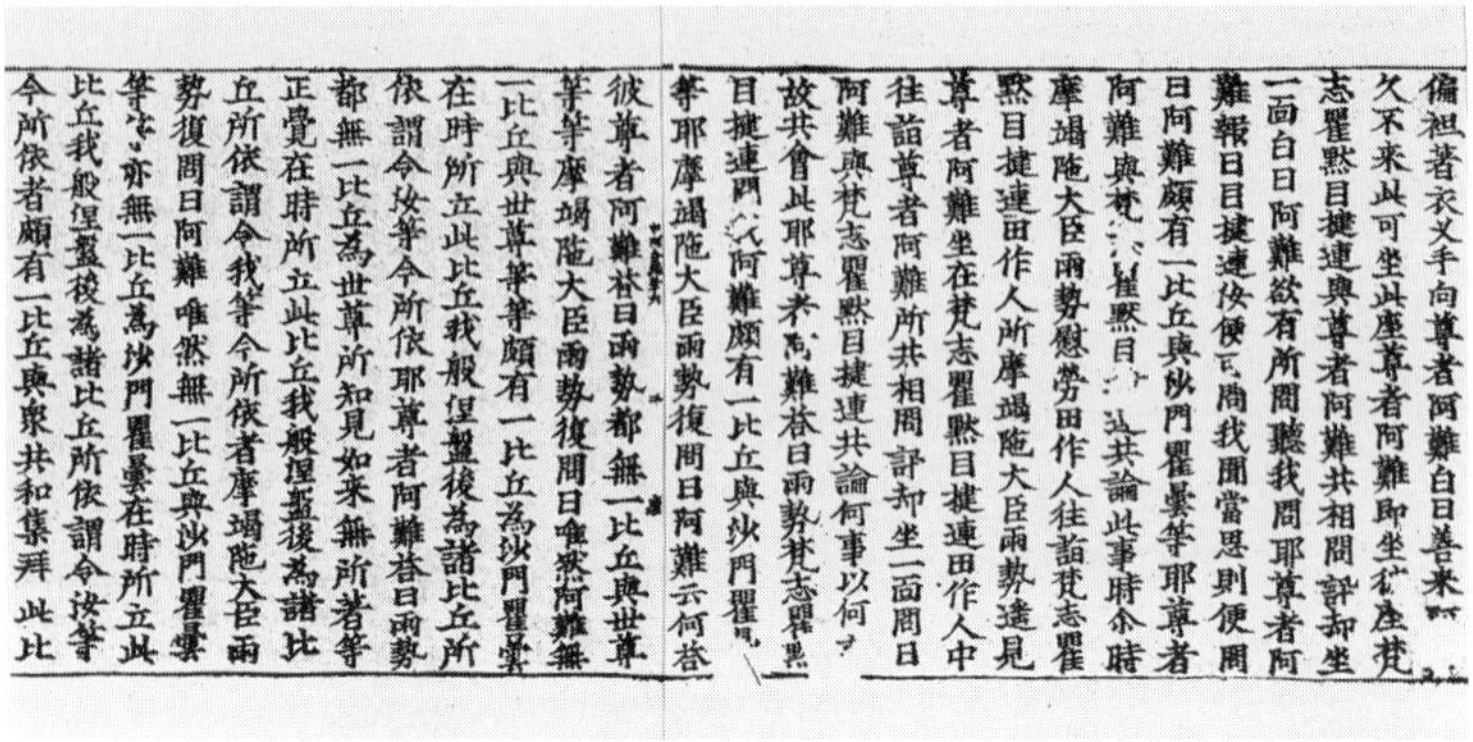

偏袒著衣叉手向尊者阿難白曰善來阿
久不來此可坐此座尊者阿難即坐彼座梵
志瞿默目揵連與尊者阿難共相問評却坐
一面白曰阿難欲有所問聽我問耶尊者阿
難報曰目揵連汝便可問我聞當思則便問
曰阿難頗有一比丘與沙門瞿曇等耶尊者
阿難與梵志瞿默目揵連共論此事時尒時
摩竭陁大臣雨勢慰勞田作人往詣梵志瞿
默目揵連田作人所摩竭陁大臣雨勢遥見
尊者阿難坐在梵志瞿默目揵連田作人中
往詣尊者阿難所共相問評却坐一面問曰
阿難與梵志瞿默目揵連共論何事以何事
故共會此耶尊者阿難答曰雨勢梵志瞿默
目揵連問我阿難頗有一比丘與沙門瞿曇
等耶摩竭陁大臣雨勢復問曰阿難云何答
彼尊者阿難答曰雨勢都無一比丘與世尊
等等摩竭陁大臣雨勢復問曰唯然阿難無
一比丘與世尊等等頗有一比丘為沙門瞿曇
在時所立此比丘我般涅槃後為諸比丘所
依謂令汝等今所依耶尊者阿難答曰雨勢
都無一比丘為世尊所知見如來無所著等
正覺在時所立此比丘我般涅槃後為諸比
丘所依謂令我等今所依者摩竭陁大臣雨
勢復問曰阿難唯然無一比丘與沙門瞿曇
等等亦無一比丘為沙門瞿曇在時所立此
比丘我般涅槃後為諸比丘所依謂令汝等
今所依者頗有一比丘與衆共和集拜此比

應縣「中阿含經」卷36（清　一・二）

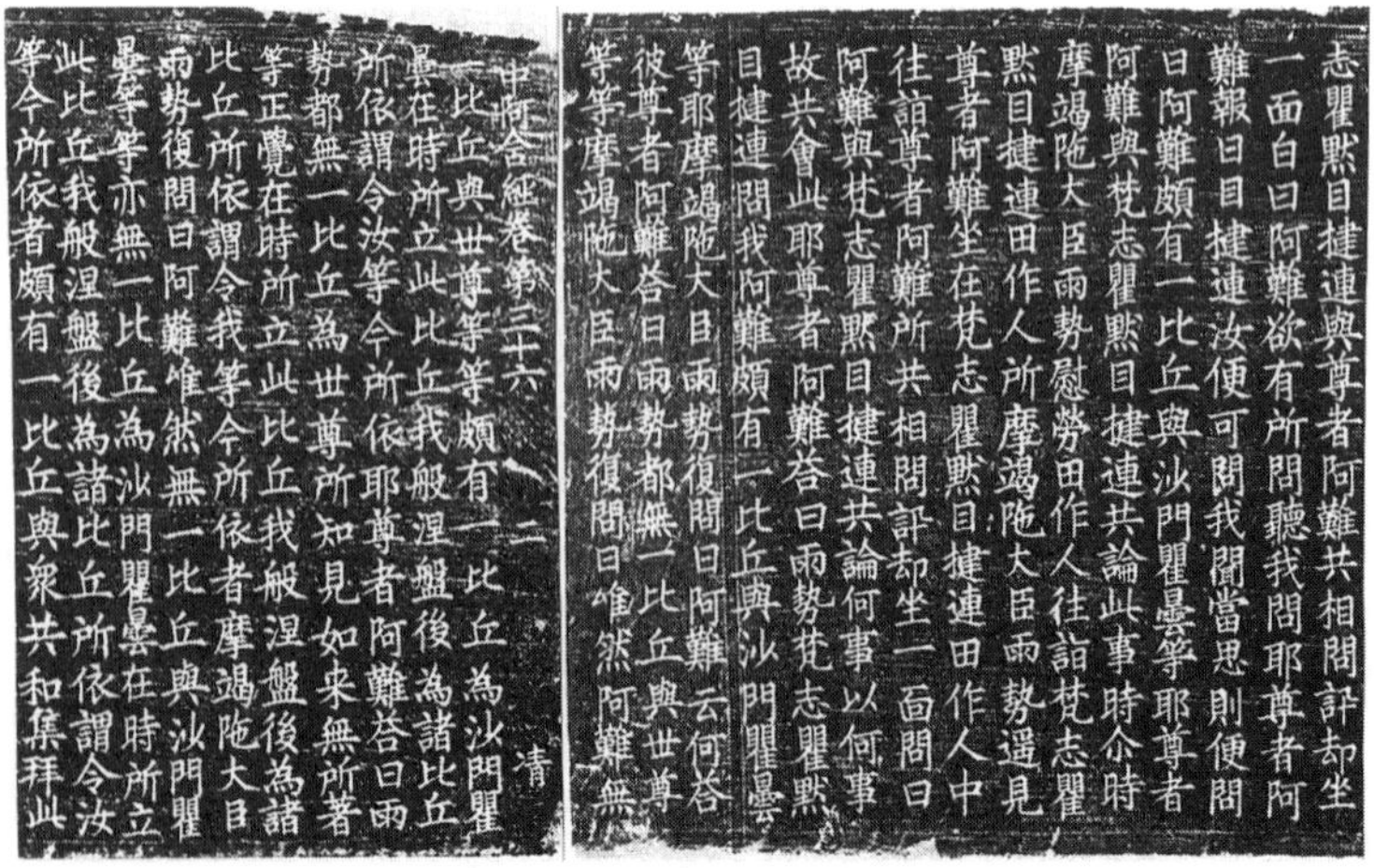

志瞿默目揵連與尊者阿難共相問評却坐
一面白曰阿難欲有所問聽我問耶尊者阿
難報曰目揵連汝便可問我聞當思則便問
曰阿難頗有一比丘與沙門瞿曇等耶尊者
阿難與梵志瞿默目揵連共論此事時尒時
摩竭陁大臣雨勢慰勞田作人往詣梵志瞿
默目揵連田作人所摩竭陁大臣雨勢遥見
尊者阿難坐在梵志瞿默目揵連田作人中
往詣尊者阿難所共相問評却坐一面問曰
阿難與梵志瞿默目揵連共論何事以何事
故共會此耶尊者阿難答曰雨勢梵志瞿默
目揵連問我阿難頗有一比丘與沙門瞿曇
等耶摩竭陁大臣雨勢復問曰阿難云何答
彼尊者阿難答曰雨勢都無一比丘與世尊
等等摩竭陁大臣雨勢復問曰唯然阿難無
中阿含經卷第三十六　二　清
一比丘與世尊等等頗有一比丘為沙門瞿
曇在時所立此比丘我般涅槃後為諸比丘
所依謂令汝等今所依耶尊者阿難答曰雨
勢都無一比丘為世尊所知見如來無所著
等正覺在時所立此比丘我般涅槃後為諸
比丘所依謂令我等今所依者摩竭陁大臣
雨勢復問曰阿難唯然無一比丘與沙門瞿
曇等等亦無一比丘為沙門瞿曇在時所立
此比丘我般涅槃後為諸比丘所依謂令汝
等今所依者頗有一比丘與衆共和集拜此

房山石經21「中阿含經」卷36（清　一・三）

門難今遊何
行此王舍城
多園至可愛樂正
無有鼓籁亦無
迦蘭多園

Ch1110（TⅢT467）

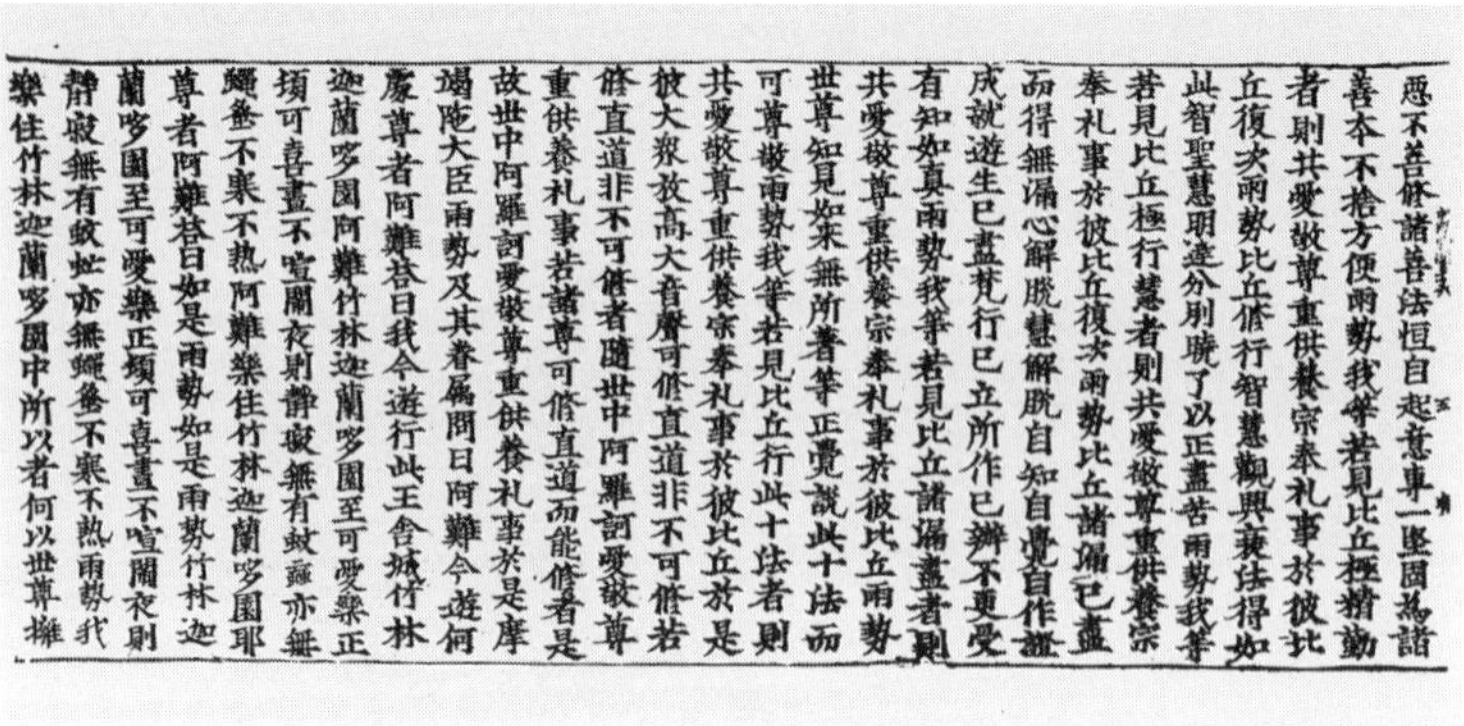

惡不善修諸善法恒自起意專一堅固爲諸
善本不捨方便而勢我等若見比丘極精勤
者則共愛敬尊重供養宗奉礼事於彼比
丘復次雨勢比丘修行智慧觀興衰法得如
此智聖慧明達分別曉了以正盡苦雨勢我等
若見比丘極行慧者則共愛敬尊重供養宗
奉礼事於彼比丘復次雨勢比丘諸漏已盡
而得無漏心解脫慧解脫自知自覺自作證
成就遊生已盡梵行已立所作已辦不更受
有知如真雨勢我等若見比丘諸漏盡者則
共愛敬尊重供養宗奉礼事於彼比丘雨勢
世尊知見如來無所著等正覺說此十法而
可尊敬雨勢我等若見比丘行此十法者則
共愛敬尊重供養宗奉礼事於彼比丘於是
彼大衆放高大音聲可修直道非不可修若
修直道非不可修者隨世中阿羅訶愛敬尊
重供養礼事若諸尊可修直道而能修者是
故世中阿羅訶愛敬尊重供養礼事於是摩
竭陀大臣雨勢及其眷屬問曰阿難今遊何
處尊者阿難答曰我今遊行此王舍城竹林
迦蘭哆園阿難竹林迦蘭哆園至可愛樂正
頌可喜晝不喧鬧夜則靜寂無有蚊虻亦無
蠅蚤不寒不熱阿難樂住竹林迦蘭哆園耶
尊者阿難答曰如是雨勢如是雨勢竹林迦
蘭哆園至可愛樂正頌可喜晝不喧鬧夜則
靜寂無有蚊虻亦無蠅蚤不寒不熱雨勢我
樂住竹林迦蘭哆園中所以者何以世尊擁

應縣「中阿含經」巻36（清　五）

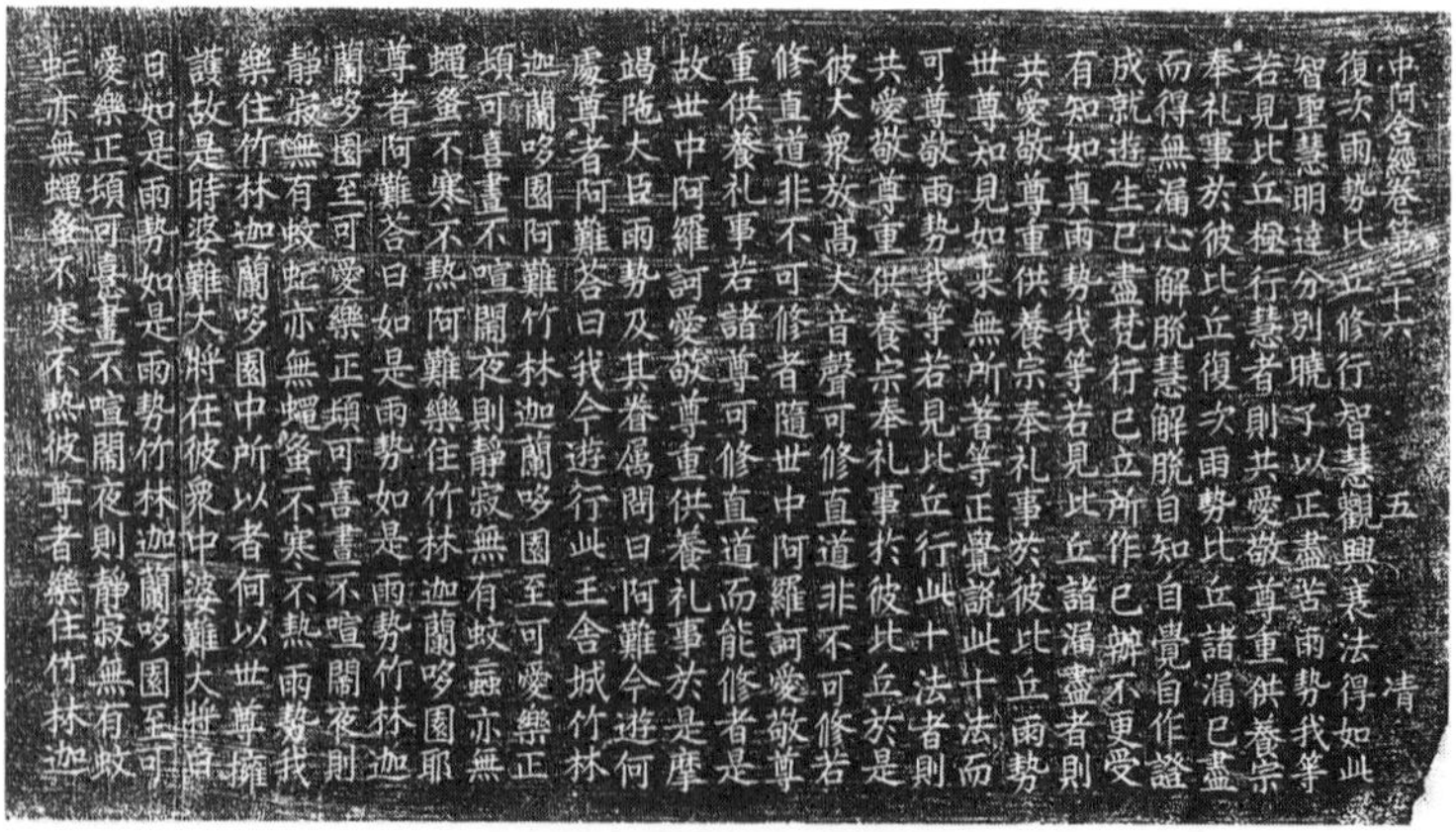

中阿含經卷第三十六　五　清
復次雨勢比丘修行智慧觀興衰法得如此
智聖慧明達分別曉了以正盡苦雨勢我等
若見比丘極行慧者則共愛敬尊重供養宗
奉礼事於彼比丘復次雨勢比丘諸漏已盡
而得無漏心解脫慧解脫自知自覺自作證
成就遊生已盡梵行已立所作已辦不更受
有知如真雨勢我等若見比丘諸漏盡者則
共愛敬尊重供養宗奉礼事於彼比丘雨勢
世尊知見如來無所著等正覺說此十法而
可尊敬雨勢我等若見比丘行此十法者則
共愛敬尊重供養宗奉礼事於彼比丘於是
彼大衆放高大音聲可修直道非不可修若
修直道非不可修者隨世中阿羅訶愛敬尊
重供養礼事若諸尊可修直道而能修者是
故世中阿羅訶愛敬尊重供養礼事於是摩
竭陀大臣雨勢及其眷屬問曰阿難今遊何
處尊者阿難答曰我今遊行此王舍城竹林
迦蘭哆園阿難竹林迦蘭哆園至可愛樂正
頌可喜晝不喧鬧夜則靜寂無有蚊虻亦無
蠅蚤不寒不熱阿難樂住竹林迦蘭哆園耶
尊者阿難答曰如是雨勢如是雨勢竹林迦
蘭哆園至可愛樂正頌可喜晝不喧鬧夜則
靜寂無有蚊虻亦無蠅蚤不寒不熱雨勢我
樂住竹林迦蘭哆園中所以者何以世尊擁
護故是時婆難大將在彼衆中婆難大將白
曰如是雨勢如是雨勢竹林迦蘭哆園至可
愛樂正頌可喜晝不喧鬧夜則靜寂無有蚊
虻亦無蠅蚤不寒不熱彼尊者樂住竹林迦

房山石經21「中阿含經」巻36（清　五）

Ch835（T II T1648）

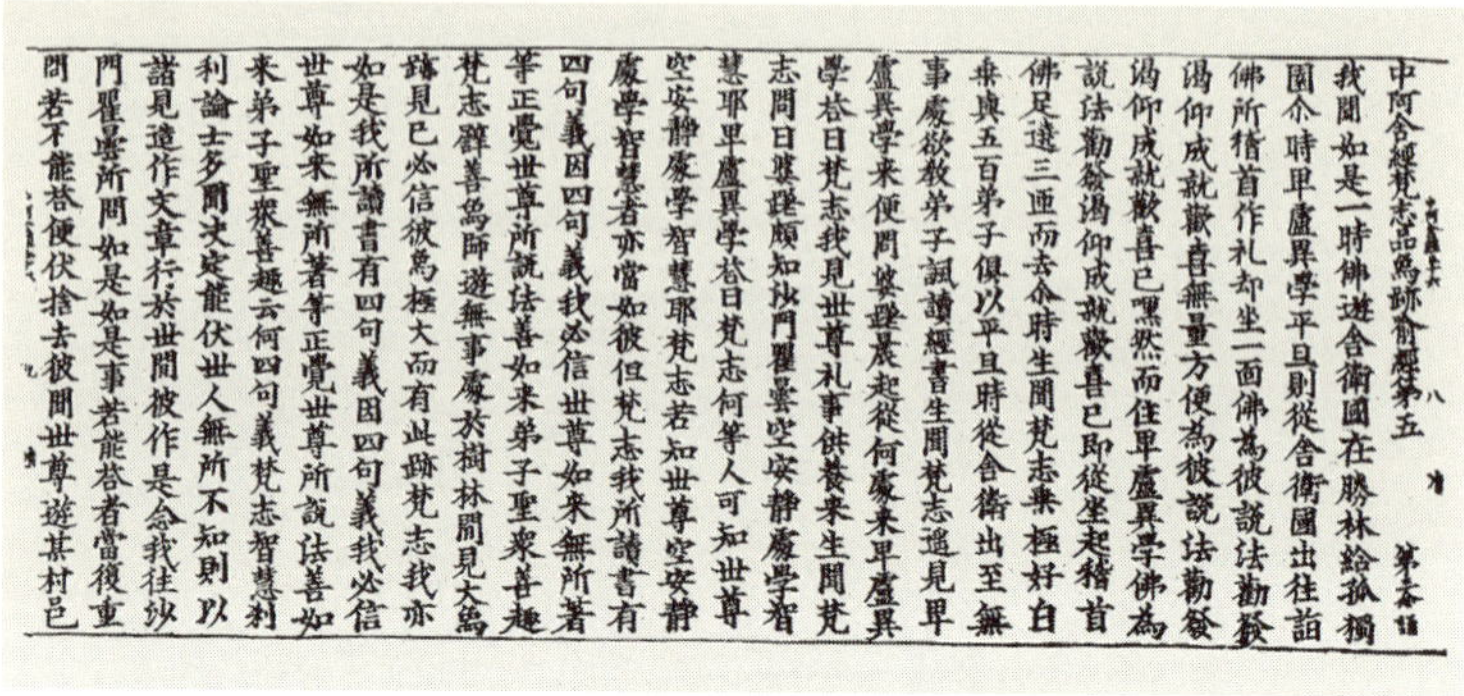
中阿含經梵志品鳥跡喻經第五　八
我聞如是一時佛遊舍衛國在勝林給孤獨
園尒時卑盧異學平旦則從舍衛國出往詣
佛所稽首作礼却坐一面佛為彼說法勸發
渴仰成就歡喜無量方便為彼說法勸發
渴仰成就歡喜已嘿然而住卑盧異學佛為
說法勸發渴仰成就歡喜已即從坐起稽首
佛足遶三匝而去尒時生聞梵志乗極好白
乗與五百弟子俱以平旦時從舍衛出至無
事處欲教弟子諷讀經書生聞梵志遥見卑
盧異學来便問婆蹉晨起從何處来卑盧異
學荅曰梵志我見世尊礼事供養来生聞梵
志問曰婆蹉頗知沙門瞿曇空安靜處學智
慧耶卑盧異學荅曰梵志何等人可知世尊
空安靜處學智慧耶梵志若知世尊空安靜
處學智慧者亦當如彼但梵志我所讀書有
四句義因四句義我必信世尊如来無所著
等正覺世尊所說法善如来弟子聖衆善趣
梵志譬善爲師遊無事處於樹林間見大爲
蹄見已必信彼爲極大而有此蹄梵志我亦
如是我所讀書有四句義因四句義我必信
世尊如来無所著等正覺世尊所說法善如
来弟子聖衆善趣云何四句義梵志智慧刹
利論士多聞決定能伏世人無所不知則以
諸見適作文章行於世間彼作是念我往沙
門瞿曇所問如是如是事若能荅者當復重
問若不能荅便伏捨去彼聞世尊遊其村邑

應縣「中阿含經」卷36（清　八）

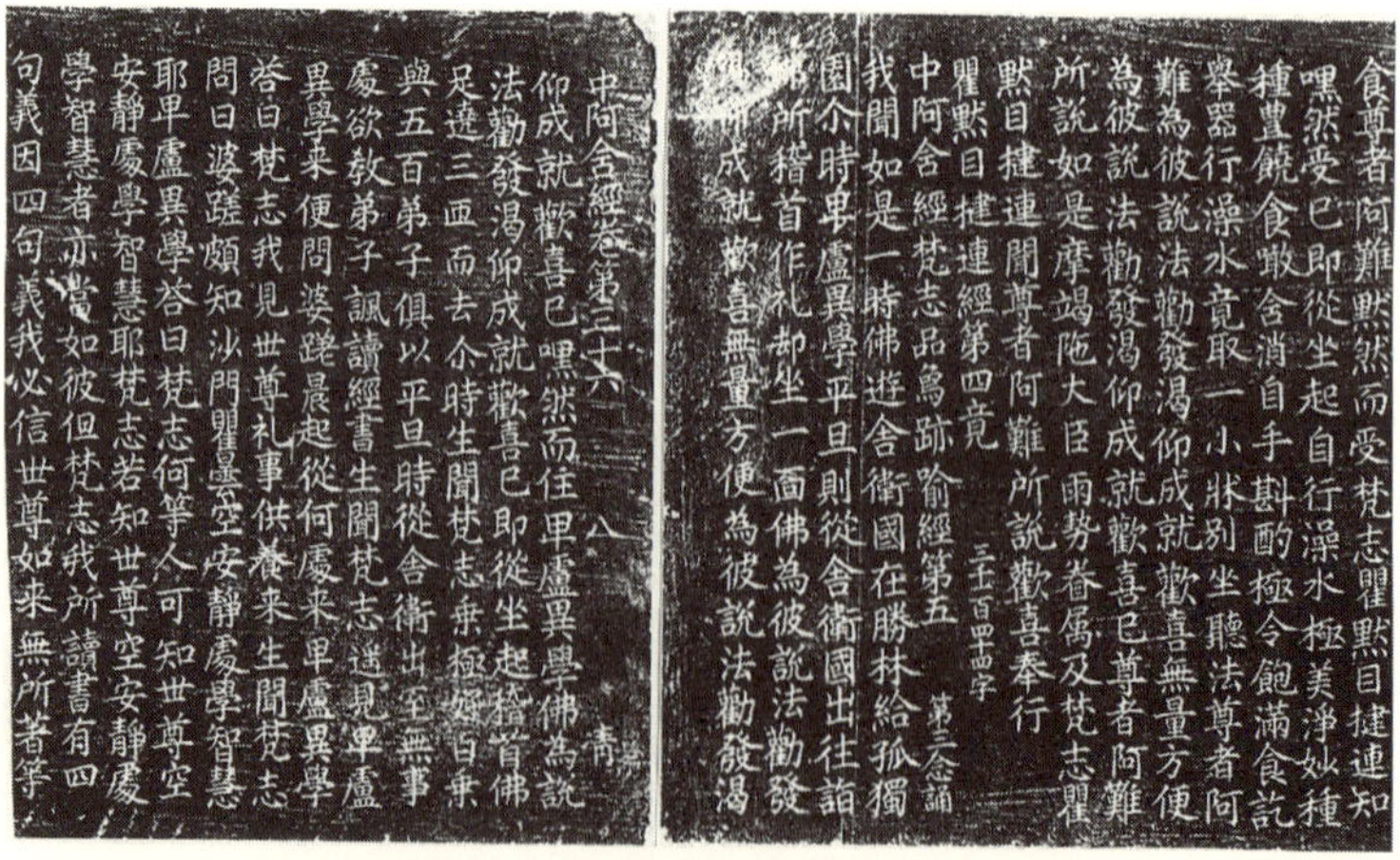
食尊者阿難默然而受梵志瞿默目揵連知
嘿然受已即從坐起自行澡水極美淨妙種
種豊饒食噉含消自手斟酌極令飽滿食訖
舉器行澡水竟取一小牀別坐聽法尊者阿
難為彼說法勸發渴仰成就歡喜無量方便
為彼說法勸發渴仰成就歡喜已尊者阿難
所說如是摩竭陁大臣雨勢眷屬及梵志瞿
默目揵連聞尊者阿難所說歡喜奉行
瞿默目揵連經第四竟
中阿含經梵志品鳥跡喻經第五
我聞如是一時佛遊舍衛國在勝林給孤獨
園尒時卑盧異學平旦則從舍衛國出往詣
佛所稽首作礼却坐一面佛為彼說法勸發
渴仰成就歡喜無量方便為彼說法勸發渴
中阿含經卷第三十六　八　清
仰成就歡喜已嘿然而住卑盧異學佛為說
法勸發渴仰成就歡喜已即從坐起稽首佛
足遶三匝而去尒時生聞梵志乗極好白乗
與五百弟子俱以平旦時從舍衛出至無事
處欲教弟子諷讀經書生聞梵志遥見卑盧
異學来便問婆蹉晨起從何處来卑盧異學
荅曰梵志我見世尊礼事供養来生聞梵志
問曰婆蹉頗知沙門瞿曇空安靜處學智慧
耶卑盧異學荅曰梵志何等人可知世尊空
安靜處學智慧耶梵志若知世尊空安靜處
學智慧者亦當如彼但梵志我所讀書有四
句義因四句義我必信世尊如来無所著等

房山石經21「中阿含經」卷36（清　七・八）

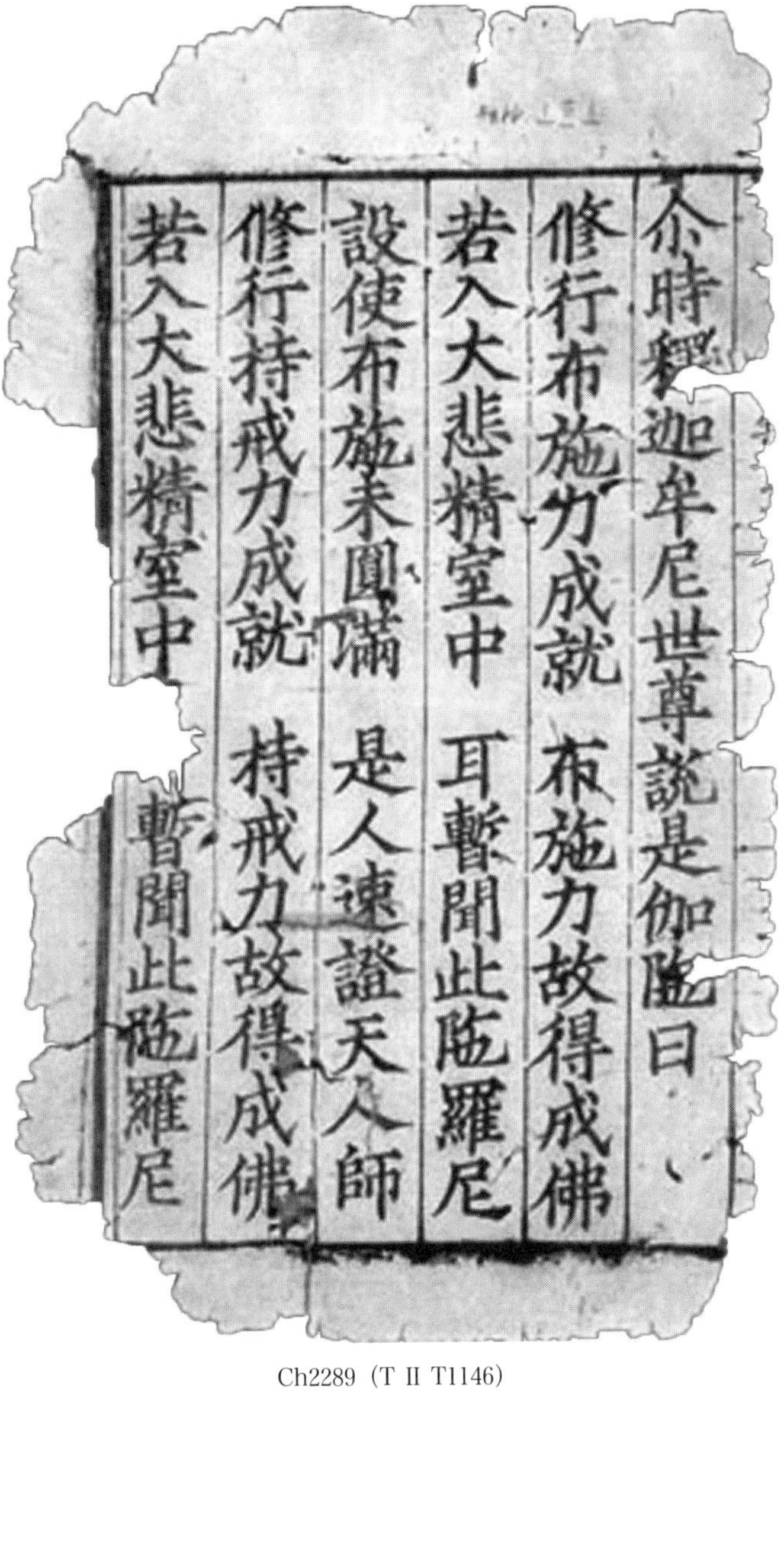
尒時釋迦牟尼世尊說是伽陁曰
修行布施力成就　布施力故得成佛
若入大悲精室中　耳暫聞此陁羅尼
設使布施未圓滿　是人速證天人師
修行持戒力成就　持戒力故得成佛
若入大悲精室中　暫聞此陁羅尼

Ch2289（T II T1146）

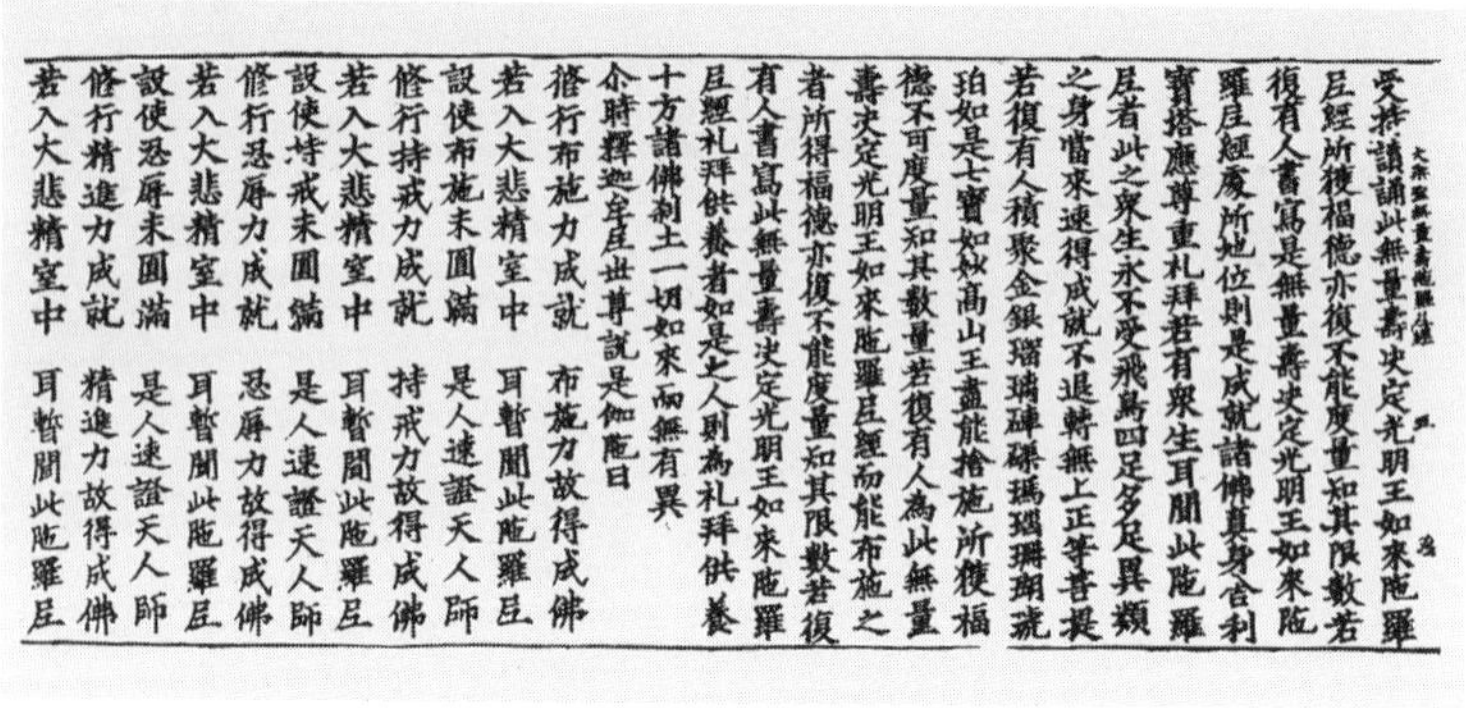

受持讀誦此無量壽決定光明王如來陀羅
尼經所獲福德亦復不能度量知其限數若
復有人書寫是無量壽決定光明王如來陀
羅尼經處所地位則是成就諸佛真身舍利
寶塔應尊重礼拜若有衆生耳聞此陀羅
尼者此之衆生永不受飛鳥四足多足異類
之身當來速得成就不退轉無上正等菩提
若復有人積聚金銀瑠璃硨磲瑪瑙珊瑚琥
珀如是七寶如妙高山王盡能捨施所獲福
德不可度量知其數量若復有人為此無量
壽決定光明王如來陀羅尼經而能布施之
者所得福德亦復不能度量知其限數若復
有人書寫此無量壽決定光明王如來陀羅
尼經礼拜供養者如是之人則為礼拜供養
十方諸佛剎土一切如來而無有異
佘時釋迦牟尼世尊說是伽陁曰
捨行布施力成就　布施力故得成佛
若入大悲精室中　耳暫聞此陀羅尼
設使布施未圓滿　是人速證天人師
修行持戒力成就　持戒力故得成佛
若入大悲精室中　耳暫聞此陀羅尼
設使持戒未圓滿　是人速證天人師
修行忍辱力成就　忍辱力故得成佛
若入大悲精室中　耳暫聞此陀羅尼
設使忍辱未圓滿　是人速證天人師
修行精進力成就　精進力故得成佛
若入大悲精室中　耳暫聞此陀羅尼

應縣「佛說大乘聖無量壽決定光明王如來陀羅尼經」(刻　五)

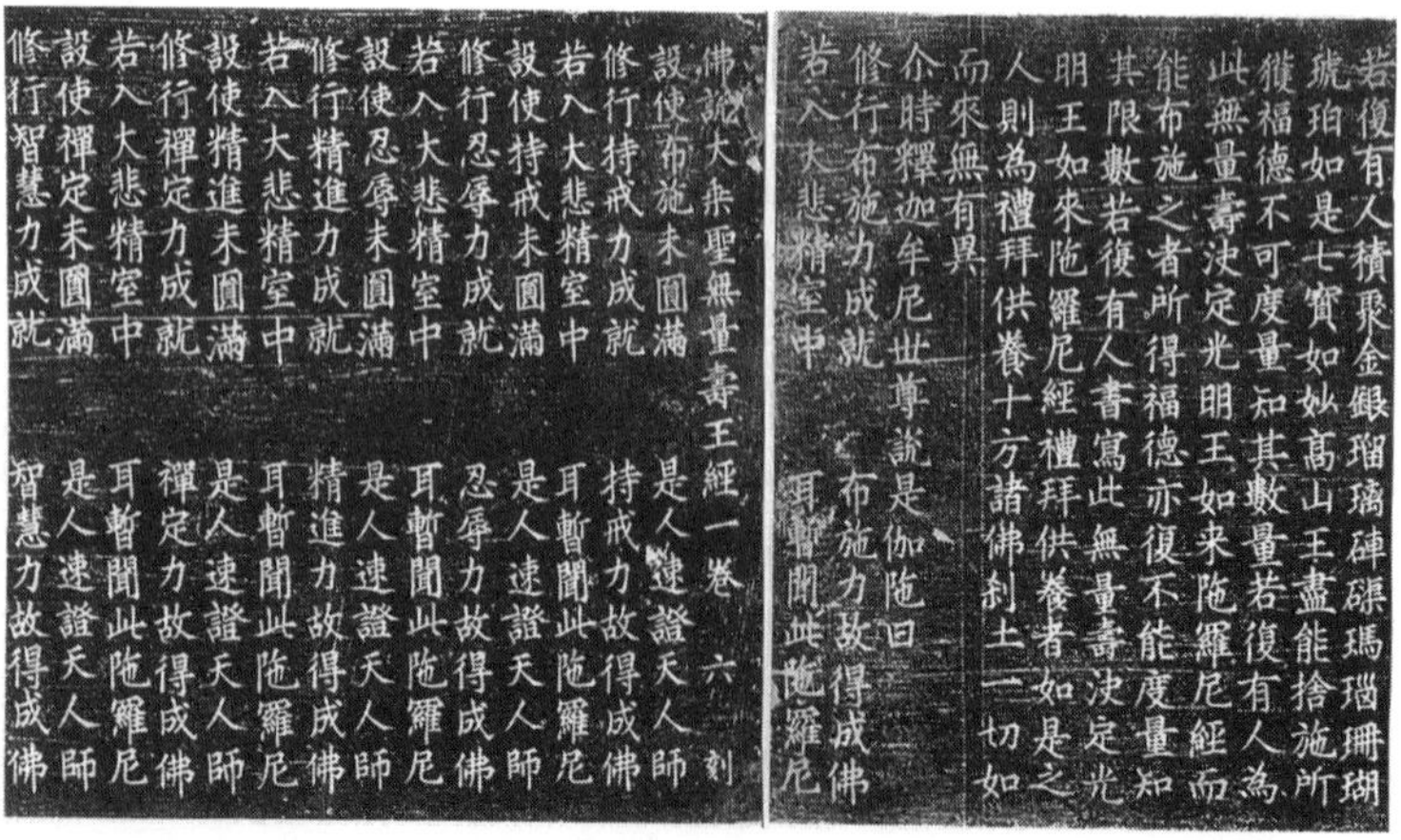

若復有人積聚金銀瑠璃硨磲瑪瑙珊瑚
琥珀如是七寶如妙高山王盡能捨施所
獲福德不可度量知其數量若復有人為
此無量壽決定光明王如來陀羅尼經而
能布施之者所得福德亦復不能度量知
其限數若復有人書寫此無量壽決定光
明王如來陀羅尼經禮拜供養者如是之
人則為禮拜供養十方諸佛剎土一切如
而來無有異
佘時釋迦牟尼世尊說是伽陁曰
修行布施力成就　布施力故得成佛
若入大悲精室中　耳暫聞此陀羅尼
佛說大乘聖無量壽王經一卷　六　刻
設使布施未圓滿　是人速證天人師
修行持戒力成就　持戒力故得成佛
若入大悲精室中　耳暫聞此陀羅尼
設使持戒未圓滿　是人速證天人師
修行忍辱力成就　忍辱力故得成佛
若入大悲精室中　耳暫聞此陀羅尼
設使忍辱未圓滿　是人速證天人師
修行精進力成就　精進力故得成佛
若入大悲精室中　耳暫聞此陀羅尼
設使精進未圓滿　是人速證天人師
修行禪定力成就　禪定力故得成佛
若入大悲精室中　耳暫聞此陀羅尼
設使禪定未圓滿　是人速證天人師
修行智慧力成就　智慧力故得成佛

房山石經25「佛說大乘聖無量壽決定光明王如來陀羅尼經」(重刻)(刻　五・六)

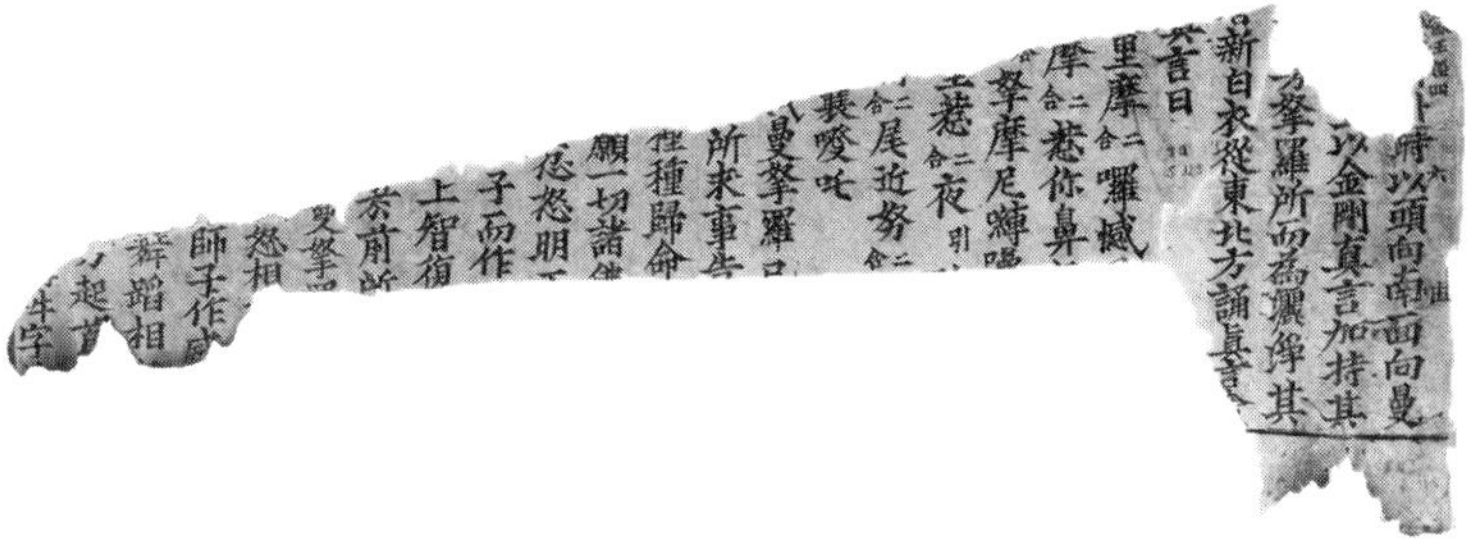

Ch/U7316 (T II S32a. 1000)＋Ch/U7546 (T II S32a)＋Ch863 (T II S32a. 1001)

Ch/U7374 (T I D)

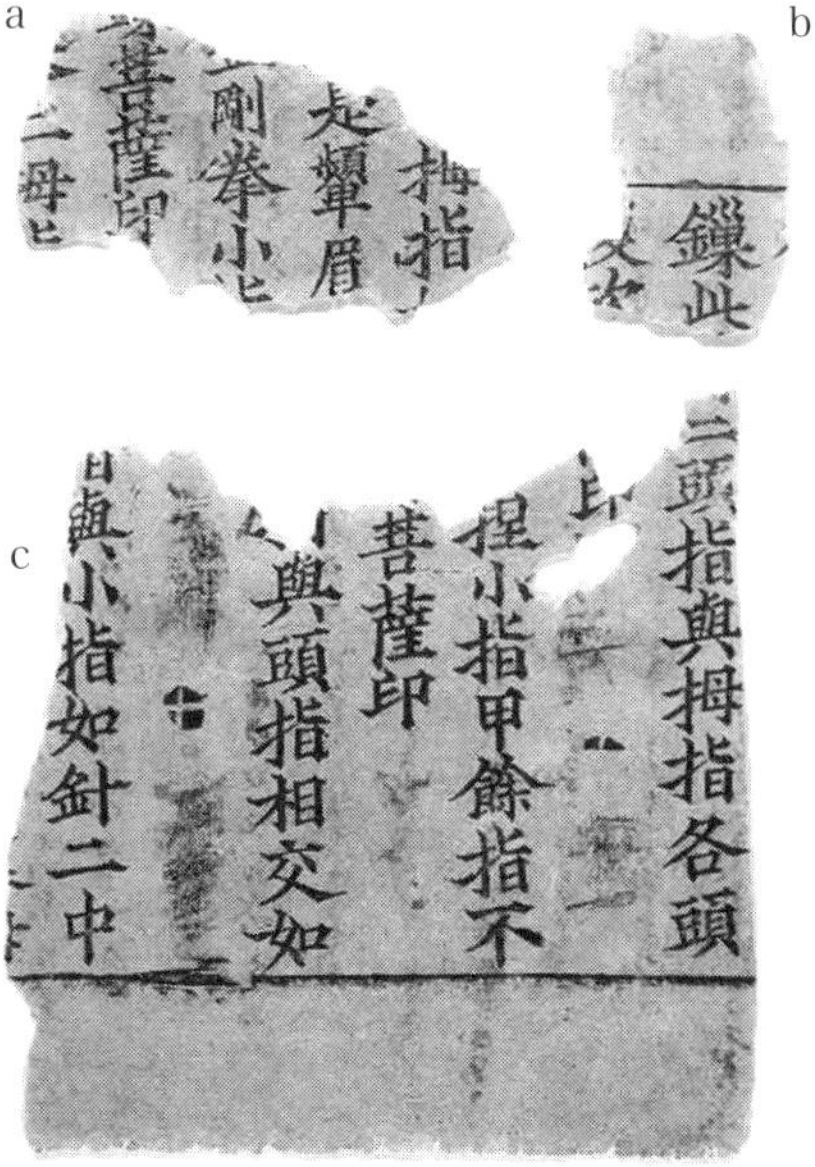

Ch/U7472 (o.F.)

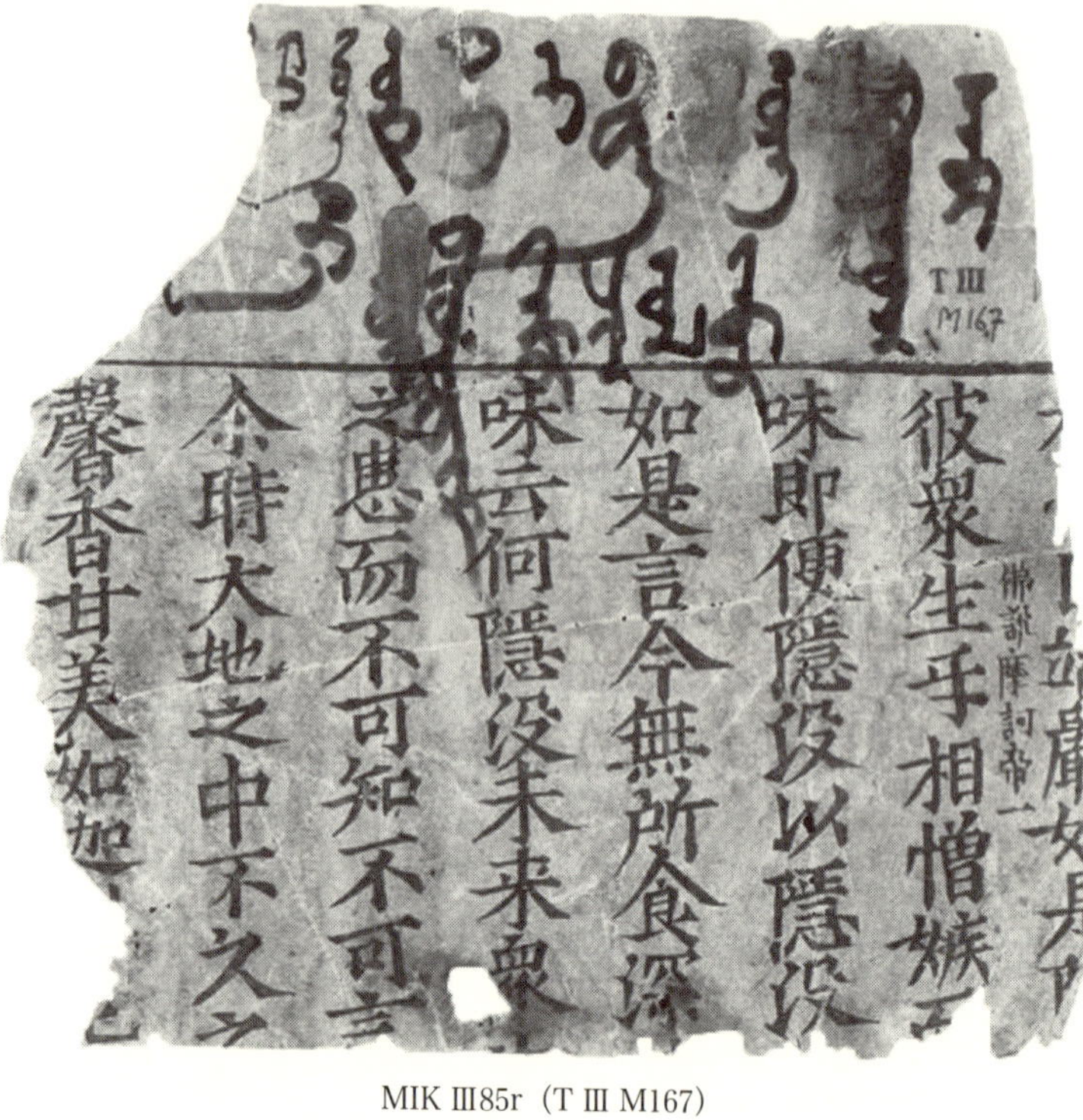

MIK Ⅲ85r（T Ⅲ M167）

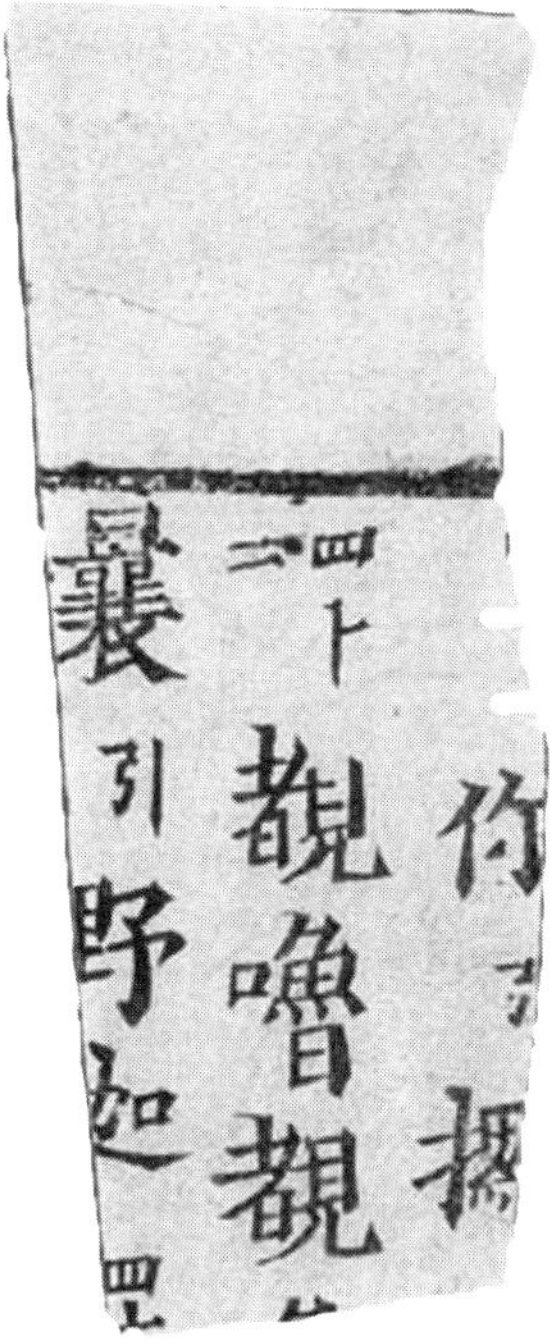

Ch1081（T Ⅲ T204. 51）

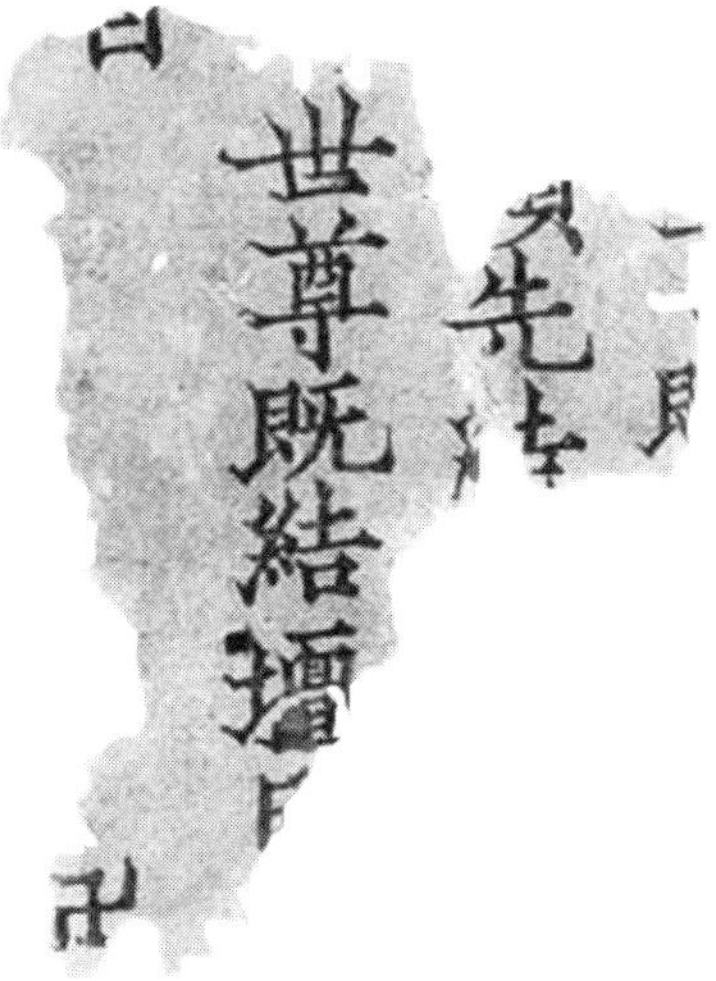

Ch1097（T Ⅱ T1510）

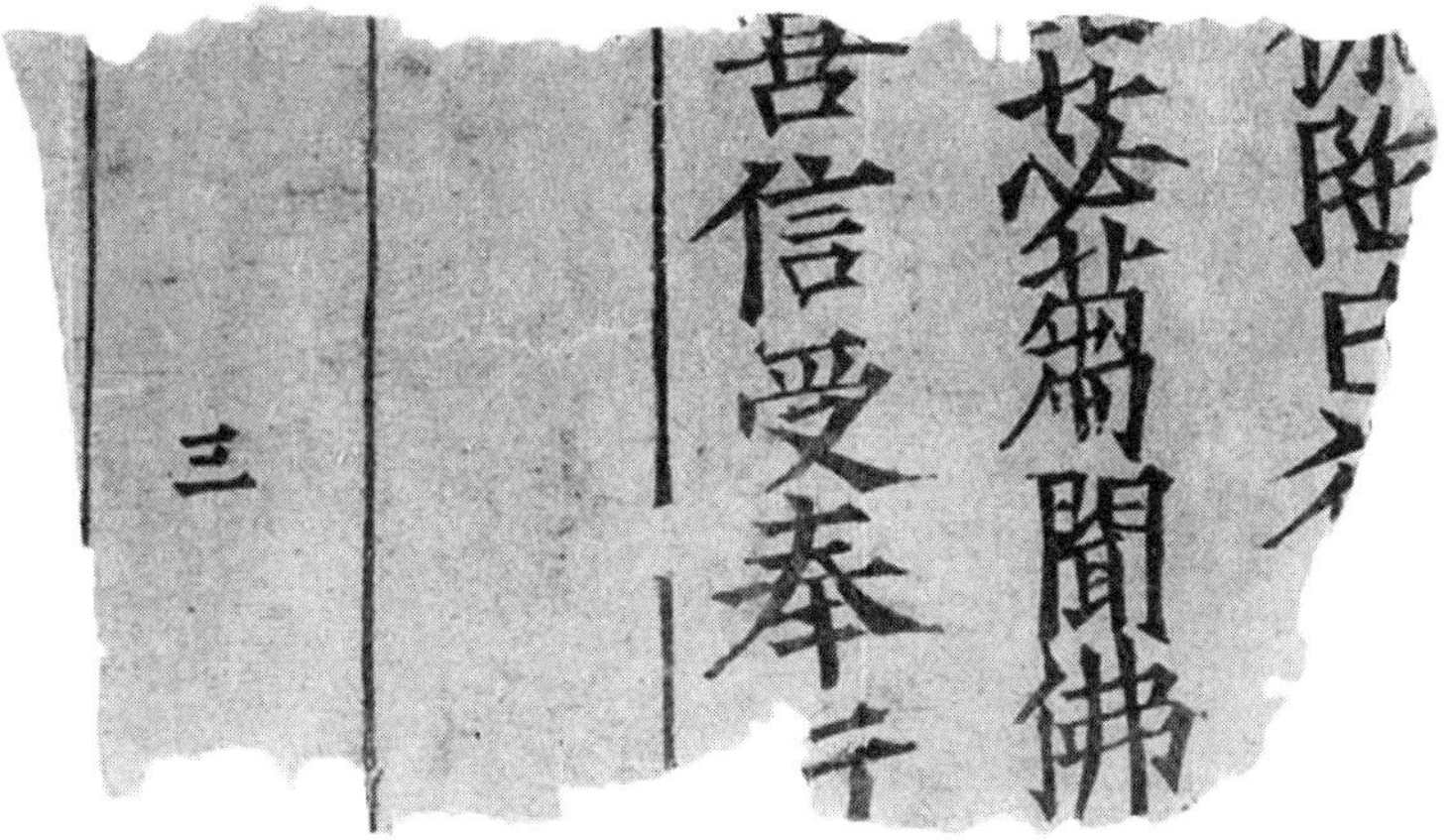

Ch1115（T Ⅰ 510x）

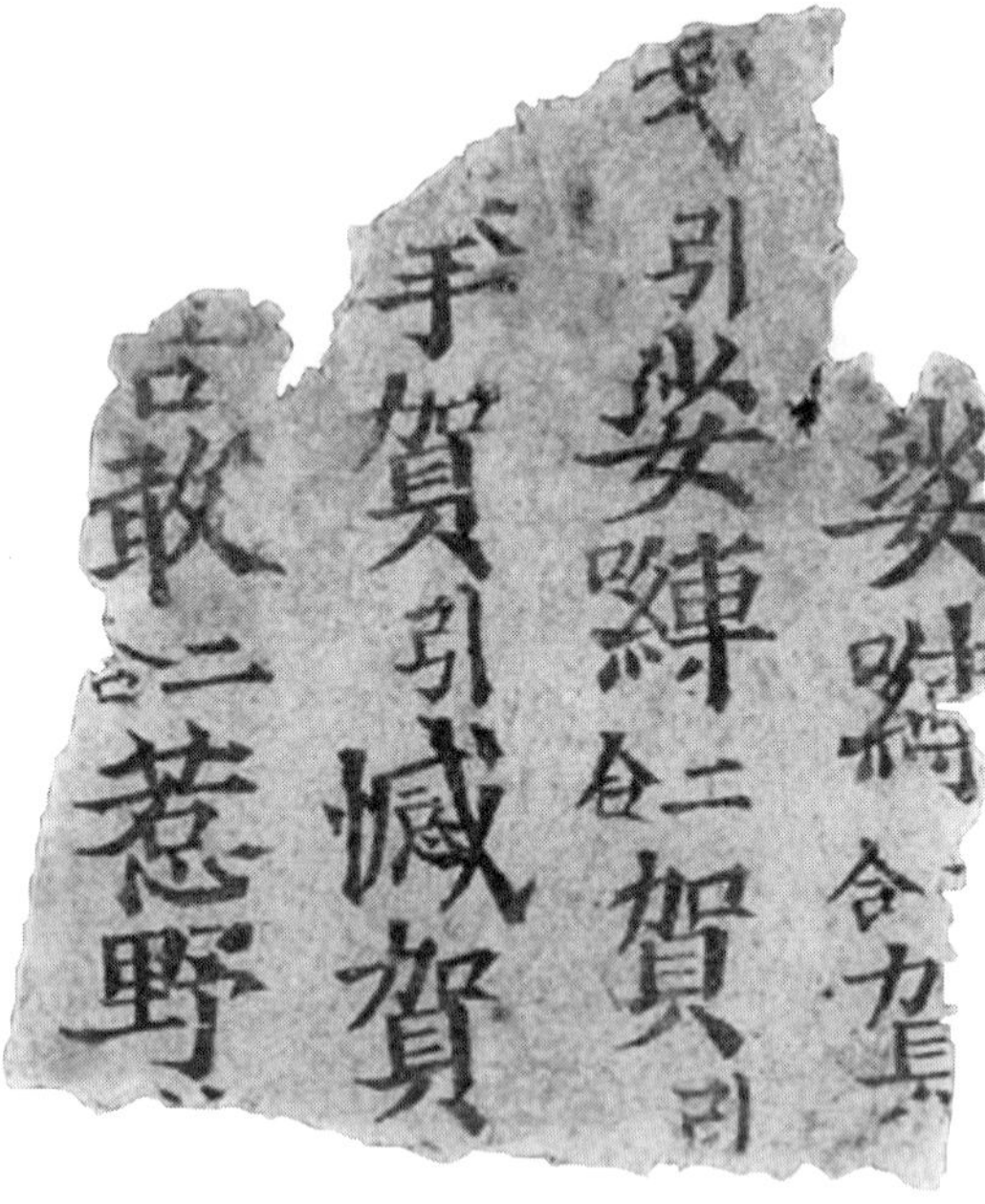

Ch1620（T Ⅱ T1504）

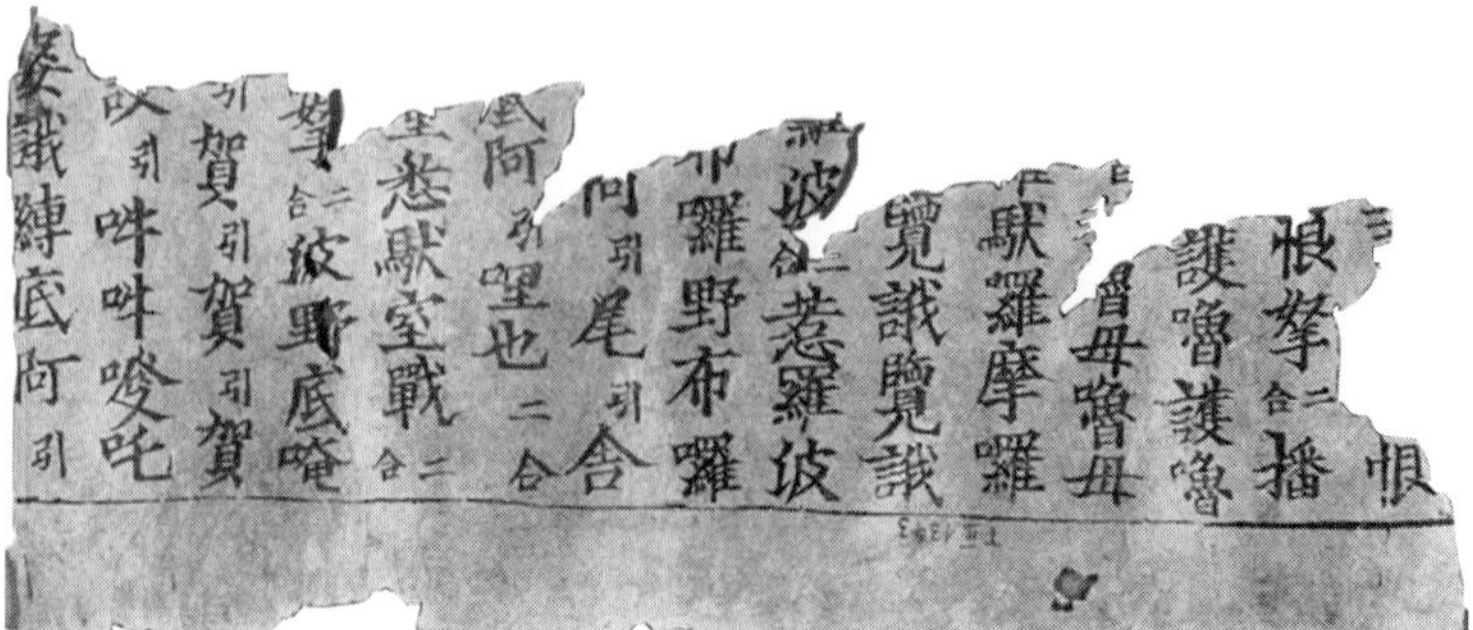

Ch2128（T Ⅱ1343）

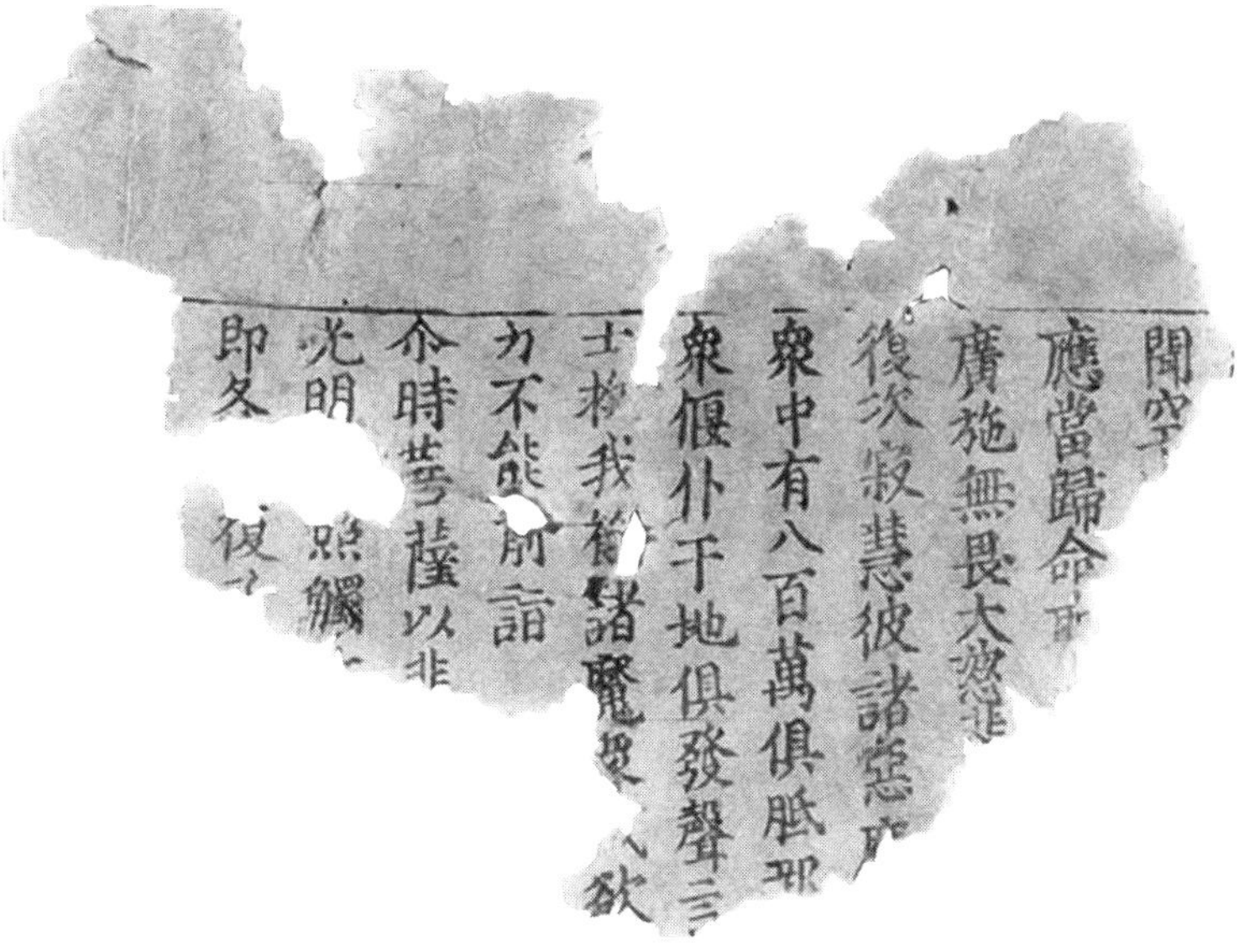

聞空
應當歸命
廣施無畏大慈悲
復次寂慧彼諸惡
衆中有八百萬俱胝那
衆偃仆于地俱發聲言
士於我諸魔欲
力不能前詣
尒時菩薩以悲
光明照觸
即多復

Ch1050（T II T4043）

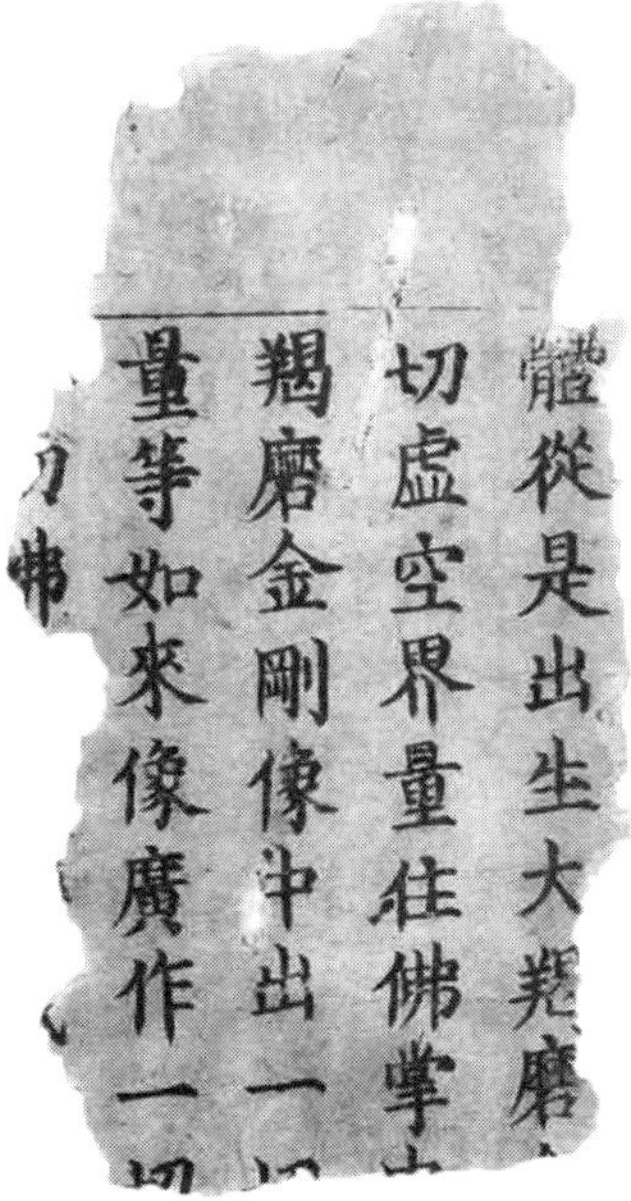

體從是出生大羯磨
切虛空界量住佛掌
羯磨金剛像中出一切
量等如來像廣作一切
乃佛

Ch/U6152（o.F.）

「ベゼクリク」未同定162：81TB10：07a

MIK III 4633b2（T I）

Ch/U8183＋Ch/U6073＋Ch/U8197b ＋出口「22」

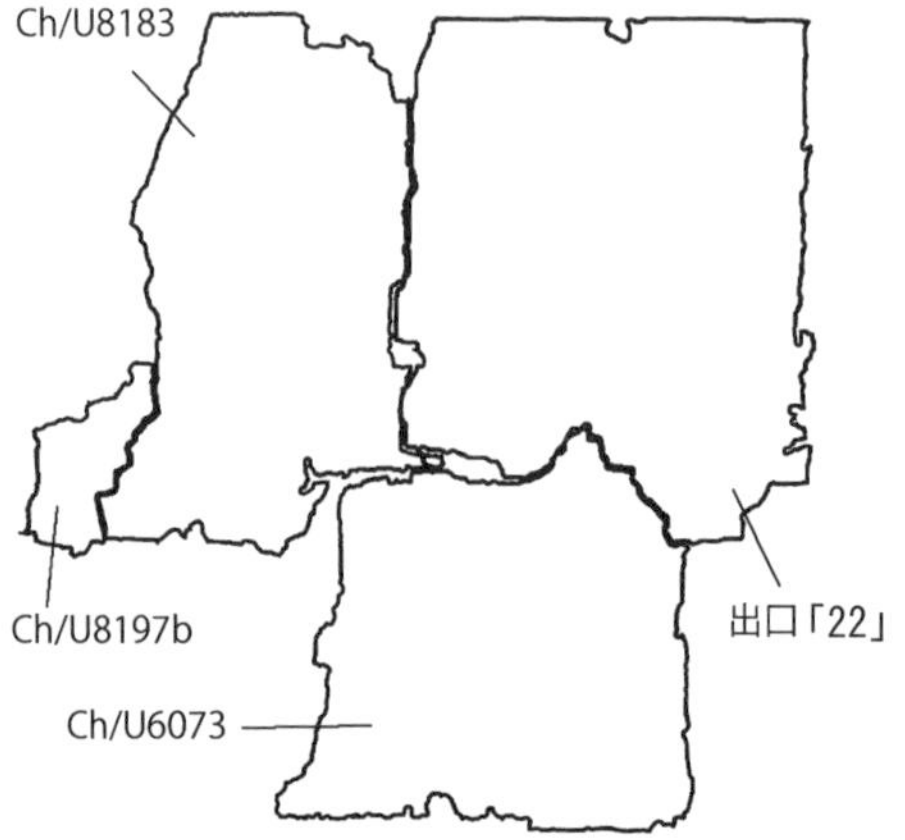

Ch/U8183＋ Ch/U6073＋ Ch/U8197b ＋出口「22」接續白描圖

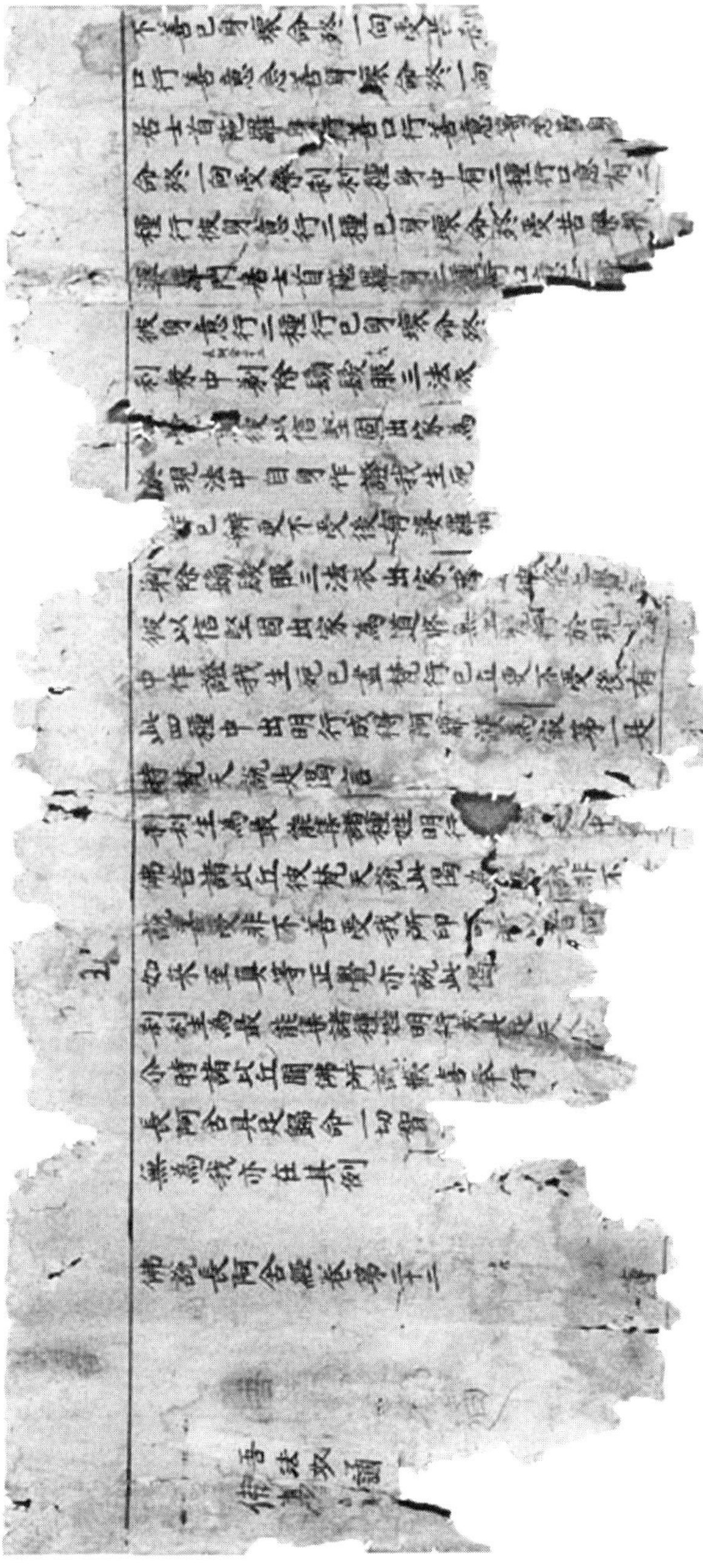

Ch5546r（T II 1036）

3

インド美術館藏トルファン漢語斷片假目錄

序

20世紀の初めに，ドイツ學術調査隊は中央アジアに４回派遣され，クチャ，キジル，トルファンから，佛教壁畫をはじめ多くの考古學遺物，美術品，文書をベルリンに持ち歸った。第二次世界大戰前には，壁畫等の美術品は民族學博物館で展示されていた。そして疎開できなかった大きな作品は戰爭末期のベルリン大空襲で甚大な損失を被った。大戰後の混亂期を抜け復興のメドがたった1963年１月１日，民族學博物館（Museum für Völkerkunde）のインド部門は獨立して，インド美術館（Museum für Indische Kunst）が誕生した。場所は舊西ベルリン郊外のダーレムである。

どこの國も，最近は財政的理由で文化施設の統合・縮小が相次いでいるが，ベルリンでもこの傾向は顯著である。30數年間，インド美術館の名で親しまれたこの美術館も，2006年12月４日から，「アジア美術館」（Museum für Asiatische Kunst）の１部門となった。アジア美術館は，南アジア・東南アジア・中央アジア美術コレクション（Kunstsammlung Süd-, Südost- und Zentralasiens）と，日本・中國・朝鮮を含む東アジア美術コレクション（Ostasiatische Kunstsammlung）の２分野に整理され，インド美術館は前者の１部門となった。しかし美術品の整理記號も變わっていないので，しばらく舊稱インド美術館の名を用いる。

筆者はかつて，ベルリン・トルファン・コレクションの目錄の中に，インド美術館所藏の漢語文書も取り上げるべく調査し，個々の斷片についても少しく考察した。その際氣づいたのは，美術館に漢語文書の完全な目錄

が備わっておらず，研究者の接近が難しいことである。そこで，今回新たに發見したものも含めて，以下に筆者の作成した漢語文書目錄を紹介しようと思う。まず，なぜこの美術館の目錄が重要であるかを述べることにしよう。

大戰後から1990年のドイツ統一までの期間，ベルリン・トルファン・コレクションの文書のほとんどは舊東ベルリンのアカデミーで保管・研究され，西側の研究者には概ね閉ざされていた。その中にあって，美術館の文書は，西側の研究者に提供された貴重なものであった。1990年までは，アカデミーと美術館の兩コレクションを併せ見ることは不可能なことだったのである。

もともと兩コレクションは一體のものであったが，1930年代の後半に，一部が展覽・研究のために美術館の前身である民族博物館に分けられた。そして戰爭のために，半世紀以上にわたって東のアカデミーとは沒交渉となった。しかも，中國學者によってある程度整理された後に分けられたのであれば，研究遲滯も最小限で濟んだはずであるが，そうではなかったようである。以下の目錄にも見られるように，兩コレクションの斷片が一連のものであったり，あるものは完全に接合することが確認できるからである。本書Ⅲ- 6 に取り上げる「元初の一枚の印刷佛典扉繪と供養圖」はその一例である。これは兩コレクションに接觸しうる研究環境によって，論證が可能となった。

戰後インド美術館では，破壞された壁畫等は修復が進み，展示できるまでになった。一方，文書の整理は遲れ，專門を異にする學者がそれぞれに必要なものを研究し，それが美術館に蓄積されるだけであった。しかし1990年の東西ドイツ統一の前後から，アメリカや日本でインド美術館所藏品の展覽會が開かれ，その際には圖錄・解說が作られて（Härtel, H. and Yaldiz, M., *Along the ancient Silk Routes. Central Asian Art from the West Berlin State Museums.* The Metropolitan Museum of Art, New York, 1982/「ドイツ・トゥルファン探検隊　西域美術展」圖錄　朝日新聞社，1991/　現代書道二十人展第35回記念「トゥルファン古寫展」圖錄　朝日新聞社，1991），所藏品の一部が廣く紹介されるようになった。また

幡繪や絹畫をはじめとする美術品については，最近になって Chhaya Bhattacharya-Haesner 女史によって *Central Asian Temple Banners in the Turfan Collection of the Museum für Indische Kunst, Berlin: Painted Textiles from the Northern Silk Route*（2003, Berlin, Dietrich Reimer Verlag）の寫眞入りの總合的カタログが發表された。

舊アカデミー所藏の文書は，戰後の東西ドイツの分裂時代にも東ベルリンのアカデミーで研究され，それは統一後も繼續されて今日に至っているが，ごく最近の2006年から2007年になって Ch（漢語文書）記號を帶びた斷片がインターネット上で畫像として見られるようになった。これより以前に Ch/U（表が漢語，裏がウイグル語）や Ch/So（表が漢語，裏がソグド語）の畫像はすでにネット上にあったが，ここで漢語文書のすべてが披見可能になったことは中國學研究者にとってまことにありがたいことである。漢語非佛典の目錄を作るために，1994年からの數年，公務の間の休暇を利用してはベルリンに出かけた筆者にとって，書齋で斷片畫像が見られることには隔世の感がある。この畫像によって舊アカデミーに所藏された漢語文書の全體を把握できる道が開かれたことになったが，6千枚以上ある漢語斷片の95％は佛典であり，その同定作業は途上である。ただ全體を畫像によって見られるようになったので，それと相對峙させることにより，インド美術館の漢語文書の整理・研究は進むはずである。

この目錄に載せた斷片は，筆者が直接この眼で見て採用したものがほとんどであり，見落としたものがまだいくつかあると思われる。また研究者によって「漢語」の線をどこで引くかも大きな問題であろう。例えば，おそらく繪畫の裏打ちのような形で使われその一部が讀み取れる漢語佛典の斷片をどのように扱うか。そのような問題を抱えた不完全な目錄ではあるが，筆者も多くの先人のメモや假目錄に助けられてきた。この時機に當たって，このような手がかりも何らかの研究の用に資するかも知れない。以下に掲載する次第である。

インド美術館藏トルファン漢語斷片假目錄

MIK Ⅲ4r（T Ⅲ M180） 28.3×32.4㎝。ウイグル印刷佛典扉繪。後に折本として使ったためにほぼ半分で折り筋がつく。Ⅲ23，Ⅲ6705と同じ。裏のすける薄い紙。以前の番號は MIK Ⅲ4939。

MIK Ⅲ6r（S32） 17.1×19.7㎝。印刷佛典扉繪「護法神王　馮縣郡奉爲・」。契丹版。護法神王とは「韋駄天」のこと。Ⅲ7486r，Ⅲ564v と同一版木。

MIK Ⅲ8r（T Ⅲ：TV67） 24.0×26.0㎝。印刷佛典扉繪（『華嚴經』か？）。「小大自在衆」「動山涌海衆」「淸？」「呑龍？毒衆」の圍い文字あり。

MIK Ⅲ8v（T Ⅲ：TV67） 24.0×26.0㎝。裏には帛書が接着。帛書の中身は文字が讀み取れない。「第一」の文字あり。

MIK Ⅲ13r（T Ⅲ：Yarkhoto） 21.2×33.1㎝。寄進者の彩色人物圖（その横に漢字で名を書く。夫婦の圖が大きく描かれる）とその中に漢譯佛典斷片も混じる。 Ⅲ6500r（T Ⅱ y38）およびⅢ6700r と一連。

MIK Ⅲ13v（T Ⅲ：Yarkhoto） 21.2×33.1㎝。表の裏打ちとして寫本佛典が使われている。寫本は額に納められているため十分に確認できないが，寫本佛典（『大般涅槃經』卷31（T12，549c）のあたり）。10行。Ⅲ6500v（T Ⅱ y38）およびⅢ6700v と一連。

MIK Ⅲ15 （T Ⅰ Chotscho，Ruine α） 25.7×5.2㎝。西夏語佛典寫本。⑴+2行。および印刷佛典扉繪。12.8×6.1㎝。四周二重界線。『古寫本展』15。

MIK Ⅲ23r（T Ⅲ M236） 21.3×32.1㎝。ウイグル印刷佛典扉繪。いま番號はⅢ7624にかわる。

MIK Ⅲ23v（T Ⅲ M236） いま番號はⅢ7624にかわる。裏右端に版本『大般若波羅蜜多經』卷184（T5，989a2-8）が重なりつく。金版系。蝴蝶裝。四周枠線。地高2.1㎝。右端5.1㎝。１行目に經題「（大般）若波羅蜜多經卷第一百八十四　暑」あり。３行。１行14字。實際の裏ではない。從って２枚の紙。重なった經典の大きさは21.6×16.7㎝。

MIK Ⅲ40r（T Ⅱ Chotscho） 16.3×10.5㎝。漢字＝ウイグル字兩語『長阿含經』難語集。７行。『古寫本展』12。

MIK Ⅲ40v（T Ⅱ Chotscho） 16.3×10.5㎝。漢字＝ウイグル字兩語『長阿含經』用語集。６行。『古寫本展』12。

MIK Ⅲ43r（T Ⅰ Chotscho，Ruine α） 11.9×75.7㎝。『正法華經光世音普門

品』(T9, 129c1-25) ＋神璽３年 (399) 識語。39行。『古寫本展』３。『西脇・目錄』238。

MIK Ⅲ84r (TⅡY) 5.3×14.5㎝。漢文＝ブラーフミー文字兩語ダラニ『觀自在菩薩如意輪念誦儀軌』(T20, 206a15-16)。４行。『古寫本展』11。

MIK Ⅲ84v (TⅡY) 5.3×14.5㎝。漢文＝ブラーフミー文字兩語ダラニ『觀自在菩薩如意輪念誦儀軌』(T20, 206a17-22)。５行。『古寫本展』11。

MIK Ⅲ85r (TⅢM167)　14.0×15.3㎝。印刷佛典。『佛說眾許摩訶帝經』卷１(T3, 932c16-24)。(1)+7行。１行18字。柱刻「佛說摩訶帝一」あり。上部界線あり。契丹版。北宋翻譯經典が契丹版として印刷された１例である。文字は契丹版のそれで，例えば，「隱」「久」「尒」など應縣發見の『中阿含經』卷36と比較してそれが確認できる。

MIK Ⅲ98a (TⅡYarkhoto 38)　7.6×12.8㎝。寫本。『佛說齋法清淨經』(T85, 1431c1-11)「……食他齋食不」まで。この前に３行「大歡喜信受奉行」「長爪梵志請問經一卷」。これはこの經『長爪梵志請問經』の末尾 (T14, 968c17-18)。「佛說齋法清淨經」(は次の經のタイトル) あり。16行。

MIK Ⅲ98b (TⅡYarkhoto38)　7.6×12.8㎝。寫本。「佛說天請問經一卷　佛說齋經　吳月氏國居士支謙　譯」(T1,910c23-911a11)。この前に「佛說天請問經一卷　佛說齋經　吳月氏謙　譯」がつく。表裏に經が連寫されたものであるが首尾完結されていない。文字は唐の時代のものと思われる。５枚の紙の左を絲でかがり綴じする。一種の折本形式。19行。１紙４行，１行10-11字。疑經の連寫か？『佛說齋經』は『中阿含經』卷55「持齋經」の別出。スタイン4479aの『佛說齋法清淨經』，bの『天請問經』と同じ形態。

MIK Ⅲ99r (TⅡCigtim)　14.5×21.5㎝　乙丑歲諸人取大麥錄 (13-14世紀)。７行。チクティム (赤亭) 出土。「乙丑」は1325±60年と考えられている。『古寫本展』８。『西脇・目錄』119。

MIK Ⅲ100r (TⅡSängim29)　19.5×14.5㎝。印刷佛典。『大佛頂如來密因修證了義諸菩薩萬行首楞嚴經』卷７ (一名中印度那蘭陀大道場經於灌頂部錄出別行) (T19, 139c6-13) の科文。10行。上下界線あり。折本。２半葉。Ch3647r, Ch3191r, Ch2360rと一連。

MIK Ⅲ100v (TⅡSängim29)　19.5×14.5㎝。寫本。『佛說七俱胝佛母准提大明陀羅尼經』卷１ (T20, 176c29-177a16)。12行。朱丸がつき，讀誦したことを示す。上下界線あり。折本。２半葉。Ch3647v, Ch3191v, Ch2360vと一連。

MIK Ⅲ113 (TⅡ)　26.0×631.0㎝。寫本。『佛說寶雨經』卷２ (T16, 288c25-292b28) ＋長壽２年 (693) 譯場列位。340行。則天文字を用いる。『古寫

本展』5。『西脇・目録』251。
MIK Ⅲ114（?） 26.2×34.5cm 寫本。『金剛般若波羅蜜經論』卷中（T25, 792a5-7）＋題記（602-604年）。9行。『西脇・目録』249。
MIK Ⅲ122（T Ⅱ S） 7.2×21.2cm。表紙（？）。黒に薄い朱で文字（西夏文字）と模様が描かれている。
MIK Ⅲ123（T Ⅱ y54） 25.8×13.0cm。寫本。5+(1)行。『佛名經』のあるバージョン。5行。罫線あり。「棄陰蓋菩薩」「寂根菩薩」「慧上菩薩」「常不離世菩薩」の菩薩圖が入る。
MIK Ⅲ126（T Ⅱ Toyoq） 6.7×3.3cm。寫本。『大般涅槃經』卷21（T12.490c16-17）。2行。紺紙金字。
MIK Ⅲ127（T Ⅱ D36） 3.2×2.3cm。寫本。「經者」2字1行のみ確認。恐らくⅢ126と同類であって『大般涅槃經』卷21の部分であろう。紺紙金字。
MIK Ⅲ157v（T Ⅰ α） 4.9×4.0cm。版本。契丹版。「夜提」の2字のみ讀める。上部界線あり。(1)+1+(1)行。rは絹紙の彩色複數人物圖で，その横に供養者名が漢字で「邑人高進」「邑人張善」「邑人郝」と記す。
『Bhattacharya-Haesner』p350-352「495 Donors」＋Appendix Ⅱ。
MIK Ⅲ171（?） 11.0×10.1cm。寫本。『金剛般若波羅蜜經』卷1（T8, 751c3-8）。6+(1)行。
MIK Ⅲ172（T Ⅱ Yarkhoto） 27.5×13.0cm。關文書。天册萬歲2年（696）1月4日。2行。則天文字を用いる。『西脇・目録』98
MIK Ⅲ184a（?） 4.7×6.7cm。印刷朱字小型小字經。『聖妙吉祥眞實名經』卷1の冒頭か？「寶づくし」4つと扉繪の一部。2行。卷子本。3段組。
MIK Ⅲ184bm（?） 6.0×8.4cm。印刷朱字小型小字經。『聖妙吉祥眞實名經』卷1（T20, 832c3-13）。14行。卷子本。3段組。
MIK Ⅲ184bl（?） 5.5×4.5cm。印刷朱字小型小字經。『聖妙吉祥眞實名經』卷1（T20, 834a18-23）。6行。卷子本。3段組。
MIK Ⅲ184bnv（?） 5.8×9.8cm。印刷朱字小型小字經。『聖妙吉祥眞實名經』卷1（T20, 834a4-13）。9行。卷子本。3段組。
MIK Ⅲ184c（?） 2.0×1.8cm。印刷朱字小型小字經。『聖妙吉祥眞實名經』卷1（T20, 833b13-b14）。(1)+2行。卷子本。3段組。
MIK Ⅲ184d（?） 3.7×5.6cm。印刷朱字小型小字經。『聖妙吉祥眞實名經』卷1（T20, 832c27-833a4）。8行。卷子本。3段組。
MIK Ⅲ184eu（?） 1.6×9.5cm。印刷朱字小型小字經。『聖妙吉祥眞實名經』卷1（T20, 833a4-10）。9行。卷子本。3段組。
MIK Ⅲ184el（?） 5.3×8.5cm。印刷朱字小型小字經。『聖妙吉祥眞實名經』卷

1（T20，833b15-b26）。(1)+12行。卷子本。3段組。

MIK Ⅲ184f（?）　4.7×9.0cm。印刷朱字小型小字經。『聖妙吉祥眞實名經』卷1（T20，833c10-15）。6行。卷子本。3段組。

MIK Ⅲ184g（?）　3.8×6.9cm。印刷朱字小型小字經。『聖妙吉祥眞實名經』卷1（T20，833c16-19）。4行。卷子本。3段組。

MIK Ⅲ184h（?）　7.9×8.3cm。印刷朱字小型小字經。『聖妙吉祥眞實名經』卷1（T20，833c1-9）。9行。卷子本。3段組。

MIK Ⅲ184i（?）　6.1×9.7cm。印刷朱字小型小字經。『聖妙吉祥眞實名經』卷1（T20，833b2-13）。12行。卷子本。3段組。

MIK Ⅲ184j（?）　6.1×14.2cm。印刷朱字小型小字經。『聖妙吉祥眞實名經』卷1（T20，834a13-27）。19行。卷子本。3段組。

MIK Ⅲ190r（T Ⅲ T. V. 67）　15.3×13.5cm。印刷扉繪（護法神）。契丹版。右横上に漢字3行の書き込みあり。

MIK Ⅲ190v（T Ⅲ T. V. 67）　15.3×13.5cm。寫本。『大寶積經』卷102（T11，574a4-10）。7+(1)行。本來のvではなく，紙が重なったもの。

MIK Ⅲ197r（T Ⅱ S5）　15.9×10.3cm。印刷本。「護法神」の扉繪。契丹版。この上部にMIK Ⅲ6707が接合。四周枠線。地高2.8cm。vは別紙がはりついたもので，ブラーフミー文字，ウイグル文字と漢字。

MIK Ⅲ204r（T Ⅱ S53）　13.9×20.4cm。寫本。『佛說佛名經』卷4（T14，136c25-137a8)。10行。罫線あり。『古寫本展』13。

MIK Ⅲ205r（T Ⅱ 191D81）　12.9×16.3cm。寫本。『大方廣佛華嚴經』卷49（T10，257c16-24）。(1)+8行。罫線あり。『古寫本展』14。

MIK Ⅲ205v（T Ⅱ 191D81）　12.9×16.3cm。ウイグル文字（5行）とパスパ文字（4行）の寫本。『古寫本展』14。

MIK Ⅲ520a-f，r（Turfan）　20.0×324.5cm。寫本。『文選』無注本。240行。『古寫本展』6。『西脇・目錄』300。『ドイツ將來』第4章。

MIK Ⅲ520a-f，v（Turfan）　20.0×324.5cm。佛教說話圖殘卷。『古寫本展』6。

MIK Ⅲ551（T Ⅱ）　15.4×9.5cm。印刷ウイグル佛典扉繪。「王衆」「衆」漢語文字。

MIK Ⅲ554r（S75：Sängim）　25.0×21.1cm。寫本。『妙法蓮華經』卷3（T9，20a18-20b3）。(1)+11行。罫線あり。地界に落書き繪が描かれている。

MIK Ⅲ554v（S75：Sängim）　25.0×21.1cm。佛像をはじめとする落書き圖5つと3行のウイグル文字。

MIK Ⅲ557r　(T Ⅱ S1058)　10.9×6.9cm。印刷佛典扉繪　「佛爲天曹地府說法之［處］」1行。「爲」は異體字「与」。契丹版。Ⅲ557r，Ⅲ7773a，Ⅲ7482a（T

Ⅲ M235)，Ⅲ9441b，Ch2283（T Ⅱ S1058)，Ch/U7458（TM44）と一連。
MIK Ⅲ564r（T Ⅱ T1976） 13.2×7.8㎝。寫本。『佛說阿難同學經』巻１（T2, 874c1-4)。４行。罫線あり。
MIK Ⅲ564v（T Ⅱ T1976） 13.2×7.8㎝。印刷佛典扉繪「護法神王」。契丹版。Ⅲ6r，Ⅲ7486rと同一版木。rに別紙が重なったもの。本來のvではない。
MIK Ⅲ572r（?） 12小斷片で文字のある部分もある。寫本。漢語佛典。「逸遊」「其極」の文字は讀み取れる。
MIK Ⅲ573（T Ⅱ 1371） 11.1×16.7㎝。印刷佛典扉繪（護法神王)。
MIK Ⅲ4607a（T Ⅰ：Xoco） 8.5×8.2㎝。「十王經」彩色繪卷。文字なし。『西脇・目錄』227。
MIK Ⅲ4607b（T Ⅰ：Xoco） 11.2×9.4㎝。「十王經」彩色繪卷。文字なし。『西脇・目錄』228。
MIK Ⅲ4607c（T Ⅰ：Xoco） ２斷片に分かれる。右5.8×4.8㎝ 左5.5×6.1㎝「十王經」彩色繪卷。文字なし。『西脇・目錄』229。
MIK Ⅲ4607d（T Ⅰ：Xoco） 9.3×7.8㎝。「十王經」彩色繪卷。文字なし。
MIK Ⅲ4607e（T Ⅰ：Xoco） 14.3×7.8㎝。「十王經」彩色繪卷。「讚曰？？」「日日只覓功德」２行と繪。『西脇・目錄』229。
MIK Ⅲ4607f（T Ⅰ：Xoco） 11.1×6.3㎝。「十王經」彩色繪卷。文字なし。
MIK Ⅲ4633a（T Ⅰ） 17.7×27.8㎝。印刷佛典「蒙速々」(蒙速思）一家供養圖扉繪。Ⅲ7482b，Ⅲ7773b，Ⅲ7483，Ⅲ7773c，Ⅲ6982，Ⅲ4633a，Ⅲ4633b 1，Ⅲ4633c，Ch1458a，Ch1458bは一連。『Gabain』。『Franke』。『北村１』。『北村２』。『黨』。
MIK Ⅲ4633b1（T Ⅰ） 21.6×26.8㎝。印刷佛典「蒙速々」(蒙速思）一家供養圖扉繪。Ⅲ7482b，Ⅲ7773b，Ⅲ7483，Ⅲ7773c，Ⅲ6982，Ⅲ4633a，Ⅲ4633b 1，Ⅲ4633c，Ch1458a，Ch1458bは一連。『Gabain』。『Franke』。『北村１』。『北村２』。『黨』。
MIK Ⅲ4633b2（T Ⅰ） 11.9×21.0㎝。印刷佛典表紙。「阿毘達磨倶舍釋論巻……」１行。題簽を２重枠で圍む。外枠は太い。Ch1772（T Ⅱ 1112）の上部。結合すれば「阿毘達磨倶舍釋論巻第十八 神」。契丹版。『北村１』。『北村２』。『黨』。
MIK Ⅲ4633c（T Ⅰ） 16.5×21.0㎝。印刷佛典「蒙速々」(蒙速思）一家供養圖扉繪。Ⅲ7482b，Ⅲ7773b，Ⅲ7483，Ⅲ7773c，Ⅲ6982，Ⅲ4633a，Ⅲ4633b 1，Ⅲ4633c，Ch1458a，Ch1458bは一連。『Gabain』。『Franke』。『北村１』。『北村２』。『黨』。
MIK Ⅲ4647b＋MIK Ⅲ4690a（２） 彩色繪畫。１行のウイグル文字あり。獄卒

と地獄の釜ゆで。「十王經」。

MIK Ⅲ4647c　11.3×6.7cm。 彩色繪卷。「十王經」。文字なし。

MIK Ⅲ4693a（T Ⅰ）　11.1×9.4cm。『閻羅王授記四衆預修生七往生淨土經（附圖)』。『西脇・目錄』221。

MIK Ⅲ4693b（T Ⅰ）　11.7×9.8cm。『閻羅王授記四衆預修生七往生淨土經（附圖)』。『西脇・目錄』222。

MIK Ⅲ4693c（T Ⅰ）　6.3×6.5cm。『閻羅王授記四衆預修生七往生淨土經（附圖)』。『西脇・目錄』223。

MIK Ⅲ4693d（T Ⅰ）　6.5×8.cm。『閻羅王授記四衆預修生七往生淨土經（附圖)』。『西脇・目錄』224。

MIK Ⅲ4693e（T Ⅰ）　9.8×10.8cm。『閻羅王授記四衆預修生七往生淨土經（附圖)』。『西脇・目錄』225。

MIK Ⅲ4693f（T Ⅰ）　11.3×9.6cm。『閻羅王授記四衆預修生七往生淨土經（附圖)』。『西脇・目錄』226。

MIK Ⅲ4694a1（T Ⅰ）　29.4×21.5cm。寫本。『佛說佛名經』卷30（T14, 300b16-19)。ただし「南無」の2字なし。5行。朱と墨で彩色。「才」の下に「滅」1字あり。「揵」を「提」に作る。

MIK Ⅲ4694a2（T Ⅰ）　13.5×17.5cm。寫本。『佛說佛名經』卷28（T14, 292a14-16）あるいは卷12（T14, 181a4-6)。ただし「南無」の2字なし。(1)+4行。印沙佛あり。朱と墨で彩色。

MIK Ⅲ4694a3（T Ⅰ）　8.2×6.7cm。寫本『佛說佛名經』。判明できる文字は「天」「佛」のみで比定は困難。1行。印沙佛あり。朱と墨で彩色。

MIK Ⅲ4694b1（T Ⅰ）　19.5×20.0cm。寫本。『佛說佛名經』卷7（T14, 214a15-18)。5行。朱印沙佛あり。

MIK Ⅲ4694b2（T Ⅰ）　13.6×11.0cm。寫本。『佛說佛名經』卷7（T14, 214a19-21)。朱印沙佛あり。3行。「聖天」を「聖大」に作る。

MIK Ⅲ4695a（T Ⅰ）　10.5×13.5cm。寫本。『佛說佛名經』卷9（T14,166a12-13)。3行。彩色佛付き。

MIK Ⅲ4695b1（T Ⅰ）　23.5×17.7cm。印沙佛（黑）の右下に歸命佛名（例えば「南無普功德王佛」）を寫す。『佛說佛名經』卷9（T14,167b19-24）と一致。5行。

MIK Ⅲ4695b2（T Ⅰ）　12.0×12.5cm。印沙佛（黑）の右下に歸命佛名（例えば「南無法自……/……師子奮」を寫す。『佛說佛名經』卷8（T14, 155b24）と一致。2行。

MIK Ⅲ4697a（T Ⅰ）　20.0×24.2cm。彩色佛畫。「自在王佛」「？佛」を佛畫の

横に漢字で記す。
MIK Ⅲ4779a（T Ⅰ D215） 26.8×6.1cm。位牌（mortuary tablet）木。3行。
MIK Ⅲ4779b（T Ⅰ D215） 21.6×6.0cm。位牌（mortuary tablet）木。4行。
MIK Ⅲ4928ap/bj（T Ⅰ） 彩色佛畫の下に「南」が見えるから「南無……佛」と記す佛名經。10斷片。

a：11.0×3.1cm。
b：6.9×3.7cm。
c：2.3×1.8cm。
d：9.8×6.1cm。
e：4.0×2.7cm。
f：4.2×5.7cm。
g：6.0×4.1cm。
h：7.8×3.9cm。
i：6.6×4.7cm。
j：5.4×3.3cm。

MIK Ⅲ4938（T Ⅰ） 9.2×16.7cm。星占書。5行。『西脇・目錄』167。
MIK Ⅲ4939→ MIK Ⅲ4r を見よ。
MIK Ⅲ4952a（T Ⅰ） 13小斷片。『佛名經』（？）。
MIK Ⅲ4952b1（T Ⅰ） 19.5×39.0cm。彩色佛畫。佛の横に佛名を漢字で記す「一寶蓋佛」「華佛　阿彌陀」。2行。Ⅲ6996a と一連。裏にはもう一枚紙が重っている。筆寫文字は讀み取れない。
MIK Ⅲ4952b2（T Ⅰ） 11.5×8.9cm。彩色佛畫。Ⅲ6996a と一連。裏にはもう一枚寫本紙が重なっている。筆寫文字は讀み取れない。
MIK Ⅲ6235d（?）→ MIK Ⅲ7514（?）を見よ。
MIK Ⅲ6239a（T Ⅱ y38） 13.6×10.2cm。印刷佛典扉繪。上部二重界線あり。天高3.1cm。「昭」「不」字確認。
MIK Ⅲ6239b（T Ⅱ y38） 3.2×2.3cm。印刷佛典扉繪。「漢」字確認。
MIK Ⅲ6239c（T Ⅱ y38） 6.0×6.4cm。印刷佛典扉繪。
MIK Ⅲ6248（?） 30.7×28.0cm。絹紙供養人繪圖。漢語題記「淸淨弟子義女百疋一心供養佛時」。『Bhattacharya-Haesner』p.337–338「467 Two donors with the inscription」+ Appendix Ⅱ。
MIK Ⅲ6320（T Ⅱ D418） 13.5×6.8cm。墨による人物畫。よこに「意力吉」と記す。
MIK Ⅲ6338（T Ⅱ y38） 17.0×18.7cm。星占書（附圖）。3行。『西脇・目錄』168。

MIK Ⅲ6500r（T Ⅱ y38）　13.6×12.0㎝。彩色畫。Ⅲ13r，Ⅲ6700rと一連。

MIK Ⅲ6500v（T Ⅱ y38）　13.6×12.0㎝。寫本。『大般涅槃經』卷31（T12, 550c11-18）。(1)+6+(1)行。表の裏打ちにされた別紙。MIK Ⅲ13avおよびⅢ6700vと一連。

MIK Ⅲ6501（T Ⅱ y63）　13.6×12.0㎝。彩色「閻羅王授記四衆預修生七往生淨土經（附圖)」。右上に1行「王（？）下」の寫字が見える。

MIK Ⅲ6522（T Ⅱ：Toyoq）　13.2×16.0㎝。絹本。『佛説伅眞陀羅所問如來三昧經』（T15, 358c16-29）。11行。1行20-22字。地界線・罫線あり。5世紀。『古寫本展』4。

MIK Ⅲ6523（T Ⅱ：Toyoq）　26.4×9.3㎝。絹本。『妙法蓮華經』卷4（T9, 30a5-13）。7行。1行18-19字。地界線・罫線あり。5世紀。『古寫本展』4。

MIK Ⅲ6524（T Ⅱ：Toyoq）　25.7×16.5㎝。絹本。『佛説伅眞陀羅所問如來三昧經』卷中（T15, 358c29-359a14）。11行。1行20-23字。天地界線・罫線あり。5世紀。『古寫本展』4。

MIK Ⅲ6588（T Ⅱ T）　16.2×15.8㎝。絹畫「觀音經變相圖」。『Bhattacharya-Haesner』p.175-176「178 Illustration of the Sutra (Avalokitesvara)」+ Appendix Ⅱ。

MIK Ⅲ6591（o. F.）　14.0×15.8㎝。絹布製。佛典名票。2行「大悲五卷稱揚諸佛功德三卷/菩薩瓔珞本業經十卷同帙」。また右下に小字「雲」字。MIK Ⅲ7275，MIK Ⅲ7454，Ch2852a，bと同類。

MIK Ⅲ6659（T Ⅱ：Toyoq）　5.8×6.4㎝。彩色佛名經。佛顏は黄金。佛の下に「南」の一字が寫される。歸命佛の名を記す。1行。

MIK Ⅲ6700r（T Ⅱ y64）　7.2×5.3㎝。彩色畫。Ⅲ13r，Ⅲ6500rと一連。

MIK Ⅲ6700v（T Ⅱ y64）　7.2×5.3㎝。寫本。『大般涅槃經』卷31（T12, 550c18-19）。(1)+2行。これはMIK Ⅲ13avおよびⅢ6500vと一連。

MIK Ⅲ6704　24.2×22.5㎝　印沙佛。墨で「孫女合來」と書き込む。

MIK Ⅲ6705　17.1×15.5㎝。ウイグル印刷佛典扉繪。裏のすける薄い紙。Ⅲ4，Ⅲ23と一連。

MIK Ⅲ6707r（T Ⅱ S5）　19.1×21.2㎝。印刷佛典扉繪。この下にⅢ197が接續（全體で28.3×21.2㎝)。「護法神」「楞嚴大師」。裏はウイグル・漢語文。Ch/U7732とは別のバージョン。

MIK Ⅲ6709（T Ⅱ y51）　18.1×10.4㎝。印刷繪（佛典扉繪？)。文字なし。

MIK Ⅲ6957r（T Ⅱ D56）　11.5×11.5㎝。寫本。『阿毘達磨發智論』卷11（T26, 976a7-14）。6+(1)行。罫線あり。

MIK Ⅲ6957v（T Ⅱ D56） 11.5×11.5㎝。墨による人物（僧侶？）素描圖。
MIK Ⅲ6982　11.2×13.3㎝。印刷佛典「蒙速々」（蒙速思）一家供養圖扉繪。Ⅲ7482b，Ⅲ7773b，Ⅲ7483，Ⅲ7773c，Ⅲ6982，Ⅲ4633a，Ⅲ4633b 1，Ⅲ4633c，Ch1458a，Ch1458b は一連。薄い紙。
MIK Ⅲ6996ba（T Ⅰ D） 13.4×10.5㎝。彩色佛畫。佛顏は黃金色。佛の横に佛名を漢字「・・德佛」と記す。
MIK Ⅲ6996b（T Ⅰ D） 13.9×13.8㎝。彩色佛畫。佛顏は黃金色。佛の横に佛名を漢字「・・菩提佛」「・・佛」と記す。2行。
MIK Ⅲ7049ar（T Ⅰ） 12.1×6.9㎝。彩色佛畫。
MIK Ⅲ7049br（T Ⅰ） 2.9×2.4㎝。彩色佛畫。
MIK Ⅲ7049av（T Ⅰ） 12.1×6.9㎝。寫本。「雲山豈捨？？？」「事亦？？得七」。(1)+2行。表に重なったもので本來の裏ではない。
MIK Ⅲ7049bv（T Ⅰ） 2.9×2.4㎝。文字なく白紙。表に重なったもので本來の裏ではない。
MIK Ⅲ7076（T Ⅰ D52） 27.0×44.2㎝。佛典扉繪。折本形式。上下兩界線あり。天高4.6㎝。地高2.4㎝。
MIK Ⅲ7269br（T. V. 70） 15.7×12.9㎝。寫本。『大般涅槃經』卷15（T12, 456a4-13）。9行。r と v は別紙が張り付いたもの。唐代の寫本。下部界線あり。
MIK Ⅲ7269bv（T. V. 70）15.7×12.7㎝。印刷佛典扉繪「護法神王」。文字から契丹版。これに接續する IB7269a は大戰で失われる。それは「Turfaner Vorberge, Anlage unter der Höhle der 84 Siddhas: TV 67 und 70」から出土し，第3回學術調査隊（1905-1907）によって將來されたと云われている（*Museum für Indische Kunst Dokumentation der Verluste*［2002, Berlin, S. 279]）。この扉繪は靜嘉堂文庫（第十三頁共四紙の内の1），中村不折藏，俄 TK274，俄Дx 11572，俄Дx 11576，旅順の扉繪と同種類。
MIK Ⅲ7275（o. F.）16.8×6.3㎝。麻布製。佛典名票。1行「……華經壹部」。MIK Ⅲ6591，MIK Ⅲ7454，Ch2852a，b と同類。
MIK Ⅲ7295（T Ⅱ）49.0㎝。漢文銘記のある寄進木楔。18行。西ウイグル時代（癸未＝983年）のもの。『古寫本展』10。
MIK Ⅲ7454（o. F.）25.2×6.7㎝。麻布製。佛典名票。1行「大方廣佛花嚴經第六首」。MIK Ⅲ6591，MIK Ⅲ7275，Ch2852a，b と同類。
MIK Ⅲ7480（T Ⅲ M236） 23.8×10.8㎝。印刷佛典扉繪。Ⅲ7076（T Ⅰ D52）の右の扉繪と圖柄は同じ。但し版式は異なる。上下二重界線。天高2.2㎝。地高2.2㎝。

MIK Ⅲ7482a（T Ⅲ M235）　10.8×25.4㎝。印刷佛典扉繪。「佛爲天」の漢字。「爲」は異體字。契丹版。Ⅲ557r，Ⅲ7773a，Ⅲ7482a（T Ⅲ M235），Ch2283（T Ⅱ S1058）　と一連。『北村１』。『北村２』。『黨』。

MIK Ⅲ7482b（T Ⅲ M235）　16.1×14.1㎝。印刷佛典「蒙速々」（蒙速思）一家供養圖扉繪。Ⅲ7482b，Ⅲ7773b，Ⅲ7483，Ⅲ7773c，Ⅲ6982，Ⅲ4633a，Ⅲ4633b １，Ⅲ4633c，Ch1458a，Ch1458b，Ch/U7458（TM44）は一連。『北村１』。『北村２』。『黨』。

MIK Ⅲ7483（T Ⅲ M235）　15.6×27.7㎝。印刷佛典「蒙速々」（蒙速思）一家供養圖扉繪。Ⅲ7482b，Ⅲ7773b，Ⅲ7483，Ⅲ7773c，Ⅲ6982，Ⅲ4633a，Ⅲ4633b １，Ⅲ4633c，Ch1458a，Ch1458b は一連。供養者29人の漢字名「小雲赤不花」等。上部二重界線（上は太い）。天高3.2㎝。『Gabain』。『Franke』。『北村１』。『北村２』。『黨』。

MIK Ⅲ7484r（T Ⅲ S96）　25.4×24.0㎝。寫本。道教經典。『太上洞玄靈寶无量度人上品妙經』。12行。『西脇・目錄』287。『ドイツ將來』120頁。

MIK Ⅲ7486r（T Ⅲ：74）　12.7×15.5㎝。印刷佛典扉繪。「護法神王　馮縣」。文字「サンズイ」の形から契丹版と思われる。Ⅲ564v と同一版木。

MIK Ⅲ7486v（T Ⅲ：74）　12.7×15.5㎝。寫本。佛典。文字は「世尊我於如」（『大般若波羅蜜多經』か？）のみ。１行。

MIK Ⅲ7511（79）　9.5×8.0㎝。印刷佛典扉繪。「牛車・・」の文字。『妙法蓮華經』卷３，比喩品の扉繪。「火宅喩」を描く。

MIK Ⅲ7514（?）＋MIK Ⅲ6235d（?）　12.3×9.1㎝。寫本。『妙法蓮華經』卷７（T9，57c13-15）。紺紙金字。４行。Ⅲ126，127と同じ體裁。

MIK Ⅲ7563r（T Ⅲ12）　32.8×19.5㎝。彩色佛畫。

MIK Ⅲ7563v（T Ⅲ12）　32.8×19.5㎝。寫本。佛典。『佛說佛名經』卷１（T14，114c8-14）。7+⑴行。

MIK Ⅲ7565ar（T Ⅲ M128）　11.2×2.1㎝。印刷佛典扉繪。「變相」の文字あり。

MIK Ⅲ7587r（Khotan）　27.5×34.0㎝。諸館人馬給糧歷。15行。楷書に一部行書が混じる。8-9世紀。『古寫本展』７。『西脇・目錄』117。

MIK Ⅲ7587v（Khotan）　27.5×34.0㎝。褐紅色淡彩馬圖。馬圖と上下逆方向から1+⑴行の漢語（r と連續？）。『古寫本展』７。『西脇・目錄』117。

MIK Ⅲ7623（T Ⅲ M119）21.7×19.3㎝。印刷佛典扉繪。「呪灰心上生西方處」「持誦此經守護之處」「此人命終得見佛處」「坐草之時書符印處」の圍み文字あり。折本形式。四周枠線。天高2.1㎝。地高2.3㎝。

MIK Ⅲ7624　→Ⅲ23を見よ。

MIK Ⅲ7773a（T Ⅰ T）　16.0×4.8㎝。印刷佛典扉繪。「佛爲天曹地府說法之

處」1行。「爲」は異體字。契丹版。Ⅲ557r，Ⅲ7773a，Ⅲ7482a（T Ⅲ M235），Ⅲ9441b，Ch2283（T Ⅱ S1058），Ch/U7458（TM44）と一連。『北村1』。『北村2』。『黨』。

MIK Ⅲ7773b（T Ⅰ T） 12.3×11.5㎝。印刷佛典「蒙速々」（蒙速思）一家供養圖扉繪。Ⅲ7482b，Ⅲ7773b，Ⅲ7483，Ⅲ7773c，Ⅲ6982，Ⅲ4633a，Ⅲ4633b 1，Ⅲ4633c，Ch1458a，Ch1458bは一連。『北村1』。『北村2』。『黨』。

MIK Ⅲ7773c（T Ⅰ T） 11.8×16.1㎝。印刷佛典「蒙速々」（蒙速思）一家供養圖扉繪。Ⅲ7482b，Ⅲ7773b，Ⅲ7483，Ⅲ7773c，Ⅲ6982，Ⅲ4633a，Ⅲ4633b 1，Ⅲ4633c，Ch1458a，Ch1458bは一連。『Gabain』。『Franke』。『北村1』。『北村2』。『黨』。

MIK Ⅲ7774a（T Ⅰ T） 9.0×12.8㎝。寫本。佛典。『現在賢劫佛名經』（T14, 381b9-10）。紺紙金字で佛名と佛畫。4行。

MIK Ⅲ7774b（T Ⅰ T） 15.5×10.3㎝。4行。寫本。佛典。『現在賢劫佛名經』。紺紙金字で佛名と佛畫。

MIK Ⅲ7774c（T Ⅰ T） 19.3×6.8㎝。1+(1)行。寫本。佛典。『現在賢劫佛名經』。紺紙金字で佛名と佛畫。

MIK Ⅲ7774d（T Ⅰ T） 3.8×5.7㎝。1+(1)行。寫本。佛典。『現在賢劫佛名經』。紺紙金字で佛名と佛畫。

MIK Ⅲ9441a（T Ⅲ） 5.5×20.7㎝。印刷佛典「蒙速々」（蒙速思）一家供養圖扉繪。Ⅲ7482b，Ⅲ7773b，Ⅲ7483，Ⅲ7773c，Ⅲ6982，Ⅲ4633a，Ⅲ4633b 1，Ⅲ4633c，Ch1458a，Ch1458bは一連。『黨』。

MIK Ⅲ9441b（T Ⅲ） 2.0×8.8㎝。印刷佛典扉繪。契丹版。Ⅲ557r，Ⅲ7773a，Ⅲ7482a（T Ⅲ M235），Ⅲ9441b，Ch2283（T Ⅱ S1058），Ch/U7458（TM44）と一連。『黨』。

略號表

『古寫本展』	現代書道二十人展第35回記念「トゥルファン古寫展」圖錄　朝日新聞社　1991。
『西脇・目錄』	Tsuneki Nishiwaki: *Chinesische Texte vermischten Inhalts aus der Berliner Turfansammlung*, Franz Steiner Verlag, Stuttgart 2001
『ドイツ將來』	西脇常記『ドイツ將來のトルファン漢語文書』京都大學學術出版會　2002。

『Gabain』 Annemarie von Gabain: “Ein Chinesische-Uigurischer Blockdruck” *Tractata Altaica (Festschrift Denis Sinor)* S. 203-210, 1976, Wiesbaden

『Franke』 Herbert Franke:“A Sino-Uigur Family Portrait: Notes on a Woodcut from Turfan” *The Canada-Mongolia Review*, vol. 4. number 1, 1978, p. 33-40, Saskatoon, Canada

『北村1』 北村高「「孟速思一族供養圖」について」『神女大史學』第5號，1987，p. 83-105

『北村2』 北村高「關于孟速思家族供養圖」『元史論叢』第5輯，1993，中國社會科學出版社，北京，頁9-12.

『黨』 黨寶海「十三世紀畏兀儿孟速速家族供養圖考」『歐亞學刊』第2輯，2000，中華書局，p. 139-150.

『Bhattacharya-Haesner』 Chhaya Bhattacharya: *Central Asian Temple Banners in the Turfan Collection of the Museum für Indische Kunst, Berlin: Painted Textiles from the Northern Silk Route,* Reimer, 2003

4

出口コレクションの一斷片によせて

は じ め に

1930年代に出口常順氏がベルリンで手に入れたトルファン文書（以下「出口コレクション」と略稱する）百數十點については，かねてより故藤枝晃氏を中心に研究が續けられてきた。1978年には『高昌殘影』圖版（法藏館）が出版され，2005年3月には，『釋錄』の部が『トルファン出土佛典の研究』として出版された。

筆者も，ベルリン・トルファン・コレクションの研究において，出口コレクションに觸れ，またその中のいくつかの斷片は論文の中で利用した。例えば，「星占書」と名づけられた331甲乙（圖版 pl. LVII）は，ベルリン・トルファン・コレクション所收の斷片 Ch1830（TII1829）r/v と一分の隙もなく接續できる文獻だったので，合わせて取り上げた[1)]。

いま『釋錄』の上梓によって改めて圖版と竝べて見てみると，多くの注目すべき事實が浮かび上がる。同時にまた時代とともに進む研究の新しい展開も見ることができる。その原因の一つは，圖版出版から『釋錄』出版までに四半世紀が經過したことであろう。この間の研究の深化は著しい。『高昌殘影』圖版が出版されて以來，前世紀の80年代ころからは，各國に散らばって藏されている敦煌・トルファン文書を多くの研究者が實見できるようになり，また同時に種々の鮮明な圖版の出版やインターネット上での畫像の公開も行われるようになった。そうした研究者の世界的なネットやメディアの發達が研究に大きく寄與しているのである。

先年筆者は，ベルリンでトルファン・コレクションのデジタル圖像化の

ワーク・ショップ[2)]に參加し，數年ぶりにコレクションの一部を見る機會に恵まれた。こうした電子機器による圖像化や漢字文獻の瞬時の檢索は，四半世紀前には全く豫想もできなかったことである。そこで氣づいた事實と一つの新たな發見について述べてみたい。

(一) 「論語疏」から「法華玄贊疏」へ

『高昌殘影』圖版では「論語疏」とされた，縦13.0㎝，横11.0㎝，僅か7行の斷片がある。『釋錄』から移錄すると以下のようである。

1　□□秋
　□ □謚也。善問周□逹
　孔。名丘。字仲尼。仲者
　有中和之德。故字仲尼也。
5 ○疏。兵食信三。信不可棄者。［『論語』顔淵。子貢問政子］
　曰。足食足兵。民信之矣。子［貢曰。必不得已而去。於斯三］
　者何先。曰。去兵。必不得已而。

(○は朱の見出し點。□，句讀點，各種のカッコ，洋數字は編集者がつけたもの)

ところが『釋錄』には「論語疏」のタイトルはなく，「法華玄贊疏」となっている。筆者は中國思想史を研究していることもあって，10年近く前にこれを見て，「論語疏」のタイトルに惹かれ關心をもっていた。もちろん現在傳わっている『論語』の注疏類には見えないものであるが，傳世作品は注疏類のごく一部であり，誰かの作品の逸文ではないかと考えていたのである。誰の作った「疏」であるか，電子機器による檢索をかけてもヒットしなかった。ところが『釋錄』では「法華玄贊疏」と改められているので驚いた。儒書ではなく佛書だったからである。筆者が檢索をかけていたのは外典であって，内典でなかったことは言うまでもない。『釋錄』の解説「同定」に

　文章の内容と疏字とにひかれて，圖版では表題を「論語疏」としたが，

これは誤りであった。第5行以下に「兵食信三。信不可棄」の文章を引用するが，「兵食信云々」の句は『論語』には見えないものである。むしろ窺基『妙法蓮華經玄贊』（大正藏1723號，第34卷 p.662中段28～29行）に見え，そこでは，「兵食信云々」の句の前に「宣尼云」とある。すなわちこの斷片の前半は，ここの「宣尼」の注釋であることが知られ，前後を通じてみれば，『法華經玄贊』の注釋書の斷片ということになる。

（p.217，下段）

と言う。

上の解說には述べられていないが，この發見は，われわれ研究者達が最近大いに恩惠を被っている，『四庫全書』や『大藏經』の CD ローム（臺灣，蕭鎮國にはじまる）による檢索活用の成果であろう。これらによる檢索は，前世紀末から今世紀のはじめに，瞬く間に研究者たちに擴まった。この手段を用いない限り，僅か七行殘されたこの斷片を佛典と言い切ることは難しかったと思われる。

さてこの斷片は「『法華經玄贊』の注釋書」といわれるが，『釋錄』ではそれは同定されておらず，

『法華經玄贊』の注釋書としてはいろいろの本が傳わり，それらは，『大日本續藏經』に收められる。すべて窺基門下の學匠による『玄贊』の講義の筆錄，ないしその類の注釋を編集したものであり，精粗は一樣でない。しかし，この斷片とまったく合致する注釋書はない。

という解說で終わっている。

（二）　契丹經藏・章疏類の發見と同定

結論を先に述べれば，件の斷片は同定のできる『法蓮經玄贊』の注釋書である。同定できたのは全くの偶然であった。1974年，山西省應縣佛宮寺の木塔の第四層に安置されていた釋迦像の胎内から12卷の契丹大藏經の端本とともに多くの契丹刻本の佛典章疏類，つまり注釋類が發見され，研究

者の注目を集めた。その報告は1982年第九期『文物』においてはじめて行われ，1991年になって典籍類の寫眞と解說を付したものが，『應縣木塔遼代祕藏』のタイトルの下に文物出版社から出版された。そこに載せる刻經作品の中に遼の唯識・法相學僧であった詮明の著作「法華經玄贊會古通今新抄卷第二」〈写真１〉が含まれていたが，その「四十一」紙を見ていて，出口コレクションの件の斷片に筆寫する部分であると氣づいたのである[3)]。

この塔は遼・清寧二年（1056）に創建されたものであるから，そこに藏された諸佛典・注疏類はそれ以前に成立したものであり，生卒も明らかでなかった詮明の活躍時期もほぼ確定できるようになった。發見された『上生經疏科文』には，「燕臺憫忠寺沙門詮明改定」と記されており，その卷

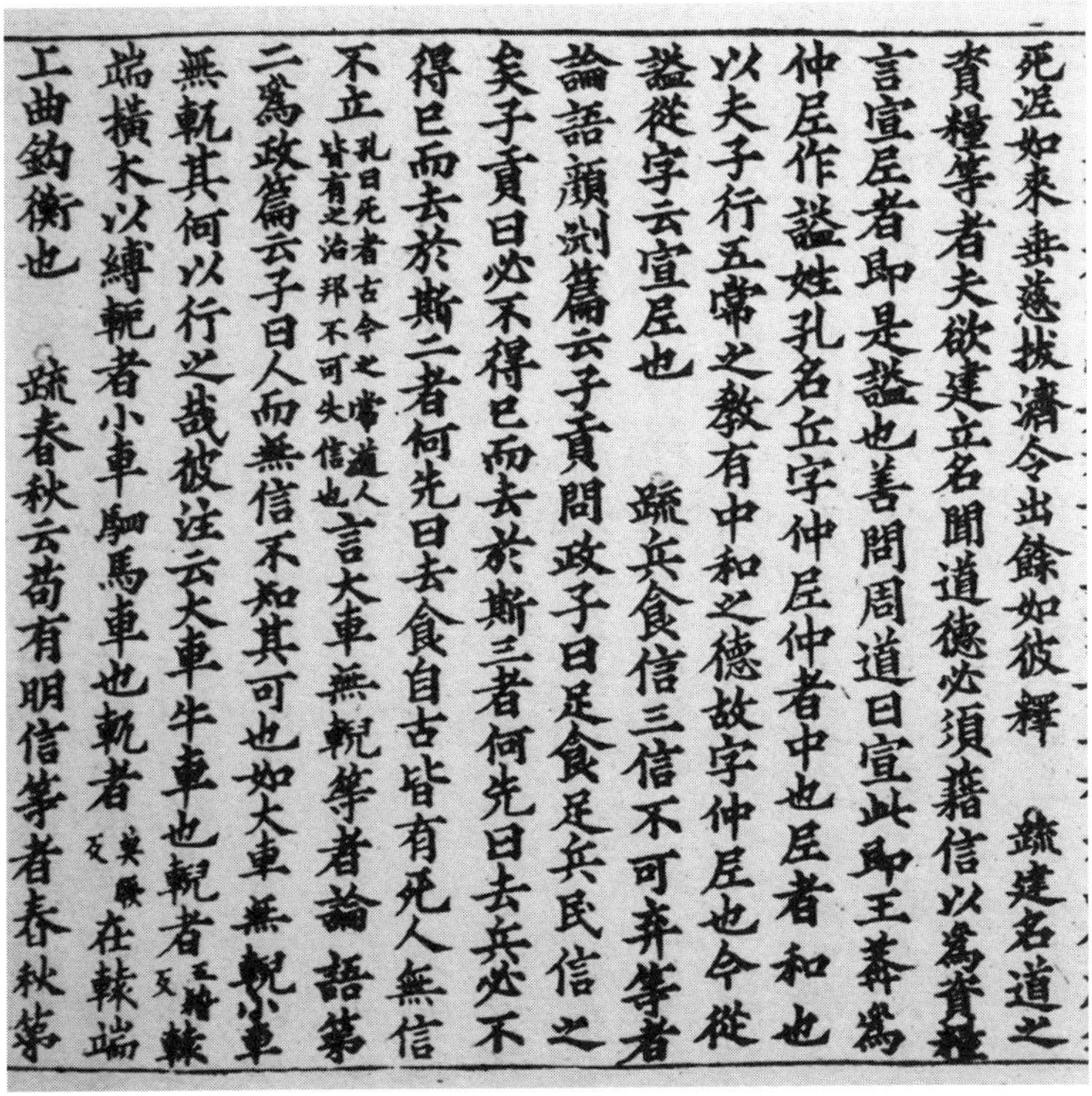
死迯如來無慈拔濟令出餘如彼釋　疏建名道之
資糧等者夫欲建立名聞道德必須藉信以為資糧
言宣尼者即是謚也善問周道曰宣此即王莽為
仲尼作謚姓孔名丘字仲尼仲者中也尼者和也
以夫子行五常之教有中和之德故字仲尼也今從
謚從字云宣尼也　疏兵食信三信不可弃等者
論語顔淵篇云子貢問政子曰足食足兵民信之
矣子貢曰必不得已而去於斯三者何先曰去兵必不
得已而去於斯二者何先曰去食自古皆有死人無信
不立孔曰死者古今之常道人皆有之治邦不可失信也言大車無輗等者論語第
二為政篇云子曰人而無信不知其可也如大車無輗小車
無軏其何以行之哉彼注云大車牛車也輗者五稽反轅
端橫木以縛軛者小車駟馬車也軏者魚厥反在轅端
工曲鉤衡也　疏春秋云苟有明信等者春秋第

〈写真１〉　詮明『法華經玄贊會古通今新抄』卷第二，四十一紙（「應縣」）

末の題記には「時統和八年歳次庚寅八月／癸卯朔十五日戊午故記／燕京仰山寺前楊家印造／所有講讚功德／廻施法界有情」とあることなどの新しい情報から，詮明は五代の後唐天成（926-930）に生まれ，遼の聖宗の統和末（1012）ころに沒したことが確かめられたのである。彼は燕京の名刹であった憫忠寺（その創建は遠く唐の太宗に遡る。現在の法源寺）に住した唯識の學者であり，鈔主無碍大師と稱した。彼が詮曉と改名したのは穆宗（在位：951-969）の諱「明」を避けたためである。彼は唯識の專門家であるばかりでなく，『開元釋敎錄』以後の新譯佛典の整理にも着手し，『續開元釋敎錄』三卷を編み，また希麟に『續一切經音義』の撰述を勸めている[4)]。

さて『玄贊』は，正式な名稱を『妙法蓮華經玄贊』といい，唐の慈恩（窺）基の作品である。詮明の注釋「法華經玄贊會古通今新抄」は慈恩學者，（窺）基の注釋に基づき，唐代以來の諸僧の注釋の成果を總合したものであろう。彼は『玄贊』の贊の部分を逐次摘句して注をつけている。その注のつけ方で注目を引くのは，内外典籍からの引用で，その引用もある場合には獨自の節略があったり順序をかえたりして原文そのままではないこと，外典の引用がひときわ目立つことが指摘されている[5)]。

このことは出口コレクションに收められた件の小斷片を檢討することからも首肯できる。『玄贊』の「宣尼云兵食信三。信不可棄」に對し，詮明は外典の一つである『論語』顔淵篇の文章を引くが，それは原文のままではなく，また「孔注」の文章も引いている。さらに「宣尼」の注は，「謚法解」によれば「善問周道（「道」は「達」の誤りか）」には「宣」の謚をつけること，そして王莽が平帝の元始元年（西暦一年）に孔子に追謚して褒成宣尼公としたことを言っている。「仲者中也，尼者和也云々」以下はそのままの形では古典籍に見えないが，漢の儒者，張禹の說と重なる部分があり[6)]，おそらく詮明以前の儒者の解釋を踏まえたものと考えられる。このように見てくると，外典にも相當の知識を有している遼の佛教學の水準の高さを改めて認識させられるのである。

最後に確認のために，件の斷片の前後の文章を，新しく發見された「法華經玄贊會古通今新抄卷第二」から引用する（太字は（窺）基『玄贊』の句。

句讀點は筆者による)。

◯疏。**建名道之資糧等者**，夫欲建立名聞道德，必須藉信以爲資糧，**言宣尼者**，即是謚也。善問周道曰宣。此即王莽爲仲尼作謚。姓孔，名丘，字仲尼。仲者中也，尼者和也。以夫子行五常之敎，有中和之德，故字仲尼也。今從謚從字，云宣尼也。 ◯疏。**兵食信三，信不可弃等**[7]**者**，論語顏淵篇云，子貢問政。子曰，足食足兵，民信之矣。子貢曰，必不得已而去，於斯三者何先。曰，去兵。必不得已而去，於斯二者何先。曰，去食。自古皆有死，人無信不立。孔曰，死者古今之常道，人皆有之。治邦不可失信也。言大車無輗等者，論語第二爲政篇云，子曰人而無信不知其可也。如大車無輗小車無軏，其何以行之哉。

(三) 詮明と遼の法相學のひろがり

上で述べたように，20世紀末に山西省應縣佛宮寺釋迦塔から發見された遼代の佛典によって，出口コレクションの件の斷片は，詮明による唐の(窺)基『妙法蓮華經玄贊』の注釋「法華經玄贊會古通今新抄卷第二」の一部であることが分かった。これ以外にも，發見された文物の中には詮明の作品が數點あったが，いずれも傳存しない貴重なものであった。いま上記作品も含め，報告書等に從って記せば，以下のようである。

ⅰ.法華經玄贊會古通今新抄　卷二卷六

ⅱ.上生經疏科文一卷

ⅲ.成唯識論述記應新抄科文　卷二卷三

これより先，1933年には，山西省の趙城で發見された金藏から，詮明の作品として

ⅳ.上生經疏隨新抄科文一卷

ⅴ.上生經疏會古通今新抄　卷二卷四

が見出されていた[8)]。

これらの詮明の作品は，11世紀末に宋に入り佛典・章疏類を集めた高麗の高僧，義天（1085–1086に入宋）の『新編諸宗教藏總錄』（宋・哲宗・元祐五年，遼・道宗・大安六年，1090年成立）に詮明の作として著錄された，以下の六種七五卷にも含まれる。

法華經科四卷　大科一卷
法華經會古通今鈔十卷
金剛般若經宣演科二卷
金剛般若經宣演會古通今鈔六卷
金剛般若經消經鈔二卷　科一卷
彌勒上生經科一卷　大科一卷
彌勒上生經會古通今鈔四卷
成唯識論詳鏡幽微新鈔十七卷
成唯識論應新鈔科文四卷　大科一卷
百法論金臺義府十五卷
百法論科二卷　大科一卷
續開元釋教錄三卷　詮曉集（舊名詮明）

また同じ頃，北宋の都である汴京に赴いた我が國の法相宗學僧，成尋の旅行記，『參天台五臺山記』卷七，熙寧六年（1073）二月廿八日の條には，「地北多く慈恩宗を學ぶ。予，玄贊を學ぶ由，告げ示さる。小僧，攝釋・鏡水抄有りや無しやを問うに，無き由を答えられ，給するに契丹僧作れる詮明抄を以てせらる。玄贊を釋せる書なりという」の記事を殘しているが，そこに言及された「詮明抄」は，『玄贊』の注釋と言うのであるから，義天の記した書目や新しく發見された遼刻經にある「法華經會古通今鈔（法華經玄贊會古通今新抄）」に他ならない。

當時，宋と遼とは敵對關係にあり，とりわけ書禁が嚴しかったことは，詮明と同じく遼の學僧であった行均撰述の漢譯佛典解讀字書『龍龕手鏡』がいかにして宋に傳わったかを述べる記事の中で，『夢溪筆談』の觸れる所である[9)]。それにもかかわらず，詮明の作品が，當時宋の都であった汴京にも傳來していて，それを成尋が手に入れたという事實は，以下のこと

を物語るであろう。すなわち，遼僧詮明は，唐の（窺）基の唯識法相學を傳える中心的學僧であり，遼の佛教學は，從來の研究で明らかにされていた華嚴教學の盛行に加えて，慈恩（基）教學，唯識學においても強くその存在を示すものだったのである。

上に列擧した詮明の作品は，ほとんどが佛典の注疏類であり，しかもそれはまた慈恩（基）の注釋したものと重なる。中にはここで取りあげた『法華經玄贊會古通今新抄』のように慈恩（基）の注釋にさらに注釋を加えたものも含まれる。對應表を記せば次のようになる。

慈恩（基）	詮明
百法明門論解	百法論金臺義府
成唯識論述記	成唯識論詳鏡幽微新鈔
	成唯識論應新鈔科文　大科
金剛般若經宣演	金剛般若經宣演會古通今鈔
觀彌勒菩薩上兜率天經疏（贊）	彌勒上生經疏會古通今新抄
妙法蓮華經玄贊	法華經玄贊會古通今新抄

以上から遼の時代に慈恩（基）教學とその立場に基づく唯識學が盛んであったことは十分確認できるのであるが，さらにそれを裏付ける發見があった。詮明の校定した（窺）基撰「觀彌勒菩薩上生兜率天經疏」二卷の上卷の刻本が，最近見つかったのである[10)]。その尾題には「燕臺憫忠寺講唯識論法華經釋詮曉定本」と見え，しかも經文の最初，經疏の最初にはすべて朱の符號がつき，いたるところに注や句讀のための朱筆によるテキストへの書き込みがある。講經テキストとして利用に供していたことを傳えるものである。

この流行が高麗僧義天や日本僧成尋によって記録されていることは，慈恩（基）教學と詮明の唯識學關係の佛典注釋書が，高麗や日本といった，遼から見れば東の地域に傳播したことを示唆し，出口コレクションの小斷片は，西のトルファンに傳わったことを明示する。

トルファンと竝ぶ，もう一つの西の文書發現の地，敦煌からは，すでに研究者たちによって慈恩（基）の作品が確認されている。それらによれば，

北京圖書館「號」66，「結」43，48，「昃」68，「河」39，「黃」12

ペリオ　2118，2176，3832

スタイン　1589，2465，3713v（表題のみ）

が『玄贊』の寫本である[11]。さらに中村不折のコレクションにも比較的長い寫本が收められている[12]。また上海博物館「上博12（3303）」の写本尾題は，「法花經疏卷第二」となっているが，「法華經玄贊」卷二である[13]。

これらの寫本は當然，その書寫年代が問題になるが，上記の「戻」68，「號」66，「河」39，スタイン1589，2465，3713vはチベット支配期（786-848）から歸義軍期（848-1000頃）のものと判定されている。しかも朱點や朱カギが施され，學習されていたことを傳えている[14]。さらにペリオ2159vは，「「妙法蓮華經玄贊科文卷二　大科一卷」の表題に續いて「燕臺憫忠寺沙門詮明科定」と見える寫本である。詮明の「科段」がある以上，敦煌にも彼の「玄贊」注である「法華經玄贊會古通今新抄」が傳わっていたことは想像するに難くない。

おわりに——今後のトルファン漢語文書の研究にむけて

以上，出口コレクションの一斷片が唐の（窺）基『玄贊』の注釋書『法華經玄贊會古通今新抄』であること，その注釋者の詮明は遼の聖宗（在位：982-1031）期に活躍した唯識の學僧であること，その作品は當時，遼で流行したばかりでなく，隣國の宋や東の高麗[15]・日本，西のトルファン・敦煌にまで渡ったことを述べた。

ベルリン・トルファン・コレクションでは，Ch1215r[16]とMainz732（T Ⅱ Y21）[17]が（窺）基『妙法蓮華經玄贊』の漢語とウイグル語の斷片と確認されており，前者の寫本年代は9世紀から10世紀と判定されている。從って，出口コレクションの詮明『玄贊』注の斷片と結びつければ，トルファンの地に慈恩（基）教學と詮明の唯識學關係の佛典注釋書が傳播したことは，一段と確實になる。

竺沙氏はペリオ2159v「妙法蓮華經玄贊科文卷二」に關して，遼から直接に敦煌に入ったと推測している[18]。これは，トルファンにおいても言え

ることで，遼の詮明の唯識學關係の佛典注釋書は直接にもたらされたものであろう。この推測は，10世紀はじめにトルファンに建國された天山ウイグル王國と五代の周や契丹とは交易が行われ，使節の往來もあったらしいことによって補強される。宋建國後間もない981年に，この國に使節として向かった王延德はウイグル王の前で敵對する契丹使節と言い爭っている[19]。

詮明の勸めで希麟が撰述した『續一切經音義』の斷片〈写真２〉も，ベルリン・トルファン・コレクションの中に確認されている[20]。同時代の行均の『龍龕手鏡』刻本斷片も存在する[21]。また出口コレクションの509『雜阿含經』（『釋錄』p. 264以下）は契丹藏であると言われている。これらも恐らく遼からトルファンに直接入ったものであろう。

かつて上山氏によって，曇曠（７世紀末から８世紀後半）や法成（９世紀。曇曠の佛教學をよく繼承する）による敦煌の教學は明らかにされたが，遼の

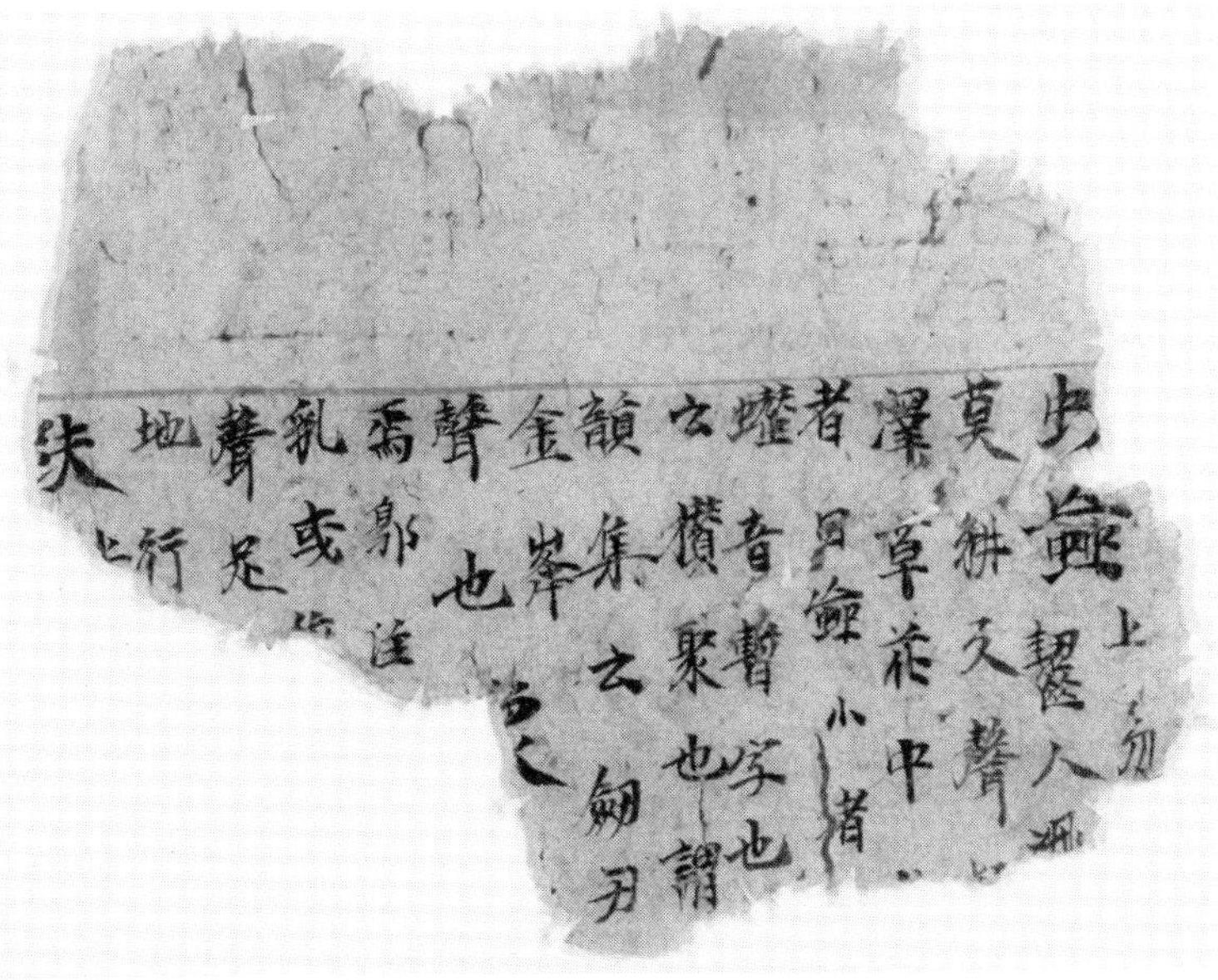

〈写真２〉 CH/U8206（MIK 030514）希麟『續一切經音義』

佛教文化を受けたトルファンの佛教學の實態は，現在までの研究では明らかになっていない。敦煌に比べてまとまった文書や大きな寫本が期待できないトルファン研究においては，ドイツをはじめとする各國調査隊の持ち歸った斷片[22]の緻密な調査を積み重ね，史料の層を厚くすることが，當面至近の道であろう。ベルリン・トルファン・コレクションの漢語佛典斷片目錄は早くに二册が出版され，さらに三册目が2005年末に出版された[23]。その完成も研究の深化に寄與するはずである。

またトルファン文書は，敦煌文書に比べて古い層の漢語文書を含んでおり，さらに唐の支配下にあった時期があったために，中原で失われた文書が多く保存されている。そのため，これまでの研究は寫本を中心として，その制作年代が注視されてきた。一方で10世紀に本格的にはじまる印刷刻本の調査は，これまでほとんど行われてこなかった。しかし契丹藏や章疏の刻本が詮明の生卒や活躍時期を探る上で大きな貢獻をしたように，印刷刻本も疎かにはできない。上記のような事情のあるトルファン文書においては，殊に重要であろう。契丹藏を初めとする刻本の佛典が，最近の新發現および研究で徐々にその形態を明らかにしていることも力を添える。また漢語に限定することなく，ウイグルを初めとする胡語文獻の研究を組み込むことの成果も，上記した通りである。こうした多元化した研究が進めば，遼とトルファン，あるいは宋とトルファン[24]，また金とトルファン[25]，元とトルファンとの關係も明らかになり，トルファンひいてはアジアの佛教と文化の實態が明らかにされるに違いない。

先にも述べたように，この四半世紀の研究環境の進展には著しいものがある。それらに即したコレクションの再檢討が待たれているのである。

1）　拙稿「日月蝕・地震占書について」（『ドイツ將來の漢語文書』京都大學學術出版會，2002）140–165頁，及び T. Nishiwaki: A Divination Text Regarding Solar Eclipses, Lunar Eclipses Earthquakes Based on the Correlation with Days in the Twenty Eight Lunar Mansions in *Turfan Revisited— The First Century of Research into the Arts and Cultures of the Silk Road* (Dietrich Reimer Verlag Berlin 2004, S. 240–248).

2）　ワークショップのプログラム・内容については BBAW → Forschung →

Turfanforschung → Deutsch → Workshop 2005参照。

3） 出口コレクションの一行目「□□秋」は「□春秋」である。「法華經玄贊會古通今新抄卷第二」では「宣尼云」以前にこの文言は確認できないが，以後に見える。寫本の段階で「疏」の順番は「……春秋……宣尼云……」であったものが，何らかの理由で刻む際に「……宣尼云……春秋……」と配列順序が代わったものと考えられる。

4） 詮明の事跡については張暢耕・畢素娟「論遼朝大藏經的雕印」（『中國歴史博物館館刊』九，1986所收）參照。竺沙氏は詮明の生卒についての兩氏の說は妥當としながらも，『契丹藏』の主編は詮明であって聖宗朝（982-1031）に雕印されたとする兩氏の基づく資料には疑義を懷く。『宋元佛教文化史研究』第一部，第四章「新出資料よりみた遼代の佛教」（汲古書院，2000）101-102頁參照。

5） 注（4）に引く竺沙氏の書參照。

6） 長洲餘蕭客撰『古經解鉤沈』卷二十四「孝經」仲尼居に「仲者中也，尼者和也，言孔子有中和之德，故曰仲尼。張禹說」。

7） 「等」の一字は寫本にはない。「疏」文の他の箇所にも頻繁に用いられているので，おそらく筆寫の際に抜けたものと思われる。

8） いま兩書は『影印宋藏遺珍』（上海，1935）に收められている。

9） 『夢溪筆談』卷一五に「幽州僧行均集佛書中字爲切韻訓詁，凡十六萬字，分四卷，號龍龕手鏡。燕僧智光爲之序，甚有詞辨，契丹重熙二年集。契丹書禁甚嚴，傳入中國者法皆死。熙寧中有人，自虜中得之，入傅欽之家。蒲傳正帥浙西，取以鏤板。其序末舊云重熙二年五月序，蒲公削去之。觀其字音韻次序，皆有理法，後世殆不以其爲燕人也」と見える。

10） 李際寧『佛經版本』（江蘇古籍出版社，1999）100頁。この木版は上卷の途中から上卷末までで，大正藏38，284aから286bにあたる。李際寧氏の解說にもどこから出たもので，どのような形で保存されていたかはふれられていない。

11） 平井宥慶「曇曠と法華經疏」（『印度學佛教學研究』25-2，1977），上山大峻「唐代佛典の西域流傳の一面——『法華玄贊』の出土寫本をめぐって」（唐代史研究會編『隋唐帝國と東アジア世界』汲古書院，1979）。後に少しく訂正補正を加えられ，同氏『敦煌佛教の研究』（法藏館，1990）第四章，第一節，三，366-373頁に所收。『敦煌學大辭典』690頁「法華經玄贊」の項を參照した。

12） 磯部彰編『臺東區立書道博物館藏　中村不折舊藏禹域墨書集成』（「東アジア出版文化の研究」研究成果・東アジア善本叢刊・第2集，2005）に敦煌出土として

100『妙法蓮華經玄贊』卷4。29.0×1928.3㎝。

101『法華玄贊』卷8。29.1×1694.9㎝。

また出土地の明記されない

079『法華玄贊』卷7。29.5×2174.9㎝。

さらに『玄贊』に對する唐僧の注釋

099 唐僧慧沼撰『法華玄贊義決』。28.3×1624.8㎝。
が藏されている。

13）『上海博物館藏敦煌吐魯番文獻集成』①，上海古籍出版社，1993。

14）上山，上揭論文。

15）梶浦晉氏より韓國の名刹の一つである松廣寺から『法華經玄贊會古通今新抄』卷一，二が發見されているとの情報を得た。『松廣寺　佛書展示　圖錄』（松廣寺聖寶博物館，2004）の說明文によれば，松廣寺の天王門と四天王像の補修中に四天王像内部から發見された經典の中に含まれていた。義天が宋や遼，あるいは日本から集めた古逸の章疏類は，後に自らの手で續藏經として出版した。その重修本は世祖時代（1456-1468）に刊行されているが，今回發見されたのはその一部で12種14點であると言われている（2004年4月8日の donga. com のインターネット記事參照)。發見された『法華經玄贊會古通今新抄』卷一の初めには翰林學士金紫崇祿大夫行尙書工部侍郎知制誥上柱國劉晟（聖宗朝［982-1031］の詔敕起草官）の「序」があり，割注として「宋本無字，遼本有之，寫而彫出，以補其闕」と見える。この「序」のあるテキストが，義天の宋から持ち歸ったもので續藏經テキストになったとすれば，「宋本」の『法華經玄贊會古通今新抄』が存在していたことを傳える貴重な記錄と言える（附錄參照)。

16）Fujieda Akira, Schmitt, G., Thilo, T und Inokuchi Taijun *Katalog chinesischer buddhistischer Textfragmente*, Band1, Berlin, 1975, S. 181.
T34. 761c23-762b3の部分。大きさは15.6×32.0㎝，(1)+22行，1行30-32字，罫線あり。筆寫時代は9-10世紀と考えられている。筆者は最近になって，出口常順が持ち歸った寫眞の中に『妙法蓮華經玄贊』斷片の筆寫一枚を發見した（東洋文庫に『ルコック將來伯林學術研究院藏　西域出土古寫經目錄　西曆　一九三三季　出口調』に目錄1册，寫眞11册が藏せられている)。それはTⅡT1102vの舊番號をもつが，現在ベルリンではその存在は確認できない。(1)+19+(1)行，1行23-25字，草書體。大きさは不明，T34，732c28-733b1。

17）百濟康義「ウイグル譯『妙法蓮華經玄贊』（1）」（『佛教學研究』36，1980)，同「妙法蓮華經玄贊のウイグル譯斷片」（『内陸アジア・西アジアの社會と文化』，1983）參照。

18）竺沙前揭書，第一部，第三章，四節「東アジアにおける遼佛教の位置」73頁。

19）『宋史』卷490，外國列傳，高昌。伊原弘・梅村坦『宋と中央ユーラシア』（中央公論社，1997）304頁以下參照。

20）Ch/U8206（MIK030514)。大戰末期ベルリン空襲の直前に，ひとくくりの寫本を收めた箱が疎開された。此の箱は，戰後はソ連管理下におかれ，80年代のはじめに當時の友好國，東ドイツのライプチッヒ民俗學博物館に返還され，ドイツ再統一直後の1990年もしくは1991年に，西ベルリン郊外のダーレムにあるインド美術館に移された。この斷片はその中の一片である。Ⅲ-1返還文書研究1　參照。

21) T. Nishiwaki *Chinesische Texte vermischten Inhalts aus der Berliner Turfansammlung* (Franz Steiner Verlag Stuttgart, 2001) Nr. 40, 圖版（Tafel）4。

22) 大谷探検隊がトルファンから將來した文書の大部分は現在，旅順博物館に保管されている。近年，龍谷大學と旅順博物館の共同研究が進み，その全貌は徐々に明らかになってきた。最近出版された研究報告論文集（『旅順博物館藏新疆出土漢文佛典研究論文集』龍谷大學佛教文化研究所・西域研究會，2006）によれば，旅順博物館には約二萬三千點の漢語トルファン文書が存在する。因みにベルリン・トルファン・コレクションの漢語文書は約六千點と言われている。

23) Chinesische und Manjurische Handschriften und seltene Drucke Teil 4 *Chinese Buddhist Texts from the Berlin Turfan Collections* Volume 3 Compiled by Kogi Kudara Edited by Toshitaka Hasuike and Mazumi Mitani (Franz Steiner Verlag Stuttgart, 2005)。「Ch」記號を冠する1070枚の斷片が同定される。先の2冊の目錄と異なる點は，寫本の書寫年代が記されない點である。また，寫眞も1枚も付けられていない。その理由は，斷片のデジタル化が進み，極めて近い將來に漢語斷片も電子メディアを通して見られることによる。

24) 出口コレクションの503『蘇悉地供養法』（『釋錄』255頁以下參照）は敕版北宋版（開寶藏）の斷片である（竺沙，上揭書，314頁）。また第一册の目錄には，單に「印刷本」とのみ注記され注目されなかった，ベルリン所藏の Ch/U6412r も同經であり，その下部に接續する Ch/U8098r，あるいは Ch/U7494r とともに開寶藏である。さらに Ch/U7326r は『大般若波羅蜜多經』の小斷片であるが，これも開寶藏であろう。

25) 出口コレクションの504『妙法蓮華經』は金版である。これは宋の開寶藏系の金版大藏經を每半葉6行の蝴蝶裝本に改裝したものとされる（『釋錄』258頁以下參照）。この形式のものは，敦煌北區石窟（B168窟。この窟は「？–元」時代のものと考えられている。「敦煌莫高窟北區石窟（B157–B243窟）情況登記表」370頁參照）からも發見されている。『敦煌莫高窟北區石窟』第三卷（文物出版社，2004）164–176頁　圖版100（c）の『大寶積經第九十四卷』參照。またベルリン・コレクション Ch/B2（Ch5647）は金版『大般若波羅蜜多經』の斷片であることが分かっている。百濟康義「イスタンブール大學の東トルキスタン出土文獻」（『東方學』84）參照。

補遺

（窺）基『觀彌勒上生兜率天經贊』もウイグル語譯されていたことが最近明らかになった。ベルリン・コレクションの中の Mainz6, 25, 76, 77, 78の5斷片がそれである。橘堂晃一「ウイグル語譯『觀彌勒上生兜率天經贊』について」（『佛教史學研究』51-1，p. 24–46）參照。

附錄　劉晟撰「妙法蓮華經玄贊會古通今新抄序」

注15) に述べたように最近，韓國の名刹の一つである松廣寺から『法華經玄贊會古通今新抄』卷1，2が發見されたが，この作品はそのテキストにつけられていたものである。遼代の散文を輯めた『遼文萃』や『全遼文』にも收められていないものであり，遼の佛教史料としても貴重なものである。そこで全文を記錄にとどめ，現代語譯を付した。その前に，上の小論とも重なるが，この「序」の意義についていささかふれておきたい。

11世紀末に北宋に入り佛典・章疏類を集めた高麗の高僧，義天（1085-1086に入宋）の『新編諸宗敎藏總錄』(宋・哲宗・元祐5年，遼・道宗・大安6年，1090年成立）には詮明の佛典注釋書（章疏）の一つとして「會古通今鈔十卷」が著錄されている。また我が國の法相宗學僧の成尋も義天より十數年早く北宋の首都である汴京に赴いていたが，そこで『詮明抄』に出會っている。これら兩書は，記錄された書名はそれぞれ異なるが，1974年に山西省應縣佛宮寺木塔の釋迦像胎內から發見された詮明の『法華經玄贊會古通今新抄』（發見されたものは全10卷の卷2，卷6）に他ならない。

これによって今まで佛典目錄や日記といった記錄には見えながら，實物の見られなかった詮明のこの作品が出現し，法相學僧，詮明の敎學が明らかにされ，同時に當時の遼の佛教界を見ることができるようになった。また，北宋と遼とは敵對關係にあったが，とりわけ書禁の嚴しかった時代にあっても，書籍はその壁を越えて流通していたことを證明する確實な證據品が提示された。さらに今回，ベルリン・トルファン・コレクションの一部とされる出口常順コレクションにも『法華經玄贊會古通今新抄』の一斷片が存在すると判明し，トルファン地方のウイグル國家にも傳播の及んでいたことが證明された。

ところで，成尋や義天は當然，詮明のこの作品を本國に持ち歸ったはずであるが，その後兩國ではこの作品の消息は聞かれず，傳承は途絶えたかのようであった。しかし2004年になると，韓國の名刹の一つである松廣寺から『法華經玄贊會古通今新抄』卷1，卷2が發見された。それは松廣寺

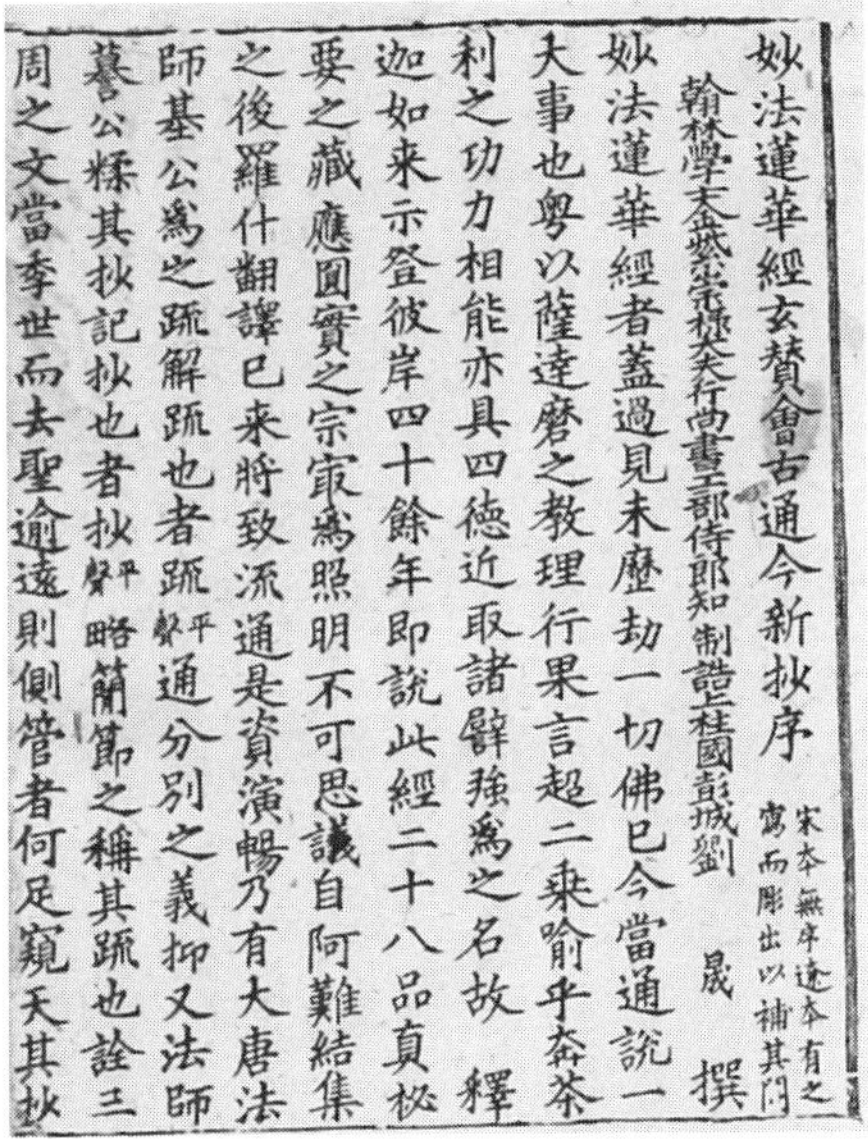

〈写真３〉

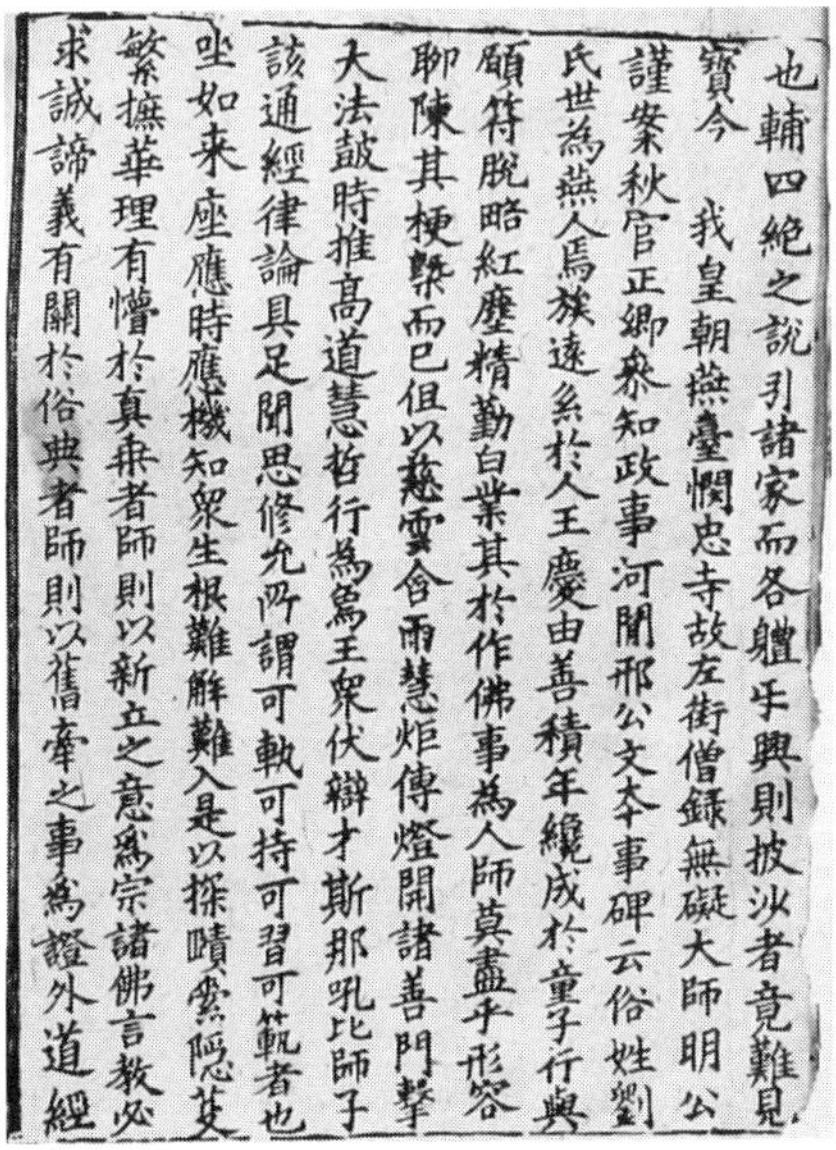

〈写真４〉

の天王門と四天王像の補修中に四天王像内部から見出された經典の中に含まれていたものであった。(『松廣寺　佛書展示　圖錄』 松廣寺　聖寶博物館　2004，解説參照)

義天が北宋や遼，あるいは日本から集めた古逸の章疏類は，後に自らの手で續藏經として出版された。その重修本は李氏朝鮮の世祖時代（1456–1468）に刊行されているが，今回發見されたのはその一部で12種14點であると言われている（2004年４月８日の donga. com のインターネット記事參照）。

この發見は，義天の持ち歸った『法華經玄贊會古通今新抄』が高麗・李氏朝鮮の時代に流布していたことを確實にする物的證據として契丹（遼）→北宋→高麗，あるいは契丹→高麗のルートを通る文化交流の存在したことを改めて想起させるものでもあった。そしてこれらのルートを通っている間に，どのようにテキストが傳承され，變化していったかを探る具體的な史料を得たことは，今後の研究に大きな意義を持つものであった。

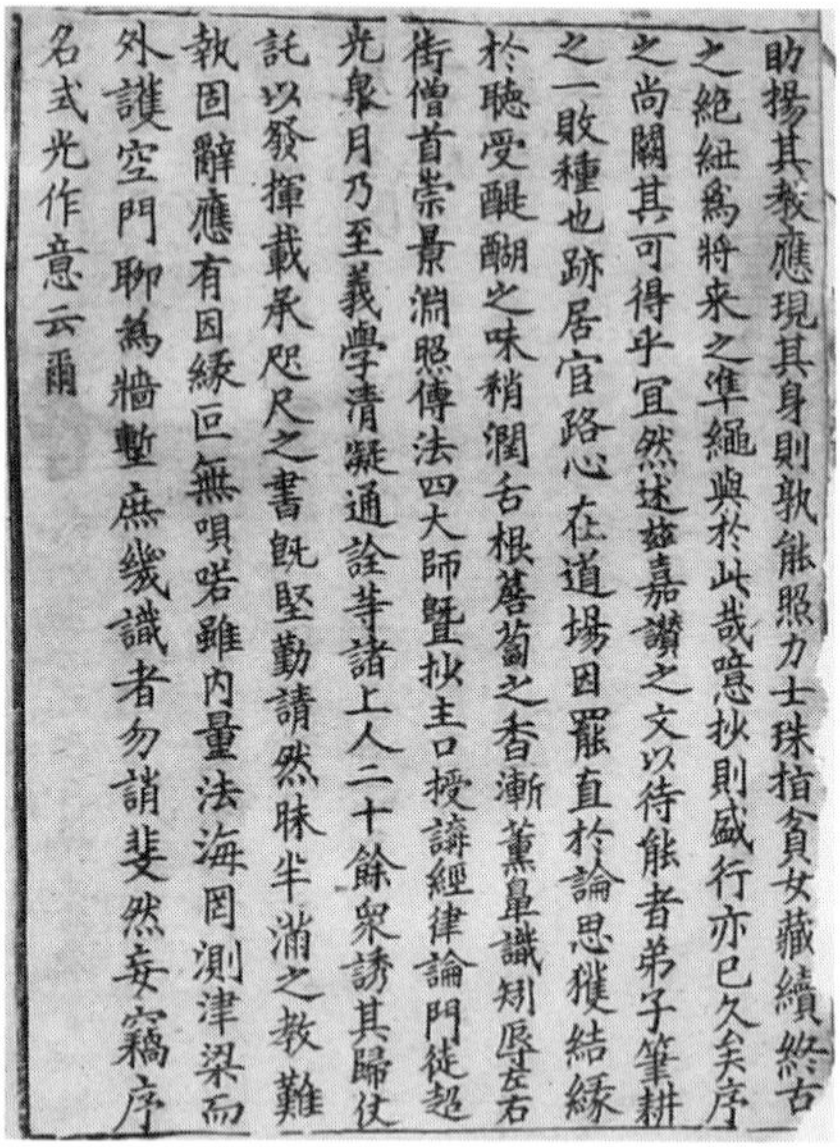
助揚其教應現其身則孰能照力士珠指貧女藏續終古
之絕紐爲将来之準繩與於此哉噫𢘐則盛行亦已久矣序
之尚闕其可得乎宜然述兹嘉讚之文以待能者弟子筆耕
之一敗種也跡居官路心在道場因罷直於論思獲結緣
於聽受醍醐之味稍潤舌根薝蔔之香漸薫鼻識矧辱左右
街僧首崇景淵照傳法四大師暨枚圭口授誨經律論門徒超
光衆月乃至義學清凝通詮等諸上人二十餘衆誘其歸仗
託以發揮載承咫尺之書旣堅勤請然昧半渧之教難
執固辭應有因緣叵無唄唱雖内量法海罔測津梁而
外護空門聊爲牆塹庶幾識者勿誚斐然妄竊序
名式光作意云爾

〈写真 5〉

さらにもう一つ大きな史料価値があった。發見された『法華經玄贊會古通今新抄』巻一の初めには翰林學士金紫崇祿大夫行尚書工部侍郎知制誥上柱國劉晟の「序」〈写真 3，4，5〉があり，割注として「宋本には序文がなく，遼本には序文がある。そこでそれを寫して版木に彫り，その闕を補完する」（「宋本無序，遼本有之，寫而彫出，以補其闕」）と見えることである。

「序」を書いたとされる劉晟は遼の聖宗朝（982–1031）の掌制誥，つまり詔敕起草官で，漢人では最高の官である。『法華經玄贊會古通今新抄』のこの序は，本經が流布した後，しばらくして書かれたと述べられているが，その時期は明記されておらず，はっきりしない。しかし，著者の詮明は五代の後唐天成年間（926–930）に生まれ，遼の聖宗統和末（1012）頃に遷化したとされ，應縣から發見された彼の著作三部四巻はいずれも統和年間（982–1012）に刊刻されたものであった。

詮明が『法華經玄贊會古通今新抄』を著わしてそれがすぐに刊刻されたかどうかは定かではないが，劉晟「序」によれば，この作品が流布してからしばらくは「序文」がなかった。しかし成尋や義天が北宋を訪れた11世紀の後半までには隨分と歳月が經過しており，彼らは「序」のないテキストも「序」のあるテキストも兩方手に入れる機會があったと考えられる。このように推測する前提は，上述のように，書禁の時代にあっても敵對する兩國のそれぞれが必要とする書物は流通したと考えられるからである。

劉晟の「宋本には序文がなく，遼本には序文がある」云々はさまざまなことを推測させる。例えば，北宋にとって詮明の作品は法相學の上から必

要な書籍ではあるが，いくら漢人とはいえ敵國に仕える文官の書いた序文は必要ないと考え削った。あるいは詮明のこの作品は完成とともに北宋に入ったが，それは劉晟の「序」のないテキストであり，それが北宋では『法華經玄贊會古通今新抄』の定本となり流布した等が考えられる。

また詮明の事跡は，張暢耕・畢素娟「論遼朝大藏經雕印」（『中國歴史博物館館刊』9，1986，69–89+96頁）に述べるように，「重修范陽白帶山雲居寺碑記」，智光撰「重修雲居寺碑記」（統和23［1005］に建立）と希麟等との關わりから推測することもできる。「序」によれば，詮明は五代後唐の天成年間（926–930）に生まれ，遼の聖宗統和（982–1012）年間の末に逝去した。この「序」によれば，劉晟は河間出身の邢文本の認めた詮明大師の碑文に基づいたと言うから，彼の死後に墓誌が編まれたことが分かる。

詮明は統和年間に南京（現在の北京市）を中心に活躍した學僧で，法相宗の開祖である唐の（窺）基が著わした『法華玄贊』をはじめとする數々の佛典注釋書を深め廣めるべく，古今の諸經典あるいは儒書をはじめとする外典を引用して多くの注釋書を書いた。彼に贈られた「抄主（あるいは鈔主）無礙大師」の號は，彼が古今の佛典注釋書を縱横に用いて何の矛盾もなく經論の意を明らかにしたことを顯彰したものである。

彼の弟子の四天王としては，僧首，崇景，淵照，傳法がおり，彼らは都にある寺院の僧侶をとり締まる左右街の役署の長官であった。また講經・律論僧としては超光と皐月がいた。さらに義學僧の淸凝や通詮らとも關わりがあったようで，まさしく聖宗朝の佛教界の中心存在であったことを改めて確認させられる史料である。

妙法蓮華經玄贊會古通今新抄序　宋本無序，遼本有之。寫而彫出，以補其闕。

翰林學士金紫崇祿大夫行尙書工部侍郎知制誥上柱國彭城劉晟撰

妙法蓮華經者，蓋過見未歷劫一切佛已今當通說一

大事也。粤以薩達磨之教理行果，言超二乗，喩乎奔荼，

利之功力，相能亦具四德，近取諸譬，强爲之名故。釋

迦如來示，登彼岸四十餘年，即說此經二十八品。眞秘

要之藏，應圓實之宗，最爲昭明，不可思議。自阿難結集

之後，羅什翻譯已來，將致流通，是資演暢。乃有大唐法
師基公爲之疏解。疏也者，疏平聲，通分別之義。抑又法師
詧公糅其抄記。抄也者，抄平聲，略簡節之稱。其疏也，詮三
周之文。當季世而去聖逾遠，則側管者何足窺天。其抄
也，輔四絶之説，引諸家。而各體互興，則披沙者竟難見
寶。今　我皇朝燕臺憫忠寺故左街僧錄無礙大師明公，
謹案秋官正鄕參知政事河閒邢公文本事碑云，俗姓劉
氏，世爲燕人焉。族遠系於人王，慶由善積。年纔成於童子，行與
願符，脫略紅塵，精勤白業。其於作佛事爲人師，莫盡乎形容，
聊陳其梗概而已。但以慈雲含雨，慧炬傳燈，開諸善門，擊
大法皷，時推高道。慧哲行爲，象王衆伏，辯才斯那，吼比師子。
該通經律論具足，聞思修允，所謂可軌可持，可習可範者也。
坐如來座，應時應機，知衆生根，難解難入。是以探賾索隱，芟
繁摭華。理有懵於眞乘者，師則以新立之意爲宗，諸佛言教，必
求誠諦。義有關於俗典者，師則以舊牽之事爲證，外道經
助揚其教。應現其身，則孰能照力士珠，指貧女藏，續終古
之絶紐，爲將来之準繩，與於此哉。噫，抄則盛行亦已久矣。序
之尙闕，其可得乎。宜然述玆嘉讚之文，以待能者。弟子筆耕
之一敗種也，跡居官路，心在道場。因罷直於論思，獲結緣
於聽受，醍醐之味，稍潤舌根，薝蔔之香，漸薫鼻識。矧辱左右
街僧首・崇景・淵照・傳法四大師，曁抄主口授，講經律論門徒超
光・泉月，乃至義學淸凝・通詮等諸上人二十餘衆，誘其歸仗，
託以發揮。載承咫尺之書，既堅勤請，然昧半滿之教，難
執固辭，應有因緣，叵無唄喏，雖内量法海，罔測津梁，而
外護空門，聊爲牆塹。庶幾識者勿誚斐然妄竊序
名式光作意云爾。

［現代語譯］

妙法蓮華經玄贊會古通今新抄序　「宋本」には序文がなく，「遼本」には序文がある。そこでそれを寫して版木に彫り，その

闕を補完する。

翰林學士金紫崇祿大夫・行尚書工部侍郎・知制誥・上柱國彭城出身の劉晟が撰述する。

『妙法蓮華經』というお經は，思うに過去・現在・未來にわたる歷劫の，あらゆる諸佛以下の一大事を通說しているものである。ああ薩達磨（『法華經』）の教えと修行について言えば，言葉は，大乘と小乘の教えを超越し，白色の蓮華に喩えられる。行爲のすばらしい效力は，常樂我淨の四德を備えている。そのために，これを身近な喩えで表現し，强いて名前をつけているのである。釋迦如來は，四十餘年修行して悟りの境地に至り，そこでこのお經二十八品を示して說法された。この教えは眞に祕要の藏で，圓實の教えの大本であり，最も明らかであって，不可思議なものである。阿難がこの佛典を結集し，鳩摩羅什がそれを翻譯して以來，廣く流布させ教えを明らかにするよう試みられた。そこで大いなる唐の王朝の（窺）基法師が出て，このお經の疏解（注釋）を作った。疏は，平聲で疏通して分別する意味である。さらにまた詧公法師は，その書の抄記をまじえた作品を作った。抄は，平聲で拔き書きの意味である。注釋（疏）というものは，法說周，比喩周，因緣周の三周說法の文章を備えているものである。末世になって釋迦の時代からだんだんと遠くなっているのに，傍らから狹い見識で覗こうとする者にどうして天のように廣い佛陀の教えを見ることができようか。抄記というものは，有無等の四句を絕つ四絕の說を補い諸家の解釋を引用するものである。ところが，それぞれの書體が出來上がると，沙から（佛の教えである）金をすくい上げようとする者には，結局，寶そのものが見えなくなるのである。

今，我が遼朝の燕臺の憫忠寺の故の左街僧錄である無礙大師詮明法師については，謹しんで秋官正卿參知政事の河間邢文本の記した碑文を見ると，次のように述べられている。その俗姓は劉氏であり，代々燕の出身者である。一族の遠い祖先は皇帝と結びついており，その餘慶は多くの善を積んだことによる。無礙大師は幼いときに童子となり，出家の願いがかなえられて，世俗の紅塵を脫略し，僧侶の修業に精勤した。佛教の教えを擴め師家となると，くだくだしくあれこれ述べるのではなくて，ただ教えの大枠

にふれるにとどめた。ただ大師の慈心は雲が天をおおうように廣大で慈雨をもたらし，智慧のあかりは佛法を傳えて多くの修福の道を提示し，大いなる法鼓を打ち誡めて善門の道に導き，當時の人々からは高僧と崇められた。彼の知識と行爲は，象中の王とされる菩薩もひれ伏すほどであり，彼の佛法を説く才能は，大將軍とされ獅子吼に喩えられる。經律論に通じこれを十分に身につけて，悟りへの智慧の階梯を備えていることは人々の認めるところである。いわゆる，手本として掲げ，眞似し據り所とすべき人物である。佛陀が座った如來の椅子に座り，時機に應じ衆生の機根を見拔いて教化することはむつかしい。そこで大師は隱された深意を探り出し，繁茂した枝葉の教えを切り取って果實を取り出した。眞實の教えに暗い點がある場合には，大師は新しい解釋を打ち立ててそれを要とし，佛たちの述べた言葉は，必ず誠の眞諦を探求した。解釋で外典に關わるもののある場合には，大師は舊いものを典據として引いて證據とし，佛典以外の書物によって佛教の教えを稱揚する助けとした。この世に生まれ出て，いったい誰が，力士の額の金剛珠を照らし，貧女の寶藏を指して，それぞれ佛性をもっていることを示し，切れ絶えた昔の紐をつなぎ，將來の指針を作って，このような注釋を作ることをしようか。ああ，この『妙法蓮華經玄贊會古通今新抄』が世間に流布してから，隨分と時間が經過した。しかし序文はまだ作られていない。それはよろしきことではない。そこでひとまずこの書を褒め稱える文を作り，將來しかるべき序文の書ける人物が出るのを待つべきであろう。弟子（わたくし）は文筆を職とするつまらぬ者であり，身は役所に置いているが，心は佛教に向けている。そこで公務をおえると，佛緣によって佛教に耳を傾け，佛の教えの醍醐のごとき味で徐々に舌を潤し，佛の教えの薝蔔のごとき香を次第にかぐことができるようになった。ましてや左右街の長官である僧首・崇景・淵照・傳法の四人の大師は抄主無礙大師の口授に與っている。講經・律論僧の門徒である超光と皐月，さらに義學僧の清凝と通詮等の諸上人二十餘人も大師の書を頼るべきものとして，世に顯彰することをわたくしに依頼された。手紙を受けとると，（序文を書くことの）强い要請であった。私は佛教の教えに通じていないが，固辭することも難しい。因緣があるからには讃歎の文章を作るべき

であろう。内では，佛の教えである法海を考えてみるに，そこへの津梁（みなと）を見つけることはできないが，外では，佛門を保護し，いささか牆壁の役割を擔いたい。實質のともなわない文章に光榮ある序文の名を借りたと，どうか識者にはみだりに批難されることのないようお願いする。爾か云う。

5

イスタンブール大學圖書館所藏漢語
トルファン文書一覽表

序

イスタンブール大學圖書館にもトルファン出土の漢語文獻が存在する。筆者は早くからこのことを耳にしていたが，それを實見する機會はなかなか訪れなかった。2005年の夏，ベルリンのアカデミー（トルファン研究部門）からツィーメ博士（Dr. Peter Zieme）が京都を訪問された。そこで京都在住の筆者は，博士からイスタンブール大學のウイグル語教授セルトカヤ氏（Prof. Dr. Osman Sertkaya）を紹介してもらった。セルトカヤ氏は，かつて百濟康義氏（1945–2004）とともに，イスタンブール大學トルファン文書の英語版「假目錄」(Osman Sertkaya and Kogi Kudara: *A Provisional Catalogue of Central Asian Fragments preserved at The Library of Istanbul University,* 1987) を作った人である。そしてセルトカヤ氏の盡力で，その年の11月9日から16日にかけて，筆者はようやくイスタンブール大學圖書館に赴く機會を得たのである。また2007年3月13日から20日にかけても，前回を補う意味での調査を行った。本書はその報告の一部である。

19世紀末，ヨーロッパの列強および我が国の西本願寺門主の大谷光瑞は，中央アジアへの學術調査隊派遣を始めた。そもそもそれを行なっていないトルコに，なぜまとまった形でトルファン文書が所藏されているのか。これについては，「假目錄」作成者の一人である百濟氏が，「イスタンブール大學所藏の東トルキスタン出土文獻—特にその出所について—」(「東方學」第84輯，1992，p.148–137）で詳述されている。結論だけ述べれば，イ

スタンブール大學圖書館所藏トルファン文書は，ドイツ學術隊蒐集品，すなわちベルリン・トルファン文書の一部であることに間違いない。

1990年に東西ドイツが再統一され，1994年には，それまで東西に分斷されてきたトルファン文書の管理と研究體制も新たになった。資料が公開され，自由な研究が可能になった丁度その年の春から，斷續的ではあるが，筆者はベルリンのトルファン漢語文書について調査・研究してきた。漢語非佛典文書の目錄を作成し，いくつかの論文を發表する中で，筆者は，ここ數年のベルリン・トルファン文書研究とその周邊事情の動きが大きいことを實感している。

2005年の春，藤枝晃編『トルファン出土佛典の研究　高昌殘影釋錄』(法藏館。以下『釋錄』と記す)，つまり出口コレクションの釋文の部分が出版された。四天王寺管長を務められた出口常順氏（1900-1994）は，1932年から1933年まで，インド佛教學研究のためにベルリンに留學された。そして128點のトルファン出土文書を持ち歸った。これらについて，藤枝晃博士（1911-1998）を中心に1965年から研究會が開かれ，研究が進められた。これはその成果である。すでにこのコレクションの全斷片の寫眞は，圖錄『高昌殘影』として1978年に出版されており，『釋錄』はその解說にあたるものである。これによって出口コレクションの全貌は明らかになった。藤枝氏は，研究生活の後半を敦煌學・トルファン學一筋に打ち込まれたが，この出版は，その文書研究の全成果を具體的な形で研究者に提供するものでもあった。

この出口コレクションは，いま筆者の紹介するイスタンブール大學所藏のトルファン文書と非常に強い繫がりを持つ。兩者とも，20世紀のはじめにドイツ（當時はプロシャ）學術調査隊がトルファンを中心とする中央アジアで發掘・蒐集した文物からの，流出した一塊である。このことは學界の公然の祕密と言ってよい。後にイスタンブール大學の教授に就いたラフマティ氏（Reşid Rahmeti Arat）は，1930年代に，ベルリンのアカデミーでウイグル文書の整理・研究に從事していた。出口氏のトルファン文書は，彼を通して得たものであり，イスタンブール大學にトルファン文書をもたらしたのも彼であった。從って，藤枝晃編『釋錄』の出版は，ベルリン・

トルファン漢語文書の全貌を知る大きな成果であると同時に，イスタンブール大學所藏漢語文書研究への強い追い風となったのである。

追い風は世界各地から次々と吹きよせた。一つはベルリンからである。ベルリンでは1975年以來，所藏の漢語佛典斷片の目錄が2冊出版されていたが，長い中斷の後，2005年末に1070枚のCh斷片を同定した3冊目（*Chinese Buddhist Texts from the Berlin Turfan Collections* Volume 3; Compiled by Kogi Kudara, Edited by Toshitaka Hasuike and Mazumi Mitani, 2005, Franz Steiner Verlag. Stuttgart）が出版されたのである。續いてCh, Ch/U，Ch/Soの1142枚を同定した4冊目も，すでにリストは出來上がり出版が準備されていると，序文に記されている。4回にわたるドイツ學術調査隊の將來した漢語文書のうち90％以上は佛典が占める。上記の出版によってその全體像が明らかにされることになる。ところで3冊目の目錄には一枚の寫眞も付されていない。ここにも大きな意味がある。ベルリンのアカデミー（トルファン研究部門）は，目錄刊行と並行して，インターネットによる文書の公開を進めてきた。これはウイグルやソグド文獻から始まって，最後がChの記號を帶びる漢語斷片の畫像化作業であった。これがいよいよ完結し，2007年10月末にはベルリン・トルファン文書は，世界のどこからでも見られるようになり，目錄の寫眞は不要になったのである。

二つ目は東京からである。2005年，中村不折所藏文書の全てが『臺東區立書道博物館所藏　中村不折舊藏禹域墨書集成』上中下（磯部彰編）として公開された。ここには多くのトルファン出土文書が含まれる。

三つ目は旅順と京都から。2006年に，『旅順博物館藏　新疆出土漢文佛經選粹』（旅順博物館・龍谷大學共編，法藏館）と，『旅順博物館藏新疆出土漢文佛典研究論文集』（龍谷大學佛教文化研究所・西域研究會）が出版された。我が國の大谷探檢隊がトルファン地域から將來した多くの文物は，現在主として中國の旅順博物館に所藏されている。前者は，その精粹の寫眞であり，後者は，研究報告書である。報告書によれば，旅順博物館には約23000點のトルファン漢語文書が存在する。これはベルリンの漢語文書約6000點の4倍にあたる。この研究の成果はトルファン研究の大きな武器となろう。

イスタンブール大學所藏文書の概要は，上記の百濟氏論考が傳えており，その中の２篇については研究論文が發表されている。百濟康義「漢譯〈無量壽經〉の新異本斷片」（藤田宏達博士還曆記念論集『インド哲學と佛教』p.373–394，平樂寺書店，1989）と，高田時雄「ウイグル字音考」（『東方學』70，p.1–17）である。また『書と表現の跡』（龍谷大學學術情報センター，2003）には，このコレクションの『金光明經』と『無量壽經』の寫眞が載せられ，貴重なものであることが明らかにされている。

しかし1987年に作成された「假目錄」は未出版であり，研究者に廣く供されるものではなかった。それを基に書かれたであろう榮新江『海外敦煌吐魯番文獻知見錄』（江西人民出版社，1996。第三章，德國收集品，第二節　伊斯坦布爾大學圖書館和出口常順藏品　p.92–94）も，「假目錄」に沿って漢譯佛典を含む文書名を列記するのみであり，列記した後に榮新江は次のように述べる。「これらのトルファン文獻は山田信夫・百濟康義等の日本の研究者の努力により，すでにその内容はおよそ明らかにすることができた。これら文獻はまたトルファンの佛教や高昌ウイグル社會經濟等の研究に不可缺な資料である。現在，これらの文獻はさらに整理を加えられているが，いくつかの寫本は同定がまだ濟んでいない」。

2007年には，榮新江主編『吐魯番文書總目　歐美收藏卷』（武漢大學出版社）が出版され，その中にイスタンブール大學所藏の目錄（p.939–948）が載せられた。ここでは，ウイグル文書や梵語文書に關して，その後の研究成果を注記して採用している（例えば Klaus Wille: Die zentralasiatischen Sanskrit-Fragmente in der Sammlung der Istanbuler Universitätsbibliothek, in *Turfan Revisited*, Dietrich Reimer Verlag, Berlin, 2004, S. 380–392）。しかし漢語文献に關しては，ほとんど新しい情報は加わっていない。つまり研究が進んでいないことを物語っているのである。

すなわちイスタンブール大學所藏漢語文獻についての論考は，その概要に觸れるものを除くと，上に述べた２篇が發表されたに過ぎないことになる。「假目錄」が出來てから20年になるが，ほとんど忘れられた狀態であったと言えるであろう。そこで筆者は，このコレクションへの關心を喚起

するため，まず2007年に，イスタンブールでの調査をもとに４つの重要な寫本『金光明經』『提謂經』『成具光明定意經注』『最勝燈王如來陀羅尼句經』の斷片をとりあげ，それらの寫眞に解説をつけて發表した（『イスタンブール大學圖書館所藏トルファン出土漢語斷片研究』同志社大學・文學部・文化史學科・西脇研究室)。

さらに本稿では，先に揭げた百濟論考揭載の漢語文書の一覽表と，未刊の英文「假目錄」を整理，補筆する形で，新たな漢語文書一覽表をかかげる。２度の調査をもとに，大きさ等を加え，若干の記述を修正し，筆者の同定し得たものを補って，廣く研究者の用に應えようとするものである。先人の努力に今後の研究を積み上げる仲立ちとなれば，この報告も多少の意味を持つものと言えよう。

イスタンブール大學圖書館では，ベルリンにおいてと同じように，斷片は２枚のガラス板に挾んで保存されている。その數は35枚であるが，１枚のガラス板に複數の斷片が入っているので，斷片數は100以上を數えることとなる。一覽表には漢語のみを選んだが，漢語の裏に他の文字がある場合はそれについても記した。なおすでに發表した上記４寫本については，拙論の梗概を付した。詳しくは拙著を參照されたい。

イスタンブール大學圖書館所藏漢語トルファン文書一覽表

省略記號　I. U.：Istanbul University
Yamada：「イスタンブール大學圖書館所藏東トルキスタン出土文書類―とくにウイグル文書について―」(『西南アジア研究』20［1968］11–32頁)

I.U.No.2 [Yamada No. 14]
縱16.8㎝×橫16.8㎝
recto　漢語　佛典　寫本　唐代楷書
(1)+8行　地高3.5㎝　罫線幅1.7-1.8㎝
『妙法蓮華經』卷５（T9，42a14～18)

verso　ウイグル語　18行

I. U. No. 7 [Yamada No. 13]

縦12.0㎝×横22.4㎝

recto　漢語　佛典　寫本

12行　1行17字　罫線幅1.7-2.0㎝

『大寶積經』巻53（T11, 311b 5～15）

verso　ウイグル語　佛典　18行

I. U. No. 11 [Yamada No. 1]

縦20.3㎝×横20.6㎝

recto　漢語　佛典　寫本

12行　1行17字　天高2.7-3.0㎝

罫線幅2.7-2.8㎝

『大智度論』巻91（T25, 704c28～705a11）

verso　ウイグル語　佛典　14行

I. U. No. 13 [Yamada No12]

1枚と2小斷片で縦13.4㎝×横25.0㎝

recto　漢語　佛典　寫本

14+(1)行　下部のみ殘り地高3.3㎝

鉛筆罫線幅1.7㎝

『大般若波羅蜜多經』巻523（T7, 678c14～29）

紙は厚手で灰色。2小斷片のうち大きい方（縦横1.7㎝）

の字「修」は12行目の破損部分に。

verso　ウイグル語　佛典　25行

『阿毘達磨倶舍論本頌』

I. U. No. 14 [Yamada No. 25 (2)]

6枚と1小斷片

(a)　縦9.6㎝×横5.3㎝

(b)　縦9.6㎝×横4.9㎝

(c)　縦10.5㎝×横5.0㎝

(d)　縦7.2㎝×横3.5㎝

(e)　縦7.7㎝×横4.2㎝

(f)　縦10.8㎝×横4.2㎝

小斷片　縦5.0㎝×横1.6㎝

recto　漢語　佛典　寫本

天部のみ殘り天高3.8-4.5㎝　罫線幅1.7㎝

断續して『摩訶僧祇律』卷5（T22, 270c5～24）
(a)　3行
(b)　3行
(c)　4行
(d)　2行
(e)　3行
(f)　2行
小斷片　文字ナシ
verso　ウイグル語　佛典
(a)　5行
(b)　5行
(c)　4行
(d)　3行
(e)　4行
(f)　4行
小斷片 文字ナシ

I. U. No. 16 [Yamada No.？]
9小斷片
(a)　縱13.0cm×横13.0cm　6行
(b)　縱5.0cm×横5.0cm　2行
(c)　縱4.0cm×横3.2cm　2行
(d)　縱3.0cm×横2.3cm　2行
(e)　縱10.5cm×横9.2cm　5行　罫線幅1.6cm
(f)　縱9.0cm×横5.5cm　4行　罫線幅1.6cm
(g)　縱10.5cm×横5.5cm
(h)　縱10.0cm×横5.5cm
(i)　縱横不明　3.1cm×1.8cm
(a + b + c + d)　印刷本　漢語　佛典　契丹版
1行17字　下部界線あり。
斷續して『仁王護國般若波羅蜜多經』卷下
(T8, 841b3～12)
(e , f) 寫本　No. 32, No. 33, No. 34と同一寫本
未傳『佛說最勝燈王如來陀羅尼句經』(『イスタンブール大學圖書館所藏トルファン出土漢語斷片研究』p. 19-36, 圖88-91參照)

(g , h)　印刷本　表紙の裏の部分か

(i)　文字讀み取れず

I. U. No. 17 [Yamada No. 25(1)]

2枚

(a)　縱16.0cm×横27.0cm

漢語　佛典　寫本

17行　1行17字　天高2.5cm　罫線幅1.3cm

『增一阿含經』卷19（T 2, 641b 1〜18）

「大唐大暦十三年歳次戊（午）……」の小字紀が冒頭。次に首題「增壹阿含經四意斷品第……」が續く。字體は唐代楷書。大暦十三年は西暦778年。安史の亂以降の紀年を持つ資料として貴重。

(b)　縱14.6cm×横11.7cm

漢語　佛典　寫本

6行　1行17字　地高3.9cm　罫線幅1.8cm

『阿毘達磨順正理論』卷9（T29, 378a21〜26）

I. U. No. 18 [Yamada No. 23?]

5枚と1小斷片

(a)　縱8.8cm×横22.0cm

(b)　縱9.6cm×横15.7cm

(c)　縱6.5cm×横6.0cm

(d)　縱13.6cm×横11.2cm

(e)　縱6.3cm×横8.5cm

1小斷片

(a)　recto

漢語　佛典　印刷本　契丹版

11+(1)行　1行17字　天高4.8cm

『根本説一切有部毘奈耶』卷21（T23, 738a16〜28）

上部界線あり。紙縫より1行目と2行目の間に柱刻「根本……」あり。

verso

ブラーフミー文字とウイグル文字のバイリンガルテキスト

2行

(b)　recto

ブラーフミー文字　サンスクリット語　般若波羅蜜テキ

スト（密教經典）　3行

verso

ブラーフミー文字　サンスクリット語　般若波羅蜜テキスト（密教經典）3行

(c)　recto

ブラーフミー文字　サンスクリット語　般若波羅蜜テキスト（密教經典）　2行

verso

ブラーフミー文字　サンスクリット語　般若波羅蜜テキスト（密教經典）2行

(d)　ブラーフミー文字　サンスクリット語

『Sitatapatra-Text（無能勝成就法）』

（密教經典）　8行

(e)　ブラーフミー文字　サンスクリット語

『Sitatapatra-Text（無能勝成就法）』

（密教經典）　4行

I. U. No. 19 [Yamada No. 18]

1斷片と3小斷片

(a)　縱18.3cm×橫55.0cm

(b)　縱1.8cm×橫2.0cm

(c)　縱1.3cm×橫2.0cm

(d)　縱1.2cm×橫1.1cm

recto

(a)　漢語　佛典　寫本

34行　1行17字　天高2.7cm　罫線幅1.6-1.7cm

『大般涅槃經』卷28（T12，532b24～533a2）

(b)　漢語　佛典　版本

「諦」のみ讀み取れる。

(c)　漢語　佛典　版本

「土」偏のみ確認。ガラスケースには裏返って入っている。

(d)　漢語　佛典　版本

「土」偏のみ確認。ガラスケースには裏返って入っている。

verso

一連のウイグル文ではなく，各々異種の文と見える。

(a)　ウイグル語　佛典　56行

(b)　ウイグル語　未詳　1行

(c)　ウイグル語　未詳　1行

(d)　ウイグル語　未詳　1行

I. U. No. 20 [Yamada No. 9]

縦26.0cm×横57.0cm　(a＋b＋c) の斷片が接續

recto　漢語　佛典　寫本　唐代楷書

33行　1行17字　天高2.9cm　地高2.5cm　罫線幅1.8cm

『大般涅槃經』卷11（T12，432a11～b15）

verso　ウイグル語　內容は佛教關係

I. U. No. 21 [Yamada No. 8？]

縦25.0cm×横50.8cm

recto　漢語　佛典　寫本　2紙

30行　天高2.8cm　地高2.5cm　罫線幅1.6-1.7cm

『成唯識論』卷5（T31.24b13～c15）

verso　ウイグル語　內容は佛教關係

I. U. No. 22 [Yamada No.？]

5斷片（右上からa，e，d。eの下にb，dの下にc）

漢語　佛典

(a)　縦25.0cm×横16.2cm

(b)　縦11.5cm×横12.5cm

(c＋d)　縦14.2cm×横28.5cm　罫線幅1.5cm　天2.6cm。

(e)　縦18.5cm×横14.0cm　罫線幅　1.1cm

(a＋b) recto　漢語佛典寫本『佛名經』卷10（T14，169a13～23）

13+7行

(a) verso　漢語　佛典　寫本　以下の4種の筆寫
佛典からの拔書き（『法華經』方便品［T9. 8a以下］の語句）。

佛名の拔書き（『五千五百佛名神呪除障滅罪經』卷3 T14, 328b10, 18, 24, 26, 28. c1, 3と重なる）。

不詳の俗文書3行。

別の不詳の俗文書1行。

(b) verso　漢語　佛典　寫本　5行
佛名の拔書き（『五千五百佛名神呪除障滅罪經』

卷３　T14, 328b28と重なる）と不詳の俗文書２行。

(a)のversoの下部に接續。

(c + d) recto　漢語　佛典　寫本　16行

『大智度論』卷95（T25, 723a12～b3）

verso　漢語　佛典　寫本　19行

「法華經音」(『法華經』T9, 15c～45a14の部分)

(e) recto　漢語　佛典　寫本　11行

『阿毘達磨大毘婆沙論』卷70（T27, 361a9～25）

verso　漢語　佛典　寫本　12行

『異部宗輪論』(T49, 15a26～b17)

I. U. No. 23 [Yamada No. ?]

割れたガラスケースに17 (a-q) 小斷片

recto　漢語　佛典　版本

金版　卷子本　１行14字　(f, g) に上部界線あり

17小斷片は『大般若波羅蜜多經』卷372（T6, 917c8～919a10）にあたる。金版には黄色に染めた麻紙と無染白色麻紙の２種の紙が使われるが，これは前者。上述の百濟論文「イスタンブール大學所藏の東トルキスタン出土文獻」では（f）とベルリンCh/B2（現在の記號はCh5647）との接合を指摘するが，その下部にはCh/U7628（o. F.)［卷372（T6, 917c12-14)］が接續し，また（i）とCh/U7419（T II D314)［卷372（T6, 918c9-12）４行］も接合する。

verso　ブラーフミー文字　ウイグル語佛典および落書き

(g）は『文殊所說最勝名義經』(密教經典)

I. U. No. 24 [Yamada No. 27 (1)]

縱27.5㎝×横52.8㎝

漢語　佛典　寫本　卷子本　２紙　(1) +21行

『金光明經』卷２ (T16, 344b26～c19)

天高1.5-1.7㎝　地高1.2-1.6㎝　鉛筆罫線幅　1.5～1.7㎝

無染色・比較的厚い紙。４字句のところは横罫線が入る。１行17字が基本であるが，16字もある。

I. U. No. 25 [Yamada No. 27 (1)]

縱27.4㎝×横34.5㎝

漢語　佛典　寫本　卷子本　(1)+20行
『金光明經』卷２(T16, 343b17～c9)
天高1.5-1.9㎝　地1.4-1.5㎝　鉛筆罫線幅　1.6～1.9㎝
無染色・比較的厚い紙。４字句偈のところは横罫線が入る。１行17字が基本であるが，16字もある。

I. U. No. 26 [Yamada No.27 (1)]

縦27.4㎝×横38.0㎝
漢語　佛典　寫本　卷子本　(1)+21+(1)行
『金光明經』卷２(T16, 343a1～23)
天高1.6-1.8㎝　地高1.7-1.8㎝　鉛筆罫線幅　1.6～2.0㎝
４字句のところは横罫線が入る。１行17字が基本であるが，16字もある。

〈既刊論考の梗概〉

以上３斷片（No.26+No.25+No.24）は紙質および書體からすれば，斷續する同一寫本である。『金光明經』卷２の寫本が何らかの理由で三斷片に分かれ，さらにそれぞれの首尾が幾行かずつ失われたものであろう。１行字數は時に異なるがおおむね17字詰であり，「見出し點」がつけられている。この寫本には題記もなく，書寫された時代を直接知ることはできないが，隷書體が抜けきらないかなり古い時代のものと考えられる。

現在知られている最も古い寫本としては，新疆博物館所藏の吐魯番出土『金光明經』卷２（1998年，上海辭書出版『敦煌學大辭典』の「金光明經」の項の解說）が擧げられるが，末尾の題記からその寫本は430年に書き寫されたと考えられている。公開された寫眞は僅かの行であるが，イスタンブール大學圖書館所藏のこの寫本と一部重なり（上記３斷片のＩ. U. No. 24の部分），寫本形式・字體が非常によく似ている。即ちともに１行の字數がほぼ17字詰であり，品題の頭と品首第一行の頭との欄外に墨の見出し點「，」が付けられる。またNo. 26の14行目で，「横流」・「枝節」に作り，15で「不可思諠」に作る。藤枝晃編『釋錄』に見える寫本の時代區分によれば，北朝後期様式寫本に屬するものである。すなわち５世紀の寫本であろう。

５世紀と考えられるこのイスタンブール大學所藏テキストは，曇無讖譯が出た直後のものであり，以上の歷史的經緯からも，校勘に利用できる貴重なものであろう。例えばNo. 25の７行目「我等四王及其眷屬」は大正藏で「我等四王及餘眷屬」に作り異同は記さないが，寫本テキストが正しいように思われる。

I. U. No. 27 [Yamada No. 10]
縱26.5cm×橫25.3cm
recto　漢語＋ウイグル語　佛典　寫本
1行17字　天高3.2cm　地高2.5-3.0cm　罫線幅2.0cm
『摩訶般若波羅蜜多經』卷7　(T8，274b18～c1)
漢語12行の末尾に verso と同一筆跡のウイグル語3行
verso　ウイグル語　佛典　26行

I. U. No. 29 [Yamada No. 7]
9斷片 (a-i)　No. 23と同樣ガラスケース破損
recto　漢語　金版　卷子本　1行14字
小斷片で行數不明　(e) に上部界線あり
『大般若波羅蜜多經』卷372 (T6，917c8～919a10)
金版2種（黃色に染めた麻紙と無染色麻紙）のうち前者。
verso
(a)　ブラーフミー文字　ウイグル語の雜寫
(b，c，g，h) ブラーフミー文字　ウイグル語
『Tara-ekavimsati-stotra（ターラー女神への21の讚頌)』(密敎經典)
(d)　ブラーフミー文字　サンスクリット語
『Sitatapatra-Text（無能勝成就法)』(密敎經典)

I. U. No. 30 [Yamada No. 26]
縱24.0cm×橫92.5cm（4紙）＋1斷片
recto　漢語　寫本　卷子本　33+(1)行　細字雙注
『佛說成具光明定意經』(T15，454a23～27) の未知注
27行までが1人の筆，28行以下（新しい紙を繼ぐ）は別の1人の筆。28行以下には罫線がある。罫線幅2.2cm。34行以下も續くが白紙が重なっていて讀めない。
verso　漢語　寫本　卷子本　4紙　60行
『提謂經』(ペリオ3732と重なるテキスト)
40行までが1人の筆，41行以下（新しい紙を繼ぐ）は別の1人の筆。「師」「戒」の隸書を用いる。轉倒符號あり。後半は後世のもの。

〈既刊論考の梗概〉

「I. U. No. 30」は，百濟氏の「假目錄」には［Yamada No. 26］に當たると明記されている。表 (recto) と裏 (verso) があり，表にあたる

部分が『佛說成具光明定意經』(T15, 454a23〜27) の未知注である。斷片の大きさは縦24.0cm×横92.5cmで, 4紙, 33+(1)行, 細字雙注である。

33+(1)行は, 27行までが3紙で, 一人の筆であり, 28行から新しい紙を繼ぎ, また別の一人によって書かれている。27行までは, 罫線のかすかに殘る紙にそれを無視して書かれているが, 28行以下にははっきりとした罫線があり, それに沿っている。この罫線幅は2.2cm。34行以下も寫本は續いているようであるが, 別紙が重なり現狀では讀めない。見出し點がある。また轉倒符號「乙」が見え, 校正を經ていることを示す。

この斷片『成具光明定意經注』は,『出三藏記集』以下の佛典目錄類, あるいは敦煌・吐魯番の寫本にも見えないので, 誰がいつの時代に作った注か, 容易には分からない。經そのものは, いま大正藏の15卷に, 後漢・支曜譯『佛說成具光明定意經』1卷が收められており, 本斷片の本文は, そのp.454上段23行〜27行にあたる部分である。

『成具光明定意經注』には, 後漢・安世高譯『長阿含十報法經』(T1, 236b, 238c, 239a, 240a, 241c) や無羅叉・竺叔蘭共譯『放光般若經』と重なる部分がある。これら注に引かれた譯語を檢討した結果,『成具光明定意經注』が出來たのは,『放光般若經』が譯された291年以降であり, 道安が『光讚經』を再評價した376年頃, あるいは最大限降っても, 鳩摩羅什譯『摩訶般若波羅蜜經』が出る403年頃までとの結論に達する。當然, この筆寫はそれ以降になるが, 用いられた紙は古麻紙 (淡褐色), 文字は隸書體を多くとどめていることから, トルファン文書では最初期にあたる5世紀の前半に書かれたものであろう。

形狀から, 最初に寫經されたものが時代を經て一部破棄され, 後世に改めて補修されたと考えられる。補修部分は裏 (verso) の寫本『提謂經』補修部分の字體と同じである。つまり同一人が表裏兩方の破損を補って整えた。『提謂經』が北魏の曇靖の手によって撰述されるのは西曆460年頃とされる。そこで, 補修部分はそれから1世紀以上を經た北朝後期, 6世紀後半の寫本と考えた。

裏の『提謂經』寫本は, 管見の及ぶところトルファンで發見された唯一のものである。『提謂經』の西域出土の寫本として, 現在までに以下の4つの敦煌文書が確認されている。

i スタイン2051

『提謂經下卷』

ii ロシア藏　Дx01657：1行17字　罫線あり　(1)+12行

「提謂波利經」下卷

『俄藏敦煌文獻』⑧（上海古籍出版社，1997，280頁）所收。

『俄藏敦煌漢文寫卷敍錄』（孟列夫主編，上海古籍出版社，1999）下冊p.404以下によれば「大きさは27㎝×24㎝。天は3.5㎝，地は3㎝。隸書，6-7世紀」。ⅰに含まれる。

ⅲ北京圖書館（現在の中國國家圖書館）藏。『敦煌劫餘錄』霜15：18紙360行

「提謂五戒經」

ⅰと同じものであるが，それに比べれば短い。

ⅳペリオ3732：522行。

『法藏敦煌西域文獻』（2002，上海古籍出版社）第27冊所收。

ⅰとは全く異なる別本。二卷本の上卷に當たるものと考えられている。

四つの文書はⅰスタイン本とⅳペリオ本の2系統に分けられるが，トルファンから唯一發見されたこの『提謂經』はペリオ系に入る。1行（知識怨家責主……）から40行（……黠慧守持戒）まで1人の筆，ここで新しい紙が張り合わされ，41行（長者提湑及五百賈人聞佛要法皆大歡）から61行（……優婆塞）までまた別の1人の筆。ここには罫線がある。幅1.3㎝。全體で4紙。1紙が完全に殘っている第2紙は26行で，1行24〜28字詰。張り合わされた2つの寫本の筆跡はともに古筆であるが，紙，字體ともに40行までがより古い。

このトルファンの寫本は，ⅳペリオ3732の全522行のうち60行に當たる部分である。ペリオ本が唐代の寫本とされるのに對し，それよりは隨分古いものである。筆者は5世紀後半の寫本と考えた。また補修の部分は6世紀後半と思われる。注記すべき1點として，この寫本では「提謂」をすべて「提湑」に作る。

『提謂經』は西曆460年頃に北魏の沙門曇靖が都の大同で撰述した僞經である。このとき皇帝は，廢佛を斷行した太武帝に續く文成帝であり，佛教の復興に力を注いだ。復興佛教の中心的指導者は沙門統の曇曜であったが，彼ら僧侶が布教のために考えたことは，廣く一般大衆までも教化する佛典の作成であった。その要請に應えたのが沙門曇靖であり，彼によって作られた佛典が『提謂經』である。陰陽五行思想をはじめ，儒教・道家の思想を援用して作られたこの僞經の中味と意義については，塚本善隆「中國の在家佛教特に庶民佛教の一經典―提謂波利經の歷史」（『塚本善隆著作集』第二，p.187-240，大東出版社，1974）と牧田諦亮

「提謂經と分別善惡所起經」(『疑經研究』第四章，148-211頁(329-413頁)，人文科學研究所，1976）の兩研究がある。

I. U. No. 31[Yamada No. 21, 28 (?)]

2斷片が接合する

(a)　縱26.0cm×横59.5cm

recto　漢語　寫本　33行　1行16字

6行と7行の間で紙が繼がれる

罫線幅1.7-2.0cm　天高2.1cm　地高2.2cm「我」「希」の異體字を用いる。

未知『無量壽經』(T15,454a23〜27に當たる部分）の未傳注。

verso　アラビア文字　9行

19世紀末から20世紀初頭のチャガタイ語賣買文書。

(b)　縱47.0cm×横14.5cm

ブラーフミー文字　サンスクリット語

『Sitatapatra-Text（無能勝成就法)』(密教經典）29行

I. U. No. 32 [Yamada No. 27 (2)]

6斷片(a-f)＋2小斷片(g，h)

漢語　寫本　未傳『佛說最勝燈王如來陀羅尼句經』

(a)　9行　縱11.6cm×横13.9cm　罫線幅1.5-2.0cm

(b)　5行　縱5.0cm×横5.0cm

(c)　10行　縱4.0cm×横3.2cm　罫線幅1.5-2.0cm

(d)　2行　縱3.0cm×横2.3cm

(e)　13行　縱10.5cm×横9.2cm　罫線幅1.5-2.0cm

(f)　3行　縱9.0cm×横5.5cm

(g)　1行　縱10.5cm×横5.5cm

(h)　2行　縱10.0cm×横5.5cm

I. U. No. 33 [Yamada No. 27 (2)-(3)]

2斷片

漢語　寫本　3紙

未傳『佛說最勝燈王如來陀羅尼句經』

(a)　42行　縱11.6cm×横67.5cm　罫線幅1.5-2.0cm

(b)　3行　縱6.5cm×横4.0cm

I. U. No. 34 [Yamada No. 27 (2)-(3)]

3斷片(a, b, c)＋3小斷片
漢語　寫本
未傳『佛説最勝燈王如來陀羅尼句經』
(a)　48行　縦11.3cm×横78.5cm　罫線幅1.5-2.0cm
(b)　1行　縦10.0cm×横2.6cm
(c)　1行　縦8.0cm×横1.7cm

〈既刊論考の梗概〉

以上No.32, 33, 34はNo.16 (e) (f) と同一佛典の寫本。ほぼ接續可能である。それぞれがどのように接續するかは拙著掲載の復元圖およびその寫眞を參照されたい。

この寫本は, 首部は缺けているが尾部は殘っており, No.32e末の「最勝燈王如來陁羅尼句經」とNo.34 cの「經一卷」が「經」の字を分ける形で接續し,「最勝燈王如來陀羅尼句經一卷」であることが分かる。歴代の各種佛典目錄には見えない未傳の佛典であるが, 筆者は『大正藏』に收められている次の3經と重なる部分のあることを確認した。

(α)『陀羅尼雜集』卷4所收の『最勝燈王如來所遣陀羅尼句』
(『大正藏』No.1336　T21, 603c 2-604a17)
(β)『東方最勝燈王陀羅尼經』
(『大正藏』No.1353　T21, 866c23-867b24)
(γ)『尊勝菩薩所問一切諸方入無量門陀羅尼經』
(『大正藏』No.1343　T21, 849b13-849c6)

(α)(β)(γ)の3經典は目錄學からの研究によれば, それぞれ順に, 東晉時代 (317-419), 梁 (501-557) そして北齊 (550-577) 時代に翻譯されたり撰述されたものである。しかしこの寫本經典との成立關係は分からない。ただ隷書體の字形をいくつか殘していることから, これが寫經された時代は6世紀と考えられる。

6

元初の一枚の印刷佛典扉繪と供養圖

(一) 出口コレクション「扉繪」

出口コレクション五〇二〈圖 1〉は，版本「扉繪」とされる，わずか 5.2×13.1cmの斷片である。藤枝晃氏はその解説に

前後上下を失った小斷片で，刊本經卷の扉繪の一部分であることは理解できるが，全體の圖柄も，いかなる版の何經につけられた扉繪であるかも知るを得ない。斷片の左半分には大きな座像の着衣下端らしき部分が見え，右半分にはそれぞれ圓光を頂いた比丘，天王，菩薩各一體が斜め右に全身を向けて合掌するから，斷片の向かって左側に佛陀が大きく描かれていたことが推察できるだけである。ほかに三人の後方に，右に向かって合掌する菩薩らしき一體と，正面に向かって合掌

〈圖 1〉

する一體とが認められる[1)]。

と述べている。

この「扉繪」が果たしてどの刊本經卷のものであるかは，確かにこのような小斷片から推理できるものではない。ところが一方で，この解說の書かれる三十年も前から，これと關わるベルリン・トルファン・コレクションの扉繪が數人の學者によって研究對象とされていた。當初取り上げられたのは供養圖で，それは元の時代の一人のウイグル人高官とその一族五十人近い人物を彫ったものである。後にそれに接續する說法圖の存在も明らかにされ，兩圖の關係が問題とされた。筆者は，元史を專門とする者ではなく，この分野で新しい知見を披瀝する立場にはない。ただ印刷佛典に關心をもって調べるうち，これまで取り上げられていない數片の斷片によって，出口コレクション五〇二とベルリンの扉繪が結びつき，上記の問題解決に貢獻することに氣づいた。MIK Ⅲ557r（T Ⅱ S1058），Ch2283（T Ⅱ S1057），Ch1772（T Ⅱ 1112）がそれである。さらにロシア藏の斷片Дx 11503以下いくつかの參考資料も擧げて，この問題について少しく述べてみる。その前に，今後このベルリン・コレクションを利用される研究者のために，周邊の事情について，本論に關係する點だけ簡單に觸れておこう。

そもそも出口コレクションは，ベルリンのトルファン・コレクションから，第二次世界大戰前に日本にもたらされたものである。ベルリン・コレクションは戰後になって東西に分斷され，1990年の東西ドイツ統一まで，東ベルリン（アカデミー）にあったコレクションの大半は，基本的には西側の研究者には閉ざされていた。後に述べる舊西ドイツのガバイン（Annemarie von Gabain），フランケ（Herbert Franke），あるいは北村の提供を受けた斷片が，すべて舊西ベルリンのダーレムにあるインド美術館のものであったのはそのせいである。彼らに開かれていたのはそこだけで，その十分でない資料をもとに，困難のうちに研究は進められた。統一後に整理，管理および研究の方針が決まり，コレクションの全體が研究者に開かれたのは，1994年の春であった。それはベルリン・トルファン文書の新しい研究のはじまりでもあった。本論で取り上げる新たな資料を含むCh（漢語）の斷片群も，統一までは東ベルリン（アカデミー）で保管・研

究され，統一後に舊西ベルリンのベルリン國立圖書館に移されたものである。

もっとも，研究はこれを機に十分な展開を始めたわけではない。原因はいくつか考えられるが，その一つに，元來展示用の資料を中心に所藏しているインド美術館の所藏品目錄が，研究用には十分機能していないこともある。舊東ドイツの斷片には，ある時から漢語を表わすChなど，言語を特定できる新記號が付いているが，インド美術館では，中央アジア（トルファン中心）出土のすべてのものにMIK Ⅲの記號を冠し，それに數字を續けて整理している。漢語をはじめ幾種類もある言語の文書にも分類上その區別はなく，さらに壁畫，塑像，あるいは考古作品も混在している。閲覽したい資料はMIK番號で請求できるが，先行研究者が論文等で扱っている番號を賴りにするほか，目的の研究分野の資料にたどり着く方法がない。東西いずれの斷片にも付いている舊記號（Alte Signatur oder Fundeorte Signatur）は，何次の學術調査隊がどこで發掘したかを示すもので，これが唯一の手がかりとなる場合もあり，重要である。また研究者側の問題點として，版本につけられた扉繪を漢語佛典文獻と考えてこなかったことも，研究の進展を遲らせている。さらに自戒の意味もこめて言えば，研究者の狹い專門性も，例えば中國學者がウイグル語部分の貴重な情報を看過するなど，研究の可能性を阻んでいる。逆に言えば，そうしたさまざまな困難の解消によって，大きな飛躍の期待できる研究分野とも言えるであろう。

次にまず，說法圖と供養圖を含むベルリン・トルファン・コレクションの扉繪[2)]と出口コレクション五〇二とのつながりについて述べる。

（二）　ベルリン「扉繪」の研究經緯

まずこのベルリン「扉繪」を取り上げた研究論文を時代順に竝べると，以下のようになる。

Annemarie von Gabain: “Ein chinesische-uigurischer Block-

druck"[3)]

Herbert Franke: "A Sino-Uigur Family Portrait: Notes on a Woodcut from Turfan"[4)]

北村高：「孟速思一族供養圖」について[5)]

北村高：關于孟速思家族供養圖[6)]

黨寶海：十三世紀畏兀儿蒙速速家族供養圖考[7)]

最初にガバインは，インド美術館所藏の MIK Ⅲ4633a，b，c，MIK Ⅲ7483，MIK Ⅲ7773c の5斷片の人物供養圖が元初期のウイグル家族の佛教信仰を示す版本であることを提示した。彼女は漢字表記された名前を漢語音からウイグル語音に轉寫し，そのウイグル語の意味解釋を試みた。そして論文の最後に「このちっぽけな斷片にモンゴル初期のすばらしい刻版藝術と中國・ウイグルの混合文化が見てとれる」と述べている。それは，ウイグル人供養者の名が漢字で表記されていることと，「扉繪」の版畫技術の高さを言うものである。これによって彼女の關心がどこにあったかが分かる。

次にフランケは，ガバインの利用した5斷片から，供養者の中心人物はフビライ（1260–94治世）の臣下であったウイグル人の蒙速思（蒙速速）であると發表した。彼は『元史』卷124の蒙速思列傳と，それが基づいた程鉅夫の2作品，「武都智敏王述德之碑」（『雪樓集』卷6）と「武都忠簡王神道碑」（『雪樓集』卷7）を利用して，供養圖の人物を比定した。因みに程の作品の前者は蒙速思に關し，後者は彼の息子（阿昔怗不兒）に關するものである。

北村は先の5斷片に新しく5斷片を加え，都合10斷片から供養圖を含む扉繪全體の構圖を考えた。すなわちこれは，供養圖（MIK Ⅲ7483＋MIK Ⅲ4633a＋MIK Ⅲ4633b1＋MIK Ⅲ4633c＋MIK Ⅲ7773c）と，その前に接續する形の說法圖（MIK Ⅲ7773a＋MIK Ⅲ7482a＋空白部分＋MIK Ⅲ7482b＋MIK Ⅲ7773b）との組み合わせであり，連續する1つの扉繪を成すと解した。さらに MIK Ⅲ4633のガラスケースに殘った1片 MIK Ⅲ4633b2は，漢語佛典題簽つき表紙の斷片であり，その文字から眞諦譯『阿毘達磨倶舍釋論』と考えられるので，先の扉繪はこれに付けられたも

のと推測した。北村は二つの先行研究の成果の上に立ち，さらに孟速思および一族と佛教との關わり等にも言及した。數年後に中國文で書かれた北村の作品は，先のものをいくつかの視點，例えば供養圖の依頼者，供養圖の意圖等にしぼって整理したものである。

黨は，1996年に榮新江がインド美術館で見出したMIK Ⅲ4638aとMIK Ⅲ9441の情報を得た[8)]。また，舊東ベルリンに所藏されていたCh1458a（T Ⅱ1410）とCh1458b（T Ⅲ D318）の2斷片がこの供養圖と關わるという情報も，併せて榮から提供された。そして，これら新材料の獲得をことわった上で，北村が說法圖と供養圖を一體とすることに疑問を表明した。一つの理由は，兩者をつなぐところに界線（縱）が認められること。もう一つの理由は，兩者の天地界線の模樣が異なることである。もともと一體なら，模樣は同じはずである。

上で記したように，北村はこの說法圖と供養圖の扉繪は『阿毘達磨倶舍釋論』につけられたものと考えたが，黨はこれにも疑義を呈した。それは『阿毘達磨倶舍論』の翻譯には眞諦譯『阿毘達磨倶舍釋論』22卷本と玄奘譯『阿毘達磨倶舍論』30卷本の2本があるが，トルファンの地に流行したのは後者であったとの理由である。しかし，黨は新しい史料を持っているわけではなかったので，深くは追究しなかった。黨のこのような疑義は，彼の論文の一部であり，先行論文（主として北村論文）で問題にされた供養圖の構成，印刷時期，印刷場所等，そのテーマは廣きに及んでいる。

（三）　ベルリン「扉繪」の問題點

さて，問題となっているベルリン「扉繪」について見てみよう。これに關して北村と黨が問題としたのは2點である。「扉繪」の說法圖と供養圖は一體のものか。これらが添えられた佛典は眞諦譯『阿毘達磨倶舍釋論』か，である。まず簡單な後者から述べてみたい。

（1）「扉繪」は『阿毘達磨倶舍釋論』に付けられたものか

そもそも北村が眞諦譯『阿毘達磨俱舍釋論』と「扉繪」を結びつけて考えたのは，彼の得た斷片の中にこの題簽のついた表紙が存在し，しかも「扉繪」と同じ MIK Ⅲ4633（ＴⅠ）のガラスケースに保存されていたことによる。その記號と大きさを記せば以下のようになる。

MIK Ⅲ4633a	（ＴⅠ）	17.7×27.8㎝	供養圖扉繪
MIK Ⅲ4633b1	（ＴⅠ）	21.6×26.8㎝	供養圖扉繪[9]
MIK Ⅲ4633b2	（ＴⅠ）	11.9×21.0㎝	印刷佛典表紙 題簽「阿毘達磨俱舍釋論卷……」
MIK Ⅲ4633c	（ＴⅠ）	16.5×21.0㎝	供養圖扉繪

ＴⅠは，グリューンヴェーデル（Albert Grünwedel 1856–1935）率いる學術調査隊が1902年12月から翌年３月にかけて高昌故城（Qoco），センギム（Sängim），ムルトゥク（Murtuq）で發掘して得たことを示す。ドイツ隊は，トルファンを中心に，いくつかの故城や廢墟に近い寺院などの建物跡から發掘し，歸國後その情報を斷片そのものに記すなどして整理した。それがこの舊記號であるが，コレクションを通覽していると，誤って傳えられたと考えられるものも眼につく。下で述べるように，これもその例かも知れない。

また同じ記號や近い記號がついていても，それらを同じ書物の斷片と即斷するのは，トルファン文書では危險であることも喚起する必要がある。土中から採取したせいで，多くは細かく分斷されているからである。本の１頁も，いくつかにちぎれ，相前後して發掘される場合が多い。もちろん漢字を解する者が發掘現場に立ち會っておれば，以下に取り上げるような連續する一つの題簽が見落とされることはなかったであろう。さらにベルリンに將來した後の本格的整理の中で中國學者がコミットしていたら，元來一つのものがアカデミー（トルファン研究所）と民族學博物館（インド美術館の前身）に分けて保存されることもなかったであろう。その言語に疎い者にとって，細かい斷片がどれも同じように見えるのはやむを得ないことである。

さて，インド美術館MIK Ⅲ4633b2（T Ⅰ）の題簽は「阿毘達磨俱舍釋論卷」までで切れているが，筆者は，その下の部分が舊アカデミー管理下のCh1772（T Ⅱ1112）であることに氣づいた。これは前者にピタリと接續する〈圖2〉。そしてT Ⅱの舊記號は，第2回の學術調查隊，つまりル・コック（Albert von Le Coq 1860–1930）が率い，1904年11月から翌年の12月までトルファン，コムル（Qomul）に赴いた際に獲られたものであることを傳えている。はたしてどちらの舊記號が正しいかは判定しがたいが，後で說法圖としてとりあげるMIK Ⅲ557r（T Ⅱ S1058）やCh2283（T Ⅱ S1057）がともにT ⅡであることからT Ⅱと考えてよいかも知れない。

北村は，舊記號から「扉繪」を『阿毘達磨俱舍釋論』に關わるものと考えたが，その當時，大藏經の版本に關する研究は未だほとんど進んでいなかった。北宋の『開寶藏』やその系統をひく高麗再雕本はともかく，金藏や契丹藏に接する機會はなかったからである。山西省趙城縣廣勝寺とチベットのサキヤ北寺の寶集寺版の金版等を底本にした漢語『中華大藏經』が完成したのは，1994年であった。また山西省應縣佛宮寺の木塔の中から，すでに1974年に10卷餘の契丹藏が發見されてはいたが，その寫眞と詳しい報告は1991年まで待たねばならなかった[10)]。この二つが出版されて，版本研究は飛躍的に進んだ。例えばトルファン・コレクションの版本大藏經の90から95パーセントが契丹版と分かるようになったのも，實際の契丹版が出現したことによる。これらから契丹版の版式，字形，紙の大きさ等が明らかになったからである。

ところで，この「扉繪」を『阿毘達磨俱舍釋論』のものとした北村に對し，黨は，トルファン地域では眞諦譯『阿毘達磨俱舍釋論』22卷本ではなく玄奘譯『阿毘達磨俱舍論』30卷本がよく讀まれたことを論據として，疑義を呈した。今回，Ch1772（T Ⅱ1112）とつながって題簽の全體が明らかになったため，新たな證據が出現した。「阿毘達磨俱舍釋論卷第十八　神」と讀めたからである。大藏經の千字文帙號の「神」は，契丹大藏經『阿毘達磨俱舍釋論』であることを示す[11)]。題簽の形態も應縣發見の契丹版と一致し，その銳角的な文字の形も契丹版であることを示している。これら近

〈圖 2〉

年の刻本大藏經の研究成果によっても，この題簽のついた表紙は契丹版のものであることが分かる。供養圖は元初に刻まれたものである。從って，供養圖と説法圖は一體の扉繪であり『阿毘達磨俱舍釋論』に付けられたものであるという，北村の説はひとまず成立しないことになる。『阿毘達磨俱舍釋論』と「扉繪」，少なくとも供養圖が直接結びつくことはないと明らかになったからである。

また殘された説法圖部分の精緻さは，「論」の扉繪ではなく「經」の扉繪であることを示唆する。例が少ないので斷言するための證據とはならないが，例えば先に出た廣勝寺金版の場合は，その違いは著しい。

次節では説法圖部分ついて詳しく述べよう。

（2） 説法圖と供養圖は一體か

ここでは，もう一つの問題，説法圖と供養圖は一體のものかどうかについて検討しなければならない。なお參照のため，以下に述べる筆者の発見を加えた全体の復元圖を，圖３，４としてp. 162, 163に掲げる。まず説法圖の構圖について考えてみよう。これに關して筆者は新たに，MIK Ⅲ 557r（T Ⅱ S1058）とCh2283（T Ⅱ S1057）が，説法圖の一部を構成することに氣づいた[12)]。後者は前者のほとんどをおおい，MIK Ⅲ7773aのほぼ全てを含んでMIK Ⅲ7482a（T Ⅲ M235）の下部に展開する。ここには説法圖の中心である釋迦が大きく描かれている。そしてその釋迦の袈裟を含む出口五〇二が，その下に重なるのである。ここではじめて，出口五〇二がベルリン説法圖と同圖であり，その一部を構成することが明らかになった。なお，黨が榮から新しく情報を受けた斷片の一つとしてMIK Ⅲ9441（T Ⅲ）があったが，それが自身の研究論文でどのような役割を果たしたかには言及されていなかった。これを確認しておくと，MIK Ⅲ9441（T Ⅲ）はａとｂの２斷片に分かれ，ａは供養圖，ｂは説法圖に屬するものである[13)]。ａはMIK Ⅲ4633aの上部に一部重なるもので，２人の人物の顔と後列の人物名の一部の漢字が明らかになる。ｂはCh2283の下にくるが，出口五〇二がそれをおおうので説法圖の構成に別の要素が加わることはない。

以上の斷片を合わせてみると説法圖の右上部から三分の二ほどは明らか

〈図3〉

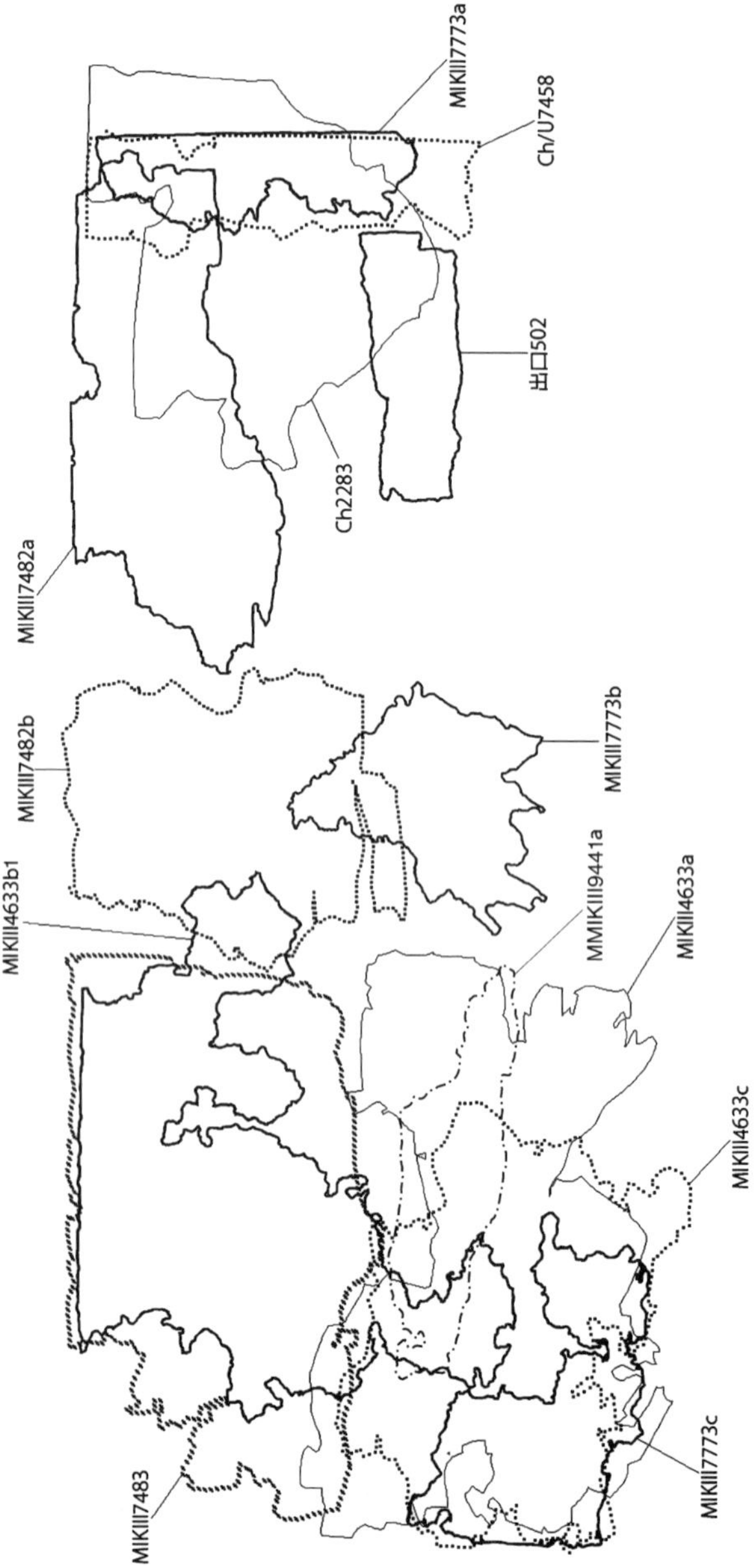
MIKIII7773a
Ch/U7458
出口502
Ch2283
MIKIII7482a
MIKIII7482b
MIKIII7773b
MIKIII4633b1
MMIKIII9441a
MIKIII4633a
MIKIII4633c
MIKIII7773c
MIKIII7483

〈圖 4〉

にすることができる。すなわち，右上端に「佛爲天曹地府說法之處」の文字があり，次に光背をつけた座像の釋迦が大きく描かれている。頭上には天蓋が置かれ，その左右には鳳凰が飛翔している。釋迦の右側には，つきそうような形で圓光を頂いた比丘，天王各1體と菩薩3體が合掌している。出口五〇二の解說に述べられた藤枝氏の推察は正確であった。釋迦の前方には說法を聞く僧侶が1人座っているが，聞法の僧侶と釋迦の間の部分をうめる斷片は發見されておらず，說法圖の中央部分は分からない。

上部では，Ⅲ7482a（T Ⅲ M235）の左に空白部分を挾んでⅢ7482b が續き，そこから左にⅢ4633b1が重なり，Ⅲ7482b の下部にはⅢ7773b が重なる。これらを總合すると，上部には，遠景として雲上に3宮殿とそこに如來が飛來するような圖があり，宮殿の下には壁らしき横線の描寫があって，その前に虎がいる。飛來の如來の下方には，座った小ぶりの釋迦が光背をもって描かれ，やはり圓光を頂く比丘が脇に從っている。そして座した有髮の4人の人物が說法を聽いている。その左には衝立のようなものを背にした僧侶の上半身が描かれている。

ベルリン「扉繪」では，說法圖は以上で終わりその左に供養圖が貼り合わされて續くが，實はこの說法圖のオリジナルには左方に後半部がある。虎の部分で重なる同一圖，ロシア藏の斷片Дx11503[14]によってそれが分かる〈圖5〉。Дx11503がどこから發見されたかは不明であるが，版本であることからトルファン，黑水城（西夏）の可能性が高い。ただし，コズロフ將來の黑水城出土漢文文獻の中には入っていない。これによれば，Ⅲ4633b1の虎の先にはもう1匹の虎がおり，後ろの壁は城壁（城市を取り圍む）で，立派な城門がある。その下に3人の人物が語りつつ左に向かっている。さらにその下には高床の說法臺（須彌座）があり，經机と手の先が見える。これはⅢ7482b にも見えた僧侶のもので，そこに座って說法のさなかであったことが分かる。その前には3人の人物が座っており，さらにその下，つまり下端の部分には，從者に傘蓋を持たせた貴人が描かれ，その前に食物の盛られた皿のある樣子が一部殘っている。以上は，ベルリン「扉繪」左方に當たる，Дx11503の圖であるが，この說法圖はなお左に展開するはずである。その理由は，例えば左に向かう3人物の前には龍の

〈圖５〉

足先らしい鉤爪が見えるなど，圖柄が中途半端に切れている上に，左に枠の界線や模様がないからである。

そこで說法圖の缺けた部分を求めてさまざまな文物寫眞集にあたったが，扉繪の遺品は，思ったほど殘っていない。トルファン地域や黑水城で發掘されたロシア藏，あるいは大谷探檢隊の遺品（旅順博物院所藏），さらには中村不折藏や靜嘉堂文庫藏を調べても，先に述べたロシア藏の說法圖斷片以外に，ベルリン「扉繪」につけ加えられる斷片を見つけることはできなかった。ところが偶然，圖書館書庫の大型圖書コーナーに置かれた『日本古版畫集成』[15]の中の「妙法蓮華經　卷三」の扉繪に出會った。これは縱22.0㎝ 界高17.5㎝の，室町時代貞治４年（1365）の雕りで，構成要素や構圖はベルリンの說法圖とまったく同じである。その解說によれば，「『法華經』８卷の各卷に唐本模刻の見返繪をつけたわが國初出の版經」[16]であ

〈圖 6〉

る。

この扉繪は天地左右が枠に圍まれた完結の圖であるが，ベルリン說法圖のような，右上端の「佛爲天曹地府說法之處」の文字はない。完結した扉繪の左端にはロシア藏では確認できなかった龍の本體と雲の全體が見え，貴人の前には置かれた食物を座って食べる 4 人の人物がおり，その上部には，ロシア藏では全く殘っていない蓑と笠をつけた人物も見える。上記書の解說篇には，我が國で普及した『法華經』のような單刻本の場合，本文は宋版などの中國の版經を用いず，當代寫經の 1 本を雕っているが，その扉繪はほとんど中國版の覆刻であると記されている[17]。この見解に立てば，上の「妙法蓮華經　卷三」の扉繪は中國の扉繪を傳えていることになり，ベルリンの說法圖とも結びつくことになる。

そこで扉繪のついた宋版『法華經』を調べてみると，この遺品も少ないようである。臺灣故宮博物院所藏の宋刊大字本[18]〈圖 6〉と京都・東福寺栗棘庵藏は，ともに 7 卷 7 册本であるが，その第 3 卷の扉繪の構圖はほぼ同じで，上述の貞治 4 年の我が國最初の開版の元になるものとつながると思われる。ただこれらには四枠内右上端に「妙法蓮華經卷第三」の文字があり，また圖柄には小さな差異が認められる。宋刊大字本には『法華經』本文の刻工の名が刻まれており，そこから南宋初期の浙江で印刷されたこ

とが分かるが，栗棘庵藏の扉繪にも刻工の名が見え，彼らが活躍する時代から，やはり南宋初期の紹興年間（1131-1162）の末頃に作られたと推測されている[19]。

これらの南宋初期の扉繪は『法華經』7巻本の各巻の最初に置かれており，巻3では右上端の文字は「妙法蓮華經卷第三」であったが，巻1，2，5，7には，例えば「妙法蓮華經卷第一相」と「相」の1字が加わり，各巻の本文で説かれている場面が描かれている。從って巻3は藥草喩品，授記品，化城喩品の内容が描かれる。比丘菩薩を従えた小ぶりの如來の前には有髮の4人の俗人が座すが，これは授記品の，摩訶迦葉，大目揵連，須菩提，摩訶迦旃延が授記を受けた場面であり，その上の壁に圍まれた城市は化城喩品の圖である。ベルリン說法圖には缺けている說法僧の座る高臺や傘蓋の貴人等々もすべて『法華經』巻3の場面である。

ではベルリン「扉繪」の說法圖は『法華經』につけられたものと決定してよいであろうか。供養圖との關係はどのようなものであろうか。以下はその點について，結論に向けての筆者の考えを述べ，結びとする。

むすび　結論に向けて

確たる結論を述べるには，殘念ながらまだ資料が整わない。しかし上に示した新たな斷片にさらに以下に紹介する版本斷片を加えて考えると，ある方向が推論できるように思われる。

上述のとおり，トルファン・コレクションの佛典版本の90から95パーセントは契丹版である。「佛爲天曹地府說法之處」の「爲」が異體字であることや「法」の「サンズイ」の形からも，筆者は，ベルリン說法圖の元をたどれば契丹版の扉繪であろうと推測する。

ただ，應縣佛宮寺木塔から發見された契丹版『法華經』の扉繪には，タイトルがなく，繪中の個々の場面の横にその品題が書かれている。例えば巻3は信解品・藥草喩品・授記品であり，その扉繪の各場面には「妙法蓮華經窮子喩」「妙法蓮華經藥草喩」「迦葉授記得佛名日光明如來」[20]の品題

が書かれている。ベルリン説法圖には，こうした品題も「法華經」の文字もない。そこで『法華經』という特定の佛典の扉繪ではなく，廣く佛典一般につけられた扉繪である可能性が浮上する。また上で見たように，明らかに『法華經』巻3の内容を傳える以上，應縣とは異なるバージョンの契丹版『法華經』の扉繪と考えるべきかもしれない。

これについて決定的な證據を得られないまま，筆者は，この扉繪を「法華經」に限定しないで用いられたものではないかと考えた。漠然としてはいるが，その推論を支える理由は以下のようなものである。

扉繪はおおまかに2種に分けられる。一つは上述の『法華經』のように，經典の中で說かれる内容を描寫したもの。もう一つは釋迦の說法圖や護法神王圖を描き經典内容とは直接結びつかないものである。例えば，山西省趙城縣廣勝寺本の金藏扉繪は釋迦說法圖であり，チベット寶集寺本の金藏は護法神王圖である。また Ch/U8143『不空羂索神變眞言經』は契丹版であるが，その扉繪は護法神王圖である。これらから類推すれば，『法華經』巻3の内容と深く結びつきを持つ繪でありながら無造作に一部省略され，しかも表題に『法華經』の文字を入れるかわりに「佛爲天曹地府說法之處」(佛陀が天上界と地上界の兩世界の人々のために佛法を說く場面)[21]とするベルリンの扉繪は，『法華經』とは直接關わりがないことも考えられるのである。

その場合,「佛爲天曹地府說法之處」という表題にもヒントがあるように思われる。「天曹」と「地府」の用例は，まず道家・道教に見られるもので,「天曹地府」と併記される用例は唐以後のようである。從って，印度に生まれた佛典よりはむしろ中國文化圈で生まれた疑經の響きが強い。うしろに續く經が『法華經』でなかった可能性は高いと言えよう。繪の内容に眼を向け，今回說法圖の一部と確認できた Ch2283を配して兩圖を復元してみると，供養圖に描かれた人物群は，扉繪の右上方に描かれた大きな釋迦如來の方を向いており，あまり違和感なく一體の場面を成しているように見える。ここでも『阿毘達磨倶舍釋論』との關連をうかがわせる要素は特にない。しかし，明らかに特定の經の内容を持つ扉繪を他の經に用いることは可能か。また，單なる說法圖として個人的な供養圖につながれ

ることはあり得るか。あるとすれば，なぜ，どのようにして等，疑問は盡きない。

そのような思考を巡らす中で，筆者はいま一つの新しい資料となる版本斷片を見出した。上でベルリン・コレクション以外の資料として，トルファン地域や黑水城發掘のロシア藏のことにふれたが，ロシア藏にはそれ以外に，ウルムチ駐在領事のN. N. Krotkovが20世紀はじめにトルファン地域で購入した數百枚の漢語文書が含まれている[22)]。しかもそこには多くの版本斷片がある。その中に問題の斷片があった。Дx17281とДx17061がそれである。この2斷片は上下でピタリと接屬し，扉繪とそれに續く『大般若』卷51冒頭の部分から成っている〈圖7〉。『大般若』卷51は，『中華大藏經』の底本である金版廣勝寺本〈圖8〉と比べてみると，字形・版式が同じで，同版であることが判る。字形の摩滅具合から，どちらかと言えばロシア藏の方が刷りが早いと思われるが，實見していないので斷定はできない。

さてこの2斷片の扉繪部分はごく僅かしか殘っていないが，上で述べた，ベルリン扉繪に後續する黑水城出土のロシア藏Дx11503と同圖，すなわち『法華經』卷3の內容を描く扉繪の一部である。しかも少しずれた箇所で，縱（天地）に切られ，左方の經典部分につながれている。上では，Дx11503がさらに左に展開するはずの圖であり，もとは『法華經』卷3の扉繪であることを證したが，ここではさらに，この扉繪は，適當な箇所で縱に切られて『法華經』以外の佛典扉繪に利用されていたことが明らかになった。後に續くのが『大般若』であって，元來の『法華經』卷3ではないからである。廣勝寺金版では『大般若』を含め經藏の扉繪はすべて同じ「釋迦說法圖」である。おそらくこの扉繪も，同じように「釋迦說法圖」として用いられていたと考えるのが自然であろう。この斷片の『大般若』卷51のタイトルの下部には千字文帙號「宙」が刻まれており，その版式・文字が廣勝寺金版と同じであることから，このロシア藏も金版の一つである可能性が高い。

ベルリン「扉繪」に關する最後の問題は，契丹版の說法圖と元初のウイグル人，孟速思（1206～1267）の供養圖との關係である。北村と黨の見解

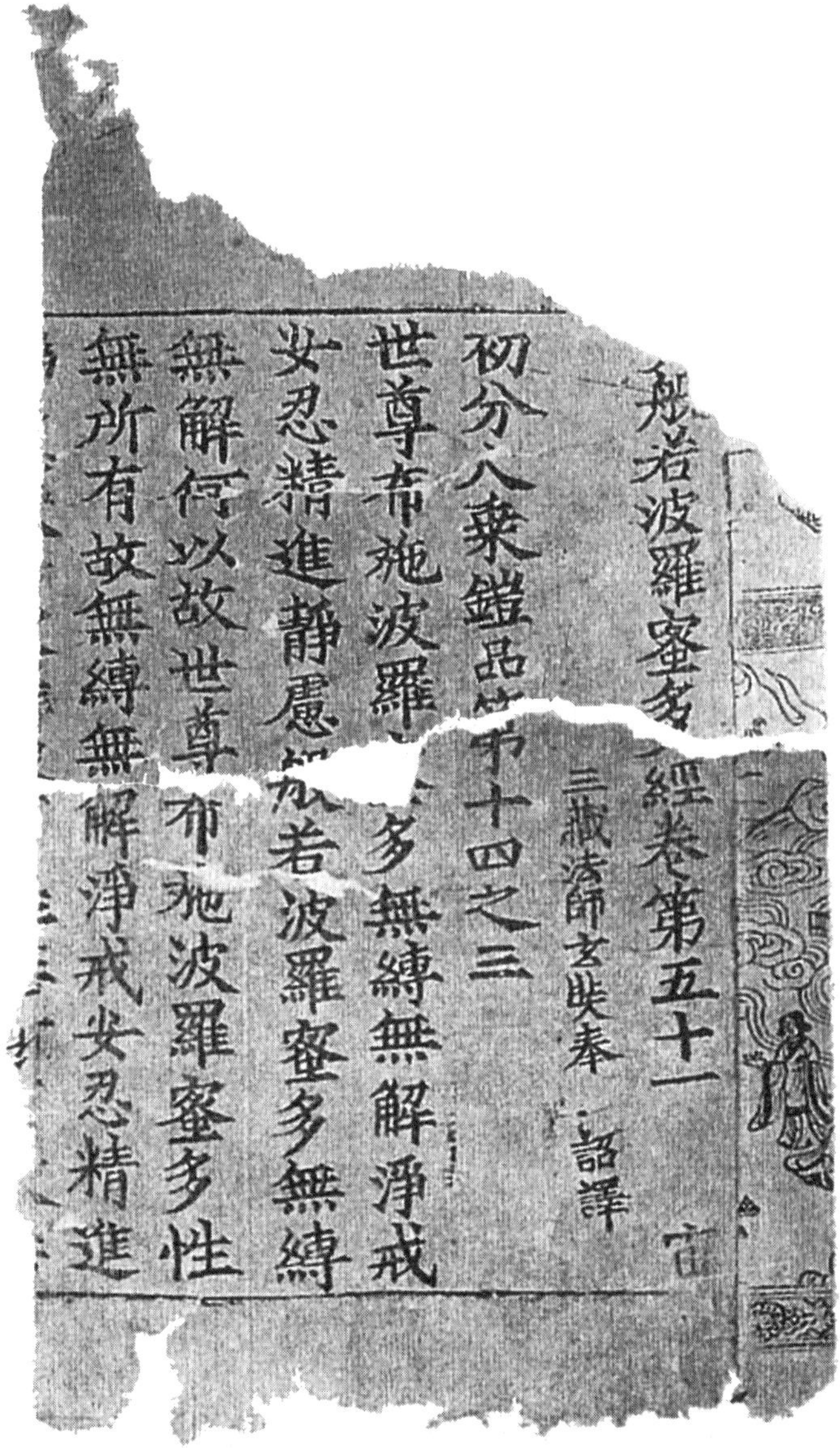
般若波羅蜜多經卷第五十一　宙
三藏法師玄奘奉　詔譯
初分大乘鎧品第十四之三
世尊布施波羅蜜多無縛無解淨戒
安忍精進靜慮般若波羅蜜多無縛
無解何以故世尊布施波羅蜜多性
無所有故無縛無解淨戒安忍精進

〈圖 7〉

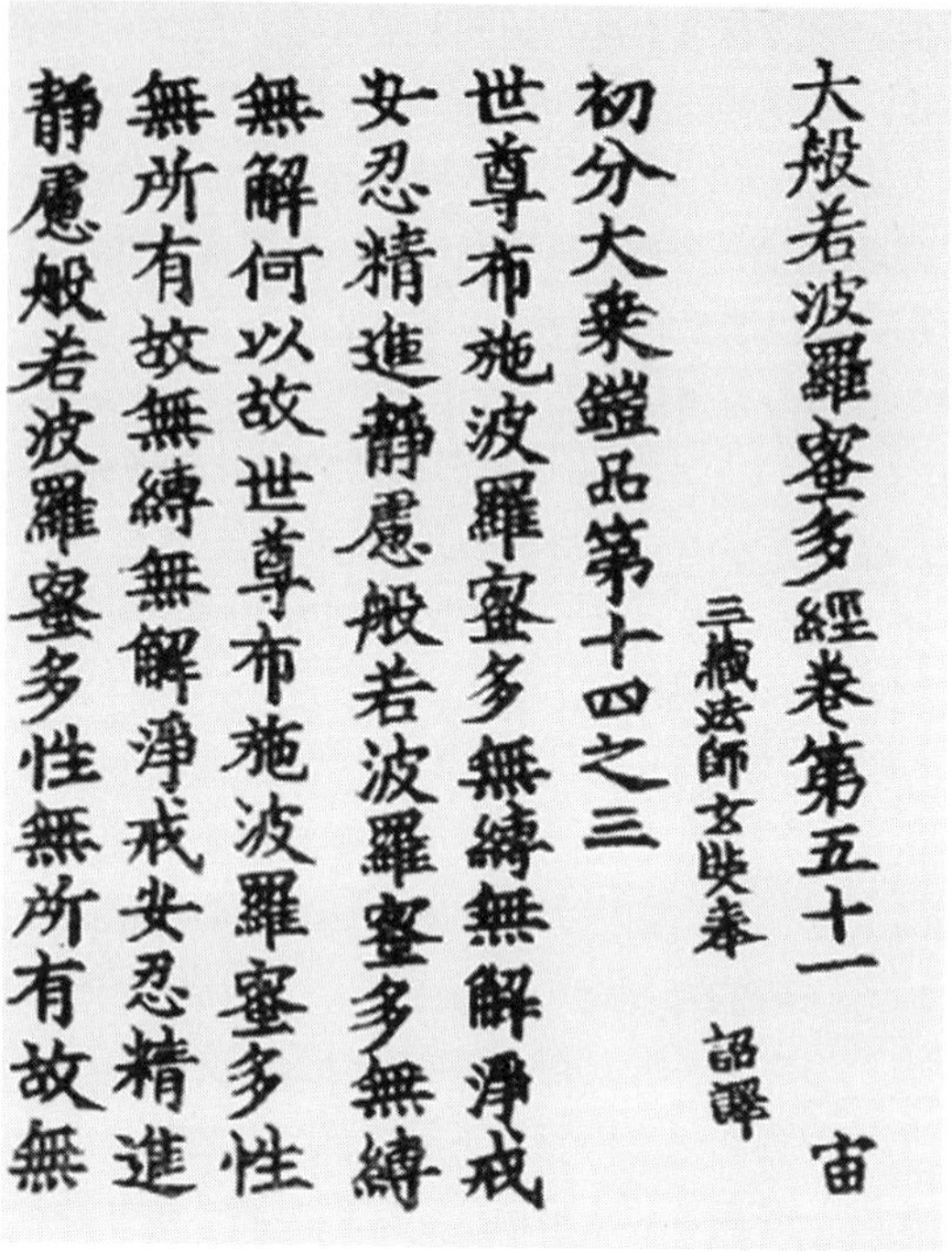
大般若波羅蜜多經卷第五十一　宙
三藏法師玄奘奉　詔譯
初分大乘鎧品第十四之三
世尊布施波羅蜜多無縛無解淨戒
安忍精進靜慮般若波羅蜜多無縛
無解何以故世尊布施波羅蜜多性
無所有故無縛無解淨戒安忍精進
靜慮般若波羅蜜多性無所有故無

〈圖 8〉

はすでに上で述べたが，改めて確認すれば，北村は，說法圖と供養圖が貼り合わされた狀態で發掘されているため，２圖を一體とした。黨はむしろそこに見える縱の界線と，兩圖の天地の界線の模樣の違いから疑義を提示した。確かに扉繪は全體として，釋迦の說法を聽く一族の姿がそれらしい構圖に收まっており，その意味では說法圖と供養圖の兩者を一體とした北村の考えも納得できる。しかし，界線以外の部分でも二つの繪は明らかに異質であって，はじめから一體のものとして彫られたわけではない。この點では，黨の考えが正しい。

その先に進むため，ここでベルリン扉繪をめぐって小論で明らかになった點を整理しておこう。

①　MIK Ⅲ4633b2（T Ⅰ）の題簽は，Ch1772（T Ⅱ1112）と接續して

「阿毘達磨倶舍釋論卷第十八　神」と讀める。從って契丹版である。

② 説法圖は，『法華經』卷3の扉繪が途中で切られたもので，元來は，天と右に見える花紋が四枠すべての界線として雕られていた。

③「佛爲天曹地府説法之處」を表題に用いた例は，他には見出せない。

④ この説法圖は，同じ物がロシア藏に2種ある。いずれも末尾に近い部分のみで，表題の有無は分からない。

⑤ そのうち一つは，すぐ後に『大般若』卷51の冒頭がくる。その版式・文字は，廣勝寺本の金版『大般若』と同じである。

以上のことを踏まえ，さらに細かな傍證を積み上げると，次のような狀況が想像できる。

供養主である蒙速思は，元初に，自らの一族が釋迦の説法を聽くような構圖の扉繪を依頼した。そこで，一族の供養圖が彫られ，彼らが説法を聽いている構圖にふさわしい圖柄の『法華經』卷3の扉繪の一部がつながれた。その際，廣く一般的な釋迦の説法を描いた世界とするため，「佛爲天曹地府説法之處」の文字を加えた。あるいはこの文字の添えられた狀態ですでに存在していた圖をつないだ。ロシア藏の，金版『大般若』と扉繪をつないだ斷片から，既存の『法華經』の扉繪を適當なところで切って他の經に利用するという方法は，元以前の金や契丹の時代から行われていたとも考えられる。ベルリン扉繪は，そのように切られた扉繪に供養圖をつないだものである。これが元初に作られたことは不思議ではない。それは，おそらく「阿毘達磨倶舍釋論卷第十八　神」の題簽とは關係のないものであろう。今少し多くの例の發見が待たれるところである。

最後に印刷地について觸れておく。當時の印刷技術等から，この説法圖と供養圖は，ともにトルファンの地ではなく燕京（大都。現在の北京）で雕られたと考えられている。元初に彫られた供養圖の人物名を記す文字は，どこか契丹版の文字に近いように見える。同じ事は，趙城金版の章疏（注釋）の部分でも氣づいたところである。契丹，金，元と時代は移り，首都の名稱は變わっても，北方中國の漢語大藏經出版の中心地は，現在の北京であった。

また説法圖も，「佛爲天曹地府説法之處」の字體は契丹版の字形に近く，

圖柄もこの時代の南中國の扉繪とは異なっている。このベルリン「扉繪」は，供養圖が元初のウイグル人高官の佛教信仰を示す貴重な資料として注目された以上に，版畫史の上でも無視できないものと言えよう。契丹をはじめとする北中國の扉繪は，應縣佛宮寺木塔發見の契丹版につけられたもの以外にほとんどないからである。

1）藤枝晃編著『トルファン出土佛典の研究—高昌殘影釋錄—』（2005，法藏館）p. 254–255。

2）以下，ベルリン「扉繪」と略稱。

3）*Tractata Altaica (Festschrift Denis Sinor)* p203–210, 1976, Wiesbaden

4）*The Canada-Mongolia Review*, vol. 4. number 1, 1978, p33–40, Saskatoon, Canada

5）『神女大史學』5號，1987，p. 83–105

6）『元史論叢』第5輯，1993，北京。p. 9–12

7）『歐亞學刊』第2輯，2000，中華書局。p. 139–150

8）MIK Ⅲ4638a はインド美術館には存在しない。黨が榮から寫眞を入手したかどうかはわからない。彼の論文に添付されたベルリン「扉繪」の寫眞はすべて北村の論文からの轉載のように思える。この斷片がどこの部分であるかについては言及されていない。また榮新江主編『吐魯番文書總目』（2007，武漢大學出版社）p. 784でもこの斷片については，「蒙速速（蒙速思）家族供養圖」とのみあり，その大きさも記されていない。おそらく MIK Ⅲ4633a であろう。

9）北村及び黨の兩論文では4633b の2枚には1，2の數字はつけられていないが，現在インド美術館では混同をさける意味で，b1，b2となっている。

10）『應縣木塔遼代祕藏』（1991，北京，文物出版社）。

11）契丹大藏經の千字文帙號は『開元釋敎錄略出』に記されているものよりおおむね1字繰り下がる。從って，「神」「疲」の帙號に契丹大藏經では眞諦譯『阿毘達磨俱舍釋論』22卷と玄奘譯『阿毘達磨俱舍本論頌』1卷が收められていたことになる。

12）これらの圖の一部を成す斷片は，他にもいくつか見出したが，すでに取り上げられた斷片のいずれかにおおわれるものである。ただ Ch/U7458（TM44）は，本論には影響しないが，Ch2283の右端下部を補うのでここに記す。大きさは19.9×6.0㎝で「佛爲天曹地府說法之處」の文字を含む。

13）MIK Ⅲ9441（TⅢ）　a，b の大きさはそれぞれ5.5×20.7㎝，2.0×8.8㎝。

14）『俄藏敦煌吐魯番文獻集成』⑮（2000，上海，上海古籍出版社）p. 228左。

15）1984，筑摩書房。

16）p. 163。なお「見返繪」とは扉繪のこと。表紙の見返り部分に扉繪がくる。

17）兜木正亨「經本と書籍の版畫」p. 45，下段。

18）『妙法蓮華經圖錄』（1995，臺灣故宮博物院）p. 24–25に巻 2 と巻 3 の扉繪が載せられている。

19）宮次男「宋・元版本にみる法華經繪（上）」（『美術研究』325，1982，p. 25–36）p. 31上段。以下の『法華經』巻 3 の扉繪の敍述は宮氏を參照した。

20）注10）に掲げる同書，p. 109上段。

21）インド美術館の版本の繪圖（MIK Ⅲ7623 21. 7×19. 3㎝）には繪と共にその描かれた内容を示す「呪灰心上生西方處」「持誦比經守護之處」「此人命終得見佛處」「坐草之時書符印處」の文字がそえられている。「處」は「場面，情景」の意であろう。「佛爲天曹地府說法之處」の「處」をこれと同じように解した。

22）Krotkov の文書斷片收集品は421枚に整理され，Д x 17015～Д x 17435の記號がつけられている。いまその寫眞は『俄藏敦煌文獻』17册（2001，上海古籍出版社）に收められている。府憲展「《俄藏敦煌文獻》科羅特闊夫收集品的《弘法藏》和高昌刻經活動」（敦煌研究院編『2000年敦煌學國際學術討論會文集―紀念敦煌藏經洞發現暨敦煌學百年』2003，甘肅民族出版社，328–342頁）參照。

7

『佛母經』の傳承

はじめに

小論で扱う『佛母經』は，歴代の佛典目錄には見えない。しかし敦煌からは多くの寫本が發見されており，ある時期にこの地で流行したことが分かる。大正藏の第八五卷にはそのうちS 2084[1)]の寫本が收められている。では，なぜ流布したものでありながら目錄に記載がないのであろうか。

方廣錩主編『藏外佛教文獻』は大藏經典に未收の佛典の翻刻を載せるものであるが，『佛母經』はその第一輯[2)]に取り上げられている。また季羨林主編『敦煌學大辭典』[3)]には，一項目を割いてかなり詳しく解說されている。

それらの成果を踏まえながら，以下まず第一章で，『佛母經』のもととなる『摩訶摩耶經』と『佛母經』の構成の概要を述べ，『佛母經』が疑經であることの證を「六大惡夢」に見る。次に第二章で，上記の翻刻の際に用いられなかった敦煌寫本のうちのロシア藏と，ベルリン・トルファン・コレクションに見える寫本を紹介し，さらに第三章で，國立バイエルン圖書館所藏の『佛說小涅槃經』を紹介して，これが敦煌・トルファン出土の『佛母經』に連なる寫本であることを明らかにする。續く第四章では中國國家圖書館所藏（舊の北京圖書館藏）の元版『佛說小涅槃經』を移錄し，バイエルン圖書館所藏の寫本が明初のものであることを確認する。また結語においては，『佛母經』がどのような形で傳承されてきたかを考えてみたい。それによって『佛母經』が佛典目錄に記載されなかった事情もおのずから明らかになると考える。

(一)『佛母經』について

『佛母經』は,『大般涅槃摩耶夫人品經』『大般涅槃經佛母品』『大般涅槃經佛爲摩耶夫人說偈品經』といった多様な名で呼ばれている。内容はいずれも同じで,一つの寫本の首題と尾題で名前が變わることも珍しくない。例えばP 2055の首題は『大般涅槃摩耶夫人品經』で尾題は『佛母經』である。同じ寫本に分類されると考えられるものの中でも,例えば北京圖書館藏「歲」十一の首題は『大般涅槃經佛爲摩耶夫人說偈品經』,S 1371は『佛母經』,そして前者の尾題は『大般涅槃經佛母品』,後者の尾題は『佛母經一卷』といった具合である。

季羨林主編『敦煌學大辭典』の「佛母經」の項の解說[4)]は,この佛典が疑經であることを明示した上で,「『摩訶摩耶經』卷下“佛臨涅槃母子相見”に題材を取り,そこに中國の孝道と佛教の無常思想を織り込んだもの」と說明している。そこでまず『摩訶摩耶經』について簡單に述べておこう。

『摩訶摩耶經』は,南齊時代(A. D. 479-502)の曇景によって翻譯された。『佛昇忉利天爲母說法經』『摩耶經』『佛臨般涅槃母子相見經』とも呼ばれ,『佛母經』と同じようにいろいろな呼稱がある。それは,この佛典の中で阿難が佛陀にこの經をどのように名づけるべきかと質問し,佛陀がいくつもの名を擧げたことに基づいている。

佛陀の父,淨飯王は隣國の拘利(koliya)族,天臂(devadaha)城主善覺(suprabuddha)の二女を娶った。摩耶と摩訶波闍波提(あるいは摩賀摩耶ともいう)である。摩耶は,六牙の白象が自分のうちに降りてくるのを夢に見て受胎した。その受胎と生誕が清淨無垢なものであるべきとの配慮によって,釋迦は摩耶の右脇から誕生している。生誕の七日後に摩耶は亡くなり,忉利天の下に生まれかわった。この經は,佛が忉利天に昇って生母摩耶夫人のために說法し,般涅槃に臨んでは摩耶夫人が忉利天から下って佛と最後の別れをしたことを記すものである。

もう少し經典にそって詳しく見てみると，一般の佛典のように，この經も（ｉ）通序（如是我聞）（ii）別序（佛昇忉利天安居）（iii）正宗分（iv）流通分に分かれる。正宗分の第一段までが巻上である。

第一段の忉利說法は，「母子會見」〈文殊師利童子が佛の命を承けて摩耶の下に至ると，摩耶の兩乳より乳汁が奔出して佛の口に入る〉，「摩耶說法」〈佛は忉利天で摩耶をはじめ諸仙・諸天に說法する。すなわち集苦の本はすべて心意から生まれるものであり，解脫を得る以外に安穩の道はないとして，あらゆる欲望から離れることを勸める〉，「佛欲降地」〈鳩摩羅をして閻浮提に佛の下ることを告げしめ，天帝釋（帝釋天）はそのために鬼神を使って三道寶階を作る〉，「訣別說法」〈佛は母恩に報ぜんとして神呪を說き，諸天に持呪者を守らせる〉，「閻浮迎佛」〈佛は忉利天より閻浮提に下り，祇桓精舍の師子座につく。舍衞國王の波斯匿王等一切諸人は佛を迎えて喜び限りなく，そこで佛は十二因緣の說法を行う〉から成る。これ以下は巻下である。

第二段の巡遊入滅は「尼連沐浴」〈阿難は，提婆達多の三逆罪を嘆くが，佛はなおも提婆達多に慈悲のこころをかける。提婆達多は優婆羅比丘尼を打ち殺して現身が地獄に墮ちたことを記す〉，「涅槃預告」〈佛は諸地を巡遊して後に阿難に三月後に入滅すべきことを告げ埋葬法を敎える〉，「樹間入滅」〈佛は雙樹間に臥し，異見を懷いていた百二十歲の梵志の須跋陀羅を度し終わり入定寂滅する。その後に葬儀埋葬の準備が始まる〉から成る。

第三段の母子訣別（この部分はこの經獨自の構想）は，「摩耶感凶」〈摩耶夫人は五衰を感じ五惡夢を見て佛の入滅を知る〉，「摩耶降下」〈尊者の阿那律（アニルッダ）は忉利天上の摩耶に佛の入滅を告げる。摩耶は悲しみに堪えず，雙樹間に下り，佛に禮拜しようとする〉，「佛見摩耶」〈佛はいったん命絶えたが，摩耶が降下したために大神通力で棺を開き放光合掌して起きあがる。母子再見し，母のために說偈する〉から成る。

第四段は，「法滅懸記」〈滅後千五百歲，遺法龍宮に隱沒するに至るまでの法住法滅の狀を懸記す。佛陀から聞いた阿難が摩耶夫人に語る形をとる〉について述べる。

この後に流通分が續くが，宋本のみ巻末に「八國分舍利品第二」が加わ

る（敦煌寫本にもない）。けだし『大般涅槃經後分』中より抄出付記したものと考えられている。

以上から判るように，この經には特別の主張があるわけではない。小乘涅槃經（『長阿含經』遊行經）には，すでに佛の入滅に際して佛母が忉利天から下り偈讃訣別したとの記事がある。これに成道十二年に外道の迫害を避けて忉利天に昇り安居する話を加えて，佛と佛母である摩耶夫人間の母子の情愛を描いたものと言えよう。資料の上からみれば，前半は佛昇忉利天爲母說法經，後半は小乘涅槃經および法滅盡經類を材料としている。

さて小論で考察する『佛母經』では，その寫本が方廣錩・李際寧によって四種類に分類されているが，題材，構成そして內容はいずれもほとんど變わらず，以下のようである。

佛は涅槃に入るが，その時に忉利天にいる摩耶夫人の下に優波離を派遣して，間もなく涅槃に入るから閻浮提に降りてくるようにと告げさせる。その前に凶兆と思われる六惡夢を見ていた摩耶夫人は，優波離の話を聞いて驚きのあまり氣を失うが，やがて雙樹間に降りて行く。その時すでに涅槃に入り金棺銀槨に納められていた佛は，母の悲しみの聲を聞いて神通力で金棺銀槨を開ける。そして母のために說法する。聞き了って摩耶夫人が忉利天に歸ろうとすると，天地は震動し涙は雨のごとく下り鳥は悲しみの聲をあげ，佛が涅槃に入ったことの沈痛が世界を覆う。

『佛母經』は，敦煌寫本として26本殘っていることが知られている。李際寧はそのうちの16本を用いて翻刻する際に，四種類に分類している。それを示すと以下のようになる。

［一，大般涅槃摩耶夫人品經］P 2055が底本。校本はなし。

［二，大般涅槃經佛母品］北京藏「月」四三（6628）が底本。校本はなし。

［三，大般涅槃經佛母品］P 3919が底本。
北京藏「官」九七（6624），北京藏「羽」十五（6626），北京藏「文」九九（6627），北京藏「羽」十五（6626）の四本が校本。

［四，大般涅槃經佛爲摩耶夫人說偈品經］北京藏「歲」九十（6629）

が底本。

S 1371, S 5677, S 3306, S 2084, P 4654, P 4576, P 4799の七本が校本。

これに關連して，ここではこの佛典が疑經であることについて述べておこう。

『佛母經』は，先に述べたように『摩訶摩耶經』に題材を取り，佛の母，摩耶夫人に對する孝道を織り込んだ點で，疑經であることが明らかである。それは具體的な記述からも確認できる。『摩訶摩耶經』巻下に見える摩耶夫人が釋迦の入滅前に不吉な夢として見る所謂「五大惡夢」に關わる部分である。そこでは次のように記される。

『摩訶摩耶經』

一夢，須彌山崩，四海水竭

二夢，有諸羅刹，手執利刀，競挑一切衆生之眼。時有黒風吹，諸羅刹皆悉奔馳歸於雪山。

三夢，欲色界諸天，忽失寶冠，自絶瓔珞，不安本座，身無光明，猶如聚墨。

四夢，如意珠王在高幢上，恒雨珍寶，周給一切，有四毒龍，口中吐火，吹倒彼幢，吸如意珠。猛疾惡風，吹没深淵。

五夢，有五師子從空來下，嚙摩訶摩耶乳，入於左脇。心身疼痛，如被刀劍。

この「五大惡夢」は，『佛母經』では，「六種不祥之夢」（[一]［二］［三]）あるいは「六種惡夢」（[四]）として，以下のように繼承されている。上述の四分類でのそれを整理すると次のようになる。

［一，大般涅槃摩耶夫人品經］

一者夢見猛火來燒我心。

二者夢見兩乳自然流出。

三者夢見須彌山崩。

四者夢見大海枯竭。

五者夢見摩竭大魚，呑啖衆生。

六者夢見夜叉羅刹吸人精氣。

［二，大般涅槃經佛母品］

一者夢見須彌山崩，四大海水枯竭。

二者夢見獅子來咬我身，兩乳自然流出。

三者夢見猛火來燒我身。

四者夢見寶幢摧折，幡華崩倒。

五者夢見摩竭大魚，呑啖衆生。又見夜叉・羅刹吸人精氣。

六者夢見衆生如蜂失王，周章漫走。

［三，大般涅槃經佛母品］

一者夢見猛火來燒我身。

二者夢見兩乳自然流出。

三者夢見須彌山崩，四大海水枯竭。

四者夢見大海枯竭。

五者夢見摩竭大魚，呑啖衆生。

六者夢見夜叉・羅刹吸人精氣。

［四，大般涅槃經佛爲摩耶夫人說偈品經］

一者夢見須彌山崩。

二者夢見四海枯竭。

三者夢見五月下霜。

四者夢見寶幢摧折，幡華崩倒。

五者夢見四火來燒我身。

六者夢見兩乳無故，自然流出。

これを見ると，例えば「兩乳自然流出」だけではそれがなぜ惡夢なのか分からないが，『摩訶摩耶經』五夢の「有五師子從空來下，嚙摩訶摩耶乳，入於左脇。心身疼痛，如被刀劍」に基づいていると考えれば，明らかになる。ほかの惡夢もほとんどが「五種惡夢」の枠内のものである。疑經は，幅廣い思想・文化の產物であるゆえに，一口で定義することは難しいが，この『佛母經』が中國文化の土壤で誕生したことは，「五種惡夢」の枠内にはない一つの注視すべき記述によって決定づけられる。それは［四］に見える「三者夢見五月下霜」である。

「五月下霜」は「五月降霜」とも作られ，戰國末の陰陽五行家の鄒衍

(B. C. 305-240) の故事からきている。その故事とは「鄒衍は燕の惠王に事え忠を盡すも，左右，之を譖す。王，之を繫ぐ。天を仰いで哭すれば，夏五月，之が爲に霜を下す」[5)]である。これは冤獄の兆しとして中國文化圈ではひろく受け入れられてきたもので，例えば李白は「燕臣　昔し慟哭し，五月　秋霜を飛ばす」[6)]と歌っている。さまざまな疑經が作られた際に中國思想の中でも陰陽五行思想の果たした役割が大きいことは，廣く注目されている。それにしてもその思想の開祖の故事が利用されているのは面白い事實であろう。

(二)　ロシア藏敦煌寫本とトルファン寫本の『佛母經』

『佛母經』の寫本のいくつかは，比較的まとまって目に觸れやすい形になっているが，中には見落とされがちなものもある。本章では，敦煌寫本とトルファンの寫本のうちから，そうしたもの五種を移錄しておく。

まず，方廣錩主編『藏外佛教文獻』の翻刻の時點では利用できなかったと思われる，ロシア藏『佛母經』の四つについて紹介しておこう。なお以下，大きさ等の形態は孟列夫主編，西北師範大學敦煌學研究所袁席箴，陳華平翻譯『俄藏敦煌漢文寫卷敍錄』上・下卷[7)]による。そこに用いられている記號は，「Φ」が「Φπyr」の第一字母で，1930年代にフルク (K. K. Φπyr，Konstantin・Konstantinovich Flyg コンスタンチン・コンスタンチノヴィチ　フルク1893-1942) が整理したものを示す。これは1から325までである。「Дx」は「Дунbxуан」(Dyn'khyan ドゥンファン 敦煌) からの二文字である。1から11050の番號がつくが，敦煌でないものは575を數え，番號のみのものも含む。

1．Φ259

尾題は「佛母經一卷」，二紙から成り，大きさは高22㎝×幅56㎝。31行，毎行16～21字，罫線アリ。分類［四，大般涅槃經佛爲摩耶夫人說偈品經］に屬し，その校本の一つ伯4799に近い。

______諸大衆吾
今背痛。欲般涅槃。不見阿難及吾迦葉。來時語言，
吾与汝不相見也。即使優婆離往藝忉利天上，
告吾母知。舉身疼痛，不可思議。願母早來，礼敬
三寶。尒時佛母於其中夜作六種惡夢。一者夢見
須弥山崩，二者夢見四海枯竭，三者夢見五月降
霜。四者夢見寶幢權折幡花崩倒，五者夢
見大火來燒我身，六者夢見兩乳自然流出。
尒時佛母說夢未訖，正見優波離從空中而來。
借問聖人從何方而來尓劇，形容顦顇，面色无
光，狀似怯人，尒時優波離哽咽聲嘶，量久不語，告言佛母，佛母，
我如
來大師昨夜子時捨大法身，入般涅槃故遣我
來告諸眷属。尒時佛母聞是語已，渾磓[8]自撲
狀似五須弥山崩，遍體血見，如波羅奢華，悶
絶躃地。有二天女將水噀之，量久還蘇。尒時
佛母將諸徒衆，恭敬圍繞，從忉利天下直至波羅
雙樹閒。正見如来殯斂已訖，唯有僧伽梨衣
疊在棺邊。鉢盂錫杖其樹上。尒時佛母
手擕此物，而作是言。此是我子生存在日，持[9]
用此物，今无主也。十大弟子向天號哭，有二師
子自縊而死。尒時佛母遶棺三迊，却住一面，抆淚[10]
而言，告言，慈子慈子，汝是我子，我是汝母。汝今
入般涅槃，云何不留半偈之法。尒時世尊聞母喚
聲，金棺自開，却坐千葉蓮華臺上，爲母說法，世
閒苦空，諸行无常，是生滅法，生滅滅已，寂滅爲樂，
尒時佛母聞是妙法，心生歡喜，還歸本天，未至天所，
佇立虛空，心生慈悲，嗚呼大哭。天地震動，淚下如雨。
雲中百鳥，皆作哭聲，一切江河，會有枯竭，一切叢林，會
(有)[11]權折，一切恩愛，會有離別，何

期如来入般涅槃
佛母經一巻[12)]

2．Дx02267

尾題は「佛母經一巻」，一紙から成り，大きさは高19㎝×幅39.5㎝。23行，天界は2.5㎝で，全體に下端の部分が缺けている。［三，大般涅槃經佛母品］の校本の一つ北京藏「羽」十五（6626）に近いが，それとも多少の異同がある。

殯斂已訖，香木万束，擬欲焚身，□
將纏遶[13)]。十大弟子，悲號震天，四果□
地，乃至聲聞，緣覺之類，金剛師子□
體崩傷，六情酸楚，身毛皆竪，唯見□
杖掛於林間，僧伽迦離衣，疊□
手持此物，作如是言。我子□
教化，利益人天，今既入般涅□
即散髪搥胷，遶棺三迊[14)]，喚□
我子，我是汝母。昔在王宮，[始生七]□
姨母波闍長養，年始七歲，踰[15)]城□
道，覆護衆生，今既入般涅槃，云□
章句。悉達悉達。
尒時如来，金棺銀槨，豰然自開。□
然而下。勇在空中，高七多羅樹[開]□
現紫摩[16)]黄金色身，爲母說法。□
母。一切諸山，會有崩倒，一切江河，[會]□
叢林，會有摧折，一切恩愛，會有□
已便復没矣。
尒時摩耶夫人聞其此語，心開意□
㪍，求哀懺悔。不轉[17)]女身，證得何□
天衆，未到本宮，心生慈悲，住立[虚]□
日，母子分離，永不相見，去也，大師

佛母經一卷[18]

3．Дx02047（02101）

尾題は「佛母經一卷」，大きさは高25.5㎝×幅35㎝。天界は2.5㎝，地界は2㎝。16行，毎行16字。經句は，［二，大般涅槃經佛母品］，［三，大般涅槃經佛母品］，［四，大般涅槃經佛爲摩耶夫人説偈品經］とおおむね重なるが，組み立てが違う。上記四分類とは異なる系列の寫本である。

＿＿＿＿年七歳，逾城出家，三十成
＿＿＿今已入般涅槃，云何不留半偈
＿＿＿悉達，尒時如来聞母喚聲　＿＿
＿＿然自開，妙兜羅錦，颷然而＿＿＿
＿七多羅樹，現紫磨黄金色身，却＿＿
＿＿＿上，爲母說法，世間空虚，
＿＿无常，是生滅法，生滅滅□，寂＿
＿＿＿＿＿＿復没矣。
＿＿＿＿＿＿是妙法，心開＿＿＿＿
＿＿＿＿＿將諸天衆，前後＿＿＿＿
＿＿＿＿＿＿住在空中，心生慈＿＿＿
＿＿動，涙下如雨，雲中百鳥，□作哭聲，
＿＿會有枯竭，一切叢林，會有摧折，一
切恩愛，會有離別，何其如来入般涅槃，永
不相見。去也，大師。

佛母經一卷

4．Дx00010

首題は「大般涅槃經佛母品□」，大きさは高26㎝×幅39.5㎝。23行，毎行17字。この寫本は，［三，大般涅槃經佛母品］に近いが，それに用いた底本P.3919，そして校本の北京藏「官」九七（6624）等四篇

とは細部において異同がある。

大般涅槃經佛母品□
尒時如来在俱尸那城跋提河側，二月十五日[19]
臨般涅槃，倚臥雙林。告諸大衆，吾今背痛，
欲般涅槃，迦葉來時，□吾與汝不相見，去也。
一切經書，付嘱阿難，戒律文章，悉付迦葉，次
復告言，優婆離，汝往昇天，報吾母知。道吾背
痛，不久涅槃。願母慈悲，降下閻浮，敬礼三寶。
尒時優波離受佛敎勅，擲鉢騰空，須臾之間，
即至忉利天上。正見摩耶夫人在歡喜園□，
種種莊嚴，受諸快樂。尒時□耶夫人，忽於□
夜作六種不祥之夢。一者夢見猛火未燒我
身。二者夢見兩乳自然流出。三者夢見須弥
山崩。四者夢見大海枯竭，五者夢見摩竭大
魚呑噉衆生。六者夢見夜叉羅刹吸人精気。
作此夢已，憂愁不樂。須臾之間，即見告人見優
波離形容顦顇，面无精光，狀似怯人，復无威德，
尒時摩耶夫人問言，優波離，汝從閻浮提來，
知我悉達平安已[20]不。尒時優波離含悲報言，佛
母，尒時如来昨夜子時捨大法身，入般涅槃，
故遣我來告諸眷属。尒時摩耶夫人聞其此是
語，搥[21]胷懊惱，悶絶擗地，如大山崩，有一天女，
名曰芬葩，將冷水灑面，良久乃蘇。將諸天綵[22]
女，頓身而下，嫛𪆟雲飛。直至婆羅林間。正見如

次にトルファンの『佛母經』寫本について。ドイツ中央アジア學術探検隊の將來した漢語佛典の目録は，今日まで三册出版されているが，そこには下に移録する一篇が掲載されている。Ch2166（T II T2062）を帶びる斷片である。これは，1904年11月から1905年11月にかけての第二回學術調査隊によってトヨクで得られたものである。

5．Ch2166（T II T2062）〈寫眞 1 〉

斷片の大きさは，高12㎝×幅27.2㎝で，16行殘っている。天の境界線は殘り，字體は 9，10世紀のものである。

『漢語佛典斷片目錄』[23]では，「大正藏（T85）に收める S.2084と比較して，この斷片は異なるバージョン斷片である」と注記している。

痛，不□
尒時優波離受佛□
聞，即至忉利天上。□
園中種種莊嚴受□
種不祥之夢。一者□
夢見兩乳自然流出。□
四者夢見大海自然□
呑噉衆生。六者夢見□
□已，愁憂不樂。□
□離形容憔悴，面□
□尒時優波離告□
提來。尒時摩耶夫人，□

寫眞 1　Ch2166（T II T2062）

着來，我共汝語。我昨□
從閻浮提來，知我悉□
離含悲報言，佛母佛□
法身，入般涅槃。故遣□

首尾ともに缺けているので，斷定はできないが，この斷片は先に見たロシア藏の4．Дx00010「大般涅槃經佛母品□」と同じ系統の寫本であると言えよう。ただ7行目の「大海自然」はロシア藏では「大海枯竭」に作る。他の『佛母經』寫本はすべて「大海枯竭」に作るので，これを上の「兩乳自然流出」に引きずられての誤寫と考えると，兩者の六夢は全く一致する。

上で取り上げたロシア藏がすべて敦煌からのものであるとすると[24]，『佛母經』においても，敦煌とトルファンの地域差を窺わせるテキストの異同はなかったと確認できることになる。筆者は，『佛母經』と同じように，やはり今は『大正藏』巻85，古逸部・疑似部に收められている『新菩薩經』について，ベルリン・トルファン・コレクションの寫本を紹介したことがあるが，そこで認められるテキストのバリエーションも敦煌とトルファンの地域差からくるものではなかった[25]。

（三）　國立バイエルン圖書館所藏の『佛說小涅槃經』（Cod. sin. 59）〈寫眞2〉

ヘルベルト・フランケ教授（Prof. Herbert Franke）は，戰後のドイツ中國學の復興に盡力し，大御所として長く活躍されている。2004年10月には，ミュンヘン大學東アジア研究所主催で教授の九十歲を祝う講演會が開かれた。三十年前，フランケ教授は「明代初期のいくつかの印刷本と寫本について」[26]という論文を發表し，その中で11の作品を紹介した。その一つが，ここに取り上げる寫本『佛說小涅槃經』（Cod. sin. 59）である。佛典目錄に『佛說小涅槃經』の名は見えないので，フランケはそのタイトルから『涅槃經』を簡略化したものと推測した上で，今に傳わる大藏經からそれに該當する經典として『佛垂般涅槃略說教誡經』と『佛臨涅槃記法住

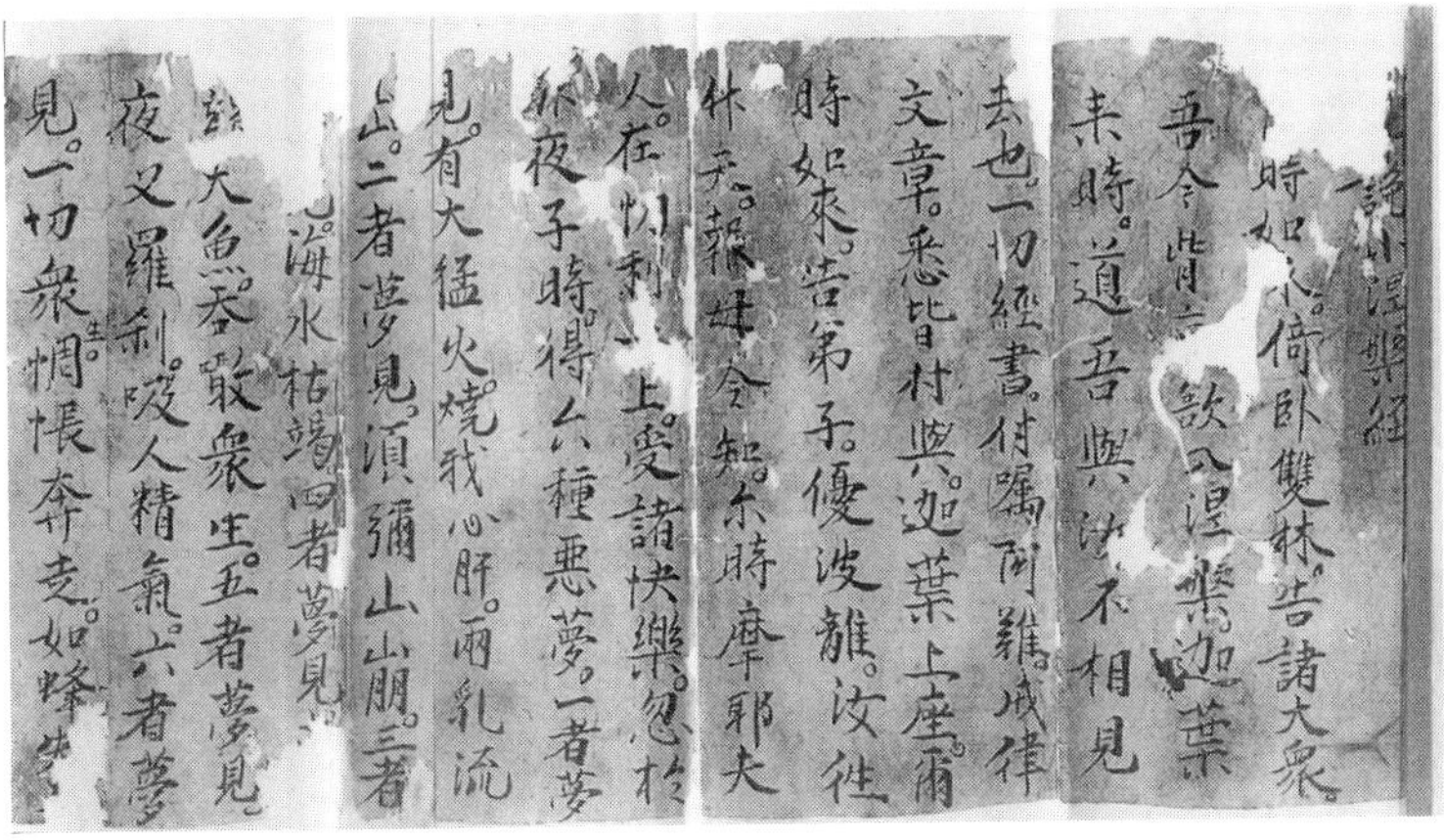

說小涅槃經
時如來倚卧雙林告諸大衆
吾今背欲入涅槃迦葉
來時道吾與汝不相見
去也一切經書付囑阿難戒律
文章悉皆付與迦葉上座爾
時如來告弟子優波離汝往
忉利天報母令知尒時摩耶夫
人在忉利天上受諸快樂忽於
其夜子時得六種惡夢一者夢
見有大猛火燒我心肝兩乳流
山二者夢見須彌山崩三者
海水枯竭四者夢見
大魚吞噉衆生五者夢見
夜叉羅刹吸人精氣六者夢
見一切衆惆悵奔走如蜂

寫眞２ａ　國立バイエルン圖書館藏『佛說小涅槃經』(Cod. sin. 59)

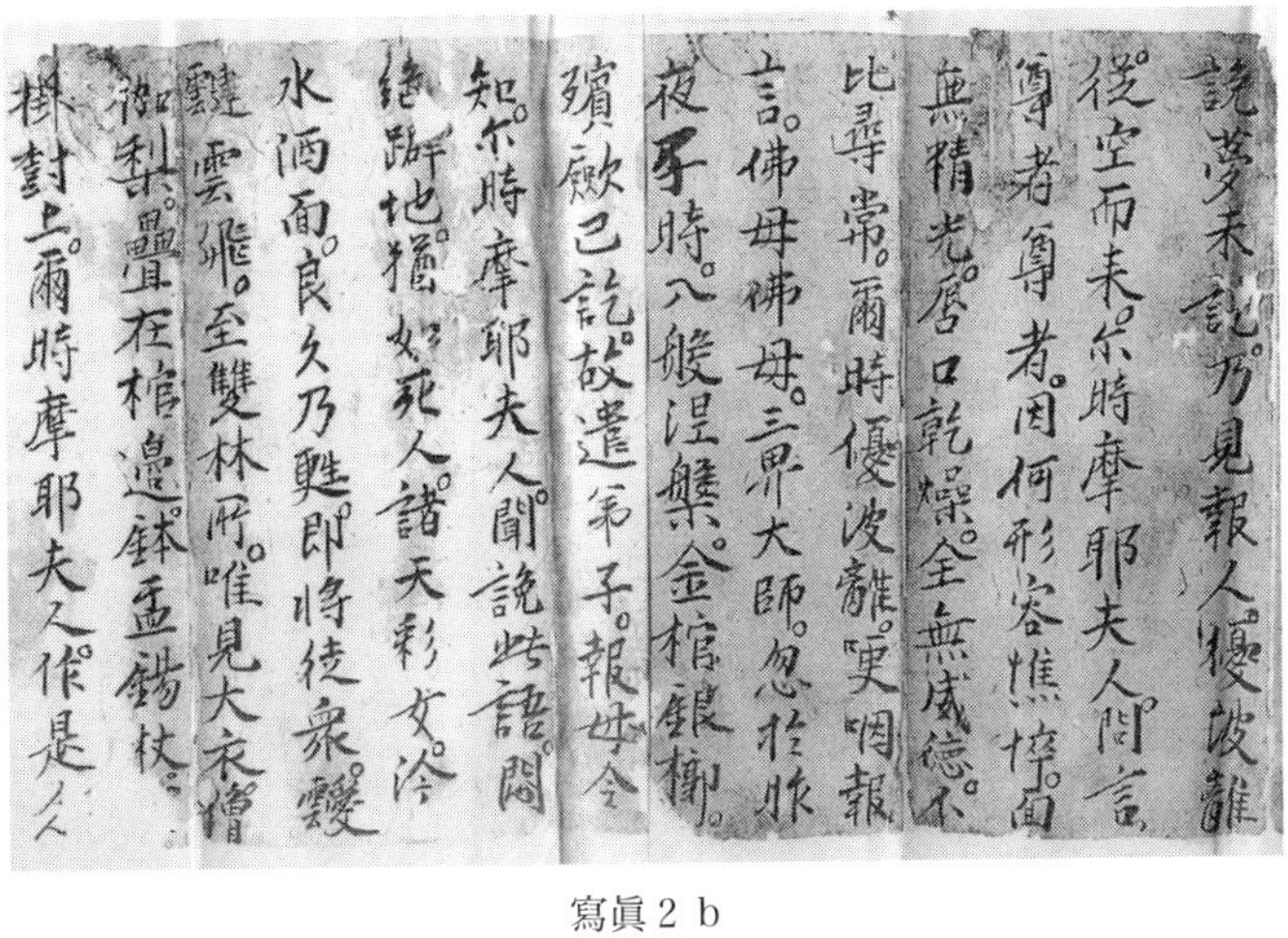

說夢未訖乃見報人優波離
從空而來尒時摩耶夫人問言
尊者尊者因何形容憔悴面
無精光唇口乾燥全無威德不
比尋常爾時優波離哽咽報
言佛母佛母三界大師忽於昨
夜半時入般涅槃金棺銀槨
殯斂已訖故遣弟子報母令
知尒時摩耶夫人聞說此語悶
絶躃地猶如死人諸天彩女冷
水灑面良久乃甦即將徒衆
雲飛至雙林所唯見大衣僧
伽梨疊在棺邊鉢盂錫杖
掛封上爾時摩耶夫人作是

寫眞２ｂ

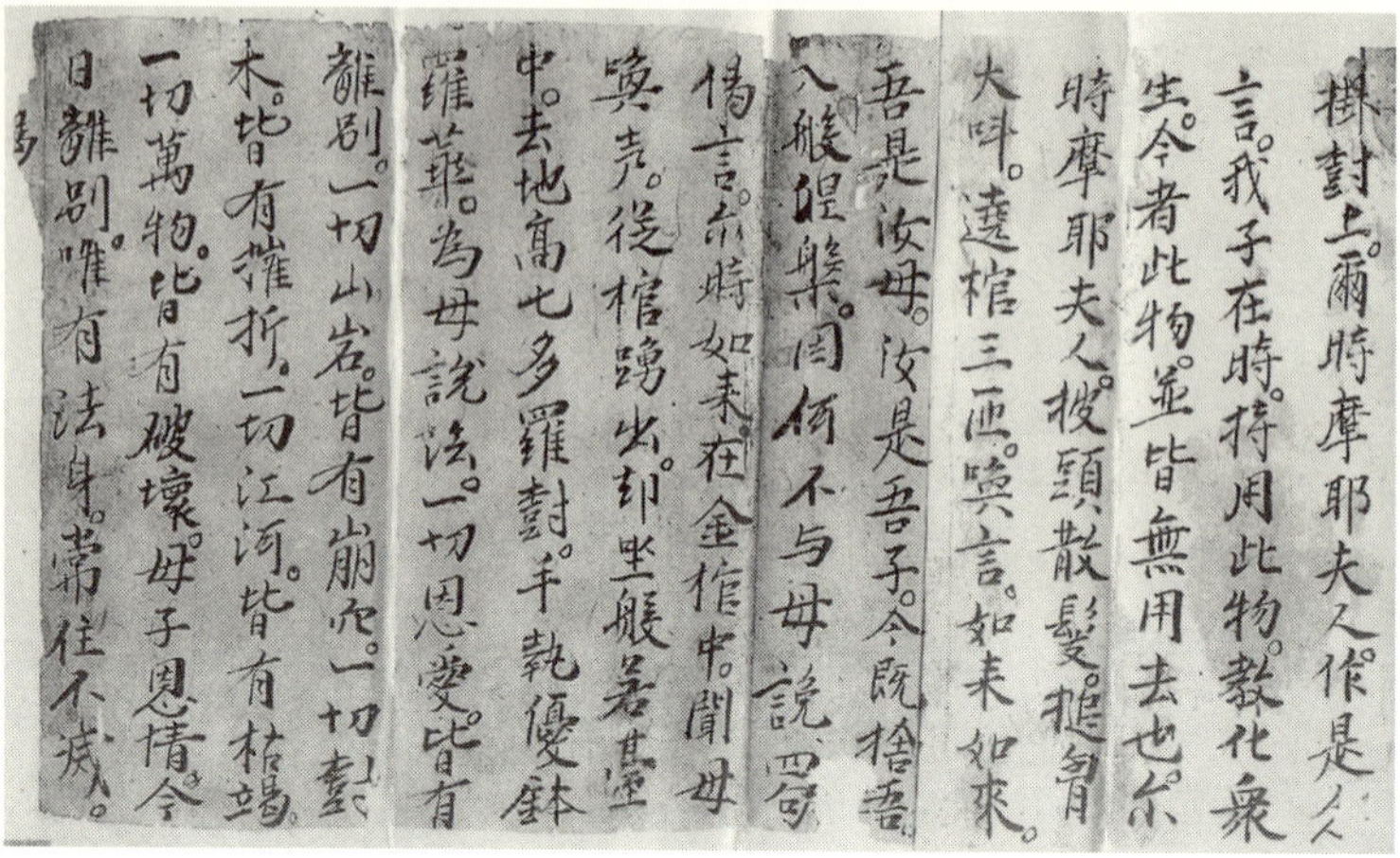

寫眞２ｃ

經』の二例を擧げた。ただし中身を検討するとそれらとは合わないので，この佛典は同定できないとしている。

この寫本は，11半葉（半折。あるいは面）の折本形式である。首題は『佛説小涅槃經』として殘る。二つの紙の繼ぎ目があり，長さは110㎝，高さは20.8㎝。罫線はない。１半葉は４行。１行は９から13字であり，墨點が施されている。また１字の大きさは約1.7×1.7㎝である。いま移錄してみると以下の様になる。なお，□で圍んだ文字は筆者が補ったものである。

佛説小涅槃經
爾時如來。倚臥雙林。告諸大衆。
吾今皆背痛。欲入涅槃。迦葉
來時。道吾與汝不相見
去也。一切經書。付囑阿難。戒律
文章。悉皆付與。迦葉上座。爾
時如來。告弟子。優波離。汝往
升天。報母令知。尔時摩耶夫
人。在忉利天上。受諸快樂。忽於

昨夜子時。得六種惡夢。一者夢
見。有大猛火。焼我心肝。兩乳流
出。二者夢見。須彌山崩。三者
夢見。海水枯竭。四者夢見。磨
竭大魚。呑噉衆生。五者夢見。
夜义羅刹。吸人精氣。六者夢
見。一切衆生。惆悵奔走。如蜂失王。[27]
説夢未訖。乃見報人。優波離
。從空而來。尓時摩耶夫人。問言。
尊者尊者。因何形容憔悴。面
無精光。唇口乾燥。全無威徳。不
比尋常。爾時優波離。哽咽報
言。佛母佛母。三界大師。忽於昨
夜子時。入般涅槃。金棺銀槨。
殯斂已訖。故遣弟子。報母令
知。尓時摩耶夫人。聞説此語。悶
絶躃地。猶如死人。諸天彩女。冷
水洒面。良久乃甦。即將徒衆。靉
靆雲飛。至雙林所。唯見大衣。僧
伽梨。疊在棺邊。鉢盂錫杖。空
掛樹上。爾時摩耶夫人。作是念
言。我子在時。持用此物。教化衆
生。今者此物。並皆無用去也。尓
時摩耶夫人。披頭散髪。搥胷
大叫。遶棺三匝。喚言。如來如來。
吾是汝母。汝是吾子。今既捨吾。
入般涅槃。因何不与母説，四句
偈言。尓時如來。在金棺中。聞母
喚声。從棺踴出。却坐般若臺
中。去地高七多羅樹。手執優鉢

羅華。爲母說法。一切恩愛。皆有
離別。一切山岩。皆有崩穴。一切樹
木。皆有摧折。一切江河。皆有枯竭。
一切萬物。皆有破壞。母子恩情。今
日離別。唯有法身。常住不滅。
偈

これを見ると，上章で見た所謂『佛母經』の異本であることが分かる。しかし上の四分類（あるいはロシア藏3．Дx02047も含めて五系統）のいずれにも微妙なところで合わない寫本である。この點についていま少し詳しく述べると，『佛說小涅槃經』の冒頭部分から「六種惡夢」までは［三，大般涅槃經佛母品］とほとんど變わらない。卽ち，いくつかの敍述，例えば最初の部分，「爾時如來。倚臥雙林。告諸大衆。吾今皆背痛。欲入涅槃」は「爾時如來。在拘尸那城拔提河側。二月十五日臨般涅槃。倚臥雙林。告諸大衆。吾今皆背痛。欲般涅槃」となっているが，構成そのものは變わらない。

「六種惡夢」については，上で整理したものと異なる惡夢は登場しないが，分類においてぴったり同じものはない。比較的近いのは［二，大般涅槃經佛母品］であろうが，その後の敍述構成ではやはり四つとは少しずつ異なる。もっとも，この寫本が『佛母經』の一つのバージョンであることは疑いない。

フランケはなぜ紀年の見えないこの寫本を明代初期，15世紀のものとしたのであろうか。彼の紹介した11本の印刷本と寫本はいま國立バイエルン圖書館に所藏されているが，フランケは論文の最初の部分で，その來歷に觸れている。それによれば，これらは論文執筆の數年前に，ヴェルナー・ブルガー氏から保管し公開するよう託されたもので，ハンブルクの美術商の所有する木造佛像の胎内から得られたという。その出現は全くの偶然で，1962年のエルベ川の洪水で，美術商の地下に置いてあった木造佛像が解體して發見されたのであった。11本のテキストのいくつかには紀年があり，それが明代の初期であるゆえにフランケは件の『佛說小涅槃經』も同じ時代の産物と考えたのである。その11本の作品は以下のものである。

印刷佛典：『妙法蓮華經』永樂十八年（1420）の序
『佛頂心大陀羅尼經』北京，正統六年（1441）6月1日の奥書
『佛頂心大陀羅尼經』北京，正統五年（1440）4月8日の奥書
『觀世音菩薩救諸難呪』
『木一山嚴酙酢集』
一枚の大型彩色阿彌陀佛木版畫
寫本佛典：『佛頂尊勝總持經呪』永樂十年（1412）5月6日の永樂帝の序文。景泰四年（1453）7月27日の奥書
『佛說小涅槃經』
『御註心經解』洪武十一年（1378）出版
印刷道教經典：『太上三元賜福赦罪解厄延生經誥』南京，景泰一年（1450）出版
『太上玄靈斗母元君本命延生心經』正統四年（1439）出版

佛像胎内に佛教關係と道教關係が併せて納められていたことは，明代の佛教が道教，さらには儒教と融合・調和したものとして存在したことを示している。これらの諸本はおそらく，佛像寄進者あるいはその肉親が日々身の回りに置き，用いたものであろう。『妙法蓮華經』と『御註心經解』を除く佛教關係のものはみな小作品で，『佛說小涅槃經』と同様，現在の大藏經にはそのままの形のものはない。從って，それらは民衆用に佛典からアレンジして作られたものであろうと考えられる。

なおフランケは，木造佛像の胎内から出てきたものについては述べるが，佛像そのものには言及していない。佛像制作時代が確認できれば，胎内藏經の時代もある程度絞れることは言うまでもないが，この場合殘念ながらその道は閉ざされている。

（四）　中國國家圖書館所藏の『佛說小涅槃經』〈寫眞３〉

前章では，明初の寫本と考えられるテキストが『佛說小涅槃經』であり，敦煌やトルファンで數多く發見された『佛母經』の一バージョンであることを確認した。しかし，それが佛典目錄類に見えないこと，あるいは，ある時代の塞外地の産物と，中國國內の明初の産物がどのように結びつくのか等の疑問は依然として殘ったままであった。

ところが筆者は最近，北京にある中國國家圖書館（舊の北京圖書館）で印刷本の調査にあたられた梶浦晋氏により，元版の『佛說小涅槃經』の存在を知った。さらに2005年の春に，梶浦氏および中國國家圖書館の善本特藏部の副研究館員である李際寧氏の盡力で，件の印刷本を閲覽する機會を得た。

この印刷本には「長樂鄭振鐸西諦藏書」の藏書印が押してあり，文學史家の鄭振鐸（1898–1958）の舊藏であったことが分かる。折本形式で，冒頭部分が缺け，６半葉である。１半葉は５行，１行は17字である。縱は21.8㎝，横は7.9㎝，天界・地界の幅はそれぞれ1.3㎝と0.8㎝，罫線はない。これは紙背に印刷されたもので，表はやはり元版の『摩訶般若波羅蜜多心經』（圖書館番號：16073）である。そこにはページ數を示す「二十五」という數字も刷られている。『心經』や『佛說小涅槃經』を初めとする，比較的短い經がまとめて印刷されていたことを示そう。移錄すれば下記のようになる。葉と葉の間には１行を設け，句讀點を添えた。

母令知。爾時摩耶夫人在忉利天上，受諸快
樂。忽於昨夜子時，得六種惡夢。一者，夢見有
大猛火，燒我心肝，兩乳流出。二者，夢見須弥
山崩。三者，夢見海水枯竭。四者，夢見磨竭大
魚呑噉衆生。五者，夢見夜叉羅刹，吸人精氣。

六者，夢見一切衆生，惆悵奔走，如蜂失王。說

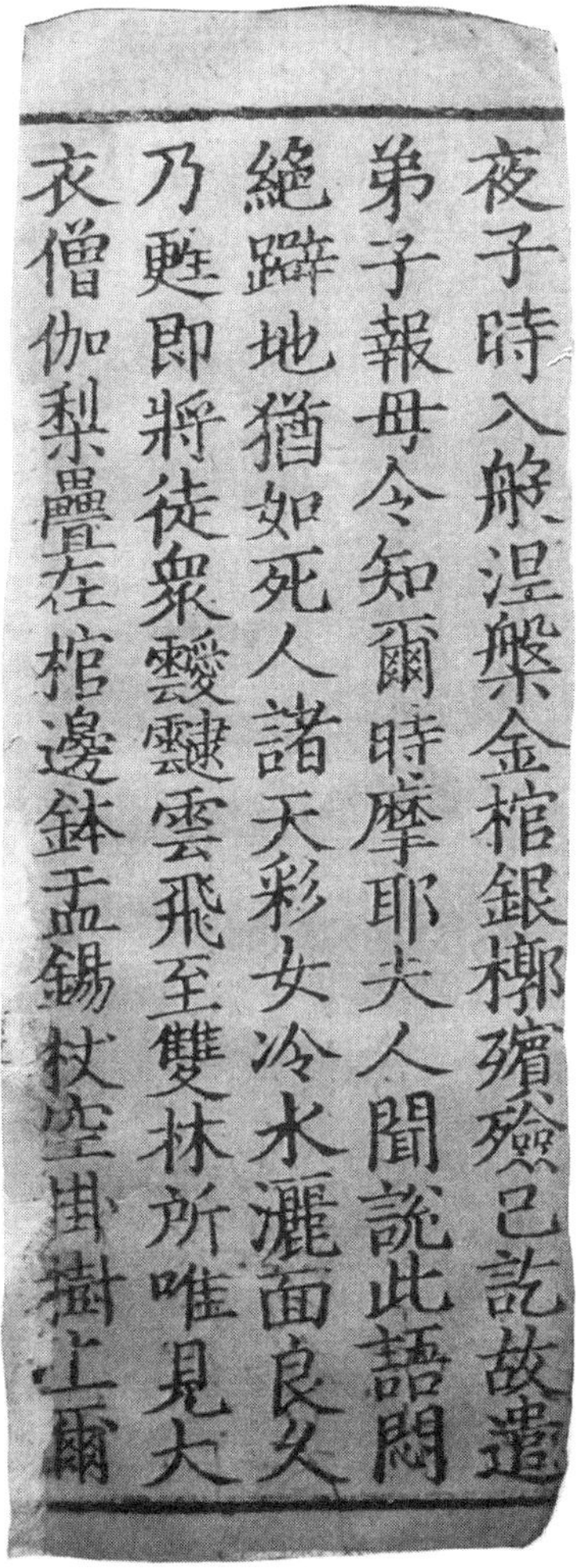
夜子時入般涅槃金棺銀槨殯殮已訖故遣
弟子報母令知爾時摩耶夫人聞說此語悶
絕躃地猶如死人諸天彩女冷水灑面良久
乃甦即將徒衆靉靆雲飛至雙林所唯見大
衣僧伽梨疊在棺邊鉢盂錫杖空掛樹上爾

寫眞３ａ　中國國家圖書館藏『佛說小涅槃經』

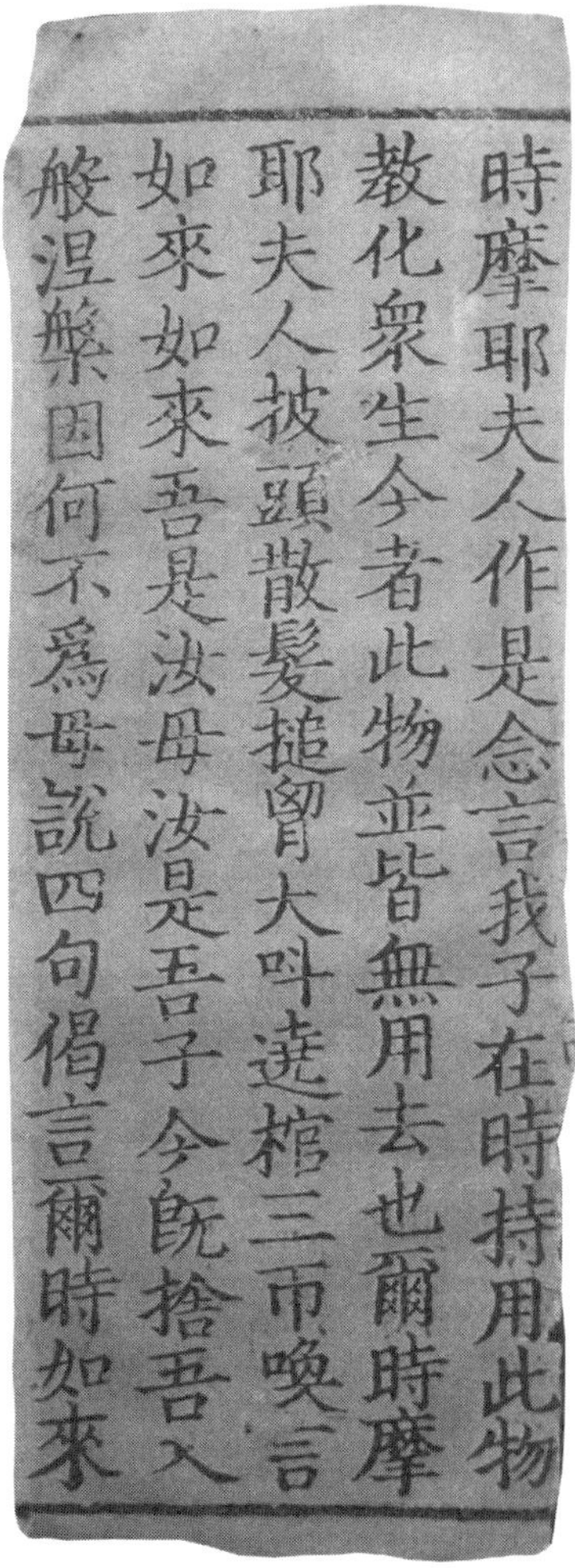
時摩耶夫人作是念言我子在時持用此物
教化衆生今著此物並皆無用去也爾時摩
耶夫人披頭散髮搥胷大叫遶棺三帀喚言
如來如來吾是汝母汝是吾子今既捨吾入
般涅槃因何不爲母說四句偈言爾時如來

寫眞３ｂ

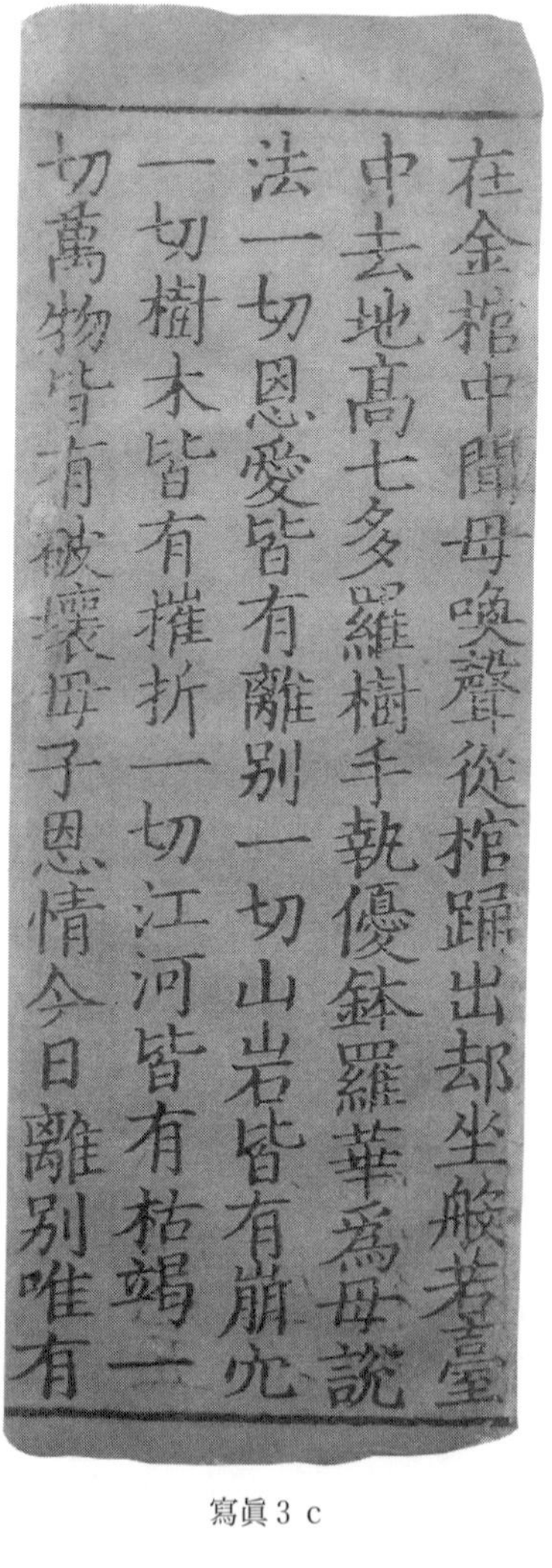
在金棺中聞母喚聲從棺踊出却坐般若臺
中去地高七多羅樹手執優鉢羅華爲母說
法一切恩愛皆有離別一切山岩皆有崩宂
一切樹木皆有摧折一切江河皆有枯竭一
切萬物皆有破壞母子恩情今日離別唯有

寫眞3 c

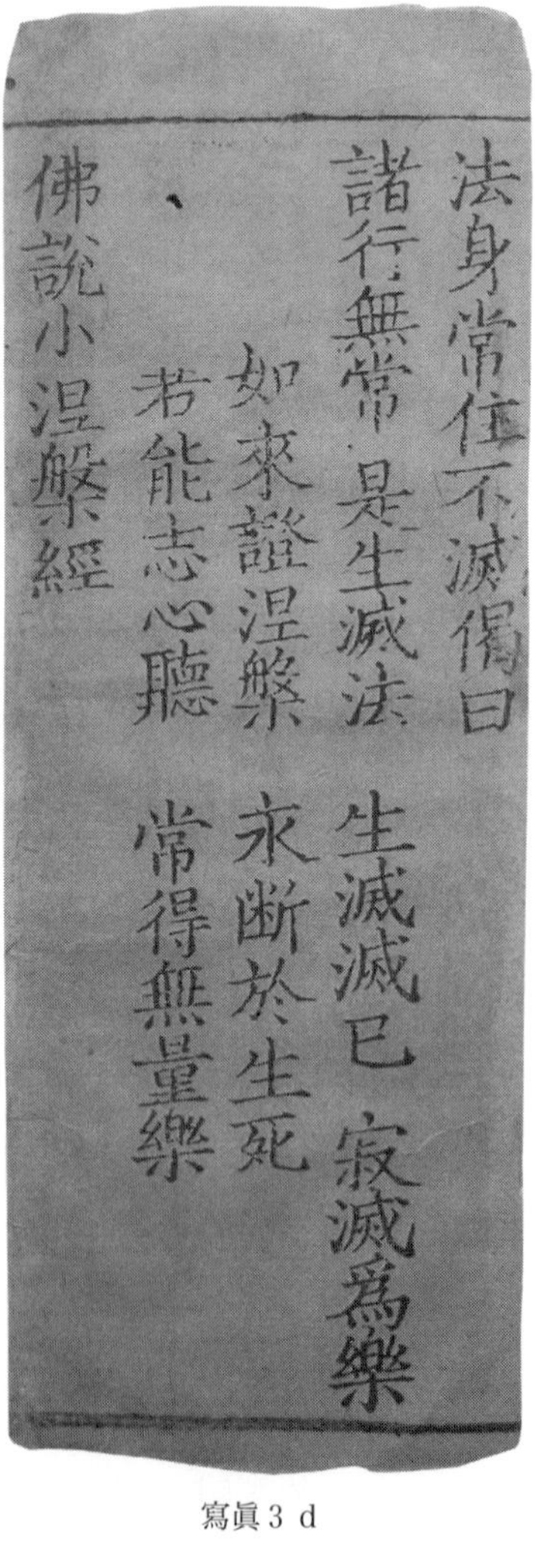
法身常住不滅偈曰
諸行無常　是生滅法　生滅滅已　寂滅爲樂
如來證涅槃　永斷於生死
若能志心聽　常得無量樂
佛說小涅槃經

寫眞3 d

夢未訖，乃見報人優波離，從空而來。爾時摩
耶夫人問言，尊者尊者，因何形容憔悴。靣無
精光，唇口乾燥，全無威徳，不比尋常。爾時優
波離哽噎報言，佛母佛母，三界大師，忽於昨

夜子時，入般涅槃。金棺銀槨，殯斂已訖。故遣
弟子，報母令知。爾時摩耶夫人聞說此語，悶
絶躃地，猶如死人。諸天彩女冷水灑面。良久
乃甦，即將徒衆，靉靆雲飛。至雙林所，唯見大
衣僧伽梨，疊在棺邊，鉢盂錫杖，空掛樹上。爾　〈寫眞３ a〉

時摩耶夫人作是念言。我子在時，持用此物，
教化衆生。今者此物並皆無用去也。爾時摩
耶夫人披頭散髪，搥胷大吽，遶棺三帀。喚言，
如來如來，吾是汝母，汝是吾子。今旣捨吾，入
般涅槃，因何不爲母說四句偈言。爾時如來　〈寫眞３ b〉

在金棺中，聞母喚聲，從棺踊出，却坐般若臺
中。去地高七多羅樹，手執優鉢羅華，爲母說
法。一切恩愛，皆有離別。一切山岩，皆有崩穴。
一切樹木，皆有摧折。一切江河，皆有枯竭。一
切萬物，皆有破壞。母子恩情，今日離別，唯有　〈寫眞３ c〉

法身，常住不滅。偈曰，
諸行無常　是生滅法　生滅滅已　寂滅爲樂
　　　如來證涅槃　永斷於生死
　　　若能志心聽　常得無量樂　〈寫眞３ d〉
佛說小涅槃經

この版本は首題と冒頭の部分を缺いている。第三章で紹介した國立バイエルン圖書館所藏の寫本『佛說小涅槃經』は逆に末尾と尾題を缺いている

ので，兩者は重ならない部分もあるが，詳細に検討すれば，ほとんど一致することが分かる。一致しないのは異體字，音通互用の文字の異同が大半である。從ってこのテキストは，國立バイエルン圖書館所藏の寫本『佛說小涅槃經』と同じく，四つに分類された『佛母經』（およびロシア藏3．Дх02047）のどの系統とも重ならない，『佛母經』のまた別のバージョンである。元あるいは明初のものかとも言われている非常によく似た版本の出現は，バイエルンの寫本『佛說小涅槃經』を明初のものと斷定し得る新たな資料の發見と言えよう。

結語 『佛母經』の傳承

『佛母經』は，佛典目錄に見えない疑經であるが，敦煌やトルファンで多くの寫本として發見されている。第一章ではこの經典の構成や內容について述べ，方廣錩・李際寧による寫本の翻刻と四分類を紹介した上で，これが疑經である點に解說を加えた。第二章では，前記の翻刻に含まれない敦煌及びトルファンの寫本を移錄した。また第三章では，全く來歷を異にし，長年同定されないままになっていた明初とされる寫本『佛說小涅槃經』が，やはり『佛母經』の一バージョンであることを確認した。さらに第四章では，北京の國家圖書館所藏の元刻本『佛說小涅槃經』を紹介し，これとの類似によって，バイエルン所藏の寫本が明初のものであることを傍證した。以上のことから，『佛母經』は，８，９世紀の唐の時代から元の時代を經て15世紀前半の明初まで，塞外のみならず廣く中國に流布していたことが判明したのである。

最後に僞經『佛母經』はどのような形で傳承されてきたのかについて述べておこう。榮新江は次のように述べて，歸義軍時代の敦煌の民衆佛教の特色の一つとして，疑經の流行を指摘している。彼は池田温氏の著作に依って，９世紀末から11世紀初めの歸義軍時代に納まる紀年のある48の寫經の「經名」「年代」「書手或供養人」「疑僞經」「編號」「池田編號」を整理した表を作り，短い眞經と疑經の流行に注目する。その部分を譯してみれ

ば以下のようになる。

敦煌庶民の佛教の發展經過には多くの表現形式が存在する。ここではただ疑經の流行を例として擧げる。以下，先ず，ほとんど全面的に池田温編『古代寫本識語集錄』により資料を收集し，その中で曹氏時代と確定できる佛教文獻の一覽表を下のように擧げ，そこで檢討を加えよう。

下の表から一目で見て取れることは，疑經の流行が壓倒的な趨勢となり，僧俗官吏を問わず，ひとしくこれを迷信したことである。所謂眞經に屬するものは，また何らかの民間通俗信仰と密接に關係する『金剛經』『般若心經』『觀世音經』（つまり『妙法蓮華經普門品』）『阿彌陀經』等，數種だけである[28)]。

榮新江が揭げた紀年のある四八の寫經のうち，疑經は三十，つまり約三分の二を占めている。榮新江は疑經についてはこれ以上述べないが，彼の示した表からは，小論と關わるもう一つの事實が讀みとれる。それはこれらの疑經が連寫されている點である。P 2374は，959年の禪師惠光による『佛説延壽命經』『續命經』『天請問經』の連寫であるし，S 5646は，疑經の『摩利支天陀羅尼經』『佛説齋法清淨經』そして眞經の『金剛般若波羅蜜經』が，969年に大乘賢者兼當學禪錄の何江通によって連寫されたものである。また天津市藝術博物館藏4532では『佛説無常經』『佛説水月光觀音菩薩經』『佛説呪魅經』『佛説天請問經』が，北京圖書館藏「岡」四四では『佛説閻羅王授記經』『佛説護諸童子經』と眞經の『般若波羅蜜多心經』が連寫されている。さらにP 2055の『佛説盂蘭盆經』『佛説佛母經』『佛説善惡因果經』は，958年から翌年にかけて翟奉達（883–961？）が連寫したものである。 最後の翟奉達の連寫にはそれぞれの經に奥書が付けられている。その一つ，P 2055c「佛説善惡因果經」はこれらの經がどのように用いられたかを傳えている。

弟子朝議郎檢校尙書工部員外郎翟奉達，亡過妻の馬氏の追福の爲に，齋每に經一卷を寫す。標題は是の如し。第一七齋に無常經一卷を寫す。第二七齋に水月觀音經一卷を寫す。第三七齋に呪魅經一卷を寫す。第四七齋に天請問經一卷を寫す。第五七齋に閻羅經一卷を寫す。第六七

齋に護諸童子經一卷を寫す。第七[七]齋に多心經一卷を寫す。百日齋に盂蘭盆經一卷を寫す。一年齋に佛母經一卷を寫す。三年齋に善惡因果經一卷を寫す。右件の寫せし功德は過往馬氏の追福の爲なり。奉じて龍天八部，救苦觀世音菩薩，地藏菩薩，四大天王，八大金剛に請いて以て盟を作し，一一，福田を領受し，樂處に往生し，善知識に遇い，一心に供養せんことを。

七七齋，百日齋，一年齋，および三年齋の合計十回の法事に用いられる經は上記のごとくであるが，それらは『般若波羅蜜多心經』を除いてすべては疑經である。翟奉達の場合，『佛母經』は一周忌に寫經され，奥書には

亡過家母の爲に此の經一卷を寫し，年周に追福せんとす。願わくは影を好處に託し，三塗の（哉）災に落つる勿く，佛弟子馬子，一心に供養せんことを。

とその筆寫の意圖が述べられているが，『佛母經』と一周忌の特別の關係には言及がない。從って，この資料から小論との關係で言えることは，これらの疑經類が民衆に非常に近いところに存在した點と，連寫されたことの兩點である。つまり元版『摩訶般若波羅蜜多心經』の裏に『佛說小涅槃經』が刷られ，そのページ數が小經典にも關わらず，「二十五」と大きな數字であったことは，大半は疑經であろう小佛典が，版木の時代になっても連寫の傳統を繼承して刷られていたことを示す。筆寫の時代から印刷の時代に入ってもこのような形式が間斷なく繼續したことは，『佛母經』（『佛說小涅槃經』）を初めとする疑經の受容が民衆の底邊に深く浸透していたことを示している。そしてそれらの經は，餘りにもポピュラーであったために，逆に目錄類に掬い上げられることもなかったのだと想像されるのである。

1）以下，スタイン・コレクションはスタイン，S，斯，ペリオ・コレクションはペリオ，P，伯で表示した。

2）1995，宗教文化出版社。

3）1998，上海辭書出版社。

4）この解說は方廣錩が擔當した。p. 732。

5）『藝文類聚』卷三，歲時上「夏」に引く『淮南子』。

6）『李太白文集』卷一，「古風」五十九首の一。

7）1999年，上海古籍出版社。

8）伯4799は「渾磓」を「渾捶」に作る。

9）伯4799は「在日」を「再日」に作る。

10）伯4799は「拉」を「汶」に作る。

11）「有」の一字，諸本により補う。

12）「榷折」以下，末尾まで字體は別。

13）「遶」，諸本は「繞」に作る。

14）「迊」，諸本は「匝」に作る。

15）「踰」，諸本は「逾」に作る。

16）「摩」，諸本は「磨」に作る。

17）「轉」，北京藏「羽」十五はナシ。

18）「佛母經一卷」，北京藏「羽」十五は「佛母經」に作る。

19）「跋」，諸本は「拔」に作る。

20）「已」，諸本は「以」に作る。

21）「搥」，諸本は「捶」に作る。

22）「綵」，諸本は「彩」に作る。

23）Thomas Thilo; *Katalog chinesischer buddhistischer Textfragmente,* Band 2, S87，圖版76（Berlin, 1985）.

24）上記の目錄の說明では敦煌からのものとされている。

25）拙著『ドイツ將來のトルファン漢語文書』（2002年，京都大學學術出版會）p. 99-107參照。

26）Einige Drucke u. Hss. aus d. frühen Ming-Zeit, in *Oriens Extremus* 19, p. 55-64, 1972.

27）「生」は小字。脫字したのを補う。

28）『歸義軍史研究』，上海古籍出版社，1996，p. 276。

（追記）

a）上で檢討した二六種以外にさらに四つの『佛母經』斷片を確認出來たので，記しておく。

イ）　大谷文書「5064」表（「古書斷片」とされる）。大きさ11.0×7.8㎝，

（『大谷文書集成』參，2003年，法藏館。圖版42）。これは李際寧分類の［四，大般涅槃經佛爲摩耶夫人說偈品經］のＰ 4799のタイプである。移錄すれば，

吾与汝不相見也。即使優婆離往藝忉利天上，
告 吾母 知。舉身疼痛，不可思議。願母早來，礼敬
種
三寶。尒時佛母於其中夜作 六徳惡夢。一者夢見
々
五月降霜四者
須弥山崩，二者夢見四海枯 竭，三者夢見大火來
四者夢見寶幢摧折，幡花崩倒，五者夢
見大火來焼我身，六者夢見兩乳自然 流出。
尒時佛母說夢 未訖，正見優波離從空中而來。

ロ） 旅順博物館藏（大谷探検隊將來品のトルファン文書）LM20_1498_02_03

３行。大きさは13.2×5.5㎝。（旅順博物館・龍谷大學 共編『旅順博物館藏 トルファン出土漢文佛典選影』［2006，法藏館］。寫眞はp.187）。移錄すれば，

噎噎告言佛母
法身入般涅槃故使我
已嗚呼大哭舉手搥胸

完全に一致する寫本は四分類にはない。强いて求めるのであれば，［四，大般涅槃經佛爲摩耶夫人說偈品經］に近い。

ハ） 旅順博物館藏（大谷探検隊將來品のトルファン文書）LM20_1498_06_01

４行。大きさは11.2×7.0㎝。（旅順博物館・龍谷大學 共編『旅順博物館藏 トルファン出土漢文佛典選影』［2006，法藏館］。寫眞はp.187）。移錄すれば，

佛說佛母經
尒時如來欲般涅

今欲般涅槃不見
等
吾與汝不相見也

［四，大般涅槃經佛爲摩耶夫人説偈品經］の戊本（スタイン2084）に近い。

ニ） ベルリン Ch3215は玄奘『般若波羅蜜多心經』（T8. 848c1-20）に，もう一枚「佛説佛母經」の部分が付着する。「佛説佛母經/尒時如來在……尸……/日臨般涅槃倚卧雙……/……」（『漢語佛典斷片目錄』1，S. 48）。因みに『般若波羅蜜多心經』は7世紀なかごろから8世紀の寫本と推定されている。

ホ） 『甘肅藏敦煌文獻』第五巻所收　甘博096「佛母經」45×24.5㎝　27行　1行17字
首部缺，尾部全。［四，大般涅槃經佛爲摩耶夫人説偈品經］のS 5677，S 3306，S 2084，P 4654，P 4576，P 4799に近い。

b) 佛母，すなわち摩耶について，ベルナール・フランク（Bernard Frank, 1927-1996）は，邦譯『日本佛教曼荼羅』（*Amour, colère, couleur, Essais sur le bouddhisme au Japon*, 2000，コレージュ・ド・フランス日本學高等研究所：佛蘭久淳子譯，2002年，藤原書店）の中でふれている（第一部，第四章　麻耶ー佛陀の母　135-153）。彼は聖母マリアに當たるのは東アジアではハーリーティー（訶梨帝 Hāriti）という女鬼神（鬼子母神）と觀音菩薩（子安觀音，子育觀音）であると指摘する（p. 147以下）。

8

唯識關係新史料

はじめに

ベルリン・トルファン・コレクションは，20世紀初めにドイツ學術調査隊が中央アジアから將來したトルファン文書を指す。2007年に筆者は，本書にも載錄した「出口コレクションの一斷片によせて」において出口コレクションに屬するその1斷片が（窺）基『妙法蓮華經玄贊』に對する詮明の注釋書『法華經玄贊會古通今新抄』の寫本であることを明らかにした[1)]。唐の（窺）基は中國唯識學の祖であり，詮明は遼の法相唯識學僧である。從ってこの斷片は，遼（契丹）とトルファンとの佛教文化交流を物語る貴重な史料であった。特に，トルファンを中心とする10世紀以降のウイグル地域に唯識佛教學が存在したことを證據立てるものとして，重要であった。

上記小論とあい前後して，王丁「吐魯番出土的唐代唯識學文獻小考」[2)]が發表された。そこでは，同コレクションのうち既存の漢語佛典目錄に見えず同定されていなかった4斷片と，ロシア藏の1斷片の都合5斷片が，（窺）基『成唯識論述記』の連續する寫本であることが論じられた。そして，その新史料をもとに，唐代以降，8世紀後半から9世紀のトルファン地域での唯識學の擴がりが取り上げられ，中原から敦煌，そしてトルファンへというルートが想定された。

小論の最後で筆者は，「遼の佛教文化を受けたトルファンの佛教學の實態は，現在までの研究では明らかになっていない。敦煌に比べてまとまった文書や大きな寫本の期待できないトルファン研究においては，ドイツをはじめとする各國調査隊の持ち歸った斷片の緻密な調査を積み重ね，史料

の層を厚くすることが，當面至近の道であろう」と述べた。そして今回，やはりベルリン・トルファン・コレクションから，この主張を實踐すべき2群の史料を新たに見出した。

1群は首尾の缺けた刻本2斷片と寫本4斷片とであり，ともに遼の詮明の著作である。もう1群はやはり首尾の缺けた4斷片で，唐の道氤の注釋書の寫本である。これらは，10世紀末以降トルファン地域での唯識學の廣がりを一層強く認識させ，また同時に，それらのトルファンへの流入ルートを改めて考えさせる新史料である。以下にこの2群のそれぞれについて述べる。

(一)　詮明『上生經疏科文』と『彌勒上生經疏會古通今新抄』

［斷片の紹介］

a）Ch1054とCh1615は，遼の唯識僧，詮明の『上生經疏科文』の刻本の斷片であり，b）Ch/U6121，Ch/U6002，Ch/U7372，Ch/U6286は，少し斷絶はあるが一連のつながりを持つ，同じく詮明の作品，『彌勒上生經疏會古通今新抄』の寫本斷片である。まずそれぞれについて述べる。論末の寫眞①～⑫を參照されたい。

a)　Ch1054（T Ⅱ D93）圖①＋Ch1615（T Ⅲ T420）圖②『上生經疏科文』

前者は第2回ドイツ學術調査隊がトルファン盆地のダキアノスから將來したもの。大きさは19.5×30.9㎝，(1)+15+(1)行である。後者は第3回ドイツ學術調査隊がトルファン盆地のトヨクから將來したもの。大きさは9.4×12.6㎝，6行である。前者の後部に接續する。

高麗の義天『新編諸宗敎藏總錄』卷1には，（窺）基『彌勒上生經瑞應疏（彌勒上生經兜率天經贊)』に對し，詮明に「彌勒上生經科一卷　大科一卷　會古通今鈔四卷　已上　詮明述」（T55,1172a）の記述があり，この書の存在は以前から知られていた。

前世紀の末になって，應縣佛宮寺釋迦塔（「木塔」と簡稱。契丹清寧2年

［1056］建立）から幻の契丹藏の零卷とともにいくつかの契丹版が發見されると，その中に『上生經疏科文（上生經科文)』圖③ 1 卷があった。大きさは27.5×721.4㎝で14紙からなり，遼の避諱はない。卷首に「上生經疏科文一卷　燕臺憫忠寺沙門詮明改定」とあり，卷末に尾題があって，その下に「時統和八年歲次庚寅八月癸卯朔十五日戊午故記，燕京仰山寺前楊家印造。所有講讚功德，廻施法界有情」と刻まれている。この刻本には朱點が施されて讀書されたことを示し，また朱筆で寶珠がいくつか描かれている。さらに「詮明」二字の上に「明」の朱印が押されていることから，彼の私物ではなかったかとも推測されている[3)]。

さてトルファンから出土した Ch 1054+ Ch1615は，「科文」の初めの部分に屬し[4)]，應縣木塔版のものと字體はほぼ同じである。但し「對」「略」「歸」「匡」「體」の字體は異なる。また見出し語句の下の數字は應縣木塔版に比べ小さく作る。分類する際に，２つの場合は「初」と「後」，３つの場合は「初」「次」「後」，４つ以上は「初」「二」「三」「四」……と作る。應縣木塔版はそれぞれ，「初」と「二」，「初」「二」「三」で４つ以上は同じである。文字の異同は，「聊簡」を應縣木塔版では「料簡」に作る。

では，詮明が改定し，統和八年（990）に版木に刻まれた「科文」テキストとトルファン出土の刻本斷片とはどのような關係にあるのだろうか。詮明は，聖宗時代に活躍した遼佛教を代表する唯識學僧である。彼の改定したテキストであれば，以降はそれが遼での通行本となった可能性が高い。もしトルファン出土のこの刻本が遼から直接入ったものであれば，應縣木塔版と同じ版であるのが自然だが，そうではない。以下にその點を考える。

テキストはさまざまな形で通行していく。例えば，詮明の作品の中には『妙法蓮華經玄贊科文』があり，いまその寫本の一部がペリオ2159v 圖④に遺っている。文書の冒頭に「妙法蓮華經玄贊科文卷第二　燕臺憫忠寺沙門詮明　科定」と記されており，詮明が『上生經疏科文』と同じように改定したことが分かる。筆寫であるために，草書體も混じるが，字體は契丹版に類似している。契丹版で入ってきたものを敦煌で筆寫したと推測することも可能であろう。

ところで，趙城廣勝寺からの金版『上生經疏隨新抄科文』（『影印宋藏遺

珍』第6冊所收。臺灣・新文豐，1978）は，首部を闕いており撰者が分からなかったが，應縣の契丹版『上生經疏科文』と比較して，やはり詮明の『上生經疏科文』であることが判明した。ただ文句の排列の異なるところがあり，金版は契丹版そのままの覆刻ではないと考えられている[5)]。

さてトルファン文書 Ch1054＋Ch1615の『上生經疏科文』斷片に戻るが，これと應縣契丹版との關係は，金版『上生經疏隨新抄科文』と應縣契丹版との關係に類似しているように見える。つまり，字體は似ているが契丹版そのままの覆刻ではないということである。先にトルファン文書 Ch1054＋Ch1615では，２つの分類項目を立てる場合「初」と「後」，３つは「初」「次」「後」，４つ以上は「初」「二」「三」「四」……と作ると述べたが，金版『上生經疏隨新抄科文』はこの形式をとっている。北宋末の唯識僧守千（1064–1127）の作品である『上生經瑞應科文』（『卍續藏經』第35册）でも，このような形式を用いている。このことから筆者は目下のところ，詮明の科文が北宋に入り，それが北宋の版式[6)]に整えられ，あるいは金版にも受け繼がれ，やがてトルファンにもたらされたのが Ch1054＋Ch1615ではないかと考えている。ただ，そのように言い切るには，その版式が時代（王朝）によるものか，あるいは出版地によるものかを検討すべく，今後，我々の手元に殘された科文に廣く當たる必要がある。

北宋と遼との緊張關係が續く中，兩國は書籍の移動を嚴しく禁じる時期もあった。しかし，例えば詮明の『法華經玄贊會古通今新抄』は遼から北宋に入っていた[7)]。それと同じように，この詮明の『上生經疏科文』も北宋にもたらされ，新たに北宋版が刻まれたものと思われる。ただトルファン文書 Ch1054が北宋版なのか，金版であるのか明らかにしがたいので，いつの時代にトルファンに入ったかは決定できない。

この詮明の『上生經疏科文（上生經科文)』の１斷片がトルファンから發見されたことは，10世紀末から11世紀以降も，トルファンの地で唯識學が存在したことの證左の１つとなるのは確かである。

b)　Ch/U6121＋Ch/U6002，Ch/U7372，Ch/U6286『彌勒上生經疏會古通今新抄』

接續すると考えられる最初の2片はそれぞれ上部と下部にあたり，中間部分が破棄され，次のものは下部が破壊され，最後のものは上部が破棄されている。天高・地高はともに3.3㎝。1行22字前後である。「疏」の前は1字空格。

ⅰ）Ch/U6121（TⅢM174）圖⑤は(1)+11+(1)行。11.6×18.8㎝。
　　Ch/U6002（TⅢM174.100）圖⑥は11行。12.9×18.6㎝。

ⅱ）Ch/U7372（o.F.）圖⑦は(1)+12+(1)行。19.9×26.6㎝。

ⅲ）Ch/U6286（TⅡT1153）圖⑧は8行。10.8×12.0㎝。

詮明のこの佛書は完本としては殘っておらず，『大正藏』にも，あるいは『金版大藏經』を底本とした『中華大藏經』（山西省趙城縣廣勝寺本とチベット大寶集寺本を底本にし，缺けたところを高麗再雕本で補う）にも收められていない。ただその一部は金版廣勝寺本の中に發見されており，いま『影印宋藏遺珍』に收められている。

金版廣勝寺本の中には完本でないテキストを含め，（窺）基を初めとする唐から宋への唯識法相學僧の多くの著作が收められているが，詮明の著作としては，

　上生經疏會古通今新抄　卷二，卷四
　上生經疏隨新抄科文一卷

の2部があるだけである。

まぼろしの金版大藏經が一藏に近い形で存在していると世間に公表されたのは，1933年のことであった。早くも1935年に北京でその金版を實見した塚本善隆氏は，翌年に論考を發表し，「遼の唯識學者詮明の『瑞應疏』註釋」の一節を設けて詳しい論を展開した[8)]。『瑞應疏』は（窺）基『觀彌勒上生兜率天經贊（疏）』を指す。山西省應縣佛宮寺木塔の零本契丹藏もまだ出現していなかった時代であったが，そこでは詮明を遼の聖宗・興宗時代に活躍した唯識の代表的學者[9)]であるとして，唐僧とした『影印宋藏遺珍』編者の說を正している。

塚本氏の論考を參照しながら，今回見つかったベルリン・トルファン・コレクション『彌勒上生經疏會古通今新抄』斷片の考察上必要なことを述べておこう。

發見された金版は巻子本で上下界線があり，1紙24行，1行20字である。他の廣勝寺本金版と異なり，この詮明の作品には千字文帙號は刻されず，扉繪も異なっている。ベルリン・トルファン・コレクションの3斷片は金版の現存する巻2，巻4と重なる部分がない。從ってそれがどこの部分であるかは，（窺）基『觀彌勒上生兜率天經贊（疏）』（以下，『瑞應疏』と略稱）[10]の文章との對應から推測する以外に道はない。

『瑞應疏』は上下2巻で，以下に示す移錄と注記から明らかなように，詮明の注は下巻に屬し，その半ばより後ろにあたろう。いま金版『彌勒上生經疏會古通今新抄』巻4の末尾は，下巻の初めの部分の注釋で終わっている。そこで『彌勒上生經疏會古通今新抄』は『瑞應疏』上下巻をそれぞれ3巻に分けたと考えれば，全6巻の中の第5巻目に斷片の部分が收まっていたと思われる[11]。

ただ『彌勒上生經疏會古通今新抄』は6巻本以外に4巻本もあったようである。高麗の義天『新編諸宗教藏總錄』では「會古通今鈔四巻」と著錄されているからである。また詮明と比較的近い時代の遼の非濁（1063年遷化）『三寶感通要略錄』でも「著上生經抄四巻，以明幽玄」[12]と見える。もし4巻本であったとすれば斷片の部分は第4巻の最初にあたろう。

［斷片の移錄と注記］

行頭數字は整理のためにつけた。

圍み文字，句讀點は筆者が補ったもの。

「？」は解讀できない文字である。

i）Ch/U6121（T Ⅲ M174）圖⑤＋Ch/U6002（T Ⅲ M174.100）圖⑥

1　？？？？？

2　成二千一百。已起有二千一百。未起有二千一百。足滿

3　四千二百。約多瞋，多貪，多癡，著我，思覺，此之五人一一有

4　四千二百。合成二萬一千。　　　　　人一多貪。二多嗔。

5　三多癡。四　　　　　　　　　　　勢力皆齊名爲等

6　分。以此四人。多　　　　　　　　一千遂成八万四千根

7　病。 疏始從　　　　　　　　　　釋迦爲護明菩薩時
8　從兜率天下降　　　　　　　　　朗曜照百俱胝四大洲
9　等。故言光曜如　　　　　　　　跋提河餘如上說
10　疏破六隨眠超六塵故者。　　　　一貪二嗔三癡四慢五疑
11　六惡見五見皆此所　　　　　　　依大乘義隨逐
12　有情眠伏藏識。卽　　　　　　　隨逐有情增昏滯
13　？？？？　　　　　　　　　　　薩婆多宗無種

1行目から6行目は，「疏」の字は見えないが，經文「彌勒眉間有白毫相，光流出衆光作百寶色，三十二相一一相中五百億寶色。一一好中亦有五百億寶色。一一相好豔出八萬四千光明雲」に對する『瑞應疏』卷下「三百五十法皆行六度，合二千一百。除貪嗔癡及等分。行由此復成八千四百。又各能除四大六塵所生過失，故總合成八萬四千」(T38，294b29-c3) あたりの注に，詮明のさらなる注を加えたものである。ここでの詮明の注[13]は，圓暉『俱舍論頌疏論本』卷1から引用しているようである。すなわち

釋曰，初兩句頌，約文定量。第三句，約義定量。第四句，約行定量。論云，有諸師言，八萬法蘊一一量等法蘊足論。謂彼一一有六千頌。如對法中法蘊足論說。或隨蘊等言者，是第二師。約所詮義，以爲其量，或者顯第二解也。隨蘊等者，蘊者謂五蘊，等等取十二處。十八界。十二因緣。四諦。四食。四靜慮。四無量。四無色。八解脫。八勝處。十遍處。三十七覺品。六神通。一無諍定。一願智。四無礙解等。一一教門，名一法蘊。如實行對治者，是第三解。就行定量，是婆沙中，正義家釋，故云如實行。謂貪瞋癡等，八萬行別。對治者，是不淨觀等。能對治門，所對治貪等。有八萬故，能對治教，亦有八萬。言八萬者，謂貪瞋等，十種隨眠。此十隨眠，一一皆以九隨眠。爲方便，足成一百。此有前分一百，後分一百，合成三百。置本一百，就前分一百，一一皆以九隨眠。爲方便，成一千。後分一百，亦以九隨眠。爲方便，復成一千。兼本一百，成二千一百。已起有二千一百，未起有二千一百，足滿四千二百。約多貪，多瞋，多癡，著我，思覺，此之五人，一一有四千二百，合成二萬一千。更就三毒等分四人，以配一一，有二萬一千，遂成八萬四千。如彼所說，八萬法蘊，皆此五中，二蘊所攝。若聲爲體，

是色蘊所攝。若名爲體，是行蘊攝。　(T41，825b23-c20)

を節略して作ったものと思われる。圍み文字は筆者がそれによって補ったもので，ここから1行22字前後と推測できる。從って中間の破損は各8，9字前後である。

圓暉は『宋高僧傳』卷5に立傳されており，唐の中大雲寺の僧で

釋圓暉。未詳何許人也。關輔之閒，聲名籍甚。精硏性相，善達諸宗。劬於俱舍一門，最爲銳意。時禮部侍郎賈曾歸心釋氏，好樂斯文，多命暉談此宗相。然其難者則非想見，惑繁者則得非得章。爰請暉師，略伸梗概，究其光師疏義繁極難尋。又聖善寺懷遠律師，願心相合，因節略古疏，頌則再牒，而釋論乃有引而具注。甚爲徑捷，學者易知。後有崇廙，著金華鈔十卷以解焉。光寶二師之後，暉公間出，兩河閒二京道江表燕齊楚蜀盛行暉疏焉。　(T50，734a12-22)

と，唯識の僧であったことが見える。

上引文中に見える光は普光で玄奘の弟子である。彼については，

初奘嫌古翻俱舍義多缺，然躬得梵本再譯眞文，乃密授光。多是記憶西印薩婆多師口義，光因著疏解判。一云。其疏至圓暉，略之爲十卷。如漢之有䆉歟。　(『宋高僧傳』卷4，T50，727a9-12)

と見える。また寶は法寶で，玄奘の高弟であり，さらに義淨の譯經事業にも參與した僧侶である（『宋高僧傳』卷4，T50，727a19-b3）。

圓暉の生沒は明らかでないが，唐の初期に活躍した普光と法寶とは「間出」というから，少なくとも數十年は後の僧であろう。また，彼の檀那であった禮部侍郎賈曾は開元15（727）年に亡くなっており，彼の著作は最澄の將來目錄（『傳教大師將來越州錄』）に見えていることから8世紀中頃に活躍した僧と考えられる。「兩河閒二京道江表燕齊楚蜀盛行暉疏焉」とも言われ，その注釋は中國全土で廣く讀まれた。宋の開寶年間（968-976）に74歲で遷化した義楚の傳には「俱舍一宗，造微臻極。遂傳講圓暉疏十許遍」（T50，751b29-c1）とあり，10世紀後半になっても依然としてその作品の生命は失われていないことを傳えている。從って遼の詮明が圓暉の作品を引用するのは自然なことであった。

7行目の疏は，經文「彌勒眉間有白毫相，光流出衆光作百寶色，三十二

相一一相中五百億寶色。一一好中亦有五百億寶色。一一相好豔出八萬四千光明雲」に對する『瑞應疏』卷下（T38, 292c20以下）の注で，それ以下は詮明のさらなる注である。ただ「疏」以下は『瑞應疏』のどこに對する注であるかが分からない。詮明は『瑞應經』・『瑞應疏』に注をつける時には，それを明記して，「……者」とするか，長い場合は「……至…者」との形式をとるのであるが，ここはそれとは異なるようである。なぜならこのあたりの『瑞應疏』には「始從」で始まる文章が見出せないからである。ただ『大正藏』に入っている現行本の『瑞應疏』が唯一のテキストでないことも考慮する必要があろう。上でもふれた北宋末の眞定府龍興寺の守千には『上生經瑞應鈔』（『卍續藏經』第35册所收）の作品があるが，やはり『瑞應疏』の注釋であり，そこでは「疏。光曜者。初下兜率。光照百億四大洲等」（『卍續藏經』第35册，937頁上段）と9行目の「光曜」の語句が見えるが，この語句は現行本では確認できないからである。

10行目の疏は，經文「與諸天子各坐華座，晝夜六時，常說不退轉地法輪之行」に對する『瑞應疏』卷下（T38, 294c9）の注で，それ以下は詮明の加えた注である。

ii）Ch/U7372（o.F.）圖⑦

1　？？？四洲所由如餘處辨。
2　一南贍部洲。南邊有贍部林。今此洲名。從林立名。或從果爲
3　名。名贍部洲。二東勝身洲。身體勝故。或身勝贍部。名東勝
4　身洲。三西牛貨洲。以牛爲貨易。故名牛貨洲。四北俱盧洲。
5　此云勝處。或云勝生。於四洲中。處最勝故。名爲勝處。生最
6　勝故。名爲勝生。此之四洲。對妙高山之四面外。海
7　置也。廣如彼處。　疏此閒四百歲當彼天中一日一夜者。俱
8　舍頌云。人閒五十年。下天一晝夜。乘斯壽五百。上五倍倍
9　增。謂以人閒五十年。當四大王天一晝夜。三十日爲一日。十
10　二月爲一年。彼壽五百歲。人閒一百年。當忉利天一晝夜。
11　彼壽一千歲。人閒二百年。當夜摩天一晝夜。彼壽二千
12　歲。人閒四百年。當兜率天一晝夜。

13　兜？？西天有四億數？

14　　　　　一億

『瑞應疏』卷下（T38，294c17-）は經「閻浮提歲數五十六億萬歲爾乃下生於閻浮提如彌勒下生經說」の注釋で，「贊曰。第三明下生時節。卽住彼天之壽量也。梵云瞻部。此樹名也。言閻浮提訛耳。此洲從樹爲名。四洲所由如餘處辨」と解釋する。１行目の後半から７行目の「廣如彼處」までは，その中の「梵云瞻部。此樹名也。言閻浮提訛耳。此洲從樹爲名。四洲所由如餘處辨」に詮明のさらに注釋した部分である。

詮明は，『瑞應疏』成立以來同時代までの各種の注釋を取捨選擇して『彌勒上生經疏會古通今新抄』を著わしたが，それは彼の注釋の基本姿勢であった[14)]。ｉ）Ch/U6121斷片も，唐の圓暉『倶舍論頌疏論本』の注釋によっていたが，この斷片ではその傾向が一層強く，失われている斷片下部の字句も多く補える。

すなわち，22字前後である１行の字數から見て，あるいは文意から見て，圓暉『倶舍論頌疏論本』卷８の

言洲異者，有四大洲。一南贍部洲。此洲南邊，有贍部樹。今此洲名，或從林立名，或從菓爲名，名贍部洲。二東勝身洲。身形勝故，或身勝贍部，名東勝身洲。三西牛貨洲。以牛爲貨易，故名牛貨洲。四北倶盧洲。此云勝處，或云勝生。於四洲中，處最勝故，名爲勝處。生最勝故。名爲勝生。（T41，863b27-c3）

をほとんどそのままの形で引用していると斷言できるのである。

７行目の「疏」は，そこに見えるように『瑞應疏』の「此閒四百歲當彼天中一日一夜」に對する詮明の解釋である。ここではまず『倶舍頌』，つまり玄奘譯『阿毘達磨倶舍論本頌』から，「人閒五十年。下天一晝夜。乘斯壽五百。上五倍倍增」の四句を引く。それ以下の大筋は，『卍續藏經』（第91册）に收める『佛說觀彌勒菩薩上生兜率天經述贊』（『彌勒上生經述贊』）の解釋とよく似ている。それを示せば以下のようになる。

彌勒下生成佛利益，如下生經。天利旣畢，人機後熟，故乃下生。基作此解，雖有此解，與經論違。大小敎云，人閒五十歲，四天王天爲一日夜。彼天壽量，爲五百年。忉利天爲一日夜，彼天壽量，爲一千歲。人

閒二百年，炎摩天爲一日夜，壽二千歲。人閒四百年，兜率天爲一日夜，壽四千歲。上壽例此可知。其量旣下上天壽，以人壽量，作一日夜。豈兜率天，初以人閒四百三十年，爲一日夜，後以百爲一。數不可定，餘亦可然故。若爾，如何立世經云，人閒五十歲，是四天王天一日一夜。由此日夜三十日爲一日，十二月爲年，由此年數，五百天壽，是其壽命，當人中歲數九百萬歲。人中一百年，是忉利天一日一夜云云。壽數千年，當人中三千六百萬歲。人中二百年，是夜摩天一日一夜云云。壽命二千歲，當人中十四千萬。人中四百年，是減方一小劫故。

(311d–312a)

『彌勒上生經述贊』はいかなる人物の，いつの時代のものか分からないが，『瑞應疏』の注釋の1つである。唐代以降の唯識僧の解釋と詮明の解釋が共通基盤を持っていることを示そう。

iii）Ch/U6286（T II T1153）圖⑧

1　　十八界以此五種
2　　彼慈尊及餘天
3　　云行衆三昧衆者
4　　聖人十地菩薩
5　　即是四禪及四
6　　滿以此功徳廻
7　　（生）兜率。若聲聞
8　　作何觀行以

發見された金版あるいは上記の2斷片では寫本文字の大きさは一樣であった。この斷片1行目の文字だけは小さい。これが注（疏）の本文であるのか，標題のようなものかを斷定することは殘された文字からは難しい。

上の3つと異なり，この斷片には「疏」の文字もなく，また唯識書物の引用もないようで決定的なことは言えない。ただ字句から，詮明の注釋であることには違いがない。それは3行目の語句から言える。つまり，「佛滅度後，我諸弟子，若有精勤，修諸功德，威儀不缺，掃塔塗地，以衆名香妙花供養，行衆三昧，深入正受，讀誦經典」の本經に對する『瑞應疏』卷

下（T38，295b10-c3）につけた詮明の解釋と考えられる。3行目の「云行衆三昧衆者」は「(故に）行衆三昧と云う。衆者とは……」のような一文であり，詮明の解釋である。また4－5行目に見える語句が，金版「上生經疏會古通今新抄」巻第二の「十地菩薩作四禪王」（11葉表）と重なる點も詮明の解釋であることを示そう。もちろんこの寫本の字體が上の3斷片と同一であることからも言えることである。

（二） 道氤『御注金剛般若經疏宣演』

［斷片の紹介］

『御注金剛般若經疏宣演』（以下『宣演』と略稱する）は，唐の玄宗の『御注金剛般若經』に佛教學（唯識學）の立場から道氤が作った注釋書である。道氤は唐の長安青龍寺の僧である。この注釋書は中原のみならず敦煌にも傳わり，その地の佛教學に大きな影響を與えたと言われている。ベルリン・トルファン・コレクションにも，既刊目録に以下の2つの斷片が同定されている。

（1）Ch/U6244（o.F.）圖⑨　12.5×15.9cm
（2）Ch/U6597（o.F.）圖⑩　16.0×13.1cm

この2斷片は（2）＋（1）のように接續し，合わせて19行となる。1行の字數は23から25字である。『宣演』については敦煌から20前後の寫本斷片が發見されており，いくつかは『大正藏』第85巻に入っている。『大正藏』No.2733はペリオ2173で『宣演』上巻であるが，上の2斷片はそのT85，10b26-c22に當たる。文字は楷書と行書の混合で端正に書かれている。これに近い筆跡および形式であり同定されていないもう1斷片がある。2斷片の前に位置し，T85，9a11-17である。

（3）Ch2483（TⅢM173.183）圖⑪　10.5×7.9cm　5行

以下に紹介する（4）の4斷片は上の3斷片とは文字の形が全く異なる。

i）Ch/U6095（T Ⅱ S）圖⑫　8.5×5.5cm　T85，147c12-15（もしくはT85，20b3-5）
ii）Ch/U8071（T Ⅱ 1939，MIK031743）圖⑬　9.1×12.6cm　T85，154a11-21
iii）Ch/U8105（T Ⅱ S1003b，MIK028454）圖⑭　15.7×28.2cm　T85，154a22-b8以下
iv）Ch/U6200（T Ⅱ2097）圖⑮　8.4×11.9cm　T85，154a28-b6

ii），iii）はライプチッヒからの返還文書（Ⅲ-1返還文書研究Ⅰ所收の「返還文書一覽表」參照）を整理していて見つけ出したものである。文字は特徵ある草書體で書かれており，それを手がかりに從來ベルリンのコレクションにありながら同定されていなかった一群から，さらにi），iv）の2斷片を得ることができた。

いずれも調査時期と將來場所を示す舊記號が記錄されており，しかもそれらが一致して，第2回學術調査隊がセンギムから將來したものであると分かる。i）とii）の間は離れているが，ii）の後にiii），さらにその後にiv）がピタリと接續する。1行の字數は22から23字である。同じ場所から發見され，同じ筆跡であり，ところどころに學習に用いた朱墨が見えることから，この4斷片は同一寫本の一部と考えてよいであろう。これらの斷片は『大正藏』No.2737（ペリオ2330を底本とする）と重なり，そこでは『金剛般若經疏』と假タイトルがつけられているが，先のNo.2733（ペリオ2173）と同じように，正確には『宣演』上卷のテキストである[15)]。唯識テキストがトルファンの佛教學で擴がりを持っていたことを示す新史料と言える。

應縣から發見された詮明の『法華經玄贊會古通今新抄』卷6-32には，『瑞應疏』の「諸部宜見」に對し「此の宜字は應に元是れ草書の聞字なるべし。應に多本を勘すべし」の記事がある。竺沙雅章氏はこれに注目し，『瑞應疏』のオリジナルテキストは草書體であり，詮明自身，草書體のテ

キストを用いていたことを指摘しておられる[16)]。いま，ペリオ2173の『宣演』寫本も草書體で書かれており，敦煌やトルファンから發見された多くの『瑞應疏』テキストにも草書體が壓倒的に多い。從って唐代の唯識テキストの多くは草書體で書かれていたと考えても大過なかろう。

詮明の言を待つまでもなく，近現代人には草書體の文字を正しく讀むことは難しい。この『宣演』上卷寫本の４斷片も，勘すべき多本の一つとして，『大正藏』No. 2733（ペリオ2173）の校勘に使えよう。例えば『大正藏』は20行目を「佛種分斷」と作るが，iv）Ch/U6200によって「佛種不斷」と作るべきであることが分かる。さらにiii）Ch/U8105はペリオ2173テキストの缺の部分をわずかではあるが補い，空格の文字を補完してくれる。

最後に４斷片の移錄を以下に掲げる。
移錄にあたっては，大藏經本文（ペリオ2330）をもとにその１行文字數を變更し，斷片の文字配列に近くなるようにした。Ch/U6095はわずか３行で，しかも判讀が難しいため，その配慮はない。

［移錄］

□は大藏經における缺字を補完したもの。
20行目［於世］は引用原典による補完。他は各斷片による。
イタリックは大藏經にない部分。
字體は斷片中の字形に近いものを選んだ。（佛，爲，无など）
24行目「不」は大藏經では「分」。

一如是二時三處此三屬法人有師資資　　Ch/U6095 圖⑫
中傳證法有假實假中時處故總爲二或合
爲一卽證信通序
經如是　演日自古多釋今敘三門一別

具敘餘本是有爾時諸比丘至退座一面　　Ch/U8071 圖⑬
今略無此釋序分說　　　經時長老須菩提至而白佛

7　言演日自下第二聖教所說分是爲宗無著菩薩以七
8　義句科釋經旨一種姓不斷二發起行相三行所住處四對
9　治五不失六地七立名前六義句顯示菩薩所作究竟第七
10　義句顯示成立此法門故演日前六正所明宗後一釋經名
11　字就前六中初三別配經文後住處通義義爲所詮句爲
12　能詮合名義句何故不言字名而言句者字非能詮名局
13　自性今以句寬顯義周圓能詮差別故
14　但言句若爾何故不言七句義答若言當義恐句有七　Ch/U8105 圖⑭
15　今顯義七句乃无量義之句故依言釋也而兩論初頌皆
16　言句義者以教詮義總相而淡非顯七義故無有失有云
17　七句義者謬也就後三中對治是所斷邊報不失是所
18　修中道地是此二法之別位總名爲住處是發大乘者
19　所依處故別名爲地彼位有漏无漏法法順生勝法能　Ch/U6200 圖⑮
20　持能長故名爲地總法所依名爲住處是二差別經文
21　有三一此文以去種姓不斷二世尊善男子下發起行相
22　三佛告下行所住處初明讚佛爲請說之而次問修行爲
23　趣大之本後佛廣說辨修伏之宗然種姓不斷自是一部
24　宗竟故論云此般若波羅密爲佛種不斷故流行於世下六
25　因中亦有此言今以經初讚念聖文歌明□□
26　　　理實通也由此善現偏歎此德以生向
27　　　*歎餘一切德論主亦云*
28　　*上座須菩提最初說言*
29　*付囑次世尊善男子下於*
30　*見如來不下明於教理*
31　*連二論不可依授*
32　*初科佛種不斷*　科の右上に顛倒符號
33　　*云*

むすび

以上，まず（一）で，詮明のものである契丹版の２斷片と寫本４斷片を紹介し，内容についていくつかの注記を施した。上述の出口コレクション『法華玄贊疏』詮明注の斷片と同樣，これらの斷片も，トルファンの地に入った遼の佛典として，また敦煌では見つかっていない詮明作品として重要な史料である。これがどのようなルートでトルファンに入ったかはまだ推測の域を出ないが，筆者は遼から宋（あるいは金）そしてトルファンのルートを考えている。佛典がトルファンに入るには複數のルートがあったものと考えられるからである。

ここで扱った唯識の佛教學が，唐以降，中原から敦煌を經てトルファンに入ったことは，いくつかの史料によって證明されている。しかしそれが唯一のルートではないであろう。遼からトルファンに直接もたらされたか，あるいは敦煌を經ない別ルートもあったと考えられる。その理由の一つは，詮明のものをはじめ，敦煌からは發見されない遼の作品がトルファン・コレクションからいくつも見つかっていることである。今回詮明作と判明した斷片群もその一つに加えられる。

またこの詮明の作品は（窺）基の作品の大部な注釋であり，それら原著とその注は必ず左右に竝べて讀む，つまり一組のテキストが用意されてこそ讀書の意味をなすものだった。從って，詮明の注釋が敦煌を經ない別ルートからもたらされたとしたら，同時に（窺）基のテキストもそのルートで入った可能性が高い。（窺）基の作品そのものは，敦煌ルートで早くに入っていたかも知れないが，詮明注の成立以降，共に別ルートで入った作品がないかどうか，これも確かめる必要がある。

トルファンからは刻本『契丹藏』とされる佛典斷片が多數出土しており，筆者はそれらの多くは直接に契丹から入ったものであろうと考えている。しかし一口に『契丹藏』と言っても，トルファンにもたらされたことを論じるなら，單に遼時代のみならず，その後の金や西夏あるいは元の時代も

考える必要がある。さらに一層の資料の積み重ね，例えば，トルファンで發見された刻本『契丹藏』斷片の紙質の分類などが必要であろう。

また，(二) で取り上げた唐の道氤『御注金剛般若經疏宣演』斷片について言えば，これにはトルファンから出土した別種のものがある。最近，大谷文書に見える『御注金剛般若經疏宣演』18斷片の整理をされた小田義久氏の論考[17]によれば，すべて1行の字數が28から30字の寫本であるという。敦煌から出て『大藏經』の底本となっているペリオ2133をはじめ，敦煌出土のそれはやはり28から30字といわれている。ところが，ベルリンのそれは（1），（2），（3）が22から25字，（4）以下が22から23字で，テキストの系統が異なるようである。このことも中原―敦煌―トルファンのルートを唯一とすることに疑義を懷く理由である。ただここで扱った4斷片が果たして唐のものかあるいは遼のものかは明らかでないので，その點を考える必要があろう。

1）「出口コレクションの一斷片によせて」(『立命館文學』598號［2007年2月］p. 254-261。本書Ⅲ-4に再錄)。
2）『敦煌寫本研究年報』創刊號 p. 145-163（2007)。
3） 以上，應縣木塔發見の契丹藏をはじめとする文物については，『應縣木塔遼代祕藏』(文物出版社出版，1991）參照。
4） 注記3）に引く『應縣木塔遼代祕藏』p. 282下段に相當。
5） 竺沙雅章『宋元佛教文化史研究』p. 5-6（汲古書院，2000)。
6） 北宋の科文の版式を考える材料として靜嘉堂文庫所藏の『開寶藏』覆刻の『華嚴經疏科』が參考となろう。
7） 劉晟撰「妙法蓮華經玄贊會古通今新抄序」(Ⅲ-4附錄參照）に「宋本無序，遼本有之。寫而彫出，以補其闕」と見え，宋版と契丹版の兩方が流布していたことが分かる。
8）「佛教史料としての金刻大藏經」(『東方學報』第六册所收，京都，1936)。また1935年に塚本氏と共に新發見の趙城廣勝寺本の金版を北京でみた橫超慧日氏は，塚本氏よりはやくここで扱った（窺）基・詮明の作品を一部の寫眞をつけて紹介された。「新出金版藏經を見て」(『東方學報　東京』第5册續篇 p. 283-307＋圖版1－4，1935年7月）參照。

9）その後，新しい史料の出現によって，詮明は，聖宗（982–1031）期に活躍したことが明らかになっている。Ⅲ-4注4）參照。

10）最近，詮明の校定した上下二卷の上卷に當たる契丹版が發見された。1紙30行。1行20字。天地界線あり。Ⅲ-4注10）參照。

11）1980年10月から1981年7月にかけてベゼクリク千佛洞前の積土と洞窟が整備・補修されたが，それによって出土した佛典の圖錄が最近になって出版された（『吐魯番柏孜克里克石窟出土漢文佛教典籍』上下篇，文物出版社，2007）。千枚餘の文書に關しては，すでに『文物』1985-8に，後には少し改めて柳洪亮『新出吐魯番文書及其研究』新疆人民出版社，1997，p. 206–231。「柏孜克里克千佛洞遺址」に再錄）。その中の未同定1片（81TB10：07a）の寫本は窺基『瑞應疏』下卷の初めに當たる部分の注釋で，詮明『彌勒上生經疏會古通今新抄』卷4に收まる部分である。この斷片は以下で紹介するベルリンの2斷片と寫經の形式・字形等すべてにわたりよく似ている。また裏がウイグル文書である點も同じであり，あるいは兩者は同一寫本かも知れない。と言うのは，ベルリン斷片の1枚の舊番號はＴⅢ M174で，第三回學術調査隊がMurtuq（ムルトク，木頭溝）で出土したことを示す。ベゼクリクはムルトクの近くで，そこから出土した文書はベルリン・トルファン・コレクションでは，Bäzäklik ではなく Murtuq としている（Lore Sander: *Paläographisches zu den Sanskrithandschriften der Berliner Turfansammlung* [Wiesbaden: Steiner, 1968] S. 20）からである。

參考のために下に移寫するが，金版『上生經疏會古通今新抄』卷4（『影印宋藏遺珍』第6册，p. 4196下段18葉裏7行から p. 4197上段19葉表10行目に當たる）と文字の異同はない。斷片の大きさは28.3×20.4㎝，13行。1行23字前後（參考上掲書，圖：p. 419。解說 p. 524）。

［疏。似天帝］

之喜園者。起世經云，其天宮城内雕飾受欲歡樂，不可具］說。
［善見大城北］門之外，經十二由旬，有大園林。名曰歡喜。周迴
［一千由旬。此中］有池，亦名曰歡喜。方百由旬，深亦如是。天水
盈滿，四寶爲塼，壘其底岸。花果鳥林，種種翔鳴。綺飾莊
［嚴，不］可述盡。又云，何因緣故彼天有園，名爲歡喜。三十三天
［王入］其中已，坐於歡喜，善歡喜二石之上，心受歡喜。復受極
［樂，是］故諸天共稱彼園，以爲歡喜。然今疏云，不說自然之報，
［唯陳］他造之果者更問。 經。爲供養一生補處菩薩故者。
［言］一生者，前佛成權實。疏說若在人中即四生。名一生，一大

[生故。] 若說天中唯有半生，名一生并中有合有二生，即除住
[天身也。補處] 者。處爲闕佛之處，即閻浮提。釋迦滅後，名闕
[佛處。補者，補助。] 補助闕佛之處，即補填之義。此先闕佛，今
[補令不闕故。即彌勒菩薩當來一生者，身有] 能補助之用，名
[之爲補。是處之補，名爲補處。一生即補處，名一生補處。]

([ ] は補った文字。句讀點は筆者。) 圖⑯

12)　遼の非濁集『三寶感應要略錄』卷下の記事に詮明の逸話を載せる。小論の內容と直接關係はないが，記しておく。「第十四釋詮明法師發願造慈氏菩薩三寸檀像感應新錄」に，「釋詮明法師，發願造三寸刻檀慈氏菩薩像，祈誓生兜率天。著上生經抄四卷，以明幽玄。夢其像漸長大，金色光明赫灼，對明微咲，明白像言，我等願求生兜率天，將得生不。像言，我既得釋迦文大師要勢付屬，不念尙不捨之，況有念願，作是言已，還復本像，明祕不語他人，沒後見遺書中，知其感應。臨終之時，傍人夢見百千靑衣人來迎，明指天而去矣」(T51，851a16-23)。

13)　詮明は，この書と同じ形，性格でタイトルに「會古通今新抄」をもった，(窺)基『法華玄贊疏』に對する注釋書『法華經玄贊會古通今新抄』を著わしたが，近年その書の一部と序文が韓國の名刹の一つである松廣寺から發見された。その序文には「坐如來座，應時應機，知衆生根，難解難入。是以探賾索隱，芟繁摭華。理有懵於眞乘者，師則以新立之意爲宗，諸佛言教，必求誠諦。義有關於俗典者，師則以舊牽之事爲證，外道經助揚其教。應現其身，則孰能照力士珠，指貧女藏，續終古之絶紐，爲將來之準繩，與於此哉（佛陀が座った如來の椅子に座り，時機に應じ衆生の機根を見抜いて教化することはむつかしい。そこで隱された深意を探り出し，繁茂した枝葉の教えを切り取って果實を取り出したものである。眞實の教えに暗い點がある場合には，大師は新しい解釋を打ち立ててそれを要とし，佛たちの述べた言葉は，必ず誠の眞諦を探求した。解釋で外典に關わるもののある場合には，大師は舊いものを典據として引いて證據とし，佛典以外の書物によって佛教の教えを稱揚する助けとした。この世に生まれ出て，いったい誰が，力士の額の金剛珠を照らし，貧女の寶藏を指して，それぞれ佛性をもっていることを示し，切れ絶えた昔の紐をつなぎ，將來の指針を作って，このような注釋を作ることをしようか)」(劉晟撰「妙法蓮華經玄贊會古通今新抄序」) と詮明の注釋の立場を述べて稱讚している。

14)　詮明の注釋の大きな特徴の1つは，13)で「義有關於俗典者，師則以舊牽之事爲證，外道經助揚其教」) と云われるように外典の引用であった。その點は，トルファン斷片からは窺えないが，金版趙城廣勝寺本にはいくつか見える。例えば，(窺)基の『贊（疏)』の「一生補處，受記非輕。示相勸生，嚴因寔重。若不因請而說，

處之相未尊。若無請而自談，欣當生心不重」（T38，286b12–14）に對して，「論語亦云，不憤不啓，不悱不發。鄭曰，孔子與人言，必待其人心憤憤，口悱悱，乃後啓發也」（『影印宋藏遺珍』第 6 册，p. 4192下段10葉裏11行から p. 4193上段，11葉表 2 行目）と『論語』述而篇の語句とその鄭玄の注を引用している。また，『贊（疏）』の「田蚊」（T38，285a26）に對しては，『切韻』「張衡賦」（注記「靈憲」）『抱朴子』『玄中記』（『影印宋藏遺珍』第 6 册，p. 4190上段，5 葉表 7 行から 5 葉裏 2 行13行目）を引用して解釋している。

15) ペリオ2173（No. 2733）とペリオ2330（No. 2741）はともに『宣演』上卷であるが，前者の首部は完全に殘り，尾部が闕けている。後者は首尾とも闕けている。後者は前者の最初から五分の二ほどはないが，前者の最後からさらに續く。從って，前者と後者は重なる部分がある。

16) 注 5) 引く『宋元佛教文化史研究』p. 105。

17) 小田義久「大谷文書中にみえる書寫佛典斷片の一考察―特に『御注金剛般若經疏宣演』斷片を中心に―」（『東洋史苑』67號 p. 1–26，2006）。この他に大谷探檢隊將來品に『御注金剛般若經疏宣演』巻下（T85，35b9–15）の 1 斷片「LM20_1451_28_01」（10. 0×8. 2㎝）が發見されている。旅順博物館・龍谷大學共編『旅順博物館藏　トルファン出土漢文佛典選影』（2006，法藏館，p. 181）參照。

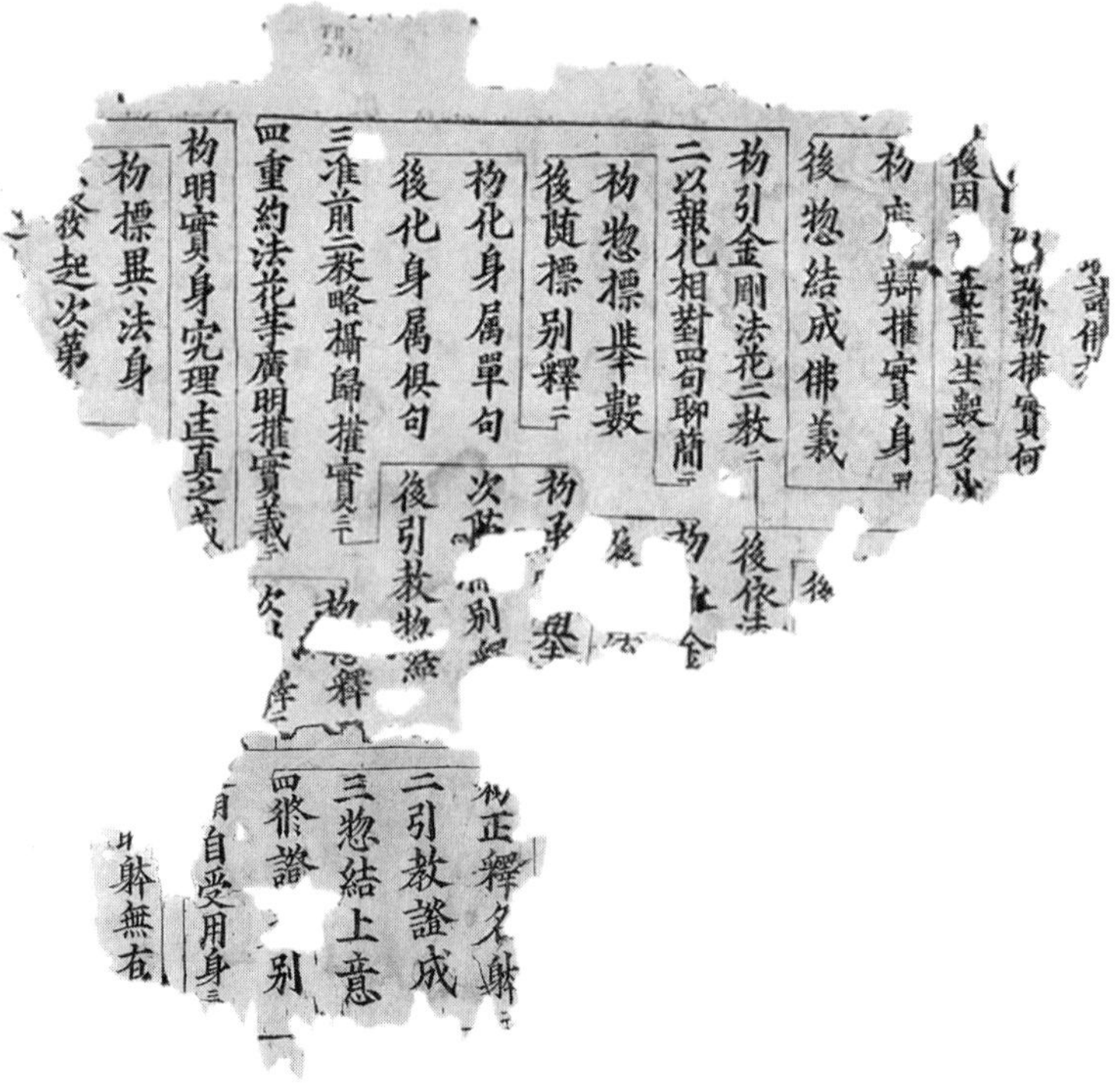

圖①　Ch1054(上)＋圖② Ch1615(下)『上生經科文』

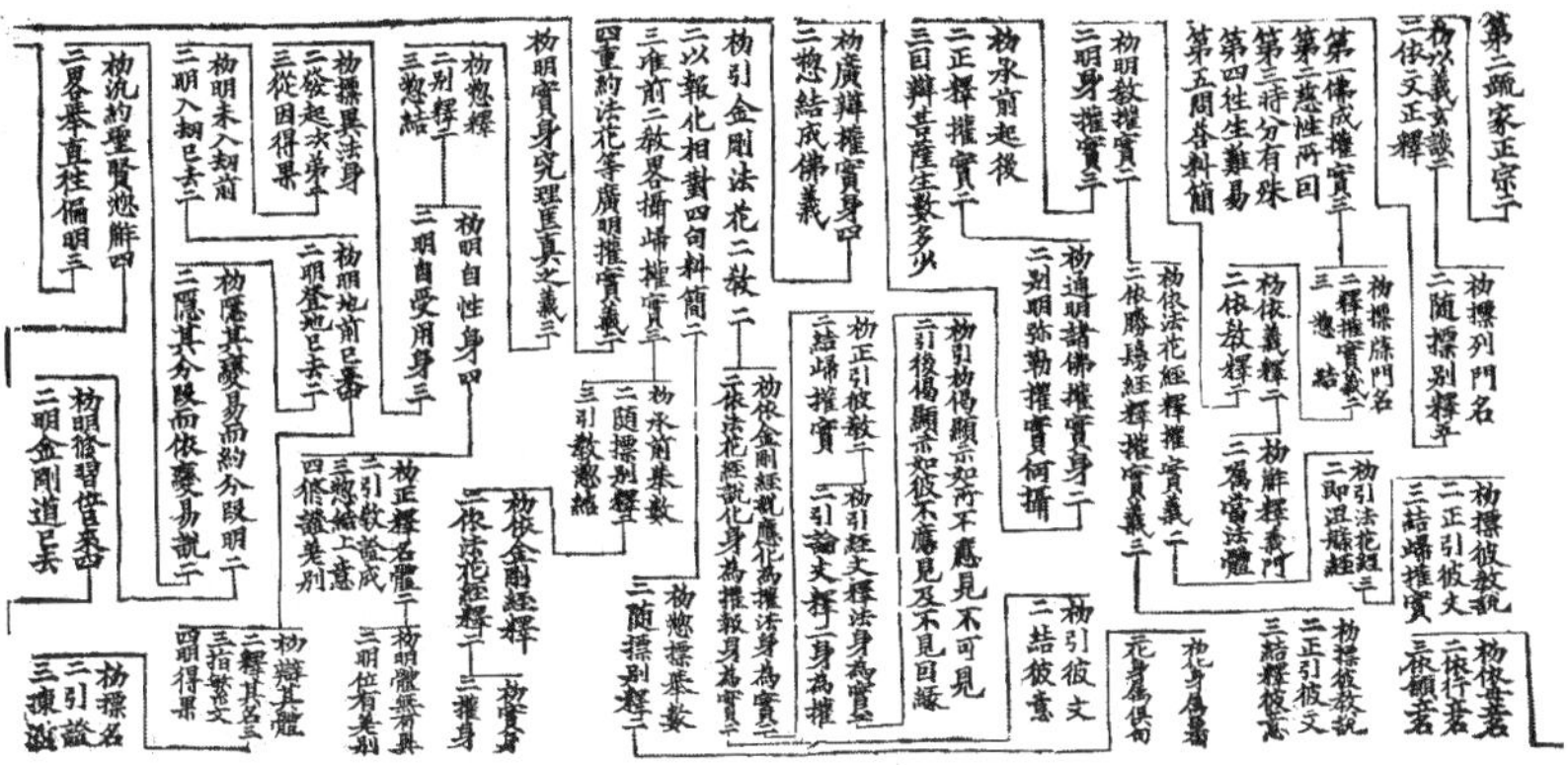

圖③　『上生經疏科文（上生經科文）』（「應縣」）

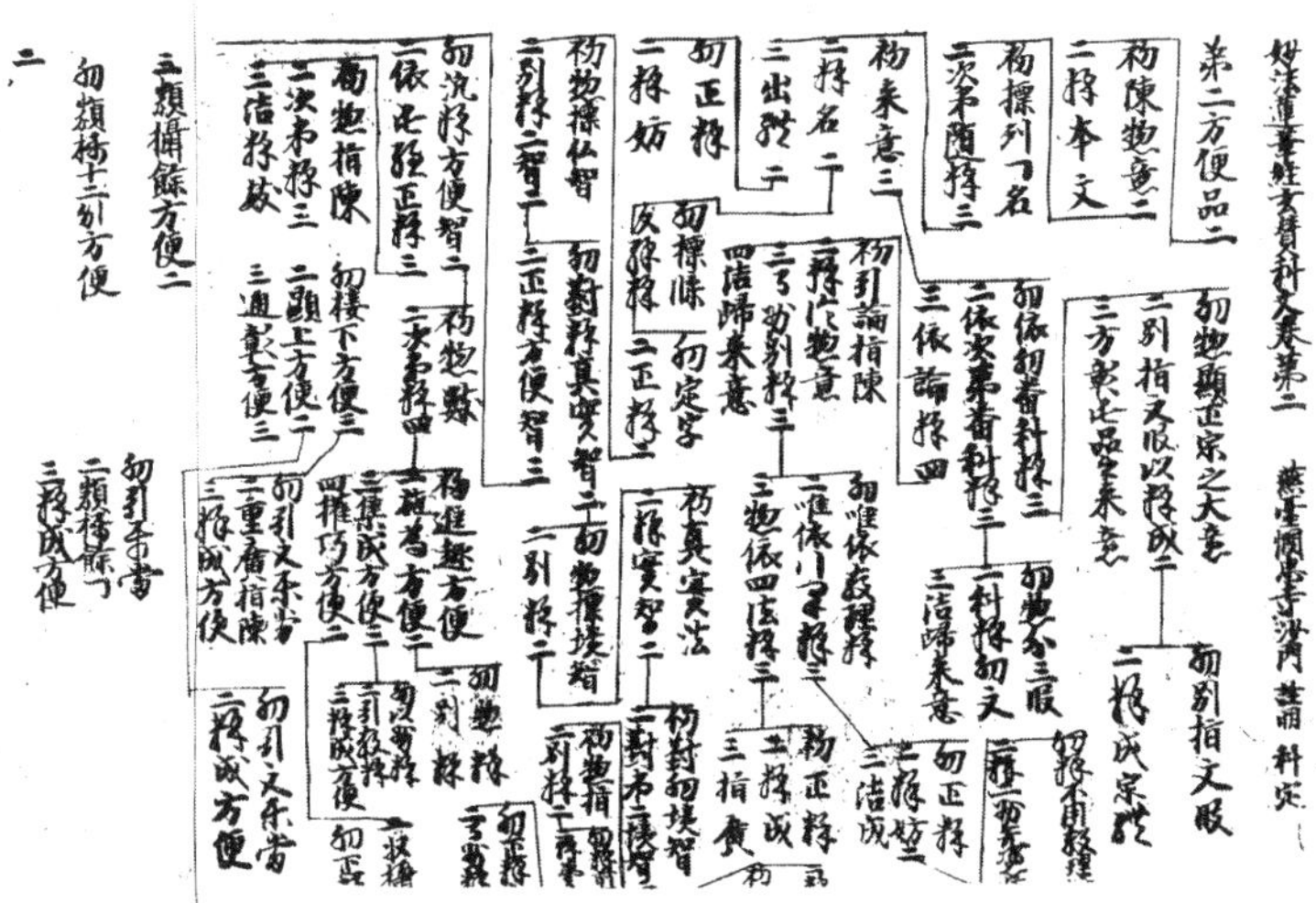

圖④　ペリオ2159v『妙法蓮華經玄贊科文』

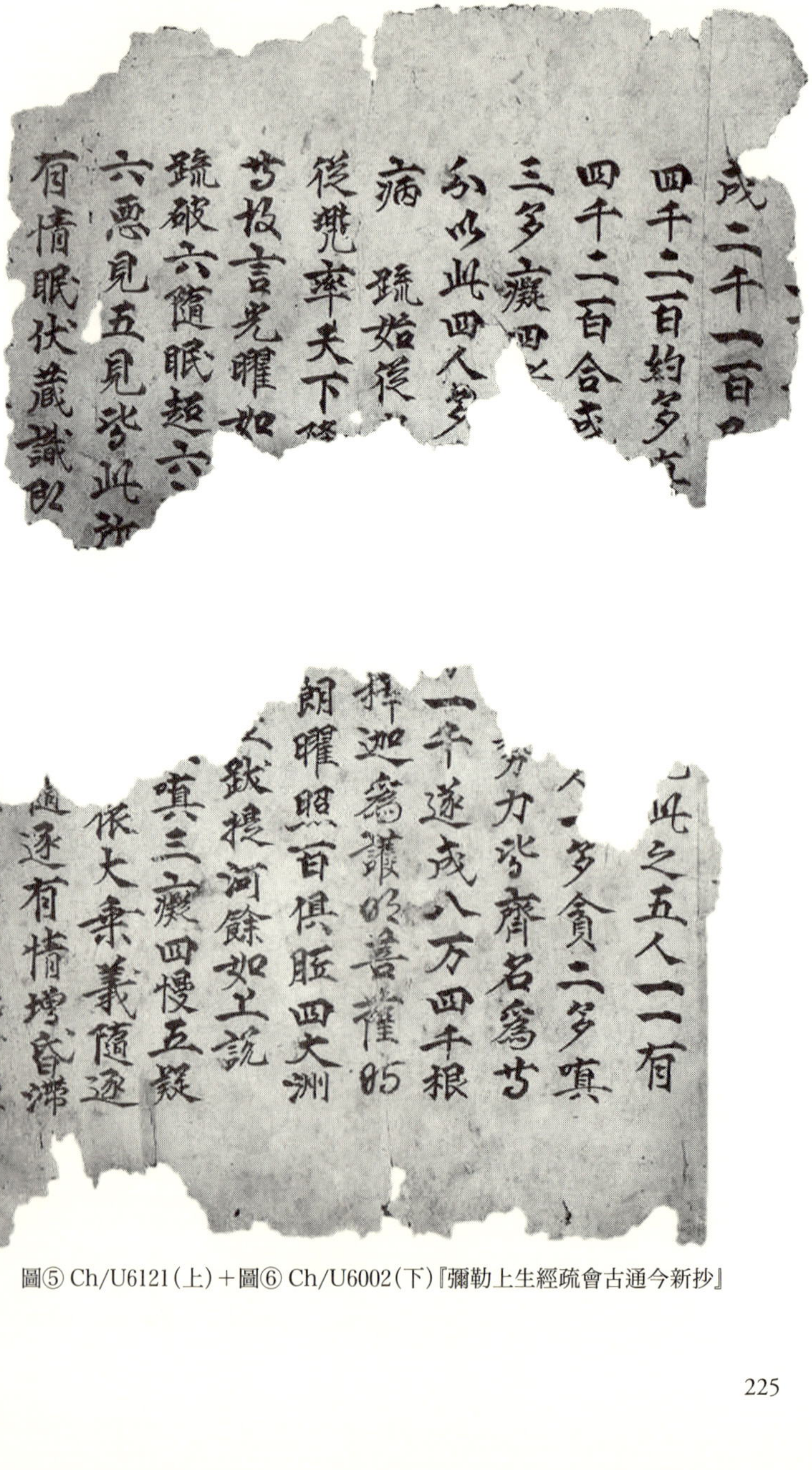

圖⑤ Ch/U6121（上）＋圖⑥ Ch/U6002（下）『彌勒上生經疏會古通今新抄』

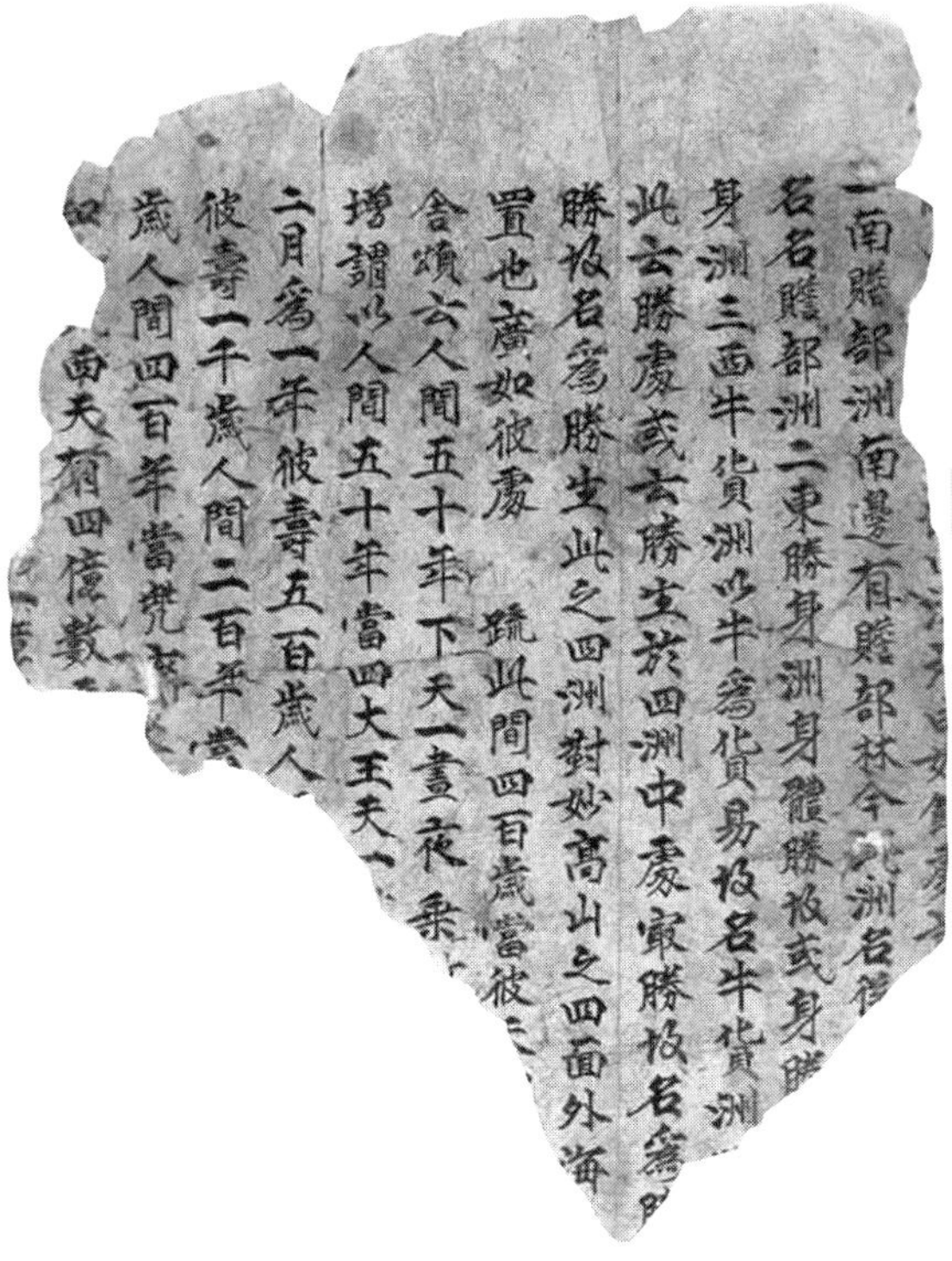

圖⑦　Ch/U7372　詮明『彌勒上生經疏會古通今新抄』

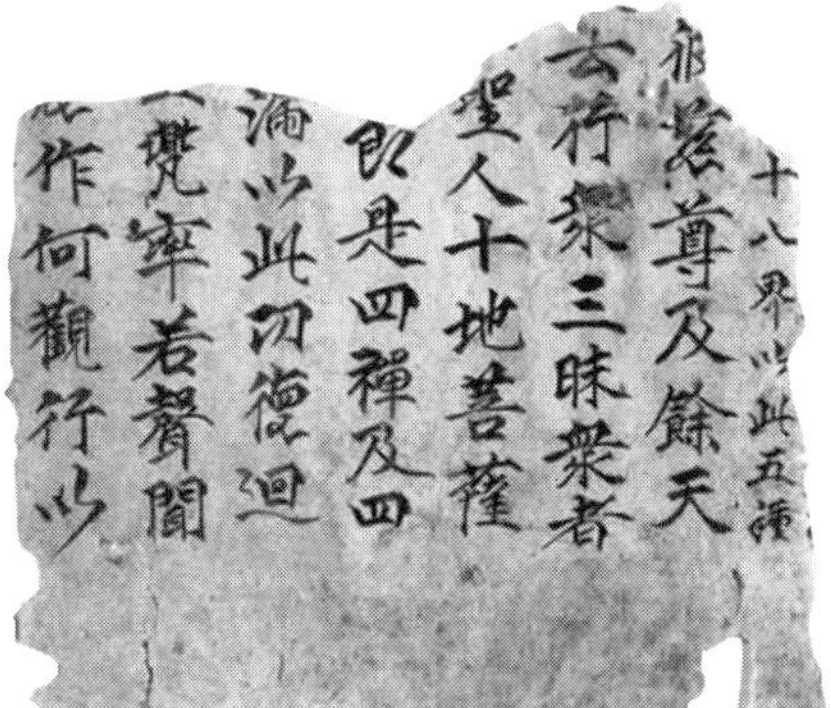

圖⑧　Ch/U6286　詮明『彌勒上生經疏會古通今新抄』

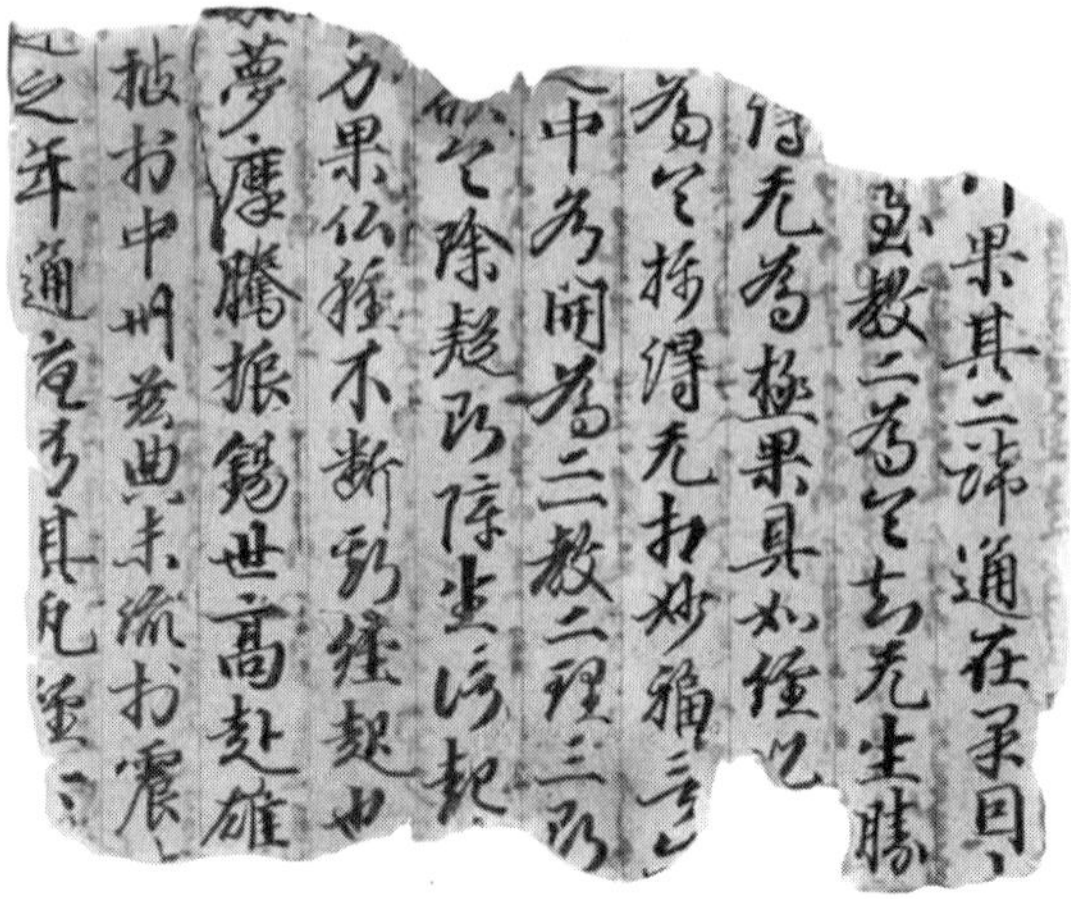

圖⑨　Ch/U6244　道氤『御注金剛般若經疏宣演』

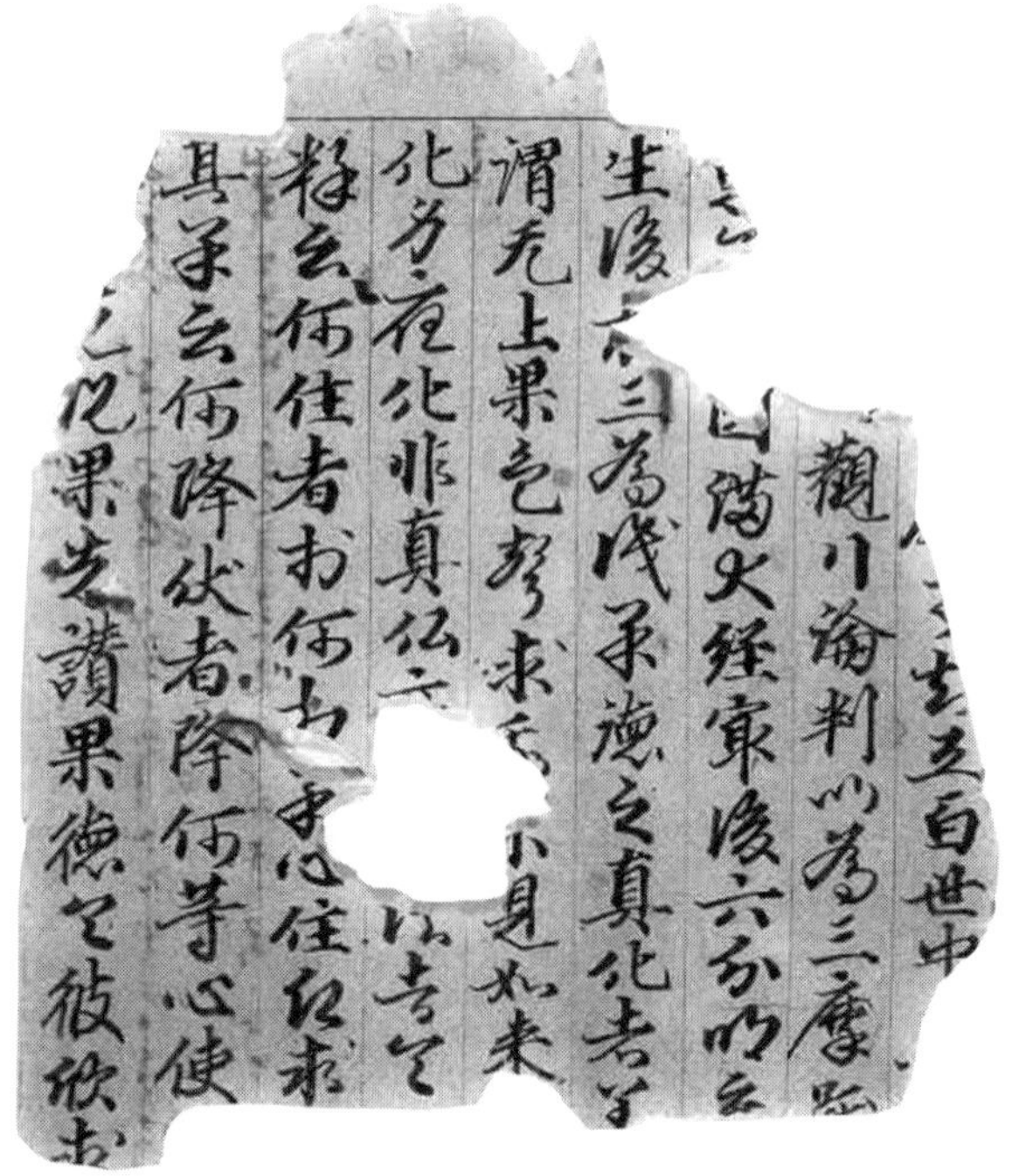

圖⑩　Ch/U6597　道氤『御注金剛般若經疏宣演』

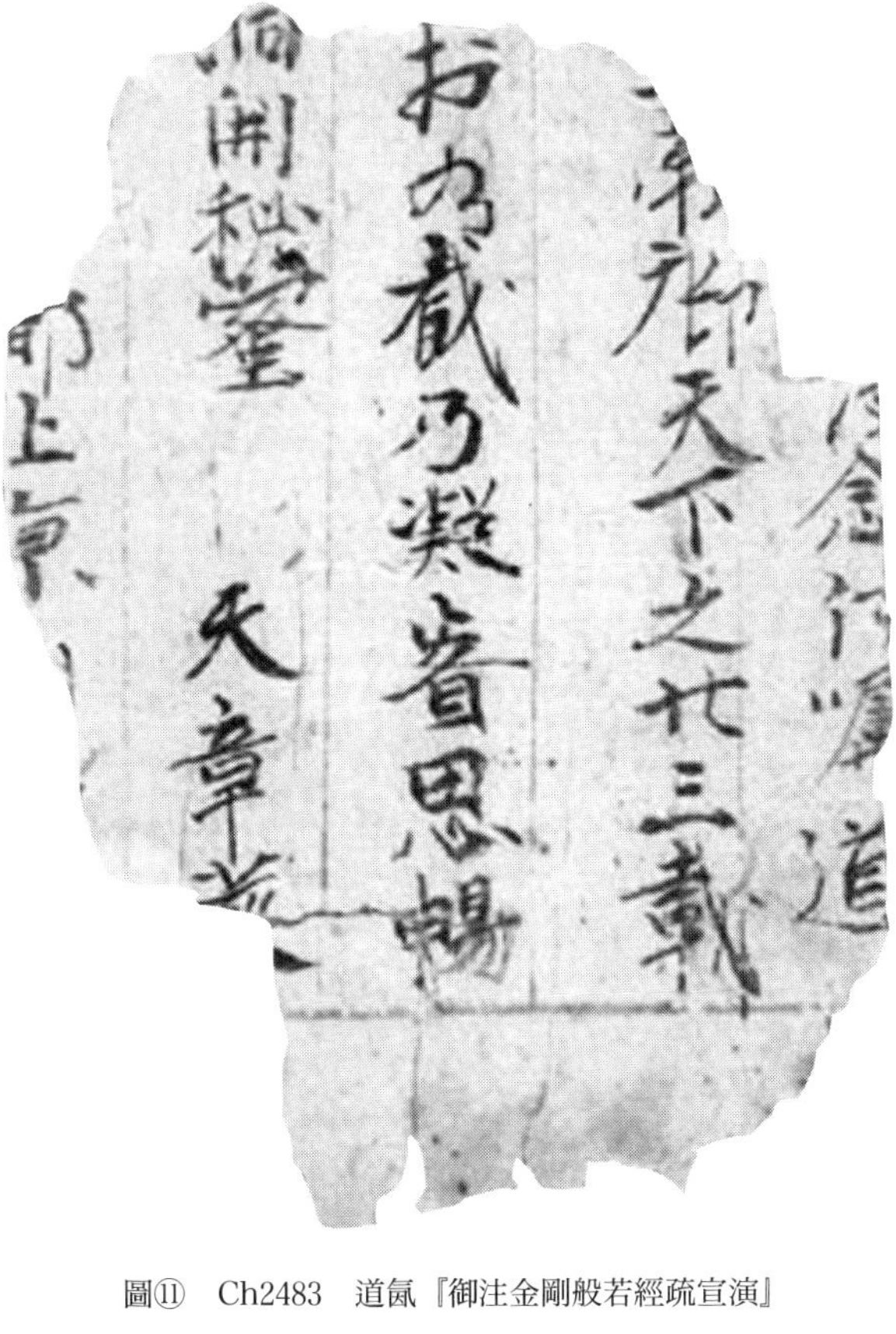

圖⑪　Ch2483　道氤『御注金剛般若經疏宣演』

圖⑫　Ch/U6095　道氤『御注金剛般若經疏宣演』

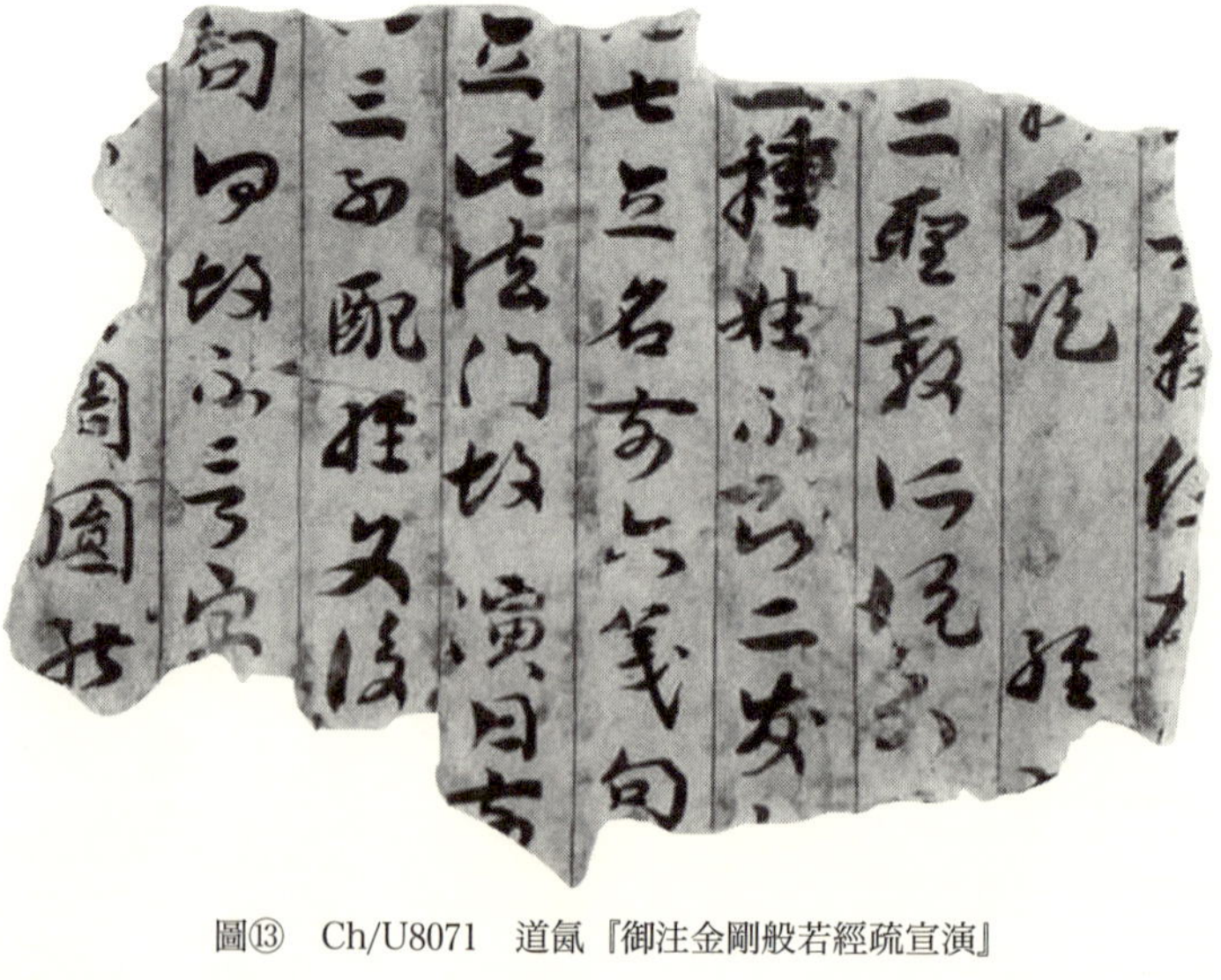

圖⑬　Ch/U8071　道氤『御注金剛般若經疏宣演』

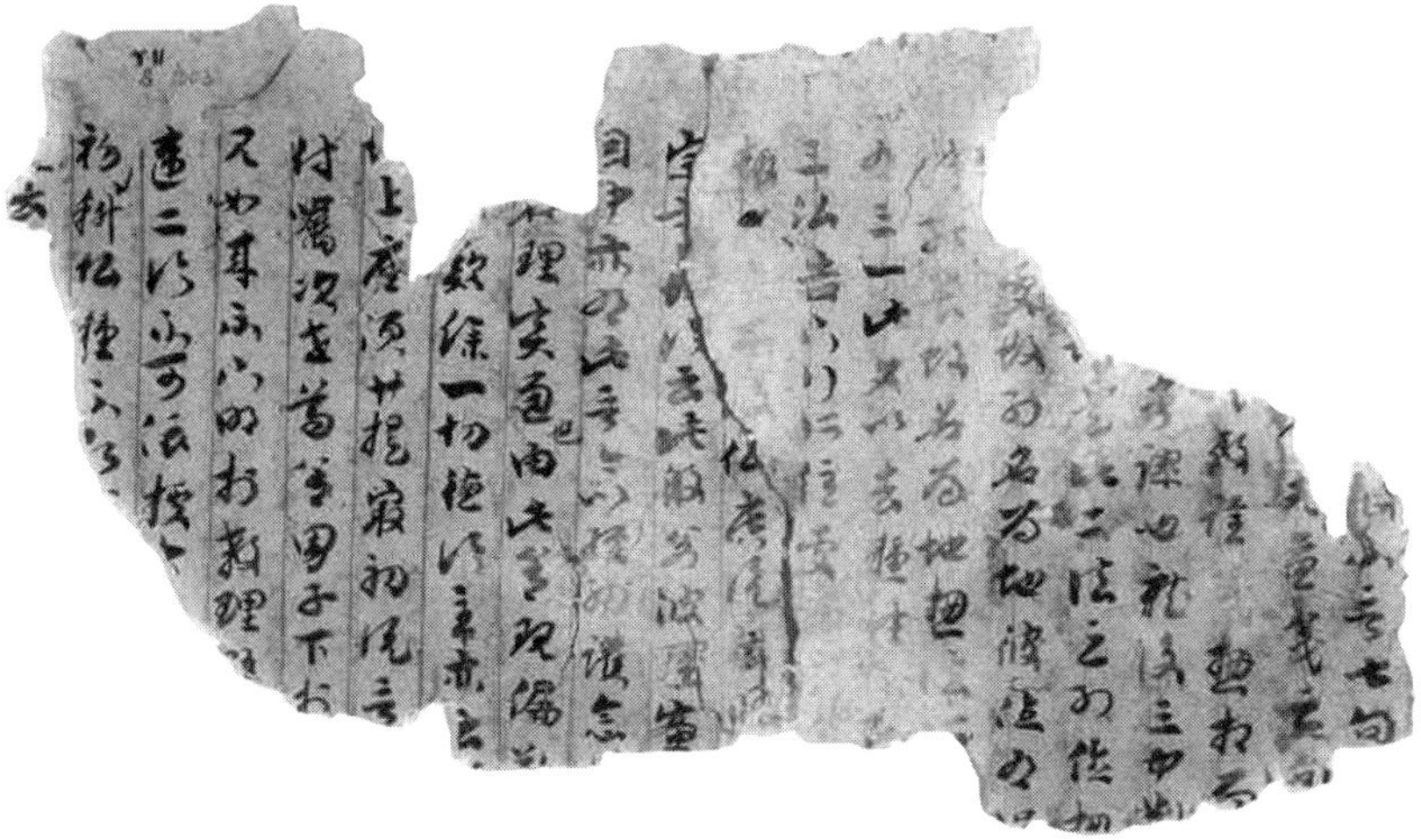

圖⑭　Ch/U8105　道氤『御注金剛般若經疏宣演』

圖⑮　Ch/U6200　道氤『御注金剛般若經疏宣演』

疏似天帝之喜園者起世經云其天宮城内雕飾受
欲歡樂不可具說善見大城北門之外經十二由旬
有大園林名曰歡喜周迴一千由旬此中有池亦名
曰歡喜方百由旬深亦如是天水盈滿四寶為塼壘
其底岸花果鳥林種種翔鳴綺飾莊嚴不可述盡文

上生經疏會古通今新抄卷第四

云何因緣故彼天有四十二園名為歡喜三十三天王入其
中已坐於歡喜善歡喜二石之上心受歡喜復受極
樂是故諸天共稱彼園以為歡喜然今疏云不說自
然之報雖陳他造之果者更問　經為供養一生補
處菩薩故者言一生者前佛成權實疏說若在人中
即四生名一生一大生故若說天中雖有半生名一生
并中有合有二生即除住天身也補處者處為闕佛
之處即閻浮提釋迦滅後名闕佛處補者補助補
闕佛之處即補填之義此先闕佛今補令不闕故即
弥勒菩薩當來一生者身有能補助之用名之為補
是處之補名為補處一生即補處名一生補處舉體

圖⑯　金版『上生經疏會古通今新抄』(「宋藏遺珍」)

9

もう一つのドイツ中央アジア將來文獻

――フランケ・コレクションについて――

序

ドイツの中央アジア學術調査隊は，1902年から1914年にかけてグリュンヴェーデル（Grünwedel）とルコック（Le Coq）を隊長として行なった4回と，1928年から1929年にかけてのブレーメン・トリンクラー學術調査隊（Die Trinkler-Expedition）が知られ，それぞれの將來物は學術研究，あるいは美術・工藝分野において注目されてきた。それらとは別に，宣教師でありチベット學者であったフランケ（A. Hermann Francke［1870-1930］）は，1910年代に中央アジアで收集を行なった。そのコレクションは現在ミュンヘンの民族學博物館（Das Münchner Völkerkunde Museum）に所藏されている。このことは最近になってグロップ（Gerd Gropp）の努力によって判明した。今まで知られていなかったコレクションなので，グロップの論文「ドイツにおける新發見のコータン寫本斷片 Eine Neuentdeckte Khotanesischer Handschriftenfragmente in Deutschland」in *Middle Iranian Studies; Proceedings of the International Symposium organaized by the Katholieke Universiteit Leuven from the 17th to the 20th of May 1982* edited by Wojciech SKALMOWSKI and Alois VAN TONGERLOO (Leuven, 1984) p.147-150によって紹介してみよう。なおこの論文のアウトラインは，榮新江『海外敦煌吐魯番文獻知見錄』（江西人民出版社，1996）の中でも，述べられている。

フランケは1914年にコータンをはじめとする中央アジアに學術旅行した。その旅行記は，*Durch Zentralasien in die indische Gefangenschaft*

(Herrenhut, 1921) のタイトルの下に後年出版された。その中でフランケは，その地で多くの文物を獲たが，第一次世界大戰（1914年 7 月28日〜1918年11月11日）の勃發によって急遽ヨーロッパに戻ったため，行方が分からなくなった，と述べている。それらは輸送中のものもあり，現地に預け置いたものもあった。その後，彼が文物の多くの存在を確認するには長い時間を要し，それが世間に知られるまでにはさらに長い時間が經過した。そのことに觸れながらこのコレクションを概觀してみよう。

フランケは旅行記出版の翌年，1922年になって確認作業に着手し，プロイセン學術アカデミーの教授であったリューデルス（Heinrich Lüders）にコレクションの所在を探してくれるよう依賴した。依賴を受けたリューデルスは，全獨研究助成互助會を介して，ラクエッテ（Raquette）教授に再依賴した。彼からカジュガルにいたスウェーデンの宣教師に問い合わせが行き，無傷のまま傳道教會の地下室に置かれていたコレクションが發見された。そこでコレクションは木箱に詰められ，ラダク（Ladakh）とカシミール（Kashmir）を經由してラーワルピンディ（Rawalpindi）へ運ばれ，そこから汽車でボンベイ（ムンバイ）に，さらにハンザ航路を使ってブレーメン，ベルリンへ，そしてフランケの死（1930年）を間近に控えた1928年にやっとミュンヘンに到着した。彼はそれを再び得て，歷史的な序文を備えたカタログを執筆した。これは印刷には付されず，原稿の形で博物館の書庫に保管された。

彼の作ったカタログによれば，最初はこのコレクションは以下の 5 部から成っていた。

1） ヴォルガ（Wolga）下流のサレプタ（Sarepta）將來のカルムク人文化の民族學的コレクション，特にその地のチベット特性の洗練された佛教藝術。

2） サマルカンド及びブカラ將來のイスラム美術品。

3） ナマンガン（Namangan）將來のソグド語銘をそなえたネストリウス墓石。

以上の 3 部門は，1914年の第一次世界大戰勃發でロシア國內を輸送中に紛失した。

4）道中で商人や小規模の試掘を經て獲得した，カジュガル，ヤールカンドおよびコータン將來の考古學的發掘品。カラコルムの隘路を越えて輸送中に流れに落ちた木箱１箇とその中にあった文書殘骸がなくなった以外，この部分はよく保存されている。

5）ラダク（Ladakh）將來のチベット美術品コレクション。これは1914年から1915年の間レー（Leh）に置かれ，その地の傳道教會の地下室で保管されていた。いくつかは略奪を受けたが，他はよく保存されている。

以上のように戰爭をくぐり抜けたコレクションは，1930年の段階では目錄もできてミュンヘン民族學博物館に保存されていたのであるが，すでにフランケが旅行記の中で第一次世界大戰の間に消失したと述べていたため，その存在は世間から忘れられた。グロップはフランケのコレクションがいつか再發見できるとの希望を持ち續けて，いろいろ情報を集めていた。1981年になって，フランケの所屬していたヘルンフート派同朋教會（Die Herrnhuter Brüdergemeinde）の代表者と雜談した折り，フランケが著書の序文で言及しているミュンヘン民族學博物館に話が及んだ。早速問い合わせて，博物館にはフランケのコータン・コレクションが存在するとの返事を得ることになった。そのコレクションは1200のカタログ番號を備えていたが，そのうち200は完全に破壞された文書殘骸であった。

現在，コレクションは以下のように４つに分類され，博物館に保管されている。

A)　漢字，ソグド文字及びブラフミー文字からなる約350の寫本斷片

B)　コータン將來の考古學的發掘品

C)　カジュガル及びヤールカンド將來のイスラム藝術品

D)　ラダク將來のチベット藝術品

いま少しく４分類の下の細記號について說明しよう。

A)にはさまざまな記號がついている。

Ho　1-29：漢語の紙文書とブラフミー文字の木簡斷片。カジュガルの英國領事からフランケへの贈物。

Do　1-96：いくつかは漢語，大部分はブラフミー文字で書かれた紙

文書と板きれ。

Domoko（和田多摩克）出身のある商人からコータンで買ったもの。

Maz. T：商人から購入したマザールタグー（摩扎塔格 Mazar Tagh）のソグド語文書。

Kh（もしくは Kha）1–140 と Kh001–00124：フランケがコータンのAksakal で手に入れたブラフミー文字と漢語の文書２包み。

以上のように文書は多岐に渡っている。約50のコータン語の斷片とサンスクリットそしてチベット語は R. E. Emmerick（1937–2001）が，漢語は Claudius Müller が，ソグド語は N. Sims-Williams が整理にあたっている。漢語の整理にあたっているミュラーは，當時ミュンヘン民族學博物館の研究員であった。東西ドイツ統一直前の80年代末にはベルリン・ダーレムの民族學博物館に轉出したが，2001年の夏には所長として，再度ミュンヘン民族學博物館に席を得ている。しかし整理の仕事は遲れていて，文書を寫眞に收めた段階で頓挫しているのが實情である。

B) C) D) はグロップが文書カタログとともに出版する豫定である。彼の報告の要旨は以下のようである。

B) の考古學的收集品も文獻同樣に次の點で貴重なものである。

1：フランケはコータンの近くで，ただ一つの今まで知られていない陶器樣式の墓地を見つけた。

2：１世紀の寺院出土の化粧裝飾塑造，青銅器そして木彫は圖上學的に興味深い。

3：遠方からコータンに輸入された，いくつかの未知の形式を備えた多數の陶器と破片は，シルクロード商人の解明を約束する。テラコッタ人形の中では，平たい額をもった藝術的な男の頭がとりわけ印象的である。

4：２世紀から17世紀におよぶ，中國及びイスラムの刻印あるコインの蒐集。その中にはシナ・カロシティーやクシャン（クシャーナ）コインも含まれる。

5：フランケは，寶石產業の起源と，燃えかすを通しての金屬精錬を

調査するために，至る所で岩石標本を蒐集した。

6：ブレーメンのトリンクラー・コレクションの公開の際には缺けていたもの，つまり個々の正確な將來地についてのフランケによる記述は大變重要である。

C)　カジュガルとヤールカンド將來の上藥をかけたタイルは塑像とともに東トルキスタンのイスラム藝術を示すものであるが，これは目下のところほとんど手がつけられていない。

D)　ラダク將來の12枚のタンカはミュンヘン民族學博物館のチベット藝術の豐富な所藏品のなかでも最も美しい物である。それらは専門家フランケによって愼重に選ばれたものである。

以上の報告および紹介に添えて，筆者のもとに寄せられた現時點までの情報をここに記す。

1）　筆者は，クラウデウス・ミュラーから，現在の漢語文書整理の進捗具合を傳える1998年1月5日付けの手紙を受け取った。それについては上に述べた通りである。その手紙とともに32枚の寫眞コピーが入っていた。その中には以下の目錄に見える

「禁兵使驢壹拾頭來遞……作脚鞄錢坊錫　/ 兩？館牛遞送稱」(FK926　Kh. 42)

「天寶四載十一月廾四日典張貞牒」(FK269d　Do. 8)

「請移假一日不犯杖十」(FK930　Do. 40)

等が入っていた。

2）　筆者は，1998年5月5日にクリーゲスコルテ博士（Dr. Magnus Kriegeskorte）から次のようなメールをもらった。それはミュンヘン民族學博物館のリヒトフェルド博士（Dr. Bruno Richtsfeld; Leiter der Zentral-und Ostasienabteilung）からの情報である。フランケの將來品は彼と同行したケルバーの名前も入れて，博物館ではフランケ・ケルバー・コレクション（Francke-Körber-Sammlung）と呼んでいる。1998年にヒルデスハイム（Hildesheim）で催された「中國：一つの世界文化搖籃の地（China, eine Wiege der Weltkultur）」展にもこのコレクションから，文書を初めとするいくつかの作品が出品されている。

3）　筆者は，2002年9月16日と17日の兩日，ミュンヘン民族學博物館のリヒトフェルド博士の好意によって，再度，フランケ・ケルバー・コレクションを閲覽した。その時のリヒトフェルド博士によれば，このコレクションの整理はハンブルクのグロップ博士が當たっているとのことであった。その後，筆者の手がける漢語文書の

整理がついた段階で，グロップ博士と連絡をとり，全體の整理の進捗具合を聞こうとしたが，なかなか實現できなかった。やっと2004年3月2日にグロップ博士から筆者に以下のような趣旨のファックスが届いた。コータン語文書は，亡きエメリック教授が部分的に手がけ，それに關する2，3の論文を書いている。サンスクリットとチベット文書は現在のところ何も進んでいない。さらに手つかずの1枚のソグド語文書と數個のトカラ語の書かれた木片が殘っている。陶器，青銅器，硬貨，テラッコッタ等については間もなくウルフ・イエーガー博士（Dr. Ulf Jäger）がやり遂げるであろう。

4）ブレーメンにある海外博物館（Übersee-Museum）には，中央アジアからの將來品がある。Emil Trinkler（1896–1931）は，1927年から1928年に地質學者のHellmut de Terraと撮影技師のWalter Bosshardをつれてカジュガルから南下し，ホータン，ダンダンウイルク等で發掘をしたが，中國側の抗議にあい中止した。參考文獻はE. Trinkler:「Die Zentralasien-Expedition 1927/28. Geographische und archalogische Ergebnisse」in *Deutsche Forschung* 13, 1930, p. 76–100.

E. Trinkler:「Neue archaeologische Funde in der Takla-Makan-Wüste Chinesische-Turkistans」in *Sinica* 6, 1931, p. 34–40.がある。

フランケ將來漢語文獻假目錄

205　11の斷片から成る。

＊205（無記號）　納麦帳

H. 13.0cm×8.2cm

迭神山舘粮馬封人司馬

薩波盆達門 青麦□ □□

青麦一石六斗

＊205（Ho1）　納麦帳

H. 15.3cm×7.1cm

青々麦一石

麦一石六斗 □□ 尉遲仙奴 六斗

寸抄

□六斗 □ 羅守眞

＊205（Ho2）　司冑名簿
H.　14cm×10cm
司冑
司冑　　尙□
司冑　　梁崇子
司冑　　桂希？
司冑　　□雀六
［注記］『通典』卷148，兵一「今制」に「每軍大將一人，……司兵・司倉・司騎・司冑・城局　　各一人」と見える。

＊205（Ho3）　名簿
H.　9 cm×4.4cm
康□
尉遲光奴

＊205（Ho4）　契
H.　18.8cm× 5 cm
□□□□□　　　此契
錢主

＊205（Ho5）　？
H.　10.8cm×1.6cm
？

＊205（Ho6）　穀物帳簿
H.　6.1cm×3.3cm
□□
□五斗

＊205（Ho7）　？
H.　5.7cm×2.1cm
裝束桂

＊205（Ho8）　？

H. 3.8cm×2.4cm
［注記］ 文字はない。天界（？）線のみ。

＊205（無記號） ？
H. 2.8cm×2.3cm
日

＊205（無記號） ？
H. 2.4cm×2.2cm
［注記］ 文字はない。

＊ FK209a（Do.5） 軍隊名簿
H. 24.8cm×18.8cm
左奇郭伏奴　鏤耳崇寘　李守業　逹奚定惲　宋義超
安楚瓊　　秦法信　王思隱　孫滿言　　右奇高庭?
三　　人　　　　伊　　　述
左奇王希之　　右伏賈光剩　左伏鄭子雲
一　　十　　一　　人　　伊　　母　嵯
左奇王懷瓚　史豊兒　郭元超　左伏張仙巖　右伏安希崇
梁万之　　樂希仙　韓令莊　尙奉仙　范明義　右奇薫嗣賢
［注記］「奇」は「騎」を指す。『武編』前集卷三に，「李靖杜佑損益古制，共成十二將兵，作爲陣法。自一至九，變入無窮。十二將兵目。日四奇，日八正，以步人爲正，馬軍爲奇。四奇，一日前奇，二日右奇，三日左奇，四日後奇。八正，一日先鋒，二日左角，三日右角，四日右爪，五日左爪，六日左牙，七日右牙，八日後軍」と見える。

＊ FK209b（Do.6） 會計帳
H. 17.9cm×13cm
計玖拾文
□文
准兩別捌文柒分 計肆拾參文伍分

□拾文 准兩別捌文柒分
計伍拾貳文貳分

兩別捌文柒分
計伍拾貳文貳分
＞別貳拾文
□兩　計壹伯文

＊FK209c（Do.7）　名簿
H.　25.5㎝×17.5㎝

衛元亮
苻懷信　楊言行　賀遂君洛　屈思墧　□□□
劉木本　劉玉石　董仁瓘　曹賢子　楊□
駱善敬　鍾屈忩　王思謔　郭□
茹大昌　勃桃瑟踅　咄溥
没羅？　椋供　可悉？
勿薩踵　末士　桑虐
□□□　□□

＊FK209d（Do.8）　天寶四載十一月典張貞牒
H.　20.5㎝×12.0

從今月十八日給□□□□□□□□□
十二月二日起給者牒所由准式者故牒
天寶四載十一月廾四日典張貞牒
判官別將韓？
副使典軍王虔道
□趙入京　連如五日　二十日

＊FK209e（Do.9）　開元二十九年牒
H.　21.3㎝×19.1㎝

□家
□所倉子覚壕見在請爲□
牒件翻胡書如前謹牒
開元廾九年
甘如

四月廾□

□□□

＊ FK209f（Do.10） 名簿

H. 6.1cm×9.3cm

金奴　　楊承明

□　六人

崇訓　桂仙進

見　村正行

□孝忠　　　楊

＊ FK209g（Do.11） 名簿

H. 6.3cm×9.5cm

踈　　□

入見

龐昇後

入侍見

□　　　史元暉

□　　　張承仙

＊ FK209h（Do.12）

H. 25.7cm×11cm

r. 納稲帳　3 行

一百一十八石五斗？

一千六百廾二石七斗六升古泉屯 内七百卌九石九斗六升青二百卌石
小五百五十六石稲　七十六石粟

□百一十七石八斗□□□　　　□　　□　二百廾三石八斗稲

v. 習字　4 行

屯屯屯屯屯屯屯屯屯屯屯屯屯屯屯

屯屯屯屯屯屯屯屯屯屯屯屯屯屯屯

屯屯屯屯屯屯屯屯屯屯屯屯屯屯屯屯

據據據據據據據據據據據

＊FK209i（Do.53）　官文書

H.　11cm×13cm

□　　□□

范承嗣　郭嘉賢　左令子

嚴　司馬貴兄　吳景陽

□如前請

＊FK921（Kh.36）　？

H.　8.7cm×6.8cm

造馬面一

＊FK922（Kh.37）

H.　10cm×8.3cm

r.　契？

阡文於于［？］

□即日交相□

□？徵□

尺□□

v.　習字

子將周

子將周

子將周

子將周

＊FK923（Kha.39）　名簿

H.　9.8cm×4.5cm

□大郎　　里領　　驅兩顛

＊FK924（Kh.40）　？

H.　3.4cm×3.3cm

退

＊FK925（Kh.41）　？

H.　4.4cm×6.1cm

之罪

龍池里　　父感爲□

＊FK926（Kh.42）　禁（？）兵馬使驢牛遞送文書

H.　27.8cm×9.5cm

禁兵馬使驢壹拾頭來遞　　　　　　　作脚鞄錢坊錫

兩？館牛遞送稱

＊FK927（Kh.43）　官文書

H.　4.5cm×15.2cm

？　？　　　　　狀上

＊FK928（Kh.44）　帳簿？

H.　4.7cm×3.3cm

？各一

＊FK929（Kh.45）　帳簿？

H.　11.7cm×6.7cm

壹

？

＊FK930（Kh.46）　官文書

H.　6.2cm×8.5cm

請移假一日不犯杖十□

［注記］FK938（Kh54）と同一文書。

＊FK931（Kh.47）　名簿？

H.　4.3cm×3.1cm

嘉琳　　□

＊FK932（Kh.48）　？

H.　3.5cm×2.8cm

[閒]

＊FK933（Kh.49）　？

H.　3.0cm×3.1cm

不[少]少亦

＊FK935（Kh.51）　園地關係文書

H.　4.2cm×5.0cm

□園一所地□

＊FK936（Kh. b　52）　園地關係文書

H.　5.5cm×4.2cm

□泥園一□

＊FK937（Kh.53）　田子收納文書

H.　3.6cm×3.6cm

□卅田子收納官

＊FK938（Kh54）　官文書

H.　6.8cm×5.4cm

移假一日不犯杖十

□京兆府　□原縣

［注記］FK930（Kh46）と同一文書。

＊FK939（Kh55）　　名簿？

H.　2.0cm×3.5cm

魯年□

＊FK951（Kha67）

H.　15.4cm×14.2cm　天 3.3cm

r.チベット文書

v.寫本『合部金光明經』鬼神品（T16，392c12-20）　7行

故有
普賢菩薩
見如是等
成就如是　諸
威徳相貌　无
他方賊盗　能令退散
悪夢惱心

＊FK1001（Kha117）寫本『大般涅槃經』巻31（T12，552c18-19）　2行
H. 4.6cm×3.5cm
蕉生實
亦如芭蕉

10

大谷勝眞のベルリン訪問
――戰前におけるある日本人學者の功績――

前世紀の初め，敦煌やトルファンで多くの文物が發見あるいは發掘され，ヨーロッパに運び込まれた。その直後から，日本人の研究者はそれらを見るために，はるばるパリ，ロンドン，そしてベルリンに出かけた。當時，日本とヨーロッパをつなぐ交通手段は船と鐵道だけであり，その旅は4週間にも及ぶ長いものであった。比較的安價な飛行機が飛び交い，その日のうちにヨーロッパに到着する現在の我々には，想像することもむつかしい。關西の場合，旅立つ研究者は神戸港から出發したが，そこには家族はもとより，親戚や同僚，學生たちまでも集まって別れを惜しんだ。何年か前，宇宙飛行士たちを見送る光景がたびたびテレビに映し出されたが，日本からヨーロッパに行くのはそのような遠い異境への旅であった。

そんな遠い旅に多くの研究者が出かけている。その中の1人，大谷勝眞（オオタニ・ショウシン，1885-1941）を，ベルリン・トルファン・コレクションとの關わりの中で紹介しよう。

大谷勝眞の研究足跡は，敦煌學・トルファン學の研究において，忘れてはならないものである。特にベルリンのトルファン・コレクションについて，彼のもたらした漢語文書の情報は貴重である。なぜならこのコレクションは，整理の進まぬうちに2回の世界大戰に翻弄され，一部が消失したが，彼の情報からその復元が可能だからである。

大谷は眞宗大谷派の僧であり，東本願寺21世大谷光勝（1858-1913）の孫である。東京帝國大學文科大學史學科を卒業後，學習院大學教授を經て，京城帝國大學法文學部東洋史學講座教授を務めたが，在職中に丹毒によって56歳の若さで亡くなった。

彼は京城帝國大學在任中の昭和2年3月17日（1927）からの2年間，東

洋史研究のために在外研究員としてフランスとイギリスに留學した。この間，彼の地では「支那西陲出土の資料」，すなわち敦煌・トルファン文書を蒐集している。ベルリン・トルファン・コレクションに關しては，いつ，どのような形で見る機會を得たかは最近まで分からなかったが（補遺3參照），コレクションを實見して寫眞を手に入れ，また筆寫したことは，歸國後，論文や學會で利用したり言及したりしていることからも確認できる。「高昌國に於ける儒學」（『服部先生古稀祝賀　記念論文集』p. 213–226，富山房，1936）と「高昌麴氏王統考」（『京城帝國大學創立十周年記念論文集』京城帝國大學文學會論纂5　史學篇 p. 1–44，大坂屋號書店，1936）がその論文である。

前者「高昌國に於ける儒學」の中で彼は，日本の大谷探檢隊やドイツによる學術探檢の成果は佛教の經典と注釋類がほとんどで，經書史傳の發見されることが極めて少ない點を嘆いている。彼は，重要と思われた斷片をノートにメモしていたが（補遺2參照），上記論文と關わりのある儒書として，吐峪溝の廢墟中から發見された以下の4つの斷片をあげている。

一，毛詩　邶風章　斷片

二，爾雅　釋天　釋地　釋器篇　零篇

三，春秋左氏傳　昭公第二十四　斷片

四，唐韻　殘卷

上の4つのうち，私が先年作ったカタログ *Chinesische Texte vermischten Inhalts aus der Berliner Turfansammlung* (2001，Franz Steiner Verlag, Stuttgart) では，「一，毛詩　邶風章　斷片」を收めることができなかった。現在のベルリン・コレクションでは，その存在が確認できなかったからである。また「四，唐韻　殘卷」は，具體的に何を指すのかはっきりしないが，コレクションに多い『切韻』を初めとする韻書關係の斷片も，戰前の研究者が見たもののいくつかはやはり消失している。

このように初期には存在しその後に姿を消した斷片は數多くあると思われるが，そのことを證明するものは，實際に見た研究者の記錄と寫眞だけである。幸い「一，毛詩　邶風章　斷片」は，大谷と前後してハンブルク大學に留學した，當時，東京帝國大學助教授であった中國學研究者の高田

眞治（1893-1975）が寫眞を入手していた。彼は『支那思想の研究』（春秋社，1939）を出版する際，この寫眞を扉繪として用いた。これによって我々は，唐の「五經正義」本のテキストがトルファンに入っていたことを確認し得るのである

さて大谷は，上揭のもう一つの論文「高昌麴氏王統考」の中で，貴重な記錄を殘している。それが「仁王般若波羅蜜經」奥書である。大谷はこれを筆寫し，論文の中で移寫している。現存する斷片の Ch271（T Ⅱ2067）〈寫眞１〉に當たるものと考えられるが，これは高11.8㎝×幅11.5㎝で，下記のように７行のみである。

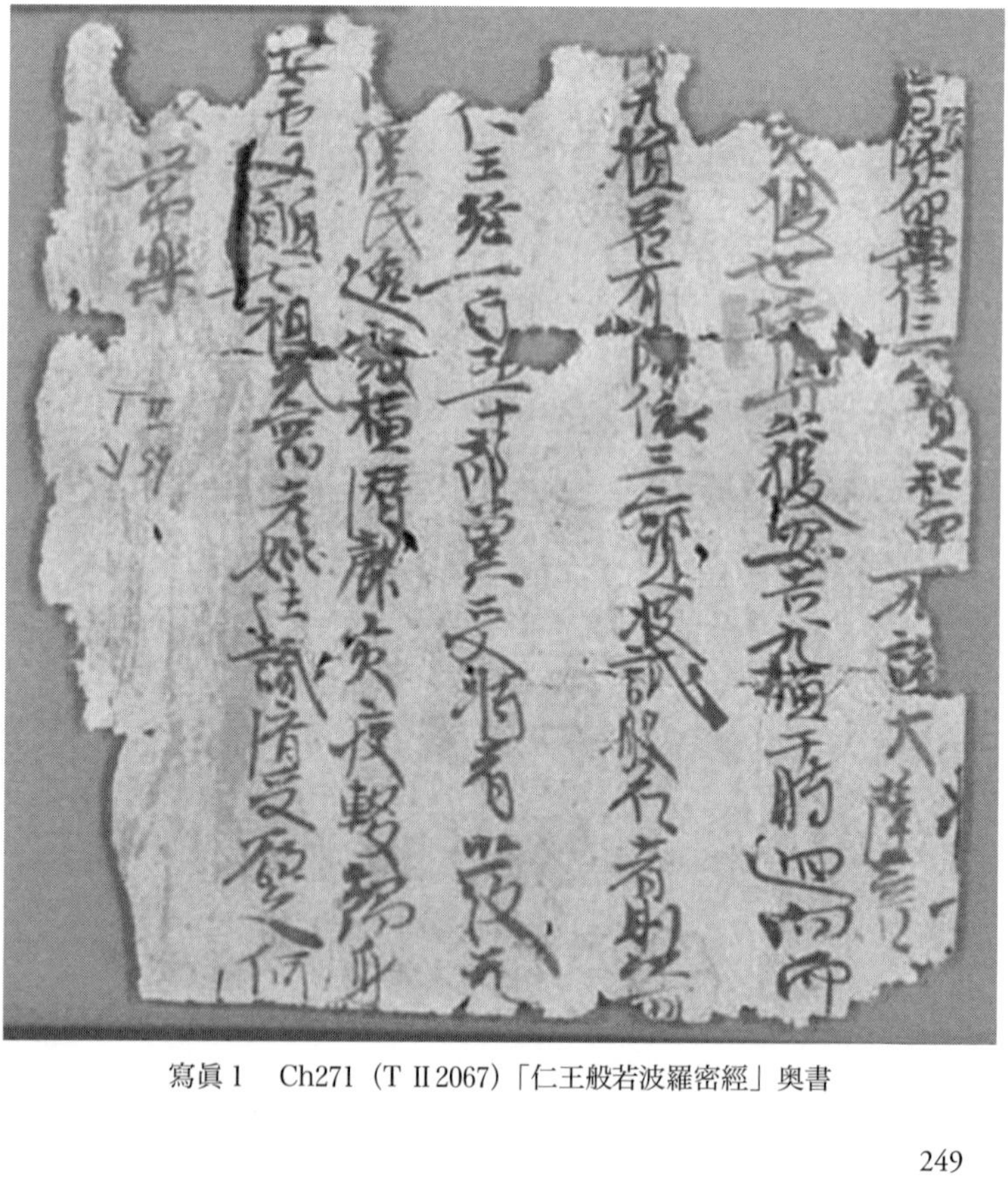

寫眞１　Ch271（T Ⅱ2067）「仁王般若波羅密經」奥書

□は判讀できない字。

］と［の外側は，文書の上部・下部にあって缺損した部分。

句讀點は筆者がつけたものである。

］□□［

］□首歸命常住三寶，和南一切諸大菩薩［

］灾擾世，仰憑獲安吉，九横干時，廻向而［

］□无損。若不歸依三寶，投誠般若者，則以□［

］仁王經一百五十部。冀受持者發无［

］□彊民逸，寇横潛聲，灾疫輟竭，身［

］安吉。又願七祖先靈考妣往識，濟愛欲之河，［

］□常樂。

しかし大谷がベルリンで見たこの奥書（跋文）は，首尾の整ったもっと大きなものであった。大谷の報告を聞こう。

曩にルコック氏が吐魯番探檢によりて蒐集されし古寫經卷中に，西域考古圖譜に收められた仁王經卷上と同一經の殘卷があって，その跋文は完全に殘されている。而かもその卷末の跋文中には，圖譜所收の經跋に王名の頭部のみを殘して不明とされたものが完全に保存せられ，これによって延昌時の高昌王が麴乾固であったことを得るのである。（p. 24）

この記述によって，大谷が完全な跋文を見たことと，同時にこの跋文の前には『仁王護國般若波羅蜜經』（以下『仁王經』と表記する）卷上の經典本文もあったことが分かる。大谷は注の中でさらに詳しく次のように語っている。

ここに揭げた仁王般若波羅蜜經は，ルコック氏が吐魯番學術探檢によりて蒐集された古寫經卷中の一で，伯林民族考古博物館に收藏されているものである。その出所は高昌交河城の遺跡とされている雅爾湖 Yarkhoto とされている。本經卷は首部を破爛して斷卷となったものであるが，尙お三紙餘を殘し暢達した六朝風の書體を以て書寫されて

いる。(p. 42，注22)

三紙餘の經文ならば，かなりの行數が殘っていたことになるが，いままでに出版された3冊の『佛典斷片目錄』に載せられ比定された約3500點の中には，書寫年代あるいは大きさで，それに一致する『仁王經』は見出せない。

ところで，大谷の報告からも知られるように，大谷探檢隊も同種の不完全な跋文斷片〈寫眞2〉を得て『西域考古圖譜』(香川默識編，國華社，1915) に收めていた。これには「延昌卅三年癸丑歲八月十五日」の日付があり，書き手は確認できなかったが，ドイツ隊の發見した上記「延昌卅一年辛亥歲十二月十五日」の跋文を大谷がベルリンで實見し報告したことによって，書き手は延昌時の高昌王麴乾固であることが確認できた。

寫眞2　延昌卅三年癸丑歲「仁王經卷上」跋

同種の跋文はフィンランドのマンネルヘイム蒐集品にも2つ (No. 22およびNo. 63) ある。兩者は日付を異にするだけである。本文・跋文ともに上半部が殘されるのみである。ドイツ隊將来と日付の重なるNo. 63〈寫眞3〉を下に移寫する。

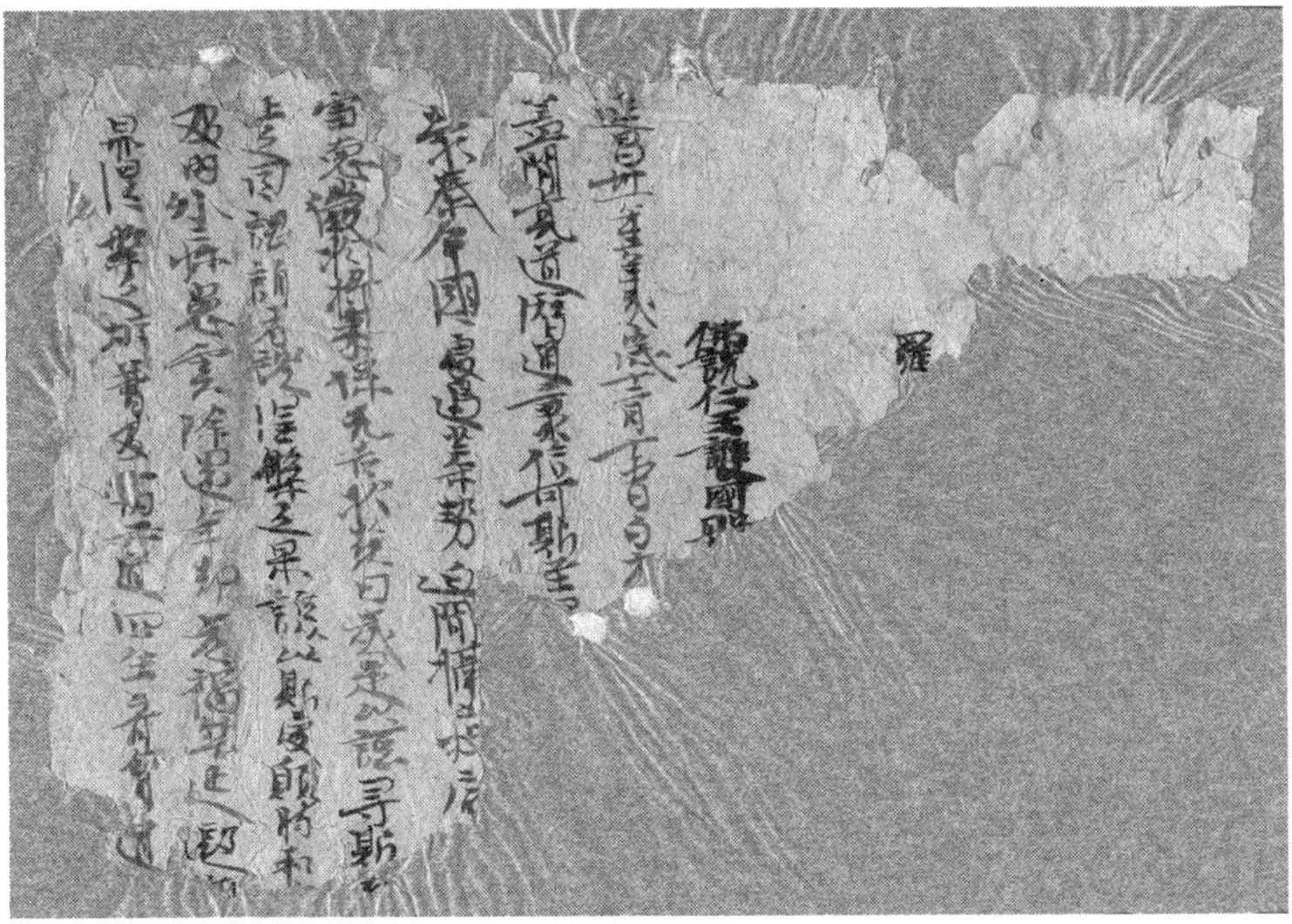

寫眞３　「仁王般若波羅密經」奥書（No. 63）

佛說仁王護國般［

延昌卅一年辛亥歲十二月十五日，白衣［

盖聞覺道潛通，秉信可期，至理［

蒙泰。今國處邉荒，勢迫間攝，疫病［

雪惡徵於將来，保元吉於茲日哉。是以謹尋斯趣，［

上之因，諷誦者證涅槃之果。謔以斯慶，願時和［

及内外病患實除，還年却老，福算延遐，胤［

果涅槃之岸，普及一切六道四生，齊會道［

下に示す，大谷の移寫による完全な跋文の中に，『仁王經』を150部筆寫したと見えるから，千數百年を經た20世紀の初めに，その中のいくつかがこのように發見されたのであろう。現在，中國の旅順博物館に所藏されている大谷探檢隊將來品にも１斷片が含まれる（補遺１參照）。もちろんトルファンの氣候風土が保存に大いに寄與したことは論を俟たない。

佛説仁王護国般若波羅蜜經巻上
延昌卅一年辛亥歳十二月十五日，白衣弟子高昌王麴乾固，稽首歸命常住三寶，和南一切諸大菩薩。盖聞覺道潛通，秉信可期，至理冥會，精感必應。是以三灾擾世，仰憑獲安，九横干時，廻向而蒙泰。今國處邉荒，勢迫間攝，疫病既流，有增无損。若不歸依三寶，投誠般若者，則以何雪惡徴於將來，保元吉於茲日哉。是以謹尋斯趣，敬寫仁王經一百五十部。冀受持者發无上之因，諷誦者證涅槃之果。諓以斯慶，願時和歳豊，國彊民逸，寇横潛聲，灾疫輟竭，身及内外病患實除，還年却老，福算延遐，胤嗣安吉。又願七祖先靈考妣往識，濟愛欲之河，果涅槃之岸，普及一切六道四生，齊會道場，同證常樂。

［現代語譯］

佛説仁王護國般若波羅蜜經巻上
延昌卅一年，辛亥の歳（591），十二月十五日に，わたくし，在家の佛弟子である高昌王の麴乾固は，生滅不遷の佛・法・僧の三寶に稽首して禮拜し，あらゆる諸々の大菩薩に敬禮いたします。わたくしは次のように聞いております。大いなる悟りの道は人知れず通じるものであって，信仰心を固く守ることによって期待すべきであり，最高の道理は沈默の中で得られるものであって，心によって必ず感應するのであると。そこで刀兵災，疾疫災，飢饉災の三災が世界を混亂させても，うち仰ぎ身を委ねたままで平安を得ることができ，九つの理不盡な死が時代の自然な流れに逆らって訪れても，功徳によって泰平を得ることができます。今日，我が國は邊境の地に位置し，國勢は大國の間に壓迫され，疫病は蔓延し増えることはあっても減ることはありません。佛・法・僧の三寶に歸依し，般若の智慧に身を任せない者が，どうして不祥の兆しを將來に追いやり，大いなる幸福を現在に手に入れることができましょうか。そこでよくこの趣旨を考え，敬しんでここに『佛説仁王護國般若波羅蜜經』一百五十部を筆寫いたします。
ねがわくは，このお經をしっかりと保つ者が無上の原因となることを發心し，このお經を讀誦する者が涅槃の結果を覺悟しますように。ね

がわくは，この善きこと（筆寫すること）によって，天候かなって豐かに稔り，國境の民は安らぎ，外敵の横行も聞かれず，災害はすっかり無くなって，わたくしの身と皇后と女官および諸侯以下の臣下たちの難儀は除かれ，若返って老いず，壽命ははるかに延びて，子孫は平和で幸福でありますように。さらにまた七代にわたる祖先の靈魂，亡き父母の御靈が愛欲の川を渡り，涅槃の彼岸にたどり着き，廣く一切の六道（地獄・餓鬼・畜生・阿修羅・人間・天上）にいる四生（胎生・卵生・濕生・化生）の生き物が，すべて佛陀の悟りを開いた道場に集い，ともに涅槃に入ることを希求いたします。

『仁王經』を讀誦したり書寫することによって，鎮護國家と萬民豐樂を祈願することは，高昌國のみならず中國でも，また日本でも見られたことである。この跋文が書かれた延昌31年（591）前後，高昌國の政治情勢は嚴しいものであった。それまでは，南北朝時代の中國や突厥との友好ムードの中でバランスをとり，小國として比較的平穩に自立を保っていたが，この頃，隋の統一（589年）によって中國傘下に足を踏み入れたのである。それを見透かしたように，翌年，突厥は高昌に侵入し，四つの城市を攻撃破壞した。そのため２千人の高昌人が難を逃れて中國に入っている（『隋書』卷83，西域列傳，高昌の條)。麴乾固（561-601）の跋文の中で，「今日，我が國は邊境の地に位置し，國勢は大國の間に壓迫され云々」というのはそのような狀況を言うのである。『仁王經』の寫經はこの危機を救おうとするものであった。

さらに30年ほど經った貞觀２年（628)，玄奘は高昌國を通ってインドに向かっている。その時，國王は麴乾固の孫にあたる麴文泰（在位：623-640）であった。王の要請に應じて１ヶ月，當地に留まった玄奘は『仁王經』の講義を行った。王以下三百餘人が集まったと記録されている。この經が連綿と受け繼がれていたことが分かる。

大谷が筆寫したために，現在ベルリンに殘された不完全な斷片や，大谷コレクションの斷片（これも寫眞のみ殘っている)，あるいはマンネルヘイムの斷片もその本來の價値を保った。跋文の全文によって，爲政者である

高昌國王が寫經に託した心中をうかがうことができ，それぞれの斷片は有意義な史料であり續けることができたのである。この功績はまず第一に大谷に歸さねばならないが，それと同時に貴重な文書の閲覽に許可を與えた當時のベルリン民族考古博物館の配慮も稱えねばなるまい。

古文書は希有な資料であるが故に公開を阻む動きもあるが，このベルリンの例でも分かるように，多くの研究者に閲覽を提供することは重要である。ベルリンでは2005年の秋から１年半の豫定で，公開に向けた漢語文書の圖像化作業を始めている。これは漢字文化圈に住む研究者の待ち望んだもので，この公開によって，前世紀初めの４回にわたるドイツ學術隊の全コレクションは瞬時に見られるようになる。圖像化作業は斷片の再整理を伴うものであると聞く。これまで見落とされていた貴重な資料や，あるいは大谷を初めとする戰前の研究者が見ながら，その後，姿を消した斷片も出現するかも知れない。私はそのことも祕かに期待している。

參考文獻

Tsuneki Nishiwaki: *Chinesische Texte vermischten Inhalts aus der Berliner Turfansammlung* (2001, Franz Steiner Verlag, Stuttgart)

慧立・彦悰箋『大慈恩寺三藏法師傳』（T50，220–279）

楊廷福『玄奘年譜』（1988，中華書局）p. 120ff

Fujieda Akira; Schmitt, G.; Thilo, T; Inokuchi Taijun: *Katalog chinesischer buddhistischer Textfragmente* Band 1, 1975, Berlin, Akademie der Wissenschaften der DDR

Thomas Thilo: *Katalog chinesischer buddhistischer Textfragmente* Band 2, 1985, Berlin, Akademie der Wissenschaften der DDR

Compiled by Kogi Kudara, Edited by Toshitaka Hasuike and Mazumi Mitani, Chinesische und Manjurische Handschriften und seltene Drucke Teil 4, *Chinese Buddhist Texts from the Berlin Turfan Collections* Volume 3, 2005, Franz Steiner Verlag, Stuttgart

Harry Halén: Handbook of Oriental Collections in Finland, 1977, London and Malmö

藤枝晃：「時」（『言語生活』397號，p.1，1985年。「マンネルヘイム蒐集トルファン出土漢文寫本斷片」125號，ヘルシンキ，フイノウゴール學會藏）

補遺1

大谷探檢隊將來品で，現在，中國の旅順博物館に所藏されているトルファン文書については，近年，龍谷大學と旅順博物館の共同研究が進められてきた。その成果は2006年３月に『旅順博物館藏新疆出土漢文佛經研究論文集』（日本語タイトルは『旅順博物館藏トルファン出土漢文佛典研究論文集』）として出版された。これによって，およそ２萬３千點あるとされる漢語斷片の全體像とそれらの斷片に關する，あるいはそれらを用いた研究の一部が明らかにされることとなった。これらによってドイツ學術調査隊がほぼ同時期にトルファン地域で得た約６千のベルリン・トルファン・コレクションの漢語斷片の研究もさらに深まることと思われる。眞に喜ばしい限りである。

この論文集と同時に圖錄『旅順博物館藏　新疆出土漢文佛經選粹』（2006，法藏館）も出版されたが，そこに見える１斷片は，まさしく上で扱った麴乾固の『仁王經』識語と一連の作品である。字體は全く同じで，これも又，麴乾固が150部作った『仁王經』寫經の１本であろう。大きさは10.2㎝×7.4㎝で，『圖錄』の201頁に收められ，整理番號はLM20_1462_02_10である。

斷片として殘された部分は，『佛說仁王護國般若波羅蜜經』卷下（T8，834a4-6）の寫本で，經文末尾に１行あけて麴乾固の識語があったものと思われる。いま移寫すれば，以下のようになる。

］菩提［（等五百億十八梵六欲諸天三
界六道阿須）］輪王。聞佛［（說護佛因緣護國因
緣歡喜無）］量爲佛作［（禮。受持般若波羅蜜。）

］麴乾固［

補遺 2

大谷勝眞が訪歐の間に閲覽し筆記した敦煌文書ノートのコピーが龍谷大學文學部史學科研究室に藏められていることを，最近，猪飼祥夫氏から教えていただいた。小寸ノート 3 册にスタイン蒐集文書，大寸ノート 5 册（本來は 6 册。但し第 2 册目は遺失）にペリオ蒐集文書があてられている。おそらく，大谷は歸國後これらを座右に置き，その記錄をたよりに研究論文を作成したのであろう。コピーの第 1 册目の初めに上山大峻氏のノート入手の經緯が記されている。それによれば，1972年に上山氏を初めとする龍谷大學教員の參加した韓國佛教史蹟視察團が，ソウルで延世大學教授の閔泳珪（Young-Gyn-Minu）から讓り受けたものである。閔氏によれば，大谷の死後，京城大學の同僚であった鳥山喜一（1887-1959）がこのノートを保管していたが，終戰の混亂の時期に手放し，古本屋に流れたようである。それを閔氏が買い求めて保存し，いつか大谷の遺族に返却することを考えていたという。

ノートは端正な字で正確に寫されており，敦煌文書の影印がなかった時代，龍谷大學では長く研究者に利用されてきたようで，8 册のノートの文書番號索引も作られている。いわゆるルコック收集品のノートもおそらく存在したであろうが，閔氏はその情報は持っていなかったようである。おそらくここで取り上げたトルファン文書もいくつか大谷は寫したであろう。それらの文書のオリジナルのいくつかはベルリンに現存しないから，もしノートが殘っていたら大きな價値を持つ。殘念なことである。

補遺 3

大谷自筆のベルリン・トルファン・コレクション閲覽願い（1928年 7 月 6 日付）が發見され，その間の事情が明らかになった。このことについては，中外日報に書いたので，本稿と多少重複するが，以下に載錄する。

「大谷勝眞のベルリン訪問」

19世紀末から20世紀初頭にかけ，ヨーロッパの列强はこぞって中央アジア各地，いわゆるシルクロード（現在の中華人民共和國新疆ウイグル自治區）

に學術調査隊を送った。その中では，イギリスのスタインやフランスのペリオ，日本からは大谷探検隊の訪れた敦煌が有名である。この時ドイツ（當時はプロシャ）隊は，天山山脈とタクラマカン砂漠にはさまれた地で，敦煌の西北にあたるトルファンやクチャを中心に，1902年から10年餘りの間に 4 度の發掘調査を行い，ルコックらが多くの美術品，文書類を持ち歸った。それらは現在，整理されて多くの研究の對象となり，あるいは博物館で公開されている。

しかしここに至るまでの道は險しかった。ドイツ隊最後の發掘品がロシア經由の汽車でベルリンに到着する直前に，第一次世界大戰勃發。さらに30年もしない間に第二次世界大戰が起こった。ドイツは 2 度も敗戰國となり，調査隊の持ち歸った文物も無事ではすまなかった。まず第一次大戰では，戰後のインフレで整理費用が工面できず，一部が人爲的に流出した。第二次大戰では，動かせなかった貴重な壁畫類がベルリン空襲で粉碎され，疎開させたものも，その後の東西冷戰や東西ドイツの分裂のために，國境を越えて流轉したりそのまま消えてしまったりした。百年も前の收集品のうち殘されたものがベルリンに再び集められ，現在のような充實した研究體制が整ってからは，まだ20年にもならない。

もっともこれらの文物はごく早い時期から注目され，我が國からも黒板勝美や内藤湖南らが，長い船旅をいとわず次々とベルリンを訪れた。特異な例では，1920年代に壁畫を模寫した長谷川路可ら若い畫家達がいる。この事業は關東大震災を經驗した日本人の叡智から發したと言われているが，その配慮は不幸にも的中して，第二次大戰で消えた壁畫の貴重な資料となっている。

同樣の貢獻は，戰前にベルリンを訪れた學者達も擔っている。中でも大谷勝眞（1885–1941）は，中國研究者にとって極めて重要な先達である。彼は眞宗大谷派の僧であり，東本願寺21世大谷光勝の孫にあたる。東京帝國大學史學科を卒業後，學習院大學教授を經て京城帝國大學（現在の國立ソウル大學）東洋史學講座教授を務め，1927年 3 月から 2 年間，在外研究としてフランスとイギリスに渡った。そこでの主な仕事の一つは西域出土文書の調査であった。彼はこの間にベルリンも訪れ，ルコックの收集品を閲

覽して，後に移錄を含めた論文を書いている。上述のような理由で現在はベルリンでも存在の確認できないトルファン漢語斷片の記錄が，そこに殘されているのである。中でも重要な記錄の1つは，論文「高昌麴氏王統考」に筆寫を移錄している「仁王般若波羅蜜經」奧書である。これは內容からベルリンに現存する斷片Ch271（TⅡ2067）に當たると考えられるが，今殘っているものは彼の見た當時より小さく，高11.8cm×幅11.5cmのわずか7行である。大谷の論文は，この奧書の書き手が高昌王の麴乾固であることを明らかにして，同種の奧書をもつ大谷文書に缺けている王名を補い，高昌國の王系譜を正すものであった。これらの小斷片は，突厥と隋という大國に挾まれた6世紀末の小國が，安泰を祈願するために『仁王般若經』150部の寫經を行った鎭護國家であったことを傳えているのである。麴乾固の奧書を具えたものは，大谷探檢隊將來品で現在は旅順博物館に所藏されているトルファン文書にも含まれていることが，最近確認されている（補遺1參照）。

長谷川らの模寫した壁畫，あるいは大谷の見た文書は8世紀以前のものを多く含み，それらは正倉院御物と同時代である。我が國では，こうした貴重な品は書庫や圖書館の奧深く祕藏される傾向が强いが，研究者に公開されていれば，何らかの不幸な事態にも，その記錄による復元の可能性が殘る。世界中の學者におおらかに開かれたベルリンのトルファン收集品に對するとき，いつもこのことを痛感させられるのである。

さて大谷の話に戾ると，彼は在職中の1941年12月に56歲の若さで京城（ソウル）で亡くなった。やがて大戰，そして敗戰を迎えたため，彼の年譜は作られぬままで，いつベルリンを訪れたかも不明であった。ところが最近，大谷の足跡を確認しうる一通の手紙〈寫眞4〉が見出された。トルファン研究所のラッシュマン博士がベルリンの公文書保管所で確認したもので，ドイツ隊將來文獻の閱覽許可を求めるために，彼が1928年に書いたものである。7月6日付けの手紙には，受け取ったアカデミー側のメモが書き込まれ，7月13日に「フランケ教授の下に行くように指示した」とある。フランケ教授とはベルリン大學の中國學教授，オットー・フランケであろう。彼はドイツ中國學の基礎を築き，ハンブルク大學およびベルリン

大學の正教授をつとめた。著作としては大冊5巻の『支那正史』があり，その一部は戰前に日本語に翻譯されている。もともとはサンスクリット語からインド學，ギリシャ文獻學を學んだ學者であった。彼は19世紀末から10數年間，通譯官や領事として中國に滞在し，日本にも來て中國學者や佛

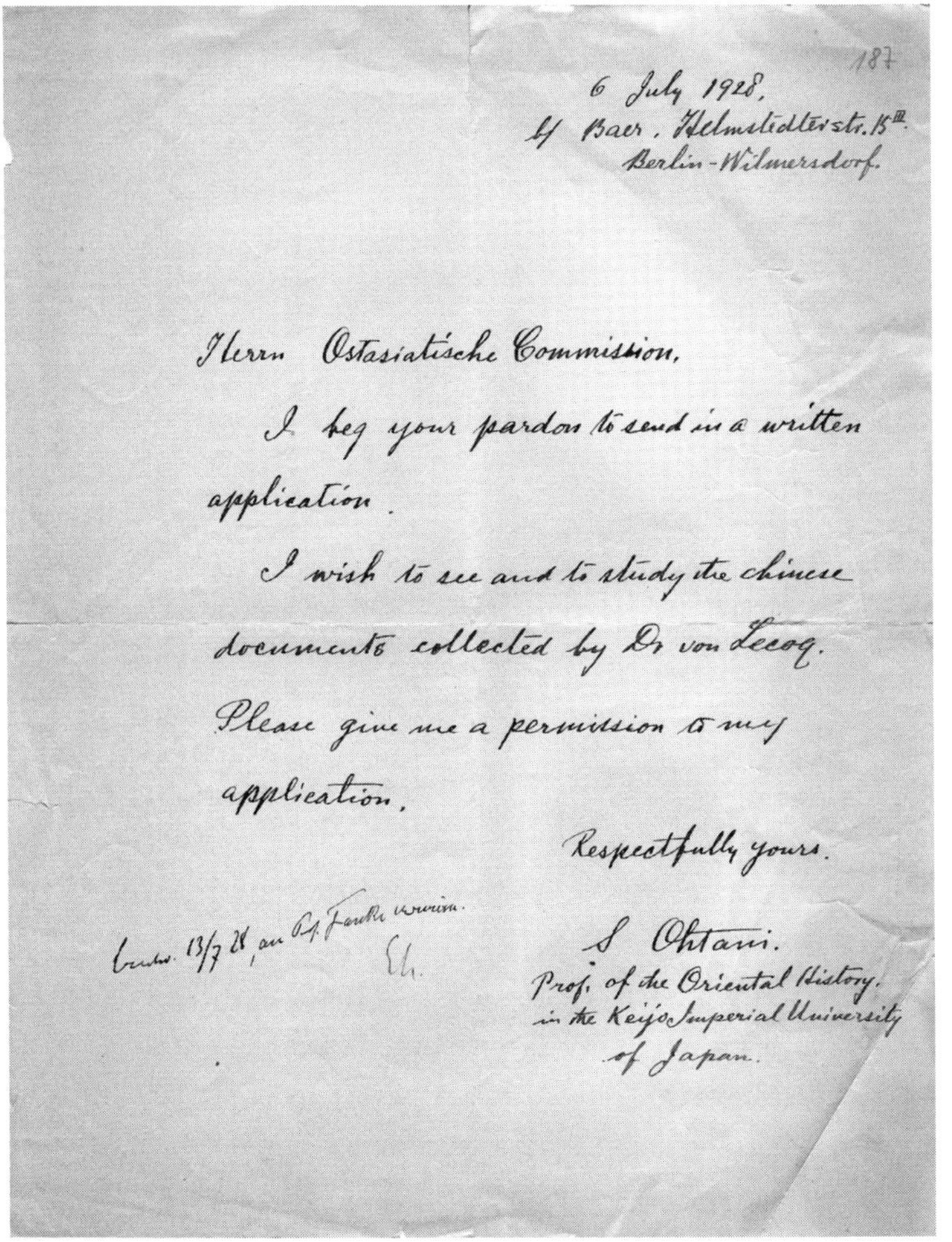
187

6 July 1928,
c/ Baer, Helmstedterstr. 15 III.
Berlin-Wilmersdorf.

Herrn Ostasiatische Commission,

I beg your pardon to send in a written application.

I wish to see and to study the chinese documents collected by Dr von Lecoq.

Please give me a permission to my application.

Respectfully yours.

S. Ohtani.
Prof. of the Oriental History.
in the Keijo Imperial University
of Japan.

beantw. 13/7 28, an Prof. Franke verwiesen.
Eh.

寫眞4　大谷勝真「東洋委員會」宛の閲覧許可願の手紙
Archiv der BBAW, Bestand Arbeitsstelle Orientalische Kommission, Nr. 5, Bl. 187.

教學者と親交を持った。アカデミーには漢語テキストの常勤研究員がいないこと，またフランケ自身も中央アジアからの將來文獻を研究していることから，「漢語文獻テキスト」閲覽を求める大谷への對應として彼を紹介したことは正鵠を射ていると言えよう。おそらく手紙によってアカデミー側からの指示を受けた大谷は，フランケ教授を經て閲覽を許可されたものと思われるが，その後の經過を知る手がかりは公文書保管所にも殘されていない。

大谷の手紙を譯すと下記のようになる。手紙は英語で書かれているが，「東洋委員會」宛の部分で「Herrn」を使っており，ドイツ語を使ってみようとする遊びごころが見えて愉快である。記された住所はベルリン中央部からは南西に位置する場所で，その地區や通りは現在も地圖で確認できる。「バエル方（by Baer)」と譯したが，それが個人宅かペンションのようなものかは分からない。大谷のベルリンでの行動は研究論文からもおよそは推察できる。しかし丁寧に手書きされたこの手紙に觸れると，しかるべき紹介者もない異國の下宿で，おそらくは居住まいを正して筆を執る姿がにわかに生き生きとよみがえる。大谷その人の質實な人格ばかりでなく，研究への期待や學問への眞摯な思いまでがそのままに傳わってくるようではないか。

1928年７月６日
バエル方　ヘルムシュテッドラー通15番地　３階
ベルリン-ヴィルメルス村

東洋委員會殿
貴殿に申請文書を送付することをお許し下さい。
私はルコック博士によって蒐集された漢語文書を閲覽し，研究いたしたく存じております。この申請の許可をどうか宜しくお願いします。

敬　具

回答：(19) 28年７月13日，フランケ教授の下に行くように指示した

Eh.

勝（眞）大谷
日本京城帝國大學東洋史學教授

注記：ドイツ學術隊が中央アジアから將來した文物は，ベルリン民俗學博物館（Berliner Museum für Völkerkunde）のインド部門に保管され，1926年には文書類は王立プロイセン科學アカデミー（Königlich-Preußische Akademie der Wissenschaften）に移管された。これより先の1912年にはベルリン科學アカデミー（Berliner Akademie der Wissenschaften）に東洋委員會（Orientalische Kommission）が設置され，將來品の整理・保管や研究支援に當たってきた。